suhrkamp taschenbuch
wissenschaft 567

Ernst Bloch
Leipziger Vorlesungen zur Geschichte der Philosophie
1950-1956

Herausgegeben von
Ruth Römer
und Burghart Schmidt
Bearbeitet von
Eberhard Braun, Beat R. Dietschy,
Hanna Gekle und Uwe Opolka

Ernst Bloch
Antike Philosophie

Leipziger Vorlesungen
zur Geschichte der Philosophie
1950-1956

Band 1

Bearbeitet von
Beat Dietschy und Hanna Gekle

Suhrkamp

CIP-Kurztitelaufnahme der Deutschen Bibliothek
Bloch, Ernst:
Leipziger Vorlesungen
zur Geschichte der Philosophie :
1950-1956 /
Ernst Bloch. Hrsg. von Ruth Römer
u. Burghart Schmidt.
Bearb. von Eberhard Braun ... –
Frankfurt am Main : Suhrkamp
NE: Bloch, Ernst: [Sammlung];
Braun, Eberhard [Bearb.]
Bd. 1. Antike Philosophie /
bearb. von Beat Dietschy u. Hanna Gekle. –
1. Aufl. – 1985.
(Suhrkamp-Taschenbuch Wissenschaft ; 567)
ISBN 3-518-28167-4
NE: Dietschy, Beat [Bearb.]; GT

suhrkamp taschenbuch wissenschaft 567
Erste Auflage 1985

Satz: Wagner GmbH, Nördlingen
Druck: Nomos Verlagsgesellschaft, Baden-Baden
Printed in Germany
Umschlag nach Entwürfen von
Willy Fleckhaus und Rolf Staudt
1 2 3 4 5 6 – 90 89 88 87 86 85

INHALT

Vorwort der Herausgeber 7

ANTIKE PHILOSOPHIE

1. Einleitung 13
Historische Voraussetzungen der griechischen Philosophie 18 Warum treiben wir Geschichte der Philosophie? 26 Wie zu studieren sei 33

2. Bias 37
3. Thales 40
4. Anaximander 42
5. Anaximenes 47
6. Pythagoras 49
7. Empedokles 62
8. Anaxagoras 65
9. Leukipp 75
10. Demokrit 78
Erkenntnistheorie 81 Atomtheorie 87 Kosmologie 90 Ethik 95

11. Die Sophisten 98
Protagoras und der Homo-mensura-Satz 106

12. Sokrates 111
Das sokratische Daimonion 114 Der Tod des Sokrates 116 Die Lehre des Sokrates: die Kunst des Fragens und die Reflexionsmoral 120

Die drei sokratischen Schulen 126
Die kynische Schule 126 Die hedonische Schule 128 Die megarische Schule 130 Euhemeros 133

13. Platon 136
Eros, Logos und die Lehre von der Anamnesis 138 Die Ideenlehre 147 Psychologie, Staatslehre und Stellung zur Kunst 162 Die Jugenddialoge 168 Die Dialoge des Mannesalters 173 Die Alterswerke 195

14. Aristoteles 207
System der Entwicklung 207 Leben, gesellschaftlicher Hintergrund 207 Lux exterior 210 Die Schriften und ihr Schicksal 211 Methodische

Erschwerung: ungleichzeitige Wirkung des Aristoteles 214 Die einzelnen Werke 217 Einteilung der Philosophie 223 Die Logik 224 Überholtes und Bleibendes 226 Entwicklung – ohne Dialektik 228 Der Begriff 229 Das Urteil 232 Die Folgerung 234 Induktions- und Analogieschluß 235 Der Syllogismus 239 »Daß« und »Was« 243 Ganzheit und Gestaltlehre 246 Der Satz vom Widerspruch 250 Die Kategorien 253 Die Prinzipien, hauptsächlich Stoff und Form 256 Materie, Kategorien der Möglichkeit 258 Form, Entelechie, Verwirklichung 265 Rettung der Qualität 269 Der νοῦς – theistische Spitze einer Immanenzphilosophie 272 Die Aristotelische Linke 274 Teleologie im System der Entwicklung 278

Die Kosmologie 281
Die Psychologie 285 Universelle Gattungsvernunft 288 Sterblichkeit oder Unsterblichkeit der Seele? 291 Die Ethik 293 Maß und Gerechtigkeit 295 Die Freundschaft 298 Praktische und dianoëtische Tugenden 301 Nochmals zu »Form«, »Quodditas« und »Quidditas« 302

Die Politik 306
Individuum und Gemeinschaft 307 »Mittel«-Stand 309 Der beste Staat 310

Die Poetik 313
Kunst als Mimesis des Wesentlichen 313 Verschiedenheit des Materials bei Platon und Aristoteles 315 Der tragische Held 318 Astronomische Kuppel oder kulturelle Pyramide? 322

Die Wirkung 325
Die Hauptgedanken 326

15. Die Zeit des Hellenismus 330
Rückzug ins Private 331 Kosmopolitischer Zusammenhang 333

16. Skepsis 336
Pyrrhon und die ἐποχή 337 Die Wahrscheinlichkeitslehre des Karneades 339 Die Tropen des Änesidemus 340 Sextus Empiricus und die Kritik der Kausalität 343

Fazit 345
Schlechte Privatheit 345 Zweifel als strenge Prüfung und Schärfe der Unterscheidung 347 Nähe und Ferne der Skepsis zu Epikur und Stoa 350

17. Epikur 352
Der Garten 352 Einflüsse 354

Die Kanonik 355
Kriterien der Wahrheit: Wahrnehmung und Lust 356 Die Physik 360 Subjektiver Faktor in der Atomlehre 361 Nichtsein nach dem Tode 363

Die Ethik 368
Carpe diem und erfüllter Augenblick 368 Der Epikureische Weise 370 Gesellschaftlicher Atomismus und »contrat social« 371 Epikureische Götter 373

Wirkung 375
Lukrez 375 Späte Wiederentdeckung 378 Marx' Parteinahme für Epikur 379

18. Stoa 385
Die Schule 385 Das System 389 Einflüsse 390 Widersprüche der Stoa 392

Die Logik 395
Vermengung von Logik und Psychologie 395 Sinnlicher Ausgangspunkt der Erkenntnis und Arbeit der Abstraktion 397 Communes opiniones 399 Phantasia Kataleptikē 400 Nochmals zu den gemeinsamen Vorstellungen 402 Kategorienlehre als Ontologie 405

Die Physik 407
Einheit von Stoff, Kraft und Vernunft (Logos spermatikos) 409 Ewige Wiederkehr des Gleichen 412 Ananke, teleologisch 414 Sympathetischer Weltzusammenhang, Mantik 416

Die Ethik 418
Weltfrömmigkeit und Weltflucht 419 Tao, Einklang mit dem Weltakt und das Novum umsichtiger Tätigkeit in der Weisheit 420 Faustisches und stoisches Bild des Philosophen 423 Ataraxie, aus Ressentiment und Feigheit 426 Ataraxie als aufrechter Gang, höchstes Gut 428 Tugendstolz des Einzelnen 431 Hegemonikon in und außer uns: der Mensch als Mikrokosmos, die Welt als Makanthropos 433

Die Staats- und Gesellschaftslehre 436
Sozialutopie 437 Naturrecht und Sozialutopie 439 Das stoische Naturrecht und seine Auswirkungen 441 Wirkung der Stoa insgesamt 445 Zusammenfassung 447

19. Bibel 449
Gesellschaftlicher Hintergrund 449 Wozu der Beschäftigung mit dem biblischen Mythos 450

Altes Testament 452
Priesterredaktion und unterirdische Bibel 453 Mythos des Exodusgotts 455 Prophetische Wüstenerinnerungen 458

Neues Testament 461
Nationalrevolutionäre Bewegungen 461 Osiris-, Messias-Mythos 463 Fälschungen des Herrenchristentums: Ideologie der Inwendigkeit, der Transzendenz 465 Gewaltlosigkeit und Widerstandspflicht 467 Paulinische Kreuzestheologie 471 Biblisches Erbe in Kultur und Rebellion 474 Himmelszwang, Wendbarkeit des Schicksals 477 Mencheneinsatz in Gott 479

Ketzerische Weiterungen 483
Joachim von Fiore 483 Thomas Münzer 484 Unterirdische Geschichte der Revolution, im Volk 488 Säkularisierung oder Verwirklichung? 489 Marxismus und Traum des Unbedingten 491

Neuplatonismus 492

20. Plotin 495
Leben und Wirkung 495 Die Schule Plotins 497

Erkenntnistheorie 500
Entdeckung des Bewußtseins, der Tätigkeit des Bewußtseins, des Selbstbewußtseins 500 Novum: subjektiver Faktor in der Erkenntnis, synthetische Funktion 503 Selbstbewußtsein als Gewissen, mystische Vereinfachung, Einheit 505 Deutsche Inwendigkeit 509

Ästhetik 511
Nur Gleiches kann Gleiches erkennen, auch ästhetisch 513 Rettung der Kunst 514 Über die Quelle des Schönen 517

Kategorienlehre 519
Vergeistigung der Platonischen Ideen 520 Emanationslehre, Verfinsterung der Materie 521 Trotzdem: Materie als Moment Gottes 523 Kategoriensphären im Welthaus 524 Kategorialfunktion als das Bewegende und Ordnende im Ideenkatarakt 525 Differenzierung der Kategorien nach Sphären 529

21. Porphyrios 532

22. Proklos 533
Die dreifache Bewegung 533

Editorische Notiz 537

Literaturverzeichnis 539

Register 545

VORWORT DER HERAUSGEBER

Als Ernst Bloch 1949 in der Nachfolge Gadamers einen Lehrstuhl für Philosophie an der Universität Leipzig übernommen hatte, hielt er Semester für Semester, bis zu seiner Zwangsemeritierung im Jahre 1956, Vorlesungen über die Geschichte der Philosophie. Ein Zyklus erstreckte sich jeweils über mehrere Semester. Rot ausgeschlagen habe der Hörsaal atmosphärisch gewirkt, räumte noch einer von denen ein, die ihn 1957 in der DDR verdammten. Tatsächlich war schon die Wahl des Stoffes: Geschichte der Philosophie, ein Politikum. Bloch widersetzte sich damit der Schmalspur, welche das philosophische Grundlagenstudium in der DDR zu verlegen begann. Darüber hinaus suchte er, wo immer angängig, in dem philosophiegeschichtlichen Diskurs Bezüge zu aktuellen Situationen und Konstellationen in der DDR. Als er viele Jahre nach seiner Übersiedlung nach Tübingen im Zusammenhang mit der Gesamtausgabe seiner Werke daranging, Teile aus dem Kursus von den sieben Weisen des alten Griechenlands bis zu der ihm zeitgenössischen Philosophie für eine Buchveröffentlichung umzuarbeiten, da ließ er alle aktuellen Anspielungen, alles Anekdotische und Satirische weg, weil es ihm um zwei Konzepte ging, an denen er seine philosophiegeschichtliche Arbeit orientieren wollte. Das eine Konzept schlug sich in Bd. 12 der Gesamtausgabe »Zwischenwelten in der Philosophiegeschichte. Aus Leipziger Vorlesungen« nieder, der 1977, noch zu Lebzeiten des Autors, veröffentlicht wurde. Es wollte traditionelle Gewichtungen, Wertungen, Akzentuierungen der Philosophiegeschichte durch Umwertungen unterlaufen. Die vielen Zwischenlagen zwischen den Haupttönen der philosophischen Entwicklung sollten daraufhin geprüft werden, ob sie nicht vielleicht überhörte Haupttöne wenigstens anklingen lassen. Daher der Titel mit dem wichtigen *Zwischen*. Unter diesem Konzept stellte Bloch vor allem die Philosophie des Mittelalters und der Renaissance dar. Zur Ausarbeitung des anderen Konzeptes, nach dem die Philosophiegeschichte als Produktionsprozeß von lauter Utopie-Modellen aufgefaßt wird, hat Bloch nur einen kurzen Versuch gemacht. Er ist als Schlußteil in den Ergänzungsband zur Gesamtausgabe »Tendenz – Latenz – Utopie« (1978) aufgenommen worden.

Blochs sachlich-systematisches Arbeitskonzept hat die politische Atmosphäre der Vorlesungen verschwinden lassen. Diese aber ist von hohem zeitgeschichtlichem Dokumentationswert, auch dann, wenn sich die Vorlesungen nicht mit Tagesfragen beschäftigen. Von dieser Atmosphäre soll mit der vorliegenden Publikation der von Bloch nicht selbst bearbeiteten Teile ein Eindruck vermittelt werden. Die umfangreichen Passagen über die Philosophie der Antike und der Neuzeit werden in einer der Redefassung noch sehr nahe stehenden Form dargeboten. Für die Veröffentlichung spricht außer dem dokumentarischen Wert auch der hohe literarische Rang der Vorlesungen. Das gesprochene Wort eines der glänzendsten Redner der deutschen Gegenwart kann nun wenigstens einem Lesepublikum zugänglich gemacht werden. Zum weiteren hat Bloch in den Vorlesungen, sosehr sie sich auch dem Sachgang der Philosophiegeschichte anvertrauen, die Einsatzstellen seiner eigenen Theorie verdeutlicht. Die Vorlesungen bieten also nicht nur die breite und tiefe philosophiegeschichtliche Erfahrung des Vortragenden – man bedenke, daß er sie zwischen seinem 64. und 71. Lebensjahr gehalten hat –, sondern ebenso eine indirekte und deswegen besonders zugängliche Einführung in das Blochsche Philosophieren. Gerade die häufig Neben- und Umwege betretende Darstellung der Philosophiegeschichte dient dazu.

Die Veröffentlichung der Vorlesungen ist auf folgende Weise zustande gekommen: Vorlesungen der Jahre 1952 bis 1956 wurden auf Tonband aufgenommen und auf ein Typoskript übertragen. Ernst Bloch fragte Mitte 1957 seine Leipziger Schülerin Ruth Römer, ob es möglich und ob sie willens sei, aus dem Typoskript einen Text für den Druck herzustellen. Die Ausgabe sollte in dem Verlag der Deutschen Akademie der Wissenschaften zu Berlin erscheinen. Das Typoskript eignete sich nicht als Druckvorlage, weil es alle überflüssigen Merkmale des mündlichen Vortrags enthielt, darüber hinaus Entstellungen und Fehler, die bei der Übertragung vom Tonband in eine Niederschrift entstanden waren. Noch gravierender war, daß die Tonbänder technisch bedingte Lücken aufgewiesen hatten, so daß Textteile, bis hin zu ganzen Vorlesungsstunden, fehlten. Ruth Römer hat nach Durchsicht des Typoskripts beide Fragen Blochs bejaht und von Mitte 1957 bis Ende 1960 einen fortlaufenden Text hergestellt, der als Grundlage einer Veröffentlichung dienen konnte. Dabei wurden Wiederholungen und unwe-

sentliche Abschweifungen gestrichen, Fakten und Zitate überprüft und zahlreiche Textlücken geschlossen, der Stil des Vortrags aber wurde getreu erhalten. Fehlende Kapitel wollte Bloch ergänzen. Er ist nie dazu gekommen.
Der neu hergestellte Text umfaßt 2674 Schreibmaschinenseiten. Zunächst waren davon zwei Exemplare vorhanden, eines im Besitze Blochs, die Durchschrift im Besitz von Ruth Römer. Bei ihrem Weggang aus der DDR nahm sie ihr Exemplar mit in die Bundesrepublik. Umstände, die damals noch im Dunkel der Zukunft lagen, haben es mit sich gebracht, daß Blochs Vorlesungen lange Zeit allein in diesem über die deutsch-deutsche Grenze geretteten Exemplar existierten. Es liegt heute vollständig und unversehrt im Ernst-Bloch-Archiv der Stadt Ludwigshafen/Rh. Eine Fotokopie davon befindet sich im Ernst-Bloch-Nachlaßarchiv der Universität Tübingen. Sie enthält die Korrekturen, die Bloch für seine eigene Veröffentlichung von Teilen der Vorlesungen gemacht hat. Zudem enthält das Nachlaßarchiv die Entwurfsvorlage, nach der Bloch die Vorlesungen gehalten hat. Der Verbleib der Tonbänder, der Tonbandnachschrift und des ursprünglich in Blochs Besitz befindlichen Exemplars ist unbekannt. Alles Fahnden nach Bloch-Skripten in der DDR stieß bisher ins Leere. Doch ist inzwischen, wie Burghart Schmidt erfahren hat, bei der Zeitschrift »Sinn und Form« ein Vorlesungsskriptum aufgetaucht. Um welche Fassung es sich handelt, ist derzeit nicht überprüfbar.
Die Taschenbuchausgabe der Leipziger Vorlesungen wird herausgegeben von Ruth Römer und Burghart Schmidt, der in Tübingen viele Jahre lang wissenschaftlicher Mitarbeiter Blochs bei der Arbeit an der Gesamtausgabe war. Der vor fünfundzwanzig Jahren erarbeitete Text wurde von vier Schülern des Philosophen, die in seinen letzten Lebensjahren zu seinem engeren Tübinger Diskussionskreis gehörten und auch bei der Gesamtausgabe mitwirkten, noch einmal überarbeitet. Es sind Eberhard Braun, der durch seine Mithilfe an der früheren Taschenbuchausgabe der »Vorlesungen über die Philosophie der Renaissance« mit Blochs Arbeit besonders vertraut ist; Beat Dietschy, Mitarbeiter an Blochs Ergänzungsband zur Gesamtausgabe »Tendenz – Latenz – Utopie«; Hanna Gekle, Organisatorin des Ernst-Bloch-Nachlaßarchivs an der Universität Tübingen und Herausgeberin Blochscher Nachlaßschriften unter dem Titel »Abschied von der Utopie?«; Uwe Opolka, der bei den

»Zwischenwelten in der Philosophiegeschichte« wesentliche Hilfe geleistet hat.
Diese Bearbeiter haben größtmögliche Vollständigkeit des Texts angestrebt, aber die Philosophie des 20. Jahrhunderts wurde weggelassen. Damit der Leser einen möglichst vollständigen Überblick über die Vorlesungen bekommt, sind die von Bloch selbst bearbeiteten Teile der Philosophie des Mittelalters und der Renaissance aus Bd. 12 der Ausgabe letzter Hand unverändert und unkommentiert als Bd. 2 in diese Ausgabe übernommen worden. Jedem anderen Band ist ein Editionsbericht nachgestellt, und jeder Bearbeiter hat über seine Bearbeitungsweise einen gesonderten Rechenschaftsbericht gegeben. Auf die erneute Bearbeitung haben die Herausgeber keinen Einfluß genommen.
Man kann mit aller Vorsicht sagen, daß die vorliegende Ausgabe den Möglichkeiten entspricht, wie sie Bloch selbst gesehen hat.
Ernst Bloch berichtet über sein Interesse an der Philosophiegeschichte:
»Auch das Denken und gerade das Denken ist ein Mittel, sich in der Welt einzurichten, ja, in einem weiteren Sinn, nach Hause zu kommen, sich zurechtzufinden im Dickicht der unverstandenen Eindrücke. Der philosophische Grundaffekt zeigt sich schon darin, daß man mit offenem Mund vor etwas dasteht und fragt, zum Beispiel: Warum regnet es denn? Eine einfache Frage, doch bezeichnet sie den beginnenden Nachdenklichen, ja den Philosophen. In Variierung eines Witzwortes von Thomas Mann, der sagte, Schriftsteller seien Leute, denen das Schreiben schwerer falle als anderen Leuten, kann man sagen, die Philosophen sind solche, denen das Denken schwerer fällt als anderen, weil sie größere Ansprüche daran erheben, mehr Sorgfalt, Leidenschaft, Mühe darauf verwenden, eben weil der Stachel des Staunens, des Sich-Verwunderns bei ihnen stärker entwickelt ist als bei anderen und nicht so bald abstirbt.«

Die Herausgeber
Bielefeld-Wien 1985

ANTIKE PHILOSOPHIE

1. EINLEITUNG

Wir beginnen mit der Vorlesung über griechische Philosophie. Das setzt voraus, daß wir über das Nachdenken überhaupt einige Worte verlieren und sie, wie ich hoffe, nicht verlieren. Was ist das, daß man sich über eine Sache so verwundert; daß man so wenig über sie im klaren ist; daß ein Nachdenken über sie in Gang kommt?

Das setzt unseren Zustand voraus, der zum Unterschied von dem der allermeisten Tiere ein merkwürdig unbewaffneter ist. Wir werden nackt geboren, ohne schützendes Fell; wir haben keine Klauen, wir haben Zähne, die zum Zerfleischen nicht sonderlich geeignet sind; also: wir haben keine Waffe. Die menschliche Waffe ist das Gehirn. Die Menschen müssen sich in der Notlage, in der sie sich befinden, in der Schutzlosigkeit, mit der sie an den Strand des Lebens geworfen werden, der List, der Klugheit bedienen; sie müssen dies tun, um ihre Bedürfnisse auch nur annähernd zu befriedigen und um sich vor den zahllosen viel besser ausgerüsteten Feinden zu schützen.

Das aber, was den Menschen von den Tieren vor allem unterscheidet, ist die Arbeit. Wie Sie wissen, sind die Menschen durch die Arbeit geschaffen worden, in einem nicht nur zoologischen Sinn. Die Menschen sind, was die Qualifizierung ihrer Arbeit angeht, das einzige werkzeugmachende Tier [vgl. Marx/Engels 1845-1846 in: MEW 3, 20 f. sowie MEW 4, 551 f.]. Kein Tier hat ein Werkzeug erfunden; nur sehr hochstehende Menschenaffen können, und auch das ist fragwürdig, ein Werkzeug benutzen. Erfinden können sie es auf keinen Fall. Es wird also das Nachdenken zusammen mit dem Schutz des Lebens geboren, für ihn geboren, und, was entscheidend ist, das Werkzeug wird zur *Verbesserung* der Bedingungen, unter denen die Menschen leben oder leben müssen, erzeugt.

Das Grundgefühl dabei ist, daß sich die Menschen, auch wenn sie Werkzeuge erfunden haben, über ihre nächste Umgebung hinaus nicht auskennen. Wenige Schritte vor den Hütten ist sozusagen auch am Tag Nacht, nämlich eine Nacht des Begriffs. Die Welt ist unheimlich, ein Unzuhause. Sie wird mythisch bevölkert mit bösen und auch mit guten Wesen, es ist aber kein Heim darin. Die Welt ist unheimlich, läßt ein Kellergefühl aufkommen, denn die Hütte ist zwar ein Schutz wie ein Keller, auch wie eine Höhle, aber sie ist dunkel, dunkel in der Nacht und auch nicht völlig heimlich am

Tag. Es knistert in den Wänden, der Hausboden, das Gebälk in ihm ist unheimlich, auf dem Dach liegen noch Gestalten aus chinesischen Märchen, auf den Dachbalken sitzen Gespenster und baumeln mit Knochenbeinen. Die ganze Welt ist dunkel, das heißt, hier ist ein Reflex der Unwissenheit, in den nun, wie noch bei Kindern, *Träume*, *Urängste* hineingehen.

Wir alle kennen die Furcht in einem dunklen Wald in der Nacht, auch wenn wir uns oder unserer Begleiterin, der wir Beschützer sein sollen, etwas vormachen. Es müssen schon ganz phantasielose Menschen sein, die das nicht erfahren haben. Wir kennen also dieses dunkle Kellergefühl, und dagegen eben geht das *Nachdenken* an, das sich von dem unmittelbaren Nutzen bald zu einem mittelbaren Nutzen erweitert, nämlich zu dem Sich-Auskennen. Ein Denken um seiner selbst willen oder ein Erkennenwollen um des Erkennens willen kann es subjektiv geben, objektiv ist es nicht vorhanden. Jedes Denken, jedes Erkennen dient einem Wozu; das ist nicht das nur unmittelbare Wozu – so etwas ist nicht mehr notwendig, auch jetzt nicht notwendig. Aber ein Ziel ist dabei, das Denken tendiert, ob es will oder nicht, in irgendeine Praxis, vielleicht in eine verruchte, besser noch in eine gute.

Was hier eingezahlt wurde, nämlich eine sich auskennende, mit Wissenschaft schon geladene und beförderte Befriedigung der Bedürfnisse, woraus das Denken entspringt, das wirkt auch auf seinem ganzen Weg, wobei es verschiedene Grade und Stufen von Bedürfnissen gibt. Rein geistige Bedürfnisse, in dem spiritualistischen oder idealistischen Sinn, wie dies Wort oft gebraucht wird, gibt es nicht und kann es nicht geben. Doch gibt es immer das Bedürfnis, auch in der spiritualistischen Form, sich auszukennen, ohne Furcht zu sein, einer Sache trauen zu dürfen, Angst und Grauen zu überwinden. Mit anderen Worten: auch das Denken und gerade das Denken ist ein Mittel, sich in der Welt zu Hause zu fühlen, ja, in einem weiteren Sinn, *nach Hause zu kommen*, sich zurechtzufinden im Dickicht der unverstandenen Eindrücke. Das Bedürfnis und die Befriedigung des Bedürfnisses stehen also nicht nur zeitlich, sondern auch erzeugend immer wieder am Anfang, zur Arbeit zwingend und rufend. Die Menschen wurden durch Arbeit geboren, die Arbeit ist das Mittel zur Menschwerdung aus dem Zustand der Affen. Sie ist auch weiterhin das Mittel zur Menschwerdung, da die Menschwerdung kein abgeschlossener Zustand ist, sondern es unserer Würde und unserer Aufgabe entspricht, Mensch zu werden; dazu verhilft die Arbeit und das die Arbeit erleuchtende Denken.

Das Überlegen ist das Betreibende auch im Fortschritt des menschlichen Denkens geblieben, gerichtet und begrenzt zugleich durch die jeweilige Verwaltung der Arbeit, also durch die jeweilige Klassengesellschaft. So wenig, wie es Gedanken gibt, die von einem Bedürfnis unabhängig sind, so wenig gibt es Gedanken, die von einem jeweiligen Klassenzustand unabhängig sind. Sie sind die Ideologien der herrschenden Klasse, oder, wie Marx sagt, die herrschenden Gedanken einer Epoche sind die Gedanken der herrschenden Klasse. [vgl. Marx/Engels 1845-46 in: MEW 3, 46] Das sind, wenn die Gesellschaft progressiv ist, fortschreitende und aufsteigende Gedanken, es sind – das alles ist selbstverständlich –, wenn die Gesellschaft niedergehend ist, unwesentliche und immer unwesentlicher werdende Gedanken, deren einzige Funktion Klopffechterei ist, Garnierung des Untergangs, damit er der herrschenden Klasse selbst etwas pikanter schmeckt und die beherrschte Klasse über ihre Lage betrogen wird, wie wir das in Westdeutschland haben oder, vielleicht, schon hatten.

Uns interessieren die aufsteigenden Gedanken jeder Klassengesellschaft, wobei wir uns selbstverständlich in unserer Darstellung die aufsteigenden Gedanken nicht verkleinern oder sie uns unterschlagen lassen werden, also das Proletariat um dieses Erbe betrügen, indem wir es verschleudern. Das wäre ein kompletter Unsinn; denn es ist allein zu unterscheiden, ob sich die Gedanken und Begriffe auf *gesellschaftliche Verhältnisse* oder auf *Naturverhältnisse* beziehen. Wenn sie sich auf Naturverhältnisse beziehen, ist die Wahrheit der Gedanken weitgehend von der jeweils herrschenden Klasse unabhängig, zum Beispiel in der Astronomie. Die Keplerschen Gesetze konnten zwar erst in der Barockgesellschaft entdeckt werden, aber sie haben schon vorher bestanden und werden auch nach der Barockgesellschaft gültig sein. Anders ist es mit historischen Formulierungen und zum großen Teil auch mit philosophischen, auch wenn sie naturphilosophisch sind. Naturphilosophische Gedanken hängen, obwohl sie sich mit der Natur beschäftigen, weitgehend von der jeweiligen Gesellschaft ab, ohne daß damit – das anzunehmen wäre reiner Soziologismus – auch deren Inhalt gesellschaftskritisch bereits völlig meßbar oder kritisierbar wäre. Die unwesentlichen Gedanken, gewiß, die sind eine Art Kunstgewerbe, sie gehören zur Gesellschaft und können historisch erklärt werden. Bedeutende Gedanken aber, überall, und selbstverständlich nicht nur naturphilosophische, ausgesprochen von denen, die auf der Höhe ihrer Zeit standen, haben auch die Eigenschaft derer, die auf dieser Höhe stehen, das heißt: sie sehen sehr weit. Sie sehen auch in die nächste Zeit hinein, sie sehen zum Teil, wenn sie sehr bedeutend sind, in das gesamte Zeitanliegen der Menschheit, in das gesamte Menschheitsanliegen hinein, also haben sie auch uns in einer nicht abgegoltenen, nicht abgelaufenen Weise noch allerhand zu vermachen.

Ich komme zurück zur Arbeit, auf des Pudels Kern. Mit ihr ist der Mensch geboren, die Menschen sind genauso alt wie die Arbeit, die Arbeit ist genauso alt wie die Menschen. Was nun den philosophischen Reflex dieser gedanklichen Bedürfnisbefriedigung angeht, so variiert sich der zwar in den Zeiten, ist uns aber immer noch verständlich, geht hindurch wie die Sprache und vieles andere. Was nach dem alten, griechischen, Platonischen Ausdruck dem philosophischen Affekt zugrunde liegt, ist das θαυμάζειν, das *Sich-Verwundern* [Platon, Theitetos 155 d]. Es zeigt sich darin, daß man mit offenem Mund vor etwas dasteht und fragt, zum Beispiel: Warum regnet es denn?

Eine einfache Frage, doch bezeichnet sie den beginnenden Nachdenklichen, ja den Philosophen. In Variierung eines Witzworts von Thomas Mann, der sagte, Schriftsteller seien Leute, denen das Schreiben schwerer fiele als anderen Menschen, kann man sagen, Philosophen sind Leute, denen das Denken schwerer fällt als anderen Leuten, weil sie größere Ansprüche daran erheben, mehr Sorgfalt, Leidenschaft, Mühe darauf zu verwenden, eben weil der Stachel des Staunens, des Thaumazeins, des Sich-Verwunderns, bei ihnen stärker entwickelt ist als bei anderen und nicht so bald abstirbt.

Das Staunen ist bei allen Menschen eine jugendliche Eigenschaft ohnehin. Kinder fragen sehr viel, sie haben noch das ungeheure Erstaunen in der fremden Welt. Siebzehn-, achtzehn-, neunzehn- und zwanzigjährige Menschen fragen auch noch, wenn sie etwas taugen. Wenn sie absterben, so zuweilen schon mit zwanzig oder dreißig Jahren, und sich in philisterhafter Weise in die ihnen gewordene Welt eingewöhnt haben, wenn sie abgestumpft sind,

dann fragen sie nicht mehr, hören auf, philosophische Naturen zu sein, wie es fast alle jungen Menschen sind.
Es gibt ein siebzehnjähriges Urstaunen, und es gibt erst recht ein fünfjähriges, sechsjähriges, das immer zu philosophischen Fragen sich formulieren und fassen kann. Zum Beispiel hat es die Kinderfrage in sich, die schon sechs- und siebenjährige Kinder stellen: *Warum ist überhaupt etwas und nicht nichts?* Eine echte Kinderfrage, und ich glaube, auch wenn Sie Ihr Staatsexamen in Philosophie gemacht haben, werden Sie auf diese Frage nicht leicht eine Antwort geben können. Einen solch hohen Rang hat diese Frage, obwohl sie umformuliert werden muß, um auch als Frage einen philosophischen Sinn zu haben. Dabei muß man noch achtgeben bei der Umformulierung, daß man sich die Sache nicht zu bequem macht und den eigentlichen Stachel in dieser Frage nicht herauszieht.
Nachdenken hat viel früher angefangen als Philosophieren. Es gibt Wissenschaften, die gleichzeitig mit der Philosophie entstanden sind, so Mathematik, so Astronomie. Alle übrigen Wissenschaften haben sich aus der Philosophie herausgebildet, Mathematik und Astronomie hingegen sind gleichzeitig mit ihr entstanden; wir werden sehen warum. Aber was Philosophie von Mathematik und auch von Astronomie in der Geschichte der Menschheit unterscheidet, ist, daß sie sich ganz anders als diese Wissenschaften von Brauch, Herkommen, Sitte, überlieferten Meinungen und vor allen Dingen vom *Mythos* losgerissen hat. Mathematik und Astronomie können im Mythos gedeihen, teils weil sie in einem Kreis leben und tätig sind, der sich mit dem Mythos nicht schneidet, und zum wesentlichen Teil, weil sie, im Unterschied von Philosophie, nicht aufs Ganze gehen. Die Philosophie geht aufs Ganze, ihre Aufgabe ist *das Totum*, *die Totalität*, der universale Zusammenhang der Erscheinungen, der eine Griff, der eine Blick auf die Welt. Das bringt sie, weil mythisch auch das Ganze gesucht wird, etwa als Hen kai Pan, wenn auch ohne Wissenschaft und Erklärung, allerdings in eine Konkurrenzbeziehung zum Mythos, wie sie in Mathematik und Astronomie nicht vorliegt. Und als dieses energische Nachdenken, als das Unnachlaßliche, Unbetrügbare, als ein Nachdenken, das sich rein auf den Verstand stellt und nur mit dem Kopf durch die Wand will, durch die Wand der Unwissenheit, des Dunkels und der Unheimlichkeit, als ein solches radikales Nach-

denken muß Philosophie in einen Kampf mit dem Mythos kommen. Sie ist sozusagen Freigeisterei von Anbeginn.
Die Aufklärung, die spätere Aufklärung bei den Griechen, die im 18. Jahrhundert und jene, die durch den Marxismus erst recht kommen möchte, sie spricht nur das Geheimnis des Philosophierens überhaupt aus, weil sie Licht macht und weil sie in einer von der Wiege her bestehenden Spannung zu undurchschautem Brauch und undurchschautem Schicksal steht. Das Schicksal, das im Mythos nicht durchschaut und hingenommen wird, will in der Philosophie durchschaut und nicht hingenommen werden, selbst dort, wo in der Geschichte der Philosophie wieder zum Mythos gegriffen worden ist, in noch fruchtbaren, aber auch schon reaktionären Zeiten, zum Beispiel bei der Ausbildung der Platonischen Philosophie oder beim späten Schelling.
Aber der Mythos hat sich, indem er gedacht wird, dabei verwandelt; sein Negatives wie gegebenenfalls ein in Bildern eingekapseltes möglich Positives, durch die Bilder wenigstens Bezeichnetes, treten deutlich hervor. Nämlich: auch dort, wo auf den Mythos zurückgegriffen wurde, wie in der Platonischen Philosophie, wie in der romantischen Gegend der deutschen klassischen Philosophie, selbst dort muß sich der Mythos vor dem Begriff ausweisen. Er wird ein gedachter Mythos, stellenweise wird sogar ein philosophisches Kulturerbe am Mythos angetreten, denn es gibt keine Schwarz-Weiß-Malerei darin; besonders ist nicht alles schwarz im Mythos. Ich erinnere zum Beispiel an den Mythos von Prometheus, von dem der junge Marx in seiner Doktorarbeit sagt, er sei der vornehmste Heilige im philosophischen Kalender [Marx 1841, EB 1, 263], der trotzende Gott, der das Feuer vom Himmel gestohlen hat. Auch ein Mythos, nicht wahr? Also gibt es verschiedene Arten von Mythen; und es ist in ihnen durchaus nicht alles schwarz, wie sichtbar. Aber es ist ein anderes Medium und ein anderer Stoff, in dem das mythische Bildern im Unterschied zum philosophischen Denken vor sich geht.

Historische Voraussetzungen der griechischen Philosophie

Die ersten Wissenschaften, sagte ich, die gleichzeitig mit Philosophie entstanden, sind Mathematik und Astronomie. An beiden ist klar, wie eng sie in ihrer Ausbildung und bereits in ihrer Entste-

hung mit gesellschaftlichen Verhältnissen zusammenhängen. Zählen und Vergleichen, Auf-einen-Nenner-Bringen, das ist nicht möglich vor der Tauschwirtschaft. Wenn Sie ein Messer oder zwei Messer gegen einen Mokassin vertauschen, dann dämmert die Kategorie des Preises auf. Sie quantifizieren, Sie bringen Preis, Wert, Tauschwert und Gebrauchswert des Messers oder der zwei Messer und des Mokassins auf einen Generalnenner; und wenn Sie sagen: zwei Messer gleich ein Mokassin, zwei gleich eins, so haben Sie eine Urgleichung aufgestellt. Die Gleichung weist auf einen Tausch zurück; das Zählen und die Erfindungen der Arithmetik setzen Tauschwirtschaft voraus. Nicht umsonst wurde die Zahlenlehre zuerst bei dem großen Tausch- und Handelsvolk der Phönizier ausgebildet, und es ist sehr interessant, daß zahlentheoretisches Interesse überall dort, wo es Handeslgesellschaft gab, lebhafter war als dort, wo feudale Verhältnisse vorherrschten.
Sie haben dieses Interesse also bei den Phöniziern, Sie haben es in den Handelsgesellschaften der Griechen, in den griechischen Kolonien, Sie haben es enorm in der Neuzeit, dagegen gar nicht im Mittelalter. Das Mittelalter ist in der Geschichte der Mathematik, in der Arithmetik und auch in der Geometrie, in der Kunst des Messens, die einen etwas anderen Ursprung hat, ein weißes Blatt. Und die zurückgebliebenen Länder der Neuzeit, wie Spanien, zählen in der Mathematik überhaupt nicht. Im Augenblick aber, wo das Preisinteresse entsteht, ist der Kalkül da; und dieser Ausdruck hat nicht umsonst einen gewissen kaufmännischen Geruch von der Kalkulation her. In allen diesen Handelsgesellschaften mit ursprünglicher Akkumulation besteht sogar eine Tendenz, die Geometrie zu arithmetisieren, alles auf Zahlen zurückzuführen. Am meisten ausgeprägt ist das bei dem Mathematiker Descartes. Das Messen andererseits, die Geometrie, hängt im Ursprung nicht mit dem Tausch zusammen und ging ihm vermutlich zeitlich vorher. Es hängt mit Vermessungsgeometrie in Ägypten zusammen. Herodot überliefert, daß nach jeder Nilüberschwemmung das Land neu vermessen werden mußte. Die Geometrie – und damit kommen wir zur Astronomie – entsprang den Bedürfnissen der Schiffahrt. Die Seeleute mußten sich am Himmel auskennen, mußten einen Polarstern finden zur Feststellung der Länge und Breite nach Sonnen- und Sternstand. Aus praktischen Bedürfnissen eindeutiger Art wurde die Astronomie geboren. Sie stammt aus der Nautik und hat

so noch auf die ersten griechischen Philosophen eingewirkt. Geometrische Kenntnisse im weiteren Sinn waren erforderlich zur Errichtung komplizierter Maschinen; Hebekräne mußten erfunden werden, die Mechanik wurde notwendig.
Dies alles ist wesentlich in Ägypten und Babylon entstanden, aber zunächst gänzlich eingebettet in Brauch und Mythos und Magie. Mit der Magie kam man nicht weiter. Kein ägyptischer Priester hat durch ein Zauberwort einen Block in die Pyramide heben können. Man mußte also – und das ist schon Aufklärung – ganz nüchtern und klagenlos vorgehen. Was wir nicht machen, macht niemand. Es mußte ein Hebekran gebaut, es mußte mit den verwendeten Kräften und Gesetzen der Natur, so weit man sie schon kannte, kennen konnte, gearbeitet werden. Aber Magie bestand in Ägypten und Babylon ungebrochen weiter; und wir haben aus diesen Gesellschaften und Kulturen keine Philosophie, die sich auch nur entfernt mit der griechischen Philosophie vergleichen ließe. Die Priesterherrschaft ging wie die feudal-despotischen Verhältnisse ungebrochen weiter; die Philosophie entstand hier nicht aus einer epochemachenden Umwälzung zu Ehren des Handelskapitals und machte auch keine brauch- und mythosbrechende Epoche wie in Griechenland.
Ich sagte, daß Philosophie entstand, war ein Neues, und dazu kam nun ein gesellschaftlicher Antrieb, der zur Entstehung von Mathematik und Astronomie nicht notwendig war. Die Entwicklung des Handels, das siegreiche Handelskapital bewirkte, zuerst in den griechischen Kolonien, später auch im griechischen Mutterland, einen *Sprung* im allernächsten Überbau, nämlich in den gesellschaftlichen, politischen und juristischen Verhältnissen. In den Kolonien gab es keine ritterliche Feudalzeit. Es sind keine Ritter emigriert, und sie hätten sich als Ritter auch nicht halten können. Sie wissen, es gibt ost- und westgriechische Kolonien, Kolonien in Ionien, in Sizilien und Unteritalien. Sie machten Groß-Griechenland aus. Dort ist zuerst Philosophie entstanden, nicht im Mutterland, nicht in Athen. Dahin kam sie sehr spät. In diesen Kolonien gab es keine Ritter, nur Kaufleute, Sklaven und Handwerker. Sklaven zählten in der Sklavengesellschaft bei der Entstehung der Kultur überhaupt nicht, Handwerker auch nicht; tonangebend war die Handelsgesellschaft.
Aber bereits in der Ritterzeit, also der mykenischen Periode, von

der uns die Gesänge Homers, die Odyssee und vor allem die Ilias, berichten, aus der uns Denkmäler in Mykene und Syrien erhalten geblieben sind, in dieser Ritterperiode des 9. und 8. Jahrhunderts vor unserer Zeitrechnung gab es schon keine Priesterherrschaft mehr. Homer berichtet von Priestern, also von Magiern, den Schamanen der alten Zeit, schon als von etwas ganz Dunklem aus der Vorzeit, woran er sich kaum mehr erinnert. Bei ihm kommen Gestalten vor wie Kalchas, der Seher, oder Teiresias, der Odysseus die Schatten aus der Unterwelt heraufzitiert. Aber es sind verblaßte Gestalten, vermutlich Legenden von Schamanen, die Jahrhunderte vor dem Trojanischen Krieg gelebt haben.
Und in Griechenland selbst spielten die gottesdienstlichen Veranstaltungen, so heilig sie aus Brauch gehalten wurden, nicht die Rolle, die sie gespielt hätten, wenn es hier eine Priesterkaste gegeben hätte, abgetrennt vom Volk, mit Schauer und Tabu umgeben, dem Volke unzugängliche Geheimnisse verwaltend. Die Mysterienfeste in Eleusis waren öffentliche demokratische Feste; es gab eine Schicht der Eingeweihten, die die Rätsel der Wiedergeburt der Proserpina zur Wiedergeburt der Seele in magischen Darbietungen schauen konnten, aber jeder konnte Eingeweihter werden. Es gab also, ganz unvergleichlich zu Babylon oder gar zu Ägypten, in der griechischen Gesellschaft keine Hierophanten, keine, die das Heilige sagten und allein dazu berufen waren, mit wallenden langärmligen Gewändern und einem mit geheimnisvollen Zeichen bestickten Turban. Das alles ist völlig ungriechisch und unbekannt und wäre lächerlich gewesen.
Diese Bedingungen waren es, aus denen in der Sklavenhaltergesellschaft Philosophie hervorging. Aus der Sklavenhaltergesellschaft wurde auch eine Gesellschaft des Handelskapitals, und dieses ist nach einer Bemerkung von Marx eine der frühesten Erscheinungen von Kapitalismus. [Marx 1867, MEW 23, 178 f.] In dieser Gesellschaft ist bereits der Sprung da, der sich später zum Sprung der Aufklärung erweitert und sich in Aufklärung und Philosophie umwandelt. Das ist es, was die Geburt der Philosophie zuerst in den griechischen Kolonien und später im Mittelalter ausmacht.
Warum nun beginnen wir trotzdem mit der griechischen Philosophie und nicht mit den Philosophien des Nahen Ostens, und, was uns heute so besonders naheliegt, des Fernen Ostens? Es wäre selbstverständlich übertrieben, zu sagen, dort hätte es keine Phi-

losophie gegeben. Aber in Babylonien, Ägypten, Indien und sogar in China ist Philosophie so stark vom Mythos durchsetzt, daß wir die Vertrautheit, die wir der griechischen Philosophie gegenüber besitzen, nicht empfinden können. Es ist eine Umrechnung notwendig. Und vor allem haben diese Philosophien der despotischen und auch der sich auflösenden despotischen Gesellschaften – und es gab viele Auflösungen in China und Indien, dagegen keine in Ägypten und Babylon – sporadischen Kontakt mit unserer Philosophie, also auch mit der Philosophie, aus der der Marxismus entstanden ist, der eine neue Epoche eröffnet.

Wir sehen unaufhörlich das griechische Gedankengut im Mittelalter in Gang, erst recht im neueren Denken, aber nur von Zeit zu Zeit treten diese fremden alten Philosophien oder Mythosphilosophien in das europäische Denken ein und werden sichtbar. Aber sie werden sichtbar, und es wäre die uns unermeßlich fernliegende Ideologie eines weißen Imperialismus, wenn wir nun sagten, dies alles sei nur die Vorgeschichte der Philosophie, das seien so die gelben Affen, die sich am Tor der Weltgeschichte herumtrieben und nie eingetreten seien. So etwas ist selbstverständlich reine Ideologie des Imperialismus; und das wäre es auch, wenn wir jenen Völkern unsere griechische oder Renaissance- oder klassizistische Architektur aufdrängen wollten, da sie doch eine eigene haben, die sich neben der unseren durchaus sehen lassen kann, während sich ihr Philosophieren nicht so ganz sehen lassen kann.

Es wäre falsch, es als Vorgeschichte zu erzählen; denn es ist keine, weder zeitlich noch dem Inhalt nach. Die Inder leben noch, die Chinesen leben erst recht noch, jenes Philosophieren ist nicht vor 3000 Jahren geschehen und seitdem fertig. Es gibt eine fortlaufende Geschichte der chinesischen und der indischen Philosophie, dieser Mythosphilosophie. Aber sie ist nicht an einem Tag zu erledigen, sondern erforderte eine eigene Vorlesung, die genauso durch die Jahrhunderte ginge, wie wir unsere griechische, mittelalterliche und neuere Philosophie durch die Jahrhunderte laufen lassen. Es wäre falsch und unverschämt gegenüber Indien und China, ihre Philosophie zur Vorgeschichte herabzuwürdigen; das trifft allerdings historisch nicht gleichermaßen auf Babylon und Ägypten zu, weil das ja schon 1000 oder 500 vor Christus erloschen ist. Wir werden es besser so halten, daß wir an Stellen, wo das Denken des Vorderen oder des ferneren Orients in den europäischen Gedanken fruchtbar eingetreten ist, aufmerken, so daß wir es auch verstehen; denn es ist nicht leicht, in die Fremde zu denken und in eine uns sehr fremde Phänomenologie des Blicks einzudringen.

Wir haben diesen Einbruch schon am Anfang des griechischen Denkens. Da ist vieles von den Phöniziern abhängig; Pythagoras und Platon sind nach Ägypten gereist und haben nie gezögert, zusammen mit Herodot, die ägyptische Weisheit zu preisen. Pyrrhon, der Stifter der Skepsis, ist mit Alexander dem Großen oder dessen Gefolge nach Indien gekommen.

Es kommen erst recht unermeßlich viele mythisch-philosophische Einflüsse. Ein ganzes Goldgewölke von Mythos zieht im zweiten und dritten Jahrhundert nach Christus in der Gnosis, in der Patristik, im Neuplatonismus, übers Mittelmeer. Da haben wir Ägypten, da haben wir das griechische Babylon, völlig fremdartig gegenüber dem bisherigen griechischen Denken. Wir haben in Vorderasien das Christentum, das mit einer ungeheuren Fülle von spezifischem Mythos des auferstehenden und sterbenden Jahwe, Gottes, des Attis, Adonis, Jesus, eindringt.

Ein Einbruch von China geschah zum ersten Mal wahrscheinlich im 18. Jahrhundert, in dem die Verständlichkeit des Konfutse, das Maß, die Schicklichkeit, die kühle Humanität auf die Aufklärung ungeheuer wirkte und auf sie einen überhaupt nicht zu unterschätzenden Einfluß gewann.

Wir haben endlich den bedeutend fragwürdigeren Einfluß der indischen Welt, des Buddhismus, im Anfang des 19. Jahrhunderts übermittelt von Schlegel und Wilhelm von Humboldt durch die erste Übersetzung des Upanischaden. [1801/2 übertrug A. Duperron eine Sammlung von 50 Upanischaden ins Lateinische.] Die Schopenhauersche Philosophie ist ohne Buddhismus überhaupt nicht denkbar, ja sie wäre ohne ihn gar nicht entstanden. Der Einfluß geht weiter über Schopenhauer zu Richard Wagner. Es gäbe keinen »Ring der Nibelungen«, es gäbe erst recht keinen »Tristan« ohne Buddhismus. Nirwana, Nichts, dies europäisch verstandene oder mißverstandene Verlöschen, kommt daher und läuft weiter bis in das gänzlich verkommene, man kann fast sagen gänzlich zu nichts gewordene Nichts bei den Existentialisten, bei Jaspers und bei Heidegger. Der indische Einfluß war außerdem fruchtbar in der Arithmetik. Die Zahl Null in unseren Schriftzeichen kommt aus Indien; sie ist eine echt indische Erfindung, sehr

Nirwana. Nun kann ich durch die Verbindung der Stellenwerte der Zahlen und der Null anders rechnen als mit den römischen Schriftzeichen. In der Philosophie ist der indische Einfluß problematisch, aber durch ihn ist ein riesiges Segment des Daseins aufgerissen worden. Es gibt doch nicht Nichts, es gibt auch kein Nichten, aber es gibt *Ruinen*, und dafür hat das indische Denken einen Begriff und noch mehr dazu.

Wir werden also zu gegebener Zeit versuchen, mit möglichst wenig Mißverständnis auf das Babylonische, Ägyptische, Indische, Chinesische einzugehen, nicht als auf Vorgeschichte, wie Sie sehen, sondern als auf etwas lebendig Eintretendes. In der Gegenwart zeigt sich zum Beispiel im Chinesischen etwas verblüffend Glückliches. Der chinesische Mythos oder die chinesische Mythosphilosophie hat seit sehr alten Zeiten einen Dualismus und eine Spannung zwischen zwei Prinzipien, zwischen Yang und Yin, das heißt Berg und Tal, weiblich und männlich, Plus und Minus. Diese beiden Prinzipien sind in einer dauernden Spannung, die sich immer wieder ausgleicht. Wenn Gleichgewicht entstanden ist, so bricht doch an einer anderen Stelle diese Spannung wieder auf, die aber eine fruchtbare Spannung ist und erneut einen Ausgleich findet. Es gibt also im mythisch-philosophischen Denken Chinas seit alters eine dialektische Richtung, eine dialektische Selbstverständlichkeit. Die Dialektik geht nicht so weit, daß im Gleichgewicht selbst wieder ein Widerspruch entstünde. Der Widerspruch entsteht an anderer Stelle. Aber im chinesischen Mythos selbst ist ein dialektisches Element, das bis ins Sprichwort und ins Verhalten hineingeht, was bewirkt, daß der durchschnittliche Chinese, der einfache Mann aus dem Volk, der gar nicht studiert hat und vielleicht nicht einmal die ungeheuer komplizierte Fülle der Schriftzeichen kennt, die marxistische Dialektik viel leichter versteht als ein hochgebildeter Engländer oder Amerikaner.

Denn in deren Mythos und in deren Philosophie gibt es nur Addition von Tatsachen, kein dialektisches Verhältnis. Da wird addiert und addiert, und es ändert sich nichts, nur die Zahl wird immer größer, wird ein Wolkenkratzer von Zahl. – Ich drücke mich etwas einfach aus, denn damit ist natürlich der Inhalt der englischen Philosophie nicht erschöpft, wie Sie in einer späteren Vorlesung noch merken werden. Aber Dialektik kommt im englischen Denken nicht vor. Infolgedessen hat es der Marxismus so schwer,

in die englisch-amerikanische Denkgewohnheit einzudringen, überhaupt verstanden zu werden, und deshalb hat er es so glücklich leicht bei einem durchschnittlichen Chinesen.
Es gibt eine chinesische Dialektik, die sich in dieser Reinheit in anderen Philosophien nicht findet. Sonderbar ist, daß in der Zeit der großen Religionsumwälzung im Mittelmeer Indisches oder gar Chinesisches nicht einströmt. Wir haben also Ägyptisches und Babylonisches in der Gnosis und der Patristik, dadurch auch im Mittelalter, aber nichts Indisches, nichts Chinesisches. Nun, das ist in späteren Zeiten desto reichhaltiger gekommen, und, wie gesagt, dieser Prozeß ist noch nicht abgeschlossen.
Ich habe Ihnen gesprochen von der Entstehung der Philosophie bei den Griechen in den Kolonien und später im Mutterland. Zeitlich war sie zuerst in den Kolonien und wurde erst viel später zur Zeit des Perikles [495-429 v. Chr.], noch dazu durch einen Ausländer, Anaxagoras, nach Athen eingeführt [462 v. Chr.], nachdem es schon seit 150 oder 200 Jahren die großen Philosophien in Ionien drüben im Osten und in Groß-Griechenland gegeben hatte.
Mit der Entstehung der Lyrik und des Dramas ist es ähnlich. Auch letzteres ist eine griechische Spezialität, allerdings nicht die Lyrik. Denn es gibt herrliche Liebeslieder der Indianer und eine große indische Lyrik. Aber die Lyrik, die auf die Person geht, die das *emanzipierte Individuum* wiedergibt, das in der Handelsgesellschaft ausgebildet worden ist, das Sich-Entgegensetzen zum Brauch und zur Welt, *mein* Fühlen, *meine* Antwort auf den Welteindruck, die ist wesentlich griechisch. Anakreon und Sappho gibt es nicht woanders.
Ebenso das Drama. Das Drama ist eine gottesdienstliche Handlung, es kommt auch in Indien, in Ägypten und in Babylon vor. So auch in Griechenland. Doch plötzlich schiebt sich im griechischen Drama dem Helden Dionysos ein anderer Held unter: Prometheus. Prometheus wird die eigentlich tragische Gestalt, eine Gestalt des Rebell, der sich gegen die Götter empört. Alle Helden, die in der griechischen Tragödie auftreten, sind verwandelte Prometheus-Gestalten, nicht nur mehr verwandelte Dionysos-Gestalten. Und die Menschen, die Zuhörer, entdecken zu ihrer ungeheuren Verblüffung in der griechischen Tragödie dieses eminent Ketzerische, eminent Brechende; sie entdecken: die Menschen sind besser als ihre Götter. Der Untergang der menschlichen Helden enthält

etwas, dem der Zuschauer nicht zustimmt, obwohl er das Urteil des Zeus gerecht findet. Aber er sympathisiert mit dem Verbrecher, der nicht nur Verbrecher ist, sondern *Zerbrecher*: Zerbrecher des Brauchs, des Herkommens, der Unterworfenheit, des Lebens als Hund vor dem Herrn. Hier überall sind ketzerische Elemente gegen Brauch und Mythos, die sich auch in Griechenland, bevor es zur Philosophie kam, längst ausgebildet hatten und die nun fruchtbar werden.

Warum treiben wir Geschichte der Philosophie?

Meine Damen und Herren! Welchen Bildungswert hat nun Geschichte der Philosophie überhaupt? Wozu treiben wir Geschichte der Philosophie? Zunächst negativ: Sie kann und darf nicht so dargestellt und so gelernt werden, daß sie einen verwirrenden Einfluß auf Sie ausübt, nämlich, daß Sie erfahren, wieviel die Menschen und die erleuchtetsten Köpfe unter ihnen schon gedacht haben, wie sie alle im Meer des Zweifels ertrunken sind und wie sie ans Land kamen, was sich darin ausdrückt, daß der Nächste schon wieder das Gegenteil von dem sagt, was sein Vorgänger gesagt hatte. Wenn Sie die Geschichte der Philosophie derart betrachten, – das ist heute so nicht mehr üblich, war es aber im 18. Jahrhundert durchaus – dann ist sie eine Geschichte von interessanten Irrtümern. Es ist allerdings nicht ausgemacht, ob es Irrtümer sind, einer könnte ja völlig recht haben. Aber wie sollen wir das entscheiden, da der Nächste ja doch das Gegenteil sagt.
Heraklit sagt: Alles ist Bewegung [vgl. W. Capelle 1968, 132 und Anm. 1], das Wesen der Welt ist Feuer [a.a.O., 142 f.]. Und Parmenides und Zenon, die Stifter der eleatischen Schule, sagen: Alles ist Stillstand, die Bewegung ist Schein. Ich bringe absichtlich dieses Beispiel, weil das Ihnen bekannte Fragen sind. Heraklit, dem Stifter der objektiven Dialektik, stehen die Eleaten Xenophanes, Zenon, Parmenides gegenüber, die Stifter sozusagen der Statik und des Begriffs der Einheit, mit den bekannten Zenonschen Beweisen gegen die Bewegung und die Vielheit; Beweise, die es in sich haben [a.a.O., 177-180]. Das heißt nicht, daß sich das menschliche Denken deshalb, weil die beiden Seiten Entgegengesetztes gesagt haben, von diesen Fragen abgekehrt hätte und nun darauf verzichtete, überhaupt etwas darüber auszumachen. Vielmehr ritzt hier etwas

und stößt zusammen. Das Denken geht in echt dialektischer Weise weiter, man hört die klugen Einwände der Eleaten, und daran reibt sich etwas und schraubt sich immer weiter in die Höhe.
An diesem Beispiel also, das Ihnen naheliegt, am Problem von Bewegung und von Ruhe als Grenzfall der Bewegung, was sich schließlich in der Differentialrechnung und in der Hegelschen und Marxschen Dialektik als Lösung herausstellt, ist Ihnen aufgegangen, daß die Geschichte der Philosophie nicht eine Serie von Irrtümern, nicht ein sehr profundes Narrenhaus mit Narrenparadiesen und Narrenlösungen ist.
Das hat zwar nie jemand angenommen; aber es ist auch nicht so, daß etwa die Geschichte der Philosophie die stärkste Widerlegung der Philosophie wäre. Das ist ein Gedanke, der überhaupt nur in dem philosophischen Tiefstand der zweiten Hälfte des 19. Jahrhunderts auftreten konnte, als auch in den einzelnen Wissenschaften eine Stagnierung eingetreten war. Das war eine sonderbare Schulbuben- und Schulmeisterfreunde, daß es etwas fertig Abgeschlossenes gäbe, das man auswendig lernen könnte. Man sagte: Die ganze Mathematik und die ganze Physik und die ganze Chemie ist fertig, und ihr Philosophen streitet euch herum, ob es Bewegung gibt, ob es Erkenntnis der Welt gibt, ob diese als Abbildung oder Erzeugung verstanden werden muß, und immer wieder neuen Streit und neuen Streit. Das ist doch alles Schwindel, hier, schwarz auf weiß: unsere Physik ist fertig. Ja, meine Damen und Herren, als dann aber wieder Bewegung ins Konto kam, da war die Physik noch gar nicht fertig, um 1900 ging es los, und so in den Fugen gekracht hat die Philosophie nie wie die Physik. Heute ist die Physik eine philosophische Wissenschaft geworden, wie sie es zur Zeit von Galilei auch war, als die klassische Physik entstand. Und daraus wird wieder etwas Geordnetes kommen.
Sobald also Bewegung im Konto ist, um mich kaufmännisch auszudrücken, sobald etwas passiert und Leben in die Bude kommt, sobald Wissenschaft gemacht und nicht nur konsumiert wird, haben wir einen Streit der Meinungen, einen philosophischen Zustand mit einem Fluß der Probleme und ihrem Gewinn. Nur muß man eben verstehen, daß es in der Geschichte der Philosophie solche Probleme und einen solchen Sinn gibt. Dann wird Geschichte der Philosophie wie die Geschichte jeder Wissenschaft [...] selbst ein Werkzeug im Arbeitsprozeß, ein Organon, die Welt

zu verstehen, ein Organon, sich viele Abwege und Irrtümer zu ersparen, da ja von Köpfen, die gescheiter waren als wir, vieles schon bis zu Ende gedacht worden ist. Und siehe: es führte ins Nichts, in Irrtum. Wie bei einem Schachspiel, wo bestimmte Züge unweigerlich zum Matt führen, gibt es auch hier bestimmte Züge, die unweigerlich zum Irrtum führen. Das ist das Mindeste, was gesagt werden kann.

Das andere ist, daß nach der gesellschaftlichen Zuordnung unterschieden werden muß. Es ist selbstverständlich der *dialektisch-materialistische* Blick, der auf die Geschichte der Philosophie geworfen werden muß. Die Gedanken der Philosophie sind Gedanken der herrschenden Klasse; sie haben teil am Progressiven der herrschenden Klasse, und sie reflektieren das Niedergehende der herrschenden Klasse. Sie reflektieren aber auch im Progressiven die Grenzen der Erkenntnis einer Klasse. Gemäß der Sklavenhaltergesellschaft, gemäß der relativen Statik der Verhältnisse, in der vor dem Kapitalismus auch die Feudalgesellschaft lebte, gab es bestimmte Grenzen in der Erkenntnis der Bewegung. So konnte Zenon in seinem Beweis gegen die Bewegung, als er lehrte, daß der fliegende Stein in Wahrheit ruhe, ganz dicht an die Erzeugung der Differentialrechnung herankommen. Die Schranken des griechischen Denkens, die Unfähigkeit, Irrationalzahlen zu denken, die Küstenschiffahrt, die die Griechen auch im Denken hatten, verhinderten die Entdeckung der Differentialrechnung in Griechenland. Darin zeigt sich die Geschlossenheit, die die Größe der griechischen Kunst ausmacht: das Maßhafte, das Plastische im eigentlichen Sinne des Worts gegenüber dem Verdämmernden, dem Grünewaldschen, dem Rembrandtschen, der Differentialrechnung, der Bachschen Musik, die nie plastisch sind, während bis heute Mittelmeerkunst plastisch ist, zum Beispiel die italienische Musik. Für dies Plastische haben die Griechen bezahlt, indem ihnen dadurch manches verschlossen blieb.

Erst die kapitalistische Gesellschaft kennt Funktion und Bewegung; Kapitalismus ist die erste ungeheure Veränderung der Welt. Er hat Funktionsdenken, dynamisches gegen statisches Denken in die Welt gebracht und hat, wie wir wissen, wieder andere enorme Schranken, die wir bereits überschritten haben, so daß wir die Schranken erkennen und kritisieren können. Das heißt aber nicht, daß damit alles erledigt wäre. Innerhalb dieser Schranken ist ein ungeheurer Weltblick aufgegangen. Wir kennen die Grenzen, wir können das Begrenzte abtun, wir können ein schöpferisches Kulturerbe antreten, indem wir manches umfunktionieren und Größe und Gewalt dieser Gedanken einsehen. Es kommt also noch etwas hinzu, was bisher in der Geschichte der Philosophie, meiner Meinung nach, zu wenig beachtet wurde, nämlich das *Pathos des Neuen*. Das, was in Gedanken neu durchbrach, was über den Horizont trat, was bisher nicht gesehen wurde, das deckt sich zum Teil mit dem Progressiven, aber doch nicht ganz. Weil wir überall auf das Neue setzen, dem Novum verschworen sind, der Zukunft, dem Heraufkommenden, dem Anrückenden zumindest, dem, was in der Zeiten Schoß verborgen ist und was so lange verborgen bleibt, bis wir es rufen und herausholen, darum sind wir auch hellhörig für jene Dinge in der Geschichte der Philosophie, die sozusagen zu früh gedacht worden sind, die in ihrer Zeit nicht nur wegen der Schranken der Erkenntnis nicht zum Durchbruch kommen konnten, sondern weil überhaupt noch keine Bedingungen für sie vorhanden waren.

So wie es verfrühte Helden, verfrühte Revolutionäre gibt – die größte Erscheinung ist Thomas Münzer, der zu früh kam und deshalb ein tragischer Held wurde –, so gibt es cum grano salis Verfrühtheiten in der Geschichte der Philosophie, die sich sowohl im Idealismus wie im Materialismus finden.

Und nun kommt die Ihnen bekannte Grundunterscheidung: Kampf des Idealismus mit dem Materialismus oder besser: *Kampf des Materialismus mit dem Idealismus*. Dieser Kampf muß richtig verstanden werden. Sie dürfen sich nicht etwa vorstellen, daß im Idealismus alles schlecht und reaktionär gewesen wäre, daß es gar nichts Progressives und nur Klopffechterei und Ideologie gegeben hätte und auf der anderen Seite im Materialismus alles eitel Gold und Sonnenschein gewesen wäre. Es gibt, Sie werden die Bekundung von Friedrich Engels kennen, es gibt einen Fortschritt der Menschheit auf lange Strecken über Idealismus hin, mit einer ungeheuren Bereicherung des Gesichtskreises; und um die dialektische Antithese, wie sich Engels ausdrückt, des Idealismus bereichert, gewinnt der Materialismus eine viel höhere Stufe.

Zwei Beispiele will ich Ihnen geben: Gegenüber dem urwüchsigen, prachtvollen Materialismus der sogenannten Vorsokratiker, gegenüber dem Materialismus eines Demokrit und Anaxagoras tauchen

die Sophisten und Sokrates auf, die reine Idealisten sind. Die Sophisten sind verruchte Idealisten, »subjektive Idealisten« – frei nach Berkeley. Und nun gar Sokrates mit seinem reinen Idealismus und seiner Abkehr von der Natur. Aber das ungeheure Novum geschieht: Der Mensch wird entdeckt, der Blick geht nicht mehr auf die Physis. Alle Bücher der vorsokratischen Philosophen heißen: περὶ φύσεως; »Über die Natur«, sofern man »physis« mit Natur übersetzen kann. Nun gehen die Bücher und das Nachdenken plötzlich auf den Menschen, der subjektive Faktor tritt ins Bewußtsein, er ist ungeheuer progressiv und nur idealistisch erzeugt worden. Ich erinnere Sie an die erste der Marxschen Thesen über Feuerbach [Marx 1845, MEW 3, 5]. Sie betrifft den subjektiven Faktor des deutschen Idealismus, ja des neueren Idealismus von Kant und Fichte. Er fehlt bei Feuerbach, kommt aber im Idealismus vor und muß in den mechanisch-naturwissenschaftlichen Materialismus des 18. Jahrhunderts hineingebracht werden, damit dialektischer Materialismus entsteht. Dies zu sagen ist notwendig, auf daß der Rang gesehen werde. Es gibt sehr große Philosophen unter den Idealisten, leider mehr als unter den Materialisten.
Und dann sind Idealismus und Materialismus räumlich nicht sauber voneinander abgetrennt, jeweils von einer Haut umschlossen oder von einer Uniform. Sie können nicht sagen: das ist Idealismus und das ist Materialismus; Sie können nicht so unterscheiden wie in einem Länderkampf zwischen Turbine und I. G. Farben oder was Sie an die Stellen setzen wollen, wobei die einen ein M und die anderen ein I auf ihrem Sweater haben und nun miteinander um den Ball kämpfen. Nein, der Kampf geht in den Philosophien selbst weiter. In Aristoteles, in Leibniz, in Kant, in Fichte – in Fichte wenig – aber in Schelling, in Hegel ist Materialismus neben Idealismus mit Händen zu greifen. Engels sagt von der Hegelschen Philosophie, sie sei ein auf den Kopf gestellter Materialismus [Engels 1880/82, MEW 19, 206 f.]. Das ist hoch übertrieben. Aber es konnte gesagt werden, und das zeigt, die Sache geht mitten hindurch. Der französische Materialismus ist in der deutschen klassischen Philosophie mit Händen zu greifen; er ist aufgenommen, verfälscht, in die Ecke gestellt, kaputtgemacht, bekämpft worden, das ist alles richtig – trotzdem ist er darin. Wir haben also Kompromiß- und Koalitionssysteme in einer Philosophie selbst, wobei der Materialismus besser daran ist als der Idealismus, indem

er ohnehin, da er eine Wahrheit ist, immer siegt und sich am Idealismus, wenn es großer Idealismus ist, um Probleme gewaltig angereichert hat. So viel darüber.

Wir gehen nun an die Frage heran, wie die Einteilung der griechischen Philosophie ist. Zunächst rekapitulieren wir noch einmal, was wir behandeln. Wir sind keine Historiker; uns interessiert die *Geschichte* der Philosophie sozusagen erst in zweiter oder dritter Linie. Uns interessiert die Geschichte der *Philosophie*. Allerdings, was in die Rumpelkammer gefallen, was wirklich nur Zuordnung zu einem gesellschaftlichen Verhältnis, was mit ihm verbunden war und uninteressant geworden ist, das geht uns nichts an, und dazu gibt uns die ökonomische Geschichtsauffassung, die selber das beste Werkzeug und Organon dafür ist, eine prachtvolle Handhabe. Das brauchen Sie nicht zu lernen, damit brauchen Sie Ihren Kopf nicht vollzustopfen. Es gibt eine Lehre, ob man das Kreuz mit zwei Fingern oder mit drei Fingern schlägt; solche Probleme gibt es auch in der Geschichte der Philosophie. Das Jota, um das man kämpft, ob Gott-Vater und Gott-Sohn gleich oder nur ähnlich sind, das interessiert uns an Ort und Stelle gar nicht. Ein philosophisches Problem könnte darinstecken, das würden wir dann gegebenenfalls zu seinem Nutzen herausknacken, aber an Ort und Stelle überlassen wir es den Gewässern der Vergangenheit, die es in den Orkus geschwemmt haben.

Wir beschäftigen uns nur mit dem, was fortlebt, was den Rang von Sprache, von großen Kunstwerken, von großen Gedanken hat, was weitertreibt und uns angeht, was lebendig, aktuell geblieben ist, auf daß die großen Denker hier mitten unter uns sitzen und zu unseren Fragen auf ihre Weise Antwort geben. Dazu werden sie zitiert. Wir zitieren, wie Faust den Erdgeist ruft [Goethe 1808, Nacht, Vs. 461], in diesen Saal die großen Denker, daß sie mitten unter uns sind. Wir bemühen uns nicht in das Jahr 500 vor unserer Zeitrechnung; wir laden die alten Philosophen ein, mitten unter uns zu sein, εν παρουσία, in Anwesenheit.

Es ist leider üblich, daß die griechische Philosophie so weit läuft, wie die griechische Zunge klingt. Das ist ungefähr so, wie wenn Sie Leibniz zu einem französischen Philosophen machen oder Mozart zu einem italienischen Musiker, weil die Texte von »Don Giovanni«, »Cosi fan tutti« und »Figaros Hochzeit« italienisch geschrieben sind, während Leibniz großenteils französisch geschrieben hat. Das ist vollkommener Unsinn. Wir können also die griechische Sprache und die griechische Philosophie nur so weit behandeln, als es die alte griechische Gesellschaft gibt. Wir können das römische Imperium nicht mehr behandeln oder gar das beginnende Kalifat, also nicht die vollkommen feudale, neufeudale, despotische Gesellschaftsordnung, die am Ende des römischen Reichs eingetreten war, mit ihrer versinkenden Latifundienwirtschaft und allem, was damit zusammenhängt. Das sind ganz andere Gedanken. Wir werden die griechische Philosophie zunächst bis Alexander führen.

Am Anfang der griechischen Geschichte, sagt Hegel – und das ist ein sehr schönes Bild, die Jünglingszeit der Menschheit deutlich zu machen –, stehen zwei Jünglinge, die Anfang und Ende bezeichnen, Achilles, der bekanntlich zwanzig Jahre alt war, als er starb, und Alexander [Hegel, Vorlesungen über die Philosophie der Geschichte, Werke Bd. 12, 276]. Sie flankieren die griechische Geschichte; zwei Jünglingsgestalten flankieren das Jünglingsalter der Menschheit.

Wir beginnen mit der *kosmologischen Periode*, das ist die Zeit der Philosophen vor Sokrates, also wesentlich die Philosophie der Kolonien im Osten und Westen, von Thales bis einschließlich Anaxagoras, vielleicht noch Demokrit. Dann kommt die *athenische Periode*, die moralisch-metaphysische Periode, beginnend mit den Sophisten, mit Sokrates, Platon, Aristoteles. Danach erst kommt die *hellenistische Philosophie*, die zwei Perioden hat: die Philosophie des Alexanderreichs, des Hellenismus, und die des römischen Reichs. Die hellenistisch-moralische Periode ist bezeichnet durch die Skeptiker, durch Epikur und die Stoa, ungefähr bis 200 nach unserer Zeitrechnung. Die hellenistisch-religiöse Periode ist bezeichnet durch Neupythagoräer, Neuplatoniker, den siegreichen Einfluß des Christentums, das gar keinen Sprung, sondern nur einen Übergang darstellt, durch Gnosis und Patristik. Wir werden Philosophen wie Pyrrhon, den Skeptiker, Zenon und Chrysippos, später Paneitios und Poseidonios, Marc Aurel und Epiktet bei den Stoikern kennenlernen, selbstverständlich auch Epikur und die Epikureer, die uns besonders interessieren, obwohl die Stoiker schon Materialisten waren. Des weiteren Lucretius und Ammonios Sakkas, Plotin, den größten der Neuplatoniker, Jamblichos, Proklos. Damit sind wir schon im 5. Jahrhundert, treffen auf Origenes und Augustin und stehen an der Schwelle der bereits von ihm prophezeiten und zum Teil von ihm gebildeten mittelalterlichen Feudalgesellschaft. Zunächst also haben wir es mit der griechischen Philosophie im engeren und eigentlichen Sinn zu tun, also mit der Philosophie der *Griechen* und nicht mit der Philosophie der vielen, unter denen Syrer und Alexandriner waren, die in *griechischer Sprache* geschrieben haben. Diese griechische Philosophie reicht so weit, wie die griechische Gesellschaft vor Alexander sich ausgedehnt hat.

Wie zu studieren sei

Ich will Ihnen nun noch Literatur angeben. Wir haben nur bürgerliche. Die Versuche, die Geschichte der Philosophie von nichtbürgerlichem Standpunkt aus zu behandeln, stehen am Anfang. In der bürgerlichen Philosophiegeschichte wird wesentlich Geschichte der Ideen getrieben mit dem sonderbaren Glauben, daß eine jungfräuliche Geburt, eine Parthenogenese von weltbewegenden Ideen stattfinde. Es wird angenommen, daß jeder Denker völlig losgelöst vom Leben über die in den Ideen enthaltenen Probleme nachgedacht hätte, und so wird ein Geisterkampf am Himmel der Gedanken dargestellt. Hier und da gibt es, nolens volens, weil es nicht anders geht, einen Blick auf die gesellschaftlichen oder allgemeinen Kulturverhältnisse der Zeit, am stärksten noch bei Wilhelm Windelband, der überhaupt der interessanteste und tiefdringendste Historiker der Philosophie ist, den wir haben. Aber das geschieht nebenbei und sozusagen als Tribut des Lasters an die Tugend.
Sie müssen die riesigen Materialsammlungen so lesen, daß Sie die rein ideologischen Erklärungen nicht annehmen, aber doch unermeßlich viel lernen können. Bei allen Schranken, die die kapitalistische Gesellschaft des 19. Jahrhunderts vor allem in Deutschland hatte, haben ihre Philosophiehistoriker doch ein ungeheures Material gesammelt. Sie machen in der Auswahl von Gedanken falsche Pointierungen, zum Teil ganz falsche Einschnitte, wenn sie zum Beispiel in neukantianischer Weise die neuere Philosophie mit Descartes [1596-1650], mit dem Cogito ergo sum, beginnen lassen, statt mit der Renaissance, mit Giordano Bruno [1548–1600], bei dem der Materialismus losbricht. Sie pointieren natürlich den

Idealismus. Diese unproduktive Zeit, die gar keine eigenen Gedanken hatte, hat wunderbare Philologen hervorgerufen, die, ohne durch ein Getöse im eigenen produzierenden Inneren gestört zu sein, unaufhörlich auf das hinhörten, was die anderen in der Vorzeit gesagt hatten. Sie waren vortreffliche Denker *über* etwas, Darsteller *von* etwas, Kärrner, die zu tun haben, nachdem die Könige gebaut haben [Schiller 1797], nicht nur *während* die Könige bauen, sondern auch *nachdem* sie gebaut haben. Sie waren prachtvolle Kärrner, mit all den Schranken, die ich Ihnen angegeben habe, sie waren große Gelehrte, um mich etwas respektvoller auszudrücken. Windelband habe ich Ihnen schon genannt; sein Lehrbuch der »Geschichte der Philosophie« [1889 u. 1903] ist ein sehr interessantes Unternehmen. Es verläuft zwar zeitlich, ist aber nach Problemen geordnet: nach Problemen des Seins, Problemen des Erkennens, Problemen der Sittlichkeit. Darin erfahren Sie, was die einzelnen Denker zu den Problemen der Willensfreiheit, der Weltvollkommenheit, des Mechanismus und der Teleologie gesagt haben. Es setzt aber die Kenntnis dieser Denker voraus. Außerdem nenne ich eine ebenfalls große Gestalt der bürgerlichen Sammelfreude und Beschränktheit: Johann Eduard Erdmann. Sein »Grundriß der Geschichte der Philosophie« [1896] in zwei Bänden, in den fünziger und sechziger Jahren des vorigen Jahrhunderts begonnen, ist heute noch lebendig. Ich will nicht vergessen, bei der gesamten Geschichte der Philosophie noch eines der sympatischsten älteren Werke aufzuzählen, die »Geschichte der Philosophie im Umriß« von dem braven Schwegler [1848]. Sie stammt ebenfalls aus den fünfziger, sechziger Jahren und müßte unbedingt – natürlich mit einem Vorwort – wieder einmal bis einschließlich Hegel aufgelegt werden. Für die griechische Philosophie im besonderen können Sie wiederum Windelband benutzen, seine »Geschichte der abendländischen Philosophie im Altertum« [1923], wie auch das kleinere, oberflächlichere Werk »Grundriß der Geschichte der Philosophie« von Zeller [1886], den sogenannten Kleinen Zeller, der Ihnen aber gute Dienste leisten wird. Ein völlig unphilosophisches Standardwerk, eine rein objektivistische Zusammenstellung dessen, was die einzelnen Denker gesagt haben, aber von einer philologischen Vollständigkeit, die bis heute zwar oft ergänzt, aber nicht übertroffen wurde, ist Eduard Zellers »Philosophie des Griechen in ihrer geschichtlichen Entwicklung« [1856] in fünf dicken Bänden. Wenn

Sie Spezialarbeiten über einen griechischen Denker machen wollen, können Sie bei Zeller Hinweisungen auf die entsprechenden Stellen im Original bekommen, wozu Sie selbstverständlich Griechisch können müssen; denn der griechische Text ist ja zum großen Teil nicht oder nur unzulänglich übersetzt. Des weiteren gibt es ein bedeutendes, außerordentlich lebendig geschriebenes, gründliches Werk in drei Bänden von Gomperz, »Griechische Denker« [1903/1909]. Hohe humanistische Kultur spricht sich darin aus.

Was die einzelnen griechischen Philosophen angeht, so haben wir zunächst einmal die sehr interessanten und Ihnen generationsmäßig besonders nahestehenden sogenannten Vorsokratiker. Dazu gibt es Capelle, Nestle und ein dreibändiges Standardwerk deutschen Gelehrtenfleißes von Diels. Darin finden sie sämtliche erhaltenen Fragmente und Zitierungen griechisch mit Übersetzung der Hauptsätze unter dem Strich. Für geringeren Bedarf reicht Ihnen wahrscheinlich der Nestle aus.

An Einzelstudien wäre zu erwähnen: Windelbands »Platon, der Mensch, der Künstler, der Politiker« [1900]. Dieses Werk ist deshalb lehrreich, weil Windelband Platon von einer Seite betrachtet, die uns nähersteht und sehr seltsam ist. Natürlich feiert er den großen Idealisten, aber er betrachtet ihn wesentlich als Politiker. Platon ist nach ihm eine vollkommen aktive Figur, da er dreimal den besten Staat in Syrakus gründen wollte und dabei zweimal in hohe Lebensgefahr kam. Der letzte Satz von dieser Windelbandschen Schrift über Platon heißt: »Von allen Geistern, die gewollt haben, ist Platon der Vornehmste gewesen und geblieben.« Windelband faßt Platon durchaus nicht als Idealisten im Sinn der Schau, sondern als einen aktiven Mann, wie es kaum einen gegeben hat. Das ist ein sehr verblüffendes Bild, zu dem einiges dazu berechtigende Material vorliegt [vgl. Bloch 1977, 32 ff.].

Zu Platon ist noch zu empfehlen Wilamowitz-Moellendorff [1929]. Über Aristoteles existiert ein Standardwerk von dem Philologen Jaeger [1923], dem Nachfolger Wilamowitz-Moellendorffs auf dem Lehrstuhl für Klassische Philologie an der Berliner Universität. Als Quellensammlung im Original aus der Antike selbst empfehle ich Diogenes Laertius [1967], das heißt: Diogenes aus dem Ort Laerte. Er hat über das Leben und die Lehre der in der Philosophie Hervorragenden geschrieben und ihre Aussprüche gesammelt. Legenden, fingierte Briefe, gefälschte Aussprüche, manche sehr inter-

essant, sollen das Aroma der Quelle vermitteln und zeigen, wie es an Ort und Stelle ausgesehen hat. Aber es ist nicht mehr Ort und Stelle, denn das Buch ist um 250 vor unserer Zeitrechnung in Rom geschrieben.
Diese Literatur sollten Sie nun mit Interesse und Vorsicht einsehen, wobei ich Sie bitte, auf Ihr Interesse zu achten. Es gibt ein Kinderspiel, wo etwas gesucht wird und wo man, wenn der Suchende von dem Gesuchten weit ab ist, sagt: es ist kalt oder gar eiskalt, und wenn er der Nuß oder dem Stücklein Schokolade oder dem Ball näherkommt: es brennt, es ist siedend heiß. Wenn Sie nun bei einem Philosophen auf ein Problem stoßen, das Ihnen so nahe ist, daß es brennt, so geben Sie acht. Sehen Sie, ob Sie etwas finden, was gemäß ist, zu dem Sie, um mich hochtrabend auszudrücken, vielleicht in die Welt geschickt worden sind, zu dessen Lösung Sie berufen und geboren sind. Denken Sie in diesem Punkt möglichst hoch von sich, damit Sie einen Stoff finden, um den sich ihre übrige Arbeit zum Teil gruppieren kann, und damit Sie auch diese verfluchte objektivistische Rezeptivität loskriegen, mit der Sie bloß zuhören und die Geschichte der Philosophie, obwohl sie nicht so dargestellt wird, sich in eine Anekdotensammlung verwandeln sehen oder in ein gleichgültiges Relief, wo überhaupt nichts betont ist. Sie müssen also hier selbst inklinieren, Sie müssen das bekommen, was die Stoiker φαντάσίά καταληπτική nannten: »einschlagende Vorstellung«, wobei ich sowohl ins Subjekt einschlage, wie das Objekt in mich einschlägt, beides wie ein Blitz.
Ein Letztes noch zu einem Mißstand, den die griechische Philosophie an sich hat, daß sie nämlich griechisch ist, in griechischer Sprache, das heißt in griechischen Worten, das heißt in griechischen Buchstaben. Ich möchte Sie bitten, als Minimum die griechischen Buchstaben zu lernen, denn ich bringe es nicht über mich, bestimmte Ausdrücke mit lateinischen Buchstaben hinzuschreiben. Sie sehen in griechischen Wörtern so unbeschreiblich komisch aus, wie wenn Karl May arabisch oder türkisch in deutschen Schriftzeichen schreibt. So etwas muß in den Schriftzeichen, die an Ort und Stelle gehören, dargestellt werden. Sie können ja eine Rose, wenn Sie sie auch abgepflückt haben, nicht völlig verwandeln; sie bleibt doch eine Rose. Und es ist eine lächerliche Verwandlung, bestimmte griechische Ausdrücke lateinisch zu schreiben, so daß die Wörter allein auf weiter Flur stehen und frieren.

Der Vorhang geht auf. Bias, einer der sieben Weisen, sagte, alles Seine trage er mit sich [Bloch 1977, 20]. So zu sich kommend sind nun mehrere so frei, sich ihres Verstandes zu bedienen. Es erscheinen die sogenannten *sieben Weisen*, um die Wende vom 7. zum 6. Jahrhundert. Der Auftritt setzt an den ionischen Orten, wo er geschah, vielleicht Unruhe voraus, vielleicht sogar Unruhen, wenn auch nicht bekannter Art. Es sieht so aus, als suchten die sogenannten Weisen hier zwischendurch zu steuern, nicht mit Tat, sondern mit Rat. Abgeklärt, besonnen, wie man zu sagen pflegt, waren es Männer des praktischen Lebens, σοφοί, was ja ursprünglich etwas ganz anderes meint, als was man sich schon bald nach dieser Zeit darunter vorstellte, und auch heute. Unter den Männern des praktischen Lebens, die σοφοί genannt wurden, gab es auch Handwerksmeister. Im übertragenen Sinn ist σοφός ein Mann, der sich auf seine Sache versteht, wie sich ein Handwerker auf seine Sache versteht. Dieser Glanz von σοφός als dem Meister, der sich auf etwas versteht, klingt auch noch im Sokratischen Gebrauch des Wortes hörbar nach.

Die Namen dieser Weisen werden sehr verschieden angegeben. Nicht weniger als ihrer zweiundzwanzig sind bekannt. Sie werden aber immer wieder in die sagenhafte Siebenzahl eingereiht, jedesmal werden nur sieben genannt, aber die Namen wechseln. Es wurde auch über Zusammenkünfte, über Briefe dieser jeweils sieben im Altertum viel gefabelt, sogar über einen Dreifuß wurde gesprochen, dieses alte magische Werkzeug, auf dem man raunen kann oder dessen Anwesenheit im Zimmer höherer Kunde teilhaftig werden lassen soll; kurz, dieser Dreifuß spielte ebenfalls in Sagen eine Rolle und soll dem jeweils Weisesten der Weisen übergeben worden sein. Durchgehend in allen Aufzeichnungen kommen aber regelmäßig vier Weise vor: *Pittakos*, *Solon*, *Bias und Thales*.

Es macht sich nun in fast allen Aussprüchen, den nicht sehr zahlreichen, dafür aber zum Teil prägnanten Aussprüchen dieser Weisen ein Grundzug von *Trauer* fühlbar, vielleicht durch die Unruhen bewirkt, vielleicht auch entsprungen aus dem ja nicht nur durch Unruhen zu erzeugenden Schmerz des Lebens. Bekannter aber ist in den erhaltenen Sinnsprüchen, soweit sie echt sind, ein

Einstand der Waage auf *männliche Mitte* bemerkbar, dementsprechend ein Rat, man kann sagen: von dorischer Moral, also strenger, gehaltener Sitte, gegenüber den einreißenden, unsoliden, seldwylahaften Neuerungen des ionischen Geschäftslebens. Diese Art von Moral wird offenbar dagegen ausgespielt, mit Rat, sagte ich, selten mit Tat. Gesucht wird gegenüber den Leidenschaften das μέτρον, das Maß gegenüber jeder Übereilung, gegenüber kurzsichtiger, gar krummer Geschäftemacherei ein Achten auf die Folgen, eine Einsicht. [Capelle 1968, 65] Gegenüber Übertriebenheiten ergeht der reife Rat μηδὲν ἄγαν, das heißt: nichts zuviel, gemeint vielleicht im Hans-Sachsischen Sinn einer ruhigen, ausgeglichenen, deshalb nicht notwendig spießbürgerlichen, sondern reifen, mannhaften Mitte.

Was die Trauer angeht, so nehme man einen Satz, den Bias gesagt haben soll: οἱ πγεῖστοί κακοί, die meisten sind schlecht, eine immerhin nicht unerfahrene Bemerkung. [Capelle 1968, 66] Ein anderer Weiser namens Theognis tat den dunklen Ausspruch: Das Beste ist, nicht geboren zu sein, das Nächstbeste, früh zu sterben. Am bekanntesten ist der Satz des Bias, mit dem ich begonnen habe: alles Meine trage ich mit mir, ein Rat zum Ungebundenen, der nicht nur von der Schaukel des Lebens befreien, sondern die quälende und bedrückende Unruhe und Abhängigkeit von sich tun möchte. In diesem Satz liegt bereits ein kynisch Bedürfnisloses. Fast findet sich in den Ratschlägen der sieben Weisen auch Spießiges, so in dem Rat, sich aus dem Streit der meisten, die schlecht sind, herauszuhalten. Was allerdings bei Solon, ebenfalls einem der Weisen, durchaus nicht nur in einem leimsiederhaften oder spießbürgerlichen Sinn gemeint ist. Solon war bekanntlich Gesetzgeber, und er gab den Rat und vielleicht mehr als einen bloßen Rat, großen Besitz zu teilen. Wieder wird eine Mitte gesucht, in der es *weder* übertrieben arm noch übertrieben reich, wenn auch noch nicht weder arm noch reich geben soll. Insgesamt kommen hier schon kynische Ratschläge vor, Ratschläge der Bedürfnislosigkeit, wie ja dann auch Sokrates fast im Stil der sieben Weisen, bei einem Gang über den glänzend beschickten Markt von Athen gesagt hat: Wie vieles gibt es, was ich nicht brauche [Diogenes Laertius, 1955, Bd. 1, 86]. Es ist auch schon so etwas da wie der Rat eines stoischen Weisen, eines Mannes, der bereits mit Bias geblüht haben könnte: Siedle dich nie in der Nähe von Verhältnissen an, über die du keine

Macht hast. Omnia mea mecum porto, in einer sehr freien, aber doch treuen Übersetzung.

Gute Ratschläge allein helfen noch nichts. Darum gehen wir weiter zu demjenigen der sieben Weisen, der mehr von sich reden gemacht hat. Es ist *Thales* von Milet, etwa von 624 bis 546 v. Chr. Mit ihm beginnt überlieferterweise die abendländische Philosophie, und das mit Recht. Naturforschend soll er, man weiß freilich nicht wie, die Sonnenfinsternis von 585 vorhergesagt haben [Capelle 1968, 69]. Aber das ist nicht das an ihm Erhaltbare und Wichtige. Er gibt als erster nicht nur Sinnsprüche, er gibt vor allen Dingen als erster keine noch halbmythischen Erzählungen von der Entstehung der Dinge, wie etwa Pherekydes. Thales grübelt über den Ursprung und das Wesen der Dinge. Dieses Wesen ist nicht Chronos, die Zeit, ist kein Weltei, das Regierende in der Welt ist auch kein Zeus, sondern es ist sehr stofflich und auch ziemlich kühl. Hierher gehört nun die bekannte Antwort auf die Frage nach Ursprung und Wesen. Das Wesen aller Dinge ist das Wasser. [Capelle 1968, 69 u. 71] Wasser ist alles, und in Wasser kehrt alles wieder zurück.

Diese Aussage ist kühl, sage ich, und wenn sie sich nicht auf Wasser bezöge, könnte man sie auch sehr trocken nennen. Auch schwingt vielleicht wieder ein Zug von Trauer mit: Man suchte das Wesen der Welt, und als man es hatte, war es Wasser [Bloch 1977, 20]. Doch wie abenteuerlich kühn muß dieser Satz damals gewesen sein, indem er auf eine solch kühle Weise die Welt entgeisterte von dem vielen bisherigen Spuk in ihr und alles auf ein einziges, überall sichtbares, dazu dem Hafen Milet so sehr nahes Wesen zurückführt. Milet war eine große Handelsstadt, mit Marktgewühl, dröhnenden Werften, Meer ringsum, mit Goldverkehr, Umtausch, Umsatz. Der Begriff des Umsatzes kommt öfter vor, wenn nicht bei Thales, so bei späteren, ihm zeitlich nicht sehr fernen Philosophen. Umsatz aller Dinge in eines heißt das dann später in einem Ausdruck Heraklits [Bloch 1977, 21]. Dieser Gedanke ist abgeleitet vom Warenaustausch, wo eins ins andere umgewechselt wird, wobei es einen Ausgleich gibt, ein Maß, mit dem die Waren homogen gemessen werden, nämlich Geld.

Einzelheiten aus Thales' weiterer Lehre sind nicht bekannt oder, wenn bekannt, dann fraglich, so der Satz, daß auch der Magnet eine Seele habe [Capelle 1968, 71], was darauf hinwiese, daß das Wasser doch nicht nur Wasser ist oder daß nicht überall Wasser ist, sondern es sonderbare Zustände von Wasserhaftem geben mag, belebtes, beseeltes Wasserartiges, das sich hier verdichtet hat; wie denn überhaupt die Veränderungen und die Verschiedenheiten der Dinge von Thales zuerst mit Verdichtung und Verdünnung des Grundstoffs in Zusammenhang gebracht worden sind.

Die Hauptsache ist: Wir haben in der Lehre des Thales ein Wesen, und zwar ein einheitliches Wesen, ein Eines, das Wasser, und sonst nichts, aus dem alles kommt, in das alles wieder eintaucht, zu dem alles wieder umgetauscht wird. Das Wasser ist ἀρχή, *Anfang, Ursprung und Wesen* zugleich. Dieser Ort jedenfalls ist angegeben. Es gibt einen einheitlichen Ursprung und ein einheitliches Wesen von allem, auch wenn dieses Wesen nicht immer nur Wasser geblieben ist.

Wir gehen fort zu dem zweiten ionischen Philosophen, zu *Anaximander*. Der lebte gleichfalls in der Handelsstadt Milet, war etwas jünger als Thales, 611 bis 546, wurde von den Alten bald als Schüler, bald als Genosse des Thales bezeichnet. Auch er hat sich naturforschend hervorgetan. Er soll zuerst eine griechische Seekarte und einen ersten Himmelsglobus entworfen und außerdem die Sonnenuhr erfunden haben. Letzteres stimmt zuverlässig nicht, denn die Babylonier hatten längst die Sonnenuhr im Gebrauch. Vielleicht hat Anaximander sie in Milet eingeführt.

Aber deshalb ist er nicht unsterblich, sondern er schrieb eine Schrift mit einem Titel, der später sehr oft vorkommt und Jahrhunderte lang als Titel wiederholt wurde, περὶ φύσεως, über die Physis. φύσις kann auf dieser frühen Stufe in keiner Weise mit Natur übersetzt werden; φύεσθαι heißt gebären, entstehen. Also könnte man übersetzen: über das Gebärende, über den Schoß auch. Von der Schrift ist ein seltsames Bruchstück erhalten, der einzig erhaltene philosophische Satz aus so früher Zeit. Wir werden auf ihn noch kommen. Hier ist erstaunlich: Anaximander nimmt nicht Wasser als Ursprung und Wesen an; auch nicht, wie spätere Naturphilosophen Feuer oder Luft, sondern das ἄπειρον, das Unendliche. Daran zeigt sich eine fast unbegreifliche abstrakte Kraft, eine Kraft und sinnliche Bezeichnung von ungeheurer Verallgemeinerung. ἄπειρον ist das, was keinen πέρας hat, keine Grenze, auch das, was keinen ὅρος hat, keine Gestalt, es ist ein ἀόριστον. Dieses ἄπειρον selbst bleibt aber durchaus materiell. Es ist Wasser, aber es ist eine grenzenlose, noch ungeschiedene Mischung aller Stoffe, verwandt dem Chaos, womit ein mythischer Begriff hereinkommt. Dieser mythische Begriff wird aber sofort begrifflich gefaßt als ein Stoffzustand, ein Stoffwesen ohne bestimmte Eigenschaften, das heißt Abgrenzungen, Bestimmungen. ἄπειρον ist das Gemeinsame aller Stoffe, aus dem sie kommen. Dieses Unendliche ist unentstanden und unvergänglich, es ist aber auch unerschöpflich. Es ist unendliche, selbstbewegte Materie. Sie enthält, indem sie unbestimmt ist, alle späteren Sonderungen in sich und scheidet sie in der Entstehung der Welt aus sich aus. Aber eben deshalb, weil das ἄπειρον unerschöpflich ist, ist es auch reich belebt, wie denn die drei ionischen Naturphilosophen, Thales,

Anaximander und nachher noch Anaximenes, der letzte ihrer, durchaus hylozoistisch sind, das heißt, den Stoff nur als belebt annehmen und anerkennen. Dieser Schoß, (φύσις, ἄπειρον), in dem alles ungeschieden enthalten ist, wird von Aristoteles später zitiert im zwölften Buch der »Metaphysik«, dort wo der Begriff Materie entwickelt wird, nämlich als ein δυνάμει ὄν, ein in Möglichkeit Seiendes, das alle Formen annehmen kann, wie Wachs alle Formen aufnimmt, je nach dem Siegel, das darauf gepreßt wird. Aristoteles bringt also seine Art von Materie mit dem unerschöpflichen ἄπειρον des Anaximander in eine Art verpflichtete und dankbare Beziehung.

Nun scheiden sich die Stoffe aus dem unbestimmten Unendlichen aus. Nach dem Verhältnis der Schwere lagern sie sich übereinander; das Wasser tritt zuerst hervor aus den verbundenen Gegensätzen von warm und kalt. Diese beiden Bestimmungen, die dasselbe wie Eigenschaften sind, treten in eine Beziehung zueinander, in der ihr Gegensatz aufgehoben ist; der aufgehobene Gegensatz von warm und kalt etwa ist das Wasser. Sie hören bereits die Worte »Gegensatz« und »Verbindung von Gegensätzen«. Wenn das Wasser entstanden ist, verdichtet es sich als innerster Kern, das ist die Erde. Auf ihr und um sie herum befindet sich der alte Okeanos, das nicht verdichtete Wasser, über ihm die Luft und zuletzt die Feuerschicht. Die Luft steigt in die Feuerschicht auf, so entstehen Wolken mit Feuer innen, dem Blitz. Die Wolken drehen sich um die Erde. Durch die Luft strahlt von dem Feuerhimmel aus einzelnen Röhren Feuer herein, das sind die Gestirne. Diese drehen sich tagsüber unter der Erde fort, nachts erscheinen sie. Die Sonne gehört zu der Feuerschicht, die zum Teil das Wasser auftrocknete, das auf der Erde lag, so daß die reinen Wasserflächen verschwanden und Meere mit Kontinenten sich in ihnen bildeten. In den Mooren entstehen die Lebewesen, sie steigen aus dem Meer ans Land als Vorfahren der Menschen. Plutarch gibt als Lehre des Anaximander an: Die ersten Menschen bildeten sich aus fischartigen Wesen, die, auf das Land geworfen, den stachligen Fischleib abwarfen. Soviel zu der erstaunlichen Naturphilosophie des Anaximander, die unzweifelhaft entwicklungsgeschichtliche – um nicht zu sagen: Darwinsche – Züge trägt. Dieses ἄπειρον aber nun, aus dem alles kommt, ist auch dieses, was alles wieder umgibt, was nicht aufhört, denn es ist ja unerschöpflich, zeitlich und räumlich unerschöpflich.

So wird es von Anaximander auch τὸ ϑεῖος das Göttliche genannt. Ein Rang, den bisher nur Zeus hatte: Göttliches, wird auf den ungeschiedenen Urstoff angewandt. Zum ersten Mal wird also das Wesen der Dinge dem überlieferten höchsten Wesen gleichgesetzt.

Ich komme nun zu dem merkwürdigen Satz des Anaximander, dem ersten vermutlich vollständig erhaltenen philosophischen Diktum, das wir innerhalb des europäischen Denkens vorfinden. Er wurde folgendermaßen übersetzt:

»Woraus aber die Dinge ihr Entstehen haben, dahin geht auch ihr Vergehen nach der Notwendigkeit, (κατὰ τὸ χρεώγ), denn sie zahlen einander (αλλήλοις) Strafe und Buße (δίκην) für ihre Ruchlosigkeit (τῆσ ἀδικίας) nach der festgesetzten Zeit (χρόνον τάξιν)« [Capelle 1968, 82]. Nach der Notwendigkeit wird hier gesprochen mit den Worten κατα το χρεων. χρεών heißt ursprünglich Brauch, hier ist das Wort mit Notwendigkeit übersetzt, also bedeutet es einen sehr gefestigten, ehern gewordenen Brauch. Die Dinge zahlen einander Strafe und Buße, ἀλλήλοις; dies Wort kommt nicht in allen Texten vor. Wenn es fehlt, zahlen die Dinge nicht *einander* Strafe und Buße für die Ruchlosigkeit ihres gesonderten Entstehens, sonderm dem ἄπειρον, also dem Göttlichen, in der Art eines Opfers. Deshalb ist das ἀλλήλοις, womit wir in der Welt bleiben, sehr wichtig. An *einander* reiben sie sich ab für ihr Hervortreten, für ihr ruchloses Sondersein. κατά τήν τοῦ χρόνον τάξιν, nach der maßhaften Festsetzung der Zeit, also der Geschichte. Der orakelhafte Ton dieses Satzes macht ihn nicht leicht verständlich. Er bedarf nicht nur des Nachdenkens, sondern der Auslegung, besonders für uns, die wir den ursprünglichen, damals lebendigen Sinn dieser griechischen Worte ja nicht mehr innehaben. Es läßt sich daher ein solcher Satz uferlos pressen, wenn es einem Spaß macht, es läßt sich alles mögliche aus ihm heraushören. Man kann jedes Wort auf abenteuerliche Tiefsinnigkeiten angeblicher oder privater Art hin anhören, wie das von Heidegger gemacht worden ist. Aber an Ort und Stelle, wie Heidegger besonders meint, ist man damit zuverlässig nicht, indem man Grübeleien aus sehr viel späterer Zeit hineinhört. Man muß also hier vorsichtig sein und doch versuchen, zu erfahren, was Anaximander gemeint haben kann, obwohl das, wie gesagt, hermeneutisch, der strengen, genauen Deutung nach unmöglich ist.

Nun, wir haben schon gesehen, Anaximander läßt aus dem Urstoff, aus dem Ungeschiedenen zuerst warm und kalt entstehen. Warm und kalt ergeben als verbundene Gegensätze das Wasser. Neben das Wasser treten wieder andere Sonderelemente, hart und kalt etwa, die Erde. Diese teilen sich wieder in Dinge; es entsteht das Viele, das Gegensätzliche zuerst, dann das Gesonderte der vielen Dinge. Die Dinge stehen miteinander im Kampf, sie machen sich den Ort streitig, an dem sie stehen. Und dieses Hervortreten, dieses gegensätzliche und zugleich gesonderte Hervortreten, die Sonderexistenz, ist eine ἀδικία, eine Ungerechtigkeit, gesehen und gemessen an dem mütterlichen Ursprung des ἄπειρον, in dem alles gemischt, nicht hervorgetreten war. Also Gegensatz ist in der Welt, und Vielheit, Sonderexistenz von vielem, dem gegenüber das ἄπειρον steht, die *Indifferenz*, das Unbestimmte als das Rechte. Und gegen den Gegensatz wie gegen die aus dem Gegensatz und im Gegensatz und am Gegensatz entspringende, sich bildende Sonderung der Elemente und der Dinge ergeht nun, weil es ἀδικία, Ungerechtigkeit ist, eine Gerechtigkeit nach der Ordnung der Zeit. Diese Gerechtigkeit nach der Ordnung der Zeit ist *Vergehen*, die Dinge müssen notwendig vorgehen. Durch ihr Vorgehen zahlen sie Buße. Später heißt das: Der Tod ist der Sünde Sold. Die Sünde ist ja auch ein Hervortreten von Eigenem, allzu Eigenem nach der biblischen Deutung, der Sündenfall ein Aufbegehren. So kommt der Tod und das Vergehen in die Welt.

Es sind in Anaximander zweifellos vorderasiatische, orientalische Quellen wirksam. Gegen die Sonderung tritt die echte Ungeschiedenheit auf, die Gerechtigkeit des ἄπειρον, und die Dinge müssen sich gegenseitig Ersatz leisten. Es darf also nicht sein, daß die Sonderelemente in den Himmel wachsen, daß es etwa nur Wasser oder nur Feuer oder nur Luft oder nur Erde gäbe, wozu überall eine Tendenz ist, indem eines das andere überwältigen will, nachdem es hervorgetreten ist. Ebensowenig dürfen die erdhaften, die lufthaften, die wasserhaften, die feuerhaften Sonderungen schlecht unendlich werden und so die Welt, die aus dem ἄπειρον entstanden ist, beunruhigen und erfüllen. Gemäß der ἀδικία laden die Dinge Schuld auf sich. Die Schuld wird gesühnt durch Vergehen, indem die gegensätzlichen Dinge sich aneinander abreiben, damit keines mit einem Übergewicht in den Himmel ragt. Die Welt ist durch die Gerechtigkeit erfüllt mit *Harmonie*. Sie erfüllt sich wieder

mit Harmonie als dem segensreich einwirkenden ἄπειρον, in das nach Anaximander auch die Welt insgesamt am Ende ihrer Zeit zurückkehrt als in das Ungeschiedene, in dem allein Gerechtigkeit ist. Sie merken, es handelt sich um einen aufregenden, äußerst gedankenvollen Satz mit einer Fülle von Motiven, die hier fast zum ersten Mal gemeinsam auftauchen: erst die Gegensätze, dann die Verbindung von Gegensätzen, dann die Sünde des Sonderseins, das Problem des Andersseins, der Geschiedenheit, belastet mit Wertbegriffen wie Schuld, Tod als Buße, zugleich wieder als Rettung von der Schuld, Harmonie als Lösung und Ruhe, als eigentlich seinsollender Zustand, der nur, man weiß nicht wie, in dem Entstehen gestört worden ist und sich wiederherstellt.
Diese Motive sind erst im späteren philosophischen Denken wieder aufgegriffen, verstanden und zum Teil durchgeführt worden, man denke an Hegel. So viel also gibt bereits Anaximander zu raten auf. Und man kann sagen: Wie merkwürdig ist doch der Zeitpunkt, in dem ein Denker geboren wird, und wie unglücklich ist es für ihn, wenn er zu früh geboren wird. Anaximander, diese große, grübelnde Begabung, hundert oder zweihundert Jahre später in einer reich ausgebildeten begrifflichen Kultur, in dem reich ausgebildeten Wissen zur Zeit Platons und Aristoteles' wäre ein ganz großer Philosoph gewesen, der auch nicht nötig gehabt hätte, orakelhaft zu schreiben.

Weniger gibt zu raten auf *Anaximenes*, ebenfalls aus Milet, der dritte und letzte miletisch-ionische Naturphilosoph (585 bis 525). Er hat ebenfalls eine Schrift περὶ φυσεως geschrieben, von der aber fast nichts erhalten ist, wir sind auf antike Zitierungen anderer angewiesen. Anaximenes geht aus noch zu großen Tiefen, die Anaximander eröffnet hatte, zurück auf die von Thales eröffnete Bahn. Es ist also wieder etwas Handfestes da. Auf die Frage, was Ursprung und Wesen der Welt ist, in was die Dinge sich umsetzen, aus was sie kommen, in was sie zurückkehren, antwortet Anaximenes: die Luft. Er hat das ἄπειρον als Beiwort beibehalten, nämlich unendliche Luft, auch πνεῦμα genannt, was ursprünglich Hauch heißt, Atem. In πνεῦμα steckte damals vielleicht auch schon der Begriff Geist, im späteren Griechisch selbstverständlich. Darüber ist nichts Nachteiliges oder Vorteilhaftes bekannt. Jedenfalls Luft ist dies Wesen, wobei Anaximenes allerdings nach einem Zeugnis des Plutarch das Lufthafte, Pneumatische bereits mit Seelischem in Verbindung gebracht haben soll [Capelle 1968, 89 und 97]. Ursprünglich ist Luft das Wesen, woraus die Dinge entstehen, zuerst Wind, dann Wolken, dann Regen, dann Wasser, dann Erde, dann Gesteine, wobei, mit einer Vorahnung von Aggregatzuständen, die Verdünnung durch Erwärmung und die Verdichtung durch Abkühlung von Luft erzeugt wird, was nicht ganz den Aggregatzuständen unserer Physik entspricht. Jedenfalls Erwärmung und Verdünnung spielen für das Festwerden oder für das Lockerwerden dieses Urstoffes eine entscheidende Rolle. Plutarch gibt als einen Satz des Anaximenes folgendes an: »Wie unsere Seele Luft ist und uns dadurch zusammenhält, so umspannt auch die ganze Welt Atem und Luft.«

Es gibt noch im 5. Jahrhundert nach Chr. einen Schüler des Anaximenes, Diogenes von Apollonia, der das Geisthafte dieses πνεῦμα nochmals betonte, also die fast vergessene Lehre des Anaximenes in so später Zeit wieder erinnerte. Er ordnete besonders die Seele der Luft zu, der gleichen Luft, dem gleichen göttlichen Äther, in den sie sich im Tod wieder hineinbegibt, in den sie zurückflutet. Eine starke Wendung gegen die griechische Vorstellung vom Hades und den Schatten des Hades, eine trostreiche Auflösung dessen, was wir sind, nämlich bewußte Seele, in das ätherische All. Diese

Vorstellung von trostreicher Luftauflösung oder Bestimmung der Seele als Äther hat sich, wenn sie nicht aus einer Volkssage stammt, durch ihn so verbreitet, daß sie sich auch in einer Grabschrift der 432 vor Potidäa gefallenen Athener findet. Alles dieses mit unverkennbarer Herkunft von der Luftlehre des Anaximenes, die unterdessen ein Wertgefühl, einen ätherischen Zug bekommen hat, der an Ort und Stelle vermutlich noch nicht vorhanden war.

6. PYTHAGORAS

Mit Anaximenes erlischt das miletische Denken, in der Schlacht bei Lade, 494, wurde Milet zerstört, die Wiege des ersten ausgeprägten philosophischen Denkens. Die Männer, die nun kamen, brauchten einen anderen Boden, noch nicht Athen, noch lange nicht Athen, sondern die Kolonien, in denen sich das griechische Denken zuerst frei machte, Samos, wo Pythagoras (580–500) geboren wurde, und dann Unteritalien, wo er und seine Lehre sich als Schule ausbreiteten. So kommen wir nun, Milet und das ionische Gebiet verlassend von Samos nach Kroton in Unteritalien, dem Sitz der pythagoreischen Schule, dem Lehrort des Pythagoras.

Wenn nicht alles, so ist doch vieles um diesen Mann herum sagenhaft, wurde auch in der Folge mit Absicht immer sagenhafter gemacht. Mit Absicht, sage ich, denn die Griechen hatten keine Priester und keine Kirchen, nur Mysterien, in die man eingeweiht wurde, aber auch nur eine kleine Schicht. Daher suchte das religiöse Bedürfnis häufig bei den griechischen Denkern selber eine Art von Befriedigung. Nicht viele Denker vermochten es zu befriedigen, aber immerhin zwei, in großem Stil Pythagoras, in weniger großem Stil, wie wir sehen werden, Empedokles. Beide standen aber nicht im Bunde mit dem überkommenen Brauch. Das freie, unabhängig werdende, sich emanzipierende Denken, das in ihnen lebte, hatte mit dem Brauch keinerlei verpflichtende Zusammenhänge, auch nicht mit erhaltenem Volksglauben oder Aberglauben, wohl aber mit gelehrtem Aberglauben, wenn man so sagen kann, also mit dem, was in den Einweihungen noch lebendig war, überliefert von Propheten, die bei Homer erscheinen mit einem sehr archaischen Klang, Kalchas, Teiresias, noch aus der pelasgischen Zeit. Aus solchem Zusammenhang entsteht die erste Erscheinung eines Wissens, das zurück- und auch vorgreift, einer ϑε-ωρία, eines Erkennens also, das nicht das kühle wissenschaftliche Erkennen ist, sondern in sich ein Schauen zu enthalten glaubt, eine γνῶσις, wie der spätere Ausdruck dafür war, mit zweifellos ägyptischem Zuschuß. Erkennen und magisches Schauen in einem, wobei der Begriff nicht das Schauen vernichtet, sondern es bekräftigt – diese sonderbare Mischform eines Erkennens, das sich vom Sichtbaren auf das Unsichtbare, vom Denkbaren auf das Schaubare, Visionäre richtet, ist in einer solchen Gestalt wie Pythagoras besonders lebendig gewesen. Deshalb konnte auch in der spätgriechischen Zeit, achthundert Jahre später, eine Schule der Neupythagoreer entstehen, die ungeheuren Ehrgeiz darein setzten, daß sie von Pythagoras abstammten und alle ihre feierlichen Lehren mit dem Satz einleiteten: αὐτὸς ἔφα, er selbst hat es gesagt, Pythagoras selber. Auch der Pythagoreer Philolaos, sehr viel später, im Jahre 400, verlangt eine ϑεῖα γνῶσις, also eine göttliche Erkenntnis, in der auch das Unsichtbare dem Sehen zugänglich wird, nicht nur das Sichtbare.

Wie dem auch sei, so wenig wir von Pythagoras wissen, so viel wissen wir, daß er selbst Anlaß gegeben hat zur Verbindung mit magischer Intuition, durch seine Betonung einer außerordentlichen Huld, eines außerordentlichen Charisma, das auf ihm ruhe. Offenbar trat er selber als eine Art Wundertäter höherer Ordnung auf, als Hellseher und Wundertäter mit sehr genauen Begriffen, nämlich mathematischer Art. Mathematische Begriffe kommen von ihm her, nicht nur in Gestalt des pythagoreischen Lehrsatzes, der zuverlässig nicht von ihm ist, aber aus seiner Schule, vielmehr der pythagoreischen Musiklehre, der ersten Einführung von Mathesis in ein so Schwebendes und gestaltlos Scheinendes wie Musik. Pythagoras selber hat keine Schriften verfaßt, was nicht gegen ihn und seine Lehre spricht; auch Sokrates hat keine verfaßt. Es gibt noch mehr Beispiele dafür, daß die Macht des Wortes sich auch ohne Schriften über Jahrhunderte durch mündliche Überlieferungen erhalten hat. Von Pythagoras wird weiter berichtet, er habe außerordentlich weite Reisen unternommen, vor allem nach Ägypten, vielleicht auch nach Persien, ja sogar zu den keltischen Druiden soll er gepilgert sein in unersättlichem Verlangen nach einem anderen Wissen, als es in Griechenland vorhanden war. Das ist eine Wanderfabel, nach der große Denker nicht nur mystagogischer Art häufig weite Reisen in ihrer Jugend gemacht haben zur Erlangung von Kenntnissen geheimer, hermetischer Schriften, die vielleicht sogar von Anbeginn auf sie gewartet haben als auf die einzigen, die sie entziffern konnten. Die Karikatur davon ist noch Cagliostro, der sich der »Großkophta« nannte und ägyptische Einweihungen empfing. Auch Herodot, auch Platon sind in Ägypten gewesen, also mit Fabeln allein ist dieses Wesen an Pythagoras nicht erschöpft.

Das Merkwürdigste und Erhaltbarste an ihm ist der Orden, den er gegründet hat, die erste Einrichtung in Griechenland, wo man zu

Füßen des Meisters sitzen konnte. Meister bekommt hier nun einen anderen Sinn als σοφός. Es ist nicht mehr der Handwerksmeister, sondern der magische Meister, der mehr kann als Brot essen, sondern Dinge weiß und mitteilen kann, von denen die anderen nichts wissen, wenn er sie nicht in sie einführt. Die spätere Akademie Platons, die Versammlungsorte des Aristoteles, der Garten des Epikur, die Stoa des Stoikers Zenon, alle diese frühen Universitäten haben Zusammenhänge mit der magischen Schulbildung der Jüngerschaft, die Pythagoras in Kroton um sich versammelte, mit niederen und höheren Graden, mit Einweihungsstufen, wie es sie auch im Mysterienglauben und in der ägyptischen Priesterschaft gab, wie es aber auch an den Universitäten noch ist und zum Kursus der Wissenschaften gehört. Die Hierarchie der mittelmäßig Vorbereiteten, der Fortgeschrittenen, der Assistenten, der Doktoren gibt es auch ohne Mysterien, so daß man auch hier nicht sagen kann, daß es in das Reich der Fabel zu überweisen wäre.

Die pythagoreische Schule lehrte ἄσκησις, Askese. Das heißt ursprünglich nichts als Training, Übung, nicht Askese in einem lebensfeindlichen Sinn, sondern im Sinn eines sittlich-geistigen Übens auf der Grundlage eines orphischen Lebens, also auch mit den alten orphischen Einweihungsriten. Ein Zusammenhang liegt auch insofern vor, als es hier ganz sonderbare Vorschriften gibt. Zum Beispiel Genuß von Bohnen ist aus unerfindlichen Gründen verboten, auch von Fleisch, was schon verständlicher ist, und was vollkommen verständlich ist: es gab ein Schweigegebot gegen das Geschwätz. Dieses geht durch alle Einweihungen. »Ein Weib tut wenig, redet viel«, heißt es in der Zauberflöte. [Mozart 1791] Es darf nicht gesprochen werden, Tamino muß still sein, auch als Mittel der Selbstbeherrschung. Es gibt noch höchst sonderbare Dinge, zum Beispiel die Pflicht aller Schüler, nach dem Aufstehen das Bettzeug zu glätten, damit der Eindruck des Körpers verschwindet. Zweifellos ein primitives Tabu, eine Angst, daß ein Geist sich in diese Umrisse legen könnte. Mit einem Licht in den Spiegel zu schauen, ist ebenfalls in allen oder in vielen Einweihungen und im Aberglauben verboten, auch im deutschen Aberglauben. Es geht noch weiter, dergestalt, daß, wenn einer zur Mitternachtsstunde mit dem Licht sich im Spiegel sieht, ein Ungeheuerliches und höchst Gefährliches sich zutragen wird. Kurz und gut, alles mögliche, was geschichtslos ist und quer durch die Zeiten geht, ist an Verboten in dieser ἄσκησις versammelt, verdeckt aber nicht die Hauptsache: Askese bedeutet hier sittliche, politische Erziehung, im Gegensatz zu Laxheit und einem weichen, üppigen Leben, das sich zum Beispiel dicht vor der Heimstadt der Schule, dem aristokratischen Kroton, abspielte in der Stadt Sybaris, einer Stadt, die in adjektivischer Form sich erhalten hat, indem man von einem sybaritischen Leben spricht, daß heißt einem besonders üppigen, zuchtlosen, fleischhaltigen Dasein. Dagegen ist Askese in unserem Sinn gefordert als κάθαρσις, Reinigung durch spartanische Haltung, Reinigung des Körpers durch Gymnastik, Reinigung der Seele durch Selbstbeherrschung, Reinigung des gesamten Lebens in hartem Sinn durch Haltung. Ein Mittel zur Zucht des Körpers und der Seele liegt in der Musik. Aus der Kunst des strengen Rhythmus, des strengen Maßes und vor allen Dingen der Harmonie, der genauen, gesetzmäßigen Verbindung von Tönen, entsteht eine apollinische Welt gegen die wilde, bacchantische, eine Lyra des Apollo, nach der das Leben gestimmt ist und sich zu gestalten hat; in ganz anderem Sinn, als Nietzsche das Apollinische gebrauchte, Apollinisches als höchste Strenge: Das führte zu der Verbindung des pythagoreischen Bundes mit einer freiwilligen Elite derer, die sich zu einer solchen Zucht berufen glaubten.

Es geschah nun aus Gründen, die wir nicht kennen, durch eine Bewegung, von der wir nichts mehr wissen, daß im 5. Jahrhundert bei einem Volksaufstand Kroton unterging mitsamt dem aristokratischen Kloster der Pythagoreer, und alle, die darin waren, wurden lebendig verbrannt. Demokratisch war dieser Volksaufstand, aristokratisch waren die Pythagoreer. Aber man kann es wohl nicht ganz demokratisch nennen, sondern es war Pöbel, der das Kloster in Brand steckte. Aber wie gesagt, wir wissen nichts mehr davon. Vielleicht ist Pythagoras dabei umgekommen, doch wahrscheinlich war es erst nach seinem Tode. Jedenfalls wanderte die Schule wieder ins Ursprungsland zurück, und so wurde die pytagoreische Lehre in Griechenland selber bekannt. Die Schule hielt sich bis in das 4. vorchristliche Jahrhundert und tauchte wieder auf im 4. und 5. nachchristlichen Jahrhundert.

Hinter dem Großmeister nun, der als Reformator aufgetreten war, der zuerst den strengen Apollo gelehrt hatte, kamen die anderen Pythagoreer, Philolaos zum Beispiel, von dem wir noch am meisten wissen. Dann Männer wie Archytas von Tarent, der zuerst die Umdrehung der Erde um die Sonne lehrte. Nun ist eine Frage, wie diese Pythagoreer gestellt und untergebracht werden sollen. Ich sagte 6. Jahrhundert und sprach von Pythagoras. Geblüht und gewirkt haben sie noch hundert und zweihundert Jahre später. So wäre es zeitlich wie sachlich vertretbar, die Pythagoreer auch an einem anderen Ort mit einer Verschiebung der Probleme zu behandeln, nämlich nicht bei den sogenannten Vorsokratikern, sondern zusammen mit Platon und Aristoteles. Es würde sich dadurch einiges verändern, sie kämen also nicht vor Heraklit und den Eleaten, nicht vor Empedokles, und Anaxagoras, wie es hier geschieht und wie es auch üblich ist, sondern erst danach, in einem ganz anderen Denkzusammenhang. Platon und Aristoteles sprechen immer nur von der Philosophie der Pythagoreer, unter anderem von Philolaos oder Archytas, Philolaos dürfte sogar jünger als Empedokles, auch Anaxagoras gewesen sein, Archytas gar, einer der letzten Pythagoreer, ging fast schon in der Platonischen Akademie auf. Das Pythagoreische führt auch eine weit höhere Abstraktion mit sich, als sie sich bisher bei Anaximander, auch in der Tiefe Heraklits und im ἓν καὶ πᾶν der Eleaten fand. Die Zahl, die nach Pythagoras das Wesen der Dinge darstellt, fällt aus dem ursprünglichen materialistischen Duktus der sogenannten Vorsokratiker ziemlich heraus. Doch ohne den alten Pythagoras selber, den Stifter und dauernd verehrten Meister, ohne die zweifellos allerlebendigste Überlieferung von ihm, den Grundlinien und der Festung seines Gedankens gäbe es die Pythagoreer zuverlässig nicht, von denen Platon und Aristoteles bevorzugt reden. Sowenig gewissermaßen, wie es die Fuge mit dem Thema b-a-c-h ohne den Namen Bach gäbe. Daher gehört das Pythagoreische trotzdem an den chronologischen Ort seines Urhebers, nicht an denjenigen seiner großen Nachfolger.

Ich komme nun zu der *theoretischen* Art und Weise der ἄσκησις, des Trainings und der Schulung, die für uns selbstverständlich die allerwichtigste ist. Es geht um das *Pathos der Mathematik in der Welt selber*. Wäre Pythagoras nur ein sittlich-dorischer Reformator gewesen, so käme er in der Geschichte der Philosophie kaum in Betracht, mindestens nicht so eminent, wie es geschieht. Es gäbe auch keine Pythagoreer. Fort lebt das Pythagoreische als mathematische Philosophie, mit der Zahlenlehre der Lyra Apollinis, die die ganze

Welt darstellt. Im Zusammenhang mit Thales und Anaximander werden Wesens- und Ursprungsprobleme gestellt. Trotz der kühnen Mystagogie seiner Lehre, die auch die Seelenwanderung annahm, kommt Pythagoras mit der Zahlenlehre auf den alten philosophischen, von den Ioniern zuerst betretenen Grund von *Ursprung und Wesen*. Die Frage nach dem Wesen hieß allerdings bei den Pythagoreern nicht: Was ist der Weltstoff?, sondern: Was ist die Weltordnung? Die bekannte Lösung lautet: Das Wesen der Dinge, die Ordnung der Welt selber ist nichts anderes als die Ordnung der Zahl; und zwar aller Dinge. Das bedeutet: Das hypostasierte mathematische Denken der Pythagoreer bezieht sich allerdings nicht wie das der neueren mathematischen Naturwissenschaft, wenigstens bis vor kurzem, ausschließlich auf quantitative Verhältnisse, sondern indem alle Dinge mit Zahlen in Beziehung gebracht werden, demnach als verdichtete, fleischgewordene Zahlen aufzufassen sind, müssen auch *Qualitäten* durch Zahlen ausgedrückt werden können. Pythagoras nimmt eine Welt an, in der es von unten nach oben und von oben nach unten in harmonischen, zahlenmäßig auszudrückenden Beziehungen, ja in einem Zahlenleben, Zahlenschwingen selber hergeht, wobei sich die Himmelskräfte goldne Eimer reichen. Der Kosmos folgt einer mythischen Mechanik, mit genauen Zeitabständen, mit harmonischen Verhältnissen zwischen seinen Orten selber. Dabei liegt die Erde unten, und so konnte auch Archytas von Tarent eine Drehung der Erde um die Sonne zuerst lehren.

Wenn Anaximander als ein sehr verfrühter Darwin bezeichnet werden kann, so kann man Archytas einen sehr verfrühten und auf Jahrhunderte vergessenen Kopernikus nennen. [...] Wichtig aber bleibt bei alldem: Eine geordnete Bewegung geht durch die Welt, eine bewegte Zahlenordnung, die unten und oben, oben und unten zusammenhängt und zahlenmäßige Beziehungen zwischen allen Dingen möglich macht, da diese Dinge selbst ja nur Knotenbildungen von Zahlen und Zahlenverhältnissen darstellen. Chladnische Klangfiguren, die entstehen, wenn ein Bogen eine mit Sand bestreute Glasplatte bestreicht, wären eine Bestätigung des Pythagoreismus ersten Ranges gewesen. Das mathematische Wesen wurde von den Pythagoreern wenn nicht zuerst entdeckt, so doch zuerst in dieser riesigen Form verallgemeinert, und zwar von Haus aus schon mit qualitativen Wertbestimmungen verbunden, mit der Wertbestimmung des Geraden und des Ungeraden. Das Ungerade wurde als das Böse bestimmt und das Gerade als das Gute, das Ungerade als das Linke, das Gerade als das Rechte, das Ungerade als das Weib, das Gerade als der Mann, in einem vielfältig sich variierenden Dualismus.

Hier wurden also Wertbestimmungen in die Zahlen eingeführt, wobei die Eins das Gerade und das Ungerade ungeschieden enthält, die Zwei das Gerade herausstellt, die Drei wieder das Ungerade entgegensetzt, und so geht das hinauf bis zu der höchsten Zahl Zehn. Immer wieder stehen die Zahlen in dem dualistischen Verhältnis von gerade und ungerade zueinander und prägen diese Bestimmungen in sich. Eine Null blieb noch aus, es gab für sie noch kein Zeichen. Die Null stammt aus Indien; sie ist eine echt indische Erfindung, Nirwana. Mit der Null erst wurde es auch möglich, Stellenwerte von Zahlen einzuführen, die im gesamten Altertum unbekannt waren und so auch bei den Pythagoreern keine Rolle spielten. Der Ursprung der Zahlen und damit der Ursprung der Dinge ist die Eins, aus der sich alles entwickelt, aus der in Reihenbildung, die der Entwicklung und dem Aufbau der Weltdinge entspricht, das gesamte Dasein, ruhend und bewegt, männlich und weiblich, gut und böse und alle weiteren Bestimmungen entspringen.

Zugleich finden sich in diesen Bestimmungen die ersten *Kategorien*, also die ersten allgemeinen Aussagen und Prädikate, die über die Fülle der Dinge ergangen sind. Wasser und ἄπειρον sind noch keine Kategorien, weil sie als archai zuviel Allgemeinheit haben; sie sagen ja das All insgesamt aus. Die Einzelbestimmung in der Entwicklung der Dinge in hinreichend allgemeinen, nicht einzelnen und auch nicht einmal besonderen Prädikaten ausgedrückt, das ist eine κατηγορία, eine Aussage. Aber im Pythagoreischen werden nicht allein die ersten Kategorien gegeben, sondern wir haben vor uns den ganz und gar erst dämmernden, aurorahaft unausgebildeten Versuch einer Entwicklung der Kategorien auseinander und dazu noch in ineinanderspielenden Gegensätzen wie gut – böse oder gerade – ungerade, hin zu einem Ziel, das wiederum Zahlausdruck sein soll, die Zehn, in der die Kategorienbewegung sich summiert und zur Ruhe kommt. Diese Kategorienentwicklung nicht nur nach bloßer Gegensätzlichkeit, sondern auch nach Wertentgegensetzung, etwa von männlich – weiblich, kehrt wieder in einem spätantiken

Kategoriensystem, das die Gnosis ausgebildet hat, mit mythischen Bedeutungszusammenhängen von Weib und Mann, Göttin und Gott, in deren Verbindung Kinder gezeugt werden, die untereinander ebenfalls Gegensätze darstellen. Das mythische Denken, das in Pythagoras schon in den Begriff aufgelöst wurde, umwölkt sich gnostisch aufs Neue und wird von den Wolken vorderasiatischer Religionsvorstellungen zugedeckt, aber auch mit dem Wasser dieser Wolken sozusagen befruchtet. Von Aberglauben und Mythos abgesehen und auch vom Durcheinander der Gegensätze, haben wir bei Pythagoras den Versuch, Qualitäten zu bezeichnen.
Ich möchte doch im einzelnen angeben, welches diese Qualitäten sind, so sonderbar die Zuordnungen für uns klingen mögen. Wir haben Eins als das schlechthin Ungeschiedene, als den Punkt, aus dem alles andere sich entwickelt; Zwei als die Linie, Drei als die Fläche, vier als Quadrat. Gerade letzteres soll hier ganz deutlich das Gleichgewicht zwischen vier Strichen bezeichnen als eine pointierte Qualität, und zwar als Qualität der Gerechtigkeit, wegen des Aufrechten der 90°. Vier wird also der Gerechtigkeit gleichgestellt und ist freimaurerisch noch das Zeichen zur Öffnung der Loge. Fünf entspricht der Farbqualität der Dinge, Sechs ihrer Beseelung, Sieben der Gesundheit, auch der Vernunft und dem Licht, Acht repräsentiert wahrscheinlich die Gestalt des Eros, Neun die Entwicklung, die Bewegung zum Guten hin, und Zehn das Ende aller Zahlen, das Gute als Ziel, das höchste Gut. Die Vierzahl enthält alle Verhältnisse von Eins, Zwei und Drei, also von Punkt, Linie und Fläche. Sie erscheint im Intervall der Quart und innerhalb der Töne als die vollkommenste Zahl des vollkommensten Einklangs, die totale Konsonanz. Das ist eine für unsere Ohren und für die spätere Entwicklung gefährliche und gänzlich unvorstellbare Deduktion aus der Gerechtigkeitskategorie der Vier. Auch der pythagoreische Lehrsatz mit den Quadraten über den Katheten und der Hypothenuse hat an Ort und Stelle sicher einen noch ganz anderen Sinn gehabt als den abgekühlten, farblosen, mathematischen – geometrischen; eine andere Wahrheit war mit ihm gemeint, als wir heute damit verbinden.
Nun geht das weiter in zum Teil ganz primitiven Dingen: Vier und Drei ergeben Sieben, das entspricht der Siebenzahl der Planeten, natürlich einschließlich Mond und Sonne. Die Summe der ersten vier Grundzahlen, Eins plus Zwei plus Drei plus Vier ergibt Zehn,

nämlich die zehn göttlichen Weltkreise insgesamt, deren äußerer der Fixsternhimmel ist, das Höchste also und so auch das höchste unter den Gütern; das höchste Gut. Wie gesagt, wir können, da diese ganze Welt versunken ist, diese sonderbare Zahlenwelt kaum mehr richtig verstehen. Wir verstehen sie vielleicht noch poetisch als Zahlenharmonie in Verbindung mit dem Klang, vor allen Dingen in dem von den Pythagoreern vermutlich herstammenden und bis zu Kepler wirksamen astronomischen Mythos der Sphärenharmonie. Indem nach vorgeschriebener Weise die Planeten und Gestirne um uns schwingen, auch einen Abstand voneinander haben, der dem der Lyra Apollinis entspricht, und indem die sieben Planeten die Lyra Apollinis geometrisch bilden, bilden sie sie auch musikalisch, wenn sie bewegt sind. Es gibt eine Sphärenharmonie, die wir nur nicht hören, weil sie immer tönt. Mit poetischer Schönheit erscheint diese Lyra Apollinis in Shakespeares »Kaufmann von Venedig«, dem Liebesgespräch zwischen Lorenzo und Jessica »Wie süß das Mondlicht auf dem Hügel schläft!« [vgl. Bloch 1977, 29] Er gibt ihr eine Lehre von dem harmonischen Weltchoral, von den wie Engel singenden Planeten. Die Sphärenharmonie erscheint auch am Anfang des Faust: »Die Sonne tönt nach alter Weise in Brudersphären Wettgesang.« [Faust I, Prolog im Himmel, Vs. 243f.]
Poetisch mag das angehen, aber es ist zu schön, um wahr zu sein. Ein *Sehnsuchtsbild vom Kosmos* steckt darin. Vermutlich ist auch die Wertkategorie Kosmos auf solchem Weg erst entstanden; Kosmos heißt ursprünglich griechisch nichts als Schmuck, wir sprechen heute daher noch von Kosmetik. Kosmos als Schönheit, als Schmuck des Seins, als Harmonie, diese Bedeutung kann erst auf der Basis der pythagoreischen Harmonienlehre entstanden sein und einen Sinn bekommen haben. Die Welt als mathematischer Kristall, zugleich mit ungeheurer Bewegtheit, klingt zur Harmonie auf und beschenkt uns mit Musik samt deren qualitativer Mathesis, geordnet nach überirdisch schönen Maßen. Unsere Ohren sind zu taub, unser Verstand zu stumpf dazu, um es zu verstehen, aber der Weise, in einem ganz anderen Sinn als dem des Handwerksmeisters, blickt hinein, und ein ungeheures, herrliches, schöpferisches Leben von lebendigen Zahlen, die geistige Wesen sind, sich untereinander austauschen und ihre Beziehungen nur in Schönheit und Musik ausdrücken, ersteht vor ihm. Ein so ungeheuerliches Zahlen-

Wunschbild von Schönheit ist selten gedacht worden; später in ganz anderer Form bei Spinoza, wo ja ebenfalls die Welt more geometrico zu begreifen versucht worden ist, wenngleich in einer bedeutend wissenschaftlicheren Weise als dies selbstverständlich bei dem Wundertäter und Medizinmann Pythagoras möglich war.

Von den Nachwirkungen der pythagoreischen Lehre, ist die sinnfälligste die auf die Wissenschaft der Töne. Zum ersten Mal wurde mit Zahl vorgestoßen in das schwebende und scheinbar unendlich verschwimmende oder auch schwüle Wesen, das der Musik zugeschrieben worden ist. Längenverhältnisse der schwingenden Saiten werden wichtig, die ganze Musik wird verstanden als eine Kunst reiner, arithmetisch ausdrückbarer Verhältnisse. Das hat aber auch Nachteile gehabt. Dadurch wurde die Musik eine Wissenschaft zum Unterschied von Malerei. Die pythagoreische Musiklehre wurde dem Mittelalter von Boëthius, einem der allerletzten römischen Philosophen, der im 6. Jahrhundert unter Theoderich hingerichtet worden ist, überliefert; und die Musik kam in das Quadrivium, den Vierweg in dem mittelalterlichen Lehrgang des Triviums und Quadriviums. Der Musiker war ein Gelehrter, nicht ein Handwerker wie der Maler. Die Musiker waren nicht in Gilden zusammengeschlossen, mit Ausnahme der Stadtpfeifer; als Komponisten oder Kantoren an einer Kirche stellten sie eine akademische Zunft dar, weshalb Bach zum Beispiel einen viel höheren gesellschaftlichen Rang hatte als die Maler seiner Zeit. Das bedeutet aber auch, daß die pythagoreischen Verbote und Gebote hineinkamen, zum Beispiel die Quart als zu vollendender Einklang, als die vollendete Konsonanz, weil Vier die Zahl der Gerechtigkeit ist; Quinte und Terz als unreine Zahlenverhältnisse waren verboten, so daß der Dreiklang verhindert war. Darum war in der gesamten Musik bis zum 16. Jahrhundert der Dreiklang illegitim. Mit Quarten läßt sich keine Musik in unserem Sinne machen. Hier hat der pythagoreische Einfluß, der zweifellos vorlag, gehemmt.

Das andere war, daß Musik zu stark astronomisch bezogen wurde, immer auf die Sphärenharmonie, so daß ihre eigenen Zusammenhänge und ihre eigene Gesetzmäßigkeit, die selbstverständlich nichts mit der planetarischen Welt zu tun haben, philosophisch nicht genügend zum Austrag kamen. Es gab also immer den hohlen Bogen von Musik, die entweder der im Schacht der Seele webende

Klang ist, möglichst innerlich-dumpf, begrifflich ganz unfaßliche Kuhwärme, zu dem reinen Reich von kalten und kühlen Gesetzlichkeiten ohne jeden Ausdruck, bei denen es vollständig gleichgültig ist, ob es Ohren gibt, die Musik hören oder nicht. Diese gelehrte, pedantische und unmusikalische Form von Musiklehre stammt zweifellos ebenfalls aus der unbedingten Mathematisierung, die in der späten pythagoreischen Schule nach der Überlieferung, die Boëthius ihr zuteil werden ließ, im Mittelalter und noch im Anfang der Neuzeit geltend war.

Der erste Teil der pythagoreischen Zahlenlehre wurde erfüllt. Er wurde erfüllt in dem Augenblick, als Galilei das Programm formulierte: Das Buch der Natur ist in Zahlen geschrieben. [Bloch 1977, 30] Die mathematische Naturwissenschaft der Neuzeit ist geboren aus dem Pythagoreismus. Im 16. Jahrhundert war es eine ungeheure Paradoxie zu sagen, daß die Natur in Zahlen geschrieben sei, denn die Natur galt doch als das Gesetzlose, als das Reich der Kometen und Mißgeburten. Und die Geschichte, die vom Sündenfall über das Erscheinen Christi bis zum Jüngsten Gericht reicht, ist das Gesetzhafte. Die Natur ist dämonisch, von Spuk und Bösem umgeben, und es ist schrecklich, sich mit ihr einzulassen. Und ausgerechnet diese Natur sollte in Zahlen geschrieben sein, und in der Geschichte ging es nun nicht mehr so gut mit den Zahlen und Gesetzen.

Es gibt aber noch ein unerledigtes Problem des Pythagoreismus. Verlorengegangen ist in der Neuzeit in besseren Kreisen der Wissenschaft der *qualitative Sinn*, den die Pythagoreer mit den Zahlen verbunden haben. Die Zahlensymbolik ist heruntergekommen bis zum Kartenschlagen und zu Aberglauben, bis zu Geistersiegeln oder zum sechsten und siebten Buch Moses und ähnlichen Unsinn. Man gab der Sache Gift zu trinken, so daß ein Ludergeruch um das ganze Zeug herum entstand. Es liegen aber auch wieder Merkwürdigkeiten vor; und damit komme ich zu dem möglicherweise doch Positiven, das daran sein kann. Diese Zahlenmystik lebte in der Dichtung weiter. Wir haben jetzt Forschungen, die vielleicht keine sind, sondern eher Mutmaßungen, aber jedenfalls doch mögliche Mutmaßungen, daß bei Gryphius, ja sogar bei Goethe Zahlenverhältnisse eine Rolle spielten in der Wahl der Worte, mindestens in der Abfolge und Länge von Gedichtstrophen, was als sonderbare Pedanterie erscheint, was aber, wenn es aus den Tiefen der Seele

kam, vielleicht gar keine Pedanterie sein mußte, sondern sich von selbst ergab wie die chladnischen Klangfiguren. So kann sich aus der inneren Tätigkeit eines poetischen Gemüts in den Worten auch eine Zahlenfigur bilden. Das mag der Fall sein.
Zahlen- und Buchstabenmystik spielten eine große Rolle. Verspottet, vielleicht auch nicht verspottet wurde die Zahlenmystik im Hexeneinmaleins im Faust. Wir haben im Faust auch den Drudenfuß, der nicht genau gezogen ist und den Teufel am Herausgehen hindert. Es kommt also auf die Form, auf die figura an, eine Sache, die sich auch arithmetisieren und in Zahlen ausdrücken läßt. Wir haben Ordnungen von Alpha bis Omega. Erhalten sind die zwölf Tierkreiszeichen, die sieben Himmel, die sieben Pforten der Hölle. Es gibt auch einen Unsinn um das hebräische Amen, das einen Zahlenwert von achthundertundelf darstellen soll; »Amen« ist danach der Laut, in dem das Weltgeschehen verhallt. Jedenfalls ist das für uns eine völlig abgegoltene Welt.
Nicht so abgegolten dagegen ist die Frage nach der *qualitativen Mathesis*, nach dem, was Jakob Böhme, Paracelsus und auch Leibniz die signatura rerum nennen, also die mathematische Gestalt der Dinge, die Symmetrie der Kristalle und der Organismen, die Anatomie mit rechts und links, die sich entsprechen. Die geben etwas zu raten auf. Die Dinge sind Ding gewordene Schriftzeichen, Ding gewordene Zahlenverhältnisse, ein Siegel von etwas. Leibniz wollte die characteristica universalis finden, auch die lingua adamitica, die adamitische Sprache, mit der Adam zuerst die Dinge taufte. Diese Worte sind die richtigen, und diese Worte sind zugleich Zahlenverhältnisse. Mit diesem Aberglauben gibt sich also auch Leibniz ab, ein dunkler Versuch, die qualitative Seite der mathematischen Deutung der Welt, wie sie bei Pythagoras lebendig war und später völlig verlorengegangen ist, auf einen rationellen Kern zu bringen. Es gibt Versuche, Ornamente zu deuten, zum Beispiel das Zangenornament auf dem Denkmal des Theoderich in Ravenna mathematisch auszudrücken, zugleich die Bedeutung zu erfahren, die dieses Ornament zur Zeit von Theoderich auf dem Grabmal besaß. Die Lust, dem, was in poetischen Worten endlos vorkommt, wissenschaftlich nahezukommen, drückt sich noch in so sonderbaren Reaktionen aus, die Mathematiker und Naturforscher haben, wenn etwa die Schönheit und die Harmonie der Maxwellschen Lichttheorie oder die Einfachheit und Einheit einer Welter-

klärung gerühmt wird. Das kommt zum Teil von Kepler her, lebt aber auch fort bei Einstein oder in der Betrachtung der Einsteinschen Relativitätslehre durch Planck. Ästhetische Kategorien werden angewandt auf mathematische Beziehungen, oder mathematische Beziehungen werden angewandt auf ästhetische Tatbestände. Wie gesagt, dieses Feld ist noch offen, heruntergekommen zum düsteren Aberglauben, Kartenschlagen und der billigen Form von Zahlenmystik. Von Kepler aus wäre ein Weg zu dem untergegangenen zweiten Teil der pythagoreischen Lehre möglicherweise zu finden. Vergessen wir nicht: Die Geburt der mathematischen Naturwissenschaft geschah aus dem Pythagoreismus, aber aus dem *halben Pythagoreismus*. Was mit dem anderen Pythagoreismus geschieht, darüber ist viel Nachteiliges bekannt geworden, doch vielleicht ist es nicht das einzige, und vielleicht können auch hier einmal alte Intentionen auf gänzlich neuer Grundlage fortgeführt werden.

Damit, meine Damen und Herren, wären wir mit Pythagoras sozusagen am Ende oder, besser, wir verlassen ihn. Denn das Problem der Pythagoreer ist eben noch nicht zu Ende, nämlich die Frahe, wie weit, um es noch einmal zu sagen, Mathesis in Qualität hineinragt. Und wir werden weitergehen zu den beiden Philosophen eines bisher keimenden und nun ausbrechenden Grundgegensatzes in der Erklärung der Welt. Die eine Partei legt den Akzent auf die Bewegung, die andere auf die Ruhe. Beides war bei Anaximander angedeutet, bei den Pythagoreern auseinandergelegt in die Gegensätze von gerade und ungerade, Bewegung und Ruhe. Jede Seite wird nun isoliert gefaßt, mit ungeheurer Schärfe, mit der Einseitigkeit, die hier scharf macht um Begriff. Heraklit ist der große Denker der Bewegung, des Feuers als des Stoffes der Bewegung und nichts als der Bewegung, und die Eleaten, Xenophanes, Parmenides und Zenon, sind die großen Denker der Ruhe, der Geschlossenheit und der Kugel des Weltalls, des ἓν καὶ πᾶν als einer unbewegten Kugel, als eines Seins, in dem es, weil es ein Sein ist, kein Werden gibt, kein Bewegen. Dies sind die beiden Gegensätze, die mit ungeheurer, lehrreichster Schärfe in den beiden Philosophen Heraklit auf der einen und Parmenides auf der anderen Seite ausgedrückt sind.

[Im Typoskript fehlen 20 Seiten]

Meine Damen und Herren!
Wir sind stehengeblieben bei der merkwürdigen Entwicklungslehre, wenn man so sagen kann, des Empedokles [vermutl. 495–435], und zwar zunächst bei seiner *Biologie*. Da zeigt sich nun in der Entwicklung der Lebewesen ein sehr merkwürdiges Bild; eine außerordentlich liederliche Zucht tritt hier auf. Wie Sie sich erinnern, war bei *Anaximander* die Sache so, daß sich im Schoße der Meere das Leben gebildet hat – was ja stimmt – und im Inneren der Fische sich die Menschen entwickelt haben, und als die Meere austrockneten, wurden die Fische ans Land geworfen, die Menschen entfernten das Fischgerüst und traten aus dem Fischbauch, wie Jonas aus dem Walfisch, an die Sonne. Zum Unterschied von dieser noch ziemlich realistisch klingenden Entwicklungsgeschichte haben Sie bei Empedokles eine Art von surrealistischem Bild, schon sehr früh. Sie sehen, der sogenannte Surrealismus kommt nicht nur in der Dekadenz vor.
Empedokles nimmt ebenfalls eine Entwicklung der Organismen an. Nach ihm bildeten sich in Urzeiten, in denen nicht mehr die Liebe, sondern der Haß überwog – die Trennung, das Nicht-Harmonische, das Absurde, das Häßliche, das Groteske –, die merkwürdigsten Wesen aus von heilloser Art: ganz unvollständige Gebilde, Köpfe allein, Köpfe ohne Hälse oder bloße Arme oder bloße Beine, die ohne Leib gehen, eine Menge von Zwitterwesen, halb Mensch, halb Tier, von denen der Mythos noch eine ferne Erinnerung gibt. Der Kentauros, halb Mensch, halb Pferd, oder der Minotaurus in der Höhle in Kreta, ein Jünglingsleib mit einem Stierkopf, das alles waren für Empedokles Zeichen der Erinnerung, daß es einmal dergleichen gegeben haben mag. Auch die Tiergötter Ägyptens, die kuhköpfige Hathor oder der sperberköpfige Anubis, sind solche Mischwesen. In Babylon gibt es ein ganzes Bilderbuch von seltsamen Gestalten, das hier aufgeblättert werden kann, ja sie sind bis ins alte Athen gedrungen. Homer hat das abgekürzt und gemildert zu Bestimmungen von der Art wie die γλαυκῶπις, die eulenäugige Athene oder die kuhäugige Hera. Man stellte sich Athene mit Augen so groß und so schön wie die einer Eule vor. Und Hera, die Göttermutter, erscheint unter dem Schönheitsbild der Kuh, mit dem milden, runden, leicht vorgewölbten Kuhauge; sie erinnert

deshalb an die Fruchtbarkeit einer Kuh. Ursprünglich war das anders. Minerva war im ursprünglichen Glauben ein unheimliches, eulenartiges Wesen, das Eulenhafte lag nicht in ihren Augen oder war ihr Attribut wie später, sondern sie selbst war eine Eule, war halb Eule, halb weibliche Göttin.
Diese Erinnerungen mögen hier eine Rolle gespielt haben für die liederliche Zucht bei Empedokles, wie ich sagte, für dieses seltsame Gemisch von Nicht-Gelungenem und Halbschürigem, das aber trotzdem lebte und kroch und wimmelte und der Anfang war, bis – und nun kommt der Blitz eines unwahrscheinlichen Gedankens – bis sich die lebensfähigsten dieser Gebilde erhielten und die anderen untergingen. Also: Überleben des Tüchtigsten [Darwin, 1859], eine Art naive natürliche Zuchtwahl taucht hier auf. Und wie bei Anaximander – wir sind ja nicht so sehr in der Geschichte der Philosophie, sondern viel mehr in der Geschichte der Naturwissenschaften – eine zweifellos vordarwinistische Ahnung. Ähnlich ging bei den Pytagoreern, bei Archytas von Tarent, eine vorkopernikanische Ahnung auf, die dann wieder überdeckt wurde.
Das alles steht – und nun kehren wir in die Geschichte der Philosophie zurück – im Zusammenhang mit der eigentümlichen Liebe-Haß-Prozentlehre des Empedokles mit φιλία καὶ νεῖκος als dem Bewegenden, als dem Mischenden und Entmischenden der vier Elemente, nach welcher Lehre – auch das dämmert hier zum ersten Mal – eine Art von begriffener Geschichte auftaucht. Empedokles kennt vier Perioden: die erste Periode, in der nur Haß, nur Entzweiung, nur Trennung ist; die zweite, in der der Haß die Liebe überwiegt; die dritte, in der mehr Liebe als Haß ist; und die vierte, künftige, das kommende Goldene Zeitalter, in der nur Liebe ist. Das ist eine erste geschichtsphilosophische Vision.
Es dauerte sehr lange, es dauerte bis Augustin, bis das eine christlich-mythologische Gestalt bekam, bis sich das Geschichtsbild des Mittelalters formte, in dem sich die Geschichte zwischen diesen beiden Polen bewegt. Bei Empedokles sind es keine mythologischen Formen, hier sind wir noch in einem urwüchsigen Materialismus, in einer materialistischen Entwicklungsgeschichte der Menschheit.
Ein großes, ein gewaltiges Aperçu und dieser wieder steht im Zusammenhang mit der eigentümlichen Naturphilosophie des Empedokles: Er nennt vier Elemente: Wasser, Feuer, Luft und Erde.

Ihnen werden später die vier Temperamente gleichgeordnet, das phlegmatische dem Wasser, das cholerische dem Feuer, das sanguinische der Luft und das melancholische der Erde. Den vier Temperamenten entsprechen vier Elementargeister: Undinen, Salamander, Sylphen und Kobolde. Kobolde entsprechen der Erde, Sylphen der Luft, Salamander dem Feuer, Undinen dem Wasser. Das ist noch in Faust 1 bei der Beschwörung des Pudels nachzulesen: »Keines der Viere steckt in dem Tiere.« [Goethe, Faust 1, Vs 1292] Wenn Sie das Nachwirken solcher Lehren in einer anmutigeren Form im deutschen Volksglauben sehen wollen, so lesen Sie die kleine Schrift Heines über die »Elementargeister« [1837]. Die vier Elemente sind die vier Elementargeister, an die das Volk glaubte und die im deutschen Märchen, in der deutschen Sage eine Rolle spielen.

Ich mache Sie darauf aufmerksam, daß bei Empedokles zum ersten Mal ein mischendes und ein entmischendes Prinzip vom Stofflichen getrennt auftritt, ohne indes aufzuhören, stofflich zu sein. Liebe und Haß sind stoffliche Bestimmtheiten, sowohl nur am Stoff geschehend wie selbst zum Stoff gehörend. Empedokles nennt sie sogar körperlich. [vgl. Windelband 1903, 32 und Anm. 4 sowie Capelle 1968, 186, 190] Und was marxistisch besonders interessant ist: zum ersten Mal taucht hier eine Ahnung der Rolle des Interesses auf, denn Liebe und Haß sind Affekte. Ein Emotionales, Affekthaftes, Interessehaftes kommt in den Stoff hinein oder wird aus dem Stoff herausgehört, aus Mischung und Entmischung, aus Feindlichem und Verbindendem. Soviel über die vieltönige Lehre des Empedokles.

Ich gehe über zu Anaxagoras. Anaxagoras, wieder kein Athener, noch kein Athener, ist geboren in Klazomenai in der Nähe des heutigen Smyrna, also in Kleinasien, der letzte Philosoph der Kolonien. Mit Kleinasien war es aus, es fiel unter persische Herrschaft. Bezeichnenderweise wanderte Anaxagoras früh nach Athen aus, er war also der erste Philosoph, der nicht nur besuchsweise, wie das von Parmenides berichtet wird, sondern dauernd seinen Aufenthalt in Athen nahm. Anaxagoras ist geboren 500 und hat bis 428 gelebt. Um 460, also mit ungefähr vierzig Jahren, ging er nach Athen. Er hat mit sich selbst die Philosophie in Athen eingebürgert. Er spielte dort eine große und bestaunte Rolle. Einen Philosophen hatten die Athenienser noch nicht gesehen, später waren sie daran gewöhnt.

Trotz seines betont altväterischen und würdigen Wesens wandte sich aber, wie berichtet wird, der verhetzte große Haufe gegen ihn, unter dem man jedoch nicht die Masse im heutigen Sinn zu verstehen hat. Ich kam schon darauf bei Pythagoras. Wenn die Pythagoräer lebendig verbrannt worden sind, so können wir diesen Volkszorn, nachdem wir die Nazis erlebt haben, nicht mehr unbedingt als revolutionären Aufstand betrachten, wie wir das mit Recht in der großen Erinnerung an die Französische Revolution angenommen haben. Hier offenbart sich etwas anderes. Es gab eine Bartholomäusnacht, die auch nicht eben revolutionäres Proletariat zum Träger hatte, und es gab die Kristallnacht. Darin gingen die um, die an Hexen geglaubt haben und die heute in Amerika Hexenjagd machen. Dieser große Haufe, dieser dumpfe, gefährliche und ungebildete Pöbel in Athen hat Anaxagoras angeklagt, er glaube nicht an die Götter, weil er behauptete, die Sonne sei ein glühender Stein und nicht Helios. Es schützte ihn auch seine bekundete Freundschaft mit Perikles und Aspasia nicht. Er mußte wegen Leugnung der Staatsgötter einige Jahre vor seinem Tod Athen verlassen [432 v. Chr.]. Dabei hatte damals noch nicht der Peleponnesische Krieg stattgefunden. So etwas wäre nach dem Peleponnesischen Krieg verständlicher gewesen, wo Teile dieses selben ungebildeten Haufens und abergläubischen Packs sich auch gegen Perikles wandten und schließlich den Tod des Sokrates [399 v. Chr.] verursachten, was auch nicht gerade eine revolutionäre Tat war. Der verhetzte oder nicht verhetzte Zorn eines unwissenden oder noch unwissenden Volkes richtete sich gegen einen Aufklärer.

Merkwürdige Nach- oder Mitwirkungen des Anaxagoras gibt es zum Beispiel bei Euripides, dem letzten großen athenischen Dramatiker [480–406 v. Chr.]. Euripides ist ein zweifellos nachdenklicher Herr gewesen, sehr vom Intellekt bestimmt. In seinen Dramen gibt es Sätze, die wir zwar bei Anaxagoras nicht nachweisen können, die aber nicht auf dem Boden von Euripides, sondern auf dem des Anaxagoras gewachsen und uns so erhalten sind.

Mit Anaxagoras setzte eine Rückkehr, auch in der Gestalt, zu den nüchternen Typen des Philosophierens ein. Wir hatten den offenbar nüchternen Thales, dann Anaximander, Anaximenes. Dann umwölkte es sich, und es kam der Wundertäter, Magus Pythagoras. Dann wurde es wieder nüchtern, vor allen Dingen bei Zenon, dem Eleaten, scharf und rationalistisch; danach umwölkte es sich wieder bei Empedokles, einem Wundertäter, der in Versen sprach, und schließlich wurde es wieder nüchtern in der Schrift, die Anaxagoras in reiner, schlichter Prosa hinterlassen hat. Die Schrift ist in Bruchstücken erhalten, heißt wie üblich περὶ φύσεως und handelt vom »Soliden« oder »Gewachsenen« oder »Dauernden« oder wie auch immer man das auf dieser Stufe übersetzen muß. Es heißt noch nicht Natur. Der Begriff Natur als vom Menschen abhängige Außenwelt entstand erst durch den Sprachgebrauch des Demokrit. Bei Anaxagoras ist noch das Solide, das Wachsende gemeint; Demokrit hat seinen Sprachgebrauch von den Sophisten übernommen.

Sie erinnern sich, meine Damen und Herren, wie ich den Satz des Empedokles strapazierte, daß *Gleiches nur durch Gleiches* aufgefaßt werden kann: also Warmes außer uns nur durch Warmes in uns, Kaltes außer uns nur durch Kaltes in uns, Liebe außer uns nur durch Liebe in uns, Haß außer uns nur durch Haß in uns [Capelle 1968, 236]. Es muß also eine Verwandtschaft, ja eine Gleichheit des Auffassenden mit dem Aufgefaßten bestehen, sonst kann nichts aufgefaßt werden. Das steckt schon unausgewickelt in dem Satz des Parmenides, daß Denken und Sein dasselbe seien [Capelle 1968, 165], obwohl es hier noch nicht ganz klar ist. Der Gedanke ist nicht verallgemeinert, es heißt nur: Denken und Sein sind dasselbe. Das bedeutet, das Denken als eine subjektive Stofflichkeit erfaßt das

Denken als eine objektive Stofflichkeit in der Außenwelt. Der Gedanke taucht später auch bei Plotin auf, und von Plotin stammen die Sätze, die Goethe in Verse gebracht hat: »Wär' nicht das Auge sonnenhaft, die Sonne könnt' es nie erblicken, läg' nicht in uns des Gottes eigne Kraft, wie könnt' uns Göttliches entzücken?« [Goethe: Zahme Xenien III, 1, 629]

Bei Anaxagoras ist das sehr interessant umgeprägt. Vielleicht stekken auch gesellschaftliche Verhältnisse hinter dieser Umkehrung. Es besteht nicht mehr solcher Friede mit der Umwelt wie früher, es besteht eine Störung. Es ist etwas Unangenehmes im Draußen, das uns unterbricht, uns nicht homogen ist. Anaxagoras formuliert umgekehrt wie Empedokles: *Gleiches wird nur durch Ungleiches aufgefaßt* [Windelband 1903, 52]; nur das Kalte in uns nimmt das Warme außer uns wahr, und erst recht nur das Warme in uns das Kalte außer uns, und nur der Haß die Liebe, und nur die Liebe den Haß. Das Gleiche verschwindet miteinander, nur das Ungleiche bringt dieses Stutzen über etwas, an dem eine Auffassung entsteht. Das ist eine ungewöhnlich empfindliche Bemerkung, eine Bemerkung, die Nervosität anzeigt, wie wir sie auch in den Dramen des Euripides finden.

Es ist, sagt Anaxagoras, jede, aber auch jede Wahrnehmung mit λὐπη verbunden, mit einem Gefühl von *Unlust*. Ein Gegensatz geht auf. Darin könnte ein Weltfeindliches stecken, das aber in seiner Lehre nirgends abgebildet ist. Es kommt nur ein sehr merkwürdiger Unterschied zu dem weltfrommen Sich-Wohlfühlen, zu einer Goethischen Behaglichkeit hervor. Erkenntnistheoretisch tritt sozusagen der Begriff der Störung auf, des Klopfens, des Telefons, des Klingelns, des Lärms auf der Straße, des »trockenen Schleichers« im »Faust«, der »die Fülle der Gesichte stören muß« [Goethe, Faust I, Vs. 519], kurz und gut, des Boten in klassischen Dramen, der immer Unheil bringt. Gefühle der Unlust werden bei Anaxagoras pointiert, die mit der Auffassung von etwas außer uns verbunden sind. Das ist noch kein Pessimismus, so weit geht das noch nicht. Aber es ist ein interessantes und auch in der Abbildlehre nachdenklich machendes Wesen. Etwas davon steckt auch in Sprichwörtern wie: »Der Haß sieht scharf.«

Weiter schließt sich Anaxagoras an Empedokles an, dergestalt, daß auch er lehrt, es gäbe Grundstoffe, die sich trennen und verbinden. Er nimmt aber nicht nur vier an. Die vier Elemente werden also,

kaum daß sie geboren sind, schon wieder verabschiedet. Dafür haben sie aber bis zu Beginn des 19. Jahrhunderts in der Chemie gelebt. Anaxagoras spricht von zahllosen Grundstoffen, er nennt sie *Gleichartigkeiten, Homoiomerien.* Es sind ὁμοιομερίαι, gleiche, gleichartige Teile, in die man sämtliche Substanzen zerlegen kann und aus denen sie zusammengesetzt sind. Da Anaxagoras gar kein Mittel zur Feststellung einer bestimmten Anzahl von Elementen besaß, machte er gleich unzählig viele daraus, dergestalt, daß es Homoiomerien von allem und jedem gibt; also Homoiomerien nicht nur von Metallen, sondern auch von Fleisch, von Knochen, selbst von Kunststoffen oder künstlich hergestellten Stoffen wie der Papyrosfaser. Sie gibt es überall als gleichartige, voneinander qualitativ unterschiedene, jedoch außerordentlich kleine Teile. Die Homoiomerien werden an die Stelle der vier Elemente gesetzt.
Nun aber das Entscheidende: Anaxagoras übernimmt die Liebe- und Haßimpulse, die als emotionale Kraft den Stoff trennen und verbinden. Er sondert die bewegende Kraft zweifellos viel stärker von der Stofflichkeit ab als Empedokles. Nicht, daß er sie unstofflich machte; das ist eine spätere falsche Deutung, aber sie wohnt dem Stoff nur ein. Es ist die gleiche Region wie bei Empedokles, aber ein anderes Stockwerk, könnte man sagen. Jene Kraft ist gemeint, die die schöne und wohlgeordnete Bewegung der Weltvorgänge leitet, so daß ein so schönes und zweckvolles Ganzes wie die Welt hervorgebracht werden kann. Eine solche Welt kann nicht aus dem wechselnden Gleichgewicht von Liebe und Haß entstehen, sondern der Haß ist dabei anormal. Der optimistische Akzent überwuchert die Unlust in der Wahrnehmung eines Gegenstandes, es wird keine Weltanschauung daraus gemacht, und die Lehre geht nicht im Pessimismus unter, wie zu erwarten wäre. Im Gegenteil, die Welt ist Kosmos, nicht als Schmuck allein, sondern als ein *zweckvoll geordnetes Ganzes.* Und das, was den Umsatz in den Bewegungen dieses Ganzen leitet und lenkt, das nennt Anaxagoras νοῦς; also nicht mehr φιλία καὶ νεῖκος, Liebe und Haß, sondern νοῦς.
νοῦς wird in den idealistischen Lehrbüchern der Philosophie so übersetzt, wie es im Wörterbuch steht: nämlich mit Geist; genau wie φύσις mit Natur übersetzt wird. νοῦς wird also ebenfalls mit einer Bedeutung übersetzt, die das Wort erst viel später bekommen hat. Es heißt in der Tat im späteren klassischen Griechisch Geist. So wie φύσις im Griechischen seit Demokrit und Aristoteles Natur

heißt in unserem Sinn, so heißt νοῦς Geist in unserem Sinn. Aber an Ort und Stelle hieß es durchaus nicht so. Dieser Geist ist noch lange nicht dasselbe wie Vernunft, so wenig wie λόγος bei Heraklit Vernunft ist, vielmehr das Gemeinsame, das in der Welt Kommunizierende bedeutet. Es kommt von λέγειν, lesen, sich besprechen; das was den Dialog möglich macht, das Gemeinsame, das ist λόγος. Ähnlich ist es mit νοῦς, das schwer zu übersetzen ist.

Zweifellos ist die materialistische Linie aller Philosophen, die wir bisher behandelt haben, von Anaxagoras durchaus nicht verlassen worden; es gibt dafür Zeugnisse aus dem Altertum. So beruft sich zum Beispiel Chrysippos, der Stoiker, auf eine uns nicht erhaltene Schriftstelle von Anaxagoras, wenn er sagt: »Die Natur gab dem Schwein statt des Salzes eine Seele, damit nämlich das Fleisch frisch bleibt.« [Zitiert nach I. Kant 1796, 413] Die Seele eines Schweins bewirkt, daß sein Fleisch nicht verfault. Mit dieser zynischen Bestimmung eines Noushaften der Seele bei Anaxagoras beruft sich Chrysippos auf ihn.

Die Meinung, Anaxagoras habe spiritualisiert, stammt erstens aus der falschen, vordatierten Übersetzung von νοῦς mit Geist, und zweitens stammt sie von Hegel. Sie paßte Hegel in der Geschichte der Philosophie ganz vorzüglich in den Kram. Er war ja immer auf das Hervorbrausen des Geistes aus und suchte seinen Weltlogos in dem in der Geschichte der Philosophie entwickelten Logos als in einer Reproduktion der logischen Kategorien a priori. Da paßte es ihm sehr gut, vom Wasser, das noch sehr kühl ist und mit dem man nicht viel anfangen kann, über Unendlichkeit, die schon etwas Gutes, allerdings noch Stoff ist, über Licht und Luft, den Äther, über die Zahl und das Feuer mit dem Puls der Lebendigkeit in sich schließlich zum Geist zu kommen. In diesem Vorgang verbraust etwas, wie ein romanischer Dom in einen gotischen Dom verbraust, wenn die Wand durchschlagen wird und die himmelhohen Fenster erscheinen. Hier kommt ein Punschgeist heraus, hier wird mit Punschessenz gekocht; bei Anaxagoras riecht man sie geradezu. Es verdüftet etwas, das Phlegma, die Materie schlägt sich nieder; deren Wahrheit ist es ohnehin, wie Hegel sagt, »keine Wahrheit zu haben« [vgl. Hegel 1830, 34f.], aber die Wahrheit kommt herfür, und sie ist νοῦς: der Geist. Dieser Weg ist nach romantischer Auffassung auch vom romanischen zum gotischen Stil zu verfolgen; er stammt nicht von dem Hegel der großen Konkretheit, sondern von dem Hegel der Konstruktionen, und zwar der idealistischen Konstruktionen, wobei auch die Wirklichkeit gebogen wird. Hegel war allerdings enschuldigt durch den anderen Sinn des Wortes νοῦς in der späteren Zeit. Er gebraucht es noch einmal bei der Beurteilung der Französischen Revolution in dem Sinne, daß die Welt auf den Kopf, auf den Verstand gestellt wird [Hegel 1970, Bd. 12, 529]. Das war nicht unbedingt reaktionär, wie nichts bei Hegel reaktionär ist, bei ihm ist nur oft ein Pferdefuß dabei. Bei seiner Beurteilung des Anaxagoras legte er wesentlich den Akzent darauf, daß die Materie verlassen wird, daß sie sich als Phlegma niederschlägt und der Geist anfängt zu moussieren [Hegel 1970, Bd. 18, 369]. Nun moussiert bei dem trockenen und nüchternen und altväterisch-ehrbaren Anaxagoras, der gut zu Perikles paßte, aber durchaus nichts. Er wäre über diese Unterstellung sehr überrascht gewesen. Aber vielleicht hätte er nichts dagegen gehabt.

Ich zitiere jetzt einen bürgerlich-idealistischen Historiker der Philosophie, wahrscheinlich den besten, den wir haben, den Neukantianer Wilhelm Windelband. Er ist gewiß unverdächtig, denn er ist sehr für Geist. Ausgerechnet Wilhelm Windelband, der Neukantianer, der aber ein ausgezeichneter Philologe und Einfühler war, übersetzt im »Lehrbuch der Geschichte der Philosophie« [1903, 34] und in seiner »Geschichte der abendländischen Philosophie im Altertum« von 1888 auf Seite 166 νοῦς wörtlich mit »Denkstoff« und nicht mit Geist; νοῦς ist für Windelband lebendiger Denkstoff, der materiell gefaßt werden muß.

In der Tat ist der νοῦς des Anaxagoras, nach seiner eigenen Bestimmung, wie alle anderen Stoffe teilbar [Windelband 1903, 41 f.]. Es ist das Wesen des Seelenhaften, des Geistigen, daß es nicht teilbar ist. Der νοῦς aber ist teilbar, er mischt sich unter die anderen Stoffe, bewegt sie, teilt sich ihnen, wie Anaxagoras sagt, in größerer oder geringerer Masse vorübergehend mit, bis er wieder schwindet. Er liegt also noch ganz in der Linie von Liebe und Haß, denn, wie Empedokles sogar sagt, die Stoffe werden durch Liebe oder durch Haß größer oder kleiner [Capelle 1968, 202]; νοῦς teilt sich also in größerer oder kleinerer Masse vorübergehend mit, er umspielt zwar die Stoffe, ist aber nicht immateriell.

Dafür gibt es noch einen Beweis: Vielleicht erinnern Sie sich, es ist ja noch nicht lange her, daß ich Ihnen bei Gelegenheit des Anaximenes von einem späten Schüler dieses Philosophen berichtete,

namens *Diogenes*, nicht der Cyniker, sondern Diogenes von Apollonia, der die Lehre des Anaximenes weiter ausbaute, indem er die Luft dem Äther gleichsetzte [vgl. Capelle 1968, 312–314]. Zum ersten Mal wurde hier ein Verschießen der Seelen in den Äther gelehrt, was von großer, befreiender Wirkung auf die Menschen der Antike war, besonders auf jene, die starben oder Gestorbenen nachtrauerten. Ein Philosoph ist es, der verneint, daß die Menschen nach dem Tod hinunter in den Orkus, zu den Schatten fahren und ein lebendiger Tagelöhner besser daran sei als ein toter Achilles [vgl. Homer, Odyssee, XI. Gesang]; ein Philosoph ist es, der – bedeutend griechischer – den Menschen in den Äther verschießen und sich in die große strahlende Helle azurener Natur auflösen läßt. Denn unsere Seele ist Äther, ist Luft, ganz physisch gefaßt, πνεῦμα im ursprünglichen Sinn des Worts. Dieser materialistische Sinn ist uns überkommen in dem Wort Pneumatik, lufthaltiger Reifen, während πνεῦμα durch Jahrhunderte hindurch natürlich heiliger Geist war; ἅγιον πνεῦμα. Der materialistische Sinn ist hier mit den Händen zu greifen, und Diogenes von Apollonia beruft sich auf Anaxagoras. Er setzt die Luft dem νοῦς gleich. Das wäre nicht möglich gewesen, wenn unter νοῦς ein immaterielles Wesen verstanden worden oder wenn es ein Gott gewesen wäre, gar ein persönlicher Gott, wie man das ebenfalls in den νοῦς, vor allem im Mittelalter, hineingezaubert hat. Soviel über den materiellen Denkstoff, der nicht immateriell ist.
Dieser Denkstoff, der sich mischt, mitteilt, wieder entschwindet, hat gleichwohl das Logische an sich, er ist sogar so logisch, daß er einen Kosmos, ein zweckvoll geordnetes Ganzes bildet, zwar nicht im einzelnen, aber im ganzen. So findet sich hier, wiederum zum ersten Mal – entschuldigen Sie, daß ich die Formel »zum ersten Mal« so oft gebrauche; es geschieht mit Berechtigung, denn das sind alles erstmals auftauchende Gedanken in der Morgendämmerung des menschlichen Begriffs –, es findet sich also eine Kategorie, die ebensowenig wie der νοῦς von vornherein als Gewinn begrüßt wird, es ist die Kategorie des *Zwecks*. Sie wird bei Aristoteles und selbstverständlich bei Hegel sehr hervorgehoben. Also τέλος erscheint, in seinem ursprünglichen griechischen Sinn, Ziel oder auch nur Halt. Der ursprüngliche Sinn solcher Worte läßt sich zuweilen noch herausfinden, Pneumatik nannte ich schon. Ein ursprünglicher Sinn muß davon gelebt haben, so daß man aus

πνεῦμα Pneu machen konnte. Auch der ursprüngliche Sinn von τέλος ist im Neugriechischen noch da, in einer Sprache also, in der die gelehrten Bedeutungen, die ein Wort angenommen hat, durch den Niedergang der herrschenden Klasse, durch den Niedergang der griechischen, auch der byzantinischen Kultur erloschen ist. Τέλος meint im Neugriechischen Haltestelle einer Elektrischen oder eines Autobusses; μυστικὸν ὄργανον, mystisches Organ, heißt im Neugriechischen Geheimpolizist, und ὄργανον ist ein Beamter oder ein Werkzeug. All diese scheinbare Verkommenheit und Banalisierung bringt oft den ursprünglichen Sinn, der sich im Volk erhalten hat, wieder heraus. Τέλος nahm den Sinn von Zwecklehre, Teleologie, an.
Die Zwecktätigkeit ist aber bei Anaxagoras rein als *immanente Zwecktätigkeit* gefaßt, nicht etwa als Leitung durch eine Vorsehung, sondern sie steckt in den Bewegungen der Dinge selbst als Zweck. Und Anaxagoras hat nach dem Zeugnis des Aristoteles seine Zweckkategorie völlig aus den Organismen entnommen, aus dem Leben der Organismen abstrahiert. Aristoteles sagt wörtlich καπερ ἐν τοῖς ξώοις, nach Analogie des in den Tieren, in den Lebewesen Vorgehenden, in Analogie zu den Lebewesen. Auf diese Weise wird Kosmos nach ihm ein Schmuck, weil ein sinnvoller Zusammenhang die Welt durchwaltet. Sie ist ein Ganzes von geprägten Zweckformen, die Lebewesen haben einen Zweck in ihrem Dasein, und ihre Handlungen sind zweckhaft an ihre Umwelt angepaßt. Es ist unwesentlich, ob dem eine Entwicklungslehre mechanischer Art vorhergeht. Diese Anpassung durch natürliche Zuchtwahl kann ja im Sinne des Empedokles gemeint sein. Aber daß es eine natürliche Zuchtwahl überhaupt gibt, heißt doch, daß das Vorhandene mindestens leben will, den Zweck hat, zu leben. Indem es leben will, indem es seinen Selbsterhaltungstrieb als einen Zweck hat, gibt es Anpassung, gibt es natürliche Zuchtwahl. So könnte man sagen.
In all den mechanischen Kategorien steckt also versteckt immer etwas von Zweck. Nur ist es kein theologischer Zweck, keine Vorsehung, kein göttlicher Weltplan, der erfüllt wird, kein Zweck von außen, keine faule Teleologie, sondern eine immanente. Diese durch Theologie der Aufklärung verdächtig gewordene Zweckkategorie stieg in der Geschichte der Philosophie bei Aristoteles groß auf, und wurde dann bei Bacon und Spinoza, auch im mechani-

schen Materialismus völlig weggeworfen, kam bei Leibniz und bei Hegel und im dialektischen Materialismus wieder hervor, wo sie auf menschliche Handlungen, menschliche Pläne bezogen wird. »Du hast ja ein Ziel vor Augen«, heißt es in einem sozialistischen Lied. Das hat nichts mit Neovitalismus zu tun, erst recht nichts mit der Absurdität, daß es unter Steinen und Metallen ein Zweckdenken gäbe. Aber bei den Menschen gibt es eins. Sie sind zum Beispiel hier, um zu studieren. Das ist ein Zweck, indem Sie auch zur Welt gehören und nicht nur die Frösche und die Mineralien. So steckt in einem Teil der Welt, in einem – wie mir scheint – gar nicht so unwichtigen Teil der Welt etwas von Zweck.

Das müßte einmal durchdacht werden: Im mechanischen Materialismus ist der Zweck hinausgeworfen, im dialektischen ist er im Theorie-Praxis-Verhältnis enthalten, das heißt in der Praxis, noch nicht entsprechend entwickelt in der Theorie. Der fortschreitende Marxismus muß hier einmal nach dem Rechten sehen, damit auf ihn die beiden Sätze nicht gelten: Ein echter deutscher Mann mag keinen Franzen leiden, doch ihre Weine trinkt er gern. Oder: Man darf das nicht vor keuschen Ohren nennen, was keusche Herzen nicht entbehren können. Sie gebrauchen jeden Tag und jede Stunde Zweckkategorien, gerade in Ihrer gesellschaftlichen Arbeit. Das Zweckdenken, und zwar bezeichnenderweise als ein naturwissenschaftlich immanentes Denken an Organismen und nicht als theologisches, ist von Aristoteles zum ersten Mal in die Welt gebracht worden.

Ich werde Ihnen ein Zeugnis von Platon, dem großen Idealisten und ganz und gar heillosen Teleologen, vorlesen. Platon berichtet im »Phaidon« von einem Gespräch des Sokrates. Er läßt den Sokrates enttäuscht sein, als er die Schrift des Anaxagoras, περὶ φύσεως, in die Hand nimmt, weil er erwartet hat, eine theistisch-teleologische Welterklärung darin zu finden. Statt dessen findet Sokrates eine überwiegend mechanistische, in der der Zweck mehr im großen und ganzen vorkommt, jedenfalls nicht von außen, nicht von oben herab wirkt. Es heißt wörtlich: »Und von dieser wunderbaren Hoffnung, o Freund, fiel ich ganz herunter, als ich fortschritt im Lesen und sah, wie der Mann mit der Vernunft gar nichts anfängt und auch sonst gar nicht Gründe anführt, die sich beziehen auf das Anordnen der Dinge, dagegen aber allerlei Luft und Äther und Wasser vorschiebt und sonst vieles Wunderliches.« [Platon,

Phaidon, 46. Kap. 98, b, c] Es gibt es also keinen theologischen Zweck, was man an der angeblichen Enttäuschung des Sokrates wohl merken kann.

Festzuhalten ist also: νοῦς ist bei Anaxagoras materieller Denkstoff, nicht immaterieller Geist, Zweck ist rein immanent; kurz: νοῦς ist noch eine materielle Naturkategorie wie alles in dem sogenannten vorsokratischen Denken.

9. LEUKIPP

Ich gehe nun zu dem bewußt ausgebrochenen, nicht mehr urwüchsigen Materialismus über, nämlich zu den zwei Philosophen Leukippos und Demokritos. Mit ihnen beginnt die Atomistik, der erste systematisch-mechanische Materialismus.

Zuerst zu Leukippos: da stocke ich auf der ganzen Linie. Seine Lebenszeit ist unbestimmt. Er soll ein Zeitgenosse des Empedokles und des Anaxagoras gewesen sein, aber es ist völlig unbekannt, wo er geboren ist. Die Angaben schwanken, ob er in Milet oder in Elea, also entweder ganz im Osten oder ganz im Westen des damaligen Griechenlands das Licht der Welt erblickt hat. Bereits im Altertum bestanden Zweifel darüber, ob Leukippos überhaupt gelebt habe. Lucretius nennt ihn nicht, Epikur bezweifelt seine Existenz. In neuerer Zeit hat Erwin Rohde, Studienkollege von Friedrich Nietzsche und klassischer Philologe, der das Buch »Psyche, Seelenkult und Unsterblichkeitsglaube der Griechen« [2 Bände, 1890–94] geschrieben hat, die Hypothese wieder erneuert, Leukippos sei eine Sagenfigur. Das wurde von Diels, dem Herausgeber der »Fragmente der Vorsokratiker« [1903 ff.], widerlegt. Doch dies sind Geschäfte klassischer Philologen, von denen ich nur berichte. Trotzdem bleibt auch nach dieser Widerlegung die Existenz von Leukippos völlig schattenhaft. Dann wurde diese Frage, die man wohl eine scholastische nennen kann, von unseren sowjetischen Freunden trotz allem wieder aufgegriffen, weil es ja schließlich um einen Ahnherrn des mechanischen Materialismus geht. Aber auch in der sowjetischen Forschung ist bis jetzt nichts herausgekommen, was uns der Existenz dieses Leukippos versicherte. Ein seltsamer Fall. Wenn es ihn nicht gegeben hat, wieso haben wir dann seinen Namen? Es besteht doch gar kein Bedürfnis, einen Namen zu erfinden. Seltsamer allerdings ist, daß die Spuren so völlig erloschen sind, und zwar ohne daß man hier eine Art von Klassenkampf sieht. Gewiß, man hätte auch gern das Andenken Münzers ausgelöscht. Die herrschende Klasse schreibt die Geschichte. Aber wir stehen ja mit unserem Vortrag noch in einer herrschenden Klasse, die es sich gestatten konnte, materialistisch, urwüchsig materialistisch zu sein. Bei Demokrit war es dann anders, der wurde sekretiert und bekämpft. Das geschah aber viel später, in der Zeit von Platon, dessen Zeitgenosse Demokrit war. Doch bei dem viel

älteren Leukippos sieht man kein Interesse, ihn zu verschweigen oder der Vergessenheit zu überliefern. [vgl. dazu W. Capelle 1968, 281 ff. Nach dem heutigen Stand der Forschung ist Leukippos in Milet geboren, wurde in der unteritalischen Griechenstadt Elea Schüler des Zenon, übersiedelte später nach Abdera und gründete dort nach 450 v. Chr. eine Philosophenschule; die Veröffentlichung seiner Schriften ist nicht vor 430 v. Chr. anzunehmen.]
Wie dem auch sei, Leukippos mag als ein Urheber der Atomistik anerkannt werden und anerkannt sein. Die große Ausführung hat Demokrit gegeben, und die Ausführung war so groß, daß sie den Urheber der Lehre in den Schatten stellte. Vielleicht kann das Leukippos zugebilligt werden: Er hat die eleatische Lehre von dem unveränderlichen Sein übernommen, nur daß er dieses unveränderliche, umwandelbare, unzerstörbare, gleichartige Sein der Eleaten in unendlich viele Teile zerschlug, die aber unzerstörbar, unwandelbar, unveränderlich und gleichartig sind. Diese vielen unendlich kleinen Arten von »Parmenides-Seinen« sind das, was nicht mehr teilbar ist: ἄτομος, das heißt Unteilbares, oder lateinisch: individuum; Atom und Individuum ist sprachlich genau dasselbe. In dies Zerschlagen ist nun ein Element hineingebracht, das gar nicht mehr eleatisch ist: Vielheit und Bewegung. Die zerschlagenen »Parmenides-Seine« bewegen sich.
Wieder ein Beispiel, wie sonderbar die Wege des Denkens sind. Wir haben Heraklit und den Parmenides, schließlich die Eleaten. Heraklit steht uns viel näher als die anderen, die extremste Statik lehren, wo Vielheit und Bewegung geleugnet werden und ein unveränderliches, unwandelbares, unzerstörbares Starrsein als des Pudels Kern und als das Wesen der Welt hingestellt wird. Und das Herz jedes Marxisten schlug für Heraklit und gegen Parmenides, der das Urbild eines sogenannten Metaphysikers, genauer: eines Statikers, abgeben könnte.
Es gab viele Metaphysiker, die durchaus Dialektiker waren, zum Beispiel Jakob Böhme oder Hegel. Und es gab viele Materialisten, die ganz und gar statisch waren, wie La Mettrie und Holbach. Und ich sagte Ihnen schon, die Philosophen streiten sich in Kabinetten und Hörsälen um des Kaisers Bart. Der eine sagt das, und der andere sagt das Gegenteil. Damit scheinen sie widerlegt, gewiß, aber sie sind doch nicht ganz widerlegt. Wir erleben, daß in Bewegung und Ruhe ein lebendiges Problem steckt, und wir erle-

ben das Erstaunliche, daß die Atomistik, der Grundpfeiler des Materialismus, nicht von Heraklit, sondern von den Eleaten herkommt. Unveränderliches, Unzerstörbares, Gleichartiges – das mag ein Prinzip, ein Grundgedanke, ein Aperçu, ein Programm bei Leukippos gewesen sein, der damit vor der großen Ausführung durch Demokrit unterging. Alles, was ich Ihnen hier sage, ist Vermutung. Man weiß über Leukippos nichts Genaues. Es scheint mir aber unwahrscheinlich, daß er nicht gelebt haben soll, denn es besteht gar kein Bedürfnis, seinen Namen weiter zu halten und ihm die Lehre der Atomistik zuzuschreiben. Den Grundgedanken der Atomistik wollen wir dem Leukippos zuerkennen, aus reiner Machtvollkommenheit, wie ich zugebe, ohne irgendeinen Beleg, aber pädagogisch brauchbar, weil es Ihnen die Beziehung zu den Eleaten herstellt.

10. DEMOKRIT

So gehen wir nun zu dem großen Ausführer, zu Demokrit. Er war einer der Großen in der Geschichte der Philosophie, der erste große Philosoph, kann man sagen, mit allen Eigenschaften des großen Philosophen: nämlich der enzyklopädischen Breite, die es bisher ja noch nicht gab. Er war der erste fruchtbare Polyhistor, ganz auf der Linie Aristoteles, Thomas von Aquino, Leibniz, Hegel. Demokrit lebte von 460 bis 370. Geboren wurde Demokrit in Abdera, der Stadt, die nachher als das antike Schilda so berüchtigt geworden ist und in dem Roman »Die Abderiten« [1774] von Wieland verspottet wurde. Demokrit besaß – man möchte sagen: Gott sei Lob und Dank – ein außerordentlich großes Vermögen, das er für Reisen und für den Ankauf seltener Manuskripte und großer naturwissenschaftlicher Sammlungen verbrauchte. Seine Reisen führten ihn in den Vorderen Orient und nach Ägypten, und alles Erworbene brachte er zurück in sein vermutlich großes, schloßartiges Haus in Abdera. Sie sehen, es ist an sich nicht schlecht, wenn einer Geld hat, es kommt nur darauf an, was er damit anfängt. Wir können diesem Reichtum des Demokrit sehr dankbar sein. Er lebte in Abdera und besuchte nur von Zeit zu Zeit den Saus und Braus und das lärmende und ungeheuer geistige Leben in dem bereits sophistisch gewordenen Athen. Es war nicht mehr das Athen des Stumpfsinns und der geistigen Provinz, durch Anaxagoras war ja Philosophie mit einem Schlag eingezogen, und mit einem Flügelschlag hatte das ungeheuer begabte Volk der Athenienser das nachgeholt, was es bisher verschlafen hatte, nämlich das Philosophieren. Er war ein Zeitgenosse des Sokrates, des Protagoras, des Platon und im hohen Alter, mit seinen hundert Jahren, sogar noch des Aristoteles. Ein Satz ist uns von ihm erhalten, der sein Verhältnis zu Athen beleuchtet; er lautet: »Ich kam nach Athen und niemand kannte mich.« [Diogenes Laertius 1955, 178]

Der große Materialist, der erste ganz große Philosoph, den die Geschichte kennt, kam nach Athen, und dort fand er sogar ebenfalls ganz große Philosophen: Platon und später Aristoteles, ihm ebenbürtig in enzyklopädischer Breite des Wissens. Aber das half nichts, niemand wußte etwas von ihm. Es ist dies ein Schicksal, das sich nachher, vor allem in der Kunst, aber auch der Philosophie, noch öfter wiederholt haben soll.

Leider hat das noch für uns seine traurige Wirkung, denn von dem ungeheuren Schrifttum dieses Mannes ist fast nichts erhalten. Fragmente wurden mit Mühe und Not gesammelt. Sie geben ein ungefähres Bild von der Durchschlagskraft seiner Gedanken. Wenn es Gedanken einer Mediokrität wären, würden wir aus diesen Fragmenten nicht so viel schließen können. Da sie aber von einem großen Philosophen stammen, haben sie auch etwas Stellvertretendes an sich; sie erleuchten die fehlenden Zwischenräume noch mit. Der Untergang seiner Schriften ist umso beklagenswerter, weil Demokrit im Altertum auch als großer Schriftsteller gerühmt wurde, nicht nur als großer Philosoph. Ja sogar im Gegenteil: er wurde nicht als großer Philosoph gerühmt, aber als großer Schriftsteller. Nichts ist gerettet als die Titel seiner Hauptwerke, aber diese haben wir wahrscheinlich vollständig. Hätte Demokrit eine Schule gehabt wie Platon und Aristoteles sie hatten – von Sokrates gar nicht zu reden, von dem sogar Aussprüche gerettet sind –, so wären seine Werke betreut, überliefert worden. Wir hätten sie in unserem geistigen Besitz, so wie wir die Werke Platons haben, von denen nichts verlorengegangen ist, von dem wir sogar Dialoge haben, die er gar nicht geschrieben hat, also unechte. Von Demokrit dagegen gibt es nur noch Fragmente, teils weil er überhaupt nicht beachtet und teils weil er von Platon und seiner Schule bekämpft wurde. Platon erwähnt den Namen Demokrits überhaupt nicht. Er nennt seine Gegner sonst durchaus: wie haut er auf den Sophisten herum, auf Gorgias und Protagoras! Doch unbegreiflicherweise fehlt der Name Demokrits völlig, als ob er nie gelebt hätte. Demokrit wurde also in einer penetranten Weise sekretiert. Das ändert sich bei Aristoteles. Aristoteles deckte Demokrit nicht zu, er war ihm nicht unangenehm, er nahm ihn auf, sah, was er bedeutete, übernahm viel von ihm, gebrauchte vor allem seine naturwissenschaftlichen Kenntnisse. Demokrit wurde auf Grund seiner Sammlungen der Lehrer des Naturforschers Aristoteles. Aristoteles nennt ihn mit größtem Respekt, aber wesentlich als den großen Polyhistor und nicht als den großen Philosophen. [Kranz 1974, 179] Diese Einschätzung bleibt. – Epikur, der von Demokrit die Atomtheorie übernahm, hat aus der Demokritischen Lehre eine der Säulen entfernt und sich dadurch vielleicht ein schlechtes Gewissen zugezogen, weshalb er ihn auch nicht so feiert, wie es diesem erhabenen Ahnherren zukäme. Er hat nämlich die mechanische Notwendigkeit entfernt, der Materialist Epikur. Er vertrat einen Materialismus des Zufalls, nicht einen Materialismus des Gesetzes.

So verdämmerte das bißchen, was überhaupt in der Antike Schule gemacht hatte, bis ins Mittelalter immer mehr, wurde vergessen. Bis die Neuzeit kommt: Bürgertum, quantitatives Denken, mathematische Naturwissenschaft, mechanischer Materialismus als Ideologie der aufsteigenden bürgerlichen Klasse. Das beginnt schon sehr früh. Es gibt eine Rezeption mindestens von Epikur durch Gassendi, den französischen Mathematiker und Philosophen; Bacon und Hobbes, die ersten Materialisten der Neuzeit, beziehen sich auf Demokrit. Bei Leibniz, bei Hegel, überall erscheint er, wenn auch eingekreist und zum Teil abgelehnt. Doch bekommt er seinen Platz, und, wie Ihnen bekannt ist, die Doktordissertation von Karl Marx hat Demokrit und Epikur, die Differenz dieser beiden materialistischen Philosophien, zum Thema [Marx 1841]. Es hat also zweitausendunddreihundert Jahre gedauert, bis Demokrit adäquat wieder in den Gesichtskreis getreten ist. Ein seltsames Phänomen in der Geschichte der Philosophie, verschuldet durch etwas, was mit Platon beginnt und was man mit Fug und Recht »Kampf des Idealismus gegen den Materialismus« nennen kann.

Daß aber niemand Demokrit kannte, als er nach Athen kam, das war noch etwas anderes. Das war ein Zufall, während Platons Haltung gegenüber Demokrit kein Zufall war. Daß man ihn nicht hörte, kam daher, daß der Lärm in Athen zu laut war und die durchdringende Stimme der Wahrheit im Geschwätz der Agora, in der schlechten Interessantheit, die die Sophisten geliefert hatten, unterging. Solidität und Tiefe drangen in diesem ausgebreiteten philosophischen Journalismus, der in Athen durch die Sophisten im Schwange war, nicht durch.

Demokrit hatte, wie bereits erwähnt, bedeutende Zeitgenossen, und die Länge seines Lebens erschwert eine Periodisierung. Er lebte neben Sokrates und stand in Zusammenhang mit Protagoras, den er der Legende nach auf seine Kosten hat ausbilden lassen. Es wird erzählt, daß Demokrit einen Lastträger sah, der Hölzer besonders geschickt auf seine Schultern legte, so daß er mit weniger Anstrengung doppelt soviel Hölzer tragen konnte wie die anderen. Und diesen denkenden Lastträger hat er zu sich gerufen, mit ihm sich zu unterhalten. Er fand einen so klugen jungen Menschen in ihm, daß er ihn von dem Lasttragen befreite und ihn von seinem Geld studieren ließ, das heißt, ihn vielleicht als seinen Schüler annahm. Dieser Lastträger war Protagoras, der bedeutendste Sophist. [Diogenes Laertius 1955, Bd. 2, 187]

Ob das nun wahr ist oder nicht, jedenfalls hat Demokrit Protagoras erlebt; er hat aus der Protagoreischen Wahrnehmungslehre, die nach Zenon noch einmal eine Kritik der Sinne isoliert darstellt, vieles übernommen, zum Beispiel den Naturbegriff. Wo nun soll man Demokrit einordnen? Soll man ihn deshalb nach Protagoras und Sokrates behandeln? – Zu Sokrates hat er keine Beziehung. Demokrit lebte in einem anderen Reich, auch des Gedankens. – Oder soll man ihn an den naturwüchsigen Materialismus anschließen wie das Jahrhunderte hindurch üblich war? Windelband hat beides getan. In seiner »Geschichte der antiken Philosophie« schließt er ihn an den naturwüchsigen Materialismus an, im »Lehrbuch der Geschichte der Philosphie« läßt er ihn auf die Sophisten und Sokrates folgen und stellt das *System des Materialismus* von Demokrit dem System des Idealismus von Platon und dem System der Entwicklung von Aristoteles gleichberechtigt gegenüber. Ein später, bürgerlicher Historiker der Philosophie überläßt also Demokrit eine Platon und Aristoteles vollkommen ebenbürtige Rolle, was aller Ehren wert ist und was wir, mindestens, auch tun. Aber es hat seine Schwierigkeiten, ihn nach Sokrates und den Sophisten zu bringen; denn wenn Sie jene gehört haben, können Sie sich in Demokrit nicht wieder hineinfinden, weil er viel mehr zu der bisherigen materialistischen Linie der griechischen Philosophie gehört und als ein gewaltiger Denker mit großer Klarheit aus ihr Konsequenzen gezogen hat.

Erkenntnistheorie

Ich gehe nun auf die Lehre des Demokrit ein, und zwar zunächst auf seine Erkenntnistheorie. Wie es sich für jede materialistische Erkenntnistheorie gehört, geht sie von den *Sinnen* aus. Sie bleibt nicht bei ihnen stehen, aber sie geht von ihnen aus. Sie ist nicht sensualistisch, aber auch nicht in absolutem Zweifel an den Sinnen befangen. Demokrit hält vor allen Dingen einen Sinn für vertrauenswürdig, und das ist der Tastsinn, der erste, der älteste Sinn, aus dem die anderen sich entwicklungsgeschichtlich herausgebildet haben. Nehmen wir folgendes Beispiel: Wird ein Stab ins Wasser getaucht, erscheint er gebrochen. Wenn Sie den Stab wieder herausziehen, sehen Sie, daß er nicht gebrochen ist. Sie können sich aber auch im Wasser davon überzeugen, indem Sie mit der Hand fühlen, und siehe: der Stab ist gerade, es war Schein. Sie trauen also der Hand mehr als den Augen. Man muß hingreifen, um zu erkennen, wie das ist. Man kann sich nicht allein auf die Augen verlassen und schon gar nicht auf die Ohren, überhaupt nicht auf Geruch und Geschmack und am wenigsten auf Geschwätz [vgl Kranz 1974, 189]. Hingreifen, anfassen muß man vielmehr. Und das ist eine solide materialistische Sache. So hat der Tastsinn einen besonderen Rang. Demokrit wiederholt die Kritik des Protagoras und anschließend des Zenon an den Sinnen, die davon ausging, daß Honig dem Gesunden süß, dem Gelbsüchtigen aber bitter erscheint; dann stellte sich die Frage, wem nun zu vertrauen sei. Ersichtlich ist die Wahrnehmung allein nicht zureichend; sie muß auch bedacht werden. Aber unter dem Zureichenden der Wahrnehmung steht eben der Tastsinn an erster Stelle. So ist die Erklärung der Welt an ihrem Ausgang nicht sensualistisch, denn das Denken wird ebenfalls anerkannt als eine Erkenntnis dessen, was in Wahrheit seiend ist, τὸ ἐν ἐτεῇ ὄν. – Hier ist also durch einen großen Philosophen eine Verschiebung eingetreten. Wir hatten bisher immer nur die ἀρχή, den Ursprung, den Stoff, aus dem die Dinge geworden sind, und der wurde für das Wesen der Dinge gehalten. Nun wird deutlich ein anderes eingeführt, nämlich nicht der Stoff, aus dem die Dinge geworden sind, nicht ihr Ursprung entscheidet über das Wesen, sondern *das in Wahrheit Seiende*, das wirklich Seiende, und der Ursprung ist sozusagen eine Folge des wirklich Seienden. Das *Denken des Ursprungs* gewinnt eine viel größere Breite, indem ein in Wahrheit Seiendes nicht mehr mit dem Ursprung zusammenfällt.

Der Vulgärmaterialismus, indem er den Ursprung aus den ökonomischen Verhältnissen betont, verlegt auch das Wesen der Dinge in die Ökonomie, was völlig falsch ist. Engels spricht sich verschiedentlich dagegen aus. Was das Wesen angeht, so besteht es in *Wechselwirkungen* zwischen dem Doppelgebilde Unterbau und Überbau. Das Wesen der menschlichen Gesellschaft deckt sich nicht mit ihrem zweifellos ökonomischen Ursprung, denn es gibt nicht nur Beziehungen des Menschen zur Natur, sondern auch

Beziehungen des Menschen zum Menschen. Ihr Ökonomisches ist selbstverständlich permanent, aber ihm zuliebe kann nicht der ganze Überbau eingeebnet und vernichtet werden.
Ähnlich ist der Rationalismus bei Demokrit nicht Auslöschung von Erscheinungen, um sie in den Abstrakta Stoff und Quantum untergehen zu lassen. Hierzu soll ausgerechnet Demokrit, der erste große Materialist, einen außerordentlich merkwürdigen, wenn auch nicht zu überschätzenden Satz gesagt haben, der zwar erst in den Fragmenten der Vorsokratiker steht, aber von Aristoteles dem Sinn nach überliefert ist; danach sei die Aufgabe des Denkens ιασῴζειν τὰ φαινόμενα, das heißt, die Erscheinungen sind zu retten, auf daß sie nicht in der Klärung untergehen, sondern in der Erklärung ihres Zusammenhangs und ihres Wesens durchleuchtet werden, also sozusagen noch mehr Erscheinungen sind als vorher, nur ohne alles Falsche darin. Der materialistische Demokrit wollte also die Blüte der Erscheinungen retten.
Das darf nicht überschätzt werden, so als ob er etwa ein qualitatives Weltbild gehabt hätte. Er bleibt darum doch mechanischer Materialist. Zwar hat er verschiedene Arten von Atomen, auch Feueratome, aus denen die menschliche Seele besteht, aber es ist nicht so, daß der naive Realismus bei ihm gerettet wäre. Die Welt wird durchaus durch den Verstand quantifiziert, das heißt, das τὸ ἐν ἐτεῇ ὄν, das Dauernde ist wesenhaft, nämlich Gestalt, Solidität, Greifbarkeit, Größe, Trägheit, Druck, Stoß, Bewegung fester Körper. Hier ist der *Ursprung der Ablehnung der Qualität als einer Naturbestimmtheit.* Hier ist zunächst auch der *Ursprung des Begriffs Natur* in unserem Sinn. Natur ist subjektfreie Objektivität, nicht mehr das Gebärende, nicht mehr das Wachsende, nicht mehr das Solide, an das man sich halten kann. Natur ist die von den Menschen unabhängige Außenwelt; nicht als ob der Mensch sich ihr entgegensetzte, er ist vielmehr von dieser unabhängigen Außenwelt selbst ein Teil. Aber das Nichtmenschliche in der von ihm unabhängigen Außenwelt überwiegt bei weitem, und diese unabhängige Außenwelt ist wesentlich quantitativ bestimmt. Alles, was Qualität angeht, was uns die Sinne zeigen, das Süße und das Bittere, gar noch das Traurige und ähnliches, fällt auf die Subjektseite; davon ist in dem ἐν ἐτεῇ ὄν keine Spur anzutreffen. Wieso es auf die Subjektseite fällt, wieso es in der Welt überhaupt eine Subjektseite gibt, die doch auch zur Welt gehört, das ist die

Sperrfrage, die sich Demokrit nicht vorlegt, so wenig wie die späteren Materialisten der Erkenntnistheorie.
Damit nun hat Demokrit ganz besonders Schule gemacht, und es ist das Mittel gewesen, mathematische Naturwissenschaft zu treiben. Denken ist also *Denken in quantitativen Beziehungen*; dadurch war es möglich, daß Mathematik zum Organon der Natur, wesentlich eine quantitative Wissenschaft wurde, eine Wissenschaft von Größen und Größenbeziehungen bis in die Mitte des 19. Jahrhunderts war. Hier liegt auch der Ursprung der Lehre von den *primären und sekundären Qualitäten*, die ein nicht sonderlich tiefer Denker, Locke, immerhin zum ersten Mal scharf formuliert hat. Die primären Qualitäten, das sind die quantitativen: Druck, Stoß, Gestalt und Dichtigkeit, und die sekundären, also die nebensächlichen, zweiten, nicht in der Natur vorhandenen Qualitäten, das sind Süßigkeit, Farbe, Ton und alles, was dazugehört. – Die Forderung, die Phänomene zu retten, darf man deshalb nicht überschätzen, in dem Sinne etwa, als sei hier ein Goethisches Naturbild aufgegangen, ein duftendes und klingendes Sein, wie es in der deutschen Dichtung, in der deutschen romantischen Naturphilosophie aufgegangen ist. Letzteres war zwar teuer erkauft, aber es duftete und klang immerhin. Sondern Demokrit will, daß die Erscheinungen durchleuchtet werden und man in dem Grund, wenn man hineinsieht, ein mechanisches Getriebe wahrnimmt, von dessen Bewegung uns, wie er glaubt, Dünungen zugetragen werden.
Das führt uns zu Demokrits interessanter Theorie der Bilderchen. Hier haben wir die erste Formulierung der *Abbildlehre*, keimhaft vorhanden schon bei Empedokles. Also, Demokrit stellte die Bilderchenlehre auf, die Lehre von den εἴδωλα [Kranz 1974, 185]. Das klingt naiv, ist es aber gar nicht. Die Frage, wie überhaupt eine Wahrnehmung zustande kommt, beantwortete er sich folgendermaßen: Die Dinge schicken Bildchen, gleichsam Häutchen ihrer Oberfläche, unaufhörlich in unser Auge, in unser Sinnesorgan, und wir nehmen auf diese Weise die Gestalt der Dinge wahr. Anders könnten wir nicht sehen. Merkwürdig, daß sich die Dinge dadurch nicht vermindern, doch sagt er darüber nichts. Die Bilderchen werden nun in uns reproduziert. Sie rufen – wir haben noch das Wort dafür – Eindrücke hervor; sie drücken auf unser Auge wie ein Siegel auf Wachs. Das ist unsere Wahrnehmung. Auf diese Weise kommt also die Gestalt der Welt in uns zur Erscheinung, am

fühlbarsten im Tastsinn, am weitesten, aber weniger zuverlässig, im Gedächtnissinn. Wenn der Verstand nicht getrübt ist, wenn er kein unreines Wachs ist mit Klumpen und individuellen Flausen sozusagen, dann kommt ein adäquater Welteindruck auf diesem Wachs zustande. Im Menschen selbst ist nichts.
Von hier geht die Lehre aus, die Aristoteles übernommen und Locke sehr viel später ausgebildet hat, die Lehre vom menschlichen Verstand als einer tabula rasa; Wachs, das antike Schreibmaterial, gibt dazu das Bild her. Der Verstand ist danach eine tabula rasa, eine unbeschriebene Wachstafel, und alles wird von außen eingeritzt. Der objektive Faktor überwiegt stark, der menschliche Verstand ist rein aufnehmend, völlig passiv. Selbst das Denken besteht darin, daß Bilderchen erfaßt werden. Der Unterschied zwischen Wahrnehmung und Denken wird sehr eingeebnet. Nur kann bei Demokrit die Seele, der Verstand, da er aus sehr beweglichen und raschen Feueratomen besteht, besser als die gröberen Sinne aufnehmen. Die atomistische Struktur der Welt wird durch den Verstand besser aufgenommen als durch die anderen Sinnesorgane, weil er in seinem Feuer feiner, beweglicher und elastischer ist. *Sie haben hier eine durchgehende Schranke im gesamten antiken Denken, die Materialisten und Idealisten völlig eint und noch lange sperrt, nämlich die Abwesenheit jedes subjektiven Faktors in der Erkenntnis.*
Diese Schranke ist meiner Meinung nach sogar gesellschaftlich erklärbar. Die herrschende Klasse in der Sklavenhaltergesellschaft kennt *keine Arbeit*, reflektiert also auch den Begriff Arbeit nicht; sie ist konsumierend, genießend, aufnehmend, passiv. Arbeiten tun die Knechte, der Herr genießt die Früchte ihrer Arbeit oder die Früchte der Welt, die ihm angerichtet werden, als wäre sie eine Tafel und er der Gast, der von diesen Weltschüsseln speist. Das Verändernde, das in der Arbeit steckt, die Subjekt-Objekt-Beziehung, die in der Arbeit steckt, kann nicht zum Begriff kommen. Daher ist alles Erkennen *Schau*. Dies ist eine Schranke, die sich durch das gesamte Mittelalter hindurchzieht. Auch damals war es unter der Würde der Adelskaste zu arbeiten; im Gegenteil: wer arbeitet, wird aus dem Adel ausgeschlossen, verliert ihn. Es dauerte lange, es mußten große Veränderungen eintreten, bis der Satz »Arbeit schändet nicht« selbstverständlich wurde und das Entehrende an der Arbeit völlig vergessen war. »Ehrt den König seine Würde, ehret uns der Hände Fleiß« – das sind späte Entwicklungen

für das Bürgertum. Erst als der Unternehmer kam, als Dynamik in die Welt kam, als die Welt verändert wurde, kam der *subjektive Faktor* auch in der *Erkenntnis* zur Geltung. Was verändert wurde, begriff man nicht, nur daß verändert, etwas erzeugt wurde, reflektierte sich. Es wurde jedoch gleich zuviel subjektiver Faktor bei Hobbes, ebenfalls Materialist, der meinte, der Mensch erkenne nur, was er selbst erzeugt hat, daher sei alle Erkenntnis mathematisch, auf mathematische Erzeugung begrenzt [vgl. Bloch 1977, 291-294]. So auch bei Kant. In jeder Wissenschaft ist so viel Wissenschaft vorhanden, als Mathematik darin anzutreffen ist, sagt Kant [vgl. Kant 1786, Vorrede, 14]. Der subjektive Faktor wurde bis zu der Formulierung übersteigert, daß der Verstand der Natur die Gesetze vorschreibt [Kant 1787, B XVI]. Das ist exaggerierter Idealismus. Trotzdem, Ihnen hoffentlich aus der ersten Feuerbach-These von Marx bekannt, ist das ein wichtiges Erbstück aus dem Idealismus, das selbst bei Feuerbach weggeworfen worden war [Marx 1845, MEW 3,5].
Es gibt also einen Anteil des Subjekts an der Erkenntnis, es gibt einen Anteil des subjektiven Faktors an der Abbildung der vom Menschen unabhängigen Außenwelt. Daran wird das Spiegelgleichnis deutlich, das wir ja auch aus jener Welt übernommen haben, wahrscheinlich von den Arabern. Die Griechen nahmen ihr Gleichnis vom Wachs, später diente der Spiegel dazu, gewiß ein fragwürdiges Gleichnis, wie jedes, wenn es philosophisch strapaziert wird. Wir müssen immer wissen, daß es ein Gleichnis ist, und dürfen es nicht zu stark pressen. Ich mache Sie auf einen großen Kollegen des Spiegelgleichnisses aufmerksam: auf das Gleichnis Unterbau-Überbau. Es kommt aus der Architektur und macht große Schwierigkeiten, wenn man die Wirklichkeit noch präziser fassen will. Dann muß geändert werden, denn es kommen Kategorien, Funktionen zum Vorschein, die das Gleichnis völlig sprengen, zum Beispiel, daß ein Überbau einen Unterbau aktiviert. Es ist noch nie vorgekommen, daß eine Etage den Keller aktiviert hat. Das sind die Gefahren eines schlagenden, prachtvollen Ausdrucks, der auch im großen und ganzen völlig stimmen mag. Nur, wenn man im Lauf der fortschreitenden Entwicklung ins Konkrete geht, dann sieht man, es hinkt, weil es nur ein Gleichnis ist. So ist es auch mit dem Spiegel, mit dem unser Verstand verglichen wird. Im Spiegelgleichnis der einfachen Abbildtheorie wird vorausgesetzt, daß der

Spiegel selbst sieht, was in ihm ist. Wo ist aber der Dritte in der Erkenntnis, der gegebenenfalls sagen könnte, daß der Spiegel fleckig ist und nicht genau wiedergibt? Im einfachen Spiegelgleichnis ist er nicht vorhanden, da sitzen wir selbst im Spiegel drin. Das ist die crux dieses Gleichnisses. Wenn ich aus dem Spiegel heraustreten könnte, als ein Dritter, und Spiegel und Gespiegeltes als Subjekt und Objekt vergleichen könnte, dann wäre die Sache einfacher. Aber das Spiegelgleichnis gibt nur zwei Seiten. Das ist die Schwierigkeit; um sie zu überwinden, muß im Spiegel selbst etwas gefunden werden, das den Vergleich ermöglicht.

Demokrits materialistische Erkenntnistheorie haben wir kurz kennengelernt; leider nur kurz: Es liegt nicht an uns, sondern daran, daß, wie Sie wissen, von Demokrit ja nur Fragmente erhalten sind und es unmöglich ist, das Fehlende durch Erfindungen – das wären in diesem Fall Anleihen beim späteren mechanischen Materialismus – zu ergänzen. Daher müssen wir uns bei Demokrit leider bedeutend kürzer fassen, als es die erste Erscheinung des mechanischen Materialismus verdient. Immerhin sind die Umrisse bekannt, und wir können auch sehen, worin sich der Materialismus Demokrits vom späteren, vor allem vom französischen mechanischen Materialismus noch oder schon unterscheidet. Es gibt qualitative Elemente darin, die dem mechanischen Materialismus Frankreichs fehlen und die wiederherzustellen der dialektische Materialismus im Begriff ist. Die Erkenntnistheorie Demokrits war, wie ich sagte, nicht einseitig sensualistisch. Die Seele besteht aus Feueratomen – dieser Gedanke rührt von Heraklit her –, und das Zittern der heißen Luft trübt sehr oft das Spiegelbild der äußeren Welt. Aber es gibt ein Spiegelbild, ein Abbild, wobei die Seele als ein Ganzes aus den bewegten Feueratomen die feine, die atomistische Struktur der Dinge durch Nachdenken zu erkennen vermag. Führer dabei ist der Tastsinn unter den Sinnen. Aber der, der den Tastsinn versteht, interpretiert und auch berichtigt, das ist der Verstand.

Atomtheorie

Nun kommen wir zur *Atomtheorie* Demokrits, die er wahrscheinlich von Leukippos übernommen hat. Geblieben war schon bei Leukippos ein eleatisches Moment, nämlich das unveränderliche, dichte, unentstandene, einheitliche Sein, allerdings unendlich kleingeschlagen in das, was nicht mehr kleinzuschlagen ist, also in Atome. Das Unteilbare oder das Individuum war da. Zum Unterschied von den Eleaten haben Leukippos und Demokrit den leeren Raum beibehalten. In dem vollen Kugelsein der eleatischen Welt gibt es keine Leere. Sie haben den leeren Raum ohne Wertbegriff, nicht als das Nichts, nicht als das Gähnende, als das Chaos, als das weitaufgerissene Maul verstanden. Chaos kommt von χᾶν, gähnen. Nebenbei bemerkt, auch das Wort Gas kommt von Chaos; es wurde im 17. Jahrhundert v. J. B. van Helmont (1577–1644) eingeführt. Die Leere erscheint bei Leukippos und Demokrit also nicht als das Gähnende, weit Aufgerissene, Verschlingende, Molochhafte, sondern als Leere in einer gleichsam wohltätigen Eigenschaft, als die Bedingung dessen, daß sich die kleingeschlagenen Seinsteilchen bewegen können. Wir haben also Bewegung und den leeren Raum in einem durchaus nicht eleatischen Sinn, eleatisch aber ist das erhaltene Sein.

Die Atome sind bei Demokrit ausschließlich der Gestalt nach verschieden. Das unterscheidet sie von den Homoiomerien des Anaxagoras, von dessen unermeßlich vielen kleinen Teilchen, die aber immer kleine Teilchen von dem sind, was man qualitativ sieht. [...] Demokrit unterscheidet seine kleinsten Teilchen nur durch die Gestalt und die Art ihrer Bewegung. Letztere wird von ihrem Gewicht bestimmt. Dies ist ganz nach dem Augenschein geurteilt; es gab noch keine Luftpumpe, man konnte nicht erkennen, daß alle Körper im luftleeren Raum gleich schnell fallen. Das Moment des unterschiedlichen Fallens der Gegenstände infolge des Luftwiderstandes wurde für die Weltentstehungslehre Demokrits wichtig. Sonst macht er keinen qualitativen Unterschied zwischen den Atomen. Auch die Feueratome sind von den anderen Atomen nicht qualitativ, sondern nur durch ihre glattere, beweglichere, feinere Struktur verschieden.

Das ist nun immerhin eine Verschiedenheit, und sie unterscheidet das erste System des mechanischen Materialismus auf bemerkenswerte Weise von dem rein quantitativen Materialismus der Franzosen, der alles eingeebnet, nichts übriggelassen hat, der die Welt auf Verbindung und Tanz gleichartiger Atome reduziert. Da löst sich, wenn man es negativ ausdrücken will, alles in Seifenwasser auf, und es erscheint sehr leicht alles Bewegende, Feurige und Glänzende als Seifenblase. Politisch ist der französische Materialismus

wichtig geworden als eine großartige Entzauberung des Schwindels. Nur sind bei diesem Schwindel – und der dialektische Materialismus hat das ja bewiesen – auch Realitäten untergegangen, die gar keine Seifenblasen sind, zum Beispiel das gesellschaftliche Leben, der Überbau, das Anthropologische, wie es Feuerbach als Element des Materialismus herausgestellt hat, und gar das Gesellschaftliche, wie es Marx unüberhörbar notiert hat. Das ist im mechanischen Materialismus völlig eingeebnet, danach ist zwischen dieser Vorlesung hier und dem Rasseln von Rädern in einer Straßenbahn, zwischen einer Hochzeit, einer Kaiserkrönung und der Revolution vom Oktober 1917 überhaupt kein Unterschied. Wenn man es genau betrachtet, ist alles ein Tanz von Atomen. Von der ganzen Welt bleibt im rein quantitativen Materialismus nichts Unterscheidendes übrig, des Pudels Kern sind Atomtrennungen und Atomverbindungen. Er hat das verloren, was gerade Demokrit als eine so wesentliche Aufgabe bezeichnet haben soll, διασῴζειν τὰ φαινόμενα, die Rettung der Phänomene.
Der Satz stammt von einem Materialisten, und wir wollen es mit ihm halten. Was mechanisch ist, sei der Mechanik, was gesellschaftlich ist, sei der Gesellschaftswissenschaft gegeben. Zum Beispiel ist der Überbau ja nicht einfach Nichts; er ist vielleicht ein schwächeres Sein als der Unterbau, aber doch ein Sein, denn er kann den Unterbau aktivieren. So gibt es auch das Phänomen der Kunst, es gibt, mit anderen Wertungen, das Phänomen der Religion als eine ungeheure Wirklichkeit in der Geschichte. Und es gibt einen ungeheuren Betrug. Obwohl er nichtig ist, ist er doch nicht Nichts, wie sich im Nationalsozialismus herausgestellt hat. Es sind nur verschiedene *Staffelungen*, *Dichtigkeiten*, *Wertungen* im Sein. Bei Demokrit liegt der Anfang zu dieser Einsicht, indem er eine schwache Staffelung vornimmt. Sie wurde dann, leider nicht mehr auf rein materialistischer Basis, von Aristoteles ausgeführt. Aber Stufenfolge existiert. Sie haben ja schon in der Grundschule die Schichtungslehre entwicklungsgeschichtlicher Art gelernt: Steinreich, Pflanzenreich, Tierreich, Menschenreich. Wenn alles gleich wäre, gäbe es auch keine *Entwicklung*, dann wäre Entwicklung sinnlos. Diese setzt eine *qualitative Veränderung* voraus; folglich fehlt sie völlig konsequent in dem sonst so tüchtigen und zu höchster Dankbarkeit verpflichtenden französischen Materialismus. Bei Demokrit könnte es Entwicklung geben, etwa hinauf zum Feuer und

zu Feueratomen, die nach ihm die Ursache des organischen und des psychischen Lebens sind. Aber der Gedanke ist nicht ausgeführt.

Kosmologie

Nun zu seiner Lehre von der Weltentstehung. Da haben wir zum ersten Mal – wir können das Wort »zum ersten Mal« hier mit vollem Recht abermals gebrauchen – den Versuch einer rein immanenten Schöpfungslehre. Die Schöpfungslehre hatten die bisherigen Materialisten nicht so radikal angegriffen wie es Demokrit tut. Sie hatten das Wesen und den Ursprung der Dinge gesucht, und sie hatten keinen Zeus gehabt, gewiß. Aber sie hatten noch einen Zwischenraum gelassen, wo auch Schöpfungslehren hätten Platz finden können. Die vorangegangenen Philosophen haben sich nicht ganz in die Höhlen dieser Löwen, oder besser, dieser Uhus hineingetraut. Demokrit schreckt davor nicht zurück. Er hat eine rein mechanische Weltentstehungslehre ausgebildet, bei der überhaupt kein Platz blieb für ein göttliches Wesen, das auf diese oder jene Art hätte eingreifen können.
Mit der Weltentstehungslehre hat es ohnehin seine eigene Bewandtnis. Dadurch, daß wir im biblischen Kreis stehen, glauben wir, alle Religionen hätten auch einen Gott, der die Welt erschaffen hat. Das ist bei weitem nicht so. Im Indischen ist davon noch etwas, aber nur in Form von Einatmen und Ausatmen des Brahma. In vielen anderen Religionen gibt es schon deshalb keine Weltentstehungslehre, weil die Entstehung der Welt mit Arbeit und ziemlicher Mühe verbunden ist. Selbst um zu sagen: Es werde Licht! muß man doch etwas tun. Es paßt nun in den Adelsgesellschaften durchaus nicht zu einem Herrn, daß er etwas tut; Arbeit schändet. Also sind die Götter zwar Regierer, Verwalter, Kriegsherren, aber keine Schöpfer. Nur in Ägypten gibt es in späterer Zeit einen Schöpfergott, nämlich den Gott der Bildhauer in Memphis, Ptah, den Töpfergott. Der dreht die Welt wie auf einer Tonscheibe. Er wanderte von Ägypten vermutlich nach Babylon, nach Kanaan und in die Bibel, wo er als Jahwe, der Schöpfer, auftritt. Immerhin, in der ägyptischen Mythologie gibt es ein wenig Schöpfung, auch in der germanischen, nur geht es hier besonders scheußlich zu. Da leckt eine Kuh die Menschen aus Eisblöcken heraus, und dies Abscheuliche haben die Nazis »hochgermanisch«« genannt. Wie

die Entstehung, so waren vermutlich auch die Früchte beschaffen. Man bedenke den Unterschied zu dem Satz: Gott schuf den Menschen nach seinem Ebenbilde. [Bibel, 1. Buch Mose, 27] Das ist ein Satz! Auch bei den Griechen ist Zeus nicht mit Schöpfung beschäftigt. Er ist ja selbst ein Enkel. Da ist zuerst Uranos da, der von Kronos umgebracht wird, und dann erst kommt Zeus: Der wiederum hat den Kronos umgebracht und dann die Schöpfung schon fertig übernommen, ohne Erbschaftssteuer zu zahlen. Feine Götter.

Also mit der Schöpfung steht es bei den Griechen ohnehin nicht zum besten. Elemente von Schöpfungsgeschichte sind in jeder Mythologie vorhanden, aber Demokrit verzichtet auf alle Mythologie und macht die Schöpfung sehr einfach, kindlich einfach: er läßt Atome fallen. Da alles fällt, wenn ich es loslasse, und das, was schwerer ist, schneller fällt als das, was leichter ist, enstehen aus dem senkrechten Fall der Atome Wirbel, indem die schneller fallenden Atome auf die langsamer fallenden treffen, und aus diesen Wirbeln entsteht die Welt. Interessant ist die Kategorie Wirbel, die eine Entsprechung in der Planetenbewegung hat, von der man gar nichts wußte. Es gab nur eine Bewegung der Sterne, die scheinbare Bewegung der Planeten und der Fixsterne vor allen Dingen in dem feststehenden Firmament. Der Wirbel, dieses Grundelement der Kantischen und Laplaceschen Schöpfungshypothese, ist hier bereits in den Anfang der Schöpfungshypothese eingebaut. – Soviel über den Stoff und über die Bildungen des Stoffs.

Ich komme nun dazu, Ihnen zu erklären, wie sich Demokrit die Kraft vorgestellt hat, die die Atome aneinanderbindet, also den *universalen Zusammenhang der Welt*. Hier taucht neben vielem anderem auch zum ersten Mal dieses uns so wohlbekannte Wesen des universalen Zusammenhangs auf. Wir haben zuerst bei Empedokles gesehen, daß ein Bewegendes da ist, das den Stoff verbindet und trennt: durch Liebe, φιλία verbindet, durch Haß, νεῖκος, trennt [Capelle 1968, 202]. Für die früheren Hylozoisten war das ja kein Problem gewesen. Empedokles brachte also etwas Qualitatives, etwas Menschliches ins Denken, Anfänge eines entdeckten Interesses als des Bewegenden, die Affekte Liebe und Haß. Das war sehr wichtig, aber es verschwindet nun. Im mechanischen Materialismus geht es nüchtern her. Die radikalen Kräfte des Verstandes wirken auch hier zunächst entzaubernd. Nur Druck und Stoß

wirken als Kraft, *das zusammenhaltende Band ist rein mechanische Notwendigkeit*, ἀνάγκη. Wichtig ist, daß das θεῖον, das Göttliche, das in den vorsokratischen Philosophien, auch bei Heraklit, wenn auch mit einem Doppelsinn, immer noch anwesend war, nicht wieder die natürliche Erklärung der Welt schluckt, sondern daß umgekehrt die natürliche Erklärung der Welt in das Göttliche hineingeht. Die göttliche und die natürliche Welterklärung haben sich sozusagen immer wechselseitig annektiert, wie es sich gerade traf. Das Mythische schwindet bei Demokrit nun völlig, und zwar deutlich, bewußt und betont. Notwendigkeit, ἀνάγκη, heißt bei Demokrit niemals Zeus, auch nicht Weltzeus. Heraklit und Parmenides verwendeten diesen Namen noch. In Demokrits Kosmologie kommt überhaupt keine Gottheit vor, er bedarf dieser Hypothese nicht. Alles ist Druck und Stoß, lückenlose Notwendigkeit, und zwar kausale Notwendigkeit; es gibt also auch keinerlei Zweck, wie er bei Anaxagoras vorkam. Die Ablehnung jeglicher Teleologie, die Annahme vollständiger Determiniertheit im Sinne kausaler Bedingtheit von allem und jedem ist ein wichtiges Erbstück des mechanischen Materialismus.
Die Nachwirkung dieser Lehre ist sehr merkwürdig. Der legitime Schüler, sozusagen der Kronprinz des Demokritismus, der dann auch zu einer Art König wurde, *Epikur*, hat diese Theorie wieder fallenlassen, erstens wegen seiner Lehre von der Willensfreiheit und zweitens wegen des Wirbelproblems in der Weltentstehungslehre. Das hat gesellschaftliche Gründe, wie alles. Das Individuum hat sich nämlich emanzipiert, das freie Individuum der späteren hellenistischen Zeit kündigt sich an. Epikur brauchte aber auch für die Weltentstehungslehre ein Motiv, das die Wirbel erklärt. Denn wenn immer nur ein Atom schneller auf ein anderes fällt, dann fallen sie eben zusammen schneller herunter, ungefähr wie die Tropfen an einer Fensterscheibe. Wenn sich ein dicker Tropfen bildet, läuft er an der Fensterscheibe herunter, stößt auf einen anderen, vereinigt sich mit ihm, und je mehr Tropfen er schluckt, desto schneller fällt er. Auf diese Art entstehen aber keine Wirbel. Schiefe Bewegungen entstehen vielleicht so, aber nie Wirbel. Also müssen Abweichungen von der Bahn stattfinden, damit Wirbel entstehen. Diese Abweichungen sind nach Epikur ursachlos. Wie es ursachlose Abweichungen der Atome gibt, die so lange dauern, bis sich ein Wirbel gebildet hat, ebenso gibt es auch ursachlose

Handlungen von Individuen. Also haben wir in dem materialistischen System des Epikur ein völlig unmaterialistisches Element. Dagegen hat die *Stoa*, die gerade im Gegensatz zu Demokrit den Zweck wieder als ein wichtiges Moment in der Welt pointiert, von Demokrit die lückenlose kausale Notwendigkeit übernommen und zu einem unverlierbaren Besitz der gesamten europäischen Wissenschaft gemacht. Also hat die Stoa in diesem Punkt das Demokritische Erbe allein verwaltet, nicht Epikur.

Ich fasse nun die Hauptpunkte der Lehre Demokrits kurz zusammen:

1. Zuverlässig sind nur der Tastsinn und das auf Bewegung und mechanische Gestalt oder, besser gesagt, quantitative Gestalt bezogene Denken.

2. Alle Veränderung ist nur Verbindung und Trennung von Atomen im leeren Raum. Diese, einschließlich der Feueratome, sind nur in Bewegung und Gestalt voneinander verschieden. Immerhin gibt es Feueratome, Erdatome, Wasseratome und Luftatome, also eine Gliederung von Atomen. Aber die Atome verdanken ihre Unterschiedlichkeit einer ausschließlich mechanischen Ursache.

3. Die Welt ist durch unterschiedlich schnellen Fall der Atome, der zu Wirbelbewegungen geführt hat, entstanden. Unzählige Welten entstehen und vergehen nebeneinander und nacheinander. Dieser Gedanke stammt nicht allein von Demokrit, er kommt schon bei Heraklit vor. Ein ungeheurer, ganz kopernikanischer und Giordano-Bruno-hafter Blick in eine Unendlichkeit mit unzähligen Welten nacheinander und nebeneinander geht auf, ein Sprung im engen griechischen Weltgehäuse.

4. Es gibt keinen Zweck in der Natur. Alles geschieht nach unverbrüchlicher mechanischer Notwendigkeit. Dem ist hinzuzufügen, daß es bei Demokrit keine Dialektik gibt. Dialektik, als methodische, subjektive Dialektik, ist vor allen Dingen bei Zenon zu finden, in seinen Beweisen gegen die Bewegung, die Widersprüche bloßlegen, ohne sie zu lösen. Objektive Dialektik ist bei Heraklit vorhanden. In Demokrits Fragmenten ist nicht eine Spur erhalten, die in die Dialektik oder zu ihr hinführen könnte.

5. Die Seele besteht aus feinen, glatten Atomen gleich denen des Feuers. Durch die Bewegung der Feueratome werden die Lebenserscheinungen wie die psychischen Erscheinungen oder Vorgänge hervorgebracht.

Soviel, leider nur wenig, über die Kosmologie Demokrits, die aus einem Guß ist. Ich sagte, es kämen in seiner Philosophie keine Götter vor. Es ist ein sonderbarer Fall, daß sie doch vorkommen, wenn auch nur, indem ihre Wirksamkeit verneint wird. Demokrit unterwarf die Welt einzig der mechanischen Notwendigkeit, der *Ananke*, die ursprünglich eine griechische Göttin ist. – Die Griechen haben alle möglichen Abstrakta als Göttinnen, Eirene, der Friede, war auch eine Göttin; die Römer hatten sogar die Göttin der Sparsamkeit, Parsimonia. – Der finstere Hintergrund der Göttin Ananke ist die Schicksals- und Todesgöttin Moira. In der germanischen Mythologie hat sie ihre Entsprechung in Hel, wovon das Wort Hölle abgeleitet ist. Die Moira ist eine finstere Gottheit, die bei Homer noch über den Göttern steht; auch Zeus kann sich ihr nicht entziehen. Ihre Töchter sind die Parzen, die den Lebensfaden durchschneiden, das unerbittliche Schicksal. Dieser mythische Komplex ist in die Notwendigkeit eingegangen; sie trägt davon einige Züge. Epikur erst hat das auf die Füße gestellt.
Ich erwähne das, um den Unterschied zum dialektischen Materialismus klarzumachen. Der dialektische Materialismus mit der Entdeckung des Menschen und der menschlichen Arbeit glaubt nicht an das Schicksal. Das Schicksal ist eine subjektive Täuschung der Klassengesellschaften; es wurde im Interesse der herrschenden Klasse im antirevolutionären Sinne als unerforschlich und unabwendbar hingestellt. Die Moira spukt also in der Notwendigkeit. Der dialektische Materialismus erkennt Notwendigkeit und Gesetzmäßigkeit an, aber er lehrt nicht, daß man sich darunter beugen müsse und gar nichts dagegen tun könne. Die Menschen erkennen in der Arbeit die physischen und ökonomischen Gesetzmäßigkeiten und gebrauchen sie. Die Linie der Notwendigkeit kann gebrochen werden ganz nach Maßgabe der Gesetzmäßigkeit, mitunter auch durch List. In der Moira jedoch und in der Notwendigkeit rein mechanischer Art steckt ein Unabwendbares, das die Revolution im Keim erstickt; aber Gott sei Dank waren die französischen Revolutionäre revolutionärer als dieses Element ihrer mechanisch-materialistischen Theorie. Das revolutionäre Element ihrer Theorie kam nicht aus dem Materialismus der französischen Salons, sondern es kam von Rousseau. Soviel zum Problem der Moira, die in der mechanischen Notwendigkeit stecken kann.

Nach der Behandlung von Erkenntnistheorie und Kosmologie komme ich nun zur Ethik. Es ist großartig, daß der erste bedeutende Materialist zugleich der erste Stifter ethischen Nachdenkens ist. Von Demokrit gibt es die erste Sammlung ethischer Probleme, man kann sagen: er hat die Ethik als Wissenschaft begründet. Er hält auch hier die materialistische Linie, denn für ihn sind Tugend und Glück dasselbe. Wenn er überall den Zweck hinausgeworfen hat, hier, in der Ethik, kann er nicht umhin, ihn wieder hereinzulassen, denn da sind Handlungen, da sind Vorschriften, es gibt ein Sollen, also braucht man Zweck und Ziel. Das Ziel jedenfalls, das aber zugleich dasselbe wie der Weg ist, ist Glücklichsein, Befreiung von Furcht, Druck und Abhängigkeit, das Ziel ist Lust. Lust ist ein echt materialistisches Motiv in jeder Ethik gewesen und durchaus diesseitig.

In Demokrits Ethik wiederholt sich ein Problem aus seiner Erkenntnistheorie; es findet ein Rückbezug auf die Erkenntnistheorie statt. Wir ließen uns von Demokrit über folgendes belehren: Wenn dieses flackernde, feurige Atomgewirre, das Seele heißt und Glück und Bewußtsein, mit seinem Flackern ein Funkeln und ein Flirren auch in die Eindrücke von den Dingen bringt, so daß sie nicht rein aufgenommen werden, die Umrisse des Gesehenen schwanken wie in heißer Luft, so muß eine Reinigung des Bildes stattfinden. Der Verstand stellt eine erkenntniskritische Untersuchung an. Er reinigt die Eindrücke, indem er fragt: Was ist unter diesen Eindrücken glaubhaft, was ist Täuschung, was ist τὸ ἐν ἐτεῇ ὄν, was ist das in Wahrheit Seiende? Ebenso ist es mit unseren Handlungen. Dieses feurige, flackernde, heiße Wesen in uns zeigt sich als kochend von Affekten, Trieben und Impulsen, in denen ebenfalls etwas verfehlt wird, was das ἐν ἐτεῇ ὄν des Menschenhaften angeht. Diese Trübungen durch Affekte müssen ebenso entfernt werden wie der Verstandesspiegel gereinigt werden muß. Wie die sinnliche, so muß auch die ethische Rezeptivität, die ethische Attitüde zur Welt gereinigt werden, dergestalt, daß Feuer bleibt, aber vom Feuer nicht der Brand, sondern das Licht. Der Brand, die Störung der Seele durch das flackernde Hin und Her von Affekten muß weg. Das Licht muß bleiben, und das Licht heißt Glück. Der Brand heißt Leidenschaft: das, was Leiden schafft, Unglück hervorruft. Eine

Stetigkeit muß in das Brennen hineinkommen, damit es nicht flackert, nicht rußt, sondern die Menschen erleuchtet für die Weisheit des rechten Lebens. Das sind Motive, die bei Sokrates wiederkehren, die in der Stoa wiederkehren, die bei Spinoza wiederkehren, die die gesamte bürgerliche Ethik der Neuzeit im Neustoizismus bewegt haben. Sie sind von Demokrit zum ersten Mal angeschlagen und in einer keineswegs pfäffischen oder asketischen Art. Es soll ja Feuer bleiben; Demokrit will kein Knochengebilde von Sittlichkeit. Lust soll kommen, aber eine helle und eine, die sich weise darin auskennt, was zu fliehen und was zu wählen sei. Also wird auf Glück gesetzt, auf Befreiung von Furcht, Druck, Abhängigkeit und eigener Täuschung; und auf diese Weise entsteht etwas, was Demokrit mit einem wunderbar bildhaften Ausdruck bezeichnet, aus dem zu erkennen ist, was für ein Schriftsteller er war, es entsteht γαλήνη, Meeresstille. Es entsteht Meeresstille des Gemüts. Was nun in dieser Meeresstille blüht, das ist ständig, das ist εὐδαιμονία – ein Ausdruck, der ebenfalls bei Sokrates wiederkehrt –, also Glück; und Glück ist der immanente Reflex, geradezu die Evidenz, das sich Anzeigende, das Einleuchtende der Sittlichkeit selbst. Spinoza, zu dem diese Gedanken über die Stoa hinreichen, hat das großartig erneuert in dem Satz: »Die Glückseligkeit ist nicht der Lohn der Tugend, sondern die Tugend selbst; ...« [Spinoza 1677, 42. Lehrsatz, 555] Glück als Lohn der Tugend ist christlich gedacht. In dieser materialistischen Ethik aber sind die Menschen mit sich in Ordnung, und das bedeutet: indem sie in Ordnung sind, sind sie Menschen. Die Feueratome haben ihr reines Spiel innerhalb einer dauernden, auch in der Meeresstille des Gemüts materiell bleibenden, von Gott frei gehaltenen Welt.

Mit Demokrit nun, meine Damen und Herren, schließt die erste, urwüchsige und am Schluß ja keineswegs mehr urwüchsige materialistische Periode der griechischen Philosophie. Der Hylozoismus, das heißt die Belebtheit des Stoffs, die wir bei Anaxagoras und in der gesamten frühen griechischen Philosophie vorfinden, hört auf. Es entsteht *mechanischer Materialismus*, nicht mehr *hylozoistischer Materialismus*; ὕλη heißt Stoff, ζωή heißt Leben, Lebendiges, Hylozoismus bedeutet also Stofflebendigkeit. Das Lebendige, das Zoistische verschwindet, der Stoff bleibt, die ὕλη bleibt erst recht, und das eben ist der mechanische Materialismus. Bald verschwindet auch er, und auf lange Zeit.

Es entsteht der Gegenschlag, sozusagen die Antithese dazu, es entsteht die Wendung auf den Menschen, und zwar eine Wendung auf den Menschen ohne materielle Gesichtspunkte. Die Wendung zum Menschen haben wir auch bei Feuerbach, aber in einem materialistischen Zusammenhang. Hier fehlt dieser Zusammenhang völlig. Der mechanische oder hylozoistische Materialismus wird abgedankt, in der Philosophie geht es nunmehr innerlich, psychisch, geistig zu. Der Stoff verarmt auf lange Zeit. Bei Aristoteles ändert sich das etwas, aber noch nicht grundlegend. Indem die Lebendigkeit, das Feuer, die Feueratome vom Stoff weggenommen werden, entsteht eine Verarmung des Stoffs, die von Haus aus keineswegs vorliegt. Er sinkt hinunter bis zum rein mechanischen Materialismus, wo er in Lumpen gehen muß und als vierschrötig, plump, dumm, seelen- und geistlos grob verleumdet wird. Ich möchte Ihnen zum Abschluß dieser und zum Anfang einer neuen Epoche einen sehr schönen Satz von dem englischen Naturforscher John Tyndall [1874] wiedergeben. Tyndall sagt: Wenn der Stoff als ein Bettler in die Welt tritt, so darum, weil die Jakobe der Theologie ihn seines Erstgeburtsrechts beraubt haben. Das Erstgeburtsrecht haben wir im Ringen um die Inhaltsbestimmungen des Materiellen in der bisherigen griechischen Philosophie historisch kennengelernt. Physisch ist das Erstgeburtsrecht da, indem Materie oder Natur primär und nicht sekundär ist. Die Jakobe der Theologie haben aus dem Stoff alles herausgezogen, was gut und teuer ist und es dem Geist gegeben. Auf diese Weise bleibt der Stoff als ein Bettler zurück. Trotzdem, wenn auch der Stoff ausgeplündert wurde, in der uns nunmehr beschäftigenden Periode des Denkens geschahen in idealistischem Namen viele große Bestimmungen der Welt, die in der hylozoistischen Periode nicht ins Bewußtsein getreten waren. Der Umweg über den Idealismus bedeutete für die Philosophie eine ungeheure Bereicherung. Erst spät mündet der Idealismus wieder in Materialismus, aber dieser wurde nie mehr so breit wie in der ersten Epoche der griechischen Philosophie. Entschieden, viel entschiedener als damals wurde der Materialismus gedacht, aber nie wieder in solcher Fülle.

Wir wenden uns nun der zweiten Epoche zu, die man wegen ihrer *Wendung auf den Menschen* die *anthropologische* nennen kann. Wir haben die Periode von Thales bis Anaxagoras und Demokrit durchmessen und beginnen mit der zweiten Periode, die von den Sophisten und Sokrates über Platon, Aristoteles, die Skeptiker, die Epikureer und die Stoiker bis zum Ausgang der Antike, bis zu den Neuplatonikern reicht. Wir gliedern wieder in zwei Unterabteilungen, in die eigentlich *anthropologische oder ethische Periode* und die große *metaphysische Periode*. Wenn man will, kann man sogar die *dritte Periode* bestimmen, die *religiöse*.

Wir gehen also in diese neue Welt ein und befinden uns dabei sogleich und auf lange Zeit in Athen. Das ist etwas Neues. Wir haben zwar Anaxagoras in Athen begrüßt und sozusagen willkommen geheißen, aber die Philosophie war fremd in Athen, denn auch Demokrit war kein Athener. Das ändert sich nun. Wir befinden uns in der Stadt des Perikles, in der eine große Kultur auf engen Raum und in wenige Jahrzehnte zusammengedrängt ist. Meine Damen und Herren, die athenische Kultur, von der wir wesentlich leben, blühte erst von etwa 450 vor unserer Zeitrechnung an, wurde 422 durch den Peloponnesischen Krieg scharf unterbrochen, dann langsam vernichtet und ging unter etwa 350. Ihre ganze Blütezeit dauert vierzig Jahre, wenn es hoch kommt, achtzig oder neunzig. Blicken Sie zurück. In vierzig Jahren, von 1914 an gerechnet, haben wir es zu zwei Weltkriegen gebracht. Im gleichen kurzen Zeitraum, in einem so kleinen Gebiet, ist die gesamte antike Kultur ausgebildet worden. Ganz Griechenland war so groß wie das Königreich Bayern. In diesem kleinen Griechenland ist Attika eine kleine Provinz, Athen in diesem Teilchen eine Handelsstadt. Die athenische Situation ist der gesamten bisherigen Situation verwandt. Handelskapital, diese früheste Erscheinung von Kapital überhaupt, mit Nahhandel und großem Fernhandel, erzeugte eine, wenn man sagen darf, frühbürgerliche Schicht, was selbstverständlich nur mit einem Körnchen Salz zu verstehen ist. Kapitalisten in der Antike – das ist ein Schlagwort. Wenn man es richtig versteht, nur als eine Art Hilfskonstruktion, mag es nicht schaden. Da gab es kein Bürgertum, da gab es keinen Profit in unserem Sinn, es gab eine Sklavenhaltergesellschaft auf der Grundlage des Handelskapitals. Aber sie war immerhin etwas anderes als die gebundene, unbewegte Gesellschaft der Naturalwirtschaft oder der frühen Feudalwirtschaft. In Athen bildeten sich Individuen aus, die Persönlichkeit der Handelsleute wurde geformt durch ihre Erfahrenheit, die weiten Reisen, durch die Selbständigkeit, die Handelskapital und Warenvorrat verleihen. In den Kolonien verschwanden die Bräuche des Mutterlandes vollends, sie wurden nicht mitgeschleppt. Die Auflockerung fand auch in Athen statt, das lange eine sehr gebundene Provinzstadt war und nach dem Sieg über die Perser in der Schlacht bei Salamis 480 unangefochten dastand. Das Rittertum war abgegolten; Pindar, ein großer Dichter, ist seine letzte Melancholie, wie Pindars Theben die letzte Melancholie des Abschieds von der alten Königszeit ist. Die Athener hatten nach ihrem sagenhaften König Kodros keinen König mehr und richteten eine republikanische Sklavenhalterdemokratie ein.

In Athen entwickelte sich aber nun ein völlig Neues, etwas, was den Kolonien fehlte. Athen war damals eine große Stadt mit einer offenen Reede, verbunden mit der ganzen damals bekannten Welt. In dieser großen Stadt liegen also die Anfänge der Ausbildung von Individuen, die nicht nur Handelsherren sind. In dieser neuen, lustigen Demokratie ist alles lebendig und beweglich. Man kann werden, was man will, wenn man nicht gerade Sklave ist, und zwar durch Geschicklichkeit, durch Wendigkeit, durch Rhetorik, durch die Kunst, sich in Szene zu setzen.

Rhetorik, Beredsamkeit vor allem und geistige Geschmeidigkeit verschaffen jeglichen, auch politischen Einfluß. Dazu muß man so elastisch sein, daß man unter Umständen auch eine schwächere Sache zur stärkeren Sache machen kann. Das können ja die Kaufleute ohnehin immer, indem sie einem anderen ihre schlechte Ware aufschwatzen. Dieser Zug wird aber nun sehr sublimiert, er schlägt ins Geistige, es bilden sich sogar Erscheinungen, die ganz verblüffend sind. Snobs bilden sich und sind ungeheuer elegant. Eine neue geistige Aristokratie tut sich auf, in die man nicht durch Geburt, sondern durch sich selbst gelangen kann. Es ist ein sehr seltsamer Zustand, in dem *die Macht der Agora*, die Macht des Marktes den Ausschlag gibt. Das parlamentarische Auftreten wird auch im demagogischen Sinn gebraucht; man kann sich hineinspielen ins Rampenlicht der Öffentlichkeit durch eine geschliffene Schnauze. Letzteres besorgt die Rhetorik und diese wiederum führt zur Eristik, das heißt, zu der Kunst zu streiten, in großer geistiger Wendigkeit sofortige Beweggründe aufzubringen, zu der Kunst, nicht mehr ein Weiser in dem alten Sinn des gelassenen Handwerks zu sein, sondern ein Weiser im Sinn der Klugheit, ja sogar Gerissenheit, also nicht mehr ein σοφός, sondern ein *Sophist*. Das Wort hat hier seinen Ursprung.

Das ist der Zustand der athenischen Aufklärung, die die Subjektivität, das bisher im Brauch untergegangene Individuum entdeckt. Der Blick wendet sich verstärkt nach außen, aber auch nach innen. Die Eitelkeit, aber auch der Blick auf den Nebenmenschen hebt an. Mit dieser Wendung zur Eitelkeit, zur Frivolität, zur Rhetorik, aber auch zum menschlichen Selbst, mit dem ungeheuren Quirlen und Herumwirbeln in dem Gewohnten, mit Zweifeln an allem, mit Frechheit großen, aber auch kleineren Stils, wird in der griechischen Aufklärung die Sophistik geboren.

Die Sophistik hat im Laufe der Zeit *zwei ganz entgegengesetzte Beurteilungen* gefunden, und beide sind richtig, jede an ihrem Ort. Die eine, die sehr lange ausschließlich herrschte, ist uns durch Sokrates und Platon überliefert: Sophisten sind für sie geistige Lumpen, frivole Schieber des Intellekts, Schwätzer, Rhetoriker, Gauner, ohne jeden Halt, die alles zerlesen und alles zerschwatzen. In diesem Sinn gebrauchen wir das Wort Sophisten heute noch. Und in der Tat, dieser Typ stirbt nicht aus. Er ist nicht mehr so blitzend wie in Athen, aber das Gaunerhafte der Sophistik ist geblieben. [...] Das ist die eine Beurteilung, die völlig stimmt.

Es gibt eine Gegenbeurteilung, die von Hegel stammt und völlig paradox ist. Hegel hat die Sophisten gerettet [Hegel 1971, Bd. 18, 408 ff]; so lange dauerte es, bis sie gerettet wurden. Er nennt sogar einige von ihnen tiefe Denker. Auch darin ist etwas Wahres, sofern man es auf einige von ihnen beschränkt, zu denen Protagoras gehört und vielleicht auch, trotz seiner Frivolität, Gorgias. Gorgias besitzt den Mut denkerischer Konsequenz, wie wir sehen werden, und Protagoras hat einen berühmten Satz in die Welt gesetzt: Der Mensch ist das Maß aller Dinge [Kranz 1974, 213]. Dieser Satz hat es in sich, er klingt beinahe anthropologisch, gar gesellschaftswissenschaftlich. Das wurde ihm zwar nicht an der Wiege gesungen, aber es ist eine Tiefe darin, in die man hineinblicken kann bis zu einem gesellschaftlich tiefen Sinn, der an Ort und Stelle noch gar nicht erblickt wurde. Insofern ist er keine Frivolität, kein Geschwätz, keine Eitelkeit, kein Snobismus. Trotzdem ist er oft ununterscheidbar damit gemischt.

Ich habe die sieben Weisen genannt. Der Weise hieß σοφός statt σοφός haben wir nun σοφιστής. Trotzdem ist die Kontinuität gewahrt. Am Anfang der griechischen Philosophie haben wir diese Weisen gesehen, die Handwerker waren, Handwerker des öffentlichen Lebens, Bürgermeister, die ihre Sache recht verstanden und sich nur mit hausbackenen menschlichen Sachen abgaben. Und dann kommt das Hylozoistische mit der Frage: Was ist das Wesen der Welt? Stellen Sie sich so einen Bürgermeister vor und dann einen Philosophen, darüber nachdenkend, was das Wesen der Welt sei, ob die Welt aus Wasser entstanden ist oder nicht. So etwas erscheint den Handwerkern vollkommen sinnlos, sie zucken die Achseln über die Philosophen. Diese waren aber Materialisten, während die sieben Weisen es nicht waren. Nun zieht das Grüblerische ab, wir haben Aufklärung, es geht wieder auf etwas zurück, was die sieben Weisen auch interessiert hat, nämlich: *Wie lebe ich eigentlich am besten?*

Ich gehe nun auf die einzelnen Sophisten kurz ein. Zunächst einige Namen: Hippias, Prodikos, Protagoras und Gorgias. Hippias war ein gesellschaftlicher Kritiker, Prodikos ebenfalls. Von Prodikos stammt die bekannte Fabel von Herkules am Scheidewege, die noch von Wieland behandelt wurde. Sie ist der Archetyp einer Fabel, es geht darin um die Wahl zwischen Gut und Böse, zwischen Laster und Tugend. Der bedeutendste Sophist jedoch war Protagoras aus Abdera. [...] Er soll von Demokrit in Abdera entdeckt und einer Ausbildung zugeführt worden sein [Diogenes Laertius 1955, Bd. 2, 185] Zum Unterschied von Demokrit ging Protagoras nach Athen und war dort tätig vermutlich bis 411 v. Chr. Der zweite bedeutende Sophist ist Gorgias aus Leontinoi in Sizilien. Aber er blieb nicht in seiner Heimat; inzwischen war Athen ein Magnet geworden. Er war Gesandter seiner Vaterstadt in Athen. Das war schlau eingerichtet, denn auf diese Weise hatte er Sizilien und Athen. Von dort bekam er das Geld, in Athen aber lebte er. Geboren 483, gestorben 375, soll er das hohe Alter von hundertundacht Jahren erreicht haben.

Ich gehe nun auf die allgemeinen sophistischen Lehren ein, und erst am Schluß werde ich zu dem besonderen Satz des Protagoras kommen: Der Mensch ist das Maß aller Dinge. Gemeinsam ist allen

Sophisten das Wendige. Man könnte es die *Kultur des Ichs* nennen, des Individuellen, des Interessanten, des Abweichenden, das gerade aus der Vielheit der Meinungen entsteht.
Das Spritzige und Verblüffende ist ihnen allen gemeinsam. Indem sie Rhetorik betrieben, gaben sie zum ersten Mal auf Redewendungen acht. Der Blick geht zum ersten Mal auf die Sprache; es entsteht grammatisches Bewußtsein; man weiß jetzt plötzlich, daß es Verben, Substantive und Adjektive gibt. Man sieht einen Zusammenhang der Sätze, die Anatomie des Sprechens und des Schreibens wird bekannt. Mit den grammatischen Sprachteilen werden zugleich in den Anfängen logische Überlegungen bewußt, logische Bänder, logisch-grammatische Zusammenhänge; denn Überzeugen verlangt Überreden, verlangt grammatische Kenntnis im Sinn der weiteren Sprachbeherrschung der Rhetorik, und Überzeugen verlangt Kenntnis von Beweis und Widerlegungen. Das formal-logische Denken hebt an, desgleichen entstehen erkenntnistheoretische Probleme in Masse, die etwas an Zenon anschließen, nur in anderem Sinne und zu anderem Zweck. Zenon verfolgte mit seinen Beweisen gegen die Bewegung einen ganz und gar dogmatischen Zweck, die Sophisten treiben dergleichen größtenteils um seiner selbst willen, nicht, um eine Wahrheit zu finden, sondern um alle Wahrheit madig zu machen, um alles in Balance zu lassen, um ein hübsches, wendiges Spiel in einem luftigen Raum zu spielen. Auf diese Weise entstehen logische, beinahe erkenntnistheoretische Probleme in Gestalt der berühmten sophistischen Vexierfragen.
Ich will Ihnen einige dieser Fangschlüsse bekanntmachen, in denen noch ein Hauch von Zenon lebendig ist. Also, eine Frage lautet: Beim wievielten Korn fängt etwas an, ein Kornhaufen zu werden? Oder: Bei Ausfall welchen Haares beginnt ein Kahlkopf?
Sie lachen darüber, meine Damen und Herren, und doch ist hier der Anfang der Erkenntnis vom *Umschlag der Quantität in Qualität*. Wieviel Quantität muß gehäuft werden oder wegfallen, damit die Qualität Haufen, die Qualität Kahlkopf entsteht? Sie sehen, diese lustige Frage ist wie eine Wünschelrute; sie deutet auf ein Problem, und auf was für eins! Nicht, daß die Sophisten so weit gegangen wären; dazu waren sie viel zu frivol. Außerdem waren sie ja keine Marxisten und keine Hegelianer, die dem aus der Hegelschen Logik stammenden Problem der Beziehung zwischen Quantitativem und Qualitativem besonders zugetan sind. Immerhin haben sie durch

ihr planloses Umherschweifen in dem neu entdeckten Gebiet des uferlosen Denkenkönnens manches Bild in ihre Haushaltungen gebracht.
Das zweite, was ich an sophistischen Vexierfragen erwähnen möchte, ist folgendes: Ein Mann aus Kreta sagt: Alle Kreter sind Lügner. Da er selbst ein Kreter ist, hat er also gelogen, als er sagte, alle Kreter seien Lügner; also sagen alle Kreter die Wahrheit. Wenn also alle Kreter die Wahrheit sagen, sagt auch dieser Kreter die Wahrheit, und da er gesagt hat, alle Kreter seien Lügner, ist dies die Wahrheit, und alle Kreter sind Lügner. Das geht so ins Unendliche weiter und löst sich nicht einfach auf. Auch darin steckt ein logisches Problem, das sich sehen lassen kann. Das dritte, vierte und fünfte sind die bekannte Geschichte von dem Garten, die Geschichte von dem Krokodil, über das etwa fünfzig Bücher geschrieben worden sind, und die Geschichte von dem Schüler des Protagoras. Die Geschichten sind einander alle sehr ähnlich.
Zunächst also die vom Garten. Es gab einen Garten, und jeder, der in ihn eintrat, mußte eine Behauptung aussprechen. War die Behauptung wahr, so wurde er ersäuft, war sie unwahr, so wurde er erhängt. Ein Professor der Logik, der das Pech hatte, in diesen Garten zu geraten, dachte einige Zeit sorgfältig nach und sagte dann kurz und klar: Ich werde erhängt. Hätte man ihn nun erhängt, so hätte er die Wahrheit gesagt, und er hätte ersäuft werden müssen; hätte man ihn ersäuft, so hätte er die Unwahrheit gesagt, und er hätte erhängt werden müssen. Auf diese Weise rettete der Professor der Logik sein Leben. – Ähnlich ist es mit dem Krokodil. Ein Krokodil raubte am Nilstrand einer Mutter ihr Kind. Das Krokodil sah die Tränen der Mutter, vergoß selbst die bekannten Tränen und sagte: Ich werde dir dein Kind wiedergeben, wenn du mir sagst, was ich jetzt tun werde. Da sagte die Mutter der Wahrscheinlichkeit gemäß: Du wirst mir mein Kind nicht wiedergeben. Wenn nun das Krokodil das Kind nicht wiedergegeben hätte, hätte es das getan, was die Mutter voraussagte, daß es tun werde, und das Krokodil hätte das Kind wiedergeben müssen; wenn es das Kind aber wiedergegeben hätte, hätte es das Gegenteil von dem getan, was die Mutter vorhersagte und so hätte das Krokodil das Kind behalten müssen. So endet die Geschichte in einem unlösbaren Hin und Her.
Nun zu *Protagoras*. Dieser große Sophist hatte einen Jungen namens

Euathlos angenommen, um ihn in Rechtsverdrehung, in sophistischen Rechtsauffassungen zu unterrichten. Dieser Junge war ein so kluger und verständiger Kopf, daß er schon nach wenigen Monaten nichts mehr bei Protagoras lernen konnte. Protagoras sagte also zu ihm: »Ich kann dich nichts mehr lehren, mein Vorrat ist erschöpft, du weißt genauso viel wie ich. Darum verlasse mich jetzt, denn du hast vorzeitig alles absolviert.« – »Das ist mir sehr angenehm, teurer Protagoras, aber ich dachte nicht, daß es so schnell gehen würde. Zur Zeit bin ich gar nicht gut bei Kasse, ich kann dir also das Lehrgeld nicht zahlen. Ich werde es aber, mein teurer Meister, vom Honorar für meinen ersten gewonnenen Prozeß bezahlen.« – Protagoras antwortete: »Ich bin ganz unbesorgt, daß du deinen ersten Prozeß gewinnen wirst«, und entließ ihn in Gnaden. Da nun aber Euathlos weder zahlte noch überhaupt sich an irgendeinem Prozeß beteiligte, blieb nach mehrmaligen Mahnungen dem Protagoras nichts übrig, als Euathlos zu verklagen. Da begegnete Euathlos seinem alten Lehrer Protagoras am Ilissos in einem kleinen Platanenwäldchen bei Athen und sagte: »Teurer großer Meister, das hast du aber wirklich verblüffend schlecht gemacht, daß du mich verklagt hast, denn nun wirst du doch auf keinen Fall dein Geld kriegen. Wenn ich den Prozeß verliere, brauche ich nicht zu bezahlen laut unserer Übereinkunft, denn ich versprach, das Lehrgeld zu zahlen, wenn ich den ersten Prozeß gewonnen hätte. Und wenn ich den Prozeß gewinne, muß ich nicht zahlen laut Richterspruch.« – »Du bist ein kluger Kopf«, antwortete Protagoras, »aber alles hast du doch noch nicht gelernt. Ich habe mir natürlich alles weise überlegt und habe gefunden, daß du auf jeden Fall zahlen wirst, nämlich wenn du den Prozeß gewinnst, laut unserem Vertrag, und wenn du den Prozeß verlierst, laut Richterspruch.« [vgl. Diogenes Laertius 1955, Bd. 2, 188] – Beides ist richtig. Jetzt stellen Sie sich noch die armen Richter vor, die ihren Richterspruch auf Grund des vorliegenden Vertrags fällen müssen. Hier liegt ein wunderschönes juristisch-logisches Problem verborgen, eins von denen, die die Sophisten zum großen Vergnügen ihrer Zuhörer in den athenischen Salons verbreiteten.

Ich gehe nun ein auf *Gorgias*, der die radikale Skepsis gebracht hat, ja sogar den verspielten, nicht verzweifelten, sondern verquälten Nihilismus mit der völligen Zersetzung von allem, was gilt und was es gibt. Das Epatierende, das den Bourgeois Kitzelnde und Aufregende steckt schon im Titel seines Buches. Es heißt, ganz in alter, feierlicher, sozusagen klassischer Weise, περὶ φύσεως, Über die Natur. Aber es geht weiter: ἤ περὶ τοῦ μὴ ὄντος, also: Über die Natur oder das Nichtseiende [Capelle 1968, 345–353]. Dieser raffinierte Titel zeigt an, daß dem Gorgias das Seiende und das Nichtseiende für ein und dasselbe gelten. Zunächst versucht er zu beweisen, daß es überhaupt nichts gibt, ja, daß es nicht einmal Nichts gibt. Selbst das Nichts wäre schon zuviel. Sein wie Nichtsein sind jedes in sich gleich widerspruchsvoll. Das Sein soll zugleich ewig und wendig sein, zugleich Eins und Vieles, und das Nichts soll sowohl Nichts sein als auch Sein. Weiter sagt Gorgias: Auch wenn etwas wäre, so wäre es nicht erkennbar. Das Gedachte ist immer ein Eigenes und ein anderes als das Seiende, sonst könnten die beiden überhaupt nicht unterschieden werden. Wenn ich etwas erkannt habe, ist es nicht mehr dasselbe wie das, was es vorher war; es bleibt unabhängig vom Erkennenden ein anderes. Ich kann ja die Erkenntnis im Subjekt vom Objekt unterscheiden. Indem die beiden verschieden sind, wird das Objekt nicht vollständig eingeliefert und – nun kommt die sophistische Übertreibung – es wird überhaupt nichts eingeliefert. Es ist nichts, und wenn etwas wäre, so wäre es nicht erkennbar. Drittens, fährt Gorgias fort, selbst wenn es erkennbar wäre, so wäre es nicht mitteilbar [Kranz 1974, 217]. Die Menschen verstehen einander nicht, jeder hat seine eigenen Vorstellungen, jeder hat seine eigene Ausdrucksweise. Es besteht überhaupt keine Garantie und kein Kriterium, daß wenn ich etwa »rot« sage, mein Nebenmensch mit demselben Wort dasselbe meint. Wir sind in einem Kerker, aus dem wir nicht herauskommen. Zwischen Wort und Gedanke ist ein noch größerer Unterschied als zwischen Gedanke und Objekt. Da die Worte und auch die Schriftzeichen sowie der gesamte Inhalt der Mitteilung nicht kontrollierbar sind, geht in der Mitteilung die Erkenntnis ebenso verloren, wie in der Erkenntnis das Objekt verlorengeht. Also: es gibt nichts. Wäre selbst etwas, so wäre es nicht erkennbar; wäre es selbst erkennbar, so wäre es nicht mitteilbar. Das ist der frivole Nihilismus von Gorgias, von einem ungeheuren jungenhaften Übermut getragen; mit dem späteren verzweifelten oder raffinierten Nihilismus hat er nichts zu tun. Man kann nicht sagen, daß dazu ein sozialer Auftrag vorhanden gewesen wäre. Es ist reine Freude an der Frivolität, an der Verblüffung, am Umstürzen vom

Hergebrachten. Daß noch mehr darin ist, werden wir bei Protagoras und vor allen Dingen bei den juristischen und ethischen Lehren der Sophisten sehen, die, indem sie alles umstürzten, auch das Schlechte umstürzten, das schließlich die Mehrheit darstellt.

Protagoras und der Homo-mensura-Satz

Ich komme nun zu Protagoras' berühmtem Satz: Aller Dinge Maß ist der Mensch, der seienden, daß sie sind, der nichtseienden, daß sie nicht sind [Capelle 68, 327]. Dieser Satz hat den klassischen Namen Homo-mensura-Satz. Homo heißt der Mensch, mensura das Maß. Darin stecken Schwierigkeiten der Übersetzung; ἄνϑρωπος kann Mensch, Individuum oder Gattung heißen. Wenn Individuum gemeint ist, bedeutet das Wort subjektive Beliebigkeit. Jeder kann jedes sagen, nichts ist zu beweisen; über den Geschmack kann man nicht streiten. In dieser Deutung wird alles Geschmack, jede Verständigung wird zerstört. Von den Schlafenden hat jeder seine eigene Welt, die Welt der Wachenden ist gemeinsam, hatte Heraklit gesagt [vgl. Kranz 1974, 75]. Das ist nun zu Ende. Auch die Wachenden haben jeder seine eigene Welt. – Soll ἄνϑρωπος aber Menschheit bedeuten? Menschengattung, dann klingt der Satz ganz feuerbachisch. »Radikal sein ist die Sache an der Wurzel fassen. Die Wurzel für den Menschen ist aber der Mensch selbst«, sagte der junge Marx in der »Einleitung zur Kritik der Hegelschen Rechtsphilosophie« [1844, MEW Bd 1, 385], als er noch sehr feuerbachisch war. Das ist eine Entsprechung zu der anthropologischen Variante des Satzes. Allerdings muß das Anthropologische wieder aufgelöst werden in ein Ensemble gesellschaftlicher Verhältnisse. Dann wäre also aller Dinge Maß das Ensemble aller gesellschaftlichen Verhältnisse. Ist der Satz marxistisch oder steht Stirner dahinter, der rücksichtslose Genußmensch, der losgelassene Libertin? Sie sehen, wie sonderbar vieldeutig ein so früher Satz sein kann. So viel über ἄνϑρωπος.

Es heißt aber im Satz auch: ὧς εστι, ὡς οὐκ ἔστιν, das kann im Griechischen zweierlei heißen, und zwar *daß* und *wie*. Soll es *daß* heißen, dann haben wir Solipsismus; dann gibt es nur den Menschen, nur das einsame Individuum, und die Realität wird bestimmt durch die Subjektivität. Wenn ich hinsehe, ist das Ding da; wenn ich nicht mehr hinsehe, ist es verschwunden. Aller Dinge

Maß ist der individuelle Mensch, nämlich der Dinge, daß sie überhaupt sind. Alles Wichtige verschwindet, solange ich nicht dort bin, weil ich es nicht sehe, und nur wenn ich hinkomme, ist es wieder da. Das ist radikaler Solipsismus, das ist radikale Leugnung der Existenz der vom Menschen unabhängigen Außenwelt. Die Welt ist bloß eine Funktion unseres Blicks auf sie. Solch eine Narretei kommt heraus, wenn ich ὡς mit *daß* übersetze. – Übersetze ich es mit *wie*, was auch möglich ist, dann meint der Satz, daß der Mensch nur die qualitative Beschaffenheit, vielleicht nur die Wertungen bestimmt. Was dem einen sin Ul, ist dem anderen seine Nachtigall. Deren Existenz wird nicht geleugnet. Nur die Bestimmung Eule oder Nachtigall hängt dann von der gesellschaftlichen Lage, der Beurteilung ab. Das klingt wieder sehr räsonabel und mindestens diskutabel. So sonderbar und vieldeutig ist demnach ein solcher Satz. Er ist orakelhaft dunkel wie kaum ein Satz von Heraklit und klingt doch so einfach. Noch etwas kommt hinzu: Indem der Mensch als Maß aller Dinge gilt, wird der gesellschaftlichen Kritik ein weiter Raum eröffnet. Die Frage taucht auf, wie es denn vorher mit dem Menschen als Maß aller Dinge bestellt war. Man blickt jetzt auf die Menschen, die Bräuche, Maße, Wertungen und Gewichte eingeführt haben, und fragt: haben sie nicht Idole eingesetzt, ist nicht falsches Bewußtsein in Menge vorhanden, muß nicht etwas revidiert werden? Kritik am νόμος, an der Satzung tritt ein, denn sie ist von Menschen gesetzt. Ich erinnere an die sieben Weisen, an Solon, der sagte, das Gesetz sei für den Schwachen eine Fessel und für den Reichen eine Spinnwebe [Diogenes Laertius 1965, Bd. 1, 31 f.]. Eine solche gesellschaftliche Kritik greift nun Platz; es wird erkannt, daß Satzungen auf Menschen beschränkt sind und von ihnen zu ihrem Vorteil gemacht werden. Mit einem Sinn, den es bisher nicht hatte, taucht das Wort φύσις nun auf als das dem νόμος, das heißt der Satzung Entgegengesetzte. Der νόμος ist die beliebige bisherige Satzung, von Menschen gemacht; φύσις dagegen ist das Dauernde, das Wesentliche. Es ist nicht mehr das Werdende, das Pflanzenhafte, das ruhig Solide, im Sinn eines wahrhaften Seins physischer Art, sondern das Solide im menschlich humanen Sinn, das den schwankenden und wechselnden Interessen des ἄνθρωπος trotzt.

Wir hätten also in dem ἄνθρωπος jetzt noch ein drittes Motiv, das natürlich noch keineswegs reflektiert sein konnte: Gesellschaft, gesellschaftlich bestimmter Mensch oder Menschheit überhaupt. Mit dem Satz des Protagoras wird das Naturrecht geboren. Der Gegensatz φύσις gegen νόμος heißt Natur gegen Satzung, heißt das wahre Recht, das mit dem Menschen geboren ist, das am Sternenhimmel hängt und das man herunterholt, wie es im Tell [Schiller 1804] heißt, gegen das Recht, das einige reiche und mächtige Gauner eingeführt haben. Naturrecht entsteht als ein revolutionäres Instrument.

Nun ist in der sophistischen Ethik alles doppelt. Auf der einen Seite wird Ernstzunehmendes entdeckt, auf der anderen Seite wird alles zerschwätzt, alles aufgelöst. Auf diese Weise wird auch die φύσις wieder aufgelöst; man kann ja auch darüber wieder reden. So machen es heute auch die Klugscheißer in Westdeutschland. [...] Alles wird zerschwätzt, überall ist ein Haken. So ergeht es auch der φύσις. Nun war die Zerstörung des Seienden schließlich kein sozialer Auftrag, den die reiche Klientenschaft, die zu den Sophisten kam, ihnen erteilt hätte. Es waren Snobs, die gern etwas hören, was den Ast absägt, auf dem sie sitzen, wenn nur nicht wirklich gesägt wird, sondern kritisch-theoretisch. So waren zum Beispiel die Millionäre, die Piscator in Berlin finanzierten, damit er Brecht und kommunistische Stücke, sogar Friedrich Wolf aufführte. Das hing mit dem Bankkonto zusammen und hörte erst auf, als fünf Millionen kommunistisch wählten. So war der Snob, und er gab Anfang und Mitte der zwanziger Jahre unseres Jahrhunderts Geld her, als noch nicht richtig gesägt wurde. So etwa ist es auch bei der Klientenschaft der Sophisten gewesen. Sie haben sich durch das Zerstörende gern unterhalten lassen, zum Beispiel, wenn Sophisten bewiesen, daß die Sklaverei nicht φύσις, sondern abschaffbares νόμος sei, daß es keineswegs in Ordnung sei, daß Menschen Sklaven sind. Das war ein sehr revolutionärer Satz in der Sklavenhaltergesellschaft, die Wurzeln der Existenz aller dieser Menschen wurden angenagt. Solches hörten sie gern, besonders wenn etwas für ihren libertinistischen Feierabend abfiel, so z. B. wenn es keineswegs φύσις, sondern erzwungener, unnatürlicher, physisfremder νόμος sein sollte, daß die Eltern mit den Kindern und die Kinder mit den Eltern keinen Beischlaf ausüben. Auch das war eine sophistische Lehre. Diese beiden Dinge wurden einander völlig gleichgesetzt. Das sophistische Denken homogenisierte das Verschiedenste ganz und gar; Beischlaf zwischen Eltern und Kindern,

Abschaffung der Sklaverei; beides war epatierend, interessant, ein neuer Gesichtspunkt, unter dem die Welt betrachtet wurde, allerdings ohne daß irgendeine Gefahr dabei war. Trotzdem, das Ernste ist darin, daß Gesetze von den Reichen und Mächtigen aufgestellt werden und keine andere Bedeutung haben, als den Reichen und Mächtigen noch mehr zu helfen, die Armen und Schwachen zu betrügen. In dieser sophistischen Lehre geht nun doch ein Suchen an nach etwas Solidem, Menschlichem, an das wir uns halten können; – etwas, das natürlich auf sophistischem Boden nicht gefunden werden konnte.

Ein Positives haben die Sophisten noch gebracht, das ist der *Kampf gegen die Götter*. Protagoras schreibt sie ausschließlich dem νόμος, überhaupt nicht der φύσις zu, aber er drückt sich doch vorsichtig aus. Man durfte eher etwas gegen die Sklaverei, gegen die Ehe oder gegen das Verbot des Sexualverkehrs zwischen Eltern und Kindern sagen als gegen die Götter. Diese waren doch noch weithin unangreifbar. Darum klingt der Satz des Protagoras über die Götter etwas bescheiden, immerhin, er richtet sich gegen sie. Von den Göttern, sagt Protagoras, kann ich nichts wissen, weder daß sie sind, noch daß sie nicht sind [Capelle 1968, 333]. In Ansehung der Götter heißt ὡς eindeutig *daß*, nicht *wie*. Nicht *wie* sie sind, kann er nicht wissen, sondern *ob* sie sind, weiß er nicht bestimmt. Schärfer noch lautet ein anderes Wort von Protagoras: Es scheint mir der Mensch nicht das Geschöpf, sondern der Schöpfer seiner Götter zu sein. Solche Sätze sind wirklich ernsthaft, nicht mehr rein frivol. Das Schicksal des Sokrates, der hauptsächlich wegen Götterleugnung angeklagt wurde, zeigt die Gefahr, die es mit sich brachte, sie auszusprechen. Sie zeigen das Mark, das sich in der Sophistik hier und da doch findet.

Der Mensch ist also das Maß aller Dinge, er ist auch das *Maß aller Religion*. Die Religion wird zum νόμος erklärt, sie ist nur da, um abzuschrecken und Strafen zu rechtfertigen. Die Götter strafen, darum dürfen es auch die Menschen; und was hier nicht bestraft wird, wird später einmal im Hades abgegolten, wie das Beispiel des Sisyphus, der Danaiden, des Ixion und des Tantalus zeigt. Eigens für solche Abschreckung wurde der Hades und wurden die Götter erfunden. Oder man vergöttlichte unverstandene Naturvorgänge; Zeus zum Beispiel kann die Gestalt des Blitzes annehmen. Angenehme Erscheinungen wurden aus lauter Dankbarkeit zu Göttern gemacht, so ist der Wein Dionysos, das Brot Demeter. Im übrigen weiß man nichts von den Göttern, weder daß sie sind noch daß sie nicht sind.

Das Doppelgesicht des sophistischen Philosophierens bleibt also auch in der Religionskritik erhalten. Auf der einen Seite haben wir eine wahre Kamarilla der Subjektivität, auf der anderen Seite ein Rütteln am Gerüst des Unrechts und des Irrtums. Beides hat die athenische Aufklärung gebracht. Der Boden war so bereitet für etwas Ernsthafteres, wiederum für einen Athener, einen Mann aus dem Volk, einen Mann vom Markt und von der Straße. In diesen uferlosen Spaß kam ein Mann, der noch witziger war als der witzigste Sophist und der nun im Ernst keinen Spaß mehr verstand. Er setzte das ganze Instrument des freien und gelösten Denkens, das sich vor nichts geniert und das alles kritisiert, in den Dienst der Suche nach etwas, was trotz dieses uferlosen Relativismus von allem und jedem bleibt und Halt gibt, das geschöpft ist aus reinem Nachdenken und aus dem Ernst wirklicher Vernunft. Dieser Mann ist Sokrates.

Sokrates war als Philosoph der erste deutliche Athener, lebte in Athen von 470 bis 399. Sein Vater war Bildhauer, seine Mutter Hebamme; auf beides legte er Wert. Er wollte das Geschäft seines Vaters und seiner Mutter fortführen, wie er sagte. Gleich einem Bildhauer wollte er schöne Menschen im Doppelsinn des Wortes bilden, das heißt erziehen; und er glaubte, von seiner Mutter das Handwerk erfahren zu haben, zu entbinden, das heißt, aus jungen Menschen das herauszuholen, was in ihnen steckt. Was in den Menschen an Begriffen verborgen steckt und gärt, das wollte er klarmachen und es zur Klarheit herausholen, die Menschen also über sich selbst aufklären und mit seiner Hebammenkunst des Begreifens diese Klarheit aus ihnen hervorbringen. Er erneuerte den Namen σοφός, der Weise, mit einem deutlichen Rückbezug auf die sieben Weisen, einem Bezug, dem wir schon bei den Sophisten begegnet sind, und zwar im alten Sinn von Handwerker. Erst später hat das Wort den uns geläufigen Sinn der Gelassenheit, des Überblicks, der Herausseins aus den Stürmen des Lebens bekommen. Damals meinte es nicht jene, die oben auf einem Felsen sitzen, auf die Schiffbrüchigen heruntersehen und weise Ratschläge geben. Alles, was mit dem Begriff Weisheit im Guten und auch im Schlechten sich verbunden hat, war noch fern.

Sokrates erneuerte das Wort in der Bedeutung von Handwerker; er nannte sich einen Handwerker des Begreifens. Man geht nicht zu einem Pfuscher, wie er die Sophisten bezeichnete, wenn man sich einen Schuh machen lassen will, sondern man geht zu einem guten Schuhmachermeister. Und will man etwas erfahren, so geht man zu einem Weisen, zu einem Schuhmacher des Begriffs, der den Begriff richtig an die Bedürfnisse anpaßt. Der alte Sinn wird wiederhergestellt, dergestalt aber, daß alle Eitelkeit wegfällt und, was sehr wichtig ist, das *Fragen*, das *Erfragen* auf lange Zeit vor die Antwort gelegt wird. Auf diese Weise entsteht der Begriff φιλόσοφος, Liebhaber des Weisen, ein Wort, das sicher nicht von Sokrates stammt, sondern älter ist. Erneuert und in Gang gebracht wurde es besonders von Platon. Man hat die Weisheit nicht, man liebt sie aber [vgl. Symposion 204a ff]. Das kann eine glückliche und das kann eine unglückliche Liebe sein. So kommt es vor, daß einer die Weisheit liebt, aber die Weisheit liebt ihn nicht wieder. Das ist dann ein unglücklicher Philosoph. φιλοσοφία heißt Liebhabertum der Weisheit, φιλόσοφος heißt Liebhaber des Weisen. Ein sehr menschliches Jünger-Meister-Verhältnis, ein sehr griechisches, ist damit angedeutet.

Das Sokratische Erfragen will ich Ihnen in Umrissen darstellen. Dieser Weise lebte unter Menschen, er war nicht einsam wie ein anderer großartiger Weiser: Heraklit, auch Parmenides. Er war kein erhabenes Schulhaupt wie Pythagoras, sondern ein angenehmer, feuchtfröhlicher Nichtstuer, der sich den ganzen Tag auf dem Markt herumtrieb, sehr zum Leidwesen seiner Frau Xanthippe, die wohl Grund gehabt hat, daß sie als solche verschrien ist. Es wäre ein Kunststück gewesen, keine Xanthippe zu sein bei einem Mann, der nachts besoffen nach Hause kam, am Tage herumlungerte und nichts für den Erwerb tat. Er luderte und schlenderte also herum: wenn es Hosen gegeben hätte, die Hände in den Hosentaschen. Er stand bald bei dem und bald bei jenem herum, bald bei einem Mädchen, das auf den Strich ging, bald bei einem Hufschmied, bald bei einem Leineweber, bald bei einem anderen Bürger, der auch nichts tat, unterhielt sich über dieses und jenes und stellte sich dumm. Und weil er angeblich einen solch schwachen Kopf hatte, fragte er immerzu. Zunächst knüpfte er an das Gewerbe an. Mit dem Mädchen unterhielt er sich darüber, wie man es macht, daß man mehr Männer bekommt und besser verdient, und mit den anderen unterhielt er sich über die beste Art, Hufe zu schmieden, über das Elend mit den Gesellen und den Lehrlingen heutzutage und so immer weiter, wobei er jeden an seinem Interesse packte und dadurch das Gespräch interessant machte, bis man dann auf irgendeinen Begriff kam, auf etwas Gemeinsames. Da stellte er sich erst recht dumm und fragte weiter, und diese Fragen waren so abgefeimt, daß der andere sich in Widersprüche verwickelte, das heißt, daß sich das, was er zu wissen glaubte, als Nichtwissen, als bloße δόξα, als landläufige, platte Meinung herausstellte. Darauf ließ Sokrates den in einen Knäuel von Widersprüchen Verwickelten stehen und ging lachend weg zum nächsten. Der Befragte aber blieb zurück mit offenem Maul. Das also ist Erfragen und Fragen. Es ist nichts so einfach und nichts so selbstverständlich. Dies ist die seltsame Sokratische Methode eines ironischen Fragens; teils weiß man die Antwort selbst, teils weiß man sie nicht. Jedenfalls macht man den anderen perplex, erzeugt in ihm das, was seit Urzeiten das

Denken erzeugt hat: Verwunderung, Staunen, und gibt zugleich den Stachel, über die Sache weiter nachzudenken.
Zum Unterschied von allen Philosophen, die wir bisher kennengelernt haben, mit Ausnahme der sieben Weisen, hat Sokrates nichts geschrieben. Er war ein absoluter Hallodri, hatte keinen Schreibtisch, keine Bücher, hielt sich nirgends ständig auf, war sozusagen ein Faulenzer der schöpferischsten Art; das Faulenzen war seine einzige Tätigkeit. Wir sind auf Zeugnisse und Bekundungen seiner Schüler und Freunde angewiesen. Trotzdem hat er die machtvollste Nachwirkung ausgeübt, weil diese Freunde mit den Lehren des Sokrates zugleich eine einzigartige, bezaubernde Person überliefert haben. So ist die Nachwirkung seiner Gedanken auch eine Nachwirkung seiner Person gewesen. Es gibt ja noch einen sehr Großen und Wirksamen der Weltgeschichte, von dem nichts Geschriebenes hinterblieben ist, sondern nur Aufzeichnungen seiner Jünger, das ist Jesus.
So haben wir auch von Sokrates gleichsam profane Evangelien seines sehr weltlichen Wandels, und zwar vor allen Dingen zwei: von Xenophon und von Platon. Beide unterscheiden sich sehr voneinander. Die Xenophonischen Memorabilia, Denkwürdigkeiten, »Erinnerungen an Sokrates« [1971] geben ein Bild von Sokrates vom Standpunkt Xenophons aus. Xenophon war ein außerordentlich nüchterner und pünktlicher athenischer Kavallerieoffizier. Dieser Mann, der sich später auf ein Rittergut zurückzog und Bücher über Landwirtschaft schrieb, war auch einer der Schüler des Sokrates gewesen und stellte ihn von seinem nüchternen, militärisch-pünktlichen, nicht eben philosophischen Standpunkt aus dar. Er greift gewissermaßen unter die Erscheinung und die Wirksamkeit des Sokrates. Anders Platon, dessen sämtliche Dialoge, mit Ausnahme eines einzigen nur, Sokrates als Sprecher und Hauptperson haben. Platon legt dabei Sokrates – der nicht ganz verschwindet, Sokratisches bleibt immer erhalten – als Ausdruck höchster Dankbarkeit seine eigene Philosophie in den Mund. Zwei Schriften, »Apologia« und »Kriton«, die die Verteidigungsrede des Sokrates und sein Verhalten im Kerker behandeln, stellen Sokrates' Persönlichkeit rein, ohne alle Platonische Zutat dar. Sie sind für die Beleuchtung der Person brauchbarer als die späteren Gespräche, aber sie gehen hinwiederum über die Erscheinung hinaus, erhöhen durch Vertiefung und vertiefen durch Erhöhung, wie man will.

Platon greift also im Gegensatz zu Xenophon über die Wirklichkeit des Sokrates. So erhaben und so tiefsinnig und so seltsam zum Teil war Sokrates nun auch wieder nicht. Die beiden Darstellungen – wir haben nichts, was die vermutliche Mitte gäbe – ergänzen sich aber. Von zwei verschiedenen Punkten aus wird Sokrates gesehen. Wenn man gleichzeitig beides haben könnte, das Xenophonsche und das Platonsche, könnte man wie durch ein Stereoskop die Gestalt des Sokrates außerordentlich plastisch sehen.

Das sokratische Daimonion

Eins muß noch erwähnt werden, um die sonderbare Person auch nach einer anderen Seite kenntlich zu machen. Sokrates erfragt, er ist ganz auf den Verstand gestellt, ein vollständiger Aufklärer. Es gibt nichts Bestehendes, was sich nicht vor dem Verstand ausweisen müßte. Nun hat aber derselbe Sokrates etwas Merkwürdiges in sich, was er δαιμόνιον nennt, von δαίμων, Dämon, ein Wort, das sehr traktiert worden ist. Bei Sokrates ist es eine beratende, oft warnende innere Stimme, ein Geist, ein Warngeist, könnte man sagen. In der späteren christlichen Auslegung wurde es sehr oft als die berühmte innere Stimme, als das Gewissen bezeichnet, das nur schlägt – teils wie ein Zuchtmeister und teils wie eine Uhr des Rechten. Davon ist bei Sokrates keine Rede. Zweifellos ist es ein Zustand somnambulischer Art, ein Zustand halber Bewußtlosigkeit, der Sokrates, diesen allerhellsten Menschen, den man sich denken kann, zuweilen überkommen hat. Laut Xenophon gab ihm das δαιμόνιον keine Ansichten, er befragte es auch gar nicht danach, es war ihm gleichsam nur sein privates Orakel. Es war sein Delphi in der Westentasche. Es sagte auch nichts Positives, gab keine Besinnung auf das Rechte, auf das, was in einem Fall zu tun wäre, sondern es war nur der dunkle moralische oder auch weniger moralische Instinkt für das, was *nicht* zu tun sei, das Warnende vor dem, bei dem kein Segen ist. Es bezog sich auch, was weiterhin wichtig ist, nicht auf philosophische und moralische Fragen, sondern auf ganz einzelne, ganz individuelle Fälle: sollst du jetzt, um diese Zeit zu diesem Menschen hingehen, wo gerade der andere bei ihm ist? Oder: sollst du dieses kaufen und jenes verkaufen? Oder: wie sollst du dich in der Schlacht verhalten, damit du mithilfst zu

siegen und trotzdem nicht verwundet wirst? Für solche Schlauigkeiten hat er sein δαιμόνιον befragt. Aber es vermittelte keine Erkenntnis dessen, worauf es Sokrates ankam, es gab keine Antwort auf seine Grundfrage, die jedesmal formuliert ist: τί ἐστι? Was ist? Was ist Tugend? Was ist rechter Gewinn? Beim Hufschmied: was ist ein guter Lehrling? Bei der Hure: was ist ein sympathischer Kunde? τί ἐστι, was ist denn das, was du so nennst? Also der Begriff einer Sache wird gesucht, statt sich mit der allgemeinen Gewohnheit zufriedenzugeben.
Solches Wesen war nun in dem Athen nach dem Peloponnesischen Kriege nicht gut angesehen. Sokrates, der alles über die Klinge des Verstandes springen ließ und abservierte, was nicht klar war, zog sich die Anklage zu, erstens, die Jugend zu verführen, und zweitens, nicht an die Götter zu glauben. Sein δαιμόνιον hat man nicht als Ersatz für Zeus anerkannt. Die zweischneidige gesellschaftliche Veränderung Athens nach dem Peloponnesischen Krieg war dabei von Bedeutung. Sie war vom plebejischen Standpunkt aus zweifellos eine Erwärmung, sozusagen ein Fortschritt gegenüber dem hochnäsigen Wesen, das unter Perikles und Aspasia geherrscht hatte, wie besonders sichtbar in Erscheinungen wie Alkibiades. Und die aristokratisch-spartanische Reaktion dagegen, die sich bei Platon zeigt, nimmt gerade für diese Herrschaft der sogenannten dreißig Tyrannen, der Volksbürgermeister ein. Das ist die eine Seite. Auf der anderen Seite sehen wir, daß mit diesem Volk auch eine kleinbürgerliche Reaktion hochkam. Es war ja kein Sklavenaufstand, sondern ein Handwerkeraufstand, ein Aufstand der Banausen, wie im Griechischen die Handwerker heißen, also eine kleinbürgerliche Reaktion gegen das Glänzende, Leuchtende, das mit dem Perikleischen Zeitalter verbunden ist und das bis in unsere Zeit und bis in die ferne Zukunft hinüberstrahlt. Kulturfremdheit und Intelligenzhaß wüteten, verbunden mit ungelüfteten, muffigen kleinbürgerlichen Instinkten. Die Anklagepunkte, Verführung der Jugend und Götterleugnung, klingen auch durchaus nicht fortschrittlich. In diesem Volk nach dem Peloponnesischen Krieg ist allerhand gemischt. Die Vorgänge in Athen sind für uns leichter zu überblicken als jene in Kroton, wo die Schule der Pythagoreer mit allen Insassen in Brand gesteckt wurde. Die Gesprenkeltheit, das doppelte Gesicht dieses Volkes ist deutlicher zu erkennen: das teils zu Recht aufbegehrendes Handwerkervolk ist, teils Pöbel, der mit

reaktionären Instinkten an den alten, zum Teil unverstandenen und gar nicht mehr erlebten, phrasenhaft gewordenen Bräuchen hängt.

Der Tod des Sokrates

Der Anklage wegen Verführung der Jugend und Leugnung der Götter war der Spott des größten Satirikers der Antike und aller Zeiten, des leider Gottes erzreaktionären und sehr an den Brauch gebundenen großen Komödiendichters Aristophanes vorhergegangen. Aristophanes brachte in seinem Stück »Die Wolken« Sokrates auf die Bühne und ließ ihn wie einen Sophisten sprechen, was beweist, daß er ihn gar nicht verstanden hatte. Sokrates war tief unterschieden von den windigen sophistischen Schwätzern, doch abgesehen von dem moralischen Abstand hat er sich auch völlig von dem Reden über alles und jedes abgekehrt. Die Sophisten sind ebenfalls auf den Menschen zurückgegangen, sie haben den Menschen sogar zum Maß aller Dinge erklärt, aber sie haben selbstverständlich über Donner und Blitz, über die letzte Mißernte, über einen Steinfall in Kleinasien, über die Mondfinsternis und über alles, was gerade passiert war, ihre Hoch- und Tiefschwafeleien ergossen. Jeder eklatante und auffallende Gegenstand war ihnen dazu lieb und wert. Sokrates lehnte das ab mit dem Satz: Von den Bäumen kann ich nichts lernen, wohl aber von den Menschen in der Stadt [Platon, Phaidros, 230 d/e]. Er führte eine eigentümliche Verengung des Interesses, des Gesichtskreises ein, das war der Preis für die große anthropologische, moralische Wendung der Philosophie.

Trotzdem stellt Aristophanes Sokrates als einen Mann dar, der höhnische und schweinische Bemerkungen über das Gewitter und den Donner macht, der Zeus durch den Kakao zieht, und zwar Zeus als Herr über Regen und Gewitter, und ähnliches. Aristophanes schiebt Sokrates Ansichten unter wie die, daß die Sonne ein glühender Stein sei, eine Ansicht, die schon Anaxagoras dem Vorwurf der Gottlosigkeit ausgesetzt hatte, oder daß die Sonne so groß wie der Peloponnes sei, was den Atheniensern als haarsträubender Unsinn erscheinen mußte, da sie doch genau wußten, daß sie höchstens so groß wie ein großes Wagenrad war. Diese erfunde-

nen lächerlichen Behauptungen des Philosophen in der Komödie bereiteten den Prozeß vor.
Sokrates hätte sich der schlimmsten Wirkung des Prozesses entziehen können, wenn er sich für schuldig bekannt hätte. Vielleicht wäre er zur Verbannung verurteilt worden, vielleicht auch zu Schlimmerem, aber niemals zum Tod. Solche Fälle gibt es in der Geschichte öfter. Der letzte große Fall war der von Ethel und Julius Rosenberg, die sich nicht für schuldig erklärten. Sokrates gestand nicht seine Schuld, im Gegenteil, er verhöhnte noch die Richter und sagte, er verdiene es, im Prytaneion gespeist zu werden [Platon, Apologia 36d-37a]. Das Prytaneion war ein sehr elegantes Gasthaus, wo es das beste Essen von ganz Athen gab. Dort wurden gratis und franko die verdienten Männer der Stadt gespeist und getränkt. Es war also eine ungeheure Ehre und Auszeichnung, im Prytaneion lauter Leckerbissen zu sich nehmen zu dürfen. Und das nun verlangte Sokrates statt einer Verurteilung. Soviel Hohn, Stolz und Hochmut hat die Kleinbürger, die zu Gericht saßen und nichts verstanden, aufs allerhöchste erbittert, so daß sie ihn daraufhin fast einstimmig – vorher hatte es noch mit der Mehrheit geschwankt – zum Tode durch den Schierlingsbecher verurteilten. Er hätte dem Tod entgehen können, wenn er seine Philosophie widerrufen oder wenn er sich nur die Mühe gemacht hätte, auf die beispiellosen Dummheiten, die der ungebildete Pöbel für die Sokratische Lehre nahm, auch nur einzugehen. Aber sein Hochmut war, wie es scheint, unerschöpflich.
So starb Sokrates, und es war ein sehr seltsamer und großartiger Tod, von dem uns in dem Platonschen »Phaidon« eine ergreifende Schilderung überliefert ist. Nur im »Phaidon«, in dem Beweise für die Unsterblichkeit der Seele geliefert werden, nicht in der »Apologie« und nicht im »Kriton«, auch nicht bei Xenophon finden sich Hinweise, daß Sokrates an eine individuelle Unsterblichkeit geglaubt habe. Das macht den Sokrates im Tod besonders heroisch, daß er nicht an die Unsterblichkeit glaubte. Wir wollen die Frage der Unsterblichkeit in diesem Zusammenhang nicht ventilieren, aber moralisch ist gegen sie zu sagen, daß, wenn einer glaubt, nach dem Tod ohnehin weiterzuleben, und gar noch in Kling-Klang-Gloria, er mit dem Sterben doch gar nicht viel riskiert. Der Tod ist dann ein zweifellos etwas fatales Eintrittsbillett zu einem hochinteressanten Konzert, das nach dem Leben zuverlässig erfolgen wird.

Vielleicht müssen erst noch einige Zwischenprüfungen im Fegefeuer bestanden werden, aber dafür gibt es dann verschiedene Noten und verschiedene Plätze im Paradies erster, zweiter und dritter Klasse. Wenn einer aber nicht daran glaubt oder wenn er es nicht strapaziert, dann entsteht in einer sehr sichtbaren Weise, was man heutzutage den positiven Helden nennt. Sokrates ist groß geworden, indem er etwas festhält, das mehr ist als er. Er ist dadurch selbst – läßt sich paradox sagen – mehr geworden als er, und in diesem Überdauernden hält er sich fest. In seiner ganzen Philosophie, die auf das Allgemeine, auf den Begriff einer Sache ging, hat er etwas vorbereitet, was später mit einem dem Sokrates völlig fernliegenden weltflüchtigen Zug von Platon formuliert und dann von Montaigne, dem großen französischen Skeptiker im 16. Jahrhundert, einem gar nicht weltflüchtigen Mann, in dem Satz ausgesprochen wurde: Philosophieren heißt sterben lernen [Montaigne 1580, 7-31].

Philosophieren heißt also: aus dem Einzelnen herausgehen, heraus aus dem Vergänglichen, sich beziehen auf das Dauernde, Wesentliche, Allgemeine. So auch ist der Satz zu verstehen, den Sokrates kurz vor seinem Tod einem Freund sagt, der immer wieder von Sokrates anfängt, von seiner Frau, seinen Freunden, von seinem kleinen Vermögen und seinen Sonntagshosen sozusagen, und was mit dem allem geschehen solle. »Kümmert euch weniger um Sokrates«, sagt er, »kümmert euch mehr um die Wahrheit.« Das ist eine vorwegnehmende Antwort auf die Klagen der Freunde. Hier erscheint das Allgemeine, das eben den Tod des Sokrates so merkwürdig macht, ihn in eine Verbindung zu Giordano Bruno bringt, dem anderen Märtyrer, der für seine Philosophie starb und der sagte, als er zum Feuertod verurteilt wurde: »Ihr fürchtet euer Urteil mehr als ich.« [Bloch 1977, 190]. Keine Beziehung ist da zu dem Tod Jesu Christi, der von Paulus als Opfertod dargestellt worden ist. In diesem Tod ist, trotz aller Bangigkeit, die Sokrates völlig fehlt, trotz der ergreifenden, erschütternden Bangigkeit am Abend vorher im Garten von Gethsemane, doch ein Ostersonntag nach dem Karfreitag garantiert. Der Sohn Gottes weiß, daß er auferstehen wird; das ist sogar mehr als individuelle Unsterblichkeit. Sokrates weiß es nicht. Er gibt gar nicht acht darauf, und dies verleiht seltsamerweise dem Tod des Sokrates und auch der späteren atheistischen Märtyrer, zum Unterschied vom Tod der gläubigen Märtyrer, der Wiedertäufer, einen besonders harten, ruhigen und pathoslosen Akzent.

Ich möchte Ihnen aus dem »Phaidon« die ergreifende Stelle über den Tod des Sokrates zur Kenntnis bringen: »Der darf um seine Seele unbesorgt sein, der während seines Lebens den körperlichen Lüsten und allem Tande äußerlichen Schmuckes entsagt hat als einem ihm fremden Element, das seiner Überzeugung nach den Schaden nur schlimmer macht, wogegen er sich der Lust am Lernen mit allem Eifer hingegeben und seine Seele nicht mit einem ihr fremden, sondern mit dem recht eigentlich ihr zugehörenden Schmucke, mit Besonnenheit, Gerechtigkeit, Tapferkeit, Freiheit und Wahrheit geschmückt hat; so erwartet er denn die Wanderung nach dem Hades, bereit dahin aufzubrechen, sobald das Schicksal ruft. Ihr nun, mein Simmias und Kebes und ihr anderen, werdet späterhin jeder zu seiner Zeit dahin aufbrechen; mich aber ruft, würde ein tragischer Dichter sagen, schon jetzt das Schicksal, und es ist wohl an der Zeit, mich ins Bad zu begeben. Denn es dürfte ratsam sein, vor dem Trinken des Giftbechers ein Bad zu nehmen und den Weibern die Mühe zu ersparen, meinen Leichnam zu reinigen.« – Sehen Sie einmal diese hübsche Heiterkeit eines Menschen, der zum Sterben geht. – »Sokrates setzte den Becher an und trank ihn wohlgemut und ruhig aus. Von uns aber waren die meisten bis dahin leidlich imstande gewesen, die Tränen zurückzuhalten, doch als wir ihn trinken und mit dem Tranke fertig sahen, nicht mehr, sondern auch mir selbst, so sehr ich mich auch wehrte, brachen die Tränen stromweise hervor, so daß ich mein Antlitz verhüllte und weinte – um mich; denn nicht um ihn, sondern um mein Geschick, daß ich eines solchen Freundes beraubt sein sollte! Kriton war bereits vor mir aufgestanden, da er nicht vermochte, die Tränen zurückzuhalten. Apollodoros aber, der schon vorher unaufhörlich geweint hatte, brach nun vollends in lautes Jammern aus und weinte völlig fassungslos, daß es allen Anwesenden tief ins Herz schnitt außer dem Sokrates selbst. – Dieser aber sagte: Wie stellt ihr euch an, ihr Toren. Ich habe doch die Weiber eben deshalb weggeschickt, damit sie mir nicht eine solche Szene aufführten; denn man muß in andächtigem Schweigen von hinnen scheiden: so ist mir kund geworden. Also schweiget und haltet an euch. – Diese Worte machten, daß wir uns schämten und mit den Tränen zurückhielten; er aber ging hin und her, und als ihm, wie er sagte, die Beine schwer wurden, legte er sich auf den Rücken, wie ihm der Mann geraten hatte. Und zugleich befühlte ihn der, der ihm das Gift gereicht hatte, und sah sich nach einiger Zeit seine Füße und Schenkel an; darauf drückte er kräftig seinen Fuß und fragte, ob er es spüre: Sokrates sagte: Nein! Darauf die Unterschenkel und so am Körper immer weiter heraufgehend zeigte er uns, daß er kalt und starr wurde. Schon war er bis in die Gegend des Unterleibes erkaltet, da schlug er die Kopfhülle – denn er hatte sich verhüllt – zurück und sprach sein letztes Wort: Mein Kriton, wir müssen dem Asklepios einen Hahn opfern. Spendet ihn und verabsäumt es nicht. – Nun, das wird geschehen, sagte Kriton, aber hast du nicht sonst noch etwas auf dem Herzen? – Auf diese Frage gab Sokrates keine Antwort mehr, sondern verfiel bald in Zuckungen; der Mann enthüllte ihn: seine Augen waren gebrochen. Als Kriton dies sah, drückte er ihm den Mund und die Augen zu.« [Platon, Phaidon 114 d ff.]. – Beachten Sie, Asklepios, lateinisch Äsculapius, ist der Gott der Gesundheit, und der sterbende Sokrates sagt: »Wir müssen dem Asklepios einen Hahn opfern.« Soviel über den Tod des Sokrates.

Die Lehre des Sokrates: die Kunst des Fragens und die Reflexionsmoral

Uns beschäftigt nun die Frage, was er in seiner Lehre gebracht hat. Zunächst hat er, ich wiederhole und unterstreiche es, die Kunst des *Fragens* gebracht. Er hat die Frage entdeckt, er hat die Problemstellung entdeckt. Bisher waren in der Philosophie aus Staunen und Verwunderung heraus Antworten gegeben worden, ohne daß die Frage formuliert gewesen wäre. Es waren Antworten als Geschenk der Grübelei, des Nachdenkens, des Blitzes, der Intuition. Sokrates ist der Meister, der sich so lange wie möglich im Zustand des Fragens verhalten hat, nicht um etwas zu zerfragen, zu zerreden, sondern um eine solide Antwort zu erhalten, die auch weiteren Fragen standhält. Auch die Sophisten stellten alles in Frage, bezweifelten alles, aber sie gefielen sich in einem uferlosen Zerreden nihilistischer Art. Sokrates bildet die verantwortungsvolle Kunst des Fragens aus, und zwar, das ist wichtig, des Fragens nicht nur um des reinen Erkennens willen, sondern um zu erfahren, was zu tun sei. Das Fragen hat bei Sokrates auch einen moralischen

Aspekt. Wahr handeln heißt recht handeln, wahr sein hat einen Doppelsinn von Moralischem und Wissenschaftlichem. Lüge ist deutlich auf das Moralische bezogen, Wahrheit ist doppelt bezogen, auf das Moralische und auf das Erkenntnismäßige. Die Frage zielt von Anfang an auch auf das rechte Tun.

Zweitens hat Sokrates den *Widerspruch* als Treiber des Fragens benutzt. Seine Fragen machten im Befragten scheinbar Festes schwankend, die Unterhaltung bewegte sich über sich entwikkelnde und sich auflösende Widersprüche voran. Dieser Zug ist in Platons Dialogen echt getroffen. Der Jünger übernimmt für den Augenblick die Rolle des wissenschaftlichen Gegners, macht einen Einwand oder versteht etwas nicht. Sokrates weicht scheinbar aus, kommt dann von einer anderen Seite auf das Problem zurück, nimmt den Faden wieder auf und führt die Unterhaltung, um den Einwand bereichert, fort. So wird im Dialog unaufhörlich eine *methodische Dialektik* angewandt, die in ihrer scharfen Ausbildung schließlich an die Seite der *objektiven Dialektik* Heraklits treten kann. Die dialektische Methode ist dann in idealistischer Weise von Platon auf Widersprüche in Begriffen angewandt worden, zum Beispiel: Das Ding ist Eines und ist Vieles zugleich. Das Wasser ist hell, geschmacklos, kühl und ohne Nährwert und heißt Wasser. Zucker ist weiß, süß und kristallinisch, er hat Vieles und ist doch Eines, er ist Vieles und steht doch ganz vor mir. Mit diesem Platonischen Widerspruchsproblem hat sich Sokrates überhaupt nicht abgegeben. Aber es lag ihm nahe, und Platon legt ihm deshalb ein Nachdenken dieser Art in den Mund.

Die Formel der Frage nun ist das ironische Nichtwissen, die *Sokratische Ironie*. Man stellt sich dumm, man fragt und kommt durch das Fragen und Gegenfragen, durch Widersprüche, die sich entwickeln, durch die unaufhörliche Ironie des Nichtwissens in eine methodische Untersuchung hinein. Zum Unterschied von den Sophisten, die auf alles eine Antwort wissen, weiß Sokrates gar keine Antwort. Seine Ironie aber – das ist wichtig – ist nur ein Vorwand, um die Untersuchung in Gang zu bringen, sie wird nicht geübt, um etwa in Skepsis zu landen oder, wie so oft bei den Sophisten, die einander entgegengesetzten Meinungen in Balance zu halten. Die Sophisten fragen und heben die Antworten aneinander auf, bis sich ergibt, daß wir eigentlich überhaupt nichts wissen können. Sokrates ist gar nicht agnostizistisch, sondern geht schnurstracks auf das Ziel hin; τί ἔστι wird gefragt, was ist das? In der Formel τί ἔστι geht Sokrates auf das Wesen der Sache ein. Das Wesen einer Sache war in der gesamten sogenannten vorsokratischen Philosophie die ἀρχή, der Ursprung, das Allgemeine, nicht im kosmologischen, sondern im logischen Sinn. Der Begriff des Universalen hat sich bis heute in dem Wort »Wesen« erhalten.

Sokrates, der Entdecker der Frage, wurde zugleich zum Entdecker des Begriffs, der das Wesen einer Sache zusammenfaßt. Tί ἔστι? Was ist das? Was ist die Tugend? Ist ein Allgemeines, nämlich die Tugend, das Wesen des Tugendhaften? Was ist das, was das Löwenhafte, das Palmenhafte, das Engelhafte ausmacht? Die Frage geht auf das Wesen, und dies wird abgebildet im Begriff als dem Universalen. Bei all dem ist nicht Erkenntnistheorie das Ziel. Windelband macht die unhaltbare, törichte Unterscheidung zwischen Problem der Wissenschaft bei den Sophisten und Problem der Sittlichkeit bei Sokrates [Windelband 1903, 61 ff. und 74 ff.]. Die Erkenntnis steht jedoch bei Sokrates im Dienst der Sittlichkeit, sie ist nichts Selbständiges bei diesem praktischen σοφός, dem Handwerker des Begriffs, der sich selbst mit einem Schuhmacher vergleicht, der für die Bedürftigen gute Schuhe macht. Sokrates ist auf εὐπραξία aus – εύ heißt gut, πραξία heißt Tun –, also auf glückliches Rechttun, könnte man sagen. Um das zu lernen, wird philosophiert. Das Ziel ist praktisch; es heißt erkennen, um zu verändern. Selbstverständlich soll nicht die Welt verändert werden, gar die Sklavenhaltergesellschaft. Die gesellschaftlichen Umstände sind noch völlig unreflektiert. Aber es schwankte ja schon etwas in der Welt; eine Wendung zum Schlechten trat durch die Sophisten ein, durch ihre Skepsis, ja ihren Nihilismus, die den Menschen zum Teil alles nahmen, woran sie sich halten konnten. Wenn der Brauch schwand, sollte die Vernunft an seine Stelle treten. Sokrates gab ihr ein *individuelles* Objekt, den einzelnen Menschen.

Hier erscheint nun der große Pädagoge Sokrates, der es mit einzelnen Menschen, mit Jünglingen zu tun hat, die er erzieht, indem er ihnen Willen und Einsicht verbessert. Die Polis, der griechische Stadtstaat, bleibt noch relativ erhalten; der Einzelne ist für Sokrates als guter Einzelner zugleich und gerade deswegen auch der Bürger eines guten Staates. Er hat seine Gerichtspflicht zu leisten, er hat sich den Bräuchen zu unterwerfen, soweit sie nicht schon längst entwurzelt, Phrasen und Konvention geworden sind. Aber die

Menschen müssen das Polishafte auch vor sich ausweisen können. Auch die Polis ist ein Begriff, der erfragt, verstanden, rationalisiert werden muß. Die Beschränkung auf das Individuelle bezeichnet die eine Grenze der Sokratischen Ethik. Sie hat noch eine zweite, sehr interessante, auch uns angehende Grenze.

Die erste Grenze trifft uns nicht mehr, diese haben wir längst überschritten. Aber viele von uns stehen noch mit Sokrates vor der zweiten Grenze. Sie wird gebildet von der *reinen Reflexionsmoral* des Sokrates, die sich in dem berühmten Satz ausdrückt: Kein Mensch tut freiwillig Unrecht. Die bloße Einsicht soll die Wurzel aller Tugenden sein. Alle Tugenden lassen sich aus der Einsicht in das Recht ableiten, und wenn einer Unrechtes tut, dann darum, weil er das Rechte nicht weiß. Wüßte er es, so würde er es unweigerlich tun. Sokrates hat also einen übertriebenen Intellektualismus der Ethik. Er nimmt überhaupt nicht wahr, daß mancher im Trotz etwas justament nicht tut, obwohl er weiß, daß es recht ist. Er kennt auch nicht die stille Bindung durch das gesellschaftliche Sein, weiß nicht, daß niemand über seinen Schatten springen kann. Auch wenn einer das Bessere weiß, kann er es doch nicht immer tun. Oder wenn er es tut, tut er es nicht auf vollkommene Weise. Dies alles ist Sokrates unwahr. Er glaubt, mit purer Propaganda des Rechten schon alle Herzen und Gehirne zu gewinnen und vor allen Dingen die Praxis hervorzurufen. Er nimmt eine sittliche Freiheit an, die jede andere Freiheit verschluckt und ersetzt. Die Wahlfreiheit ist völlig aufgehoben; kein Mensch hat mehr die Wahl zwischen Gut und Böse, wenn er das Gute kennt. Wenn die beiden Bösewichter Richard III. oder Hitler die Sokratische Ethik studiert hätten, wären sie Engel gewesen.

Wir sehen also das sonderbare Phänomen, daß der gleiche Mann, der in einer für jede politische Propaganda vorbildlichen Weise an den Leuten nicht vorbeigeredet, der seine Ansichten nicht über die Köpfe von Leuten hinweg verkündet hat, die sie nicht verstanden und nicht danach gefragt hatten, weil sie ihre Interessen nicht berührten, der vielmehr zu den Leuten hinging, in ihr Geschäft, ihre Werkstatt, und dort Gespräche anknüpfte, der vorbildlichste Propaganda des Rechts betrieb – daß dieser selbe Mann extremen Intellektualismus lehrt und glaubt, es genüge für die sittliche Unterweisung, einen anderen zum Nachdenken und zur Einsicht in eine Sache gebracht zu haben. Sokrates hat also keine Klassen-

schranken gesehen, nicht den Trotz, nicht das Nun-gerade-nicht, auch kein Böses im Menschen, nicht den Knorren, der nur schwer zu durchsägen ist.
Diese rein intellektualistische Propaganda, die sich an das besondere Interesse eines Menschen und damit an seine Affekte und Gefühle, an seine Emotionen wendet, bildet eine sonderbare Schranke, eine Schranke, die bis in die Spinozistische Ethik reicht, wo sie allerdings als gebranntes Kind schon Erfahrungen gesammelt hat. Selbst der Sokratiker, nämlich Intellektualist Spinoza sagt den äußerst erfahrenen Satz: Affekte können nur durch bessere Affekte überwunden werden [vgl. Spinoza 1677]. Affekte können also nicht durch Begriffe überwunden werden. Das emotional Ergreifende, Enthusiasmierende oder Abscheuerregende steckt bei Sokrates nicht in der ethischen Propaganda, sondern in der Mitteilung einer erlangten Erkenntnis. In der Sokratischen Tugendauffassung liegt etwas Eleatisches. Die Tugend, die das wahre menschliche Sein ist, ist ruhend. Laster ist Krankheit, Tugend ist feste Gesundheit. Wenn das menschliche Wesen erkannt wird, wird es auch erreicht. Was die wahre menschliche, tugendhafte Natur versperrt hat, fällt ab. Diese Bestimmung des allgemein Menschlichen kennt keine Stände, gilt für alle mit Ausnahme der Sklaven, die überhaupt nicht als Menschen, sondern nur als sprechende Werkzeuge angesehen wurden [vgl. Aristoteles, Politik, Buch 1, 1253 b, 24 ff.]. Angeblich konnte jeder zu diesem allgemein Menschlichen durchdringen oder konnte es in sich als die einzige wesentliche Realität durchsetzen und ausprägen.
Was aber ist nun der Inhalt dieser Tugend? Zunächst läßt er sich am leichtesten negativ ausdrücken. Sokrates ging über den glänzend beschickten Markt von Athen und sagte: Wie vieles gibt es, was ich nicht brauche [Diogenes Laertius 1955, Bd. 1, 86]. Ein weises Wort. Es will sagen, daß man seine Wünsche, die großenteils unwesentlich sind, nicht erfüllen, sondern vergessen soll. Man soll sich durch Bedürfnislosigkeit Ruhe verschaffen, keine törichten Wünsche hegen und sich nicht ans Vergängliche hängen. Sokrates lehrt alles das, was seitdem im guten und strahlenden Sinn wesentlich als weise und als Weisheit überliefert ist. Er rät zu Unabhängigkeit vom Weltlauf, zu dem, was später, ganz unter Sokratischem Einfluß, die Stoiker gesagt haben: Siedle dich nie in der Nähe von Verhältnissen an, über die du keine Macht hast. Halte dich unab-

hängig, halte dich heraus und, vor allen Dingen, verlange nicht viel. Tue das alles ab. Es ist eines Weisen nicht würdig und ist auch nicht gut für den Gleichmut deiner Seele. In solchen Forderungen offenbart sich, daß es damals bereits mit der Polis und dem öffentlichen Leben nicht mehr zum besten stand.

Negative Bestimmungen sind leicht zu geben, schwieriger die positiven Bestimmungen. Sokrates gibt noch keine ausgebildete Sittenlehre. Moralische Grundfragen späterer Art, wie zum Beispiel das Problem Gesinnungsethik oder Wertethik, sind Sokrates fremd. Von der Frage, ob das Gute in dem Willen eines Menschen oder in dem liegt, was er in der Wirklichkeit durchsetzt; von der protestantischen oder Kantischen Auffassung, nach der nichts in der Welt gut ist als ein guter Wille; von der Anschauung der Wertethik, nach der die Absicht nicht wichtig ist, sondern das, was erreicht, was für das menschliche sittliche Zusammenleben entscheidend wurde – eine katholische Anschauung –, von all dem findet sich bei Sokrates noch kaum eine Andeutung. Über die Ethik des Sokrates läßt sich so viel sagen, daß sie *eine reine Reflexionsmoral, keine Gefühlsmoral* ist. Das δαιμόνιον hat gar nichts zu melden; es gilt nur die Einsicht in alle moralischen Angelegenheiten. Und das, worauf das alles geht, εὐπραζία, ist selber so allgemein wie ein Begriff. Das begreift in sich das Gute als das Allgemeine, auch das Nützliche. Das Nützliche ist das, wobei Segen ist, was die öffentliche, gemeinsame Sache in Gang hält; es ist auch das Gute. Es wäre ganz falsch, zu pressen und zu sagen, hierin sei etwas Pragmatistisches. An Ort und Stelle fällt das Gute mit dem Nützlichen noch ganz unreflektiert zusammen.

Ich sagte, das Negative sei deutlich. Das Positive ist weniger deutlich. Aber wir können sagen, die Richtung der Sokratischen Ethik ist glückliches Rechttun, wie wir εὐπραζία übersetzt haben, und das Ziel ist friedfertiger Wandel der Menschen miteinander in der Gesellschaft. Hier geht wieder einmal in der Geschichte der Philosophie ein neuer Aspekt auf. Die Meinung ist also: Niemand tut freiwillig Unrecht. Wenn es nur so wäre! Der Satz ist nicht dumm, er ist auch nicht falsch, er ist nur verfrüht. Die Verhältnisse sind nicht da, in denen er zutreffen könnte. Die Verhältnisse machen die Menschen schlecht und hindern sie. Wenn diese in Ordnung kommen, können wir einen Grenzzustand erreichen, in dem niemand freiwillig Unrecht täte. Es läßt sich nicht sagen, daß der Satz unbedingt falsch wäre. An Ort und Stelle war er es. Er ist paradox, aber es steckt eine Hoffnung darin.

Die drei sokratischen Schulen

Mit diesem Wort nehmen wir, wie ich hoffe, nur vorübergehenden, von Ihnen öfter erneuerten Abschied von Sokrates und begeben uns nun zu seiner näheren Schule, nicht zu seinem großen Schüler Platon, sondern zu seiner näheren Schule, die sich, so recht für Schulzwecke, in drei Zweige oder Züge teilt, in die kynische Schule, die hedonische Schule und die megarische Schule. Die kynische Schule hat Antisthenes gestiftet, die hedonische Schule Aristippos, die megarische Schule Euklid oder Eukleides, der nicht mit Euklid von Alexandrien, dem Schöpfer der euklidischen Geometrie, hundertundfünfzig Jahre später, verwechselt werden darf.

Die kynische Schule

Zunächst die erste, die kynische Schule. Ihre gesellschaftliche Grundlage war plebejisch. Ihr Stifter Antisthenes lebte etwa von 440 bis 368. Κύων heißt Hund; die Anhänger der Schule wurden die Hunde genannt. Und sie legten auch Wert darauf; denn sie lebten wie die Hunde, völlig bedürfnislos, unbekleidet, ohne Dach über dem Kopf. Sie legten sich hin, wo sie sich gerade befanden, vermischten sich regellos, suchten ihre Nahrung da, wo es gerade etwas gab, ohne sie zu erzeugen, und arbeiteten überhaupt nicht, führten also ein vorbildliches Tierdasein. Es gibt aus jener Zeit eine Parodie auf die Kyniker. Sie erinnern sich, daß die Zauberin Circe die Gefährten des Odysseus in Schweine verwandelte und nur wenige gerettet werden konnten. Odysseus sieht nun einen seiner Gefährten, Krylos mit Namen, der nicht hatte gerettet werden können, und weint und beklagt sein Schicksal sehr. Da antwortet das Schwein Krylos: »Odysseus, du brauchst mich nicht zu beklagen, ich bin sehr glücklich, daß ich ein Schwein bin. Ich bin jetzt genau das, was die weisesten der Menschen, nämlich die kynischen Denker, als das Beste bezeichnet haben.« [Homer, Odyssee, Vs. xx]

Die Kyniker bauten also alles Menschliche auf das bedürfnislos Tierische ab und setzten Tugend mit *Bedürfnislosigkeit* gleich. Die Ableitung des Namens von dem Wort Κύων ist zwar sehr treffend, stimmt aber nicht. Sie heißen Kyniker nicht von dem Wort Κύων, woraus später das Wort zynisch geworden ist, mit einem ganz anderen Sinn, sondern von einem Gymnasium, einer Ringschule, die einem gewissen Kynosarges gehörte. Sie hatten die Ideologie des glücklichen Bettlers, der kein Sklave von Genüssen sein will. Mit der Polis, dem Staat und der Gemeinschaft hat er überhaupt nichts mehr zu tun. Genüsse machen von einem Herrn abhängig; um richtig zu genießen, muß man ein Schmarotzer sein, muß sich korrumpieren lassen. Ein Element von Sokrates, die Bedürfnislosigkeit, wird damit isoliert. Wie vieles gibt es, was ich nicht brauche, hatte er gesagt, als er über den Markt gegangen war.
Da war ein Leben vorgeprägt, das völlig individualistisch, ohne Interesse am Staatsleben, ohne jede Bindung, auch nicht an Familie, Ehe, Kinder oder eine Wohnung, in ausgeprägtester Unabhängigkeit verlief. Sie kennen sicher schon die schnurrigste Gestalt aus dieser kynischen Sekte, Diogenes, der in einem Faß wohnte. Alexander der Große, der mächtige König, der Herr der damaligen bekannten Welt, besuchte ihn und fragte, was er für ihn tun könne, ob Diogenes eine Bitte an ihn habe. Diogenes antwortete bekanntlich: »Ich bitte dich, gehe mir aus der Sonne.« [Diogenes Laertius 1955, Bd. 1, 313] Darauf soll Alexander gesagt haben: »Wenn ich nicht Alexander wäre, möchte ich Diogenes sein.« Diogenes' erhabene Antwort zeugt von Bedürfnislosigkeit. Diogenes war ein Bettler, der aber nicht bettelte, sondern seine Unabhängigkeit hatte. So etwas erbitterte die sittsamen Bürger natürlich auf das äußerste. Die Kyniker haben einen Mut der Paradoxie und Konsequenz aufgebracht, den es in der Geschichte überhaupt noch nicht gegeben hatte und der auch nur in Athen möglich war. Sie wollten wie Hunde leben und nahmen sich auch deren Geschlechtsleben, die Promenadenmischung, zum Vorbild. Zum Beispiel heiratete einer der Jünger des Diogenes eine Jüngerin des Diogenes, ein Mädchen aus sehr reichem und vornehmem thebenianischem Hause. Das ging zwar gegen die Regel, denn Heiraten ist ja eine Bindung, aber die beiden machten es wieder gut, indem sie ihr Beilager mittags um zwölf Uhr im hellsten Sonnenschein auf den Treppen eines Tempels auf dem Markt vor aller Augen feierten.

Das war kynische Praxis. Man kann sich die Freude der reichen und wohlsituierten, vornehmen Schwiegereltern in Theben leicht vorstellen. Es geht noch weiter.
Ich will Sie mit Einzelheiten, die besonders sexuell stark ausgeprägt sind, weil das Kynische hier seinen Ort hat, nicht weiter langweilen und nur eines noch sagen, das sozialökonomisch interessant ist: Diogenes hielt es auch für völlig richtig, notwendig und selbstverständlich, daß er öffentlich onanierte, und er beklagte sich nur, daß er sich den Hunger nicht auf eine ebenso einfache Art vertreiben konnte wie die Geschlechtsbegierde [Diogenes Laertius 1955, Bd. 1, 317]. Die soziale Frage, der Hunger, war das einzige, was den Kyniker noch störte. Hier ist also eine beispiellose Konsequenz des Hündischseins anzutreffen. Alles ist aus einem Guß. Das ist sonderbar, denn die Griechen sind sonst nicht extrem, was sich in der Ausgewogenheit ihrer Tempel offenbart.

Die hedonische Schule

Die kynische Schule lebte Bedürfnislosigkeit vor. Die nächste Schule dagegen, der wir uns jetzt zuwenden, die hedonische oder kyrenaische Schule, das genaue Gegenteil. Der Name kommt von ἡδονή, das heißt Lust, lateinisch voluptas. Ihr Gründer Aristipp aus Kyrene, der von 435 bis 355 lebte, bestimmte die Tugend als *Genußfähigkeit*. Leitbilder des menschlichen Lebens bildeten sich hier zum ersten Male. Während die Kyniker den vollkommenen Bettler vorzustellen suchten, der nimmt, was er gerade hat, pointierten die Hedoniker den vollkommenen Schmarotzer, den Lumpenaristokraten, könnte man sagen, wenn es so etwas gäbe. Wenn der Kyniker ein Lumpenprolet gewesen ist, war der Hedoniker ein Lumpenaristokrat. Er hatte überhaupt keine Ehrbegriffe; zu nehmen, wo etwas da war, schien ihm recht. Alle Mittel waren erlaubt, wenn es ihm nur wohl erging und er keine Sorgen hatte wie etwa die reichen Leute. Nichts schlimmer, als ein reicher Mann zu sein, der nicht schlafen kann vor Angst, was ihm alles gestohlen werden, was von seinen Gütern mit dem Schiff untergehen könnte, der in ständiger Furcht leben muß, an den Bettelstab zu kommen. Wieviel besser ist es da, immer mit dem Bettelstab zu leben und es sich an den Tischen der Reichen wohl sein zu lassen. Die Hedoniker suchten darum reiche Mäzene, und wenn diese untergingen, machten sie sich davon. Die Ratten verlassen das sinkende Schiff. Das ist Schmarotzergesinnung. Man geht weg, wenn nichts mehr zu holen ist; man behält seine Freiheit in der Genußfähigkeit vollkommen, wenn man auf Kosten anderer genießt, denn Besitz belastet und schränkt die Genußfähigkeit ein.

So entsteht ein anderer Typ, ein Leitbild von eitler Lumpenaristokratie. Während den Kynikern, wie Platon sagte, die Eitelkeit aus jedem Loch ihres Mantels schaute – es ist nämlich auch Eitelkeit, so zerfetzt herumzulaufen –, war hier die Eitelkeit viel leichter zu ergreifen. Die Hedoniker stolzierten in Samt und Seide und dinierten köstlich. Die Philosophie war für sie die Kunst, ohne Einbuße ihrer Genußfähigkeit jeden Tag ein vorzügliches Mittagessen zu haben und ein glänzendes Leben zu führen. Auf Gefühle brauchte man dabei nicht einzugehen. Es entstand also in einem gefährlichen Sinn die *Leitbildhaftigkeit des vollkommen kalten Genußmenschen*. Es lag ihm auch nichts daran, ob anderen Leid zugefügt wurde. Das nahm er nicht wahr. Mitleid hätte ja seine Genußfähigkeit gemindert. Aristippos wurde einmal gefragt, ob ihn denn seine Geliebte auch wiederliebe. Über diese Frage war er höchlichst erstaunt. Er antwortete: »Wenn ich einen Fisch esse, frage ich doch auch nur, ob der Fisch mir schmeckt, und nicht, ob ich dem Fisch schmecke.« Das ist eine hedonische Antwort, mit der man sich auch Liebesprobleme völlig vom Leib hält und doch die Liebe vollkommen zu genießen meint. – Ob das vollkommen ist, sei für uns dahingestellt. Für diese trotz allen Raffinements etwas primitiven Genußmenschen, die mit bestem Gewissen egoistisch waren, war das Vollkommenheit.

Nun hat aber die Sache merkwürdigerweise durch das, was später aus ihr wurde, zwei helle Punkte. Sie schoß nämlich, nach Sokrates, Platon und Aristoteles, hinein in eine andere Philosophie, die uns wohlvertraut ist, nämlich in die epikurische. Das Hedonische, zusammen mit Demokrits Weltbild, bildete den späteren epikureisch-lukrezianischen Materialismus, der im Unterschied zu den Kynikern Glück, nicht Entbehrung, nicht Askese pointierte. Glück wird gesucht und verheißen. Wenn es auch nicht unserer Vorstellung entspricht, so ist es doch ein diesseitiges Glück. Man soll gut essen und trinken, schöne Mädchen und schöne junge Männer, Feste und Freunde, Heiterkeit und Jugend, Glück und Liebe

haben. Dagegen läßt sich nichts sagen, sofern es sich nicht mit rücksichtslosem Egoismus verbindet. Dieser helle Punkt ist allerdings aufgetragen auf die Sklavenhaltergesellschaft.
Der zweite lichte Punkt ist ebenso bedeutend. Störend für den rücksichtslosen Genußmenschen sind auch solche Schatten wie Leben im Hades und Vergeltung nach dem Tode. Es steckt auf niederträchtige Weise Befreiung in dieser Lehre. Wir kennen diese Weise von Franz Moor her, der in dem letzten Akt mit dem Pfarrer Moser nichts wahrhaben will: »Habt Ihr im Sinn, über die Religion zu spotten, oder fangt Ihr an, vor ihr zu zittern?« fragt der Pastor die Kanaille Moor [Schiller 1781, 5. Akt, Erste Szene]. Auf so verruchtem Umweg entsteht also eine Aufklärung als Freiheit von dem Bann des Jenseits, von Illusionen, von Einbildungen. Bezeichnend ist, daß einer der Hedoniker, namens Theodoros, als einziger aller griechischen Philosophen den Beinamen Atheos führte, der Atheist [Diogenes Laertius 1955, Bd. 1, 115]. Das ist ein Zug der Freiheit von Zwang, Freiheit von Furcht und Aberglauben, der affekthaft war und nicht nur ein Wissen wie bei Demokrit, bei dem Zeus auch nicht mehr vorkommt. Ein willenshafter Atheismus zeigt sich darin, was später bei der materialistischen Aufklärung einen sonderbaren und in diesem Falle entgifteten Affekt hat.

Die megarische Schule

Wir werfen nun noch einen Vorblick auf die dritte, die megarische Schule. Ihr Stifter ist Euklid von Megara, nicht zu verwechseln mit Euklid von Alexandrien. Sie haben nicht mehr das Recht, das man bis vor zweihundert Jahren hatte, die beiden zu verwechseln. Euklid von Megara lebte von 450 bis 380, und der andere Euklid, der Sie in der Schule gequält hat, lebte um 300, fast hundertundfünfzig Jahre später, in Alexandria und gehörte zur Platonischen Schule. Wichtig ist aber nicht Euklid. Wichtig sind zwei andere Männer der Schule, einer namens Stilpon und einer namens Diodoros Kronos.
Wenn Ihnen Logik naheliegt, dann ist Stilpon [330-270 v. Chr.] vielleicht für Sie ein sehr interessanter Mann. Stilpon hat die dialektische Empörung, daß es doch nicht möglich ist, von einem Subjekt verschiedene Prädikate auszusagen. Was verschiedene Prä-

dikate hat, kann doch nicht ein und dasselbe Subjekt sein. Der Zucker, der weiß ist, ist doch nicht der Zucker, der süß ist, und der Satz: »Der Zucker ist weiß« ist falsch, denn der Umfang des Subjekts Zucker ist größer als das Prädikat. In dem Subjekt Zucker steckt doch noch drin, daß er süß und teuer und wohlschmeckend ist, daß ihn die Kinder und die Mädchen und auch die Männer gern haben, und noch vieles andere. Vermutlich kann man für so ein Ding zehn Seiten lang Prädikate aufzählen, und es ist unmöglich, daß sie alle nur das eine Ding zum Subjekt haben. Die Frage lautet moderner ausgedrückt: Cäsar ging über den Rubikon. Welcher Cäsar ging über den Rubikon? Der Cäsar, der gerade auf die Welt gekommen ist, konnte nicht über den Rubikon gehen. Der Cäsar, der in Gades in Spanien vor dem Standbild Alexanders des Großen stand und ausrief: »Vierzig Jahre und noch nichts für die Unsterblichkeit getan!«, ging auch nicht über den Rubikon. Welcher Cäsar ging denn nun über den Rubikon? Nun, eben genau der Cäsar, der über den Rubikon ging. Die logische Form dieses Urteils heißt: Der über den Rubikon gehende Cäsar ist der über den Rubikon gehende Cäsar. Subjekt und Prädikat müssen gleich sein. Eine Seite darf nicht mehr enthalten als die andere. Das ist Stilpons sonderbares Verlangen. Aber es ist nicht interessant, sein ganzes Leben zu sagen: Die Falle ist eine Falle, die Luft ist Luft. Das sind keine Erkenntnisse. Laut Stilpon sind es aber die einzigen Erkenntnisse, die es gibt. Hier wirkt die sophistische Streitlust nach. Schöner wäre es allerdings, wenn jedes Prädikat mit seinem Subjekt identisch wäre. Sie haben dann den goldenen Klang. Für Menschen und für Dinge eine ungeheure Wertschätzung.

Der andere interessante Megariker war Diodoros Kronos, Urheber eines im Altertum sehr berühmten, freilich nur angeblichen Beweises gegen die Möglichkeit, der unter dem Namen κυριεύων, das ist: »der Herrschende«, lief. Die Beweisführung ist verwirrend und grundfalsch. So wurde sie von dem statischen Epigonen Nicolai Hartmann heutzutage erneuert [vgl. Hartmann 1909, 1949]. Ihr Inhalt: Es gibt nichts Mögliches, möglich ist nur das vorhanden Wirkliche, sonst nichts. Denn ein Mögliches, das nicht wirklich wird, erweist sich eben dadurch als unmöglich. Es gehört freilich nicht viel Anstrengung des Begriffs dazu, um zu sehen, daß es trotzdem sehr viel real Mögliches in der Welt gibt, allein schon ausgedrückt durch die Gefahr, in der einer schweben kann, durch mehr oder minder hohe Wahrscheinlichkeitsgrade im Eintritt eines Ereignisses, ja durch die Versicherungsgesellschaften selber, die ja unnötig wären, wenn das Mögliche schon das Wirkliche wäre. Es wird im Gegenteil noch sehr lange dauern, bis alles Mögliche im guten, menschenfreundlichen Sinn seines Inhalts wirklich geworden ist, denn im feindlichen Sinn haben die Nazis schon viel verwirklicht. Die Wirklichkeit jedenfalls ist nicht abgeschlossen, ja sie ist trotz Diodoros von einem Meer realer Möglichkeit umgeben, das sehr viel ausgedehnter ist als sie selbst. [...]

Mit der megarischen Schule verschmolz die elisch-eretrische Schule, die sich ebenfalls mit Streitfragen und Fangschlüssen, wie sie uns aus der Sophistik bekannt sind, beschäftigt hat. Ihre Anhänger wollten beweisen, daß nicht jede Frage mit Ja oder Nein zu beantworten ist und daß man nicht von einem Menschen fordern kann: »Deine Rede sei ja, ja, nein, nein, und was darüber ist, ist vom Übel«. [Bibel, Matthäus 5, 37]. Antwortete einer auf die Frage »Hast du aufgehört, deinen Vater zu schlagen?« mit »Ja«, so wurde ihm gesagt: »Also hast du ihn vorher geschlagen, denn du hast ja jetzt aufgehört, ihn zu schlagen.« Antwortete er mit »Nein«, so wurde ihm gesagt: »Also schlägst du ihn weiter.« In dieser Scherzform wurde ein spitzfindiges und vielleicht konkretes Problem berührt. Solche Fragen gab es damals viele; die Lust daran reicht bis ins Mittelalter. Junge Scholaren, solche wie Sie, die in der alten Ritterstraße, in der alten Universität studierten, vertrieben sich ihre wenige freie Zeit mit solchen scheinbar spitzfindigen Fragen, über die natürlich die Philister lachten, wie sie es auch noch heute tun, in denen aber Probleme steckten. Daraus sind viele Erkenntnisse, auch mathematische Erkenntnisse, hervorgegangen. »Impossibilia« heißt eine Schrift von Siger von Brabant aus dem 13. Jahrhundert, worin diese Fangfragen der Scholastik gesammelt sind. Geben Sie, wenn Sie Scholastik hören, diesem Wort bitte nicht den heutigen Beigeschmack. Scholastik ist nicht weniger und nicht mehr als die gesamte mittelalterliche Philosophie.

Wahrscheinlich zur hedonischen Schule, jedenfalls zum Kreis der Sokratischen Schulen gehört auch ein Mann, dem ich mich jetzt wegen einer sehr interessanten Schrift zuwende, nämlich Euhemeros. Er lebte um 300 und hinterließ eine Schrift mit dem Titel Ἱερὰ ἀναγραφή, das heißt Heilige Schrift. Darin stellt er eine völlig neue und sehr folgenreich gewordene Theorie der Entstehung des Götterglaubens auf. Die älteste Theorie besagt, daß die Götter vergöttlichte Naturerscheinungen sind, unverstandene, verehrte oder gefürchtete Naturerscheinungen. Zum Beispiel ist das Feuer Hephaistos oder Vulcanus, das Wasser Poseidon oder Neptun, das Brot Demeter oder Ceres. Unheimliche Dämonen oder freundliche Vegetationsgötter verkörpern die Gefahren der Welt oder den natürlichen Jahresablauf. Feuerbach gab später die Wunschtheorie, die auch antike Wurzeln hat, nach der der Mensch das, was er sein möchte und nicht ist, ins Jenseits projiziert und strahlende Götter erschafft, denen er all das verleiht, was in seiner eigenen Brust lebt, aber nicht zum Ausdruck kommen kann [Feuerbach 1841]. Die Theorie des Euhemeros nun ist sehr interessant, weil sie gesellschaftswissenschaftlich ist. Er lehrt nämlich nicht mehr und nicht weniger, als daß die Götter und die Göttersagen Erinnerungen an vergessene Geschichte seien. Sämtliche Götter und sämtliche Göttinnen – er bezieht sich auf die griechische Mythologie, eine andere kennt er gar nicht – sind seiner Meinung nach Könige und Königinnen gewesen, und alles, was wir von Uranos und Gäa, von Kronos und Zeus, von Poseidon und Pallas Athene hören, ist wahr, nur haben sie nicht in Griechenland, sondern vermutlich in Kreta gelebt.

Es gab in Kreta vor der griechischen eine sehr alte Kultur, die kretisch-mykenische, die noch in der Ilias anzutreffen ist. Von ihr waren nur noch schwache Erinnerungen vorhanden. Vor allem ihre Göttersagen sollen Erinnerungen sein, und es trifft sich merkwürdig, daß zur Zeit des Euhemeros in Kreta das Grab des Zeus gezeigt wurde. Sie kennen leider die griechische Mythologie nicht so, wie es sein müßte, doch vielleicht haben Sie die Güte, sie einmal anzusehen. Es gibt keine spannendere und farbigere Lektüre und keine, die die Menschen mehr humanistisch orientiert – ich sage nicht: gebildet, aber orientiert hätte als die griechische Mythologie.

Diese, so reich an Farben, dargestellt von Homer, Hesiod und den großen Dramatikern, läßt sich nach Euhemeros gänzlich auf eine entstellte und verhimmelte Geschichte zurückführen. Damals, um 300, lag dieser Gedanke nahe, weil sich im hellenistischen Zeitalter der umgekehrte Prozeß vollzog, nämlich daß Könige vergöttert wurden. Das hatte Alexander in Ägypten erfahren. Der Pharao war ein Gott. Er war so sehr ein Gott, daß der irdische Pharao sich selbst als dem göttlichen Pharao ein Opfer darbrachte. Erst recht mußten die übrigen Menschen dem Pharao wie einem Gotte opfern. Alexander übernahm das von Ägypten, ließ sich selbst zum Sohn des ägyptischen Hauptgottes erklären und als solchen feiern. Das ging weiter bis Octavius Augustus, dem göttlichen Augustus im Römischen Reich. Wenn Menschen Götter werden können, so gibt es auch das Umgekehrte, das ebenfalls zutraf, nämlich daß Götter Menschen werden wie in der Fleischwerdung Christi. Gottes Sohn wird in einem Stall geboren; das ist der umgekehrte Prozeß, der sich aber in ähnlichen Gedankenkreisen bewegt.
Wir sind mit der Lehre, daß die Götter vergöttlichte außerordentliche Menschen seien, mitten in der griechischen Aufklärung. Das wurde im 18. Jahrhundert erneuert. Es besteht kein Zweifel, daß die Theorie falsch ist. Hielte man sie für richtig, müßte man sie auch auf die Mythologie der Bibel und auf jede andere Mythologie beziehen, was zu seltsamen Schlüssen führen würde. Der Bericht über den Untergang von Atlantis steht in Platons Dialog »Timaios«. Nach Platon ist Atlantis neuntausend Jahre vor seiner Zeit an einem Tag und in einer schicksalsschweren Nacht untergegangen [Timaios 24 a ff.]. Diese Hypothese wird weitergesponnen. Die große Ähnlichkeit nicht nur der europäischen Mythologien, also der gallischen, germanischen, griechischen und römischen, sondern auch der mexikanischen und südamerikanischen Mythologien untereinander sei dadurch zu erklären, daß alle Götter dieses und des amerikanischen Kulturkreises Könige von Atlantis gewesen seien, so daß man aus der Mythologie Urgeschichte erschließen könne. Die Mythologie als Quelle menschlicher Urgeschichte zu betrachten, ist sehr sonderbar, wie Sie zugeben werden, aber die Hypothese ist alt und geht auf Euhemeros zurück.
Damit schließe ich den Überblick über die drei unmittelbaren Sokratischen Schulen ab. Es waren Mischformen zwischen Sophistik und Sokrates. In ihnen ist etwas von Probe, von Vorreiterei für

das, was nach den großen idealistischen oder enzyklopädischen halb materialistischen Unterbrechungen durch Platon und Aristoteles kommt und wiederkommt. Es ist ja nicht so, daß wegen Platon und Aristoteles die Geschichte des menschlichen Denkens Halt gemacht hätte, um Platz zu machen für Platon und den Platonismus und für Aristoteles und den Aristotelismus. Es war vielmehr nur ein kleiner Kreis, der sich mit Platon in der Akademie oder mit Aristoteles in der von ihm gegründeten Universität abgab. Um sie herum ging alles andere weiter, in einer untergeordneten Art selbstverständlich. Hätte man schon damals ihre Bedeutung erkannt, wäre alles zu Platon und Aristoteles gegangen. Da gab es einen kynischen Wanderprediger, und dort gab es einen megarischen Herrn, der Vorträge hielt. Zu diesen ging man natürlich hin. Es lebte selbstverständlich alles breit neben Platon und Aristoteles weiter, und nun, da die Sonnen niedergegangen sind, sieht man, wie das andere blühte, sich natürlich an Platon und Aristoteles bereicherte, und wie es immer wiederkehrt. Der gesamte Problemzusammenhang kehrt wieder. Die megarische Schule, verbunden mit der elisch-eretrischen Schule, lebt weiter in den Skeptikern, die hedonische Schule lebt, mit Demokrit verbunden, weiter bei Epikur, und die kynische Schule lebt in vielen ihrer Züge und Bestimmungen, zum Beispiel der Bestimmung von Tugend als Bedürfnislosigkeit, weiter in den riesigen Lehren der Stoa.

Nun schlagen wir eine neue Seite auf und gehen zum größten Schüler des Sokrates und zu der größten Schule, die sich im Zusammenhang mit Sokrates gebildet hat, nämlich zu Platon. Er wurde 427 in Athen geboren, starb dort 347. Sein patrizisches Geschlecht stammte wahrscheinlich von dem alten athenischen Königsgeschlecht ab. Er hieß ursprünglich gar nicht Platon, sondern Aristokles, wurde aber früh schon Platon genannt, πλατύς, heißt breit; man nannte ihn Platon wegen seiner breiten Brust, vielleicht auch wegen seiner stattlichen Erscheinung überhaupt. Hier schon eine kleine Aufmerksamkeit: Der Mann, der am stärksten den Blick von der sinnlichen Welt hinweg auf Ideen richtete, der Mann, der den Leib als eine Hemmung für den Aufschwung der Seele bezeichnete, hat das nicht nötig gehabt. Er war sehr wohlgestaltet, sehr schön, und fühlte sich mit seinem männlich schönen Körper in bester Beziehung. Seine Verachtung des Körperlichen kommt aus anderen Quellen, die tiefer liegen. Im zwanzigsten Jahr kam er in Verbindung mit Sokrates, blieb in achtjährigem vertrautem Verkehr mit diesem verehrten Lehrer in der Philosophie, das heißt in der Liebe zur Weisheit. Nach dem Tod des Sokrates, als sich die Freunde und Jünger des Sokrates ebenfalls in Gefahr befanden, begab er sich zu seinem Studiengenossen Euklides nach Megara, trat aber bald darnach eine Reise nach Unteritalien an, wo er mit Pythagoreern bekannt wurde, und nach Ägypten, was sehr wichtig ist. Leider wissen wir nicht genügend davon. Es ist nach Pythagoras und Demokrit, der auch in Ägypten gewesen sein soll, wieder der erste Kontakt eines großen griechischen Philosophen mit der sogenannten ägyptischen Priesterweisheit, von deren Vorhandensein die Welt ungefähr bis 1800 felsenfest überzeugt war, nämlich so lange, bis man die Hieroglyphen entziffert hatte. Man hat in den alten Schriften wenig gefunden, was auch nur eine Andeutung dieser Weisheit gegeben hätte, obwohl die ägyptische Kunst, dieses aufdringliche Symbol der Pyramide, des Dreiecks, Weisheit verspricht. Immerhin, schon Platon ging nach Ägypten, und er berichtet von einem Satz, den ihm ein ägyptischer Priester, der ihm eben von Atlantis erzählte, gesagt hat. Es ist ein hochmütiger Satz, denn die Ägypter waren hochmütig gegen die Griechen: »Euer Altertum«, sagte der Priester dem jungen Griechen, »euer Altertum hat keine Wissenschaft und eure Wissenschaft hat kein Altertum.« Vermutlich sind in Platons zum Teil nichtgriechisch anmutender Philosophie starke ägyptische Elemente erhalten. Da wir aber von ägyptischer Weisheit wenig wissen, können wir sie nicht mit Sicherheit bezeichnen. Aber es ist der erste Eintritt eines vorderasiatischen oder vorderafrikanischen, auf jeden Fall eines vorderorientalischen Denkens in den griechischen Gedanken. Und zwar tritt dieses Denken mit Bewußtsein ein, nicht so, daß alte Mythen nachwirkten, sondern hier wurden Mythen importiert. Mit Bewußtsein wurde Griechenland um den Orient erweitert, sozusagen in ideologischer Parallele zu der Eroberung Alexanders des Großen. [Im Typoskript fehlt eine Seite.]

Gerade die bürgerlichen Historiker sind sehr daran interessiert, Platon zu einem reinen Theoretiker, zu einem Mann der reinen Schau zu machen. Ich zitierte Ihnen schon den gegenteiligen Satz, mit dem Windelband [1900] seine kleine Schrift über Platon schließt: »Von allen Geistern, die da wollen, ist er der vornehmste gewesen – und geblieben.« Nun, wir unterschreiben den Satz nicht, erstens, daß er ein Geist war, der ausschließlich wollte, und zweitens, als ob er gar der vornehmste gewesen und geblieben wäre, wenn wir unter vornehm hier substanzvoll verstehen wollen. Wir haben andere Bezugsquellen für die Veränderung der Welt. Aber daß Platon die Welt verändern wollte, daß eine außerordentliche politische Leidenschaft in ihm war, ist selbstverständlich. Seine erste blieb nicht seine einzige Reise nach Sizilien. Es folgten noch eine zweite und eine dritte, und auch die waren mit Lebensgefahr verbunden [vgl. Bloch 1977].

Nachdem er nun von dem Tyrannen losgerissen und durch Annikeris zurück nach Athen geführt worden war, der seine gekaufte Ware dort wieder laufen ließ, eröffnete er eine Schule, und zwar im Garten eines Herrn Akademos. Das ist ein Name wie Müller oder Schuriegel oder Buchholz. Akademos heißt gar nichts, und Gärten gab es genug. Aber von diesem Herrn kommt das Wort Platonische Akademie, und Akademie ist bis heute eine ehrenhafte Bezeichnung geblieben. Als der alte Dionysios, der ihn hatte in Ungnade fallen und zum Sklavenmarkt bringen lassen, 367 starb, ging Platon im selben Jahr, sechzigjährig, zum zweiten Mal nach Sizilien, und zwar nun zum Sohn des Dionysios, wieder um seinen Idealstaat zu verwirklichen. Aber auch mit ihm ging es schief, Platon geriet wieder in Gefahr, diesmal sogar in ausgeprägte Lebensgefahr durch Vergiftung, floh nach Athen zurück und machte schließlich noch ein drittes Mal die Reise nach Sizilien. Danach blieb er in Athen und wirkte dort, bis er 347, einundachtzigjährig, starb. Es gibt zwei Versionen über seinen Tod. Nach der einen ist er in herrlichster Laune bei einem fröhlichen Hochzeitsmahl verschieden; nach der anderen, die von Cicero überliefert ist, Platon scribens mortuus est, starb Platon schreibend, an seinem Schreibtisch sitzend, jedenfalls ein Wachstäfelchen und einen Griffel in der Hand. Beide Versionen passen zu ihm, sowohl das fröhliche Hochzeitsmahl und der Tod als auch die wissenschaftliche Arbeit und der Tod. Beide Elemente, die in ihm blühten, sind damit bezeichnet; nämlich Eros und Logos.

Bei der Darstellung der Platonschen Lehre ist stets die Frage, wie man es anfangen soll. Ich habe es in den bisherigen Vorlesungen so gehalten, daß ich in der Darstellung der Schriften – und deren sind viele – auf jeden Dialog tunlichst eingegangen bin, um dann einen allgemeinen Überblick über die Platonsche Philosophie anzuschließen. Ich habe aber den Eindruck, daß das etwas Ermüdendes hat. Sie kennen ja die Platonsche Philosophie noch nicht oder nicht genügend, um in die Einzelheiten der Dialoge hineinzugehen. Ich glaube also, daß es pädagogisch richtiger ist, die Sache umgekehrt zu machen. Ich werde also zuerst die Platonsche Philosophie Ihnen in Umrissen vor Augen führen und dann die einzelnen Dialoge angeben. Ein kleines Stück Seminar mitten in der Vorlesung. Ich bitte Sie, den Inhalt der Dialoge genau mitzuschreiben. Hier ist das Schwarz auf Weiß sehr wichtig, damit Sie in Ihrem späteren Dasein, falls Sie Lust haben, einmal eine Platon-Kur zu unternehmen, wissen, zu welchem Quell Sie zu gehen haben. Dann wissen Sie ungefähr, was in den einzelnen Dialogen steht und wo Sie das, was Sie zu erfahren wünschen, finden können.

Eros, Logos und die Lehre von der Anamnesis

Eros und Logos, habe ich gesagt, Hochzeitsmahl und Schreibtisch sind die beiden Elemente des Platonschen Denkens. *Eros* ist der erste Grundzug von Platons Philosophie. Er ist *Sehnsucht, das Seine zu finden*, das, was des Reinsten und Edelsten in uns wert und ihm verwandt ist; es ist das alte Suchen des Gleichen nach dem Gleichen, aber hier nicht, um es nur zu erinnern, sondern um Halt zu finden, Heimkehr zu finden, zu dem einem Gemäßen zu kommen, in seine Welt zu kommen. Ein solches Sehnsuchtsmotiv war bisher noch nicht erklungen. Das ist es, was das Nachdenken und Philosophieren überhaupt befeuert. Wir sind also auf einer weiten Reise, könnte man sagen, und suchen eine Melodie, die in uns klingt, die wir aber nicht deutlich hören. Und wir gehen dahin, wo sie tönt, aber sie tönt fremd, und so ist es nicht nur bei uns. Durch die ganze Welt geht ein großes Sehnen und ein großes Sehen dessen, wonach sich gesehnt wird. Dies ist zunächst der emotionale Grundzug der Platonschen Philosophie.

Nun zum Eros. Eros in der griechischen Mythologie ist immer ein netter kleiner Gott, Sohn der Aphrodite. Diese griechische Mythologie dreht aber Platon um, oder er fügt eine andere Version aus der griechischen Sage ein. Bei Platon jedoch ist Eros nicht der Sohn der Aphrodite; er ist überhaupt kein Gott mehr, sondern nur ein Halbgott. – Das ist zugleich für Sie eine Einführung in dies außerordentlich bildhafte und künstlerische Platonsche Denken – er ist der Sohn des Poros und der Penia, des Reichtums und der Armut. Daher ist er zugleich Haben vom Vater her und Nichthaben von der Mutter her, ein lebender Widerspruch. Die Beziehung vom Haben zum Nichthaben ist Sehnsucht. Diese ist hier ein dialektischer Affekt, ein dialektischer Zustand und Vorgang. Im Eros steckt der Keim zur *Dialektik*. Ich will Ihnen nun aus dem »Gastmahl« die entsprechende Stelle vorlesen. Sie haben ja schon die Darstellung des Todes von Sokrates im »Phaidon« kennengelernt, nun werden Sie einen anderen Platon kennenlernen. Sokrates berichtet im »Gastmahl« vom dem, was ihm Diotima, die Seherin aus Mantinea, von der Liebe erzählt hat. Es ist kein Dialog, sondern Sokrates berichtet von einem Gespräch mit der weisen Seherin. Ein Zug von unendlicher Feinheit. Platon läßt den Sokrates in allen Dialogen immer das erzählen und berichten, was er, Sokrates, selbst gedacht hat. Als nun aber Sokrates von seinen Jüngern über die Liebe, über Eros befragt wird, berichtet er nicht, was er gedacht hat, sondern was ihm die weise Seherin Diotima, also eine Frau, erzählt hat. Nach dieser Diotima hat Hölderlin im »Hyperion« seine unsterbliche Geliebte genannt. Diotima antwortet auf die Frage des Sokrates: »Wer ist sein Vater und seine Mutter?«: »Das ist langwierig zu erzählen«, sprach sie, »doch werde ich's dir sagen. Als nämlich Aphrodite geboren wurde, schmausten die Götter und unter den übrigen auch Reichtum, der Sohn der Klugheit. Als sie aber gespeist hatten, kam, um etwas zu erbetteln, da es doch festlich herging, Armut herbei und blieb an der Pforte. Trunken vom Nektar – Wein gab es ja noch nicht – ging Reichtum in den Garten des Zeus und war schwer und fiel in Schlaf. Armut nun ergriff der Gedanke, wegen ihrer Dürftigkeit sich ein Kind vom Reichtum erzeugen zu lassen. Sie legte sich zu ihm und empfing den Eros. Daher auch Eros Aphroditens Begleiter und Diener wurde, erzeugt bei der Feier ihrer Geburt und zugleich weil er von Natur verliebt ist in das Schöne und Aphrodite schön ist. Als Sohn von Reichtum und Armut ist Eros in solches Geschick gestellt: Erstlich bedürftig ist er immer, und viel fehlt, daß er zart sei und schön, wie die Vielen glauben, sondern hart und rauh und barfuß und heimatlos, immer am Boden lagernd und ohne Decke, vor Türen und auf Straßen im Freien schlafend, da er die Natur der Mutter hat, immer der Bedürftigkeit Genoß. Wie der Vater hingegen stellt er dem Schönen und Guten nach, tapfer und verwegen und eifrig, gewaltiger Jäger, allezeit Ränke schmiedend und nach Erkenntnis begierig und erfinderisch, Weisheit suchend sein ganzes Leben, gewaltiger Zauberer, Giftkundiger und Sophist, und weder als Unsterblicher ist er geartet noch als Sterblicher, sondern bald blüht er denselben Tag und lebt, wenn es ihm wohl geht, bald aber stirbt er hin. Und wieder lebt er auf durch des Vaters Natur, und das Erworbene zerfließt ihm immer, so daß Eros weder jemals arm ist noch reich und in der Mitte ist von Weisheit und Torheit.«

Mit Händen zu greifen ist hier Dialektik. Die Darstellung des Dialektischen, die Darstellung, daß Armut und Reichtum zugleich sind, auch Unwissenheit und Wissen zugleich sind, daß es dialektische Gegensätze und Widersprüche zwischen dem Vielen und dem Einen, zwischen dem Anderen und dem Gleichen gibt, ist allerdings nüchtern und ohne Wärme ausgeführt. Immerhin beginnt hier logisch Dialektik, und sie wird fortgesetzt in den Dialogen »Parmenides« und »Sophistes«, auf die wir noch kommen werden. Die Platonsche Dialektik selbst ist merkwürdig. Wir haben das Vorspiel zu ihr bei Zenon in den Beweisen gegen die Bewegung. Wir haben ein objektives, sehr viel größeres Vorspiel in der objektiven Dialektik des Heraklit, in der Widerspruch eine Seinsbestimmtheit ist. An Zenon erinnert in der Platonschen Dialektik, daß sie ebensowenig auf objektive Bewegung geht. Sie geht zunächst auf eine rein methodische Bewegung, eine Bewegung des Gedankens und der Begriffe.

Hier ist Dialektik methodisch die Kunst, die Begriffe richtig zu unterscheiden, richtig miteinander zu verbinden, zu wissen, was geteilt, zu wissen, was zusammengefaßt werden muß, zum Beispiel Vieles und Eines, Anderes und Gleiches. Aber sie ist nicht die Wissenschaft von Bewegung im objektiven Sinn, sondern die Wissenschaft von dem beständig Seienden innerhalb der Bewegung, das sich in wachsender Bewegung durchsetzt zu einer Einheit, die wieder Statthalterin der letzten Einheit ist. Wir werden das im einzelnen noch in den Dialogen sehen.

Über den Platonschen Dialog wäre sehr viel zu sagen. Hier einleitend nur soviel: Platon hatte ursprünglich Dramen geschrieben. Wir sprechen auch jetzt noch von einem Dialog im Drama. Zugleich war ein Dialog in dem juristischen, sophistischen Athen als Gerichtsrede, Plädoyer im Gericht, als Wechselrede zwischen Ankläger und Verteidiger, als Gegeneinanderstellung derselben Standpunkte, desselben Tatbestandes von zwei Seiten her, hoch ausgebildet. Es ist sonderbar, daß sowohl die Technik des dramatischen wie des juristischen Dialogs in die Philosophie eintrat. Es geschah wiederum nach dem Vorbild von Zenon, der als erster, wie Aristoteles uns mitteilt, Gründe und Gegengründe darstellte und in dieser Weise seine wissenschaftliche Darstellung machte. Im Platonschen Dialog ist immer Sokrates der leitende Gesprächsführer, bis auf den letzten Dialog, die »Gesetze«, wo Sokrates völlig verschwindet. Aber auch schon in anderen Dialogen, im »Theaitet« zum Beispiel, ist eher Theaitetos der Gesprächsführer als Sokrates. Im Alter nähert sich Platon der Auflösung seiner Dialoge. Es entsteht die ruhige, wissenschaftliche Darstellung. Sehr lang gesponnen sind schon vorher viele Reden des Sokrates; lange Zeit redet überhaupt niemand hinein. Der Dialog tritt beim späten Platon zugunsten einer ruhigen Entwicklung der Sache aus sich selbst zurück, ohne daß die dialektische Entwicklung nachließe. Der Dialog wurde sehr oft kopiert. Aristoteles soll in jungen Jahren hinreißende Dialoge geschrieben haben. Noch im 18. und 19. Jahrhundert gab es philosophische Dialoge. Aber die Form ist nicht mehr zu erneuern. Sie blühte an Ort und Stelle; eine einmalige glückliche, strahlende Gelegenheit wurde wahrgenommen. So läßt sich auch die Matthäuspassion oder die Zauberflöte nicht mehr schreiben. Die Form des Platonschen Dialogs ist untergegangen; sie nachzumachen, ist ein übles, ein epigonales Geschäft.

Ich komme nun zu dem dritten Begriff, der für Platon wichtig ist. Ich nannte schon Eros, ich nannte auch schon Dialektik im Zusammenhang mit Dialog. Nun gibt es bei Platon einen besonders merkwürdigen idealistischen Grundzug, nämlich die Lehre von der *Anamnesis*, der *Wiedererinnerung*. Platon lehrt Abkehr von allen sinnlichen Daten und Mißtrauen gegen alle Erscheinungen. Mißtrauen gegen die Erscheinungen war längst von Heraklit und Zenon vorbereitet worden, aber nicht in einem solchen Maße wie bei diesem Erzidealisten. Alles, was der Mensch wissen kann, erfährt er nicht von dem, was er sieht, sondern Wissen und auch Lernen, Fortschreiten im Wissen, ist nichts anderes als Anamnesis, das heißt Wiedererinnerung. Ein ehedem Gewußtes, das vergessen ist, wird durch die sinnliche Erscheinung wieder so angerührt, daß sich der Mensch erinnert. Das ist wieder mythisch eingekleidet: Die Seele, die vor der Geburt eine Reisegenossin seliger Götter war und sehr viel in dem τόπος οὐράνιος erblickte, wird geboren, fällt und vergißt alles. Und in der Philosophie, vor allem in der Mathematik erinnert sie sich daran, was sie vor der Geburt geschaut hat.

In diesem Platonschen Mythos steckt wahrscheinlich ein Stück ägyptischer Mythos, den Platon kennengelernt und erkenntnistheoretisch außerordentlich vertieft und verwandelt hat. Es gibt ägyptische Plastiken von Kinderköpfen, auf deren Lippen ein Finger liegt, nicht ihrer, sondern ein sehr viel größerer Finger. Die Bewegung, mit der wir Schweigen, die Versiegelung der Lippen, andeuten, ist also eine sehr alte Bewegung. Der Finger ist der des Engels der Schwangerschaft, der dem neugeborenen Kind die Lippen versiegelt, auf daß es nichts sage von dem, was es in der anderen Welt gesehen hat. Dieser Mythos vom Fall der Geburt ist auch im Sündenfall noch erhalten. In seinem ganzen Leben muß sich der Mensch daran erinnern, was er vor der Geburt sah, und in dem Maße, wie er sich erinnert, steigt sein Rang und steigt die Belohnung nach dem Tod, denn – wieder der ägyptische Mythos – der Engel der Schwangerschaft, der in der Erinnerung völlig entschwunden ist, erscheint in der Todesstunde wieder als der Engel des Todes. Und in der Todesstunde fällt dem sterbenden Menschen alles ein, was er vergessen und versäumt hat zu tun, und er schreit. Dieser Schrei entspricht dem ersten Schrei, den das neugeborene Kind ausstößt, weil es aus der himmlischen Welt in diese Welt fällt. Aber diesen letzten hört kein Mensch mehr, ihn hört nur noch der Hahn. Dieser Zug berüht sich mit ägyptischen und babylonischen Mythen, die den Hahn als Morgentier, als Morgenallegorie haben.

Es gibt in dem Dialog *»Menon«* eine Stelle [Menon 81c], wo Sokrates das Wesen der Anamnesis darstellt. Hier erscheint die Anamnesis zum ersten Mal. Sokrates will dem Menon, einem seiner Jünger, klarmachen, was Wiedererinnerung ist. Er läßt dazu einen Sklaven rufen, der im Haus geboren ist, aber nichts gelernt hat, nicht lesen und nicht schreiben kann, und stellt ihm die Aufgabe, ein gegebenes Quadrat zu verdoppeln. Sokrates bringt den Sklaven durch geschicktes Fragen zu der Einsicht, daß die Verdoppelung des Quadrats nicht durch Verdoppelung der Seiten, sondern der Diagonalen erzielt wird. Der Sklave kommt durch pures Nachdenken, durch pures Besinnen ohne jede äußere Hilfe und auch ohne jede sinnliche Anschauung auf die richtige Antwort. Bei Gelegenheit einer kleinen Andeutung, ohne empirische Führung, erinnert sich der Sklave an die richtige geometrische Figur. Das hat er nie gelernt, von niemandem erfahren, es entsteht also allein durch Besinnen. Dieses Apriorische, wie man es später nannte, das, was nicht *jenseits* der Erfahrung, aber *vor* ihr liegt, auch nicht in der Weise, daß es zeitlich vor der Erfahrung liegt, sondern daß es die Erfahrung erst als wissenschaftliche Erfahrung begründet, das ist in der Anamnesis gedacht. Nun versteht man unter Anamnesis zweierlei, etwas sehr Merkwürdiges, was weit über den Platonschen Idealismus hin uns etwas angeht, und etwas total Verruchtes, was aber großen Stils ist, wie alles bei Platon, und was bis einschließlich Hegel die Philosophen am Narrenseil herumgeführt hat.

Zuerst das eine. Es ist für uns, die wir keine Versenkung in die Tiefe des Gemüts und keine Nabelschau der Logik kennen, selbstverständlich, daß alle Begriffe von sinnlichen Eindrücken abstrahiert sind. Nun gibt es aber bei diesen Begriffen zwei Arten, nämlich diejenigen, die sozusagen neutral, wertfrei sind, in die ich, wenn sie nicht breit genug sind und daher nicht für die neue Erfahrung passen, die neuen Tatsachen der Erfahrung hineinarbeite; zweitens gibt es diejenigen, die eine Wertung ausdrücken.

Durch die wertfreien Begriffe schreitet die Wissenschaft voran. Neue Erfahrungsdaten erfordern neue Hypothesen und neue Theorien oder Korrektur der alten Hypothesen und Kategorien und Korrektur des alten Begriffs. Wenn ich also einen Begriff habe, einen Gattungsbegriff, um etwas im Platonschen zu bleiben, zum Beispiel Professor, und ich sage: »Der X ist gar kein richtiger Professor«, so kann das negativ, es kann auch positiv sein. Es kann Tadel sein, und es kann auch eine Anerkennung sein. Darauf kann man mir antworten: »Ja, lieber Herr, wo haben Sie denn Ihre sinnlichen Daten her, aus denen Sie den Begriff ›Professor‹ abstrahiert haben? X kann ja ein Professor neuen Typs sein, ein bedeutender oder ein unbedeutender, ein interessanter oder ein ganz besonders langweiliger. Sie müssen also Ihr abstrahiertes Gebilde um diese Daten erweitern. Dann kommt Ihr Begriff in Ordnung. Dann haben Sie eben einen anderen Professor. Die Geschichte geht ja weiter, auch die Professoren bleiben sich nicht gleich.« Gut, das läßt sich hören; daran ist viel Wahres.

Wenn ich aber sage: »Kerenski ist kein Revolutionär«, dann kann man mir nicht antworten: »Lieber Herr, wo haben Sie Ihre Begriffe von Revolutionär und Revolution abstrahiert? Ihre Abstraktionen sind zu eng. Sie müssen auch noch die Kerenski-Tätigkeit in sich aufnehmen, dieses Wasser in den Leninschen Wein hineingießen, dann kommen Sie zu einem neuen Begriff Revolutionär. Das ist eben ein Revolutionär eigenen Typus', ganz extrem objektivistisch.« Bitte sehr, so macht es die wertfreie Wissenschaft. Aber hier stimmt etwas nicht. Ich habe also außer dem abstrahierten Begriff Revolutionär auch noch einen Wertbegriff, den ich bei Professor nicht so und gar bei Quadrat oder gar bei Lichtgeschwindigkeit überhaupt nicht habe. Und wo sind diese Wertbegriffe, wo kommen sie her? Es sieht mit einem Male – aber das ist eine Täuschung – so aus, als ob es in uns eine Besinnung auf die Idee des Revolutionären gäbe. An dieser Idee wird die Wirklichkeit sogar gemessen, und um so schlimmer für die Tatsachen, wenn sie dieser Idee nicht standhalten. – Sehr sonderbar.

Oder sehen Sie das Naturrecht, dieses revolutionäre Instrument des Bürgertums im 17. und 18. Jahrhundert, das die Welt, das Recht, den Staat, wie er sein soll, mit dem wirklichen Staat vergleicht. Es hat Empiriker gegeben, die aus der Betrachtung des wirklichen Staats das Naturrecht abstrahiert haben. So Machiavelli in großer

Form, ähnlich Christian Wolff mitten in der deutschen Misere. Sie haben den wirklichen Staat, den Feudalstaat, betrachtet und in Grund und Boden kritisiert und ihm das Naturrecht entgegengesetzt. Auch das ist ein Begriff, der nicht aus der Wirklichkeit abstrahiert zu sein scheint. Nun, die Wahrheit ist dieses: Werthafte Allgemeinbegriffe sind nicht aus einer bereits vorhandenen Wirklichkeit abstrahiert, sondern aus einer *Tendenz* der Wirklichkeit. Das Naturrecht ist abstrahiert aus der Tendenz der damaligen Gesellschaft zur bürgerlichen Gesellschaft, zum Citoyenreich, zum idealisierten Reich der Bourgeoisie, wie Engels sagt. Die Tendenz wurde herausgehört, und aus ihr entstand Naturrecht. Nicht aus den Tiefen des Gemüts, aber aus der Bewegung der Gesellschaft, aus den Rändern der Wirklichkeit, aus dem hier Noch-Nicht-Gewordenen, aus dem Fälligen, dem Tendenzhaften, was bei physikalischer Geschwindigkeit oder bei allen statischen Begriffen überhaupt keinen Platz hat. Ein solcher Begriff ist dann ein Wertbegriff, weil er einer revolutionären Klasse entspricht, und für die reaktionäre Klasse ist er ein Unwertbegriff. Sie haben also hier ein Problem, dessen Lösung nicht im Inneren des Gemüts, sondern in der Tendenz Platz hat.

Psychologisch allerdings ist die Sache nicht ganz so einfach. In »Dichtung und Wahrheit« [Goethe 1811, XX] spricht Goethe davon, wie er als Knabe schon etwas darstellen wollte und nicht konnte. Die Kaiserkrönung von Joseph II., die er als Junge erlebt hat, mußte er erst gesehen haben, um sie darstellen zu können. Aber was Liebe ist und Haß und Schmerz, sagt er, das habe er schon in seiner eigenen Brust lange vorher erfahren. Und nun kommt die sehr spitzfindige Frage: Wenn ich es nicht schon vorher wüßte, wie könnte ich dann wissen, sobald ich verliebt bin, daß ich verliebt bin? Ich muß doch etwas als Liebe erkennen, wiedererkennen. Ich habe schon so oft von ihr geträumt, sie mir vorgestellt. Und nun kommt sie, ja, das ist die Liebe. Ich habe mir auch eine Kaiserkrönung vorgestellt, aber es ist nicht ganz so wie bei der Liebe. Die Kaiserkrönung hätte ich nicht darstellen können, wohl aber die Liebe. Und so ist es überhaupt bei jungen Dichtern und bei jungen Menschen, die persönliche Dinge viel mehr darstellen können als das, was sie erst lernen müssen im Strom der Welt. Psychologisch besteht tatsächlich ein Unterschied, aber es ist nicht dasselbe; denn Liebe und Haß sind keine Ideen in dem Sinn wie

Revolutionär oder Naturrecht. Wir sind also an dieser Klippe vorbei und haben von der Sache etwas gelernt.
Nun kommt der zweite Zug der Anamnesis, das ganz und gar Verruchte, aber ungeheuer Folgenreiche: Anamnesis als ausschließliche *Orientierung des Wissens auf Gewordenheit*, auf Ge-wesenheit; Wesen heißt ge-wesen. Das hängt eng mit dem Betrachtungswissen zusammen. Sobald das Wissen rein kontemplativ ist, muß sein Gegenstand ein vergangener sein, einer, in dem kein Leben, keine Bewegung, kein Horizont, keine Zukunft, keine Hoffnung mehr ist, der in Abgeschlossenheit, Statik verharrt. Und je mehr etwas abgeschlossen ist, desto mehr kann es betrachtet und gewußt werden. Über den Krieg von 1914 bis 1918 haben die bürgerlichen Historiker Werturteile ausgesprochen, die haarsträubend sind. Sie hätten schlaflose Nächte gehabt, wenn sie je einen Monat oder ein Datum im 5. Jahrhundert vor unserer Zeitrechnung verwechselt hätten. Aber daß kein Kronrat in Potsdam stattgefunden hat und daß die Wilhelminische Clique unschuldig wie ein Lamm war, daß bloß die Horden aus der sarmatischen Tiefebene, der britische Neid und die französische Habsucht den Krieg gemacht haben und der deutsche Militarismus ein zartes, sanftes Schnuffelschnäuzchen und Lämmchen war – das war ihnen ganz selbstverständlich, das war nämlich Gegenwart. Darüber hatten sie kein Urteil, das stand ihnen zu nah. Je weiter es aber zurückging, um so leichter wurde alles. Wohl wird es einem kontemplativen Historiker erst, wenn er nach Ägypten und Babylon kommt. Das ist schon so lange her, da gibt es gar keine Werturteile, da stellt man einfach dar, denn die Suppe ist kalt geworden. Und am allerwohlsten wird es solchen Leuten, wenn sie in die Physik hineinkommen. Die Planeten und der Granit – wunderbar, das ist lang schon her, uralt und ganz starr. Daran kann man erkennen, dem kann man sich rein betrachtend gegenüberstellen. Im Betrachten steckt also ein Haß gegen das Leben, gegen das Werden, denn das, was stillhält, kann bei dieser Belichtung fotografiert werden.
So wird nun auch in der Philosophie, zugleich in einem unaufhörlichen konservativen Auftrag, eine Sperre gegen das Neue, gegen das Werden, gegen die Zukunft errichtet. Zukunft ist das, sagt Hegel, was keine Gestalt hat, aus dem erst das Allgemeine in der Gegenwart in die Gestalt tritt, weshalb die Zukunft keine Gestalt hat [Hegel 1971, Bd. 18, 501]. Das ist gegen das Wartburgfest gesagt.

Allgemeine Phrasen wie Freiheit und Einheit und Deutschland – das ist Zukunft. Gestalt hat nur Vergangenheit. Das Sein selbst ist, genau wie die Erkenntnis, ein Kreis; bei Hegel ist es ein Kreis von Kreisen oder der Ring des Seins. Alles ist in sich geschlossen, alles ist abgeschlossen, auch die Dialektik ist nur die Dialektik innerhalb einer fertigen Statik. Es gibt keinen Horizont der Zukunft. Das ändert sich mit Marx. Das ändert sich natürlich schon vorher, schon bei allen revolutionären Denkern, aber nicht in der philosophischen Größe und nicht in der Reflektiertheit, daß Philosophie auf dem Horizont der Zukunft steht, daß der Bann der Anamnesis ein Ende hat. Er hat noch lange kein Ende, aber es ist angebahnt. Eine große Ideologie des Ahnenkults steckt in der Anamnesis. Je vergangener etwas ist, desto heiliger ist es; alles Wissen bezieht sich auf ein Gewesenes, das Neueste ist das Älteste, das in der Erinnerung wieder hervortritt. Diese Ideologie ist die reine Ideologie absoluter Tradition. Gegenrevolution ist darin latent und hat auch immer wieder ihre politische Wirkung ausgeübt, auch bei denen, die es gar nicht so meinten. Sie wurden durch den Zugzwang der Anamnesis, um dieses Bild vom Schachspiel zu gebrauchen, auf ein reaktionäres Gleis gebracht. So viel über Anamnesis.

Die Ideenlehre

Ich komme nun zu dem populärsten Punkt in diesem kurzen Überblick der Platonschen Philosophie, nämlich zur *Ideenschau*. In der Schau, θεωρία, im Schauen, Spähen, θεωρεῖν, zeigt sich das genuin Griechische, das sich bei Platon findet und das ihn, wie wir gesehen haben, mit seinem Erzantipoden Demokrit vereint. Es ist die griechische Sperre, die Sperre der Sklavenhaltergesellschaft, die keine Arbeit reflektiert, die keine Erzeugung kennt, keine Tätigkeit des Erkennens, keinen subjektiven Faktor als tätigen Faktor, sondern nur ein Hinnehmen, eine Schau, ein Empfangen. Bei Demokrit empfing die Seele Bilderchen von den Dingen, εἴδωλα. Das εἴδωλον nun, das Bildchen, ist von ἰδέα gar nicht so weit entfernt. Die Ideen sind ebenfalls materielle Gestalten. Daß die Ideen immateriell wären, ist kein Platonscher Gedanke.
Sie erinnern sich an Sokrates. Er brachte die Entdeckung des Erfragens, der gezielten Frage auf das τί ἐστι, auf das in der

Gattung ausgedrückte Wesen einer Sache. Auf diese Weise ist Sokrates der Entdecker des Fragens und der Entdecker des Begriffs geworden. Platon hypostasiert, verdinglicht, erhöht nun diese Gattungsbegriffe zu selbständigen Wesen, und zwar sämtliche Gattungsbegriffe. Das Allgemeine der Dinge – das sind die Urbilder, das sind die Ideen, nach denen sie gemacht sind und in denen wir sie erkennen. Zum Beispiel ist das Menschliche das Genus Mensch, das Palmenhafte das Genus Palme, das Löwenhafte das Genus Löwe. Das sind die Ideen der Sache, die einzigen Realitäten an allen Löwen und allen Palmen und allen Menschen. Die Menschheit im Menschen macht den Menschen zu dem, wovon man sagen kann: er ist ein Mensch. Der Mensch nimmt an der Idee der Menschheit teil, und es teilt sich ihm die Idee der Menschheit mit, die Palmen nehmen an der Idee des Palmenhaften teil, und ihnen teilt sich die Idee des Palmenhaften mit.

Dies ist erneuert worden in der Husserlschen Phänomenologie. Da gibt es zum Beispiel den Gattungsbegriff Zwei. Daran kann Ihnen das Wort »Idee« als Sehen, als Gesehenes klar werden. Man kann zwei Dinge sehen, aber man kann auch die Zweiheit sehen. Eine Kreide und ein Stift, ein Taschentuch und ein Glas Wasser machen immer eine Zweiheit aus. Durch die Erscheinungen hindurch sehen Sie also ihre Gattungsbegriffe, hier den Gattungsbegriff Zwei. Sie sehen zwei Palmen, Sie sehen das Palmenhafte, Sie sehen das Löwenhafte, und Sie beurteilen auch die Palmen nach dem Palmenhaften, erkennen die Palme an dem Palmenhaften wieder. Ja, es gibt sogar Übertragungen von diesen Genera, von ihrem dichtesten Vorkommen weg zu Gegenden, wo es weniger dicht ist. So sprechen wir von einem Löwenhaften bei einem Mann, so sagt man etwa: »Ick weeß nich, der Fritz, der is mir zu schokoladenhaft.« Also das Schokoladenhafte ist etwas und ist getrennt von der Schokolade. Es gibt ein hübsches Stück von Bernhard Shaw »The Chocolate Soldier«, der Schokoladensoldat, als Operette von Oscar Straus vertont. Das Pralinéhafte wirkt in Beziehung auf einen Soldaten natürlich besonders komisch. Auch die weiche Birne kann eine Idee sein, wenn man sie einem Schwachkopf zuspricht. So also verändert sich die Idee. Sehen Sie, das alles ist nicht so einfach. Am Idealismus läßt sich eine Menge von Problemen lernen. Wir glauben nicht an

Ideen als Urbilder der Dinge, aber das Problem ist damit bezeichnet. Soviel über Ideen als hypostasierte, verdinglichte und metaphysizierte Gattungsbegriffe.

Der späte Platon hat die Ideen zu Urbildern erklärt, auf die der Demiurgos, der Welthandwerker, geblickt hat, um die Welt nach diesen Urbildern herzustellen. Beim frühen Platon kommt so etwas nicht vor, es wird erst im »Timaios« ausgeführt. Diese Ideenwelt ist der τόπος οὐράνιος, der himmlische Ort, der Firmamentort. Es bedeutet nicht Himmel, nicht Jenseits, οὐράνιος heißt Firmament und gerade nicht Himmel. Wir haben leider im Deutschen dasselbe Wort dafür; das Englische hat zwei: heaven und sky. Sky ist der physikalische, heaven ist der theologische Himmel. Skyline ist die Himmelslinie von New York, die Wolkenkratzer gegen den Horizont zu. Bei Platon gibt es nun ein großartiges Leuchten, das er in einem sehr schönen Gleichnis mit der Sonne vergleicht: Die Sonne erleuchtet zugleich die Dinge, so daß wir sie sehen können, und läßt sie blühen [Platon, Politeia, 6. Buch, 508a ff.]. So auch die Ideen. Wir sehen, das heißt erkennen die Welt nur, weil in ihr Ideen sind, und die Ideen lassen zugleich die Welt blühen, nämlich zu ihrer Ausprägung hin blühen; sie lassen das Menschliche und das Löwenhafte sich im Stoff ausprägen. Ähnlich werden im 6. Buch des »Staats« Wahrheit und Erkenntnis dargestellt, beleuchtet von einer Zentralsonne, der Idee des Guten.

Der Stoff nun ist das μὴ ὄν, das Nichtseiende, τὸ κενόν, das Leere, das, was gar keine Beziehungen hat, das völlig Unbestimmte. Er ist in dieser antimaterialistischen Lehre der extreme Gegenpol zur Idee, μὴ ὄν wird später sogar das Böse, das Hemmende. In diesem μὴ ὄν prägt sich die Idee in zweierlei Form aus. Einmal als mathematische Figur. Die Dinge sind in mathematische Figuren gekleidet, die Welt ist geradezu in Mathematik hineingespickt. Wie in ein Fachwerkhaus die Steine hineingebaut sind, so ist die Welt in lauter Quadrate, Kugeln, Dreiecke usw. hineingebaut. Das ist die erste Form von geometrischer Naturwissenschaft. Zweitens prägt sich die Idee eben in Ideen aus, deren Erkenntnis nicht das Geschäft der Mathematik, sondern der Philosophie ist. Mathematik und Philosophie hängen dadurch eng zusammen. Das Dreieck, an dem die Idee des Dreieckigen teilhat, das Quadrat und andere Gebilde können nur durch Besinnung auf das Wesen dieser Sache gefunden werden. Die euklidische Geometrie entstand durch einen Schüler Platons, Euklid.

Es gibt nun ein Vorurteil und ein Mißverständnis, das die Neuplatoniker nicht ohne Berechtigung eingeführt haben, daß die Ideen geistig wären. Die Ideen sind bei Platon nicht geistig, sondern sie umfassen sowohl geistige wie materielle Gegenstände, sie umfassen wertvolle und völlig wertlose, ja wertniedrige Gegenstände. So gibt es bei Platon eine Idee des Schmutzes, eine Idee der Gemeinheit, ja sogar eine Idee des Sklaven. Es gibt auch Ideen von künstlich hergestellten Gegenständen, eine Idee des Betts zum Beispiel. Der Schreiner hat im Hinblick auf die Idee des Betts ein solches ausgeführt. Er hat es geplant, also muß vorher eine Idee dagewesen sein, sonst könnte er es nicht planen. Die Tiere bauen ihre Nester ohne eine Idee. Die Menschen haben eine Idee, wie sie ein Haus bauen. Sie geht vorher. Also gibt es von allem Ideen, von materiellen wie von geistigen Gegenständen. Es findet sich, wie später gespottet wurde, am Platonschen Ideenhimmel, dem τόπος οὐράνιος, ein Lumpengesindel von Ideen, daß einem die Spucke wegbleibt. Das ist keineswegs Geist und erhaben, sondern eine abstrakte Verdoppelung der Wirklichkeit, der Genera. Geistig sind die Ideen erst seit Plotin; da werden sie »die Gedanken Gottes vor Erschaffung der Welt« [Hegel 1812, 44]. Eine ungeheure Wende, die aber nicht bei Platon vorkommt. Bei Platon ist alles durchtönt von Ideen, durchstrahlt von Ideen, aber so, daß auch Ideen durchstrahlen, wo es gar nichts zu strahlen gibt, so bei jedem Genus, also auch bei Schmutz, bei einem verrotteten Bett, bei Gerümpel. Wesentlich ist aber, daß es eine Ideenpyramide gibt, die auf ihre Spitze, auf eine hohe Idee zugeht; und das ist die Idee des Guten.

Die Platonschen Ideen in anderer Form sind nicht ganz unbekannt, wie ich hoffe. Am Anfang von Faust II wendet sich Faust geblendet von der Sonne ab und dem Regenbogen zu und sagt: »Ihm sinne nach und du begreifst genauer: Am farbigen Abglanz haben wir das Leben.« [Goethe, Faust II, Vs. 4727]. Die Sonne ist hier die Idee, die wir nur in ihrem farbigen Abglanz erschauen können. Auch der Vers: »Alles Vergängliche ist nur ein Gleichnis«, am Ende von Faust II [Vs. 12104], spielt auf die Ideen, auf das Unvergängliche im Vergänglichen an. Die Mütter, zu denen Faust niedersteigt, um Helena zu beschwören, stellen ebenfalls die Ideen dar. Mephistopheles beschreibt sie mit den Worten: »Gestaltung, Umgestaltung, des ewigen Sinnes ewige Unterhaltung.« [Faust II, Vs. 6283]. Die Mütter, das ist ein neuplatonischer Ausdruck für die Platonschen Ideen. Sie sind die Gebärenden, aus denen alle Erscheinungen fließen und in die alle Erscheinungen zurückkehren. In die große deutsche Dichtung ist also eine Menge solchen Gedankengutes eingetreten.

Die Ideen sind die Konsonanten in der Sprache der Welt, sagt Platon einmal. Alles andere würde gar nicht klingen. Die Konsonanten sind es, durch die alles Erkennbarkeit, Blüte und Bestand hat. Zwischen den Dingen und den Ideen gibt es ein bestimmtes Verhältnis, eine Bewegung von unten nach oben und von oben nach unten. Die Dinge nehmen an der Idee teil, sie haben μέθεξις. Im Wandel der Dinge offenbart sich ein Wandel der Idee, die selbst unvergänglich und unbeweglich ist. So wie die Göttersöhne sich in der Welt bewegen, so bewegt sich die Idee; wenn sich eine Idee von einem Ding zurückzieht, stirbt es hin, tritt sie aber in das Ding ein, so lebt es auf. Wenn die Idee der Jugend zum Beispiel von einem jungen Menschen abzieht, wird er alt. Der μέθεξις entspricht auf der Seite der Idee die παρουσία, die Gegenwärtigkeit der Idee in den Dingen, die Gegenwärtigkeit der Idee in der Erscheinung. Außer der Ideenpyramide gibt er nur Andeutungen für eine Ordnung der Ideen. Diese Andeutungen waren allerdings ungeheuer folgenreich, denn nichts Geringeres als eine Ontologie, eine Kategorienlehre, ein System der Kategorien ist damit intendiert. Ideen und Kategorien oder allgemeine Begriffe sind dasselbe. Sie ordnen sich in einer Hierarchie, vom Breitesten und Allgemeinsten nach oben aufsteigend. An der Spitze der Pyramide steht die oberste und höchste Idee, die Idee des Guten, zu der zugleich sämtliche Ideen eine teleologische Beziehung haben, die Beziehung des Mittels zum Zweck. Das Gute ist das eigentliche οὗ ἕνεκα, um dessentwillen es überhaupt Ideen und einen Aufbau gibt. In der Welt ist also eine Teleologie des Guten; der Aufbau des Guten geschieht in den Ideen.

Auf etwas Wichtiges will ich hier noch einen Vorblick geben. Platon ist bei all seiner Weltflucht so optimistisch, daß er die Höhe einer Idee mit der Stärke ihres Seins zusammensetzt, zusammenbringt. Je *mehr* etwas ist, desto mehr *ist* es, und je *weniger* etwas ist, desto weniger *ist* es. Wenn es nur so wäre! Wie es eine Hierarchie der Ideen nach ihrem Wert gibt, wobei sich der Wert nach der

Beziehung auf die Idee des Guten bestimmt, so gibt es eine Hierarchie des Seins. Das Sein ist also komparierbar. Der Strom des Seins fließt in verschiedener Dichte und Stärke in die Welt.
Den Gedanken, daß es verschiedene Grade der Wirklichkeit gibt, haben wir fast verloren [vgl. Bloch 1970, 285 ff.]. Er wurde von Hegel erneuert und flackert bei Marx immanent unaufhörlich. Zum Beispiel ist der Unterbau wirklicher als der Überbau, aber der Überbau ist nicht unwirklich, allerdings nicht so wirklich wie der Unterbau. Den Überbau für unwirklich zu halten, wäre mechanischer Materialismus. Dies also ist die ungeheure und folgenreiche Parallele, die Platon zwischen Sein und Wert gesetzt hat. Es ist eine sehr folgenreiche, eine sehr optimistische Lehre. Das Umgekehrte wäre pessimistisch. In Platons rein idealistischem System steckt ein strahlender Optimismus, ein Optimismus, der eine so strahlende Vorhandenheit in sich schließt, daß er wieder reaktionär sein kann.
Wir haben begonnen mit einem vorläufigen Überblick über die Platonsche Philosophie; vorläufig, weil ich erst Grundzüge angegeben habe und die weitere Ausführung der Durchsprechung der einzelnen Dialoge vorbehalten möchte. Man kann auch umgekehrt vorgehen. Ich habe es in den bisherigen Vorlesungen so gehalten, zunächst einen Überblick über die Schriften eines Philosophen, also ein Stück Philologie, und dann erst die Darstellung der Lehre zu geben. Da nun neben einigem Unechten die Schriften von Platon vollständig erhalten sind, was vermutlich in der Überlieferung der antiken Philosophie ein Einzelfall ist – und da die Schriften zahlreich sind, würde Darstellung und Inhaltsangabe der Dialoge vor Ihrer Bekanntschaft mit den Grundzügen seiner Philosophie für Sie ermüdend sein. Deshalb haben wir zuerst im Umriß dargestellt, was die Hauptpunkte sind, in denen die Platonsche Philosophie über Jahrhunderte, Jahrtausende hinweg verführt, geglänzt und erleuchtet hat.
Daß diese Philosophie verführt hat, hängt selbstverständlich wie alles, erst recht das Negative an ihr, mit der gesellschaftlichen Situation zusammen, in der sie entstanden ist. Wir haben das glanzvolle Perikleische Zeitalter und danach den Peloponnesischen Krieg, die Pest in Athen. Das Zeitalter des Perikles und der Aspasia war eines der musischen Geschlechteraristokratie gewesen, von fern mit dem Hofe der Medici verwandt. Die griechische Ge-

schlechteraristokratie war auf Handelskapital aufgebaut. Das Perikleische Zeitalter brach zusammen, damit die glänzende Kultur, die Athen in die Welt gebracht hatte. Mindestens die Schöpfungen der Kultur ließen nach. – Man muß vorsichtig sein und nicht zu viel Lorbeeren verteilen, denn es gab damals nicht gerade eine marxistische Klassenerhellung. Ich habe diese Vorsicht schon im Fall Sybaris-Kroton pointiert, wo der Volkszorn die Akademie der Pythagoreer mitsamt den Insassen in Brand steckte. Ganz genau wissen wir nicht, was sich da abgespielt hat; ich erinnerte aber an die Nazis. Und nun diese athenische Demokratie. Gut, es war eine Demokratie der Handwerker, des Kleinbürgertums sozusagen, aber die hat ja doch Dreck am Stecken, nämlich den Tod des Sokrates, der angeklagt worden war, daß er die Jugend verführe und das Dasein der Götter leugne. Das sieht nicht eben nach Aufklärung aus. Was da hochkam an kleinbürgerlichem Muff, wissen wir nicht, oder wir wissen durch die Nazis einiges davon. Das sind also Schattenseiten, die uns die athenische Demokratie nicht ohne weiteres als eine große fortschrittliche demokratische Bewegung bejubeln lassen. Dies auch noch mitzunehmen, hieße unsere wirklich großen demokratischen Bewegungen herabsetzen. Aber es war immerhin eine Volksbewegung, und in ihr hat sich der kleine Mann angemeldet. Platon hat das übertrieben ernst, finster und eindeutig reaktionär ernst genommen. Von der Herrschaft der sogenannten dreißig Tyrannen, von der Herrschaft der Gevatter Schneider und Handschuhmacher, wie sie reaktionär verleumdet wurde, läßt sich nicht sagen, daß sie im mindesten den Handwerkeraufständen am Ende des Mittelalters oder gar den Bauernkriegen oder gar der Französischen Revolution vergleichbar wäre. Das wäre eine Schändung der Französischen Revolution und der Bauernkriege. Trotzdem ist es eine demokratische Bewegung, und die Zweideutigkeit oder Mehrdeutigkeit, die wir darin sehen, findet sich in Platons Stellung zu ihr. Diese ist eindeutig reaktionär.

Die Polis soll wiederhergestellt werden, aber nicht im Sinne des Sokrates, bei dem die Polis ein Konglomerat von ausgezeichneten Individuen ist. Die Polis soll vielmehr derart gestärkt werden, daß ihr demokratischer Charakter völlig verlorengeht. Es entsteht also zum ersten Mal in der Antike ein Stück Staatsomnipotenz, es entsteht in der athenischen Sklavenhaltergesellschaft ein Stück Despotie statt der Demokratie, und Platon blickt genau wie der

Kavallerieoffizier und Junker Xenophon, der sein Schüler war, hinüber zum Erbfeind Persien. Xenophon hatte eine Kyrupädie geschrieben, eine Erziehungslehre des Kyros, eines der ersten Exemplare eines Fürstenspiegels, wie sie später noch oft erschienen. Fénelon hat noch berühmte Erziehungsregeln für den Enkel Ludwigs XIV. aufgestellt. Bei Xenophon ist die persische Basileia, das persische Königtum, als Vorbild hingestellt. Ich füge hinzu, es ist der Erbfeind von Salamis und Marathon, der derart gefeiert wird, also eine Art Hochverrat wird damit begangen. In der Nähe blickte Plato erst recht auf Sparta, den griechischen Staat, in dem das Königtum niemals abgeschafft worden war. Sparta war auch ein Feind; es hatte den Peloponnesischen Krieg gewonnen und die athenische Kulturschöpfung vernichtet. [...] Diese Reaktio-Bewegungen im doppelten Sinn – Reaktion als Gegenbewegung im physikalischen Sinn und Reaktion in dem bei uns üblichen politischen Sinn, im Wertsinn eines Aufholens aristokratischer gegen demokratische Elemente – vereinten sich in der Platonschen Philosophie, vor allem sichtbar in seiner Staatsutopie, der »Politeia«, aber auch im gesamten Gefüge seiner Philosophie selbst, die eindeutig gegen alles Materialistische gerichtet ist. Der Name Demokrits wird, wie ich Ihnen sagte, überhaupt nicht genannt, er wird totgeschwiegen, zweifelsohne wider besseres Wissen. Es ist ausgeschlossen, daß Platon Demokrit nicht kannte, da Aristoteles, bei dem dieser Auftrag nicht mehr wirkt, Demokrit dermaßen breit und hochachtungsvoll zitiert. Es ist auch ausgeschlossen, daß Platon so unermeßlich, so unsäglich, so ungemein vornehm war, daß er etwas so Verächtliches wie Demokrit nicht der Würdigung für wert gehalten hätte, denn die Sophisten, vor allem Protagoras, hielt er durchaus einer negativen Würdigung für wert. Platon hat ihn also totgeschwiegen; er griff stattdessen ein Motiv auf, das in der gesamten Geschichte des mechanischen Materialismus eindeutig als gegenrevolutionär erschienen ist, nämlich das dauernd mit Theologie verbundene Prinzip des Zwecks.

Nun münde ich wieder in die Darstellung der Umrisse ein, da, wo wir ungefähr stehengeblieben sind. Ich gab Ihnen ein leuchtendes Motiv an, das zum großen, zum größten Teil in allem anderen enthalten ist, das Sehnsuchtsmotiv im Wissen. Eros ist dargestellt im »Symposion« als die Bewegung, auch des Geschlechts, die aus dem Dunklen ins Helle strebt, aus dem Unvollkommenen ins

Vollkommene. Eros ist der Sehnsuchtstrieb, der aus Haben und Nichthaben besteht; er ist der Sohn des Reichtums und der Armut, Poros und Penia, der von seinen Eltern her beides in sich hat und ein Suchender ist [Platon, Symposion]. Der Suchende hat und hat nicht; hätte er gar nichts, dann könnte er nicht suchen. Er wüßte überhaupt nicht, daß ihm etwas fehlt. Das Fehlende ist anwesend als Nichtgehabtes. Andererseits ist es anwesend als Gehabtes, denn sonst würde er das Fehlen nicht aufheben wollen. Dies ist das dialektisch-emotionale Element im Eros.

Weiter nannte ich das dialektisch-logische Element, daß es eine Einheit von Widersprüchen gibt. Dieses Element erscheint gekühlt in den Darstellungen der methodischen Dialektik in den späteren Dialogen, vor allem im »Parmenides« und »Sophistes«. Darin ist die Rede vom Ding und seinen vielen Eigenschaften, die in Widerspruch zueinander stehen und trotzdem beieinander sind und nach Auflösung schreien. Ich brachte die verruchte Lehre der Anamnesis in Erinnerung, die im Dialog »Menon« zum ersten Mal ausgeführt und nach der alles Wissen Erinnerung ist. Diese Lehre ist erstens gegen die Sinnesempfindungen gerichtet und erkenntnistheoretisch idealistisch. Sie behauptet, daß man von den Sinnen nichts lernen und daß nur die Vernunft Wahrheit geben könne. Zweitens ist sie rückwärtsgewandt, denn sie sucht die Wahrheit, die nicht von den Sinnen gegeben wird, in der Erinnerung an die Ideen, die die Seele vor ihrem Fall in die Sinnenwelt, also vor ihrer Geburt, in dem τόπος οὐράνιος wahrgenommen hat. Ich erinnerte Sie an ägyptische Mythen, an das Bild des Engels, der den Neugeborenen den Finger vor den Mund hält. Eine hübsche, reizvolle, anmutige ästhetische Wendung ist übrigens davon geblieben: das Grübchen auf der Oberlippe zeigt an, wo der Finger des Engels des Schweigens gelegen hat. Erst wenn der Mensch stirbt, erscheint ihm dieser Engel der Schwangerschaft als Engel des Todes. Das ist ungefähr so, wie wenn Sie einem Ihrer alten Pauker begegnen und nun sehr rasch an die Mütze greifen und wieder ein ganz kleiner Junge oder ein kleines Mädchen werden. Wenn er den Engel des Todes erblickt, fällt dem Menschen ein, wessen er sich in diesem Leben erinnern sollte und was er vergessen hat. Er hat also eine Art Pegel, um den Wasserstand seiner Tugenden zu erkennen. Dieser sieht meistens nicht sehr fröhlich aus, und deshalb schreit der Mensch. Er hat über den Sturz bei seiner Geburt geschrien, nun schreit er wegen des sehr fragwürdigen Saldos in seiner Rechnung. Ich habe Ihnen ausgeführt, wie dieser ägyptische Mythos vermutlich eine Rolle in der Anamnesis spielt. Auch das Negative habe ich angedeutet. Diese Begrenzung des Objekts des Wißbaren zieht sich durch die ganze Geschichte der Philosophie; wir werden ihm noch oft begegnen. Nur das, was vorher war, das, was abgeschlossen, was ganz und gar fertig ist, kann erkannt werden, und etwas kann desto weniger erkannt werden, je mehr es sich der Gegenwart nähert. Schon die Gegenwart kann nicht erkannt werden; und was in der Zukunft liegt, ist überhaupt nicht erkennbar. Zukunft ist das schlechthin Gestaltlose, in dem keine Gestalt angeschaut werden kann, wie Hegel in seinen Vorlesungen über Geschichte der Philosophie bei der Darstellung des Lebens und der Lehre von Sokrates sagt [Hegel 1971, Bd. 18, 501]. Diese Sperre in der antiken Philosophie konnte erst im Marxismus aufgehoben werden. Marx spricht zum Beispiel in den »Klassenkämpfen in Frankreich« [1850] und im »Achtzehnten Brumaire« [1852] über die unmittelbar vergangene Gegenwart so vollkommen konkret, wie sonst nur über die ganz fern abliegende Geschichte gesprochen wird. Das ist keine Anamnesis mehr, keine Bindung des Wissens oder des Wesens an das Gewesene, an das τὸ τί ἦν εἶναι. So haben wir die Anamnesis durchmessen. Wir werden noch einmal darauf zurückkommen. Es schadet nichts, das einige Male zu wiederholen, was so grundlegend ist.

Dann waren wir bei der *Ideenlehre* stehengeblieben, die ein θεωρεῖν, ein Spähen voraussetzt, und damit zugleich bei der Sperre, die die gesamte antike Philosophie bezeichnet: Da nicht gearbeitet wird, da man in einer Sklavenhaltergesellschaft lebt, fehlt jeder Begriff der Arbeit, jeder Begriff der Erzeugung. Auf diese Weise ist man in der antiken Philosophie vor dem Kantischen transzendentalen Idealismus völlig geschützt. Der Gedanke kommt nicht vor, daß wir einen Gegenstand nur insoweit erkennen, als wir ihn erzeugt haben, ein Motiv, das durch die gesamte neuere bürgerliche Philosophie geht und das bei Hobbes mit dem Satz beginnt: »Wir können einen Gegenstand nur so weit erkennen, als wir ihn erzeugt haben«, wobei unter erzeugen mathematisch erzeugen zu verstehen ist [vgl. Bloch 1977, 293 ff.]. Das fehlt in der antiken Philosophie völlig. Statt dessen gibt es Empfangen, Hinnehmen, Konsumieren der Arbeit des Knechts, Schauen. Dieses Schauen verbindet den anti-

ken Materialismus völlig mit dem antiken Idealismus. Sie haben die Schau bei Demokrit genauso wie bei Platon, nur mit dem Unterschied, daß sich bei Demokrit ganz materialistisch εἴδωλα von der Oberfläche der Dinge ablösen, während bei Platon die Ideen – das Wort ist etymologisch das gleiche wie εἴδωλον –, an denen die Dinge teilnehmen, durch die gereinigte Seele, durch die Seele, die den Eros, den Trieb zum Schauen hat, wahrgenommen werden.
Ich sagte Ihnen bereits, wie das bis zu der Husserlschen Phänomenologie weiterläuft. In der kategorialen Anschauung bei Husserl steckt noch letzter Platonismus. Laut Husserl kann ich die Idee Zwei sehen. Wenn ich zwei Finger ansehe, sehe ich natürlich zwei Finger. Aber wenn ich den einen Finger benutze, um bei schicklicher Gelegenheit die Uhr herauszuholen, und ich nehme dann Finger und Uhr, sehe ich auch Zwei. Die sinnlichen Inhalte können ausgewechselt werden. Sie können Zwei sehen, und Sie können sich sogar noch mehr einsichtig machen, zum Beispiel das Wesen der Tugend, das Wesen der Freundschaft. Sie können die Freunde und auch die Freundinnen beliebig auswechseln; die Marie und der Hans und der Schorsch und der Fritz sind vollkommen gleichgültig, aber an ihnen können Sie sich klarmachen, was Freunde sind. So weit die Phänomenologie. Nicht, daß es so wäre; ich sage es nur zum Verständnis der Ideenschau.
Weiter gab ich Ihnen an, wie nach Platonschem Rezept Prozentmischungen der Ideen in der Welt statthaben. Zunächst gibt es da eine μέθεξις, eine Teilnahme, Teilhabe von Erscheinungen aus der unruhigen Welt des Werdens, aus der niederen, mit Sinnlichkeit getrübten Welt an Ideen, und es gibt eine παρουσία, eine Gegenwärtigkeit der Idee in den Erscheinungen. Es gibt das Löwenhafte, eine Idee, die nicht auf Löwen beschränkt ist, sondern auch im Menschen eine παρουσία haben kann, denn es gibt löwenhafte Männer. Wir verstehen auf diese Weise Gleichnisse. Ein Problem steckt darin: Wie kommt es, daß die Gattungsbegriffe durch die Welt laufen, daß das Palmenhafte, das Eichenhafte, das Löwenhafte, das Schokoladenhafte Sprichwort und Gleichnis möglich machen, indem es nicht auf Palmen und nicht auf Eichen und nicht auf Löwen und nicht auf Schokoladentafeln beschränkt ist? Das ist das Problem der Ideenlehre. Seine idealistische Lösung geht uns gar nichts an; sie ist ein abschreckendes Beispiel des

genialen, großen, radikalen Idealismus, der die Erscheinungswelt im Schmutze starren, die Ideenwelt im Lichte strahlen läßt.
Bei der Erscheinungswelt sind wir nun im eigentlichen stehengeblieben. Die Erscheinungswelt besteht aus Werden, und nach Platon ist das Werden böse; es ist das Schlechte, Unruhe, Unübersichtlichkeit, Flüssigmachung. Beim Werden rinnt es aus allen Poren; die Welt hat Schnupfen, sagt Platon gegen Heraklit. Die Alles-Verflüssiger sind für ihn des Teufels. Vom Werden gibt es keine Erkenntnis, denn das Werden erlaubt ja keine Anamnesis. Erkenntnis gibt es nur von dem ruhigen, ruhenden Pol in der Erscheinungen Flucht, von dem Gesetz, das man durch die Erscheinungen hindurch sieht. Das sind alles nicht Platonsche, sondern spätere Formulierungen, aber ich erwähne sie zur Verdeutlichung. An dieser Stelle siegt Parmenides, also Elea, energisch über Heraklit. Bei Platon siegt nicht immer und auch nicht oft Elea entscheidend über Heraklit, also die Ruhe über die Bewegung. Es gibt ja die Dialektik, es steckt ja der unruhige Eros selbst zwischen dem Werden und dem Sein. Mit dem Streben, mit der Sehnsucht selbst ist doch Werden und Bewegung und Unruhe gesetzt. In dem erhabenen Affekt des Suchens, der φιλοσοφία, der Liebe zur Weisheit, steckt ein Werden, und gegen Ende seines Lebens, im siebenten Brief, der höchstwahrscheinlich echt ist, gibt Platon mindestens in Andeutungen eine Dialektik des Werdens, die gegen das Sein auftritt. Platon ist darüber hinweggestolpert. Aber im großen ganzen feiert in Platons Philosophie Elea einen Sieg über Heraklit, das Sein über das Werden.
Ein Wertbegriff richtet sich auf das unveränderlich Seiende gegen das fließende, unzuverlässige, grillenhafte, launenhafte Werden, in dem kein Bestand ist und sich alles zerreibt. Sie haben hier ein reaktionäres Element wie immer, wenn der Raum gegen die Zeit ausgespielt wird und die beiden hart gegeneinander gehalten werden. Raum und Zeit sind dialektische Wesen, die ineinander überlaufen. Aber wenn sie so gehalten werden, daß der Raum schlechthin die Zeit verwirkt und alle Wertbegriffe auf Raum, also auf Gewordensein und Ruhe gehen, haben wir das Konservative. Par excellence bei Heraklit, wie Sie sich erinnern, ist die Zeit der erste Körper gewesen, χρόνος πρῶτον σῶμα. Platon könnte das nie sagen. Hier ist τόπος das Stichwort, nicht χρόνος, τόπος οὐράνιος, firmamenthafter Raum. Ich habe Sie schon gewarnt, bei

οὐράνιος an den Himmel zu denken; es bedeutet Firmament, nicht Jenseits.
Noch etwas möchte ich erneut betonen: die Ideen sind nicht geistig. Auch die seelischen Eigenschaften zählen zur Welt des Werdens, und wie alles Miserable in der Welt des Werdens und der Erscheinungen hat auch Seelisches und Geistiges seinen Gattungsbegriff, seine Idee. Als ein Drittes erhebt sich über körperlichen, seelischen und geistigen Phänomenen der Ideenhimmel. Auch Seelisches und Geistiges erfahren in dieser Zweiweltenlehre ihre Verdoppelung. Erst in der neuplatonischen Philosophie, bei Plotin, gegen Ende der Antike, werden die Ideen als die Gedanken Gottes definiert. Dort allerdings sind die Ideen rein geistig geworden. Züge davon finden Sie auch bei Platon, aber sie sind nicht ausgeführt. Ausgeführt ist im wesentlichen die Verdoppelung.
Nun komme ich zu der folgenreichen Gleichung Sein gleich Wert, Werden gleich Unwert. Das brachte eine Parallelisierung der beiden Kategorien Sein und Gewichtigkeit, Würde, Werthaltung, Bejahung, und es brachte je nach dem Anteil des Werdens an einer Erscheinung und je nach dem Anteil der unveränderlichen Idee an dieser Erscheinung eine Graduierung auch des empirischen Seins. Mitten in dieser weltflüchtigen Philosophie steckt ein schrankenloser Optimismus, allerdings ein Optimismus, dessen Spitzen im τόπος οὐράνιος verdämmern, wo sie besonders leuchten. Also: Je *mehr* eine Sache ist, das heißt, je mehr sie an der unveränderlichen Idee teilnimmt, desto mehr *ist* sie auch. Und je *weniger* eine Sache ist, je weniger sie an der Idee teilnimmt, je mehr sie an dem Schmutz und Strudel des Werdens beteiligt ist, desto weniger *ist* sie auch. Das Sein kam bei den Eleaten rein positiv vor mit dem einzigen Gegensatz τὸ κενόν. Es gab nur das Volle und das Leere, Sein und Nichts, wobei das Nichts vollkommen sinnlich, als das Leere, das Gähnende, das offene Maul der Welt, das χᾶν, das Chaos gefaßt wurde. Dieses Sein nun wird graduiert. Es wird komparierbar, es wird eine Eigenschaft; analog einer Steigerung wie: warm, wärmer, am wärmsten gibt es: sein, seiender, am seiendsten.
Das ist eine Kategorie, die in der Neuzeit scheinbar verlorengegangen ist, von der sich bei Kant in der Lehre von den hundert möglichen und den hundert wirklichen Talern keine Spur findet, weil das Sein bei Kant überhaupt keine logische Bestimmung mehr

ist [Kant 1787, B627]. Bei Kant kommt zu einem Gegenstand logisch nichts hinzu, wenn er als Sein gedacht ist. Hier dagegen, bei Platon, ist das Seiende und das Logische eng miteinander verhakt. Es ist wie in kommunizierenden Röhren; wenn die Wertsäule steigt, steigt auch die Seinssäule, und wenn die Wertsäule fällt, fällt auch die Seinssäule. Diese Graduierungen gehen in die Hegelsche Logik [1812] hinein. Sein, Dasein, Erscheinung, Existenz, Wirklichkeit, das sind bei Hegel nicht nur synonyme Worte, die man auswechseln kann, sondern Grade in der Entwicklung des Seins, also des Geistes. Das Unglück ist, daß deutsche Worte genommen werden und keine Fremdwörter, denn man liest leicht über diese Worte hinweg. Das Unglück beginnt vor Hegel schon bei Christian Wolff. Jeder glaubt zu wissen, was das ist: Sein, Dasein, Scheinen. Bei dem Unterschied Existenz – Realität gibt man schon eher acht. Die philosophischen Unterschiede in den deutschen Wörtern bei Christian Wolff und vor allem bei Hegel kann der allzu geneigte oder allzu wenig geneigte Leser übersehen.

Dieselbe Graduierung des Seins haben Sie mit unmerklicher Feinheit bei Marx. Im »Kapital« [Marx 1867] ist immer mit größter Genauigkeit der Realitätsgrad eines Phänomens angegeben, wenn Interesse daran besteht. Es ist also nicht etwa so, daß es gar keinen Überbau gäbe, daß er bloß eine dunstige Wolkenbildung, einen Reflex der materiellen Erscheinungen, der Produktionsstätten der Erde darstellte. Das ist er seiner Realitätsart nach auch. Er ist weniger real als die materiellen Erscheinungen; in letzter Instanz entscheiden ökonomische Verhältnisse. Das heißt aber nicht, daß es ihn nicht gäbe. Im mechanischen Materialismus gibt es nur die Vorgänge der grauen Hirnrinde, da ist die Seele ein Reflex. Nach Ludwig Büchner gibt es überhaupt keine seelischen Vorgänge. Man weiß gar nicht, warum man über sie spricht, wenn es sie gar nicht gibt. Wie kann man so über sie sprechen, wie kann man so gegen sie schimpfen, wenn man alles mit der wunderbaren Formel »nichts als Vorgänge der grauen Hirnrinde« vollkommen auflösen kann [vgl. Büchner 1855, 442 ff.]. Über Nichts, über Nichtseiendes kann man doch nicht reden. Also muß es das geben, nur fließt das Sein dort, um im Bilde des mechanischen Materialismus zu bleiben, nicht so dick wie in der Hirnrinde.

Mit einer bedeutend vornehmeren, hier angemessenen Sprechweise kann man also sagen: Im Überbau ist nicht dieselbe Stärke der Realität wie im Unterbau, vor allem nicht dieselbe kausale Stärke. Aber der Überbau ist real, denn, meine Damen und Herren, Sie wissen ja, daß der Überbau ein so potenter Herr ist, daß er sogar den Unterbau aktiviert. Diese Realitätsgraduierung erspart viele überflüssige Schwierigkeiten und Sinnlosigkeiten, die entstehen, wenn ich etwas nur auf die Karte Sein oder auf die Karte Nichtsein setze. Die Nazis gab es doch, Hitler, das falsche Bewußtsein, das Nazismus heißt, das alles gab es doch, und wie sehr gab es das! So viel also steckt in dieser Entdeckung, daß Sein und Wert einander parallel laufen.

Der Pessimismus dreht das Verhältnis um. Je mehr etwas *ist*, desto *weniger* ist es, und je weniger etwas *ist*, desto *mehr* ist es. »Übers Niederträchtige niemand sich beklage, denn es ist das Mächtige, was man dir auch sage.« [Goethe 1819, 3, 330 f.]. In diesem pessimistischen Goetheschen Satz haben Sie die Umkehrung. Macht ist Seinsmacht, Seinsmächtigkeit, als objektive Bestimmtheit des Seins. Und das Niederträchtige ist das Mächtige. Das heißt nicht nur, daß mehr Niederträchtiges als Gutes in der Welt ist, sondern das Niederträchtige ist stärker, es ist seiender. Das ist Pessimismus, und er kulminiert in der ausgeführten Philosophie des Pessimismus, in der Philosophie Schopenhauers, wo der Wille die Realität ist und die Verneinung des Willens das Nichts. Das sage ich nur zur methodischen Ergänzung.

Der Gedanke der Komparierbarkeit des Seins geht im Mittelalter weiter; und ich bitte Sie, das zu behalten, denn wir werden uns bei der Darstellung der scholastischen Philosophie, bei Anselm von Canterbury und seinem sogenannten ontologischen Beweis vom Dasein Gottes, einem ungeheuer interessanten und methodisch gänzlich unabgegoltenen Gebilde, weil der liebe Gott nur ein Beispiel ist und nicht der Inhalt, daran erinnern müssen [vgl. Bloch 1977, 71]. Ens perfectissimum, das vollkommenste Sein, ist per se ipse, durch sich selbst, auch das ens realissimum, das allerrealste Sein. Weil es das vollkommenste ist, deshalb ist es das realste, denn fehlte ihm die Existenz, wäre es ja nicht das vollkommenste. Indem ich etwas als Vollkommenstes denke, habe ich notwendig seine Existenz impliziert. Also macht sich die Platonsche Gleichung von Sein und Wert noch im ontologischen Gottesbeweis methodisch kenntlich. Soviel über diese Wendung, die sich aus der Platonschen Ideenlehre, aus der Gleichung Werden gleich Unwert, verharrendes Sein gleich Wert konsequent entwickelt hat.

Psychologie, Staatslehre und Stellung zur Kunst

Ich komme nun in unserem Überblick über Platons Philosophie zu seiner Psychologie und Staatslehre. Die menschliche Seele liegt für Platon noch durchaus in der Welt des Werdens, also in der schlechten Welt, in der Welt, die nur um Entschuldigung bitten kann, wenn sie eine παρουσία der Idee aufweist. Aber in ihrem vernünftigen Teil, der der Schau der Ideen zugewendet ist, ragt die Seele über die Welt des Werdens hinaus und in den τόπος οὐράνιος hinein. Sie ist entweder überwiegend dem Werden oder dem Sein zugeordnet, der Idee, dem ὄντως ὄν, wie Platon das wahrhafte Sein nennt. Er nennt es nicht wie Heraklit ἐν ἐτεῇ ὄν, in Wahrheit sein, sondern er nennt es ὄντας ὄν. Das heißt dem Sein nach sein, Seiendes seiend sein. Im Bau des menschlichen Wesens nun gibt es, schon rein organisch sichtbar, drei Staffelungen, von unten nach oben gestaffelt: Unterleib, Brust und Kopf. Dem Unterleib entspricht die Begierde, flatternd, unruhig, hin- und herfahrend, eine Beute jedes Anreizes; der Brust als dem mittleren Wesen entspricht der Mut; dem Kopf entspricht Logos, Vernunft, Klarheit, das Logistikon, das vernünftige Wesen. Diese Teilung wird auf Völker ausgedehnt: die Barbaren sind überwiegend durch Begierde bestimmt, die Nordländer durch Mut, die Griechen durch Vernunft. Die Teilung verläuft auch nach Klassen: die Sklaven, die zum großen Teil aus Barbaren rekrutiert wurden, sind ein einziges untermenschliches Lumpengesindel, das von Begierde hin- und hergetrieben wird und nur durch Gewalt im Zaum gehalten werden kann. Dem mittleren Typus entsprechen die Militärs, dem obersten die Philosophen. Hier geht es schon in die Staatsphilosophie über.
Jede dieser psychischen Eigenschaften hat gegen das Werdende, Unruhige, Nicht-Ideenhafte in sich eine Gegenbewegung. Gegen die hin- und herflatternde Begierde gibt es die Selbstbeherrschung; gegen den Mut, der Tollkühnheit oder gar Berserkertum werden kann, gibt es die Tapferkeit, und die Vernunft hat ihre Steigerung

in der Weisheit. Also Selbstbeherrschung, Tapferkeit oder Mannhaftigkeit und Weisheit, sie machen drei Tugenden aus. Die vierte Tugend, die die Gruppe der vier Tugenden, die Platon Kardinaltugenden nennt, komplett macht, ist die Harmonie dieser drei Tugenden, der Ausgleich, der Wohlklang, der Einklang oder die Gerechtigkeit, δικαιοσύνη. Sie haben also, von unten nach oben gesehen, Selbstbeherrschung, Tapferkeit, Weisheit, Gerechtigkeit als die vier privaten Kardinaltugenden.

Was nun den Staat betrifft, so entwirft Platon keine private Ethik, wie Sokrates eine hatte, wo durch Verbesserung des Einzelnen das Ganze verbessert werden soll. Sondern er stellt eine *Staatsethik* auf, und zwar eine reaktionäre, die eine ungeheure Eigentümlichkeit darin besitzt, daß sie eine Art von reaktionärem Kommunismus, von kommunistischem Ständestaat, ja eine Art von kommunistischer Elitetheorie darstellt, also von lauter Dingen, die sich gegenseitig aufheben, dergestalt, daß er den Kommunismus als etwas betrachtet, was dem gemeinen Volk gar nicht zugemutet werden kann, sondern bloß den oberen Ständen, weil es nämlich mit Entbehrungen verbunden ist. Es ist ein Klosterkommunismus, der sich hier vorbereitet, mitten in der Antike, vor Alexander dem Großen, und eben mit einem reaktionären Element. Bevor noch der Mazedonier erschienen war, haben Sie schon die Vorbereitung einer Monarchie mit dem Blick zurück auf Persien und Sparta, also dessen, was mit Alexander und vor allen Dingen mit den Diadochenstaaten kam. Sie haben dabei erst recht die ganz unheimlich aktivierende Vorbereitung einer viel späteren Ordnung, nämlich der feudal-theologischen Ordnung des Mittelalters. Hier gibt es einen Bogen von Platon über Augustin bis in die Feudalgesellschaft des Mittelalters hinein. Unermeßlich lange bevor diese im Horizont erscheinen konnte, gab es dazu eine Vorbereitung im Experiment eines Überbaus, zum Klosterkommunismus hin.

In diesem Überblick will ich noch kurz auf die *Staatslehre* eingehen. Es gibt drei Stände, den drei Teilen der Seele entsprechend. Die Sklaven mit ihrer Begierde, die ich vorhin der Illustration halber erwähnt habe, kommen natürlich im Staat überhaupt nicht vor. Das ist ein unmenschliches Pack, das sind nur »sprechende Werkzeuge«, wie Aristoteles sagte [Aristoteles Politik, Buch 1, 1253b, 24ff.]. Es gibt den Stand der Handwerker, der Banausen; dann den Stand der Offiziere der Armee, der Polizei, der Wächter; und schließlich die Oberschicht, der Stand der Philosophen, der Weisen. Diese oft angewandte Dreischichtung geht bei Platon noch viel weiter. Auch die Weltschichtung hat diese Dreiheit. Der Kopf ist der himmlische Ort, die Brust das Reich von den Engeln bis zu den Menschen, und die Diktatur des Unterleibs lebt bei den Tieren. Die Dreiteilung im Staat wird dergestalt durchgeführt, daß der unterste Stand, die Handwerker und Bauern, der erzeugende ist und die beiden anderen Stände, die Krieger und die Philosophen, im Kommunismus leben.

Dieser Kommunismus ist vor allen Dingen einer der Konsumtionsmittel; von Produktionsmitteln ist ja noch gar keine Rede. Die oberen Stände arbeiten nicht, sie werden nicht für ihrer Hände Fleiß bezahlt, aber ihnen ist alles gemeinsam, was die anderen hervorgebracht haben. Sie speisen und wohnen gemeinsam, wenn auch nicht in Luxus. Hier ist Sparta drin, die vornehme Askese des Ritters, dem vieles nicht erlaubt ist, was dem Knecht erlaubt ist, ganz umgekehrt wie in der kapitalistischen Gesellschaft. Dieses asketische Ideal gibt es auch im Mittelalter. Der Knecht darf bei der Magd im Stall liegen, der Ritter nicht, der Ritter ist keusch. Der Knecht darf vor einer lebensgefährlichen Gefahr ausreißen, der Ritter aber reitet im Morgengrauen in vollem Bewußtsein ins Sterben. Ihm wird mehr zugemutet. Diese eigentümliche Erschwerung des Lebens durch die Zugehörigkeit zu einem höheren Stand ist bei Platon schon da. Im Kapitalismus ist das völlig verlorengegangen, die Kapitalisten sind bloß ein verfressenes Verdienerpack. Bei Platons Ständen ist etwas aus der alten Adelslinie erhalten, die es übrigens bei allen Naturvölkern gibt.

Kurioserweise nennt sich das Kommunismus; es hat aber außer der Gemeinsamkeit des Eigentums, weshalb ich das Wort »Klosterkommunismus« gebraucht habe, nichts damit zu tun. Trotzdem war die Schrift »Politeia«, in der das ausgeführt ist, ungeheuer folgenreich und ungeheuer wirksam. Thomas Münzer zum Beispiel hat sich auf die Platonsche »Politeia« mit dem Satz bezogen: Schon bei Platon stehe geschrieben omnia sint communia, alles sei gemeinsam. So hat er den Abgott der Humanisten für sich zitiert. So hat die »Politeia« in der Renaissance, vor allem im Bauernkrieg, eine außerordentlich günstige Wirkung gehabt, indem sie als kommunistische Grundschrift bezeichnet wurde.

Sie gehört in die Reihe der Utopien. Ich habe die Einteilung der

Utopien in zwei Gruppen gemacht, *Utopien der Freiheit und Utopien der Ordnung* [Bloch 1959, 547-728]. Utopien der Freiheit sind solche, in denen erklärt wird, das gesellschaftliche Leben werde dann in Ordnung kommen, wenn alle Menschen frei seien, wenn es keinen Zwang mehr gebe. Sie landen also bei den Anarchisten. Ein Prototyp dafür in der Neuzeit ist die »Utopia« [1516] von Thomas Morus, die zwar nicht anarchistisch, aber sehr liberal ist. Anders bei den Utopien der Ordnung. Dort heißt es, das gesellschaftliche Leben werde dann in Ordnung kommen, wenn alles in Ordnung sei, das heißt, wenn alles an seinem Platz sei und wisse, was es zu tun habe, wenn es einen Halt gebe, an dem es sich halten, nach dem es sich richten könne. Das Beispiel hierfür ist Campanellas »Sonnenstaat« [1623], da wird Zentralisation gefordert. Diese Utopie ist das Modell einer Utopie der Ordnung, beinahe eine Utopie des Polizeistaats. [...] Die Gefahr einer Utopie der Ordnung ist im Polizeistaat und im Faschismus ja verwirklicht worden, aber ohne jeden sozialen Glücksinhalt. Das andere Extrem, die Karikatur der Freiheits-Utopien ist der Anarchismus, die völlige Auflösung in lauter Individuen, die sich am Schluß gegenseitig auffressen. Deshalb ist das kapitalistische System ebenso anarchistisch wie es kapitalistisch ist. Homo homini lupus [Hobbes 1642, 59], der Mensch ist dem Menschen ein Wolf, das ist völlige Utopie der Freiheit. Jeder kann machen, was er will. Er kann den anderen totschlagen, wenn er der Stärkere ist. Wenn er schwächer ist, ist es sein Pech. Das also sind die beiden Karikaturen; Sie sehen also, daß in jedem Prinzip zugleich eine Karikatur steckt. Der Marxismus unterscheidet sich, indem er keines von beiden ist. Aber bis zum Marxismus wechseln diese beiden Typen miteinander ab. Das Modell zur Utopie der Ordnung ist vorbildlich gegeben bei Platon.

Noch ein kurzes Wort über Platons Stellung zur Kunst. Platon war der größte Künstler unter den Philosophen. Der Dialog ist eine nie wieder erreichbare, überhaupt nicht mehr mögliche Kunstform des philosophischen Fortschreitens. Er kommt aus dem Drama, Platon hatte früher Dramen geschrieben. Er kommt auch aus der Gerichtsrede, aber sehr viel weniger. Und derselbe Mann, bei dem alles duftet und tönt vor Schönheit, bei dem der Mythos, wenn er gebraucht ist, nicht mehr als Mythos erscheint, sondern in seiner nächsten Stufe, nämlich in Schönheit – Sie wissen, Marx nennt den

Mythos Arsenal und Boden der griechischen Kunst [Marx 1857/58, 31] –, bei dem der Mythos anfängt zu tönen zum Zweck einer Wahrheit, derselbe Mann haßte die Kunst, vor allem die Bildhauer. Ich erinnere Sie an den Satz des Xenophanes, der gegen Homer und Hesiod gerichtet ist, gegen die Vermenschlichung der Götter. Xenophanes sagte nämlich, wenn die Ochsen und Esel Götter gebildet hätten, hätten sie ihnen die Gestalt von Ochsen und Eseln gegeben [Capelle 1968, 121]. Darin ist die Unmöglichkeit erkannt, gegenüber der völlig fremdmenschlichen unendlichen Seinskugel, dem Weltzeus, einen homerischen Zeus anzunehmen. Dies nimmt Platon auf, und es entsteht auf diese Weise eine Art von spirituellem Bildersturm, der erste, den wir haben. Es ist ein Bildersturm, eine Kunstvernichtung von oben herab, durch einen Mann, der nicht nur die Schönheit in seiner Sprache und seinem ganzen Wesen verkörpert, sondern der in seinem Dialog »Phaidros« die allernächste Verwandtschaft der Seele mit der irdischen Schönheit und der irdischen Schönheit mit der himmlischen Wahrheit strapaziert. Trotzdem haben Dichter in seinem Staat und seiner Sozialutopie keinen Platz, denn alle Dichtung lügt [vgl. Platon, Politeia, 377d ff.]. Die ganze Dichtung ist nicht wahr, und die Plastiker – ich erinnere an Phidias und Myron –, die Plastiker sind die allergrößten Lügner, denn sie geben von den Erscheinungen, die ja an sich schon nichts als Nachahmungen, minderwertige Nachahmungen der in ihnen gegenwärtigen Ideen sind, noch einmal minderwertige Nachahmungen. Ein schöner Jüngling zum Beispiel ist ja nur schön, weil er an der Idee der Schönheit des Jünglingshaften in überragender Weise teilnimmt. Nun kommt solch ein Tonfritze her, wühlt mit schmierigen Händen in einer ekelhaften Masse herum und macht aus Dreck und Gips noch einmal eine Nachahmung dieses Jünglingsleibs. Die Kunst ist dritter und vierter Aufguß, alles geht verloren.

Ein solches für uns unbegreifliches und barbarisches Verhältnis zur Kunst tritt aber immer ein, wenn ein sehr spiritueller Begriff von Schönheit da ist. Darum der Bildersturm. Bildersturm wiederholte sich in Byzanz; da ging es gegen die Heiligenfiguren. Bildersturm steckt in der Bibel: »Du sollst dir kein Bildnis noch irgendein Gleichnis machen, weder des, das oben im Himmel, noch des, das unten auf Erden ...« [Bibel, 2. Buch Mose, Kap. 20, 4]. Der Herr ist unsichtbar, unbildhaft. In keiner Religion außer der jüdischen und den auf ihr gegründeten Religionen, wie dem Islam, kommt ein solches Paradox vor. Alexander der Große verwunderte sich sehr, als er in den Tempel von Jerusalem kam und darin keine Bildsäule fand. Er nahm an, die Bildsäule stünde im Allerheiligsten und nur die Priester dürften sie sehen. Er hoffte, sie sehen zu dürfen, denn er war ja auch ein Priester, der Sohn des Amon. Als er nun von dem Hohepriester in das Allerheiligste geführt wurde und dort erst recht nichts vorfand, sagte er: »Das ist das Volk, das die Religion meines Lehrers Aristoteles hat.« Also Gott ist νόησις νοήσεως, Gott ist reines Denken, unsichtbar. Dieses verband sich mit der Platonschen Ablehnung der Kunst und ging in den Bildersturm des 10. Jahrhunderts in Byzanz ein, bei Leo dem Isaurier; später, mit starken ideologischen Unterschieden, in die Reformation, die ja durch Bildersturm bezeichnet ist. Die Verwüstungen, die die Bauern angestellt haben, waren dergestalt, daß sie die Ölgötzen herunterschmissen und unermeßliche und unersetzliche Meisterwerke der romanischen und gotischen Kunst vernichteten. Denn es war Bildersturm, der von Karlstadt mit dem Rufe »Ihr sollt mich in Wahrheit anbeten und nicht in Götzen!« geführt wurde. Ein solcher Kampf gegen Götzendienst findet sich auch bei Platon. Er verurteilt es, daß man, statt die reinen Ideen zu schauen, ihre vergängliche Hülle in einem widerlich irdischen Material, in etwas so Armseligem, Niederträchtigem, Ungeistigem wie dem Stein Marmor abbildete. Erst gegen Ende der Antike ändert sich das, indem Plotin das Platonische der anderen Seite herausholt und die Definition gibt: Schönheit ist die sinnliche Erscheinung der Idee [Hegel 1971, Bd. 13, 20]. Wie durch Alabaster das Licht hindurchleuchtet, so muß durch die geschliffene, durchgeistigte Oberfläche der Dinge das Licht der ewigen Ideen durchscheinen, und das ist dann Schönheit. »Am farbigen Abglanz haben wir das Leben« [Goethe Faust II, Vs. 4227]. Dieser Gedanke, der erst bei Goethe und Hegel voll entfaltet ist, steckt implicite schon in Platon, aber er ist von Platon nicht zugelassen, sondern sogar verneint worden.

Ich habe dies Letzte etwas weiter ausgeführt, als es eigentlich meine Absicht war. Ich kann mich deshalb in der Angabe der Platonschen Schriften vielleicht in einzelnen Punkten etwas kürzer fassen. Ich gebe Ihnen nun einen Baedeker durch die Platonschen Dialoge, eine Aufteilung der Topographien, einen Index, sozusagen ein Stichwortverzeichnis, damit Sie immer, wenn Sie ein Thema im Original nachsehen wollen, wissen, wo es steht. Ich kann Ihnen natürlich nur einen Teil davon angeben, es gibt noch viel mehr. Aber wo kämen wir da hin. Die Hauptsache jedenfalls haben Sie. Und so möchte ich Sie bitten, Ihr Kollegheft sorgfältig zu führen, damit Sie später, wenn der Geist Sie treibt, nach einem Platonschen Dialog zu greifen, wissen, wo etwas auf einfache Weise zu finden ist.

Der Dialog selbst, sagte ich Ihnen schon, kommt nicht mehr vor. Er stammt aus dem Drama und der Gerichtsrede, er stammt im wesentlichen aus der Unterhaltung von Freunden, die durch Rede und Gegenrede, durch διαλέγειν, Sich-Unterhalten, den Gesprächsstoff und damit den Gedankenstoff und damit den Gedankeninhalt und damit den Sachverhalt vorwärtstreiben und ihn hochschrauben. Schon in den späten Dialogen tritt Sokrates zurück, im letzten verschwindet er vollständig. Es gibt lange Erklärungen, in denen überhaupt kein Dialog mehr stattfindet. Bei Aristoteles, der in seiner Jugend ebenfalls Dialoge, und zwar formvollendete – Cicero nennt sie honigfließend – geschrieben haben soll, von denen uns leider keiner erhalten ist, siegt das Kollegheft über den Dialog wie Wilamowitz-Moellendorff das später ausgedrückt hat [1929]. Was wir von Aristoteles haben, zum Beispiel seine beiden Ethiken, ist zum Teil Nachschrift aus Kollegheften. Aus dem Kollegheft ist das wissenschaftliche Buch hervorgegangen. Diese Form des Kollegheftes entspricht der geregelten Mitteilung des Professors, die dahinfließt, ohne daß ein Einwand von seiten der Studenten kommt. Das Gegenspiel dazu ist das Seminar. Das Sololoquium ist die Geburtsstätte der wissenschaftlichen Darlegung, wobei es dem Autor überlassen bleibt, Gegeneinwände zu berücksichtigen. Diese dialektische Form hat es schon bei Zenon gegeben, wie ich Ihnen ja sagte. Sie spielte vor allem in der Scholastik eine große Rolle. Da wurde auch der gegenteilige Standpunkt entwickelt und dann schlecht und recht oder gut und recht widerlegt. Soviel über den Dialog, eine Sache, die nur noch als Spielerei nachzumachen ist. Wir haben Dialoge bei Giordano Bruno, wir haben bei Schelling einen Dialog mit dem Titel »Bruno«, wir haben Dialoge bei Solger, einem Freund von Hegel, auch bei Schleiermacher. Das alles sind aber nur Spielformen.

Nun gehe ich auf die einzelnen Dialoge ein. Es gibt bei Platon drei Perioden; das heißt, die Schulmeister haben Platons Leben in drei Perioden eingeteilt, haben es dreifach tranchiert. In Wirklichkeit gibt es natürlich keine Perioden, die gibt es nur bei den Literarhistorikern. Es gab in München einen Literarhistoriker namens Bernays, der in der Vorlesung sagte: »Goethe schien damit gefühlt zu haben, daß die zweite Periode seiner Dichterlaufbahn abgelaufen war.« Goethe hat das bestimmt nicht gefühlt. Und so, cum grano salis, steht es auch mit den Perioden bei Platon, mit der Jugendperiode, der mittleren des Mannesalters und der Altersperiode. Die Jugendperiode ist bezeichnet durch kleinere Dialoge und einen außerordentlich stürmischen, wilden, kräftig färbenden, militärischen Stil, zum Beispiel gegen Gorgias und die Sophisten. Die zweite Periode, die des Mannesalters, ist bezeichnet durch die Ausbildung der Ideenlehre. Ihren Höhepunkt hat sie im »Symposion«, einem der schönsten, wichtigsten und berühmtesten Dialoge. Die dritte, die Altersperiode ist bezeichnet durch die Naturphilosophie und die »Nomoi«, die Gesetze. Es gibt aber noch viel mehr, wie Sie zu Ihrem Leidwesen oder zu Ihrem Glück erfahren können, wenn Sie Platon lesen werden. Die Dialoge beginnen als sehr kleine in der Sokratischen Jugendperiode.

1. »Ion«. Ion war ein alter Rhapsode, ein Sänger. Der Dialog wirft die Frage auf, was denn die μανία, die dichterische Begeisterung, sei. Er ist noch schülerhaft und durchdrungen von einem Sich-klarwerden-Wollen.

2. Im zweiten, dem »Hippias minor« muß der Sophist Hippias zugeben, daß die sophistische Weisheit Schein ist, da sich mit seinem sophistischen Gewäsch auch beweisen läßt, daß der Tugendhafte derjenige ist, der mit Vorsatz lügt.

3. »Protagoras«. In diesem Dialog erfährt man zum ersten Mal etwas über Sokrates und seine empirischen Umstände. Protagoras war der große Sophist, den Platon völlig verkannt hat, dessen Format er in feindlicher Voreingenommenheit übersehen hat. Protagoras ist nicht so gut, wie er später gemacht wurde, aber auch

nicht so schlecht, wie er hier dargestellt wird. »Protagoras« handelt von der Lehrbarkeit und Einheit der Tugend. Die Tugend ist nicht lehrbar durch Geschwätz, wie Protagoras und die Sophisten meinen, sondern nur durch Besinnung und Nachdenken über das, was das Tugendhafte ist. Die Gedanken verlaufen noch in rein Sokratischen Bahnen.

Hier nun, in dieser ersten Periode, gibt es einen Einschnitt, durch nichts Geringeres bezeichnet als durch den Tod des Sokrates. Das Bisherige hat Platon vermutlich noch zu Lebzeiten des Sokrates geschrieben. Nun folgen die zwei Streitschriften, die beiden historischen Schriften über Sokrates, »Apologie« und »Kriton«, darstellend den Prozeß und die letzten Tage des Sokrates, darstellend sein Wesen, sein Leben, seine Lehre. Hier bereits zeigen sich, wenn auch noch sehr schwach, die ersten Anfänge einer Ideenlehre. Das Wesen einer Sache wird durch Nachdenken erkannt. Eine leichte Verdinglichung dieses Wesens beginnt, das sich über unser Gespräch hinaus erhebt. Es wird schon ein Seiendes genannt, das Tugendhafte, das sich in Gestalt der Rechtfertigung der Lehre des Sokrates ankündigt. Es soll ja gezeigt werden, wie Sokrates gelebt und was er gelehrt hat. Die Verleumdungen, daß er die Jugend verdorben und die Götter geleugnet habe, sollen zurückgewiesen werden.

Das wird noch deutlicher in den fünf folgenden Dialogen, die man die fünf großen Dialoge der Rechtfertigung nennen kann, nämlich der Rechtfertigung des Sokrates, in denen noch mehr als bisher ethische Grundbegriffe definitorisch klargestellt werden. Definitorisch sind sie im Sinn der Frage des Sokrates: τί ἔστι, was ist das? Also die Washeit, das Was wird erfragt, zum Beispiel: Was ist das für ein Mensch?

5. »Laches« handelt von der ἀνδρεία, der Tapferkeit. Der Dialog soll die Tapferkeit, die Mannhaftigkeit definieren.

6. »Lysis« handelt von der Freundschaft. Die Definition für φιλία, Freundschaft, wird gesucht. Der Dialog ist ein Vorspiel zu dem späteren großen Dialog »Symposion«, der zum Teil das gleiche Thema hat.

7. »Charmides« handelt von der σωφροσύνη, der Besonnenheit. Er fragt, was Besonnenheit ist.

8. »Euthyphron« handelt von der εὐσέβεια, der Frömmigkeit. Sie sehen die Apologie, die hier drinsteckt gegen die Verleumdung, daß

Sokrates nicht nur das Dasein der Götter, sondern die gesamte Göttersphäre geleugnet habe, den gesamten Aufblick zu jener Sphäre, den ja Platon, halb erinnernd, halb reaktionär wieder außerordentlich mobilisiert hat. Hier finden sich nun schon ganz entschiedene Anfänge der Ideenlehre.
9. »Thrasymachos«. Dieser Dialog wurde später der erste Teil der »Politeia«, des Buches vom Staat. Sein Gegenstand ist die Frage: Was ist δικαιοσύνη, was ist Gerechtigkeit?
In Form von Definitionen sollen umfassende Begriffe, wie Tapferkeit, Freundschaft, Besonnenheit, Frömmigkeit und Gerechtigkeit, einsichtig gemacht werden. Dabei geht es immer tiefer in das Allgemeine hinein, in die Idee, denn die Darstellung der Gerechtigkeit und der Besonnenheit ist die Darstellung der Idee der Gerechtigkeit und der Besonnenheit, und zwar unabhängig von ihren Erscheinungen. Sie haben hier keinen ökonomischen Materialismus, Sie haben ganz entschieden ein Einsichtigmachen von oben her, aus dem Wesen der Sache. Mittels reiner Vernunft wird versucht, das zu bestimmen und zu erkennen, was mir in der Welt der Erscheinungen begegnet. Ich könnte also nicht sagen: Das ist ein gerechter Mensch, wenn ich nicht die Idee der Gerechtigkeit hätte, an der ich das Verhalten im Sein dieses Menschen messe. So sind diese Definitionsdialoge gemeint.
Nach diesen Dialogen kommt nun ein außerordentlich großer Schlag. Bisher war Platon noch milde, sozusagen noch nicht zu sich gekommen, noch nicht erwacht. Jetzt, nämlich bei dem zehnten Dialog, »Gorgias«, sitzen wir zum ersten Mal, ließe sich sagen, zu den Füßen Platons. »Gorgias« ist vielleicht in Megara entstanden, auf der Flucht vor den Verfolgungen, die nach Sokrates' Tod in Athen seine Jünger betrafen, und dieser Dialog hat einen ungeheuer vehementen Ton; er ist völlig polemisch und von einer Schärfe, wie sie kaum je da war. Blitz und Donner folgen einander. Es geht gegen die Sophistik, gegen die schlechte Rhetorik, gegen den Egoismus der Lust, aber auch gegen den Willen zur Macht, wenn man das an dieser Stelle schon so nennen kann. Sokrates erscheint hier als Vorbild, zu leben und zu sterben für das Gute. Das Gute erscheint zum ersten Mal als oberstes Zielbild der Ideenlehre. Die Idee des Guten wurde ja später das Entscheidende bei Platon. Ich sagte Ihnen, daß die Ideen in einer Ideenpyramide gestaffelt waren. Das ist sehr ausgeführt. Die Pyramide verjüngt sich nach oben, an

ihrer äußersten Spitze steht, als Endpunkt, die Idee des Guten. Und alle anderen Ideen sind Mittel zum Zweck, der die Idee des Guten ist. Mit ihr verband sich also eine Zweckbeziehung, die an sich reaktionär ist und vor allem im »Timaios« reaktionär ausgeführt wird, nämlich daß wir einen Demiurgos, einen Weltschöpfer haben, der die Welt nach einem Plan gebaut hat. Aber unabhängig von diesem Mythos gibt Platon eine logische Ordnung der Ideen; er nennt das οὗ ἕνεκα, das Um-Was-Willen der Ideen, und so entsteht statt Ursache und Wirkung die bei Platon regierende Kategorie von Mittel und Zweck.

Also die Idee des Guten wird in dem Dialog »Gorgias« unter Donner und Blitz pointiert, und zwar gegen das Gegenteil des Guten, gegen die Sophistik, gegen das Geschwätz, gegen die Auflösung. Platon bringt hier zum ersten Mal einen Mythos hinein. Das beleuchtet seine reaktionäre Seite. Der Mythos war ja abgetan. Wir hatten ja seit den Anfängen, seit Thales einen Krieg gegen Brauch und Mythos. Und das θεῖον, mit dem die ἀρχή später bezeichnet wurde, hat zwei Seiten. Das war weniger ein Zurückbiegen der Vernunfterkenntnis in den Mythos als eine Vernichtung des Mythos, indem ihm sein größter Schmuck genommen und auf das gedanklich erkannte Wesen der Welt übertragen wurde, wie es die Eleaten, auch Anaxagoras taten. Bei Platon ist er ernsthafter, hier findet eine Vermählung von beiden, ja, hier findet geradezu eine Beschwörung der versunkenen mythischen Welt statt. Platon bringt im gleichen Ton, in dem er die rein vernünftigen, gedanklichen Entwicklungen vorträgt, den Mythos von den Totenrichtern hinein [Platon, Gorgias 523a ff.]. Danach stehen die Menschen nackt vor dem Totenrichter [523 d/e]. Platon macht wunderbare und erfahrene Bemerkungen darüber, zum Beispiel: Das letzte Kleid, das der Mensch auszieht, ist die Eitelkeit. Die meisten nehmen dieses Gewand auch noch mit ins Grab, läßt sich hinzufügen. Aber vor dem Totenrichter gilt nun nichts mehr, was er hat, kein Schmuck der Macht, des Ansehens, der Schönheit hält sich. Die Millionen Locken fallen weg. Es bleibt gar nichts übrig als der nackte Mensch, und nun wird gefragt, wie weit die Idee des Guten durch ihn hindurchscheint, was er denn Gutes in seinem Leben getan hat. Und nur der Gerechte, in dem die Harmonie der vier Kardinaltugenden ist, kommt nach der Insel der Seligen. Hier haben wir in Megara – ich sagte Ihnen, der Dialog ist vermutlich in

Megara geschrieben, bei der Schule des Euklides von Megara, die den Eleaten näherstand als Aristippos und Antisthenes, die Zyniker und Hedoniker –, hier haben wir einen eleatischen Einfluß, nämlich eine *Verdinglichung des Guten*. Das Gute ist das wahrhaft Seiende, das an und für sich Seiende, das Feste, das Bleibende. Dieser Akzent des Festen, Bleibenden, dessen, woran ich mich halten kann, was nicht vergeht, was nicht von Rost und Motten gefressen wird, was auch nicht in den Heraklitischen Fluß hineinkommt, das erscheint im »Gorgias« zum ersten Mal sehr scharf.

Die Dialoge des Mannesalters

Nach diesen Dialogen der Jugendzeit können wir übergehen zu den Dialogen der Mannesjahre. Hier habe ich schon vorgearbeitet, und Sie werden eine Art von Wiedererinnerung daran haben. Das haben Sie nämlich schon einmal gehört, obzwar nicht vor Ihrer Geburt, sondern in dieser und in der vorigen Stunde. Die Manneszeit ist bezeichnet durch die Rückkehr von der ersten sizilischen Reise, durch die Gründung der Akademie, die ersten Vorträge, Vorlesungen, die Platon sozusagen in Erneuerung des pythagoreischen Bundes auf einer weit urbaneren Grundlage gehalten hat. Nun spricht der Professor Platon, der er vorher nicht war. Er war ja vorher philosophischer Schriftsteller. Jetzt ist er Professor und philosophischer Schriftsteller zusammen. Das nimmt manchen Reiz, gibt aber auch etwas mehr Halt.

Es erscheint also der erste professorale Dialog, wenn man so sagen kann. »Menexenos«, Nummer elf, ein kleines Gebilde über die Auswahl der Tüchtigsten, der Klügsten und der Besten. Das Thema kam ihm vermutlich im Zusammenhang mit der Gründung der Akademie, das heißt, es war eine Art von Prüfung für die Aufnahme in die Akademie. Das Nachdenken, nach welchem Maßstab und welcher Idee hier gerichtet und geordnet werden sollte, erzeugte wohl diesen Dialog. Es ist ein Gelegenheitsdialog. Auch etwas von der späteren »Politeia« ist darin, Gedanken über die Auswahl der Besten für die höchsten Staatsämter.

Nach dem »Gorgias« kommt der zweite große Dialog großen Stils, »Menon«. In »Gorgias«, sagte ich Ihnen, sitzen wir zum ersten Mal zu Platons Füßen. Nun, diese Füße waren sehr bewegt. Platon war

sehr aufgeregt im »Gorgias«, da kann man selbst auch nicht so gut sitzen. Im »Menon« ist es anders. Hier sitzt der Professor auf seinem Lehrstuhl und man kann buchstäblich zu seinen Füßen sitzen. Es geht in das entscheidende Zentrum der Platonschen Lehre hinein. Eben im »Menon« wird die Lehre der Anamnesis, der Wiedererinnerung des Wissens durch Besinnung entwickelt. Das Thema des »Protagoras«, die Lehrbarkeit der Tugend, wird wieder aufgegriffen, und es entsteht die Frage: Wieso kann Tugend gelehrt werden? Wir suchen hin und her nach dem Wesen der Tugend. Auch Sokrates suchte hin und her und entwickelte allmählich in Rede und Gegenrede den Inhalt des Gemeinten auf eine klare, allgemeingültige Weise, nämlich durch die Entdeckung des Begriffs. Der Entdecker des Erfragens war zum Entdecker des Begriffs geworden. In dieses Gewerbe des Fragens schlägt nun der Blitz folgender Frage hinein: Wie kannst du, Sokrates, etwas suchen, dessen Wesen du gar nicht kennst? Eine solche Frage war bei Sokrates noch gar nicht gestellt worden. Das Problem liegt so: Schon indem ich suche, muß ich doch wissen, was ich suche; sonst könnte ich es nicht suchen [Menon 80 d-e]. Wenn ich etwas suche, habe ich es also verloren. Ich habe meine Uhr verloren, meinen Bleistift; ich suche mein Mädchen, das mir abhanden gekommen ist. Ich weiß nicht, wo es ist, aber ich weiß, was es ist, und ich würde es wiedererkennen, wenn ich es sehe. Woher habe ich das? Wie kann ich nach der Tugend suchen, wenn ich sie nicht habe? In welcher Form habe ich sie als Verlorenes? Verloren bedeutet bei Platon, daß die Sinnlichkeit allein das Verlorene nicht geben könnte, wenn ich die Idee nicht hätte.
Es gibt eine Stelle in Hauptmanns Stück »Und Pippa tanzt« [1906], wo sich im ersten Akt in der Schenke im Rotwassergrund zwischen dem Glashüttendirektor und Michael Hellriegel etwas sehr Platonisches abspielt. Ein Berlinischer Glashüttendirektor und Michael Hellriegel, wandernder Handwerksgeselle, eine unwahrscheinlich deutsche Gestalt, der immer hin und hergetrieben wird, begegnen sich in dieser Schenke. Der Herr Glashüttendirektor frißt Forellen und trinkt Sekt dazu. Hellriegel kommt halb erfroren und halb verhungert hinein. Sie kommen ins Gespräch und Hellriegel sagt: »Ich will in die Welt.« – Darauf der Glashüttendirektor: »Sind Sie hier bei uns nicht in der Welt?« Michael: »Ich suche was«. – »Haben Sie was verloren?« – »Nein! Ich denke, es kommt was zu.«

In diesem schönen Gespräch, wobei das »Haben Sie was verloren?« banalstes Gewäsch ist, kommt etwas anderes hinzu, der Gedanke: »Vielleicht kommt was hinzu«, etwas nämlich, was ich gar nicht hatte. Aber in dem »verloren« dieses Glashüttendirektors steckt das Platonsche Problem, in dieser banalsten Verkommenheit steckt der Gedanke, daß einer das, was er sucht, doch schon gehabt haben muß.

Das Grundfalsche an Platons Orientierung ist nun, daß das *Verlorenhaben* in der fernsten *Vergangenheit* liegt. Es gibt kein Haben, das nicht ein Vergangenes wäre. Es ist nicht so, daß wir etwas suchten, was *noch nie* war, das wir aber trotzdem erkennen, weil es in der Tendenz steckt und in der Intention, die die objektive Tendenz in uns abbildet. Diese Frage wird aber von Platon in der bekannten Weise gelöst, daß wir das vor der Geburt Geschaute suchen, also die Idee. Das Beispiel dafür ist, wie ich Ihnen schon erzählt habe, die Stelle mit dem Sklaven [Menon 82b ff.]. Sokrates läßt einen Sklaven herbeirufen, ein gänzlich ungebildetes Subjekt, wie sich von selbst versteht, und gibt ihm den Auftrag, ein Quadrat der Fläche nach zu verdoppeln. Der Sklave fängt nun an, darüber nachzudenken, und er kommt darauf, daß man nicht die Seiten dieses Quadrats, sondern die Diagonalen verdoppeln muß. Auf diese Weise findet er die euklidische Lösung. Woher weiß er das? Er hat es durch eigenes Nachdenken gefunden. Wieso kann er es finden? Also auch dieser Sklave ist einmal im Ideenhimmel gewandert, natürlich nur in einem ganz schmalen Bogen, etwa so, wie man am 21. Dezember die Sonne leuchten sieht. Die feineren Herren haben natürlich den 21. Juni, die haben im Ideenhimmel großartige Reisen gemacht. Immerhin, er hatte es geschaut und erinnert sich durch geschickte Fragen daran.

Natürlich gehört Fragen dazu. Aber es ist kein Erkennen, das auf das *Ungewordene* geht, sondern eines, das auf das *Urwesen* geht. Nichts Neues wird hier entbunden, sondern es hat, wie ich schon sagte, mit Ahnenkult in der Philosophie zu tun. Entbunden wird der eigene Urahne. Die Sokratische Mäeutik, die Hebammenkunst, die Sokrates als Sohn einer Hebamme übte, die entbindet das in jedem Menschen, was er eigentlich ohnehin schon weiß, wonach er nur nicht gefragt hat. Das wird nun ungeheuer ausgeschnitzt; der Resonanzboden wird kolossal und geht nun weit, weit in die Zeit vor der Geburt zurück. Das ist das Element der Anamnesis mit den beiden großen Sperren, die sich einmal gegen jede sinnliche Wahrnehmung und zum anderen gegen jede mögliche Zukunft wenden. Erstens wird der Sinneswahrnehmung jeder Erkenntniswert abgesprochen. Was an der sinnlichen Wahrnehmung sich entzündet, ist höchstens ein Stutzen, ein Staunen, ein θαυμάζειν. Das ist ja der Anfang des Philosophierens auch bei Platon, expressis verbis. Aber es führt nicht weiter. Reiner Rationalismus hat hier seinen Platz, der nur aus reiner Vernunft, selbstverständlich nicht im Kantischen Sinn, sondern im Sinne einer Wiedererinnerung, unabhängig von sinnlicher Wahrnehmung, das Wahre findet. Das Zweite ist die schon oft erwähnte Begrenzung auf das Gewordensein, auf das Gewesensein, eine typische Formulierung einer rein kontemplativen Haltung. Erstaunlich bei einem Philosophen, der zwar den Arbeitsbegriff nicht kennt, aber fast wesenhaft ein Politiker und kein Schauender war; der die Welt verändern wollte; der dreimal sein Leben riskiert hat, um in Sizilien den besten Staat, mindestens den zweitbesten herzustellen; der die Welt verändern wollte nach Maßgabe der Idee des besten Staats [vgl. Bloch 1977, 32 ff.]. Das Aktive in Platon ist nur die Anwendung eines bereits Erkannten. Es war in reiner Schau erkannt worden, und danach wird die Welt auf Biegen und Brechen, rein abstrakt-utopisch verändert, und zwar nach der Idee des vollkommenen Staats, wie sie die Seele Platons als Reigengenossin seliger Götter vor der Geburt erblickt hat. Soviel zum »Menon«.

Ich hoffe, daß die Inhaltsangabe der Platonschen Dialoge für Sie nichts Ermüdendes an sich hat. Ein Katalog, ein Inventarverzeichnis, das ist immer eine bürokratisch klingende Sache, aber ich nehme an, daß der Stoff Sie trotz der Aufzählung im Stil eines Baedeker dermaßen fesselt, daß Sie nicht allzu sehr beansprucht werden. Halten Sie also bitte Ihre Aufmerksamkeit wach, stärken Sie sich in Geduld und lassen Sie den Gegenstand sprechen, der ja stark genug ist.

Wir stehen nun beim dreizehnten Dialog, »Euthydemos«. Es ist ein kleiner Dialog, der wieder gegen leeres sophistisches Wortgefecht gerichtet ist, wohl durch einen Streit mit den Anhängern des Euklid in Megara und des Stilpon hervorgerufen. Gegen diese Streitlehre, das endlose Suchen von Streit und Schwierigkeiten, gegen die Skrupelhaftigkeit um der Skrupelhaftigkeit willen, die wir bei Stilpon kennengelernt haben, wendet sich Platon im »Euthydemos«.

14. »Kratylos«. Hier werden sprachphilosophische Untersuchungen angestellt. Platon ist dem Verhältnis zwischen Bezeichnung und Sache auf der Spur. Das ist ein stark weiterwirkendes Problem, das in der Zeit des Naturrechts, im 17. Jahrhundert, wieder auftauchte, nämlich das Problem der Ursprache, der Sprache, die Adam im Paradiese gesprochen hat. Es heißt in der Bibel, daß Adam alle Tiere taufte, das heißt, ihnen ihre Namen gab. Wie waren diese Namen, wie nannte Adam die Palme und den Löwen und den Frosch und die Hand? Also die adamitische oder die Ursprache wird gesucht, die für das nicht mehr theologische 18. Jahrhundert die Natursprache ist. Zurück zur Natur bedeutete auch zurück zum Naturrecht, zur Naturreligion und zur Natursprache. Wir werden darauf in einem sehr viel späteren Zeitraum zurückkommen. Es bedeutete zugleich, die echte Signatur der Dinge finden, die dieser Sprache entspricht. Das ist eine Sache, die Sie wohl auch schon gefühlt haben. Wenn die Menschen die Sprache nicht erfunden hätten, müßten wir stumm sein; aber wie kann man wissen, ob das Glas hier wirklich »Glas«, das Zimmer »Zimmer« heißt, ob das Mädchen, das man liebt, wirklich »Anna« heißt und der Junge »Otto«. Was sind denn das für Worte? Wenn wir überall auf Abbildung sehen, wie steht es dann mit der Abbildung in der Sprache? Wohlgemerkt, zur Debatte steht nicht die Abbildung im Begriff. Da es so viele Sprachen gibt, ist es ja ausgeschlossen, daß eine Sprache richtig abbildet, Tausende von Sprachen gibt es, und welche gibt das richtige Abbild?

Das Problem ist also Platonisch; und es geht weiter bis zu Christian Morgenstern, der die Westküsten sich beklagen läßt, daß sie Westküsten heißen, wenn es doch ganz darauf ankommt, wo ein Mensch steht. Steht er im Osten, dann sind sie Westküsten, steht er im Westen, sind die Westküsten Ostküsten, steht er im Norden, sind sie Südküsten, steht er im Süden, sind sie Nordküsten. Und sie beschließen, bei dem größten Tier des Meeres darüber zu klagen und sich Rats zu erholen. Wie sie nun, in der Ferne eine Fontäne über dem Wasser und einen riesigen schwimmenden Körper sehen, rufen sie und winken mit Taschentüchern und mit Fahnen: »Walfisch, Walfisch, komm her!« Der bekümmert sich überhaupt nicht darum. Endlich, das Winken und Schreien ist immer lebhafter, kommt der Walfisch her, und da fragen die Westküsten: »Warum kommst du denn so spät, wir haben dich doch gerufen.« – »So, ihr habt mich gerufen«, sagt der Walfisch, »wie habt ihr mich denn gerufen?« – »Na, Walfisch, Walfisch, haben wir gerufen, komm her.« – »Heiße ich denn Walfisch?« sagt der Walfisch zu den Westküsten, die sich beklagen wollten [vgl. Morgenstern 1908, 81]. In allen solchen Scherzen steckt ein großes Problem verborgen, auch in folgendem: Ein Diener in einer Sternwarte sagte zu dem Professor: »Herr Professor, daß Sie wissen, wie weit so ein Stern von uns entfernt ist und wie groß er ist, das kann ich mir noch vorstellen. Das kann man herausbekommen mit den vielen Instrumenten und Fernrohren, die hier stehen. Aber eins verstehe ich nicht, nämlich woher Sie wissen können, daß der Stern da Sirius heißt.« Hier kommen wir, ohne es zu wollen, zu einer Art von Machismus in der Sprache, einem Terminismus, einem Konventionalismus. Denn wir sind eben übereingekommen, das Ding Sirius zu nennen; es hat aber mit diesem Namen gar nichts zu tun. Denken Sie einmal durch, wie sonderbar das ist, denn wie kommen wir dazu, machistisch zu sein? Trotzdem sind wir in der Sprache, zum Teil wenigstens, dazu gezwungen, allerdings nur – und das ist entscheidend – in der Sprache, nicht im Begriff.

Platon hat das Problem bemerkt, und in seinem siebenten Brief, der sehr interessant ist und höchstwahrscheinlich echt, macht er eine bemerkenswerte und viel Späteres vorwegnehmende Unterscheidung [Platon, 7. Brief, 342a ff.]. Er spricht über den Kreis und zählt vier Schichten auf, Wort, Definition durch Worte, Abbild und wissenschaftliche Erkenntnis des Kreises. Das Wort »Kreis« ist in allen Sprachen verschieden. Es ist unwesentlich, wie der Kreis genannt wird, ob Kreis oder circulus oder Zyklus oder cercle – derselbe Begriff ist mit diesem Wort bezeichnet, und auf den Begriff kommt es an. Bei der Zeichnung brauche ich kein Wort zu sprechen, jeder weiß, es ist damit ein Kreis bedeutet. Dann kommt die wissenschaftliche Erkenntnis des Kreises, ἐπιστήμη, die Einsicht in die Genesis des Kreises, die genetische Definition. Über diesen vier Schichten thront die Idee Kreis, der diese vier Erkenntnisstufen unterschiedlich nahestehen. Zwischen diesen Stufen gibt es Umrechnungen.

Wir haben hier die Anfänge einer überhaupt noch nicht ausgebildeten Trennung in der Logik. Sprachtheorie, Begriffstheorie, Gegenstandstheorie und Objekttheorie gehen durcheinander. Die Verwechslung von Begriff und Objekt hat zum Beispiel zur Folge, daß man den Erkenntnisgrund mit dem Realgrund verwechseln kann, was man bis in die Mitte des 18. Jahrhunderts getan hat. Also wenn ich an der steigenden Quecksilbersäule sehe, daß es wärmer wird, so ist das für mich ein Erkenntnisgrund, das Ansteigen der Wärme wahrzunehmen, eine Ursache für mein Erkennen, aber selbstverständlich keine Ursache für das Ansteigen der Wärme als Objekt. Es wird nicht deshalb wärmer, weil meine Quecksilbersäule steigt. Oder wenn ich auf dem Mond Schatten sehe, so sind diese Schatten ein Erkenntnisgrund für die Entdeckung von Bergen auf dem Mond. Die Schatten auf dem Mond haben also, nachdem das mythische Mondmännlein nicht mehr interessierte, Astronomen zu der Erkenntnis gebracht, daß auf dem Mond Berge sein müssen, die die Schatten werfen. Natürlich sind die Schatten auf dem Mond nicht die Ursachen der Mondgebirge. Hier liegt eine deutliche Trennung zwischen Erkenntnisgrund, das heißt Begriffsgrund, und Objektgrund vor. All dies interessante Wesen läßt sich in logischen Fragen beliebig fortsetzen, zum Beispiel: Die Sonne erwärmt den Stein. Erwärmt der Begriff Sonne auch den Begriff Stein? Das ist vollkommener Nonsens. Nur das Objekt Sonne erwärmt das Objekt Stein. Dieser Satz mit seinen begrifflichen Beziehungen bildet etwas ab, ist aber nicht identisch mit dem, was abgebildet wird. Wenn wir das außer acht lassen, kommen wir in einen heillosen panlogischen Idealismus hinein. Dann werden wirklich die Begriffsbeziehungen Objektbeziehungen, und zwar unter der Hand, man merkt es gar nicht. Nur wenn ich die Umrechnung vornehme oder jedes Mal weiß, daß eine Umrechnung stattfinden muß, dann erst bin ich materialistisch. Im anderen Fall habe ich mich mit Haut und Haar dem Idealismus verkauft. Wenn Hegel sagt, das Planetensystem sei ein Syllogismus [vgl. Rosenkranz 1844, 154], so klingt das ungeheuer paradox, ist aber ganz konsequent, denn Begriff und Objekt sind für ihn ja dasselbe, Begriffs- und Objektbeziehungen sind dasselbe, und die Dialektik des Begriffs: Thesis, Antithesis, Synthesis ist dasselbe wie die Dialektik der Objekte. Unter solchen Bedingungen ist das Planetensystem ein Syllogismus und besteht aus Obersatz, Untersatz und Schlußsatz. Das ist nur eine besonders radikal, paradox zu Ende getriebene Ausdrucksweise, aber das alles steckt in den

Problemen des »Kratylos«. Ich nehme damit Abschied und empfehle den »Kratylos« Ihrer freundlichen Lektüre.

Wir kommen nun zu den zwei Dialogen, die die *Höhepunkte im Schaffen des Platonschen Mannesalters* darstellen. Wir haben beide schon kennengelernt, nämlich »Phaidon« und »Symposion« oder »Gastmahl«, lateinisch convivium. Aus dem »Phaidon« [114d ff.] habe ich Ihnen den Tod des Sokrates vorgelesen und aus dem »Symposion« [203b ff.] die Stelle über Eros als Sohn des Reichtums und der Armut. Ich kann mich deshalb hier etwas kürzer fassen. Im »Phaidon«, mit dem Tod des Sokrates, ist sozusagen ein heidnisches Abendmahl gegeben. Wir haben das Abendmahl von Jesus mit seinen Jüngern, und wir haben das Abendmahl zum Abschied des Sokrates von seinen Jüngern, wobei nicht gespeist wird, außer am Ende Gift. Das Neue, was hier nun dazukommt – die Ideenlehre war ja deutlich ausgebildet im »Menon« –, ist ein besonders scharf ausgeprägter, hier zum ersten Mal erscheinender leib- und weltflüchtiger Zug. Zum Idealismus tritt Spiritualismus.

Es sind orphische Haltungen. Die Orphiker bildeten von Thrazien aus Sekten und Einweihungsschulen, die im 7. und 8. Jahrhundert blühten und Weihen abhielten. Dieses Element, das Platon sonst verspottet, wird hier in die Philosophie hineingenommen, zum Beispiel der orphische Grundsatz σῶμα σῆμα, ein unübersetzbares Wortspiel; σῶμα heißt Körper, σῆμα heißt Grab; σῶμα gleich σῆμα, der Körper ist also ein Grab, die Seele ist an den Körper gefesselt, sie ist an ihn genagelt und geleimt, steht aber unabhängig von ihm und der Leibesempfängnis da. Die Seele steckt in einem Leib, wie eine Hand in einem Handschuh steckt, dies noch im günstigsten Fall, und bewegt ihn; sie war vor ihm und wird nach ihm sein. Diese Lehre, die bei den Orphikern noch mit Seelenwanderung verbunden ist, daß man nämlich eine Seele hat, eine gebrauchte Seele sozusagen, die schon in mehreren Leibern gesteckt hat und in einem gräßlichen Kreislauf wiederkehrt, von dem der Eingeweihte sich befreien muß, damit er nicht wieder bei einer neuen Geburt an einen Körper genagelt wird – dieses weltflüchtige, leibflüchtige Wesen kommt herein, zugleich mit dem Auftauchen eines höchst seltsamen, fast berückenden Gedankens, daß nämlich Philosophieren den Tod erleichtert.

Das Philosophieren richtet sich nicht auf das Hinfällige, von dem der Leib ein besonders unangenehmer Teil ist, korruptibel, empfindlich, verletzbar, Krankheiten und Ermüdungen preisgeben, es richtet sich auf das Unwandelbare, auf die ewigen Ideen. Es löst von Leib und Welt los und wird eine Grabbeigabe besonderer Art. Bei fast allen Völkern, auch noch bei den Griechen, wurde den Toten etwas ins Grab mitgegeben, nicht nur Waffen, auch Lebensmittel. Dieses Lebensmittel wird Philosophie, sie hilft überdauern, Unsterblichkeit behalten. Also: Philosophie ist die Kunst, sterben zu lernen, das heißt, dem Sterben nicht dilettantisch entgegenzutreten, sondern meisterhaft [Montaigne 1580, 7-31]. Ein Philosoph stirbt meisterhaft! Der kennt das Handwerk, denn er ist in seinem ganzen Leben schon oft gestorben, indem er sich vom Sinnlichen, Flüchtigen, Leibhaften durch Ideenschau losgelöst hat. In die Ideenschau kommt dieser andere weltflüchtige Zug hinein, der in ihr als einer griechischen weltfreudigen Schau noch nicht war. Bei Goethe, im zweiten Teil des Faust, singt der Türmer: »Zum Sehen geboren, zum Schauen bestellt.« [Faust II, Vs. 11288]. Ja, das ist offen, die ganze Welt liegt der Schau offen, die großen, strahlenden Augen der Welt sind aufgeschlagen. So auch bei Platon, aber nun kommt noch das andere hinzu, daß das Ideenhafte ja hinter der Erscheinung ist und daß die Erscheinung nicht nur ein farbiger Abglanz, sondern ein getrübter Abglanz ist, ein schlechter. Dieses orphische Element also steckt im Dialog »Phaidon«.

Er bringt drei angebliche Beweise für die Unsterblichkeit, die ich der Vollständigkeit halber ganz kurz erwähne. Erster Beweis: Wenn die Seele sich an das erinnert, was sie sinnlich nicht wahrnehmen kann, nämlich an den Begriff einer Sache, dann muß sie schon vor Eintritt in dieses Leben dagewesen sein [18. Kap., 72a ff.]. Das ist eine rein spekulative und konstruktive Folgerung aus dem Mythos der Anamnesis, sie steht und fällt damit – fällt also damit. Zweiter Beweis: Er klingt etwas ernster und setzt den Satz voraus, daß nur Gleiches Gleiches erkennen kann. Wenn die Seele also die unveränderlichen Ideen erfassen kann, dann muß sie mit der erfaßten Idee das Moment des Unveränderlichen und Unzerstörbaren teilen, denn sonst könnte sie das Ewige und Dauernde nicht erfassen [29. Kap., 80e, 81a]. Das gilt nur unter der Voraussetzung, daß die Ideen wirklich unveränderlich sind, was übrigens nicht einmal beim späteren Platon zutrifft. Daher steht und fällt dieser Beweis mit diesem Theorem aus der Platonschen Philosophie – also fällt er. Dritter Beweis: Die Seele ist das den Leib Belebende, sie ist die Idee des Lebens selbst. Wenn sie selbst die Idee des Lebens ist, nicht nur erkennend, sondern auch substantiell, dann kann die Vernichtung, also die Idee der Vernichtung, wie man hier sagen könnte, diese Idee des Lebens in uns gar nicht erreichen. Die Idee ist unwandelbar, die Idee des Lebens ist lebendig per definitionem [vgl. Kap. 17, 72 b-e]. Also wo wir als seelische Wesen sind, ist der Tod nicht, und wo der Tod ist, sind wir als seelische Wesen nicht. Der Tod und die Seele können sich überhaupt nicht begegnen. Wo der Tod ist, ist der Mensch nicht, wo der Mensch ist, ist der Tod nicht. Das ist der dritte angebliche Beweis, der aus der Fülle von Lebensbewußtsein heraus sonderbarerweise gar nicht weltflüchtig ist.

Ein solches Gefühl nannte auch der alte Goethe sein eigen. In ihm ist eine solche Fülle von Leben, daß die Natur verpflichtet ist, ihm nach dem Abdanken hier einen neuen Wohnplatz auf einem höheren Stern zu geben, damit die noch offenen Aufgaben erfüllt werden [vgl. Goethe 1813, Bd. 22, 675]. Dieses Gefühl spricht auch der junge Goethe aus: »Herr, schaffe mir Raum in meiner engen Brust.« Der Tod ist wie ein Adler, der zu fliegen beginnt, wie ein Ei, das platzt. Das ist nicht weltflüchtig, sondern Sturm und Drang, Titanismus kann sich darin verbergen. Dieses seltsame Element steckt in dem dritten Beweis; es wirkte vom »Phaidon« aus bis zu Goethe hin, der den »Phaidon« sehr gut kannte.

Am Schluß steht dann das, was ich heidnisches Abendmahl nannte, der Tod des Sokrates, wo Sokrates die Verkündung der Unsterblichkeit der individuellen Seele zugemutet wird, die bei dem Original Sokrates, wie wir genau wissen, nicht da war. Sokrates verhielt sich nicht ablehnend, er verhielt sich aber auch nicht bejahend zur Unsterblichkeit, er blieb skeptisch. Das war eine Frage, die ihn moralisch nicht interessierte, ein Stück Naturwissenschaft. »Von den Bäumen kann ich nichts lernen, wohl aber von den Menschen in der Stadt«, hatte er gesagt [Phaidros 230 d/e]. Die Unsterblichkeit interessierte ihn ungefähr soviel wie die Frage, ob die Sonne ein glühender Stein sei oder ein Stück Käse. Das sind keine Fragen, die die Menschen angehen für ein rechtes Leben.

Hier im »Phaidon« nun bringt er die Lehre von der Fortdauer, aber nicht mit Beweisen allein, die sind ihm nur in den Mund gelegt, sondern in einer anderen Form. Er lehrt die Fortdauer dessen, was er geworden ist, nämlich die Sache, zu der er geworden ist. Die

Sache stirbt nicht. So stirbt der Märtyrer, der als Individuum mit der Sache identisch wurde, so daß das Individuum schon vorher gleichgültig geworden war. Darum: »Kümmert euch weniger um Sokrates«, sagt Sokrates selbst, »kümmert euch mehr um die Wahrheit.« In dieser Wahrheit, in diesem von Sokrates begründeten moralischen Sein, in diesem eleatisch-moralischen Sein, das dauernd ist, gibt es keinen Untergang. Indem er sich in dieses Sein durch Philosophieren hineinbegeben hat, kann er nicht untergehen, sondern kann spotten über die überflüssigen Sorgen, wo man ihn bestatten soll und wo nicht. Das ist ja völlig gleichgültig, das ist wie ein weggeworfener Kragen, der schmutzig geworden ist, zwar nicht weltflüchtig, aber nicht mehr interessiert. Das Sokratische interessiert, nicht der Schlips und der Kragen, den Herr Sokrates am 26. Juli 422 in Athen getragen hat; und ungefähr so erscheint der Leib. Also es gibt eine Rettung dessen, was dem Sokrates und seinen Jüngern teuer ist, und nur zu dessen Erfassung hat seine Philosophie die Seele gereinigt. Nun kommt die Probe aufs Exempel, nun kommt der Tod, den er mit der wunderbaren Ausgegossenheit eines seltsamen Humors erwartet. Das ist nicht Galgenhumor, der auch voll von Seltsamkeit sein kann, obwohl ja auch hier eine Art Galgen am Ende steht, ein Schierlingsbecher, sondern eine rätselhafte Heiterkeit, die das, was anderen so schwer erscheint, sehr leicht nimmt, dafür das, was die anderen gar nicht bemerkt haben, sehr wichtig nimmt, wenn auch nicht schwer, nämlich das moralische Sein. Daher diese eigentümliche Heiterkeit, die über den Tod des Sokrates ausgebreitet ist und die ihn von dem Tod Christi sehr unterscheidet. Mystischer Humor steckt in der ungeheuer kühnen Paradoxie, daß der sterbende Sokrates sagt: »Wir müssen dem Asklepios einen Hahn opfern.« [Phaidon 118a]. Ein Hahn soll dem Gott der Gesundheit zum Dank für den Tod geopfert werden. Das heißt in das Eigentliche, in das Wesen einkehren, das man immer gelehrt hat.

Ich gehe weiter zum sechzehnten Dialog, »Symposion«. Hier handelt es sich darum, wie man sich dem ewig Seienden schon im Leben verbinden kann, nicht erst in dem verfaulenden Augenblick des Sterbens, wie man das Ziel des Wesentlichwerdens schon im Leben erreicht. Der Höhepunkt ist die Lehre vom Eros. Während sonst bei Platon immer Sokrates spricht, läßt Sokrates über die Liebe eine Frau sprechen, Diotima, die Seherin von Mantinea. Das wird Ihnen alles in Erinnerung sein. Nun habe ich über den Eros nur das Philosophische gesagt, es bleibt noch etwas zu ergänzen. Aristophanes lehrt, daß die Menschen ursprünglich doppelgeschlechtlich waren und durch einen unnachdenkbaren Unfall in zwei Hälften getrennt worden sind. Die beiden Hälften suchen nun einander, um wieder ein Mensch zu werden [Symposion 191d]. Das Motiv ist sicher auch altorientalisch; es klingt noch nach in der Bestimmung der Ehe durch Paulus: »... und werden die zwei ein Fleisch sein.« [Brief an die Korinther, Kap. 7, 4]. Das Motiv wirft zweifellos auch einen etwas komischen Schatten; aber das ist für uns unwesentlich. Wesentlich ist die Bestimmung des Eros als Sehnsucht nach dem ihm Gleichen, nach dem, was er hat und was er nicht hat, gemäß Poros und Penia, gemäß Reichtum und Armut.

Ich sagte Ihnen, die beiden Elemente der Platonschen Philosophie sind Eros und Logos. Es gibt auch im Logischen die feinen Sehnsuchtslinien; der Begriff ist gar nicht kalt, sondern vom Eros getrieben nach dem Wesentlichen, vom Wagenrennen weg zur Vollkommenheit als Ziel. Das Logische steckt auch in der Idee. Im »Symposion« liegt der Akzent auf dem Eros, der zugleich Weltpunkt der Dialektik ist, des Habens und des Nichthabens zugleich, der Einheit der Gegensätze Armut und Reichtum. Die Einheit dieser Gegensätze, ein Zustand zwischen Tier und Gott, erzeugt die Sehnsucht. Das Tier hat keine Sehnsucht nach den Ideen, nach dem Ewigen, nach dem Wahren, nach dem Hellen, nach dem Vollkommenen, und der Gott hat keine Sehnsucht; das Tier, weil es kein Haben hat, und der Gott, weil er kein Nichthaben hat. Die Menschen aber haben Nichthaben und Haben, Hunger oder Sehnsucht oder Trieb nach dem Vollkommenen, Trieb nach der göttlichen Speise. Hier taucht auch zum ersten Mal die Ideenlehre ganz ausgeführt auf. Sie kriegt immer noch neue Züge, ist aber hier schon weitgehend und unverkennbar ausgeführt, mit den beiden Begriffen μέθεξις und παρουσία, also Teilnahme der Erscheinungen an den Ideen und Gegenwärtigkeit der Ideen in den Erscheinungen.

Es folgt der siebzehnte Dialog, »Politeia« oder Staat oder Res publica, mit zehn Büchern, von denen das erste ganz alt ist; es ist der Dialog »Thrasymachos«, den Platon zusammen mit den Definitionsdialogen in seiner ersten sokratischen Zeit geschrieben hatte.

»Thrasymachos« gibt eine Begriffsdefinition der Gerechtigkeit. In der »Politeia« haben wir nun die berühmte Platonische Staatsutopie und zugleich, was ich noch ergänzend hinzufüge, ein epochemachendes, folgenreiches Bild des Verhaltens zu den Ideen, das Gleichnis im siebenten Buch des »Staates«, das berühmte *Höhlengleichnis* [Platon, Politeia 514a ff.]. Platon entwirft folgende Szenerie: In einer Höhle, vor einer leeren Wand, mit dem Blick auf die Wand, sitzen gefesselte Menschen. Hinter ihrem Rücken brennt ein Feuer, das sie aber nicht sehen, und vor diesem Feuer werden Figuren vorbeigetragen, Götterbilder, Ideenbilder, Bilder des Gerechten, Schönen, Guten, Schlechten, Boshaften usw. Sie werfen, wenn sie an dem Feuer vorbeigetragen werden, auf die Wand einen Schatten. Die Menschen sitzen nun und sehen die Schatten und berechnen die Abfolge zwischen den Schatten, und sie glauben, die Schatten seien das Wirkliche, und haben auf diese Weise nur δόξα, bloße Meinungen. Sie halten sich an die Erscheinungen, an denen doch gar nichts ist, in denen vielmehr etwas anderes erscheint, das sie aber nicht sehen. Die Philosophen bringen es fertig, die Ketten zu sprengen, die Anstrengung des Begriffs auf sich zu nehmen, den Kopf umzudrehen. Nun sehen sie die Figuren, die hier vorbeigetragen werden, nun sehen sie auch die Logik der Folge, mit der sie vorbeigetragen werden, sie ziehen also ihre Weisheit nicht von dieser Erscheinungswelt an der Mauer, einem bloßen Schatten und einer Abfolge von Schatten, sondern vom Original. Sie sehen die μέθεξις und die παρουσία, die Teilnahme der Dinge an den Ideen und die Gegenwärtigkeit der Ideen in den Dingen. Dies das berühmte Höhlengleichnis, das dann bei Bacon einen ganz umgekehrten, einen rein empiristischen Sinn bekommt, wie wir in ziemlich langer Zeitspanne noch einmal sehen werden.
Den Inhalt der Platonischen Staatsutopie habe ich Ihnen angegeben, ebenso den sozialen Auftrag darin. Also Blick auf Sparta, Blick auf Persien, sogar auf die Vorbereitung der hellenistischen Monarchien. Ich nannte Ihnen die drei Stände: den ersten bilden die Handwerker, den zweiten die Wächter, die Polizei, die Offiziere, die Armee zur Aufrechterhaltung der inneren und äußeren Sicherheit, nicht zuletzt der inneren; und als dritten Stand die Philosophen, über die berühmte Worte gesprochen werden, die dann im siebenten Brief wiederholt werden: »Wenn nicht entweder die Philosophen Könige werden in den Staaten oder die jetzt sogenann-

ten Könige und Gewalthaber aber sich aufrichtig und freundlich mit Philosophie befassen ... gibt es ... kein Ende des Unheils für die Staaten ...« [vgl. Platon, 7. Brief, 326a-b]. Der Kommunismus der oberen Stände ist also kein Schlemmen, kein Prassen, hat mit der sonstigen Lebensführung herrschender Klassen wenig gemein, sondern die oberen Stände sind hart, asketisch, entbehrend. Diese Elemente haben sich bei den Mönchen und auch bei den Rittern des Mittelalters so durchgesetzt, daß den Rittern vieles verboten, was dem Knecht erlaubt war. [...]

Aus der Zugehörigkeit zur oberen Klasse folgen also Erschwerungen, was diesen Kommunismus auch wieder seltsam erscheinen läßt, was jedenfalls mit dem, was man unter Kommunismus verstand, überhaupt nichts gemein hat, was aber propagandistisch gut mißverstanden wurde. Daß die Platonische Utopie von dem hochverehrten Meister der Spekulation Platon Kommunismus lehre, glaubte auch Thomas Münzer. Sogar noch vor Gericht in Heldrungen, als er gefoltert wurde, vor den Mansfelder Hunden, hat er Platon zitiert; omnia sint communia, alles soll gemeinsam sein. Sie erinnern sich, wie nach den Ordnungen im Menschen: Unterleib, Brust und Kopf; Begierde, Mut und Verstand; Selbstbeherrschung, Tapferkeit und Weisheit, auch die drei Stände übereinander geordnet sind. Es unterstreicht die Reaktion noch, daß man durch die Verteilung dieser drei menschlichen Elemente in einen Stand hineingeboren ist. Im Handwerker herrscht die Diktatur des Unterleibs, im Offizier die Diktatur des Muts – er hat Mut in der Brust wie der Torero in Bizets »Carmen« –, im Philosophen die Diktatur des Großhirns. Die Zugehörigkeit zu einem Stand ist angeboren, deshalb bestehen die Stände physiologisch und naturhaft völlig zu Recht. Das ist das erzreaktionäre Element, das sich auch in dieser kommunistischen Staatsutopie findet, die im übrigen, wie ich Ihnen schon sagte, das Urbild einer Utopie der Ordnung ist zum Unterschied von den Utopien der schrankenlosen Freiheit und des schrankenlosen Föderalismus.

18. »Phaidros« ist ein pädagogischer Dialog, der das Schöne behandelt. Er nimmt den Eros aus dem »Symposion« wieder auf und versinnbildlicht ihn in einem großartigen Gleichnis. Eros ist mit dem Widerstrebenden im Menschen zusammengebunden, wie zwei Rosse nebeneinander gespannt sind, ein minderwertiges, lahmes, nach dem Stall süchtiges, ruhebedürftiges, und Pegasus, der nach

dem Vollkommenen unterwegs ist und eher zusammenbricht, als daß er ruht und nachläßt und vergißt. Und Eros wirkt nicht nur im Menschen, sondern in der ganzen Welt; die ganze Welt ist eine solche Wagenfahrt mit zwei Rossen. Ich möchte Ihnen dieses Bild aus dem »Phaidros« vorlesen: »Verglichen soll die Seele werden der zusammengewachsenen Kraft eines geflügelten Wagengespanns und seines Lenkers. Die Rosse der Götter sind wie deren Lenker sämtlich edel und aus edlem Stamm; dagegen bei den andern haben wir verwickelte Verhältnisse. Fürs erste ist es ein Zweigespann, das unser Führer zu lenken hat, und dann ist von seinen Rossen nur das eine schön und edel und aus entsprechender Zucht, das andere aber von entgegengesetzter Zucht und Beschaffenheit. So ist denn mit Notwendigkeit bei uns die Lenkung schwierig und verdrießlich. Woher kommt es nun aber, daß man von Wesen sterblichen und unsterblichen Lebens spricht? Das wollen wir zu erklären suchen. Jegliche Seele nimmt sich jegliches Unbeseelten an und durchwandert den ganzen Himmel bald in diese, bald in jene Form eingehend. Ist eine vollkommen und mit unversehrten Schwingen, so zieht sie auf erhabener Bahn und durchwaltet den ganzen Weltenraum; aber die ihre Schwingen gebrochen hat, treibt dahin, bis sie irgendwo eine sichere Stätte findet. Dort setzt sie sich dann fest und nimmt einen irdischen Leib an, der sich selbst zu bewegen scheint um ihrer Kraft willen; und nun heißt das Ganze, die Seele samt dem ihr verwachsenen Leib ein lebendes Wesen, und zwar mit der Nebenbezeichnung des Sterblichen. Von solchen Wesen als unsterblichen zu reden, haben wir nicht den mindesten zureichenden Verstandesgrund. Nur mit der Phantasie bilden wir die Vorstellung eines Gottes als eines solchen unsterblichen Wesens von Seele und Leib, die wir für alle Ewigkeit miteinander verwachsen denken, ohne daß wir dergleichen gesehen oder in klaren Gedanken uns vorgestellt hätten. Doch damit mag es sich verhalten, wie es Gott gefällt, und auch nur so soll davon geredet werden. Aber die Ursache für die Einbuße der Schwingen, die der Seele ausfallen, wollen wir ins Auge fassen. Es geht damit etwa so: Die natürliche Kraft der Schwinge hebt das Schwere und führt es empor zur Wohnung des Göttergeschlechts. Von allem Körperlichen hat jene am meisten Verwandtschaft zum Göttlichen. Das Göttliche ist schön, weise, gut und hat alle vorzüglichen Eigenschaften. Durch diese erhält das Gefieder der Seele hauptsächlich seine Nahrung und Kraft, während es durch Häßliches, Schlechtes und die anderen Mängel geschwächt und verderbt wird. Der große Gebieter im Himmel nun, Zeus, fährt voraus, seinen geflügelten Wagen lenkend, indem er alles ordnet und für alles sorgt; ihm folgt ein Meer von Göttern und Dämonen, in elf Rotten geordnet: Hestia allein bleibt zurück im Hause der Götter. Dagegen die anderen Götter alle, die in die Zahl der Zwölfe eingereiht sind, ziehen in der Ordnung, die jedem gewiesen ist, als Scharenführer dahin ... Die sogenannten unsterblichen Seelen übrigens fahren, wenn sie auf der Höhe angelangt sind, hinaus und betreten den Rücken des Himmelsgewölbes; hier stehend führt sie der Umschwung herum, sie aber schauen, was außerhalb des Himmels ist ... Das farb- und gestaltlose und unantastbare Sein, das wirklich ist, läßt sich allein von dem Geist, dem Steuermann der Seele, erschauen; um dasselbe wohnt an diesem Ort das Geschlecht des wahren Wissens.« [Platon, Phaidros 246a ff.].

Wenn die Seele nun diese Bewegung mitgemacht hat, ist sie den Göttern ähnlich geworden, aber nicht gleich. »Du gleichst dem Geist, den du begreifst, nicht mir!« [Goethe, Faust I, Vs. 912]. Die Seele ist nur ähnlich geworden, hat aber Geschmack bekommen an diesem großen Sein, am Symbol des Kreises und des Kreisens. Im »Phaidros« haben Sie das Platonische sehr deutlich, den ungeheuren Flug zum Vollkommenen und zugleich die zwei Seelen, die in jeder Brust wohnen. Fausts Klage, daß zwei Seelen in seiner Brust wohnen [Goethe, Faust I, Vs. 1112], stammt aus »Phaidros«. In der Bewegung, die durch die Welt geht, in dem Flug, an dem die Seele teilnimmt, wenn sie sich den Ideen zuwendet, ist wieder Heraklit. Flug und Fluß sind verwandte Kategorien, und so ist das starre und leblos erscheinende Gebilde der Platonischen Welt doch durchdrungen von Unruhe und Lebendigkeit.

Es folgen nun noch drei Dialoge, »Parmenides«, »Theaitet« und »Sophistes«, die schon gegen Ende des Mannesalters entstanden und außerordentlich interessant sind. Die Dialektik, die Sie vielleicht bisher vermißt haben nach der großartigen Ankündigung im »Symposion«, im Eros als der Einheit von Haben und Nichthaben, von Reichtum und Armut – die Dialektik bereitet sich nun aus und wird sichtbar, nämlich in dem neunzehnten Dialog »Parmenides«. Er setzt sich besonders mit Einwänden auseinander, die wiederum von der alles zerstörenden Streitschule in Megara ausgegangen waren, also vermutlich aus dem Kreis um Stilpon; es sind Einwände gegen die Ideenlehre, also gegen die Unveränderlichkeit, gegen die Einheit. Auf diese Weise kommt der Dialog dazu, die Paradoxie aller Dinge, des Dingbegriffs anzugeben und zu untersuchen. Das Ding ist eine Einheit von vielen Eigenschaften, das Ding ist ein Bleibendes von Sich-Veränderndem. Das Ding und seine Eigenschaften ist also eine Einheit von Widersprüchen. In ihm ist Werden und Beharren, Bewegung und Ruhe, Vieles und Eines, Ungleiches und Gleiches zusammen. Dies wird nun untersucht, und zwar dergestalt, daß Hegel den »Parmenides« das berühmteste Meisterstück der Platonschen Dialektik nannte und bekundete, er habe daraus und auch noch aus dem späteren Dialog »Sophistes« genauso viel gelernt wie aus Heraklit [vgl. Hegel 1971, Bd. 18, 286]. Bei dieser Gelegenheit hat Hegel zweifellos zuviel Dialektik in Platon hineingelesen, aber es ist kein Zweifel, daß sie sich darin vorfindet, und zwar als Auseinandersetzung zwischen erzdialektischen Momenten wie Einheit und Vielheit, Anderem und Gleichem, Ungleichem und Gleichem und so fort. Platon kommt wörtlich zu dem Resultat, daß eine Einheit von Entgegengesetztem stattfindet, indem der Begriff, der die Eigenschaften zusammenfaßt, und die Einteilung, die die Eigenschaften voneinander unterscheidet, ein und dasselbe sind, und das auch in der Idee. Das Unterscheidende und das Vereinigende sind dasselbe, und Platon teilt die Selbigkeit auf in μέθεξις und παρουσία. Die μέθεξις ist dasselbe wie die παραυσία, die Teilnahme der Dinge an den Ideen ist dasselbe wie die Gegenwärtigkeit der Idee in den Dingen. Eines wäre nicht ohne das andere, beide sind Momente der gleichen dialektischen Beziehung. Die μέθεξις, die Teilnahme, macht die Vielheit, und die παρουσία, die Gegenwärtigkeit, macht die Einheit, aber μέθεξις und παρουσία, παρουσία, und μέθεξις sind eines und dasselbe.

Zugleich kommt eine andere, weit weniger folgenreiche, aber nicht eingeschlafene Stimmung in dem »Parmenides« vor: es wird nämlich τὸ ἐξαίφνης betont, das heißt das Plötzliche [Platon Parmenides 156d]. Was ist das? Das Plötzliche oder das Augenblickliche ist auch etwas Dialektisches. Das Augenblickliche kommt ja von Augenblick, von dem Blinzeln. Der Augenblick nimmt also einen sehr kurzen Zeitraum ein, in ihm ist dasselbe gedacht wie im Plötzlichen; wir haben nur statt plötzlich »im Augenblick« gesetzt, aber der Inhalt ist derselbe. Bei Platon im Griechischen gibt es »Augenblick« nicht im Sinn von Blinzeln. Also τὸ ἐξαίφνης ist das Jähe, das Plötzliche, das eintritt, und dieses ist die sonderbare Spanne beim Umschlagen von einem ins andere. Also bevor Bewegung Ruhe wird oder Ruhe wieder in Bewegung übergeht, ist ein Plötzliches da, und dieses ist weder Ruhe noch Bewegung oder weder Bewegung noch Ruhe. Es ist der Übergang von dem einen zum anderen, in dem das Frühere sowohl wie das Spätere gleichzeitig enthalten ist und das Spätere in dem Früheren vorscheint.

Zugleich wird es mit einem mystischen Akzent versehen, wieder einem dialektischen, daß nämlich der Augenblick, also das Flüchtigste, was wir haben, dasselbe ist wie die Ewigkeit. Das Unvereinbarste geht zusammen.

Es ist das später in der mittelalterlichen Mystik und bei den Scholastikern, soweit sie Mystiker waren, wieder aufgenommen worden in der seltsamen Kategorie des Nunc stans, das heißt des stehenden Jetzt. Nunc heißt jetzt, aus nunc kommt das nû, das nû bei Meister Eckhart. Die literarisch Interessierten brauche ich vielleicht nicht darauf aufmerksam zu machen, sie werden ein Bekanntheitsgefühl haben, wenn ich zitiere: »Werd ich zum Augenblicke sagen: Verweile doch! Du bist so schön! Dann magst du mich in Fesseln schlagen, dann will ich gern zugrunde gehn.« [Goethe Faust I, Vs. 1701]. In der Wette des Faust steckt ebenfalls die Intention auf das Nunc stans. Zuerst steckt bloß das Lotterbett darin. Dem Faust, der immer neue Tätigkeit sucht, wird es nie einfallen, zu einem Augenblick zu sagen: »Verweile doch, du bist so schön, jetzt strecke ich mich mal aus.« Das ist der erste banale Sinn. Im Lauf der Dichtung ändert sich das, der Augenblick wird der erfüllte Augenblick, zu dem Faust sagen möchte: »Verweile doch, du bist so schön!«, weil er so erfüllt, so inhaltvoll, so substanzvoll geworden ist. Faust stirbt mit den Worten: »Im Vorgefühl von solchem hohen Glück genieß ich jetzt den höchsten Augenblick.« [Goethe, Faust II, Vs. 11579]. Die Wette ist erfüllt, er hat die bewußten Worte gesprochen. Dieses Nunc stans am Ende hat mit dem Lotterbett des Augenblicks nichts mehr zu tun, dazwischen liegen sechzig Jahre Leben Goethes und Fausts. All das hat in diesem ἐξαίφνης im »Parmenides« eine Quelle.

Ich gehe über zum zwanzigsten Dialog, »Theaitet«. Dieser Dialog ist erkenntnistheoretisch. Er untersucht die Beziehung des erken-

nenden Subjekts zu den dialektischen Phänomenen, wobei auch die Kriterien der Ideenerkenntnis, die gegeben sind durch Sinneswahrnehmung, Vorstellung und Begriff, untersucht und gewertet, zum überwiegenden Teil abgewertet werden. Die Sinnlichkeit – eine folgenreiche Bestimmung – gibt nur Vielheit, »Sensus dat pluralitatem« wurde das später in der Scholastik auf dem Umweg über Aristoteles formuliert. Ich sehe durch die Sinne niemals Begriffliches, niemals Ideen, niemals Gattungen, ich sehe immer nur hic et nunc, das Hier und Jetzt, und immer geteilt, hier eine Nase und dort eine Augenbraue, hier eine Tür und da eine Lampe und hier diese Decke; das Deckenhafte sehe ich mit den Sinnen nicht. In der Schau sehe ich es, aber nicht mit den Sinnen.
Umgekehrt gibt die Vorstellung keine Vielheit, sondern nur Allgemeinheit. Sie führt schon mehr auf die Begriffe und auf die Ideen hin. Die Vorstellung »Mensch« wird desto mehr Vorstellung, je mehr ich sie von allen einzelnen Menschen, die ich kenne, abstrahiere. In der Vorstellung verschießt und versinkt das Einzelne. Vorstellung ist ein Vorstellen von Gattungen. Aber wie in der Sinnlichkeit die Sinnestäuschungen zu Hause sind, die wahre Erkenntnis verhindern – abgesehen von dem Hauptpunkt, daß ja die sinnlichen Augen keine Ideen sehen –, so wohnt in der Vorstellung der Irrtum, und zwar, ohne daß es da ein Kriterium gäbe. Man läßt in der Vorstellung zuviel vom Sinnlichen weg, man wirft vielleicht Falsches, vielleicht auch Wesentliches weg, man pointiert Falsches und läßt Wesentliches weg, und so entstehen schiefe Vorstellungen in Menge: δόξα. Darunter versteht Platon auch den gesunden Menschenverstand, auch die Meinung der ungebildeten Massen.
Also auch die Vorstellung ist noch nicht das Richtige. Die Erklärung wesenhafter Art fehlt. Die Vorstellung ist gebaut auf das Gedächtnis und nicht auf das Nachdenken, sagt Platon. Die wahre Erkenntnis gibt es allein im Begriff. Der Begriff ist eine Ideenschau, eine Ideenschau mit Geistesaugen. In dieser Schau allein ist die Möglichkeit von Kriterien des Wahren und Falschen gesetzt. Es kann der Begriff Rechenschaft geben, und die Rechenschaftsablegung ist Erkenntnistheorie und Methodenlehre. Also die Wissenschaft der Erkenntnistheorie, der Gnoseologie, ist im »Theaitet« begründet, indem genaue Kriterien gesucht werden. Das ist nichts Neues, das haben die Sophisten und Sokrates auch getan, sie haben es nur nicht als eigene Wissenschaft getrieben.

Die Kriterien, nach denen Begriffe wahr oder falsch sind, stecken, wie Platon sagt, in den λόγοι, in den Vernünftigkeiten, die rational, nicht sensual festgestellt werden können nach Maßgabe der reinen oder ungetrübten Ideenschau. Das Erkenntnisproblem wird moralisch gewendet. Nur diejenigen haben die reine und ungetrübte Ideenschau, nur diejenigen sind Erkennende, die sich von allen sinnlichen Lockungen befreit haben, die schon im Leben sokratisch gestorben sind. Dieses *moralische Motiv in der Erkenntnistheorie* ist nicht zu verachten. Es ist uns vertraut als *Parteilichkeit* oder aber als Hemmung durch eine Klassenschranke. Allgemein moralisch gilt auch der selbstverständliche Satz, daß ein Lump kein Philosoph sein kann, daß ein Lügner keine Wahrheit erforschen kann. Dieses Moment der moralischen Zuverlässigkeit, des Wortes Wahrheit in dem Sinn, wie man es Kindern gegenüber – leider nur Kindern gegenüber – gebraucht, lebt darin, denn Wahrheit und Lüge im moralischen Sinn hängen mit Wahrheit und Lüge im wissenschaftlichen Sinn ziemlich eng zusammen. Vergessen Sie darum bei dem Wort Wahrheit nie den Satz, den Sie als Kind gehört haben oder Ihren Kindern immer sagen: »Behalte eins mein Kind, sei treu und wahr« oder: »Du sollst nicht lügen.« Das bedeutet auch: du sollst nicht lügen in der Forschung, du sollst auch in der Wissenschaft ein anständiger Kerl sein. Also ich sage: Ein Lump kann nicht philosophieren, auf ihn braucht man überhaupt nicht zu hören. Dieses Motiv ist Platonisch, und die Erkenntnistheorie bekommt auf diese Weise einen besonderen Schuß von Parteilichkeit und Leben. Was die Parteilichkeit des reaktionären Aristokraten Platon angeht, so ist es nicht unsere; was aber die Parteilichkeit dieser erhabenen, ergreifenden hohen Gestalt angeht, mit nichts als dem subjektiv allerreinsten Willen zur Reinheit, so ist es unsere.

Ich gehe über zum einundzwanzigsten Dialog »Sophistes«. Wieder ein Dialog über die Dialektik. Die beiden dialektischen Dialoge Platons, »Parmenides« und »Sophistes«, können Sie zusammenhalten. Es sind alles noch entzückende dramatische Dialoge, es sind Theaterstücke, die Sie lesen. »Theaitet« verheißt am Ende eine Fortsetzung des Gesprächs, diese Fortsetzung geschieht am nächsten Morgen, und hier setzt der »Sophistes« ein mit etwas veränderter Beschaffenheit des Teilnehmerkreises. Die Dialektik geht tiefer. Nicht Eines und Vieles, nicht Gleiches und Ungleiches, nicht das Ding und seine vielen Eigenschaften, nicht Ruhe und Bewegung stehen im Kreuzverhör, sondern das Sein und das Nicht, schlafend in der Dialektik des Anderen. Jedes Seiende ist ein Bestimmtes, sagt Platon, also schließt es anderes Seiendes aus [vgl. Platon, Sophistes 237e]. Ein Glas ist nicht zugleich eine Fliege oder ein Halstuch oder ein Mädchen oder eine Lampe oder ein Stern; wenn es das wäre, wäre es kein Glas. Dies alles ist das Andere, das Nicht des Glases.

Den Satz hat später Spinoza aufgegriffen in der Formulierung: omnis determinatio est negatio, jede Bestimmung ist eine Verneinung [Spinoza 1977, 210]. Wenn ich angebe, daß ein Mann sehr gut ist, sage ich zugleich, daß er nicht böse ist. Das ist eine Verneinung, in der zwar ein negativer Wert verneint wird, die aber immerhin eine Verneinung ist. Es gibt auch verneinte Bestimmungen, die gar nicht negativ, sondern neutral sind. Sage ich: der Mann hat schwarze Haare, dann hat er eben keine blonden oder keine roten oder keine weißen. Das sind keine Wertbegriffe, aber Bestimmungen, und in denen fällt immer etwas weg. Spinoza geht gegen jede Bestimmung des höchsten Wesens vor; denn jede Bestimmung wäre eine Verneinung. Man kann nicht einmal sagen, daß Gott ist, denn dann würde man ja sagen, daß er nicht nicht ist. Demnach gibt es über sehr hohe Gegenstände, sehr hohe Objekte überhaupt keine Aussagen. Dieses Element ist im »Sophistes« schon enthalten. Wenn auch das Nicht noch nicht dasselbe ist wie das Nichts, so ist es immerhin ein Nicht, eine Verneinung, die in jeder Beziehung dialektisch notwendig eingeschlossen ist. Hegel zitiert sogar eine verblüffende Stelle aus dem »Sophistes«, die er aber überdialektisiert: »Das Schwere und Wahrhafte ist dieses, zu zeigen, daß das, was das Andere (ἕτερον) ist, dasselbe ist, und was dasselbe ist (ταὐτον ὄν) ein Anderes ist, und zwar in einer und derselben Rücksicht.« [Platon, Sophistes 259a] Die Einheit der Gegensätze ist hier bis zur völligen Kriegserklärung an den gesunden Menschenverstand getrieben. Die Kriegserklärung nimmt Engels auf: »Bis zur äußersten Platitüde reproduziert finden wir die bornierte Philisterdenkweise der vorkantischen Zeit bei Büchner und Vogt, und selbst Moleschott, der auf Feuerbach schwört, reitet sich jeden Augenblick auf höchst ergötzliche Weise zwischen den allereinfachsten Kategorien fest. Der steife Karrengaul des bürgerlichen Alltagsverstandes stockt natürlich verlegen vor dem Graben, der Wesen von Erscheinung, Ursache von Wirkung trennt; wenn man aber auf das sehr kupierte Terrain des abstrakten Denkens par force jagen geht, so muß man eben keine Karrengäule reiten.« [Engels]. Hier ist Dialektik bis zu diesem äußersten Punkt getrieben. Zugleich schwingt darin ein besonderes Pathos der μέθεξις und der παρουσία, wobei sich etwas Sonderbares zuträgt. Die Ideen, die doch unbeweglich sind, in eleatischer Ruhe verharren, sind zahlreich. Einheit und Vielheit sind in ihnen zusammen. Damit ist das Element der Vielheit in die Ideenlehre hineingebracht. Denn wenn die Ideen in den Dingen gegenwärtig sind, an den Dingen teilnehmen, sich von den Dingen entfernen, bewegen sie sich doch. Wenn ein Mensch stirbt, hat sich die Idee des Lebens von ihm wegbewegt, nimmt nicht mehr an ihm teil, und es bleibt ein caput mortuum zurück, so wie in einem Bett, wenn der Mensch aufgestanden ist, ein toter Abdruck von einem gewesenen Leben zurückbleibt. Wir haben also plötzlich Einheit und Vielheit in der Ideenlehre, es sieht wieder so aus, als würde Heraklit über die Eleaten siegen. Ohne Vielheit gäbe es keine Ideenpyramide, gäbe es nur eine Idee, und die wäre starr. Bei den Eleaten ist es so. Bei Platon aber gibt es sehr viele Ideen, und es gibt eine Sehnsuchtsbewegung in der Welt zu den Ideen hin, eine riesige Sehnsuchtsbewegung, die den Segen der Idee besitzt im Eros. Die Hinwendung zu der höchsten Idee, der Idee des Guten, ist eine Bewegung, δύναμις, das, was später bei Aristoteles eine so große Rolle spielt. Wir haben δύναμις als Bewegung mit großer Gewalt schon hier angedeutet als einen kosmischen Eros.

Es folgt nun als letztes unter den Werken der Manneszeit der kleine Dialog »Politikos«, der Staatsmann. Er ist kurz vor der dritten sizilischen Reise geschrieben und enthält nach dem Mißerfolg der ersten und der zweiten Reise nach Sizilien, wo Platon seine Staatsutopie verwirklichen wollte, die erste Resignation. Die Frage wird gestellt, warum Gesetze doch notwendig sind. Platon träumte einen sozialen Traum von einem reibungslosen Nebeneinander, einer reibungslosen Schichtung der Stände. Aber es gibt keine Reibungslosigkeit. Es gibt Klassenkampf. Und Platon, der auf der Seite der herrschenden Klasse ist, braucht Unterdrückung, Polizei, Zuchthäuser, Gesetze und Abschreckung bei Nichtbefolgung der Gesetze. Weil also der beste Staat in der Wirklichkeit nicht gebaut werden kann, muß der zweitbeste Staat ausklamüsert und ausspekuliert werden. Platon hat resigniert, er läßt mit sich reden, er läßt sich etwas von den hohen Idealen abhandeln. Das beginnt in der Schrift »Politikos«, in der Staatsräson steckt. Wir werden sehen, daß in dem letzten Werk, das wir von Platon haben, den »Nomoi«, den Gesetzen, diese Resignation zu einer merkwürdigen und recht pedantischen Frucht gerät.

Wir haben also mit dem zweiundzwanzigsten Dialog, dem »Politikos«, die Werke des Mannesalters durchmessen. Es bleibt uns jetzt noch der dritte Abschnitt übrig, der bei weitem nicht mehr so viel Dialoge enthält, wie sich von selbst versteht, also die Alterswerke Platons nach der dritten sizilischen Reise, die ein so ungeheures Gebilde enthalten wie den »Timaios«, ohne den es keinen Kepler gäbe. Der großen Platonischen Naturphilosophie und Geometrie, den Alterswerken »Philebos«, »Timaios« und »Nomoi« und noch einigen kleinen anderen werden wir uns in der nächsten Stunde zuwenden. Ich hoffe, ich habe mein Versprechen, mit der Aufzählung der Platonischen Dialoge Sie zu langweilen, nicht eingelöst. Die Gegenden und die Gebäude, die Sie gesehen haben, werden Sie etwas über dieses Fremdenführeramt hinwegtrösten, das ich übernommen habe. Es ist vielleicht doch gut, daß Sie die Platonische Philosophie vorher in Umrissen kennengelernt haben, weil Sie nun unbeschwerter auf das einzelne hinblicken können. [. . .]

Die Alterswerke

Das riesige Gebiet der vom Menschen unabhängigen Außenwelt der Natur wird nun im »Timaios« wieder erobert oder mindestens bezogen. Von Demokrit aber auch hier keine Spur. Die große Welt des urwüchsigen Materialismus versiegt völlig, stattdessen kommt ein ganz anderes Weltbild, das zum großen Teil mythisch ist, ein ägyptisches und ein babylonisches.

Vermutlich ägyptisch ist die Einfügung eines Weltbildners, eines Demiurgen, eines Welthandwerkers, der im Hinblick auf einen Plan, ein Gefüge von Ideen, genau wie ein Handwerker oder ein Architekt oder ein Künstler, sein Werk bildet: die Welt. Ich habe bei einer früheren Gelegenheit schon erwähnt, daß nicht alle, sondern nur einige wenige Religionen ihren Gott mit etwas dem Adel so wenig Entsprechendem wie mit Arbeit, sei es auch der

Arbeit einer Weltschöpfung, beschweren. Eine dieser wenigen Religionen ist die ägyptische in einer späteren Periode, der Periode von Memphis, wo Ptah, der Bildhauergott in Memphis, zusammen mit der neu entstehenden Macht von Memphis im mittleren Reich der Weltschöpfer wird. Vermutlich stammt der Weltschöpfer Jahwe ebenfalls aus Ägypten, vermutlich ist er eine abgewandelte Gestalt des ägyptischen Ptah. Hier liegt wahrscheinlich auch der Grund für die sonderbare Überzeugung der alexandrinischen Juden und der ersten Christen, daß Platon seine Lehre von Moses übernommen habe. Πλάτων μωσαΐξει sagte damals Philon von Alexandria. Auf dem Umweg über Ägypten ist vielleicht sogar ein Körnchen Wahres daran, obwohl Platon natürlich nicht die jüdischen Schriften gekannt hat.
Das zweite Element des Weltbildes ist babylonisch. Die Platonsche Lehre entspricht der babylonischen Lehre im Blick von oben nach unten, der sich später als der astrologische Blick formuliert hat. Die Erklärung der Welt geschieht von den Sternen her, die Sterne nehmen Einfluß auf die Erde, das heißt, es fließt ein Fluidum von den Sternen herunter auf die Erde. Die Bewegung geht also nicht materialistisch vor sich, wie deutlich bei Demokrit im Atomismus. Da gab es eine Zusammensetzung kleinster Teilchen mit einem Aufbau von unten nach oben, was später zur Entwicklungslehre führte. Der Blick von oben nach unten ist auch weit entfernt von den verschiedenen biologischen Entwicklungslehren des Anaximander und des Empedokles, diesen prädarwinistischen Lehren. Im Gegenteil, das alles wird unterbrochen. Daß es keine Bewegung von unten nach oben gibt, liegt schon in der Ideenlehre, die sich immer mehr auf die παρουσία der Ideen von oben herab orientiert. Es gibt nur einen Abdruck des Oben im Unten. Selbst der Demiurg stellt ja die Welt her nach den oben, auch noch von ihm aus oben geschauten Ideen, nach Maßgabe dieser Ideen.
Wir haben diese Lehre aus Babylon, wo Glaube früher ist als Bauen und ein Tempel als Abbild eines himmlischen Tempels gebaut wird. Der babylonische Turm, der sich in sieben Rängen emporhob, war ein Abbild der Planetenhierarchie. Die Bauwerke sollen Abbilder, Nachahmungen einer oberen Ordnung sein. Eine Lehre genereller Entsprechungen von oben nach unten; das ist das babylonische Motiv, das in die Ideenlehre hineinkam und später im Neuplatonismus die stärkste Gegenbewegung gegen die Entwick-

lungslehre ausbildete, die eine Entwicklung von unten herauf annimmt. Diese Gegenbewegung ist die Emanationslehre. Wir kommen auch bei der Emanationslehre nicht aus der Natur heraus. Wir sind primär nicht in der Theologie, wir sind primär noch in der Natur, in der astronomischen Natur, in der kosmischen Natur mit dem Urmodell Sonne. Das Sonnenlicht dient als Vorbild. Wie sich das Sonnenlicht von oben herab ergießt und alles Leben erweckt, so ergießt sich von dem Ureinen, von dem Eins – das Pythagoreische ist wieder Ausgangspunkt – in Form der Zahlenreihe das Licht in Strahlen in die Welt hinein, wird gleich dem Sonnenlicht, gleich jedem Licht immer schwächer je weiter es sich von seinem Ausgangspunkt entfernt und verschwindet dann am Ende in der Nacht, wo kein Licht mehr ist und wo sich bei Platon und bei Plotin die Leere oder die Materie befindet. Von hier kommt der Satz: »Und das Licht scheint in die Finsternis, und die Finsternisse haben es nicht begriffen« [Bibel, Evangelium des Johannes, Kap. 1, 5]. Das ist eine völlige Entgegensetzung zur Entwicklungslehre, eine Erklärung der Welt nicht von unten herauf, sondern von oben herab, eine Erklärung, die – was mit Händen zu greifen ist – einen Reflex despotischer Herrschaftsverhältnisse darstellt. So strahlt die Gnade des Fürsten herunter, so wird der Fürst auch mit der Sonne verglichen, zum Beispiel in dem Schillerschen Gedicht »Der Graf von Habsburg«. Darin haben Sie den Kaiser als Sonne und die sieben Kurfürsten als Planeten. Das Bild kann deshalb sehr leicht auf Kurfürst und Kaiser angewendet werden, weil es nämlich von Kaiser und Kurfürst, in Babylon vom Reichsgott, in Ägypten vom Pharao, abstrahiert und reflektiert worden ist.

Also ägyptische und babylonische Elemente, vermischt mit Pythagoras, sind in die Platonische Naturphilosophie eingegangen. Im Dialog »Philebos« war das begonnen, im »Timaios« ist es nun bis zur Pedanterie im einzelnen durchgeführt. An der Spitze steht die Eins oder die Idee des Guten. Hier ist wieder Sokrates darin, die Idee des Guten, das Höhere. Was in der ganzen Platonischen Philosophie, vor allem im »Philebos«, innerhalb des Guten erscheint, ist zugleich dasselbe wie das Eins. Das strahlt nun in die Welt und schafft zuerst eine himmlische, eine obere Welt, die noch über dem Horizont liegt, die Welt der Gestirne. Nun gibt es ganz deutliche Entsprechungen. Im Makrokosmischen wiederholt sich das, was in der Gesellschaftslehre Platons, in der »Politeia«, schon angekündigt war. Da haben wir die drei Stände: die Philosophen, die Offiziere und die Handwerker. Diese entsprechen der Vernunft, dem Mut und der Begierde. Diese wieder entsprechen dem Kopf, dem Herzen und dem Unterleib. Und mit diesen drei Entsprechungen geht es auch in der ganzen Welt her, wie diese ganze Dreiheit überhaupt erst aus der höheren Welt heruntergeflossen ist. So gibt es die rein logischen Formen, an denen die Gestirne teilnehmen. Dann gibt es die Welt, die von den Gestirnen bis zu den Menschen einschließlich reicht, als die mittlere Welt, die Welt des Muts, der möglichen Tugend, und dann gibt es, von den Menschen abwärts zu den Tieren hin, die Welt regelloser, chaotischer Begierde. Der Kopf ist das, was mit dem Scheitel die Sterne berührt; dieses alte Bild stammt von hier. Unser gesamtes moralisches Affektleben hingegen erfüllt die mittlere Welt, und das ungeregelte erfüllt die untere Welt, das Tierreich, das abwärts bis zu der Welt des Chaos reicht, des leeren Raumes, wo es überhaupt nicht mehr geheuer ist, so wie es in der Finsternis nicht geheuer ist.

Folgenreich ist nun etwas, was sich durch diese kosmisch ausgedrückte παρουσία deutlich ausbildet, nämlich die mittlere Welt, die Welt des Muts, der beherrschten Affekte, die Welt der möglichen Besonnenheit, die Welt der σωφροσύνη. Sie ist eingeschachtelt in Schemata. Die Ideen auf ihrem strahlenden Weg hinein in das Nichts wandeln sich ab in der mittleren Welt zu mathematischen Figuren. Ich sagte schon bei der allgemeinen Darstellung der Platonschen Philosophie, daß sie der philosophische Ursprungsort der euklidischen Geometrie ist, einer Ideenlehre zu etwas herabgesetztem Preis; sie ist bereits mit dem leeren Raum vermischt, der sich überall eindrängt, aufgetragen auf den leeren Raum. Die Reinheit im Platonschen Sinn war so stark, daß die Planimetrie das erste war, die Betrachtung des Flächengeschöpfes, und nicht etwa die Stereometrie, die Betrachtung des dreidimensionalen Geschöpfes, das sehr stark etwas mit Körper zu tun hat. Es ist ja auffallend, daß wir es bloß immer mit Quadraten und Dreiecken und Rechtekken und Parallelogrammen und Hypotenusen und Katheten und so weiter zu tun haben, daß solche Gebilde wie die Kugel, die schon bei Parmenides eine ungeheure Rolle spielte, sehr spät untersucht wurden. Das kommt daher, daß ihnen angeblich die Reinheit fehlte, die die Flächengeschöpfe zu besitzen scheinen. Bei Platon

kommen natürlich auch stereometrische Gebilde vor. Primat aber haben die Flächengeschöpfe, stereometrisch werden die Gebilde, wenn die Erscheinungen in sie hineingebracht werden müssen. Also gibt es Zwölfecke und Zehnecke und Achtecke und Neunecke und Sechsecke und Dreiecke als letztes; das sind die Formen, die das Fachwerk der Welt bilden, in das sie hineingebaut ist. Die Erscheinungen sind gleichsam in diese geometrischen und dann stereometrischen Fachwerke eingeräumt. Die letzte Gestalt ist das Dreieck, und aus ihm bestehen die Elemente. Die Homoiomerien also, die Atome, die es zwar hier nicht gibt, aber das, was ihnen entspricht, die kleinsten Teile, sind alle von dreieckiger Form. Die Welt ist ein Puzzlespiel, aber von vollkommener Gesetzmäßigkeit durchwaltet. Zuerst entsteht die Geometrie und dann, je näher es an die Erscheinungen geht, die Stereometrie des Weltalls.
Dieser Gedanke, in dem zum ersten Mal nach Pythagoras wieder die mathematische Naturwissenschaft geboren wird, ist die Vorbereitung des großen Satzes von Galilei, daß das Buch der Natur in Zahlen geschrieben sei, und hat eine ungeheure Nachwirkung.
Während das rein Pythagoreische wesentlich auf die italienische Naturphilosophie, auf die mathematische Naturphilosophie des 16. Jahrhunderts, darunter auf Galilei wirkte, beeinflußte das Platonisch-Pythagoreische, wie es im »Timaios« niedergelegt ist, entscheidend die deutsche mathematische Naturphilosophie, also Johannes Kepler. Das Lieblingsbuch Keplers war der »Timaios«, und nach dem »Timaios« hat er sein Hauptwerk, die »Harmonices mundi« [1619], die Harmonie der Welt geschrieben, und nach diesen regelmäßigen Figuren suchte und tastete er die Bewegungen der Planeten ab. Die Kreisbewegung galt als die vollkommenste, die Ellipsenbewegung als die zweitvollkommenste, weil die Natur angeblich mathematisch vorgeht. Und siehe da, es stimmte. Es ist ein falscher, närrischer Ausgangspunkt, daß die Planeten, weil sie Götter sind – das ist das Heidnische an Kepler –, auch die vollkommenste Bewegung haben müssen, die der Kreis ist. Aber diese Bewegung ist Pythagoreisch-Platonisch. Daß der Kreis zugleich als Vollkommenheit gilt, nicht nur als geometrische Figur, ist aus dem »Timaios« übernommen. Ohne diesen Idealtypus hätte es Kepler schwerer gehabt, denn er hatte nur ein winziges Stück der von Tycho de Brahe beobachteten Marsbahn zur Verfügung, mehr nicht. Diese Kurve mußte nun ergänzt werden, sie konnte ein

Kreis, eine Ellipse, eine Parabel, eine Hyperbel sein. Alle Kurven standen zur Verfügung. Da der Planet keinen Kreis beschrieb, wurde eine Ellipse, die zweitbeste Form, angenommen, und so ergab sich der erste Satz der Keplerschen Planetengesetze. Mit einer faustischen Pedanterie suchte Kepler nun die harmonices mundi in seiner Welt, denn die Welt ist Kosmos, die Welt ist Schönheit, die Welt ist Vollkommenheit, und die Welt ist, wenn man den Sündenfall, der auch die Natur betroffen hat, abzieht, in Figuren von solcher Vollkommenheit gefaßt. Das ist die große Nachwirkung des »Timaios«.

Ich sagte Ihnen, das Licht scheint in die Finsternis. Dort sind die Erscheinungen, und sie werden – vielleicht ist das Altersstil – von Platon immer mehr verteufelt. In der mittleren Zeit nehmen sie noch an den Ideen teil, all ihre Begreifbarkeit stammte von der Gegenwärtigkeit der Ideen in ihnen, der παρουσία. Die Linie des späteren Plato wird zunehmend pessimistisch, nicht zuletzt durch die Erinnerungen an das dritte sizilianische Experiment. Die Welt liegt im Argen, es ist nichts anzufangen mit ihr – der Reflex dieses Pessimismus zeigt sich in seiner letzten Schrift, den »Nomoi«, den »Gesetzen«. Die Erscheinungen werden verteufelt, und das Nichts, das μὴ ὄν, die Finsternis ist wachsend zugleich der Ort eines anderen mythologischen Gebildes außer dem Demiurg, der nach den Ideen die Welt geschaffen hat, nämlich der Ort einer bösen Weltseele.

Hier nun zeigt sich als dritter Einfluß von Mythos, nach den ägyptischen und babylonischen Einflüssen, ein persischer. In Persien gab es zwei Götter, Ormuzd und Ahriman, aus denen später im Christentum der Lichtgott und der Teufel wurden oder der Erzengel Michael und Luzifer, die miteinander kämpfen. In Persien war dieser Dualismus die Lehre eines bäurischen, tapferen Volkes, das gegen das Ahrimanische kämpfte, gegen Glutwind, Dürre, Trokkenheit. In der Christenheit, in der mittelalterlichen Feudalgesellschaft und vor allen Dingen in der Neuzeit, als die Kirche sich ihrer Haut wehren mußte, gab es das schreckliche Modell ab für alle Religionskriege, für das Lager des Satans und das Lager Christi bei den Jesuiten. Dieser Dualismus der beiden Götter, die nach dem persischen Mythos dauernd in der Welt wie in einem Ringkampf verschlungen sind, hat hier seinen Einfluß auf Platon genommen, nicht sehr stark, nicht sehr ausgeführt, aber sehr folgenreich in dem Aperçu einer bösen Weltseele.

Und das Nichts, wo das Licht erlischt, wo es, so weit von seinem Ursprung, kraftlos wird, wo die Vergessenheit des Lichts und des Ursprungs wohnt, das nun ist die Materie, ὕλη, was eigentlich Holz heißt. Das Griechische hat gar kein Wort für Materie. Materie selbst hat einen anderen Ursprung, es kommt von mater. Selbst bei Platon ist ὕλη weit entfernt von dem, was sie bei den Vorsokratikern war, wo sie das Gebärende, Wachsende darstellte, der Mutterschoß aller Welt, und was sie nach Aristoteles im arabischen Materialismus und bei Giordano Bruno wieder geworden ist, der gebärende Mutterschoß des Seins. Materie wird nun das Gegenteil des Mutterschoßes, das Unfruchtbare an sich, das Nichts, aus dem überhaupt nie etwas werden kann, das im Gegenteil dadurch, daß die Dinge in dieses Nichts hineingebaut sind, dauernd Störungen in den Fluß des Lebens hineinschickt. Die schädlichen Nebenursachen, die Störungen, das ist der materiell bedingte Zustand alles Lebens. Wie Fliegen unbequem vor dem Auge schwirren, allerdings ohne böse Absicht, aber besonders störend, so schwirren mit böser Absicht, sofern die böse Weltseele sich einmischt, die Störungen des Nichts, die Gestalten, in denen das Nichts überwiegt, die Botschafter des Nichts in der Welt der Erscheinungen. Wir haben also eine ahrimanische Gegenkraft, die erst durch Platon in die Philosophie eingetreten ist.
Es ist das alles, wie ich Ihnen sagte, bei Platon erst angedeutet, noch nicht ausgeführt. Erst im Neuplatonismus geht es in der Philosophie scharf antimaterialistisch her, indem Plotin, der Meister der Emanationslehre, völlig konsequent die Materie nicht nur μὴ ὄν, das Nichtseiende, sondern τὸ κακόν, das Böse, das Urböse schlechthin nennt. Bei Platon haben wir diese Weltflucht noch nicht. Bei Platon gibt es ja, wie ich Ihnen immer wieder in Erinnerung rufe, bei allem Dualismus, bei aller Zweiweltentheorie kein Jenseits, keinen Himmel, sondern alles spielt sich in dieser Welt ab. Die Sterne und die Seele und die Ideen, die der Seele näherstehen als dem Leib, sind von dieser Welt, der τόπος οὐράνιος gehört durchaus zu ihr. Aber durch diese Welt geht der Riß von unten und oben. Er ist nicht der der Transzendenz und der Immanenz, der Riß ist nicht der zwischen Körper und Seele. Dieser Riß ist philosophisch erst bei Descartes eingetreten. Natürlich steckte er im biblischen Christentum. Es ist, wie gesagt, ein innerweltlicher Dualismus da.

All dies, eine Fülle neuer Motive, steckt im »Timaios«, wie Sie sehen. Ein ganz durchdachter, bis zur Kriegserklärung scharf gewordener Antimaterialismus bricht aus, dadurch aber auch ein bis zu äußersten Konsequenzen getriebener Idealismus, und ein In-die-Konsequenzen-Treiben hat sich in der Geschichte der Philosophie immer als fruchtbar erwiesen. Sie finden hier nichts Halbes, kein Zwielicht, wo man nicht weiß, wer Gast und wer Kellner ist. Sie finden hier eine entschiedene Position, konsequent durchdacht, eine Position, die zeigt, was herauskommt, wenn man eine entschieden antimaterialistische Linie einschlägt, und die zugleich für den Materialismus die Aufgabenstellung gab, das von dieser Position her besetzte Reich zu bedenken, die Einwände zu entkräften oder die Strecken, die trotz allem kryptomaterialistisch sind, zu erobern. Das ist das von Engels betonte fruchtbare Wesen des Idealismus als eines Gegenschlags, das zur Bereicherung des urwüchsigen Materialismus geführt hat.
Es kommt der fünfundzwanzigste Dialog, »Kritias«, sehr kurz und dazu unvollständig, nicht zu verwechseln mit dem ganz frühen »Kriton«. »Kritias« ist ein unvollständig hinterlassenes Gebilde, das kaum über eine Erzählung hinauskommt und die Erzählung über Atlantis vom Beginn des »Timaios« fortzusetzen versucht, diesmal als eine deutliche Utopie mit der offenen Absicht, dieses Ideenwesen, das in der »Politeia« als Staatsutopie dargestellt worden war, nun anschaulich in Aktion zu versetzen. Man kann sagen, hier ist eine erste lokalisierte Utopie angedeutet. Die Utopie, wie Platon sie ausbildete, war eine sehr folgenreiche Bestimmung. Es ist schwer zu sagen, wo sie wirklich ist, meist nur in der reinen Idee, nur als Ideal. Nun aber wird sie lokalisiert; die Absicht, sie vielleicht in Atlantis zu lokalisieren, entspricht dem reaktionären Platon. Er nimmt für seine Utopie eine sehr ferne Vergangenheit von neuntausend Jahren an, stellt auch eine Beziehung zum Goldenen Zeitalter her. Später wurden die Utopien scharf, griffen in die Phantasie, hatten einen aggressiven, den kommenden Unterbau aktivierenden Charakter, indem sie nicht in der Form von Idealerscheinungen begrifflicher Art dargestellt, sondern auf eine ferne Insel verlegt wurden, wo die beschriebenen Zustände angeblich herrschten. Die erste dieser fernen Inseln ist Platons Atlantis gewesen.
Es kommt nun das letzte große Werk, ein immenses Werk, das

deshalb so lang ist, weil es nicht durchredigiert wurde; Platon hat es nicht mehr durchgesehen. Das sind die zehn Bücher der »Nomoi« oder »Gesetze«. Sie sind ebenfalls nach der dritten sizilianischen Reise, nach dem großen Krach, den Platon in Sizilien erlebt hatte, verfaßt und unterscheiden sich von der »Politeia« trotz eines vielfach gleichen Themas sehr stark durch ihren Pessimismus. Es geht nun, wie Platon sagt, nicht mehr darum, den besten Staat in der Idee zu konstruieren, damit sich die Menschen und die Wirklichkeit nach dieser Idee richten können, sondern den zweitbesten oder vielleicht sogar den drittbesten. Dieser Pessimismus ist der gleiche, auf den ich im »Timaios« hinwies. Er hat den Tenor: »Die Finsternisse haben es nicht begriffen.« [Bibel, Evangelium des Johannes, Kap. 1, 5] Die Finsternisse, das ist der Tyrann in Syrakus, er ist ein Teil dieser Finsternis, und dann geht es noch weiter abwärts.

Zwei Wirkungen hat dieser Pessimismus, die sich in den »Gesetzen« zeigen. Erstens wird Platon immer bärbeißiger und immer konservativer. Sein Staat, den er hier herausbildet, der zweitbeste Staat, ist ein reiner Polizeistaat, ein Staat der Unterdrückung, als ob die Menschen Hunde wären oder Raubtiere, die an der Kette gehalten werden müßten, als ob sie gezwungen werden müßten zu dem Guten, das in ihnen wegen ihrer Nachbarschaft zum μὴ ὄν, zum Nichts, so schwach erscheint. Wir haben also ein Strafrecht, das es in der »Politeia« gar nicht gab, und nicht nur ein Strafrecht, sondern ein Strafrecht von äußerster Härte, das sich vor allem auch gegen die Neuerer und gegen die Freidenker richtet. Also gegen Platon selbst, denn verglichen mit der Umgebung, in der er lebte, war dieser Mann, der die Welt dermaßen nach Maßgabe seiner Ideen verändern wollte, durchaus ein Neuerer, wenn auch ein Neuerer auf der Linie, ja im Raum des Konservativen. Die Götter Platons – das sind nicht mehr Zeus und Aphrodite und Hermes, das ist nicht mehr das homerische, freundliche Gesindel, das sind ganz andere Gestalten, die sich vom Volksglauben weit entfernt haben. Trotzdem geht es gegen die eigentlichen, die wahren Erneuerer, besonders gegen Demokrit, und außerdem wird noch die besondere Feindschaft gegen die Künstler verschärft, die ja schon in der »Politeia« keinen Platz mehr hatten, weil alle Dichter lügen. Die Homerischen Gesänge sollen verboten sein. Das ist immerhin neu, sozusagen.

Das zweite, was mit dem Pessimismus zusammenhängt und was

auch wieder zeigt, wie viele Farben dieser Denker auf seiner Palette hatte, ist ein verblüffender Tatsachensinn, den dieser Idealist aus seiner Enttäuschung gewonnen hat. Seine sehr genaue Empirie, sein sehr genaues Wahrnehmen dessen, was ist, in einem negativen Sinn bekräftigen das Sprichwort: Haß sieht scharf. Sie bekräftigen aber auch einen anderen Satz, den man so formulieren könnte: Die Vernunft ist eine durch Schaden klug gewordene Phantasie. Platon läßt in seinem Überfliegen mit sich reden. Er beschäftigt sich als Pessimist und in einem abträglichen Sinn mit den Erscheinungen, aber in einer Weise, die Tatsachensinn enthält, nicht den eines Demokrit und nicht den eines Sokrates, der ein weltoffener, weltaufgeschlossener, weltbejahender Tatsachensinn war. Nein, hier ist feindlicher Tatsachensinn, der Tatsachensinn eines Anwalts gegen den feindlichen Mandanten, der alle schwachen Punkte bemerkt. Ein solcher ist immerhin vorhanden. Ich sagte Ihnen, die Schrift ist nicht redigiert und außerordentlich ausgedehnt. Sie enthält außer dem Bissigen, Scharfen nicht sehr viel Neues. Platon endet nicht auf der Höhe seines Mannesalters, nicht in der Form der Ideenlehre, in dem strahlenden, jubelnden Flugsinn des Auftriebs, sondern mit dem bösen Blick auf die Welt, mit dem Blick eines Moses, der den Tanz ums Goldene Kalb sieht, nur daß es hier nicht das Goldene Kalb ist, gegen das gekämpft wird, sondern die Freiheit. Und er zerbricht die Tafeln der »Politeia« und schreibt neue Tafeln; und diese neuen Tafeln sind die eines Polizeistaats. So kommt der reaktionäre Impuls und Auftrag des Anfangs am Ende ganz scharf wieder heraus. Die »Gesetze« haben aber keine Schule gemacht im Unterschied zur »Politeia«.
Hinterlassen hat Platon schließlich noch dreizehn mehr oder minder echte Briefe, von denen am interessantesten der siebente Brief ist. Die Briefe sind gerichtet an Freunde des Tyrannen Dionysos von Syrakus, nach 353 geschrieben, also wenige Jahre vor seinem Tode im Jahre 347. Sie geben sich wesentlich mit dem letzten sizilianischen Debakel ab und enthalten sehr viele feine Bemerkungen über das Amt der Philosophie in den Wirren dieser Welt. Ganz deutlich zeigt sich in diesen Briefen der Schwärmer, der Idealist Platon, dessen Auge den Himmel offen sah, Platon, der nach den Worten Goethes schien wie ein seliger Geist, dem es beliebt, einige Zeit auf der Welt zu herbergen [Goethe 1948, Bd. 16, 346]. Platon ist ein Reformator, Platon ist einer, der die Welt nach Maßen seiner

Ideenlehre mit dem letzten Ziel der Idee des Guten verändern wollte. Auch in dieser Beziehung ist er ein echter *abstrakter Utopist*. Er glaubte, so etwas ließe sich durch Lehre, durch Ideen, durch Ideale bewerkstelligen, er glaubte, die Wirklichkeit hätte Ideale zu realisieren, statt in der Wirklichkeit die *Tendenz* zu entdecken, die vielleicht den im Einklang mit der Wirklichkeit befindlichen Idealen gerecht wird und vor allen Dingen zu ihnen hinführt. So ist ein berühmter Satz aus der »Politeia« im siebenten Brief nochmals geschärft, den ich Ihnen in dieser Form vorlesen möchte, da er uns alle etwas angeht: »Es wird also die Menschheit nicht eher von ihren Leiden erlöst werden, bis entweder die berufsmäßigen Vertreter der echten und wahren Philosophie zur Herrschaft im Staate gelangen oder bis die Inhaber der Regierungsgewalt in den Staaten infolge einer göttlichen Fügung sich zur ernstlichen Beschäftigung mit der echten Philosophie entschließen.« [Platon, 7. Brief, 326a-b] Ein großer Satz, ein Satz voll Idealismus, aber eines Idealismus, der sich nicht damit begnügt, wie das falsche Bild Platons glauben machen will, sich allein in einer seligen Schau zu bewegen, sondern eines Idealismus, der gleich dem Licht in die Welt hineinscheinen und dort Frühling machen will. Es sind die Ideale Platons nicht unsere Ideale, wir sind weit davon entfernt. Und es ist die Ideenschau nicht unsere Methode, auch davon sind wir weit entfernt, aber dieses Reformatorische und dieser starke Zielblick auf die Idee des Guten, nach der die Dinge unterwegs sind und gehindert werden, dieser *immanente Eros* in der Welt, mit so viel Störungen auf seinem Flug, die ihn herunterbringen, das ist ein Platonisches Erbe. Von hier kommt überhaupt die Kategorie Störung, die wir nun wenigstens zeichnen können, der wir uns infolgedessen bewußt werden können. Von hier kommt auch der Begriff der zwei Welten. Er hat die Welt in zwei Teile gespalten, in das Hier und das Dort, wenn sie sich beide auch innerhalb der Welt befinden. Das ist ein Minus. Trotzdem: Primat des Lichts ist hier wie vorher nirgends sonst an die Spitze gestellt worden, alles soll sich losreißen von den Banden der Finsternis zu diesem Licht hin. Wobei die Entwicklung, das unaufhörliche Gären der Gedanken in Platon in allen diesen Dialogen, durch die ich Sie hindurchgeführt habe, so weit geht, daß er im siebenten Brief wieder Dialektik hineinbringt. Heraklit siegt im siebenten Brief über Elea, die Bewegung siegt wieder als Gestaltung, Umgestaltung über die Ruhe, siegt als das, was im zweiten Teil des »Faust« bei der Beschwörung der Helena das Reich der Mütter genannt wird.

Soviel über die Platonische Lehre. Eine große Silhouette habe ich Ihnen gezeigt in der Zustimmung und im Krieg. Im Krieg hat sich die Philosophie geschärft gegen den Platonismus, und ohne Platon wäre selbstverständlich sein großer Schüler Aristoteles nicht möglich gewesen.

System der Entwicklung

Ich gehe nun über zu Aristoteles, womit wir aus der Platonischen Philosophie gar nicht so ganz herauskommen. Die Platonische Philosophie, läßt sich in Abwandlung eines berühmten Diktums sagen, ist vielfach bei Aristoteles nur auf die Füße gestellt. Der Grundunterschied ist der: die Zweiweltenlehre hört auf, zwischen Stoff und Form wird statt des Dualismus eine Beziehung hergestellt und diese Beziehung ist ausgedrückt in dem ungeheuer folgenreichen Begriff Entwicklung. Statt Teilnahme und Gegenwärtigkeit, Teilnahme der Erscheinungen an den Ideen, Gegenwärtigkeit der Ideen in den Erscheinungen, gibt es eine Entwicklungsbeziehung von dem Stoff zum bestimmten Stoff, durch die Entelechie zur »geprägten Form, die lebend sich entwickelt« [Goethe, 1948 ff., Bd. 1, 523]. Diese riesige Vermittlung ist von Aristoteles aber auf Grund von Platons Kategorien zum Zentrum seiner Philosophie, sowohl der Logik wie der Metaphysik, gemacht worden. [...] Aristoteles ist nicht nur breiter, gelehrter, enzyklopädischer als Platon, was auch seine relativen Geringschätzer ohne weiteres zugeben, sondern, was diese relativen Geringschätzer nicht zugeben und was eine materialistische Kriegserklärung an sie ist: Aristoteles ist auch als Philosoph tiefer als Platon. Und er ist der, vor dem Karl Marx seine sämtlichen Hüte gezogen hat.

Leben, gesellschaftlicher Hintergrund

Aristoteles lebte von 384 bis 322 v. Chr. Geboren wurde er in Stagira in Makedonien, daher der Name »der Stagirite«. Als Sohn eines makedonischen Leibarztes eignete er sich sehr früh medizinisches und naturwissenschaftliches Wissen an, trat siebzehnjährig in den Schülerkreis Platons ein, spielte aber bei aller pietätvollen Unterordnung unter Platon bereits damals eine verhältnismäßig selbständige Rolle. Er blieb bei Platon 20 Jahre bis zu dessen Tod. Als er die Schule verließ, näherte er sich bereits den Vierzigern. Man hat sich nicht wenig darüber verwundert, daß ein Denker von solcher Originalität so lange in dem Schatten eines anderen Genius geblieben und in ihm groß geworden ist. Es ist das ein seltsamer Fall.

Auch die Loslösung von Platon und dem Platonismus geschah sehr langsam, und erst ziemlich spät hat er auf dem Platonischen Boden ein eigenes Lehrgebäude errichtet. Nach den Forschungen von Werner Jaeger [Jaeger, 1923] gibt es eine Urlogik, ganz sicher eine Urmetaphysik und eine Urethik, die wahrscheinlich und sogar verhältnismäßig sicher noch zu Lebzeiten Platons niedergeschrieben worden sind. [...] Wir haben allerdings kein Zeugnis irgendeines Ringens wie in den Platonischen Dialogen und wie bei so vielen Philosophen keine verschiedenen Standorte, kein Herauswachsen eines Standorts aus dem anderen, sondern die Schriften sind so, wie wir sie haben, relativ abgeschlossen, das heißt einheitlich in den letzten Lebensjahren des Aristoteles, nach Jaeger in den letzten zwölf Jahren seines Lebens, aus vielleicht vielfach redigierten Kollegheften zusammengestellt.

Als Platon starb, setzte er nicht Aristoteles zu seinem Nachfolger als Schulhaupt ein, sondern bestimmte einen anderen namens Speusippos dazu. Aristoteles war – sonst hätte er vielleicht die Platonische Akademie übernommen –, zum Glück, können wir sagen, gezwungen, einen eigenen Lehrladen zu eröffnen, was seine Selbständigkeit markiert und selbstverständlich macht. Vorher aber ging er zurück nach Makedonien, von Philipp von Makedonien zum Lehrer Alexanders berufen, den er drei Jahre lang unterrichtete und der ein dieses Lehrers nicht ganz unwürdiger Schüler war. Alexander hielt ihm Dankbarkeit und Treue und schickte dem Lehrer, vor dem er sich in Verehrung verneigte, aus Indien Fragmente der indischen Logik, auch seltene Gesteine, Tiere und Pflanzen. Dazu nahm sich Alexander in Indien Zeit, für seinen Meister Aristoteles zu denken und Gutes zu tun.

Nach Ablauf der drei Jahre am makedonischen Königshof ging Aristoteles zurück nach Athen und eröffnete dort 335, also noch vor den großen Tagen Alexanders, zusammen mit seinem Freund Theophrastos – von dem die bedeutende Schrift über die Charaktere erhalten ist, die ein Modell für Molières »Geizigen« wurde – seine eigene Schule. [...] Wegen der weit ausgedehnten Schattengänge, die in der Schule waren, und wegen der Gewohnheit des Aristoteles, nicht ruhend, sondern im Hin- und Hergehen zu philosophieren, nannte man sie die peripatetische, das heißt »die gehende Schule«, was mit der Methode des Aristotelischen Philosophierens bedeutend mehr Zusammenhang hat als die Akademie mit Platon, die bekanntlich nach dem Herrn Akademos benannt wurde – das Peripatetische paßt gar nicht übel zur Aristotelischen Methode der Philosophie der Bewegung und der sich bewegenden Entwicklung. Am Ende seines Lebens war er in Athen Verfolgungen ausgesetzt – die Hysterie tauchte wieder auf in Athen –, und um, wie er sagte, die Stadt vor der Schande zu bewahren, die Sokrates-Episode zu wiederholen, ging er nach Chalkis auf der Insel Euboia im Ionischen Meer, wo er 322 starb.

Die gesellschaftliche Grundlage der Person und der Schriften des Aristoteles [. . .] ist völlig verschieden von der Platons. Aristoteles ist ein Makedonier, war Erzieher eines Kronprinzen, kommt von einem Königshof – wenn auch nicht in einem reaktionären, sondern in einem gutmütigen Sinn. Die Spannungen des demokratischen Athens zu der spartanischen und persischen Reaktion, die durch Platon bezeichnet werden, gingen ihn nichts an. Wir finden nichts von dem Finsteren, Hochmütigen, Geistig-Aristokratischen, das Platon in sich trug, wir finden auch nichts vom Kampf gegen den Materialismus. Demokrit, der bei Platon nicht genannt wird, spielt bei Aristoteles eine ungeheure Rolle, wird immer benutzt, wenn auch wesentlich nur als Naturphilosoph und Enzyklopädist. Aber auch Demokrits materialistische Philosophie wird weitgehend aufgenommen. Also besteht hier kein Tabu wie bei Platon.

Die Erklärung nun der Entwicklungslehre aus der gesellschaftlichen Grundlage ist ein weites Feld. Der Hellenismus, also das Alexanderreich und dann das Reich der Diadochen, der Nachfolger Alexanders, können die Grundlage nicht sein, weil Aristoteles ja vorher gestorben ist. Immerhin, Stücke sind vorhanden, haben sich angedeutet. Auf all dieses werden wir eingehen. Auch das Enzyklopädische, das bei Aristoteles wieder erscheint, das Gönnerische, das Tolerante, in einem fruchtbaren und männlichen Sinn, in einem beherrschenden Sinn, das alles werden wir zu erklären versuchen.

Es erscheint – das sei vorweggenommen – mit Aristoteles ein Typ von Philosoph und ein gesellschaftlicher Typ von Weltanschauung, der die Welt seitdem nicht mehr verlassen hat. Zum Unterschied von Platon, von Kant, von Nikolaus von Cusa, von Meister Eckhart und so vielen anderen ist hier nicht ein introvertierter Grübelsinn, nicht das zwei, drei Schritte Zurücktreten von der Erscheinung, um sich des Wesens der Erscheinung bewußt zu werden. Sokrates gehörte auch zu diesem Typ. Sondern Aristoteles verkörpert den Typ des Welteroberers, den extravertierten Typ. Nach dem lux interior, nach dem inneren Licht, erscheint lux exterior, das äußere Licht. Ein offener Blick, wie ihn Händel in seiner Musik hat, groß, strahlend, breit, offen – das ist der Typ des Aristoteles, sehr verschieden von dem leicht faunischen des Sokrates und dem vergrübelten des Platon. Dieses Offene ist ein Wesenszug bei Aristoteles. Ich brauche nicht zu sagen, daß der Blick auf die vom Menschen unabhängige Außenwelt auch ein Wesenszug des Materialismus ist.

[. . .] Nach Demokrit beginnt nun mit großer Breite und auch mit großer Tiefe in der Aristotelischen Philosophie dieser deutlich auf die vom Menschen unabhängige Außenwelt gerichtete Blick. Statt des Grübelns und Erfragens, das sich nicht genug tun kann in Grübeln und Erfragen, tritt uns ein nach außen gerichteter Blick entgegen, was nicht bedeuet, daß er nicht ebenfalls mächtig geladen wäre mit Grübeln und Fragen. Sonst hätte Aristoteles vielleicht Weite, aber keine Tiefe. Wer nur das Grübeln und das Fragen hat, kann ein Philosoph sein, besitzt aber keine Weite. Das Grübeln und die Weite des Blicks zusammen, die Art, es sich schwer zu machen und gleichzeitig die Naivität nicht zu verlieren, sich vom naiven Realismus des einfachen Mannes nicht bis zur Spintisiererei zu entfernen – das eben macht die gesunde und die klassische Philosophie aus. Das Fragen darf selbstverständlich nicht fehlen, denn sonst ist eines der wichtigsten Ingredienzen des Philosophierens nicht vorhanden. Wer also alles von vornherein weiß, der braucht gar nicht anzufangen, der ist eben gescheiter als wir sind, der braucht auch nicht Philosophie zu studieren, der kennt schon alles und hat es auswendig gelernt, beruhigt sich mit dem Katechismus. Diese Leute nennen wir, wenn sie innerhalb der Kirche auftreten,

Pfaffen. Wer aber noch forscht, wer das Untersuchende braucht, wer mit der sich dialektisch bewegenden Welt gleichen Schritt halten will, ja ihr sogar vorauseilen will, in einer konkreten Weise, damit er die Tendenzen nicht nur hört, sondern leiten kann, damit er die Tendenzen nicht nur versteht, sondern ihnen gemäß handelt und verändert, der jedenfalls weiß nicht alles von vornherein. In diesem Sinne also stellt Aristoteles eine vorbildliche Verbindung dar. [...]

Die Schriften und ihr Schicksal

Nun komme ich zu den Schriften. Von dem großen Materialisten Demokrit besitzen wir nur Fragmente, von dem großen Idealisten Platon besitzen wir, da er ein Idealist ist, das heißt, da er konform mit dem Interesse der herrschenden Klasse ging, alles und, wie ich Ihnen sagte, noch mehr dazu. Von Aristoteles besitzen wir ungefähr die Hälfte. Verloren sind seine Frühschriften, Dialoge, die wegen ihrer sprachlichen Schönheit berühmt sind, was wir uns kaum vorstellen können, denn die Sprache des Aristoteles ist nüchtern und sachlich, zu nüchtern. Was in ihm vorgeht, merkt man sprachlich nicht; das ruft zum Teil Schwierigkeiten überflüssiger Art hervor. Zuwenig Sprache ist genauso schädlich wie zuviel Sprache. Die Definitionen sind karg, knapp, oft verschiedener Interpretation fähig.

Was wir besitzen, ist sowieso ein merkwürdiges Gebilde. Es sind eben, wie Werner Jaeger in seiner Schrift über Aristoteles ziemlich einwandfrei nachgewiesen hat, alles Schriften, die gar nicht zum Druck bestimmt waren, die Aristoteles erst in seinen letzten zwölf Jahren nach Kollegniederschriften angefertigt hat oder anfertigen ließ. Der Titel eines seiner Hauptwerke lautet »Metaphysik« – er stammt von einem Buchbinder. Zuerst hat dieser die physikalischen Schriften von Aristoteles eingebunden, und als dann noch einiges über das allgemein Seiende und seine Beschaffenheit übrigblieb und er nicht wußte, wie er das nennen sollte, hat er darübergeschrieben: μετὰ τὰ φυσικά, das heißt »nach den physikalischen Schriften«. Die »Metaphysik« ist uns nur sehr verzerrt erhalten, Kapitel sind ineinandergeschoben, es wimmelt von Wiederholungen, plötzlich reißt der Faden, und etwas ganz anderes fängt an. Es

wäre eine große Aufgabe, wenn es jetzt bei uns in der DDR in Angriff genommen würde, eine philosophische Konjektur dieser »Metaphysik« zu machen, des Buches, das wohl die meisten Kommentare in der mittelalterlichen Scholastik gefunden hat.
Um die Werke selbst und ihr Schicksal zu begreifen und überhaupt die Erscheinung ganz in den Blick zu bekommen, muß zuvor gefragt werden: Wie steht es nicht nur mit der Person, sondern wie steht es mit der gesellschaftlichen Rolle des Aristoteles und der Aristotelischen Philosophie? Das hängt mit dem Schicksal seiner Werke merkwürdig zusammen.
Aristoteles ist Makedonier, sein Vater war Leibarzt des Königs Amyntas von Makedonien. Er kam als ein Fremdling nach Athen, die Streitigkeiten zwischen Demos und Restauration der alten Aristokratie haben ihn seiner Herkunft nach nicht betroffen. Er war ein Fremder, Erzieher Alexanders des Großen, hatte auch als Makedonier, der er geblieben war, Schwierigkeiten in Athen, vor allem in seinen letzten Lebensjahren, nicht nur wegen seiner gottesleugnerischen Philosophie, wie die Reaktionäre sagten, die in diesem Fall zu dem Kleinbürgertum, nicht zu dem Adel, nicht zu den Patriziern gehörten. Da ihn das alles nichts anging, finden wir bei Aristoteles deshalb keine reaktionären Züge, wie sie uns bei Platon vertraut sind. Wir finden aber auch zum Unterschied von Platon gar nichts Überfliegendes. Aristoteles hatte es nicht nötig, sich von der Wirklichkeit abzukehren. Er bejahte die Wirklichkeit, die aufsteigende makedonische Macht und den Zusammenschluß all dieser Staaten, die nichts als Splitterstaaten waren, also von Sparta, Athen und Theben. Der Zusammenschluß dieser Splitterstaaten unter einer Großmacht und zu einer Großmacht ging unter lebhaftem Widerstand von Demosthenes, dem großen Redner und athenischen Lokalpatrioten, vor sich, der zum letzten Mal Athen als selbständige Polis gegen Philipp und gegen Alexander verteidigte. Ein großer Atem also war in Aristoteles, und zwar einer, der sozusagen Platz hatte in den gegebenen Verhältnissen und der nicht eine Fluchtbahn brauchte in einen τόπος οὐράνιος. Er war von außerordentlicher Diesseitigkeit, durch die Platon und Platonisches entgiftet und konkretisiert wurden.
Die Platonische Idee, die über den Erscheinungen steht, an der die Erscheinungen teilnehmen oder die in den Erscheinungen mehr oder minder wachsend gegenwärtig ist, diese Idee ist bei Aristoteles

eine Entelechie, das heißt eine in den Stoff versenkte Wesenheit. Statt μέθεξις und παρουσία entsteht Entwicklung im Stoff. Und statt als μὴ ὄν, als böser Stoff, der schlechthin nichts ist und unfruchtbar, wird der Stoff als δυνάμει ὄν begriffen, das in-Möglichkeit-Seiende, das wie Wachs ist, fähig, Formen aufzunehmen und auszuprägen. Wir haben also eine durchdringende und durchgehende Immanenz ohne Pessimismus, ohne Weltflucht, ohne τόπος οὐράνιος der Idee, und wir haben, was den Hauptcharakter der Aristotelischen Philosophie ausmacht, eine durchgehende, systematisch durchgehaltene Linie, die bezeichnet ist durch den Entwicklungsbegriff.

Entwicklung hat es vorher auch schon gegeben, sporadische Bemerkungen von Entwicklung, sogar Darwinscher Art, bei Anaximander, wie Sie sich erinnern werden, aber das war längst zusammengefallen. Es hatte Mischung und Entmischung gegeben, bei Heraklit einen Kreislauf, Entwicklung hatte sogar wie ein Brettspiel dreingesehen, mit Zufall, mit Ungefähr. Aber besonderes *Pathos der Entwicklung* und gar durchgehend gehalten als *Grundbegriff* eines Philosophierens als unverwechselbarer Grundton: das ist neu. Die beiden Begriffe Stoff und Form – von denen der eine, Stoff (ὕλη), in den vorsokratischen Philosophien stark pointiert worden und der andere zum ersten mal ebenfalls vorsokratisch aufgetaucht war, bei Pythagoras in dem Begriff Zahl, dann vor allem in den Ideen bei Platon – Stoff und Form geraten nun in die Beziehung der Entwicklung zueinander.

Das ist nur möglich bei einer großen Perspektive, in der eine sich anbahnende ungeheure Entwicklung Optimismus hervorruft. Ich sage nicht, daß das die Ideologie der Entwicklung des Hellenismus wäre. Ich kann das schon deshalb nicht sagen, weil Hellenismus gegenüber Athen keineswegs eine höhere Stufe darstellt. Mit Entwicklung haben wir ja einen *Wertbegriff* im Sinn. Wir denken bei Entwicklung auch an Fortschritt, wir denken nicht an das, was ursprünglich mit dem Wort gemeint ist, daß sich nämlich etwas nur entwickelt. Zum Beispiel kann sich ein Krebsgeschwür entwickeln; für die hypothetischen Krebsbazillen ist es wahrscheinlich ein Fortschritt, für den Menschen ist es nicht eben ein Fortschritt. Also steckt in Entwicklung an sich noch kein Wertbegriff. Es gibt eben auch die Entwicklung nach abwärts, Entwicklung des Kapitalismus zum Imperialismus, zum Faschismus. Da gebrauchen wir auch den

Begriff Entwicklung, wir würden nicht Fortschritt sagen. Aber im überwiegenden Sinn haben wir den Wertbegriff, daß sich ein immanentes Ziel in dem großen Vorgang deutlich ausprägt oder in der Erscheinung eine größere Annäherung an das Ziel stattfindet. Dieser Sinn ist durch die Entwicklung zum Hellenismus ohne weiteres noch nicht gegeben. Solch positiven Entwicklungsbegriff finden wir später bei Augustin, der bejaht, daß es hingeht zum Reich der Kirche, was eine Entwicklung ist, die gegenüber der untergehenden Latifundienbesitzergesellschaft in der Spätantike, die man kaum mehr Sklavenhaltergesellschaft nennen kann, auch ein Progressives an sich hat. Dies ist hier gesellschaftlich nicht der Fall. Der Wertbegriff Entwicklung braucht im übrigen nicht da hergenommen zu sein, er ist abstrakt bereits bei Platon präformiert, mit dem Ziel, dem Primat der Idee des Guten.
Jedenfalls gibt es bei Aristoteles kein Greinen, kein Klagen, kein Herunterhandeln oder Sich-Herunterhandeln-Lassen wie bei Plato zum zweitbesten, zum drittbesten Staat, kein Kapitulieren und Nachlassen des Lichts. Im Gegenteil: dadurch, daß etwas wirklich und konkret ist, verliert man nichts, sondern gewinnt etwas. Das ist aristotelisch. Nicht bei Aristoteles blamiert sich die Idee, wenn sie mit dem Interesse zusammenstößt, sondern bei Platon. Bei Aristoteles gewinnt sie, weil sie eine von vornherein auf Realitäten bezogene Idee ist. Sie konkretisiert sich. Das also ist der ungeheure, entwicklungsgeschichtlich konkrete Realismus bei Aristoteles, der eben, wie gesagt, nicht einem sentimentalisch opponierenden, weder einem plebejisch-utopischen noch einem aristokratisch-utopischen Verhältnis zu der politischen Wirklichkeit entstammt oder entstammen mag.

Methodische Erschwerung: ungleichzeitige Wirkung des Aristoteles

Im einzelnen ist hier noch sehr viel zu tun, vor allem besteht die Schwierigkeit darin, daß es ja zur Zeit des Aristoteles noch keinen Hellenismus gab, daß Alexander noch nicht einmal seine Kriegszüge begonnen hatte, als Aristoteles seine Philosophie ausbildete, und außerdem hatte Aristoteles 20 Jahre in Athen »am Hof« Platos gelebt. Es ist hier wie überall bei solchen Angelegenheiten vor einem Materialismus zu warnen, der sich als Materialismus ausgibt und in Wahrheit Idealismus ist. Es kommt nicht auf die Inhalte allein an, es kommt auch auf die Methode an. Idealismus liegt vor, wenn jemand eine Theorie hat oder ein Theorem und dieses, als wäre es ein Theorem a priori, auf die Wirklichkeit aufpreßt. Idealismus methodischer Art steckt in dem Satz »Reim dich oder ich freß dich«. Die Inhalte des Theorems sind dabei noch völlig gleichgültig. Eine vorgefaßte Meinung also, die sich zu einem Theorem verdichtet hat, kann auf die verschiedensten Phänomene der Außenwelt idealistisch angewendet werden. Damit werden die Phänomene der Außenwelt vergewaltigt und ich komme nicht zu einer Kenntnis der Außenwelt, sondern zu einer Scheinbestätigung meines Theorems. Die Außenwelt, wenn sie Geschichte ist, kann sich ja nicht dagegen wehren. Über sie kann jeder reden, was er will. Das geht gegen die, wie Jakob Burckhardt sagte, »terrible simplification«. Man darf nicht vereinfachen, man muß es sich schwer machen. Darauf kommt es an. Und da ist noch sehr viel zu tun. [. . .]

Wenn Aristoteles in der Tat eine Ideologie der sich anbahnenden hellenistischen Gesellschaft geliefert hätte, wenn sich in der Aristotelischen Philosophie nicht noch ganz anderes zugetragen hätte, was nur durch viele Zwischenglieder mit den Verwandlungen der griechischen Gesellschaft zusammenhängt, so müßte er doch zu Lebzeiten und nach seinem Tod einen großen ideologischen Einfluß gehabt haben. Dem ist durchaus nicht so. Aristoteles, der schon zu Lebzeiten keine besondere Rolle gespielt hatte, war nach seinem Tod fast vergessen. Er gewann erst nach Jahrhunderten seine Bedeutung, die so überragend war, daß er schlechtweg φιλόσοφος, der Philosoph, genannt wurde. Es gab gar keinen anderen, der gegen ihn aufkam. Es gab Christus und Aristoteles, es gab Mohammed und Aristoteles; Aristoteles war praecursor Christi und praecursor Mohammeds. Es war für einen Studenten der Philosophie vom 13. bis zum 18. Jahrhundert an irgendeiner Universität des Islams oder der Christenheit ganz unmöglich, sich vorzustellen, daß »der Philosoph« überhaupt ein lebendiger Mensch gewesen war und nicht nur eine Kategorie.

Stellen Sie sich vor, ein Mann namens Goethe wäre zu seinen Lebzeiten ganz unbekannt und gleich nach seinem Tod vergessen gewesen. Ich will Ihnen eine Geschichte erzählen, die Ihnen das verdeutlichen soll. Ein Literaturhistoriker hat so um 1830 oder 1840 erfahren, daß in Sesenheim noch eine uralte Frau lebt, die den Studenten Goethe und auch die Friederike gut gekannt haben soll. Er fuhr nach Sesenheim und traf die etwa neunzigjährige Frau gesund und rüstig an. »Ja, ja«, sagte sie, »was gestern war, das weiß ich nicht mehr genau, aber an den Goethe, ja, an den erinnere ich mich; war ein hübscher junger Mensch aus Straßburg. Der ist gekommen und hat der Friederike den Hof gemacht. Wir alle haben gedacht, er würde sie heiraten. Aber eines Tages hat sich dieser Goethe auf und davon gemacht bei Nacht und Nebel, und in der ganzen weiten Welt hat niemand mehr von ihm gehört.« So wie die alte Frau in Sesenheim zu Goethe, so hat man sich zu Aristoteles verhalten.

Die Schriften des Aristoteles haben ein seltsames Schicksal gehabt: Ein Verwandter nahm sie an sich, einige Abschriften, mehr war nicht da. Später wurden sie von dem Erben des Verwandten verkauft, zu Geld gemacht. Es hat offenbar noch ein paar Leute gegeben, die sich dafür interessierten. Viel werden sie nicht gezahlt haben. Dann kamen die Kriegsläufte, der makedonisch-persische Krieg, und danach das Durcheinander in den Diadochenstaaten. Die Schriften wurden, weil sie doch einen kleinen antiquarischen Wert zu haben schienen, von einem Antiquar oder einem Buchhändler irgendwo in Kleinasien in einer Höhle versteckt und gerieten völlig in Vergessenheit. Das berichtet wenigstens Plutarch. Die Geschichte ist beinahe etwas zu schön, um wahr zu sein, oder etwas zu traurig, um wahr zu sein. Nun gingen also, wie es so heißt Jahre, sogar Jahrhunderte ins Land, und da unten in dem Keller lagen die Schriften, und es war hübsch feucht, sie verschimmelten, und, wie Marx von der »Deutschen Ideologie« sagte, die »nagende Kritik der Mäuse« wird auch nicht gefehlt haben. Also diese Papyri wurden immer unansehnlicher, bis unter Sulla, gegen Ende der römischen Republik, ein Soldat oder Offizier sie entdeckte. Sulla ließ die Schriften des Aristoteles, von dessen Name noch ein Dämmer dagewesen sein muß, nach Rom bringen, dort wurden sie von einem gewissen Andronikos im ersten christlichen Jahrhundert erstmals herausgegeben.

Vom Tod des Aristoteles Ende des 4. Jahrhunderts (322) an bis zum ersten christlichen Jahrhundert, immerhin etwa 300 Jahre, hat man von Aristoteles weder etwas gehört noch, wie es scheint, ein Bedürfnis gehabt, etwas zu besitzen. Das erschwert natürlich die

Zuordnung zu einer Ideologie. Die Ideologie des hellenistischen Zeitalters war die Stoa, da paßt alles zusammen. Bei Aristoteles haben wir, wie gesagt, Schwierigkeiten, und die Ideologie, wie sie Aristoteles darstellt, fand sozusagen erst – wenn man so etwas Abenteuerliches sagen kann – ihre Basis in der mittelalterlichen Feudalgesellschaft. Für einen Philosophen wie Augustin ist es kein großes Wunder gewesen, daß er seine Basis erst Jahrhunderte später fand. Der war ein Bischof und Kirchenvater im 4. christlichen Jahrhundert, ein großer Antizipator, der Tendenzen sehen und hören konnte, und die Kirche war schließlich schon da. Die Völkerwanderung zeichnete sich am Horizont ab und die neue Feudalgesellschaft auch. Das ist zwar merkwürdig, aber noch begreiflich; es liegen nur 600 Jahre zwischen Augustin und seiner großen Wirkungszeit. Daß aber Aristoteles der Philosoph des christlich-katholischen Mittelalters geworden ist, das ist schon sehr seltsam. Außerdem verfügte er über einen derartigen Reichtum, daß er ebenso der Philosoph des pantheistischen und atheistischen Naturalismus der Araber und Perser wurde wie auch der Philosoph der Renaissance, des Pantheisten Giordano Bruno. All dieses lag in Aristoteles. Hier muß etwas dringend untersucht werden: Wie ist der Zusammenhang des Aristoteles mit der Zeit? Der Zusammenhang ist selbstverständlich da, aber wie wirkt er sich im einzelnen in seiner Theorie aus? Durch eine solche Untersuchung könnte auch das Vergängliche in seiner Philosophie leichter sichtbar gemacht werden, damit wir uns nicht überflüssige Mühe geben, denn wir sind ja keine Historiker, sondern Philosophen. Also: Was kann man durch die vergängliche Zuordnung und durch die Zuordnung zu einem vergänglichen Unterbau ohne weiteres in die Rumpelkammer tun?

Die einzelnen Werke

Ich komme nun zu seinen Schriften im einzelnen. Ich sagte Ihnen schon, die frühen sind verlorengegangen. Aristoteles soll hinreißende Dialoge in einer blühenden Sprache geschrieben haben; mellifluus, honigfließend, nennt sie Cicero. Er hat auch drei Bücher über Rhetorik geschrieben, die erhalten sind, und an der Platonischen Akademie Rhetorik gelehrt, was man sich kaum vorstellen

kann bei der ungeheuren Nüchternheit und Trockenheit seiner Diktion, die sich dafür durch definitorische Schärfe auszeichnet.
Erhalten ist in erster Linie das große *»Organon«*: die logischen Schriften, die erst in byzantinischer Zeit unter dem Namen Organon zusammengefaßt wurden. Organon heißt Werkzeug, es bedeutet also Werkzeug des Denkens. Bei Aristoteles heißen die Schriften noch »Analytika«, Analyse von Begriff, Urteil, Schluß. Sie sind die erste ausgebildete Begriffs-, Urteils-, Schluß- und Beweislehre. Bei Platon werden diese Probleme nur gelegentlich, sporadisch, ohne eigenen Ort behandelt, durchgehend einzig in dem sprachphilosophischen Dialog »Kratylos«. Eigentlich sind sie immer gegenwärtig, aber eben nur in der systematisch nicht besonders vorbildlichen Form des Dialogs. Hier dagegen bleibt ein Denker bei der Stange; Aristoteles behandelt in großer schöpferischer Nüchternheit Begriff, Urteil, Schluß, Beweis. Auf die »Analytika« kommen wir noch ausführlich zurück.
Es schließt sich an die *»Metaphysik«* – kein Spätwerk, sondern genau wie das »Organon« spät redigiert. Ich habe Ihnen schon gesagt, woher der Name Metaphysik kommt. Dieses Wort hat dreimal schon eine veränderte Bedeutung gehabt. Für den Buchbinder war es eine technische Sache; er mußte wissen, in welcher Reihe die Bücher zu binden waren. Es war für ihn wichtig zu wissen, daß μετὰ τὰ φυσικά nach den physikalischen Schriften kam. Danach bekam das Wort »Metaphysik« den Sinn entweder des die Erscheinungen überfliegenden oder des sehr tief in die Erscheinungen hineinblickenden Wissens, in einem schlechten populären Sinn ist es das Wissenschaftlich-Übersinnliche. In minderwertigen, obskuren Verlagsanzeigen wird noch heute Schrifttum über »Okkultismus, Hellsehen, Metaphysik und Verwandtes« angeboten. Geistersehen, Spiritismus, das ist die übliche populäre Bedeutung, die das Wort hat. Es ist aber ein ganz merkwürdiger Witz, den der Buchbinder da gemacht hat; das alles hängt nämlich ein bißchen mit dem μετὰ τὰ φυσικά zusammen, das »nach den Erscheinungen«, aber auch »hinter den Erscheinungen«, im räumlichen Sinn »hinter den physikalischen Phänomenen« heißen kann.
Die Bedeutung »Wissenschaft von den allgemeinsten Bestimmungen des Seienden« ist die übliche Bedeutung, die das Wort in der ganzen westeuropäischen Welt selbstverständlich bis heute hat. Den Engelsschen Gebrauch des Wortes »Metaphysik« versteht man

im Westen überhaupt nicht. Man hätte vielleicht gar nichts dagegen, aber man versteht es nicht. Das ist für diese Menschen so, als ob man plötzlich für schwarz weiß sagte. Was wir Metaphysik nennen, nennen sie Statik. Es gibt eine Engelssche Definition von statisch und dialektisch, die an irgendeine Bemerkung von Hegel anschließt, die sich aber außerhalb des Marxismus nicht durchgesetzt hat, und ich gebe den Rat, das Wort »Metaphysik« in dem Sinn von statisch zum Zweck der Verständigung außerhalb unserer Kreise zu vermeiden. Es schadet nichts, dafür statisch zu sagen und für das Gegenteil dialektisch. Es macht in der Tat ungeheure Schwierigkeiten, wenn La Mettrie, gerade der diesseitigste Materialist, ein Metaphysiker ist und Jakob Böhme, der die »Sechs theosophischen Punkte« geschrieben hat, ein Theosoph also, kein Metaphysiker ist. Das ergibt Überschneidungen, die viele, die völlig auf unserem Wege oder schon bei uns sind, überhaupt nicht verstehen. Und wir wollen doch keine überflüssigen terminologischen Schwierigkeiten machen. Unter Metaphysik stellt man sich in der ganzen Welt das Gegenteil von exakter Forschung, das Gegenteil von Schärfe des Gedankens vor: Schwärmerei oder einen unermeßlich verbohrten und blinden Tiefsinn. Durch Gewohnheit und durch einen gewissen Inzest, den wir mit diesem Worte treiben, ist das eingerissen. Also rate ich, nur zum Zwecke der Verständigung und ohne im mindesten an der Sache auch nur ein I-Tüpfelchen aufzugeben, dem Wort den uralten Sinn zu belassen. Es haben schon oft solche Bedeutungswandlungen stattgefunden. Subjekt-Objekt ist ein anderes Beispiel. In der Grammatik ist das Subjekt durchaus Objekt. In dem Satz »Der Tisch ist rund« beispielsweise ist der Tisch Subjekt. Subjekt ist dasselbe wie Substanz und Substrat, ganz objektiv gemeint. Wir gebrauchen es aber seit dem 18. Jahrhundert mit der Bedeutung inwendig, subjektiv. Das hat sich durchgesetzt, auch mit überflüssigen Kämpfen.

Der »Metaphysik« gehen vorher die zahlreichen Schriften zur *»Physik«*, die Verwandtschaft mit den vorsokratischen Philosophen und mit Demokrit aufweisen. Es gibt darin Untersuchungen über die Tiere und die Tiergattungen, es gibt Tieranatomie, Astronomie, Meteorologie und Psychologie in drei Büchern über die Seele. Nach der »Metaphysik« kommt die *Nikomachische Ethik*. Es gibt zwei Aristotelische Ethiken, die beide aus Vorlesungsnachschriften entstanden sind. Die erste ist nach Aristoteles' Sohn Nikomachos benannt, die zweite, kleinere, die *Eudemische Ethik*, nach einem gewissen Eudemos, vermutlich einem Schüler, der die Vorlesungen herausgab. Sie ist schmaler und schlechter, während die »Nikomachische Ethik« relativ lückenlos vorliegt, relativ systematisch aufgebaut ist und eine große Weite besitzt. Auf die Ethik werden wir ebenfalls noch eingehen. Sie ist in gänzlich optimistischem Sinn gehalten, aber ohne Bezug auf die griechische Polis. Die bekannte Definition des Menschen als eines ζῷον πολιτικόν findet sich jedoch darin. Der Mensch ist ein gesellschaftliches, gemeinschaftbildendes Wesen mit einer Ordnung der Tugenden, die sich unterteilen lassen in praktische Tugenden und dianoëtische Tugenden, das heißt geistige Tugenden, deren Ziel nicht praktisch ist. Aristoteles hat hier erstaunlicherweise mehr Platonische Züge als Platon. Für ihn ist die θεωρία, wie er am Schluß der »Metaphysik« sagt, das Beseligende und das Höhere; die reine Schau, nicht das Tun ist das Wertvollere. So stehen also über den praktischen Tugenden, die sich in der Polis bewähren, die dianoëtischen Tugenden. Wir werden darauf noch näher kommen. Es sind die Tugenden der reinen Betrachtung, Tugenden, in denen der Philosoph seines Gottes Rock trägt, denn Gott ist auch nichts anderes als νόησις νοήσεως, Denken des Denkens. Ihm folgt der Philosoph, der Denker nach. Aristoteles endet also theoretischer als Platon, der viel mehr als Aristoteles in seiner reaktionären Spannung gegen das Athen seiner Zeit die Welt verändern wollte – eine seltsame Verschiebung.

Die drei Bücher zur *Rhetorik* sind schwer unterzubringen. Sie haben nichts mit der Logik zu tun, mehr mit der Politik. Bezeichnenderweise enthalten seine Darstellung der Affekte nicht die drei Bücher von der Seele, sondern die Rhetorik, denn Rhetorik gilt als Erregung der Affekte, nicht der Überlegung. Rhetorik ist Beeinflussungslehre. Die *»Politik«* folgt auf die »Metaphysik« und »Ethik« als das eigentliche vierte Hauptwerk. Sie ist außerordentlich nüchtern gegen das Platonische Utopiesieren gerichtet. Wir finden hier den Gegenschlag empirischer Art, der immer wieder gegen die Utopien geführt wurde, in der Neuzeit etwa von Machiavelli gegen Campanella und Thomas Morus. Die den Gegenschlag führen, sind immer die nüchternen, positiven Staatsrechtler und Historiker. Sie haben stets das, was ist, die Form der Staatsverfassung oder die Technik der Menschenbehandlung und Menschenbeeinflussung zum Zwecke eines reibungslosen Regierens über Menschen eiskalt und zynisch studiert und stellen ihre Resultate gegen die Träume von einem glücklichen Zusammenleben. Diese Resultate beeindrucken sehr leicht durch ihre Empirie, sie sind sehr leicht mit Kapitulation vor der Empirie verbunden und haben nicht das *menschliche Glück* oder die *menschliche Würde* im Blick wie die *Sozialutopien* oder das *Naturrecht*. Bei Marx haben wir die glückliche Verbindung von beidem, einen durchaus empirisch-konkreten Blick auf die vorhandenen Verhältnisse und als Ziel die Herstellung eines menschenwürdigen Zustandes der Gesellschaft. Das Proletariat hat keine Ideale zu verwirklichen, sondern es hat zu erkennen, wohin sich die gesellschaftliche Entwicklung wenden will, und hat die gesellschaftliche Entwicklung zu seinen Zwecken und Zielen zu beeinflussen. Das letztere ist das Platonische an Marx, wenn man so sagen kann. Ein Ziel ist vorher gesetzt, und die Welt wird daraufhin beeinflußt, aber sie wird nicht überflogen, sondern es wird in der Welt, mit der Welt gearbeitet zu diesem Ziel hin. Man reist jedoch nicht zu einem Tyrannen nach Sizilien und bringt den besten Staat in seinem Gepäck mit.

Die Verbindung von empirisch gerichtetem Blick und humanem Ziel ist marxistisch. Vorher läuft das immer auseinander, entweder Utopie oder Machiavelli und Aristoteles, der Staaten und Verfassungen behandelt wie Tiergattungen. Genauso wie er die von Alexander aus Indien geschickten Pflanzenreste und Tierkadaver studierte, so ließ Aristoteles nicht weniger als 158 Staatsverfassungen ausgraben und aufschreiben. Und diese hat er dargestellt und die relativ besten unter ihnen, das heißt jene, die dem Makedonier Aristoteles im vierten vorchristlichen Jahrhundert auf Grund seiner empirischen Untersuchungen als die relativ besten erschienen, besonders hervorgehoben in seiner »Politik«, einer weittragenden und vorzüglichen Schrift mit sehr viel national-ökonomischem Material, das ihm auch schon in der Ethik beim Problem der Gerechtigkeit Dienste leistete.

Gerechtigkeit ist ein großes Wort, und wenn man unsere großen Christen und Juristen aus Westdeutschland hört, so spielt bei ihnen die Gerechtigkeit eine ungeheure Rolle. Sie bringen sie in einen angeblichen Gegensatz zu unserer Rechtsprechung, die besonders scharf ist, wenn es gilt, Spione zu verurteilen oder Agenten oder Gestalten, die Brücken in die Luft sprengen wollen oder für den

Tag X Vorbereitungen treffen. Das wird als parteilich und als Verletzung der Gerechtigkeit denunziert. Gerechtigkeit wird immer als etwas sehr Erhabenes hingestellt, sie hat eine Binde vor den Augen, sieht überhaupt niemanden an und urteilt – wonach eigentlich? Woher weiß man denn im Westen, was Gerechtigkeit ist, wieso maßt man sich an, es besser als die anderen zu wissen, fühlt man sich eingeweiht von der Göttin der Gerechtigkeit? Gerechtigkeit hat angeblich nichts mit unserem gesellschaftlichen Leben zu tun. Sie ist eine ferne, fremde Göttin, ein Mädchen aus fernen Landen. Gerechtigkeit ist also eine seltsame, verblasene Parallele zu Naturrecht.
Justitia fundamentum regnorum, Gerechtigkeit ist das Fundament der Reiche; ja, aber was ist Gerechtigkeit? Bei dem nüchternen Aristoteles ist sie, noch in gewissem Anschluß an Pythagoras, eine Waage. Sehr einfach; die richtige Arbeit soll den richtigen Lohn kriegen, und die richtige Ware soll den richtigen Preis haben. Ein gerechter Ausgleich soll sein zwischem dem, was ein Mensch an gesellschaftlichen Gütern produziert hat, und dem, was er als Gegengabe dafür bekommt. Das ist ein arithmetischer Tauschwert, der bei Aristoteles mit größter Nüchternheit als Gerechtigkeit ausgedrückt ist. Es ist eine administrative Gerechtigkeit, wir werden darauf noch kommen. Marx hat das sehr interessiert. Gerechtigkeit ist ein ökonomischer Begriff von Haus aus und ein fragwürdiger Begriff, wenn es weitergeht. Bei Aristoteles sieht man, wie gut Nüchternheit ist statt einer Flucht in leere Ideale, unter denen sich eigentlich keiner etwas Richtiges vorstellen kann. Der Begriff wurde vor allen Dingen immer dazu benutzt, die eigene Parteilichkeit nicht wahrhaben zu wollen und dem anderen Parteilichkeit zu unterstellen, und zwar dann im schlechten Sinne des Wortes. Wir sind stolz auf unsere Parteilichkeit, aber die anderen, die auch dauernd Parteilichkeit treiben, sind wie Ehemänner, die jede Nacht ins Bordell gehen und große Verfechter der Sittlichkeit sind. Don Giovanni hat das nicht gemacht; der war ganz ehrlich und hat sich ausgelebt und brauchte deshalb kein Bordell.
Die letzte Schrift, die als Bruchstück erhalten ist, ist die außerordentlich folgenreiche *»Poetik«*. [...] Sie enthält den Keim zu den drei Einheiten, freilich nur den Keim. Die Einheit des Ortes, der Zeit und der Handlung sind von Aristoteles nie gelehrt worden und schon gar nicht in dem Sinn, wie das französische Theater des

Klassizismus sie aufgenommen hat. Aber die »Poetik« enthält die folgenreiche Definition der Tragödie als einer nachahmenden Darstellung einer sittlich ernsten Handlung. Der Dramatiker wird auf diese Weise philosophischer als der Geschichtsschreiber, denn er trägt die Sache aus, er läßt die Möglichkeiten nicht brachliegen wie in der Empirie, die der Geschichtsschreiber behandelt hat, sondern er bringt sie zum Austragen. Als Reaktion des Zuhörers wird die bekannte Katharsis bezeichnet, die Läuterung der Seele durch *Mitleid und Furcht*, eine Reaktion, die wir nicht mehr haben und die sich auch wesentlich nur auf die Schicksals- und nicht auf die Charaktertragödien beziehen kann, nicht mehr auf Shakespeare und nicht mehr auf Menschen, die wie Helden untergehen. Hier liegt eine Art von neidischer Bewunderung dem Zuschauer viel näher als Furcht und Mitleid, Furcht vor dem Schicksal, vor dem Walten der Götter, und Mitleid mit dem armen Teufel, der untergeht. Nicht die Katharsis und das tragische Erlebnis ist es, was bei uns die Reinigung bringt. Das ist alles sehr kompliziert, aber die gesellschaftliche Bindung ist mit Händen zu greifen. Es ist katastrophal, wenn man, ohne den dialektischen und historischen Materialismus zu kennen und anzuwenden, Dinge, die sich schlechterdings auf Vergangenes beziehen, kanonisch macht. So ist die Aristotelische Tragödientheorie, die noch bei Lessing kanonisch gemacht worden ist trotz des Kampfes gegen Gottsched und die französischen Klassiker, ein gesellschaftlicher, ideologischer Ausdruck, der an Ort und Stelle gehört und sich mit großer Schärfe auf die griechische Tragödie und die griechische Mythologie bezieht. Daraus aber etwas für alle Zeiten Gültiges zu machen, war eine Katastrophe. Soviel über die Schriften.

Einteilung der Philosophie

Die sich bei Platon anbahnende Systematisierung der Philosophie in drei Teile ist bei Aristoteles zur Gestalt geworden. Es ist eine sehr saubere, klare Teilung; die Periodisierung wird aus der Zeit in den Raum getragen. Der philosophische Stoff wird in drei Teile geteilt: *Logik*, *Physik*, *Ethik*. Diese Formel hat sich durch die Jahrhunderte hindurch gehalten – Logik als Vorbereitung des Denkens oder Ontologie der allgemeinsten Kategorien des Seins, Physik als

Naturphilosophie, Ethik als Geschichts- und Gesellschaftsphilosophie. Von Gott, durch Gott, zu Gott sind alle Dinge, sagt der Apostel Paulus [vgl. Röm. 11, 36]. Und dieses »von Gott, durch Gott, zu Gott« interpretiert Thomas von Aquain aristotelisch: Von Gott, das ist die Logik, das sind die Gedanken Gottes vor Erschaffung der Welt, die hier die Ontologie nachdenkt. Durch Gott, das ist die Welt, das ist die Physik. Zu Gott, das ist die Heilslehre, die Ethik, die Geschichtsphilosophie.

Also auch in diesem uns fremden theologischen Gewand hat sich die Aristotelische Ordnung gehalten, und vollkommen deutlich tritt sie wieder bei Hegel hervor: Logik, Philosophie der Natur und Philosophie des Geistes. Die Wertungen nun, ob man mehr auf die Logik oder mehr auf die Physik oder mehr auf die Ethik den Akzent verlegt, sind in jeder Philosophie anders. Die Stoiker haben den Akzent mehr auf die Ethik gelegt als auf die Physik. Die Logik sei der Zaun, die Physik der Garten und die Ethik die Frucht, sagte der Stoiker Chrysippos [vgl. Diogenes Laertius, 1967, VII, 40]. Die Früchte sind wichtiger als der Garten und selbstverständlich der Garten wichtiger als der Zaun. Aber sie gehören alle drei zusammen. Nun, diese Grundformel ist bei Aristoteles zum ersten Mal in eine sichtbare Gestalt getreten, indem er seine Philosophie in Logik, Physik, Ethik unterteilte. So werden wir sie auch behandeln.

Die Logik

Beginnen wir also mit der Aristotelischen Logik, wobei ich mich eigentlich kurz fassen kann, denn indem Sie in Ihrem ersten Studienjahr Logik hatten, haben Sie implicite die Aristotelische Logik gehabt. Unsere elementare oder Schullogik fällt immer noch zum allergrößten Teil mit den in der »Analytika« gegebenen Darstellungen des Aristoteles zusammen, so daß Kant sagen konnte, die Logik habe seit Aristoteles keinen Schritt vorwärts und keinen Schritt rückwärts gemacht, und Hegel, die Fortschritte der Logik seit Aristoteles bestünden nur aus Weglassungen, was sehr übertrieben ist. Ich könnte mich also hier kurz fassen, wenn nicht ein Zusammenhang aufrechterhalten werden müßte, nämlich der der Entwicklung. Es ist das Zeichen eines großen Philosophen, daß man sein System mit einem einzigen Wort bezeichnen kann. Das Aristotelische System nun ist das *System der Entwicklung*. Die Logik ist eine Entwicklung vom Begriff zum Urteil, zum Schluß, also eine Entwicklung der Erkenntnis der Welt. Die Welt selbst ist eine Entwicklung der Formen, der Stoff wird zu den Formen hingebracht, und die lebendige Form prägt sich in den Stoff ein. Dieser Atem geht durch die gesamte Philosophie und verbindet die Logik mit der Realphilosophie, mit der Kosmologie, mit der Metaphysik.

Ich sagte Ihnen schon, bei Aristoteles hießen die Bücher über logische Dinge »Analytika«; erst Cicero hat dafür das Wort »Logica« in das allgemeine Bewußtsein gebracht. Die Byzantiner haben sie »Organon« genannt, also Werkzeug des richtigen Denkens. Sie haben sie nicht ohne Grund Werkzeug genannt. Logik bedeutete nicht übertriebene Scharfsinnigkeit in Begriffen, bedeutete nicht Haarspalterei, mit der man zum Schluß so weit kommt, daß man sagt: Man nehme kein Haar und spalte es. Das ist nicht das Geschäft der Logik bei Aristoteles, sondern seine Logik ist Erkenntnistheorie. Da man die Erkenntnis nicht mehr so hatte, wie die Antike sie gehabt hatte, und da der Glaube an die Erkenntnis der Außenwelt, vor allem im späten Mittelalter bei den Nominalisten, dergestalt in Brüche ging, daß alle Begriffe nur noch als Lufterschütterungen, Luftschwingungen galten und nichts weiter, so ging der Sinn und das Interesse an der Erkenntnistheorie bei Aristoteles und an der Aristotelischen Logik wachsend verloren, und die Logik wurde in einem Sinn formalistisch, der von dem allzu strapazierten künstlichen Sinn, den wir heute richtig mit dem Wort verbinden, nicht weit entfernt ist. Die Inhalte sind ausgefallen, aber sie waren ursprünglich da. Wenn heute ein Mann, der nie in seinem Leben ein Bild gesehen hat, Rembrandt sieht und sagt, das sei formalistisch, so hat er natürlich ganz recht. Wenn er zeichnete, würde er wahrscheinlich etwas anderes zeichnen als Rembrandt, was seiner Meinung nach der Sache ähnlicher wäre. Aber das ist nicht der Sinn von Formalismus, sondern echter Formalismus liegt vor, wenn wirklich greifbar ein erkenntnistheoretischer Inhalt entschwunden ist. Dieser war bei Aristoteles durchaus da. Es ist nicht unser erkenntnistheoretisches Anliegen, denn es sind viel abgelaufene und mythologische Dinge darin, was aber nicht hindert, daß die Aristotelische Logik an Ort und Stelle erkenntnistheoretisch war. Dieses Abgelaufene und Mythologische steckt natürlich auch in der Logik, die wir heute noch treiben, nur ist das nicht genügend untersucht worden.

Überholtes und Bleibendes

Es ist ein Bleibendes in der Logik wie in der Sprache, tingiert jedoch mit Vielem, was nicht bleibt, zum Beispiel mit der ausschließlichen Beziehung des Erkennens auf Gattungsbegriffe. Die griechische Philosophie kennt nur Gattungsbegriffe. Sie kennt keine Funktionsbegriffe, keinen Zweck des Begriffs, keine dynamischen Zusammenhänge, die in einer Formel ausgedrückt werden, aber nicht Gattungsbegriffe sind, sondern sie kennt »Mensch« und »Tier« und schachtelt das alles in immer größeren Umfängen übereinander. Ideen sind Gattungen, auch bei Aristoteles, Entelechien sind Gattungen. Seitdem die bürgerliche Neuzeit mit der Entwicklung der kapitalistischen Tätigkeit des homo faber und der Dynamik den Funktionsbegriff gebracht hat, das Dynamische anstelle des Statischen und der Gattung, ist in der Aristotelischen Logik ein Veraltetes und zugleich auch, indem es die ganze Welt überzieht, ein Mythologisches, Irrendes. Das ist im einzelnen noch nicht untersucht. Gerade aus Anerkennung dessen, daß die Aristotelische Logik nicht nur eine Lehre des richtigen Denkens im Sinne einer Grammatik des Denkens ist, sondern weil sie mehr ist, nämlich Erkenntnistheorie, deshalb sind vergängliche Elemente darin zu benennen. Das Erkenntnistheoretische ist ein vergängliches Element; es bezieht sich auf eine Erkenntnis, die an eine Wissenschaft und an einen gewissen Überbau gebunden ist, sich also wandelt.

Ich sagte, daß trotzdem eine sehr große Lebendigkeit des Erkennens uns auch noch bewegt in dem Ineinandergehen von richtigem und von wahrem Denken. Das richtige Denken, das ist wohl zeitlos, es ist aber auch vollständig gleichgültig. Der pythagoreische Lehrsatz gilt zu allen Zeiten, auch auf dem Mond und auf dem Mars, eben in dem homogenen Raum, den es ja in unserem Planetensystem noch gibt. Ob es ihn auf einem 400 Milliarden Lichtjahre entfernten Nebelfleck noch gibt, interessiert uns nicht. Es kann sein, es kann auch nicht sein, aber das geht uns nichts an, denn es ist ein bißchen weit. In unserer Welt jedenfalls gilt der pythagoreische Lehrsatz, es gelten die Regeln, daß A gleich A ist oder daß ein hypothetischer Schluß nur eine Wahrscheinlichkeit erzeugt und nicht ein apodiktisches Urteil geben kann oder daß induktive Schlüsse erst recht nur Wahrscheinlichkeitsschlüsse sind und keine apodiktischen Schlüsse wie die mathematisch, geometrisch reduzierten. Das gilt zu allen Zeiten. Ein logischer Schnitzer ist so wie ein grammatischer Schnitzer, solange es Sprachen gibt und die Sprache ihre Grammatik nicht geändert hat. Er ist sogar noch schlimmer, denn die Sprache kann sich ja ändern. Walther von der Vogelweide macht von uns aus gesehen eine Unmenge von grammatischen Schnitzern, und wir machen eine Menge grammatischer Schnitzer für das Sprachgefühl seiner Zeit. Aber das Logische bleibt. Darin können wir uns mit einem mittelalterlichen oder einem antiken Philosophen ausgezeichnet verständigen. Der würde uns das logisch Richtige zugeben. Aber mit der Wahrheit ist es noch etwas anderes, wie ich Ihnen schon sagte.

Wir müssen das Richtige von dem Wahren trennen, wir müssen gerade das Erkenntnistheoretische absondern von dem Formalen, damit das Formale seine Gültigkeit für uns behält. Die Notwendigkeit dazu zeigt sich vor allen Dingen an einem Grundsatz der Aristotelischen Logik, nämlich an der Betonung des einzigen Axioms, das er auszeichnet, des *Satzes vom verbotenen Widerspruch*. Sie sehen, hier stutzen wir schon mit dem ewig Bleibenden, denn da drängt sich einem unwillkürlich das Wort »Dialektik« auf die Lippen, in der der Widerspruch ja vorkommt, den Aristoteles leugnet. Wir werden auf diesen Punkt noch kommen, um zu sehen, daß beide recht haben, daß also auch die Dialektik den Satz vom verborgenen Widerspruch völlig anerkennt, weil sie sonst keine Dialektik wäre. Aristoteles sagt nicht, daß es keinen Widerspruch gäbe, sondern er sagt, er sei verboten. Und die Dialektik lebt davon, daß der Widerspruch verboten ist, das heißt, sie sucht die Widersprüche aufzulösen. Wenn die Widersprüche sich nicht auflösen, dann geschieht entweder Untergang in die Barbarei oder eine Explosion. Die Widersprüche halten es nicht aus, auf die Dauer in der Welt zusammen zu bestehen, sondern es gibt Reibungen. Also so weit ist das gar nicht voneinander entfernt. Trotzdem muß auch hier genau das Formale von dem Inhaltlichen getrennt werden, damit wir die saubere Form bekommen.

Um so merkwürdiger ist nun dieses: Der gleiche Aristoteles, der die Logik ausgearbeitet hat, der das Logische herauskristallisiert hat, das bei Platon im Gespräch nur so unter der Hand vor sich ging, das ins Unreine gedacht, im Gespräch zwar ein Reines, ein Lebendiges, aber nicht schriftlich niedergelegt war – der gleiche scharfsinnige, erzgescheite Mann Aristoteles macht als Enzyklopädist und sogar überwiegender Materialist gegenüber Platon einen Rückschritt, indem er die Dialektik ablehnt. Die Dialektik kommt vor, aber sie bewegt sich nach Aristoteles ausschließlich im Gebiet der Meinungen, der δόξα, des Wahrscheinlichen, sie gehört in den Dialog, sie gehört in die Wahrheitsfindung, sie gehört in den Zustand des Gefäßes, wo sozusagen das Werkzeug von ihm noch nicht entfernt ist. Sie ist also die Töpferscheibe oder der Topf auf der Töpferscheibe in der Werkstatt des Töpfers, bevor er fertig ist. Sie gehört mit ihren vielen Irrtümern, mit ihren vielen Versuchen, mit dem vielen à peu près, dem Vielleicht, dem Hin und Her nicht zu der gefundenen Wahrheit. Ein Streitgespräch in der Sache selbst findet sich nicht. Die Sache ist noch befangen in Widersprüchen, wie Aristoteles sagt, in Widersprüchen, die aber dann in der gewonnenen Erkenntnis nicht mehr statthaben. Ja, es ist sogar ein Kriterium der gewonnenen wahren Erkenntnis, daß sie sich widerspricht, daß sie gar kein Element von Widerspruch mehr in sich enthält.

Infolgedessen schlägt Aristoteles die Dialektik zur Rhetorik und nicht zur Logik. Die Dialektik hat eine Aussicht, gewiß, aber nicht etwa auf die Realität, sondern auf die Beeinflussung von Menschen, das Streitgespräch, die sachgemäße Behandlung von Für und Wider, das Eingehen auf Einwände, die Widerlegung von Einwänden – alles Dinge, die mit der Wahrheit, mit dem richtigen Denken gar nichts zu tun haben. Zunächst haben sie mit Empfindung oder mit der Propaganda, mit dem Durchsetzen von etwas zu tun; der Rhetoriker ist ein Propagandist, der ganz verschiedene Inhalte durchsetzen will. Dieser Gedanke stammt noch aus den Zeiten der Sophistik. Die Aussicht geht also von der Dialektik über die Rhetorik und von da auf die Politik, aber nicht auf die Realphilosophie, nicht auf Physik.

Dies ist das eine Element, an dem das Vergängliche der Aristoteli-

schen Logik besonders sichtbar wird. Das andere ist der Begriff der Entwicklung, wie er ebenfalls in der Logik des Aristoteles vorbereitet ist, nämlich als der einer streng allmählichen Entwicklung. Das Element der Entwicklung, das für uns nach Dialektik schreit, geht bei Aristoteles nicht in Sprüngen vor sich. In der Entwicklung ist kein revolutionäres Element, sie ist ausschließlich evolutionär und hat für die dialektischen Elemente, für Umschlag von Quantität in Qualität keinen Platz. Umschlag von Quantität in Qualität ist in nichts – von der Terminologie gar nicht zu reden – bei Aristoteles angedeutet. Seine Entwicklung ist eine sich allmählich herausbildende Entelechie, neptunisch, wie das Wasser bildet sich etwas in langen, langen Zeiträumen, und nicht vulkanisch, nicht in plötzlichem, jähem Entstehen, nicht in jähem Umschlag. Also auch aus dem Entwicklungsbegriff des Aristoteles ist die Dialektik herausgebracht.
Trotzdem, Entwicklung geht durch. Ich sagte Ihnen, Entwicklung der Begriffe und Entwicklung der Formen, das ist dasselbe. Und die Begriffe, vor allem der Mittelbegriff in einem Schluß, verhalten sich – das ist nun das große Realistisch-Materialistische in dieser Logik-Erkenntnistheorie – abbildlich. Sie denken die Welt in Form des Begriffs, denken das Wesen in Form des Begriffs, denken die Ausprägung des Wesens in den Erscheinungen in Form von Folgerungen und Schlüssen mit dem Primat der Außenwelt und ihrer Abbildungen im Spiegel der Logik. Eine Karte wird gelesen in der stillen Bucht der Logik, eine Karte von den Fahrten der Entelechie auf dem großen, ungeheuren Ozean der Welt. In der Kapitänskajüte wird die Logik gehandelt, und dann fährt man mit dieser Karte in der Hand hinaus oder man rekapituliert nach stattgehabten Fahrten, man zeichnet ein, wo man gewesen ist. Aristoteles hat also auch in der Logik eine völlig in die Welt gewandte Blickrichtung.

Der Begriff

Ich gehe nun kurz auf das einzelne ein, zunächst auf Begriff, dann auf Urteil und dann auf Schluß. Das haben Sie schon alles gehabt. Nur eines, was dazugehört, will ich noch besonders betonen. Begriff ist das, was *be*greift, indem es *um*greift. Das ist die Bestimmung und zugleich die Grenze, die angegeben ist. Das Umgreifende, besser: Umzirkelnde, das eben ist die Gattung. Der Begriff entsteht durch Abstraktion; sie nimmt einzelne, flüchtige oder schwindende Merkmale auf, um dadurch den inhaltlich ärmeren, dem Umfang nach aber reicheren Begriff zu gewinnen. Der Begriff ist also wie ein Hut, unter den verschiedene Erscheinungen nach ihrer wesentlichen Gemeinsamkeit gebracht werden können. Der Inhalt des Begriffs ist die Summe der durch ihn gedachten Merkmale, der Umfang des Begriffs ist die Summe der durch ihn gedachten Gegenstände, wobei Inhalt und Umfang des Begriffs – das ist alles Aristoteles – in einem reziproken Verhältnis zueinander stehen. Je geringer der Inhalt eines Begriffs, desto größer ist sein Umfang. Wenn ich »Wespe« sage, ist der Inhalt des Begriffs größer, als wenn ich »Insekt« sage, denn die Wespen sind schwarz-gelb und stechen, aber nicht alle Insekten sind schwarz-gelb und stechen. Wenn ich »Insekt« sage, ist der Umfang des Begriffs größer, aber die Inhalte sind geringer geworden.

Das alles ist nach Maßgabe der Gattungslogik so. Ihre Grenzen sind schon hier sichtbar. Es gibt Begriffe und zwar Gesetzesbegriffe, bei denen mit dem Umfang auch die Inhalte wachsen. Zum Beispiel hat der Begriff Armee auch mehr Inhalt als der Begriff Truppe. Oder die Planetengesetze von Kepler: Dadurch, daß sie umfassender geworden sind, haben sie auch mehr Inhalte, und dadurch, daß mehr Inhalte da sind, nämlich mehrere Planeten, haben sie auch mehr Umfang. Also verhalten sich Inhalt und Umfang bei Gesetzesbegriffen nicht notwendig reziprok oder entgegengesetzt zueinander. Bei Gattungsbegriffen wie bei Wespe oder Tugend ist die Reziprozität allerdings richtig.

Hauptsächlich beschäftigt sich Aristoteles mit Begriffsbestimmungen; er gibt die ersten genauen Untersuchungen über die Definition und ist ein Meister der Definition, eine Sache, die von Sokrates sozusagen eingezahlt wurde, denn Sokrates wollte ja auch eine Definition haben. Er wollte die Bedeutung eines Wortes durch die Schärfung des Wortes, einen Begriff durch den in dem Wort gemeinten Begriff klarmachen. Was ist Tugend, hat er gefragt, τί ἐστιν ἀρετή. Das ist eine Definitionsfrage. Aristoteles ist ein Meister der Definition, vor allem der Bestimmung. Man bestimmt also für eine Definition das nächsthöhere Genus, die Gattung, und gibt dann die differentia specifica dieses Gegenstandes dazu an. Ich ordne also etwas ein. Die Pflanze ist ein Lebewesen, und die Rose ist eine Pflanze; beide Male wird der höhere Begriff genommen. Lebewesen ist ein höherer Begriff als Pflanze. Die Pflanze ist ein Lebewesen. Nun gebe ich das Spezifische an, was die Pflanze als besonderes Lebewesen auszeichnet, zum Beispiel: ihr Magen liegt in den Wurzeln, sie hat kein Bewußtsein, ihre Fortpflanzung geschieht anders als bei den Menschen, sie wurzelt immer, sie bewegt sich nicht vom Ort und ähnliches. So schraube ich langsam die Pflanze mittels spezifischer Besonderheiten im Begriff fest. Eine etwas kindliche Art im großen Ganzen, Definitionen anzugeben, aber für solche allgemeinen Begriffe reichen sie vollständig aus. Aristoteles geht im einzelnen über Definitionen einfacherer Art ziemlich stark hinaus. Er präzisiert schon die Schärfe von Definitionen, wie sie später juristisch geübt worden sind. Jus ist eine hohe Schule des Definierenkönnens. Es muß so scharf definiert werden, daß nicht das geringste Loch bleibt, durch das ein möglicher Lump aus dem Vertrag herausschlüpfen könnte; auch alle Möglichkeiten, die nicht genannt werden, müssen in die Definition eingeschlossen werden. Das ist die praktische Bedeutung der Definition in einer Klassengesellschaft. Sie ist ebenso wichtig für jegliche wissenschaftliche Arbeit; ihr Gegenstand muß definitorisch als derselbe festgehalten werden. Man darf also nicht etwa beginnen mit Untersuchungen über den Staat bei Platon und nach allen möglichen Zwischengliedern enden mit der Beschaffenheit der Atmosphäre auf der Venus. Das wäre ein unaufhörliches Schwanken des behandelten Gegenstandes, je nachdem, was einen interessiert. So grotesk braucht es nicht zu sein, aber Sie kennen doch selbst vom Gespräch her das, daß ein Mensch nicht bei der Stange bleibt, das heißt nicht bei dem definierten Gegenstand bleibt, sondern unablässig Verschiebungen macht, indem er einem das Wort im Munde herumdreht. Einem das Wort im Munde herumdrehen, das heißt: eine falsche Definition einschieben durch eine kleine, allmähliche Veränderung. Zuerst merkt man sie gar nicht, und nach fünf bis sechs Sätzen sieht es schon ganz anders aus. Ja, sagt man, worüber reden wir denn eigentlich? Dann gibt es Streit, dann ist es aus. Das heißt, auch im persönlichen, im freundschaftlichen und im erotischen Verkehr sind genaue Definitionen stets ratsam. Aristoteles behandelt das. Definitionen können zu eng, aber auch zu weit sein, oder sie können einen Zirkel enthalten. Zum Beispiel: Licht ist das, was leuchtet. Ja, ich sollte doch gerade erklären, was das ist, das da

leuchtet. Jetzt erkläre ich das zu Erklärende durch das, was wieder erst zu erklären ist. Definitionen dürfen auch nicht unwesentliche Merkmale enthalten, die wesentlichen dürfen nicht weggelassen sein, sonst sind die Definitionen schwankend und vage und unbestimmt und außerdem Betrug, also auch nicht brauchbar. Kurz, das finden Sie alles bei Aristoteles deutlich zusammen.
Des weiteren werden Nominal- und Realdefinitionen unterschieden. Nominaldefinitionen sind sprachliche Definitionen, die in einem Wörterbuch die Bedeutung des Wortes angeben. Und Realdefinitionen sind solche, die durch Aufzählung der Merkmale die Eigenschaften eines Gegenstandes bezeichnen. Eine Definition unterscheidet sich aber noch ganz entscheidend von einer wissenschaftlichen Bestimmung. Zu einer Definition gehört es, daß man nur die wesentlichen Merkmale angibt. Zu einer wissenschaftlichen Bestimmung gehört es, daß man sämtliche Eigenschaften angibt. Eine wissenschaftliche Bestimmung gibt nicht Merkmale an, sondern Eigenschaften, bezeichnet durch Merkmale, und zwar reichen die wesentlichen Eigenschaften allein nicht aus, es müssen bei der realen wissenschaftlichen Bestimmung auch die unwesentlichen Eigenschaften angegeben werden, was bei der Definition fehlerhaft ist. Diese können ja in einem anderen Zusammenhang sehr wesentlich werden. Bei der Definition ist manches vollständig gleichgültig. Wir wollen wirklich das Wesentliche am Gegenstand definiert haben und nicht das vollkommen Gleichgültige, zum Beispiel, daß Emmi außerdem noch eine Tomatenfreundin ist. Das kann in einer Liebschaft oder Ehe eine Bedeutung haben, also realwissenschaftlich, aber rein definitorisch ist es gleichgültig.

Das Urteil

Die Begriffsentwicklung geht nun weiter, wenn Begriffe verbunden werden zu einem Urteil, wobei sich neue Eigenschaften zeigen, und die Urteilsentwicklung geht weiter zu Folgerungen und zu Schlüssen, wobei sich wieder neue Merkmale und Bestimmungen zeigen. Ich werde noch kurz auf die Urteilsformen eingehen. Ein Urteil ist, wie Aristoteles mit großer Genauigkeit sagt, nicht eine Verbindung von Begriffen, sondern eine Behauptung im Sinn von Bejahung oder Verneinung der Verbindung von Begriffen. Hier haben Sie also wieder das erkenntnistheoretische Anliegen. Das geht auf Wahrheit. Können zum Beispiel die beiden Begriffe »die Sonne« und »das Runde« mit Recht zu dem Urteil »Die Sonne ist rund« verbunden werden? Kann man nicht sagen, die Sonne sei viereckig? Das ist ja sprachlich durchaus möglich, warum nicht. Man kann in der Sprache jeden Unsinn in Verbindung mit Begriffen sagen, aber man zerstört damit ein Urteil. Die Behauptung ist notwendig und setzt zwei Begriffe in eine besondere Beziehung, die hier erst aufgeht, nämlich die *Beziehung von Subjekt und Prädikat*. Der eine Begriff ist der, von dem etwas auszusagen ist, und der andere, das Prädikat, ist der, der aussagt. Das ist dem Begriff nicht an der Wiege gesungen worden. Jedes Prädikat kann ein Subjekt werden und jedes Subjekt ein Prädikat. Der Stellenwert entsteht im Urteil.

Dabei gibt es allgemeine, besondere und einzelne Urteile, das ist unterschieden. Ein einzelnes Urteil ist: Diese Rose ist welk; ein besonderes Urteil ist: Einige Rosen sind rot; ein allgemeines Urteil ist: Alle Rosen sind Pflanzen, und so geht es immer fließend in die Höhe, von dem Einzelnen zum Besonderen und zum Allgemeinen, schon mit einem Bewußtsein erkenntnistheoretischer Art dessen, daß das Besondere immer das Besondere eines Allgemeinen und das Allgemeine immer das Allgemeine eines Besonderen ist. Das ist schon in der Definition angedeutet, wo das Allgemeine eines Besonderen durch das genus proximum bezeichnet wird und das Besondere eines Allgemeinen durch die differentia specifica des Besonderen zum Allgemeinen.

Aristoteles behandelt im wesentlichen nur die Quantität des Urteils. Er behandelt auch die Qualität des Urteils, aber nicht gleichberechtigt wie die Quantität, sondern er ist scharfsinniger und genauer als die späteren Darsteller, auch als Kant. Kant hat die Tafel der Urteile bestimmt nach Quantität und Qualität, Relation und Modalität. Nach der Quantität teilen sich die Urteile in allgemeine, besondere und einzelne, nach der Qualität in bejahende, verneinende und unendliche, nach der Relation in kategorische, hypothetische und disjunktive, nach der Modalität in problematische, assertorische und apodiktische. Darin sind Überschneidungen, da doch jedes Urteil vor allen Dingen eine Qualität hat, während natürlich nicht jedes Urteil etwa die Relation und die Modalität zu verbinden braucht. Ein hypothetisches Urteil muß nicht notwendig auch ein problematisches sein und ein kategorisches muß nicht ein assertorisches sein. Aber Bejahung und Verneinung ist für jedes Urteil notwendig, das ist von Aristoteles scharf festgesetzt. Es steckt in jedem Urteil ein logischer Willensakt, ein Kopfschütteln oder ein Kopfnicken; ohne das gibt es kein logisches Urteil. Wesentlich ist also, daß er die Qualität als nebensächlich bezeichnet und die Quantität betont. Später sind die anderen Bestimmungen noch hinzugekommen, die bei Aristoteles nur sporadisch ausgearbeitet sind, wie zum Beispiel das höchst wichtige hypothetische Urteil.

Die Folgerung

Verbindungen, Entwicklungen von Urteilen untereinander ergeben nun die zwei Stufen Folgerung und Schluß. Folgerung ist ein unmittelbarer Schluß, Schluß ist eine mittelbare Folgerung. Die Folgerung braucht nur zwei Urteile: Ich habe etwas, also folgt daraus ein anderes. Zum Beispiel ist schon die Umkehrung eine Folgerung. Ich drehe zum Beispiel das Urteil »Alle Löwen sind Raubtiere« um zu dem Urteil »Alle Raubtiere sind Löwen«. Das ist falsch. Was ist da passiert? Es ist die Quantität verändert worden. Das Urteil ist nur dann richtig, wenn ich sage: »Einige Raubtiere sind Löwen«. Es ist also bei der Umkehrung, bei der conversio des kategorischen Urteils die Quantität modifiziert.
Man kann das auch an einem hypothetischen Urteil exemplifizieren: »Wenn es regnet, wird es naß«. Das ist einwandfrei richtig. Ich kann aber nicht sagen: »Wenn es naß wird, regnet es.« Es kann ein Feuerwehrwagen gekommen sein oder im Sommer ein Spritzwagen. Es gibt alle möglichen Gründe, weswegen die Straße naß sein kann. Ich kann also nur sagen: Wenn es naß ist, kommt es vielleicht oder sogar wahrscheinlich daher, daß es geregnet hat. Es wird also bei der Umkehrung eines hypothetischen Urteils die Modalität in Bewegung gesetzt. Davon sind schon Andeutungen bei Aristoteles da, sie sind aber noch nicht zu Ende gedacht. Sie sehen, wie scharf hier die Anatomie getrieben wird und wie scharf hier die Physiologie untersucht wird, damit keine pathologische Anatomie und keine pathologische Physiologie entsteht, damit das Denken gesund bleibt. Das war nur ein primitives und simples Beispiel, es gibt

kompliziertere, bei denen man nicht so genau merkt, daß man etwas umgedreht hat, und nicht so schnell sieht, daß es gar nicht mehr stimmt. Es gibt auch Sätze, die sich umdrehen lassen. Das sind Untersuchungen über die Folgerung.

Induktions- und Analogieschluß

Und nun kommt die Hauptleistung von Aristoteles im Gebiet des Schlusses, nämlich die Entwicklung sowohl der Induktion als auch des Syllogismus, der Deduktion. [...] Beginnen wir mit der Lehre von der Epagoge, dem Hinführen auf einen Schluß durch Induktion. Ein Induktionsschluß ist – verzeihen Sie die Trivialitäten, die ich Ihnen nun wieder vorsetze – der Schluß vom Besonderen auf das Allgemeine. Das mußte aber erst einmal festgestellt werden, und Aristoteles hat es getan. Und wie er sagt, ist der Induktionsschluß kein strenger Schluß, es ist ein Schluß, der nur eine mehr oder minder große Wahrscheinlichkeit hat.
Aus der Induktion folgt kein Beweis, läßt sich sagen, sondern ein Erweis. Nie kann ich wissen, ob das Geschlossene für alle Fälle ausnahmslos gilt; es gilt in strengem Sinn nur für die untersuchten Fälle, vorausgesetzt, daß sie richtig untersucht worden sind. Es gilt also nicht für die Fälle im Raum, die ich noch gar nicht betrachtet habe, und es gilt nicht, selbst im gleichen Raum, für die Fälle in der Zeit, die ich noch nicht betrachtet habe, also weder für die Vergangenheit noch für die Zukunft. Es ist zwar vollkommener Unsinn, an unseren vielfachen Induktionsschlüssen zu zweifeln, aber wer garantiert mir dafür im strengsten theoretischen Sinn, daß dieses Glas Wasser sich nicht in fünf Minuten in ein Krokodil verwandelt? Dergleichen ist noch nie vorgekommen, aber darum kann ich noch nicht mit strengster Genauigkeit sagen, das Glas Wasser werde so etwas nicht tun. Es ist ein so hoher Grad von theoretischer Wahrscheinlichkeit für das Unmögliche dieses Vorgangs vorhanden, daß praktisch nur in einem Irrenhaus ein Zweifel daran gefunden werden kann, aber die Strenge des pythagoreischen Lehrsatzes hat der Satz, daß dieses Glas Wasser immer ein Glas Wasser bleibt, nicht. Er ist eben auf einer doch begrenzten Erfahrung aufgebaut. Die Erfahrung, wie sich das Glas Wasser auf dem Mars verhält, habe ich ja noch nicht gemacht. Es ist unwahrscheinlich, daß es ein

Krokodil wird, aber vielleicht etwas ganz anderes? Gewiß, wir haben vieles erkannt, wir haben durch die Spektralanalyse herausgebracht, daß sich auf den Gestirnen und in den fernsten Nebelflekken diesselben Elemente wie auf der Erde befinden. Das ist sogar eine Überraschung, eine angenehme Überraschung sozusagen gewesen, denn so selbstverständlich ist das nicht. Und eben dieser Wahrscheinlichkeitscharakter der Induktionsschlüsse zwingt auch methodisch zu einer gewissen Vorsicht.

Die gleiche Vorsicht ist weiterhin geraten bei den Analogieschlüssen, die ebenfalls von Aristoteles untersucht worden sind. Sie gründen sich auf die Ähnlichkeit von zwei Fällen, nicht auf Gleichheit. Nach der Induktion verhält sich ein Gegenstand unter gleichen Bedingungen genau gleich. Auf diesem Phänomen der Beobachtung gründet ein Induktionsschluß. Also kann ich ein Gesetz bilden: Wenn die und die Bedingungen eintreten, verhält sich ein Gegenstand so. Bei null Grad wird Wasser fest, als simpelstes Beispiel. Analogieschlüsse dagegen beruhen auf Ähnlichkeit und sind deshalb schwankend, gefährlich; ausgedrückt ist das in dem Sprichwort: Jedes Gleichnis hinkt, wobei selbst dieses Gleichnis noch hinkt.

Analogieschlüsse haben einen besonderen Ort im englischen Recht. Das römische und kontinentale Recht ist darauf aufgebaut, daß es Deduktionen aus dem Begriff heraus macht, zum Beispiel gibt es genaue Definitionen von Einbruch im Unterschied zum Diebstahl, von Totschlag im Unterschied zum Mord, von fahrlässiger Tötung im Unterschied zur Körperverletzung mit nachfolgendem Tod. Unter diesen genauen Definitionen wird ein vorliegender Fall betrachtet. Anders das englische Recht. Es urteilt nach vorangegangenen Präzedenzfällen in einer langen, erfahrenen Tradition. Man kann dadurch individuelle Fälle etwas genauer fassen. Feinheiten können beobachtet werden, Ungerechtigkeiten können unter Umständen etwas vermieden werden nach freier Beweisführung des Rechts. Wenn aber die Gesellschaft faul wird, wird die Ungerechtigkeit völlig unkontrolliert, dann kann man nach diesem Recht urteilen, wie man will. Dann kann man nach Klassengesichtspunkten reaktionärster Art urteilen, alles läßt sich machen. Die meisten Präzedenzen sind ja nicht für das Proletariat und für die Bauern, sondern für die herrschende Klasse gewesen. Also rentiert sich dieses Analogierecht in England und in Amerika. Das römische und

das europäische kontinentale Recht ist ein Deduktionsrecht aus Definitionen, nach einem Gesetzbuch, wobei die Definition den Verbrecher ebenso vor dem Staat schützt, wie sie den Staat vor dem Verbrecher schützt. In einem faschistischen Staat ist Deduktionsrecht ein Schutz. Soviel über den Analogieschluß, der ebenfalls schwankend ist, viel schwankender noch als der Induktionsschluß.
Der Schluß enthält in den meisten Fällen ein Bedenkliches in sich. Das gilt zwar nicht für die Deduktion, die Krönung des Schlußverfahrens, ist jedoch der Fall bei der Epagoge, den Induktionen, dem Schluß vom Besonderen auf das Allgemeine, und erst recht bei der Analogie, dem Schluß von Ähnlichem auf Ähnliches. Die Induktion, stellten wir fest oder bringt vielmehr schon Aristoteles heraus, kann in ihrem Schlußsatz nur mehr oder minder wahrscheinliche Ergebnisse liefern, weil die Summe der Fälle, die beobachtet werden, unendlich groß ist. Sie ist unendlich groß im Raum, das heißt, ich kann nicht alle Fälle beurteilen. Das Fallgesetz besagt, daß ein Stein fällt, wenn ich ihm die Unterlage entziehe. Nun kann ich natürlich nicht immer dabei sein, wenn ein Stein fällt, wenn auf dem Sirius etwas fällt oder auf einem Planetoiden oder im unendlichen Weltall. Selbst wenn ich überall dabei wäre, so kann ich nicht in der Vergangenheit sein und kann nicht in der Zukunft sein. Ich weiß nicht, wie es immer war, und ich weiß nicht, wie es immer sein wird. Aus diesem Grunde kann ich bloß mit allerhöchster theoretischer Wahrscheinlichkeit sagen, daß ein Stein auf einem Himmelskörper, der als Massengebilde selbstverständlich Anziehung ausübt, schwer ist oder fällt, wenn ich ihm die Unterlage entziehe. Das kann ich aber nicht mit absoluter Gewißheit, mit apodiktischer Notwendigkeit sagen.
Die Wahrscheinlicheit reicht für die meisten Fälle aus; daß sie nicht immer ausreicht und daß am Zweifel an der Induktion nichts Lächerliches ist, wie es zuerst erscheint, hat ja nun die Entwicklung der Physik seit 1900 erwiesen, nach der in einem anderen Raum unter anderen Verhältnissen in der Tat unsere bisherigen Induktionsschlüsse und Verallgemeinerungen ungültig werden. Sie gelten nur für die mesokosmische Schicht, in der wir leben, und auch da theoretisch nicht ganz exakt, aber doch so, daß man die Ungenauigkeiten vernachlässigen kann. Hier gilt die alte Newtonsche klassische Mechanik. Sie gilt nicht subatomar, und sie gilt nicht

makrokosmisch, in astronomischen Dimensionen, also weder für das Elektronenfeld noch in makrokosmischen Dimensionen. Dort ändert sich die Sache. Sie ändert sich selbstverständlich auch in einem Raum mit weniger oder mehr als drei Dimensionen. Solche Räume gibt es, wenn nicht für unsere Anschauungen, so doch für unsere Begriffe. Kurz und gut, hier gehen abenteuerliche Dinge vor sich, ein Zeichen dafür, daß beim Induktionsschluß die Wahrscheinlichkeit festgehalten werden muß, damit man nicht in eine Erstarrung gerät, in einen Schematismus auch in der Physik, der sich ja tatsächlich ausgebreitet und die Sperre gegen die neuen Entdeckungen, die Quantentheorie und die Relativitätstheorie, hervorgebracht hat.

Um ganz nahe zu bleiben: Vom begrenzten Anschauungsmaterial eines Spießbürgers lassen sich keine allzuweiten Allgemeinschlüsse ziehen. Der Analogieschluß, der Schluß von Etwas auf Ähnliches, ist infolgedessen nicht einmal wahrscheinlich. Wahrscheinlichkeit ist fast schon eine zu hohe Kategorie für ihn. Er ist überhaupt nichts Logisches, nichts Wissenschaftliches, er ist nur ein Führer zu einer Erkenntnis, er hat eine hermeneutische Bedeutung, eine Suchbedeutung, nicht mehr. Zum Beispiel: Wenn die Bedingungen auf dem Mars den Bedingungen auf der Erde verhältnismäßig ähnlich sind – wenn es auch dort bedeutend kälter und die Luft vermutlich sehr sauerstoffarm ist – wenn also die Bedingungen ähnlich sind, kann man schließen, daß es dort Lebewesen geben mag. Ob es sie gibt, das ist noch nicht klar. Nicht alle Bedingungen haben eine Folge, oder sie haben vielleicht eine ganz andere Folge als hier. Aber es ist ein hermeneutischer Hinweis darauf, daß sich möglicherweise Lebewesen ähnlicher Art wie auf der Erde vorfinden. Mit einem negativen Schluß gehen wir schon sicherer. Wenn die Verhältnisse so ganz und gar anders sind als auf der Erde, wie im extremsten Sinn auf dem Mond, wo es keine Luft und kein Wasser gibt, oder auf der Venus, wo die Atmosphäre aus Kohlensäure besteht und dauernd blütenweiße Kohlensäurewolken uns den Anblick der Venusoberfläche verhüllen und den Glanz der Venus als Morgen- und Abendstern erzeugen, wo außerdem eine entsetzliche Hitze herrscht – da können Lebewesen, wie wir sie kennen, nicht leben. Ein solcher Schluß hat schon eher Hand und Fuß. Der negative Schluß ist noch wahrscheinlicher als der positive auf Marsbewohner. Anders ist es mit den Kanälen auf dem Mars. Das ist schon ein Induktionsschluß, das ist kein Analogieschluß mehr. Sie sehen den sonnenklaren Unterschied.

Der Syllogismus

Nun komme ich zu der Hauptsache, die schon für Aristoteles die Hauptsache war, wenn auch nicht in dem gleichen Maße wie für uns, zum Syllogismus; συν heißt zusammen, λογισμός Urteil. Der Syllogismus ist ein Deduktionsschluß, der deutlich aus drei Urteilen besteht, während der Induktionsschluß aus weniger oder meistens aus sehr viel mehr Urteilen besteht, je nach der Zahl der untersuchten Fälle. Der Syllogismus hat drei Glieder, wie sie ja alle aus der Logik wissen, ich brauche also nur kurz zu rekapitulieren: Obersatz, Untersatz und Schlußsatz in vier Formen, von denen nur drei von Aristoteles ausgearbeitet worden sind. Die vierte Schlußfigur ist erst von Galenus entwickelt worden. Mit tausend Spitzfindigkeiten sind diese vier Schlußfiguren im Mittelalter ausgebohrt worden.

Der Grundschluß, den auch Aristoteles als den vollendetsten bezeichnet, ist der Schluß der ersten Figur, Barbara genannt. Im Mittelalter wurden Merkverse für die einzelnen Schlußformen gemacht je nach der Stellung von affirmare und negare, abgekürzt a und e, Barbara hat also a, a, a. Dann gibt es Zelarent, er hat e, a, e. Außerdem werden noch o und i verwendet zur Bezeichnung der partikulären Verneinung oder partikulären Bejahung. So kommen die ulkigsten Sachen zustande, Festino, Bamalip und alles mögliche Teufelszeug, barbarische Wörter, die Aristoteles sämtlich fernlagen.

Das Beispiel für den Grundschluß, das Ihnen allen bekannt ist, lautet: Alle Menschen sind sterblich, Gajus ist ein Mensch, also ist Gajus sterblich. Es war nicht selbstverständlich, einen solchen Schluß zu formulieren. Sie haben darin den Obersatz und den Untersatz, Prämissen genannt, und den Schlußsatz, die conclusio. In den Prämissen haben Sie einen Mittelbegriff, hier Mensch: Alle Menschen sind sterblich, Gajus ist ein Mensch. In dem Schlußsatz »Also ist Gajus sterblich« fehlt der Mittelbegriff. Dieser Mittelbegriff hat eine außerordentliche Bedeutung. Er ist für Aristoteles nämlich der Grund für die Behauptung im Schlußsatz und nicht nur der Grund, sondern auch die Ursache; *Erkenntnisgrund und Realgrund fallen hier zusammen.* Aus dem Menschsein erfließt das Sterblichsein. Auf diese Weise kommt das Ergo zustande: Alle Menschen sind sterblich, Gajus ist ein Mensch, also ist Gajus sterblich. Das macht die Notwendigkeit dieses Schlusses aus zum Unterschied von der Wahrscheinlichkeit in bloßen Induktionsschlüssen.

Das deduktiv Argumentarische, die Beweiskraft liegt in dem Mittelbegriff. Er muß so gebaut sein, daß er den wesentlichsten Grund, die Wesensbestimmtheit angibt und enthält, also das τὸ τί ἦν εἶναι, die Idee der Sache, die οὐσία. Die wesentlichste, unnachlassliche Definitionsbestimmung eines Gegenstands, das muß der Mittelbegriff sein. Er muß weiter die gleiche logische Bedeutung haben im Obersatz wie im Untersatz, er darf nicht schwanken, er darf nicht noch eine andere Bedeutung in petto haben, die zwar sprachlich nicht auffällt, aber logisch herauskommt. Wenn unscharf gedacht wird, findet ein Fehlschluß statt, zum Beispiel, um einen Ulk aus dem Mittelalter zu nehmen: Obersatz: Aller Anfang ist schwer, Untersatz: Müßiggang ist aller Laster Anfang, Schlußsatz: also ist Müßiggang schwer. In diesem Studentenulk aus dem 14. Jahrhundert liegt eine Verschiebung des Wortes Anfang. Das eine ist ein Anfang der Arbeit, das andere ein Anfang im ganz formalen Sinn, zwei ganz verschiedene Bedeutungen also. Das eine ist der aktive Anfang, bei dem in die Hände gespuckt wird, das andere etwas, wo man so hineinschlittert, ein ganz formaler Begriff. Kurz, sie haben hier zwar zwei ganz gleiche Worte, aber mit verschiedenen logischen Bedeutungen. Da es sich bei einem Schluß nur um logische Bedeutungen handelt, hätten Sie dann also einen Schluß nicht aus drei Begriffen, nämlich Gajus, Mensch, sterblich, entwickelt, sondern aus vieren. Wenn ich etwa Mensch noch in einem anderen Sinn nehme, außer dem biologischen Wesen Mensch oder dem zoologischen Wesen Mensch noch ein Würdewesen Mensch, im Sinn von humanus – wie in den Sätzen: Er ist ein Mensch, wir wollen Menschen werden –, dann habe ich zwei Begriffe für Mensch, und im Schluß habe ich dann im ganzen vier statt drei. So etwas nennt man quaternio terminorum, eine Vierung der Begriffe im Schlußsatz.

Das Wesentliche ist, daß der Schlußsatz des Syllogismus Notwendigkeit wird. Eine Zeit, die zwar in der Mathematik, auch noch im

Naturrecht sehr stark auf das demonstrandum, auf Beweis ausging, auf die schlechthinnige apodiktische Notwendigkeit eines Urteils, diese gleiche Zeit hat die Notwendigkeit in der Empirie fallen gelassen. Es verstanden deshalb die induktiven Zeitläufte, vor allem die des 19. Jahrhunderts, den Syllogismus nicht mehr. Sie haben sich vorgestellt, daß man zuerst aus einem Obersatz und einem Untersatz einen Schlußsatz bekommt und dann den Schlußsatz so einfach anmeldet, wie das in der Induktion geschieht, wo ja auch deduziert wird. Wenn ich das Gesetz der Schwere festgestellt habe, kann ich es natürlich auf jeden einzelnen Fall anwenden. Ich weiß dann auch, daß Wasser, wenn ich es in die Hand nehme und loslasse, herunterfällt. Das ist auch eine Deduktion aus dem Gesetz der Schwere. Das sieht jedes Kind ein, pflegt man zu sagen. Aber das ist etwas ganz anderes als die Notwendigkeit aus einem Syllogismus, die Aristoteles meint. Infolgedessen ist die Kritik, die an dem Syllogismus geübt wurde, falsch adressiert.

Es ist erkenntnistheoretisch eine Frage, ob es Urteil und Notwendigkeit gibt. In der Mathematik gibt es dies jedoch zweifellos, daß etwas so und nicht anders sein kann, daß etwas mit Notwendigkeit aus den Vordersätzen, aus den Bedingungen, die gegeben sind, folgt. Daran ist wohl gar kein Zweifel. Wenigstens ist es in der überlieferten klassischen Mathematik, mindestens in der Euklidischen Geometrie so. Aber auch sonst gibt es in allen mathematischen Operationen das schlechterdings Stringente. Daß es weitergeht über diese formale Welt hinaus, ist unwahrscheinlich, weil eben in der Welt etwas ist, was in dem Gedanken nicht ist, nämlich Zufälligkeit, Kontingenz, Streuung, eben das, was immer nur Induktionsschlüsse ermöglicht, da etwas nur unter der Bedingung, daß es so ist und so bleibt und immer so war und überall so war, richtig ist. Aber in der Mathematik gibt es Notwendigkeit und in der Logik auch. Da ist nichts zu machen, zwei mal zwei ist vier, auch in der Logik. Zwei mal zwei ist nicht in jedem Zahlenkontinuum vier, aber in dem, das wir gebrauchen. Und das übrige geht uns ja nichts an. In unserer Welt jedenfalls gibt es apodiktische Schlüsse; ob es sie auf dem Sirius mit demselben Inhalt gibt, ist nicht unsere Frage. Ein gescheiter Mann sagte: Der Sirius ist zwar tausendmal größer als die Sonne, aber er reift nicht unsere Trauben.

Nun gab es in dem empiristischen, induktiv-naturwissenschaftli-

chen 19. Jahrhundert lustige und etwas wohlfeile Kritik an diesem Leib- und Magensatz von Aristoteles. Die eine kam von John Stuart Mill, dem Verfasser des »Systems der induktiven Logik«, einem sehr guten Buch, wie immer, wenn der Schuster bei seinem Leisten bleibt, einem echt englischen Buch der Induktionslogik, die etwas bedeutet. Die andere kam von Hermann Lotze, unserem Kollegen hier in Leipzig in den siebziger Jahren, Professor der Philosophie und der Medizin. John Stuart meinte, mit dem Obersatz stimme doch etwas nicht. Woher kann ich wissen, daß alle sterblich sind, wieso kann ich »alle« sagen, wenn ich nicht einmal weiß, ob Gajus sterblich ist? Das muß ich erst erschließen. Wenn ich also nicht weiß, ob Gajus sterblich ist, kann ich oben nur sagen: Alle Menschen mit Ausnahme von Gajus sind sterblich, und ob er sterblich ist, das will ich herausbringen. Ich habe ja selbst zugegeben, daß ich nicht weiß, ob er sterblich ist. Ich muß also erst induzieren, daß auch Gajus sterblich ist. Sämtliche Menschen muß ich Stück für Stück betrachten, ob sie sterblich sind, was gar nicht so leicht ist, denn einer muß ja erst gestorben sein, ehe man das von ihm behaupten kann. Dann erst kann ich einen solchen Unsinn wie »Alle Menschen sind sterblich« mit apodiktischer Gewißheit sagen. Hier ist also nichts als ein Induktivschluß vorausgesetzt.
Die zweite Kritik geht auf den Untersatz und ist von Lotze, der das angebliche Zerstörungswerk von Mill weiter treibt. [...] Wieso kann ich sagen: Gajus ist ein Mensch, wenn ich nicht einmal weiß, ob er sterblich oder unsterblich ist? Er könnte ja auch ein Unsterblicher sein, ein Gott. Gewiß, aus falschen Prämissen können wahre Schlußsätze kommen, was auch wieder ein Einwand gegen den Syllogismus wäre. Zum Beispiel: Obersatz: Alle Indianer tragen Zöpfe, Untersatz: Kant war ein Indianer, Schlußsatz: Also trug Kant einen Zopf. Der Schlußsatz ist völlig richtig. Sie können auch Mozart hinsetzen: Alle Indianer tragen Zöpfe. Mozart war ein Indianer. Also trug Mozart einen Zopf. Der Schluß ist richtig, die beiden Prämissen sind vollständiger Nonsens. Auch dieses wurde gegen den Syllogismus vorgebracht.
Nun, sehen wir uns das an! Es ist alles Unsinn. Das alles ist von Leuten gesagt worden, die in dem Syllogismus eine Art von umgekehrtem Induktionsschluß sahen, was er nach Meinung seines Urhebers gar nicht ist. Er ist ein Schluß der Notwendigkeit und nicht der Anwendung. Man braucht nicht erst einen umständlichen

Syllogismus aufzustellen, um herauszubekommen, daß Herr Meier sterblich ist. Was wäre denn das für eine komische Methode, einen Hering zum Abendessen vierspännig nach Hause zu fahren? So eine ungeheure Erkenntnis, daß Gajus sterblich ist, auf diese Art zu gewinnen, ist noch nicht dagewesen. Da Aristoteles kein Narr war, hat er dies auch nie gemeint. Vielmehr soll die Notwendigkeit des Sterblichseins von Gajus bewiesen werden, und zwar in einem erkenntnistheoretischen Sinn, wie ich Ihnen schon sagte. Aus dem Menschsein erfließt die Sterblichkeit. Alle Urteile, alle Schlußfolgerungen müssen so beschaffen sein, daß der Mittelbegriff, der terminus medius, also Mensch, sowohl den Erkenntnisgrund wie den Realgrund enthält, der zu der Aussage sterblich oder rot oder grün oder schön berechtigt.
Wir sind also wieder bei der von mir schon öfter berührten Verwechslung von Erkenntnisgrund und Realgrund. Realgrund liegt überall vor, wo die Gedanken leicht beieinander wohnen und die Sachen sich nicht hart stoßen. In der Mathematik ist Erkenntnisgrund auch Realgrund. Sobald Sie aber realwissenschaftliche Urteile und Schlüsse haben, ist Erkenntnisgrund sehr selten Realgrund. Ich gab Ihnen schon an: Im Thermometer steigt die Quecksilbersäule, also wird es wärmer. Das Steigen der Quecksilbersäule ist der Grund für meine Erkenntnis, aber nicht für die Wärme. Oder: Die Gebirge auf dem Mond werfen Schatten. Die Schatten auf dem Mond sind für meine Erkenntnis, daß es auf dem Mond Gebirge gibt, ein Grund. Für die Gebirge selbst, für die Entstehung der Gebirge auf dem Mond sind die Schatten einleuchtenderweise kein Grund, keine Ursache. Also gibt es hier zwei verschiedene Rechenweisen, die erst im 18. Jahrhundert durch Crusius und im 19. Jahrhundert durch die meisterhafte Doktordissertation von Arthur Schopenhauer über »die vierfache Wurzel des Satzes vom zureichenden Grunde« auseinandergerissen worden sind.

»Daß« und »Was«

Aristoteles macht nun weiter in der Beachtung des terminus medius als des Wesensgrundes eine bemerkenswerte Unterscheidung, die die Problematik seiner sonstigen Vermischung von Erkenntnis- und Realgrund nicht enthält. Er bezeichnet nämlich als Bestimmung für das Wesentliche zunächst das, was nicht wesentlich ist, das, was uns in der Sinnlichkeit vor der Nase liegt, aber mit dem Wesentlichen nur so viel zu tun hat, daß es darauf hinweist. Er nennt es das ὅτι, ein folgenreicher Begriff. Er meint einfach »Daß«, das »Daß« von etwas. Und davon unterscheidet er das, was die Zusammenhänge dieses »Daß« herstellt, das διότι, das »Weil«. Das ὅτι ist das, was man im Mittelalter das Quod nannte, die Quodditas, die Daßheit; Quod heißt im mittelalterlichen Latein »daß«, im klassischen Latein heißt es »weil«. Also das, was im klassischen Latein ut ist oder Akkusativ cum Infinitiv, das ist im mittelalterlichen Latein schlechthin »daß« geworden, quod, später Quodditas. Das διότι, das Warum, das Weil, erfließt aus dem Wesen einer Sache und ist im Mittelalter die Quidditas geworden. Quid ist was, quod ist daß, die Washeit und die Daßheit: Halten Sie das fest, das wird in der mittelalterlichen Philosophie, auch noch beim späten Schelling und auch in unseren Angelegenheiten marxistischer Art eine bedeutende Rolle spielen.

An dem Quod nun, dem ὅτι, unterscheidet Aristoteles mit äußerstem Scharfsinn zwei Dinge, ein πρότερον πρὸς ἡμᾶς und ein ὕστερον τῇ φύσει. [...] Das πρότερον πρὸς ἡμᾶς, das sind die sinnlichen Erscheinungen. Sie erscheinen uns früher als die Natur, die Wesensnatur einer Sache. In Wahrheit aber ist es so: Das πρότερον πρὸς ἡμᾶς, das Erste in Bezug auf uns, ist das ὕστερον τῇ φύσει, das Letzte der Natur nach. Bedenken Sie die außerordentliche Umkehr! Das Erste, was in unsere Sinnerscheinungen fällt, ist das Letzte der Natur nach.

Ich möchte Ihnen das mit einem Beispiel aus dem Gebiet der Fabrikation klarmachen. Da ist es am allereinfachsten. Das Erste, was Ihnen vor Augen liegt, ist ein fertiger Schuh. In der Fabrikation des Schuhs ist es das Letzte, daß er fertig ist. Also: πρότερον πρὸς ἡμᾶς ist ὕστερον τῇ φύσει. Wenn Sie den Schuh erklären wollen, geht es nicht an, daß Sie an der Leitlinie Ihrer Sinneswahrnehmung weitergehen und den Schuh aus ich weiß nicht was erklären, aus dem Glanz des Schaufensters oder dem Preis oder den Passanten, die vorbeigehen, oder aus demjenigen, dem Sie ihn schenken möchten. Das sind alles keine Erklärungen des Schuhs, sondern alles πρότερον πρὸς ἡμᾶς. Sie müssen vielmehr die Schuhfabrikation kennen, die ökonomischen Bedingungen und Zusammenhänge der Schuhfabrikation mit dem Wirtschaftsleben, entweder in der freien Konkurrenz oder im Monopolkapital oder in der sozialistischen Wirtschaft. Dann erst kommen Sie dahinter, was Sie da eigentlich sehen, dann erst werden Sie ganz verstehen, was der Schuh ist. Außerdem gibt es noch andere Gesichtspunkte, Fragen der Schönheit, der Gesundheit, der Güte, der Eignung, ob man damit auf die Zugspitze kann oder bloß in die Sächsische Schweiz. Das sind alles interessante Dinge, sie sind aber dem Schuh erst in dem πρότερον πρὸς ἡμᾶς gegeben als einem ὕστερον τῇ φύσει; das heißt: zum Wesen muß man hinter die Oberfläche gehen.

Lenin spricht von dem Schaum der Oberfläche mit ihren vielen Täuschungen, deren wahres Getriebe unter Anwendung dialektischer Kategorien von der Denkfunktion analysiert wird. Wer sich also bloß im Schaum der Oberfläche bewegt, der bleibt im falschen Bewußtsein, daß es ein Bewußtsein der Oberfläche ist. Wesentlich für das wahre Bewußtsein ist, daß es die Geheimgeschichte der Dinge kennt, wie Marx das einmal nennt, wenn er sagt, die Geschichte des Grundeigentums sei die Geheimgeschichte der römischen Republik. Das steht nicht außen angeschrieben, da stehen ganz andere Dinge, da hört man von der Toga der Senatoren oder von dem Eitelkeitskampf zwischen Marius und Sulla und ähnlich interessanten Dingen. Das alles ist auch da, ist aber Oberfläche; dahinter sind die eigentlichen Triebkräfte.

Dies steckt in der äußerst scharfsinnigen Unterscheidung von πρότερον πρὸς ἡμᾶς und ὕστερον τῇ φύσει. Die Denkfunktion erst erschließt das hier unter φύσις Gemeinte, nämlich das Ganze der Enstehungsweise plus dem schließlichen Produkt, das nicht das Erste, sondern das Letzte ist in Bezug auf unsere bloße Wahrnehmung. Man kann es nämlich auch umkehren: ὕστερον πρὸς ἡμᾶς ist πρότερον τῇ φύσει. Das Letzte in Beziehung auf uns, auf unsere Wahrnehmung, ist das Erste der Natur nach. Hier wirft gleichsam die Natur eine Dünung aus, die uns erreicht; aber der Sturm, von dem diese Dünung kommt, ist weit draußen, und um die Dünung zu überstehen, müssen wir hinfahren. Dieses Motiv richtet sich scharf gegen bloßen Sensualismus.

Bedenklicher ist eine andere Wendung von Aristoteles, die zwei Gesichter hat oder vielmehr in zwei verschiedene Richtungen blickt. Das ist die Lehre von der Ganzheit. Ich habe soeben das Wort »Ganzes« ins Bewußtsein gebracht. Das Ganze ist das πρότερον τῇ φύσει. Es ist immerhin etwas Physisches, aber φύσις hat hier wieder einen anderen Sinn. Es ist nicht mehr das Wachsende oder das Gebärende wie in den sogenannten vorsokratischen Philosophen. Es ist auch nicht das Gesunde oder in unserem Sinn naturhaft Gegebene wie bei den Sophisten, das Naturrecht gegen die Satzung. Aristoteles versteht vielmehr die Natur, das Wesen einer Sache darunter. Wir haben diesen Doppelsinn auch noch. Natur als das Wachsende haben wir kaum mehr, aber Natur ist für uns natürlich auch das, wenn es nicht gestört wird, sich immer wieder herstellende Vollkommene, »Natur ist vollkommen überall, / Wo der Mensch nicht hinkommt mit seiner Qual.« [Schiller 1803, 4, 7] Naturheilkunde und den ganzen Zimt bis hin zum Naturrecht, das können wir noch nachfühlen, auch den Aristotelischen Begriff der Natur können wir noch nachfühlen, der natürlich gar nichts mit dem der mathematisch-physikalischen Natur gemein hat. Aristoteles meint Natur der Sache. Wenn wir sagen, etwas »liegt in der Natur der Sache«, treffen wir ziemlich genau den Sinn, den Aristoteles mit Natur verbindet.

Natur der Sache ist das Wesen der Sache, wie Mensch in dem erwähnten Syllogismus. Die Natur des Menschen ist das Menschhafte, und die Sache ist für Aristoteles die Gattung. Aus der Gattung erfließen alle einzelnen Eigenschaften, aus dem Stuhl die Stuhllehne, aus dem Staat, aus der Gemeinschaft die Mitglieder der Gemeinschaft, die Bürger, die Familie. Das Ganze ist mehr als die Summe seiner Teile. Darin steckt Negatives und Positives. Es geht von hier und von Platon natürlich die Gestaltlehre aus, die besagt, daß ich, wenn das Ganze mehr als die Summe seiner Teile ist, das Ganze nicht durch eine Analyse seiner Teile erforschen kann. In der bloßen Summe der Teile ist etwas getötet worden, sie ist ein Summationsphänomen, aber kein Ganzes. Bei aller organischen Betrachtung im schlechten und im guten Sinn dieses Wortes haben wir Mißtrauen gegen dieses Summationsphänomen. Mephisto sagt in der Schülerszene: »Encheiresin naturae nennt's die Chemie, /

Spottet ihrer selbst und weiß nicht wie.« [Goethe, Faust 1, Vs. 1938] Encheiresis heißt Zusammenhang, sachlicher Zusammenhang der Natur, es kann auch Lehrbuch heißen. Das geistige Band, von dem die Rede ist in den Versen: »Dann hat er die Teile in seiner Hand, / Fehlt, leider! nur das geistige Band!« [Goethe, Faust 1, Vs. 1936], ist die Ganzheit; nicht unbedingt die Aristotelische, es gibt noch mehr geistiges Band, aber es trifft auch auf sie zu. Das Ganze ist also mehr als die Summe seiner Teile, womit die Analyse, wenn nicht aufgehoben, so doch in den Vorhof geschickt, zurückgesetzt wird.

Seit Platon kann man sich der Ganzheit nur durch Schau vergewissern, durch eine Schau, die ein Verstehen ist, nicht ein Erforschen, sondern ein blitzschnelles Verstehen und Anschauen von Ganzheit. Und die Ganzheit trägt das Einzelne. Also ist, wie ich sagte, der Stuhl nicht eine Summe von Beinen, Sitz und Lehne, sondern er ist primär. Und um diesem εἶδος, dieser Idee, dieser Gestalt gerecht zu werden, entsteht ein Stuhl. Nun, die *Gestaltlehre* ist ein Stichwort der faschistischen, mindestens der österreichischen Reaktion geworden. Es gab einen österreichischen Soziologen namens Othmar Spann, der alles auf Gestaltlehre gemacht hat. Sie hebt an mit Dilthey und geht in allen ihren Formen auf die Aristotelische Welt zurück. Es gibt auch eine psychologische Gestaltlehre, vertreten von Gelb, Goldstein, Köhler, Wertheimer in der Psychologie, die die Wundtsche Bausteinchen- oder Additionspsychologie tatsächlich zum großen Teil umgeworfen hat. Man sieht also, auch experimental-psychologisch, erst eine Figur, und dann erst sieht man ihre Teile, man hat ein ganzes Bild von einer Sache, aus dem sich dann mühselig, erst durch Analyse das Einzelne heraussetzt. Das Einzelne ist nicht primär, primär ist eine Gestalt. Primär sehe ich einen Kopf oder ein Dreieck oder ein Haus oder ein Konglomerat von Farben, und erst die Analyse bringt die einzelnen Teile, aber die einzelnen Teile sind mir nicht primär.

Kurz und gut, es ist das eine Lehre, die zwei Gesichter hat. Sie kann Morphologie sein im Goetheschen Sinn, das heißt Spannungsgestalt, Spannungsfigur, Tendenz in einem vorübergehenden, aber sich noch sammelnden Gleichgewicht. In dieser ewigen Gschaftelhuberei von Prozeß und Tendenz und dauernder Bewegung, als ob die ganze Welt Neurasthenie hätte, gibt es zweifellos etwas Haltbares.

Wenn Sie Sklavenhaltergesellschaft oder Feudalismus oder Kapitalismus sagen, haben Sie doch auch Gestalten; auch wenn Sie marxistische Erklärungen aus dem Zuammenhang einer Epoche geben, statt sich mühselig Einzelheiten herauszupicken und sich daraus ein Kaleidoskop, eine eigene Erfindung zusammenzustellen, haben Sie Gestalten. Wenn Sie einen Zusammenhang sehen, zum Beispiel die Art der Produktion und Austauschweise, können Sie die einzelnen Erscheinungen sofort verstehen. Das ist nicht deduziert, das ist in Gestaltzusammenhang gesehen. Es ist ja gerade ein Plus und eine Leistung der marxistischen Betrachtung, daß man das kann. In diesem Fall haben Sie erstens eine völlig erlaubte Methode des Gestaltdenkens und zweitens statt des ewigen Fließens, statt einer Welt, die den Schnupfen hat, statt der Gefäße, die überall rinnen, wie Platon gespottet hat, statt der unendlichen Neurasthenie von Bewegung und immer nur Bewegung – die dazu geführt hat, daß die Trotzkisten die Revolution selber zu einem permanenten Zustand erklärt haben –, statt dessen haben wir einen Halt in der Welt, wo man etwas fassen kann. Nicht dauernd zwar, die Welt ist ja eine Spannungsfigur, eine Spannungsgestalt, aber man hat so eine Art von spärlichem Paradies, läßt sich sagen. Jetzt ruht es endlich einmal; jetzt kommt einmal Ruhe ins Haus, setzt sich der Weltprozeß einen Augenblick in den Lehnstuhl und raucht seine Pfeife, läuft nicht dauernd auf der Straße herum und schreit. Gut, das erkennen wir auch an; in der Gestalt der Morphologie, wie sie echt aristotelisch bei Goethe ist, erkennen wir das an. Aber es konnte sich auch die finsterste faschistische Reaktion damit verbinden, indem, wie gesagt, die Analyse abgesetzt und bloß noch die Schau zugelassen wurde, am groteskesten bei Othmar Spann.

Die Gestalttheorie kommt auch bei den Musikern vor. Eine Melodie zum Beispiel ist nicht eine Summe von einzelnen Tönen. Man fühlt bei einer Melodie, wo der einzelne Ton hingelenkt werden will. Und wenn Sie die Melodie schon kennen, dann ist es völlig klar, daß Sie die Gestalt und nicht eine Summe von einzelnen Tönen aufnehmen. Dieses Phänomen nannte um 1900 ein interessanter und fast genialer Psychologe, Christian von Ehrenfels in Prag, Gestaltqualität in der Musik. Wie gesagt, das kann eine politisch reaktionäre Tendenz haben wie im Fall Othmar Spann, braucht sie aber nicht zu haben. Man konnte lange Jahre sagen: »Wenn man das Wort Gestalt hört, kann man ruhig schießen. Da trifft man nie daneben.« Das ist übertrieben. Es war damals schon leicht übertrieben, aber doch nicht völlig. An Gestalt, an μορφή und Morphologie ist nicht nur ein Erbe anzutreten, sondern sie gehören überhaupt größtenteils zu uns.

Ich sagte Ihnen schon, in dem Begriff des Kapitalismus oder des dialektischen Zusammenhangs gibt es Gestalten, aus denen man das Einzelne begreift. Das steckt in dem Satz: Das Ganze ist mehr als die Summe seiner Teile. Es steckt sogar in dem Satz: Das Ganze ist früher als die Summe seiner Teile. Gewiß ist das ein erzidealistischer Satz; trotzdem läßt sich nicht leugnen, daß die kapitalistische Tendenz als Gestalt früher ist als die einzelnen Erscheinungen des Kapitalismus. Ist es nicht etwas Regierendes, was da im 15. Jahrhundert mit der ursprünglichen Akkumulation einsetzt und nach dem Gesetz, wonach es angetreten, weiterwirkt? Also mit diesem à peu près, mit diesem Ungefähr im Sinn läßt sich sagen, daß es eine *Totalität* gibt, die eben eine Einheit von Allgemeinem und Besonderem darstellt. Das Allgemeine ist auch im Sinn von Gestalt faßbar, so daß es das Allgemeine eines Besonderen ist. Das muß auch gegen jeden zerfallenden Empirismus gesagt werden, der keine Gestalten kennen will. Nicht nur ist das Allgemeine das Allgemeine eines Besonderen, sondern das Besondere ist das Besondere eines Allgemeinen.

So haben wir also hier den Begriff Totalität, einen Begriff, der sich aber nicht nur auf Vorhandenes bezieht, sondern, da wir dauernd in einem Prozeß denken und in einem Prozeß stehen, vor allen Dingen auf Zukunft. Die Totalität ist unabgeschlossen. Es gibt ein offenes Totum, das nach vorwärts geht, das infolgedessen eine Art von offener Gestalt oder offenem System bildet. Zwischen Worten wie »Gestalt« und »System« sind Abgründe, und trotzdem gibt es eine Einheit. Es gibt ein offenes System, es gibt offene Gestalten, die das Element der Zukunft in sich tragen und die spüren lassen, daß sie es in sich tragen. Das alles ist bei Aristoteles schon angedeutet, wie wir sehen werden. Wenn man das ausläßt im marxistischen Denken, im marxistischen Gestaltzusammenhang – von etwas anderem rede ich jetzt überhaupt nicht mehr –, dann läßt man einen großen Teil von Tendenz und Prozeß aus, dann nimmt man ein gesellschaftliches Ganzes als Abgeschlossenes, als ob es im Schatten der Vergangenheit ruhte, man nimmt es als ein Kunstgebilde. Oder man nimmt ein Gegenwärtiges als ein völlig Abgeschlossenes. Man hat also ein antiquarisches Totum, ein Totum, das mehr der bürgerlichen Historie gemäß ist, das nicht die Prozeßgestalt und nicht die dialektischen Momente aufweist, die darin sind und die nicht abgeschlossen sind und die ihr Werk nicht getan haben, weder in vergangenen Epochen noch in der Gegenwart. Dann gleitet man sehr leicht in das schlechte Deduzieren aus.

Es entsteht also eine Gefahr, wenn man das, was ich das konkrete Utopikum genannt habe, in einer Gestaltbeziehung nicht pointiert, wenn man übersieht, daß sie nicht fertig ist. Sie finden leider in großen Partien des bewunderungswürdigen Schrifttums von Georg Lukács eine dauernde Außerachtlassung des konkreten Utopikums. Lukács sieht geschlossene Gestalten; daraus kommt bei ihm die Unbeweglichkeit des Standpunkts und des Urteils. Die Gestalten bewegen sich nicht mehr, sie sind abgeschlossen, und darum kann kritisiert werden, während das Gewissen einer unabgeschlossenen Gestalt zu schärfster Detailforschung zwingt. Bei der Erforschung von Tendenz und Prozeß läßt sich nichts deduktiv anwenden; da kommt beinahe immer Neues heraus, da war es immer ganz anders, als man es sich gedacht hatte. Die Erwartung des Neuen sollte überhaupt für Ihren ferneren Forschungsweg eine wünschenswerte Maxime sein. Etwas ist immer anders, als ich es mir denke oder als ich es meine. Das Unbekannte bringt die Forschung heraus.

Der Satz vom Widerspruch

Ich gehe nun nach diesem wichtigen und nachwirksamen Deduktionsgebilde, das uns lange, aber nicht zu lange aufgehalten hat, zu einem weiteren Teil des »Organons« über, nämlich zu den Grundsätzen des Denkens, zu den Kategorien und den Prinzipien. *Grundsätze*, also Axiome des Denkens sind das, woran das notwendige Denken und das Denken des Notwendigen und der Schluß aufgehängt werden. Axiom heißt ein Satz, der des Beweises weder fähig noch bedürftig ist, der unmittelbar durch sich selbst einleuchtet, unabhängig von meiner Psychologie, unabhängig von meiner Empirie, der für alle Menschen und zu allen Zeiten gültig ist, wenn überhaupt richtig gedacht werden soll. Wenn nicht richtig gedacht werden soll, bei Geschwätz oder in einem Irrenhaus, gelten diese Axiome nicht, und der Effekt ist auch danach. Wenn aber richtig gedacht werden soll, dann sind alle Beweise an einem Schluß der Notwendigkeit par excellence, an einem Axiom besonders sichtbar aufgehängt.

Wir haben vier sogenannte Axiome, die man auch Theoreme nennen könnte: Satz der Identität, Satz des Widerspruchs, Satz des zureichenden Grundes, Satz des ausgeschlossenen Dritten. Letzterer ist als logisches Axiom fraglich; der dritte Satz, der Satz vom zureichenden Grunde, ist als logischer erst recht fraglich, wahrscheinlich ist er erkenntnistheoretisch wichtig. Einwandfrei bleiben der Satz der Identität und der Satz des Widerspruchs, die aufeinander angewiesen sind, also A ist gleich A und B ist nicht gleich A. Der Satz des Widerspruchs ist bei Aristoteles formuliert und besonders ausgezeichnet. Der Satz der Identität ist komischerweise erst sehr spät, im 15. Jahrhundert, als solcher bezeichnet worden, und zwar durch einen Scotisten namens Mayron. Er steckt aber schon bei Parmenides in dem ἔστιν ἔστιν, »Sein ist Sein«.

Der Satz der Identität kann gleichzeitig die größte Trivialität und den größten Tiefsinn enthalten. Wenn ich sage: »Die Pflanzen sind Pflanzen«, dann ist das keine ungeheure Auskunft. Andererseits muß etwas mit sich identisch sein, bei sich angelangt sein, zusammenfallen mit seinem Wesen, mit seinem Begriff, mit seiner Entelechie. Dann ist Identität etwas völlig anderes, dann ist sie *Heimkehr*, ist sie ein Sich-mit-sich-Zusammenschließen, ein Für-sich-Werden. Das ist also der zweite Sinn. Von beiden Bedeutungen findet sich bei Aristoteles nichts, obwohl sie in dem Satz vom Widerspruch implicite enthalten sind.

Der Satz des Widerspruchs besagt bei Aristoteles noch, daß nichts weder sein noch gedacht werden kann, was gleichzeitig und in derselben Beziehung sich widerspricht. Das Sich-Widersprechende kann schlechthin nicht gedacht werden. Sagen kann ich es endlos, ich kann es auch meinen, ich kann es mir auch vorstellen, aber ich kann es nicht denken, das heißt, nicht richtig denken, und es kann nicht sein. Die Aristotelische Logik ist in dauernder Beziehung zum Sein.

Ja, meine Damen und Herren, die Dialektiker unter Ihnen werden natürlich den Kopf schütteln und werden Aristoteles wahrscheinlich in üblicher Weise als Erzreaktionär entlarven wollen. Also wird Aristoteles als Erzreaktionär entlarvt sein, wie man zu sagen pflegt. Aber der war er ja nicht, und zu entlarven ist an diesem Verbrecher, der nicht mit einer Maske und einer Blend-Laterne und einem Dolch herumlief, auch nicht sehr viel. Da ist erst einmal zu verstehen. Was bedeutet denn der Satz vom Widerspruch eigentlich? Zur Antwort drehe ich die Frage zu einem Paradox um: Bestätigt nicht die Dialektik gerade diesen Satz von Aristoteles? Aristoteles sagt: Denken mit Widerspruch ist verboten, weil es keinen Widerspruch gibt. Ist denn nun die Dialektik die Verteidigung des Widerspruchs? Die Dialektik sagt in allen ihren verschiedenen Formen, von denen möglicherweise keine neutral ist in dem Sinne, wie es eine neutrale Logik und nach Stalin eine neutrale Sprache gibt, daß es einen Widerspruch gibt. Fassen wir einmal die Dialektiker Heraklit, Platon, Jakob Böhme, Nikolaus von Cusa, Hegel und Marx unter der unbewiesenen Voraussetzung zusammen, daß es eine neutrale Dialektik gibt, und lassen wir die immensen Unterschiede außer acht. Sie alle sagen doch nur dieses gegen Aristoteles: Es gibt einen Widerspruch, Widerspruch kann gedacht werden und Widerspruch ist real.

Die Dialektik geht also gegen den Satz von Aristoteles von dem nicht seienden, nicht denkbaren Widerspruch energisch an. Nicht aber geht sie dagegen an, daß der Widerspruch verboten ist. Denn die Dialektik hat gerade ihren Bewegungscharakter darin, daß Widersprüche nicht bleiben können. Widersprüche sind unhaltbar, sie reiben sich gegeneinander auf. Es kommt entweder zur Barbarei, zur Vernichtung, oder es kommt zur Explosion, oder es kommt, wenn sie nicht so brennend sind, zu einer allmählichen Evolution. Aber auch dann heben sie sich auf, reiben sich aneinander ab. Also haben wir in der Dialektik durchaus den Zustand von Widersprüchen, die es nicht aushalten, Widersprüche zu bleiben. Daher ist die Dialektik gerade die Anerkennung dessen, daß der Widerspruch verboten ist in dem Sinn, daß er nicht gangbar ist und daß er auch nicht dauernd gedacht werden kann und daß es im Denken eines Widerspruchs nicht nur auf den Widerspruch ankommt, sondern auf die *Einheit der Widersprüche*. Damit ist ebenfalls der pure Widerspruch aufgelöst.

Reiner Widerspruch ist auch schon gedacht worden. Eine Welt des puren Widerspruchs wurde gedacht von einem Philosophen mit Namen Julius Bahnsen, einem Schüler Schopenhauers, der 1880 eine »Realdialektik« [Der Widerspruch im Wissen und Wesen der Welt. Prinzip und Einzelbewährung der Dialektik] geschrieben und

das Wort »Dialektik« von Hegel genommen hat. Aber da sind lauter Individuen in der Welt, die Welt ist purer Streit, sie besteht aus nichts als aus unauflösbarem Widerspruch, und Miserabilismus ist der Weisheit letzter Schluß. Da gibt es keine Einheit der Widersprüche. Eine solche Welt des totalen antithetischen Zerfalls wurde von Julius Bahnsen gedacht, der auch ein Charakterkopf war, indem er selbst eine Charakterologie geschrieben hat, eine erste Charakterlehre wieder lange nach Theophrast. Die Verschiedenheiten von Menschen werden abgehandelt, und zwar haben die Menschen lauter Wolfsgesichter wegen des Widerspruchs, wegen des Streits und des Sich-Fressens.
Eine solche Lehre des beibehaltenen Widerspruchs ist das Gegenteil der von uns gemeinten Dialektik, weshalb Bahnsen in der Geschichte der Dialektik auch gar nicht vorkommt. Soviel zum Satz des Widerspruchs und zu dem immer noch im Fluß befindlichen Problem des Verhältnisses der elementaren Logik zur Dialektik, bei dem es darum geht, ob in der elementaren Logik der Satz des Widerspruchs gleichsam als in einer niederen Mathematik noch und in der Dialektik nicht mehr Geltung hat. Nun, er gilt in beiden nicht und gilt in beiden auf verschiedene Weise. Ich gebe das Ihrem Nachdenken anheim. Hier muß natürlich noch energisch weiter geforscht werden.

Die Kategorien

Nach dem Axiom vom Widerspruch, das keines Beweises bedürftig und keines Beweises fähig, sondern für Aristoteles genauso durch sich selbst einleuchtend ist wie die geometrischen Axiome, kommen nun die Prädikamente oder Kategorien, die allgemeinsten Gattungsbegriffe und ihre Ordnung. Also das, was unsere Aussagen regiert in dem Sinn, daß die Aussage gleichsam zur Ruhe kommt, indem ein Gattungsbegriff geliefert wird. Κατηγορεῖν heißt »aussagen«, ursprünglich vor Gericht aussagen, und aus diesem Aussagen ist das prädicere und das Prädikamentum entstanden und aus dem engen Zusammenhang mit κατηγορεῖν κατηγορία, Kategorie, die Bezeichnung für die obersten Gattungsbegriffe.
Das Problem der obersten Gattungsbegriffe und ihres Zusammenhangs ist uns zuerst bei Platon begegnet, ohne daß es gelöst worden

wäre. Alle Ideen sind ja Gattungsbegriffe. Sie bilden eine Hierarchie; an der Spitze der Ideenpyramide steht die Idee des Guten, und auch untereinander stehen die Gattungsbegriffe nach dem Entwurf von Platon auf dekorative Weise in einer Mittel-Zweck-Beziehung. Aber ausgeführt ist das bei Platon nicht. Auch Aristoteles führt es nur insofern aus, als er erstens nur ganz leere und formale allgemeine Begriffe nimmt und sie zweitens nicht in einer strengen, nach seinen eigenen Forderungen notwendigen Weise deduziert, wie es immerhin Platon im Alter im Anschluß an Pythagoras versucht hat, indem er aus der Eins die anderen Kategorien abgeleitet hat. Vielmehr trifft auf Aristoteles das Wort von Kant zu, die Kategorien bei Aristoteles sind nur empirisch aufgerafft [vgl. Kant, 1787, B 107], das bedeutet: sie sind mit dem Moment des Zufälligen versehen, sie könnten auch anders ausgewählt sein. Dazu noch sind sie rein formal. Das wäre noch nicht schlimm, wenn sie wenigstens wahrhaft allgemein wären. Ein anderes Problem ist, wie weit man denn eigentlich in der Sammlung von Kategorien gehen kann. Schließlich ist ja auch der Füllfederhalter eine Kategorie, ein Gattungsbegriff, die Nasenspitze ist auch eine Kategorie zum Unterschied von der Nase oder von dem Gesicht. Wo kämen wir also hin mit einem Inventar sämtlicher Gattungsbegriffe, die ja viel zahlreicher sind als Gesetze! Also muß man irgendwo Schluß machen, das Allgemeine fassen. Die Frage ist nur, ob dieses Allgemeinste in Wahrheit konstitutiv ist.
Ich will Ihnen nun die zehn Kategorien des Aristoteles aufzählen:

ποσόν	Quantität
ποιόν	Qualität
πρός τι	Relation
ποῦ	räumliche Beziehung
ποτέ	zeitliche Beziehung
ποιεῖν	Tun
πάσχειν	Leiden
κεῖσθαι	Lage
ἔχειν	Sich-Verhalten, auch Haben
τὸ τί ἦν εἶναι, οὐσία, τί ἐστι	Wesen, Substanz

Das sind zweifellos schon durch ihre Aufzählung zufällig wirkende und vor allem auch sich überschneidende Bestimmungen. Was ist

Sich-Verhalten, habitus im Mittelalter, zum Beispiel im Verhältnis zu Tun oder zu Leiden? Überschneidungen gibt es auch zwischen Relation und räumlicher und zeitlicher Beziehung. Man könnte sagen, die räumlichen und zeitlichen Beziehungen seien Unterabteilungen der Relation. Etwas Eigenes zeichnet sie nicht aus. Wie stehen räumliche Beziehungen und Quantität zueinander? Da ist doch auch eine enge Verbindung da. Aristoteles hat seine Kategorien wie gesagt zufällig und nicht aus einem einzigen Prinzip abgeleitet. Sie spielen aber im Aristotelischen Realphilosophieren gar keine besondere Rolle, zum Unterschied von den Prinzipien, zu denen wir noch kommen werden.
Interessant ist die zehnte Grundbestimmung – und nun komme ich endlich dazu, auf dieses τὸ τί ἦν εἶναι einzugehen, die οὐσία, das Wesen. Mit einem schwer verständlichen und mindestens schwer oder unmöglich übersetzbaren Ausdruck nennt Aristoteles das Wesen, daß er auch οὐσία nennt, τὸ τί ἦν εἶναι. Es ist selbst für jemanden, der Griechisch kann, eine Schwierigkeit, das zu verstehen. Schwierig ist die sonderbare Einpackung in das τό, das nur im Griechischen möglich ist. Mit dem τό, dem Artikel und dem εἶναι, dem Sein, am Ende, läßt sich alles mögliche einpacken. Wörtlich heißt es: das Was-war-Sein. Man hat sehr viele Versuche gemacht, diesen Ausdruck zu deuten. Die wahrscheinlichste und fast als sicher zu bezeichnende Deutung ist folgende: Der Ausdruck geht zurück auf das τί ἐστι des Sokrates, auf die Fragestellung: was ist? Und wenn etwas festgestellt ist, dann ist es nicht mehr eine Frage, nicht mehr ein εἶναι, nicht mehr ein ἔστι, sondern ein ἦν. Die Sache ist erledigt, die Bestimmung ist gemacht. Es ist das, wozu wir im saloppen Deutsch sagen: »gemacht« oder »wie gehabt«. Das ist das ἦν.
Das, was fertig ist, was durch die Frage herausgebracht ist, das ist das Wesen der Sache. τί ἐστι ist die Frage und das ἔστι ist noch nicht so scharf als Bestimmung wie ἦν. Das haben wir im Deutschen nicht, höchstens in solchen Worten wie »gemacht«, »fertig«, »hab's verstanden«. Es heißt ja auch nicht: ich verstehe, sondern: ich habe es verstanden. Damit ist etwas Abgeschlossenes gemeint. Vielleicht können wir im Sprachgefühl diesem ἦν etwas näherkommen. Das τί ἦν nun, das Abgeschlossene, das Fertige, das Wesen, wird eingepackt in die beiden Glieder τό und εἶναι. Also das Was-war-Sein, was sich aus Frage und Antwort ergeben hat, ist das Seiende.

Das ist höchstwahrscheinlich der Sinn des sonst unübersetzbaren τὸ τί ἦν εἶναι. Sie sehen in dem Präteritum, in der Vergangenheitsform ἦν, wieder die *Anamnesis* spuken. Wesen ist *Gewesensein*, etwas Abgeschlossenes. Das spukt ja immer wieder selbst in den Marxismus hinein, wie wir bei dem Totum gesehen haben. Das Erkennbare ist das Vergangene, also kommt die Bestimmung des Wesens derart zustande, daß es ein Abgeschlossenes ist, aus dem die einzelnen Bestimmungen nachträglich entwickelt werden können oder das sich selbst in der Erscheinung durchsetzt.

Wenn das τὸ τί ἦν εἶναι nicht mehr in der Kategorienlehre gefaßt wird, sondern in der Realphilosophie, heißt es *Entelechie*. Τὸ τί ἦν εἶναι ist in der Wirklichkeit die Entelechie, das wirkende Wesen einer Sache und das Ziel zugleich, zu dem die Sache hinstrebt, das sie in sich hat und das sie aus sich herausbringen will. Solange sie das nicht hat, ist sie nicht ruhevoll: »In jedem lebt ein Bild«, sagt Rückert, »des, was er werden soll, solang er das nicht ist, ist er nicht ruhevoll«. Das ist Entelechie oder, Goethisch, »geprägte Form, die lebend sich entwickelt« [Goethe, 1, 523]. Entwickeln heißt hier zu einer bereits fertig vorgeformten Form entwickeln, die in der Erscheinung nur noch nicht ausgeprägt ist.

Die Prinzipien, hauptsächlich: Stoff und Form

Ich komme nun nach den zehn Kategorien, mit der wichtigsten, dem τὸ τί ἦν εἶναι, am Ende, zu den Prinzipien: bei Aristoteles werden sie ἀρχαί genannt. Das alte, vertraute, uns beinahe heilige Wort ἀρχή heißt bei den sogenannten Vorsokratikern »Ursprung«, »Anfang«. Es hat seinen kosmologischen Sinn allmählich verloren und entspricht ungefähr unserem principium, das wörtlich Anfang bedeutet. Princeps, der Erste, Prinz kommt auch da her. Was alles aus diesen Worten werden kann, ist erstaunlich.

Die Prinzipien, die mit den Kategorien nur noch ganz lose zusammenhängen sind bei Aristoteles vier: 1. Stoff, 2. Form, 3. Ursache, 4. Zweck. Stoff ist ὕλη, wörtlich »Holz«, oder τὸ ἐξ οὗ »das Woraus« – mit einem großartig kurzen Griechisch wird das bezeichnet, aus dem etwas gemacht ist. Form ist εἶδος oder τὸ τί ἐστι, »das Was-etwas-ist«, und in schärfster Form τὸ τί ἦν, »das Was-war«. Ursache heißt αἰτία oder τὸ ὅθεν, wörtlich: »das Wovon-her«, und

Zweck heißt τὸ οὗ ἕνεκα, wörtlich: »das Um-wes-willen«. Diese vier Grundprinzipien fallen am Schluß in Stoff und Form zusammen, indem die Form sowohl die Ursache als auch den Zweck schluckt, weil sie eine *Zweckursache* ist. Und andererseits gehen Elemente der Ursache in die ὕλη über, indem sie nämlich störend ist oder teilend. Auch die Prinzipien verhalten sich also nicht mit voller, gedrängter, sich in nichts überschreitender Beziehung zueinander. Immerhin sind sie klarer als die Kategorien und die Kategorienlehre. [...]
Aber die Prinzipien haben etwas uns wieder enorm Betreffendes: Stoff und Form kommen in den Beziehungsbegriff der *Entwicklung*. Das im Stoff angelegte leer Mögliche wird durch die Form, die sowohl eine Wirkform wie eine tätige Form wie eine Zielform ist, aus der Anlage zur Wirklichkeit herausgebracht, entfaltet. Jedes Ding strebt danach, das zu werden, was es als Entelechie ist, und jede Bewegung ist eine Bewegung von der Anlage zur Erfüllung. Aristoteles nennt an einer Stelle in der Physik die Bewegung selber eine unvollendete Entelechie. Um es Ihnen konkret zu zeigen: Ein Ochse muß ein Ochse werden, eine Palme muß eine Palme werden, ein Mensch muß ein Mensch, ein Stein muß ein Stein und ein Kristall muß ein Kristall werden. Die fertigen Gattungsbegriffe sind zunächst Anlage, alles ist vorgeordnet, und solange es nicht fertig ist, in mehr oder minder getrübter oder gelungener Ausprägung und Manifestierung, gibt es Bewegung dazu hin. Wir haben also zwei Dinge, einmal die Bewegung, die ja offen ist, als unvollendete Entelechie, und zum anderen die Landung in der vollendeten Entelechie, die kein Utopikum in sich hat, die fertig ist.
Derart ist die Beziehung von Stoff und Form als Grundform der Aristotelischen Realphilosophie. Die Entelechie ist auch dasselbe wie das Paradigma, das Beispielhafte in einer Sache selbst. Damit ist ohne weiteres der Übergang von den Prinzipien zur Aristotelischen Realphilosophie gegeben. Nicht von den Kategorien, sondern von den Prinzipien aus erfolgt der Übergang, von den vier Prinzipien Stoff, Form, Ursache, Zweck, die in Wahrheit zwei sind.

Betrachten wir nun den Stoff, was für Materialisten ja nicht uninteressant ist. Zum ersten Mal ist er hier durchdacht, zum ersten Mal nicht einfach nur bezeichnet, wie er vorher als Wasser, Luft, Feuer oder Denkstoff bezeichnet wurde. Der Stoff wird auch nicht abgelehnt wie bei Platon, wo er leerer Raum ist, μὴ ὄν, nichtseiend, auch keine Ideale enthaltend. Bei Aristoteles ist er ein Seiendes par excellence, eine Großmacht, eine Weltmacht, ebenbürtig der Form, aber von der Form unterschieden. Das Gleichnis bei Aristoteles für den Stoff, das ich Ihnen, weil es einfach ist, zunächst verabreiche, ist das Wachs. Ich habe also Wachs, darauf presse ich das Siegel. Es ist dem Wachs völlig gleichgültig, was für ein Siegel darauf gepreßt wird. [. . .] Das Wachs ist total bestimmungslos. Andererseits kann sich das Siegel nicht ausprägen, wenn es kein Wachs hat, und zweitens enthält doch das Wachs bei aller Gleichgültigkeit, die selbst die der abgebrühtesten Hure weit überschreitet, die Möglichkeit, all dieses in sich ausprägen zu lassen. Das Siegel ist die Form, ist die Entelechie, die sich ausprägt in dem Wachs des Stoffs.

In dem Wort ὕλη und deutlicher noch in dem Wort materia, das erst bei Lukrez vorkommt, auch im früheren Lateinischen nicht den Sinn hatte, lebt ein altes Symbol des Weibes; Bäume sind weiblich und in den meisten Mythologien Göttinnen zugeordnet, es gibt den Baum der Eva, den Baum der Schlange, der Baum kommt auch in Träumen als ein weibliches Sexualsymbol vor. In ὕλη und deutlich in dem Wort materia, mater, Mutter, steckt also das Weibliche, nicht nur als das X der Bestimmbarkeit, mit dem man machen kann, was man will, was ja Gott sei Dank nicht der Fall ist, sondern es steckt mater darin, die Gebärende, später natura, ein Schoß von Geburten. Der Stoff ist mehr als bloß bestimmbar, er ist selbst hervorbringend, er hat den Muttercharakter, Weibcharakter von Materie, der sehr viel alten Mythos enthält, wie sich von selbst versteht. Das geht in die Aristotelische Stoff-Form-Beziehung ein. Diese Auffassung ist freilich bei Aristoteles, wie wir sehen werden, weniger ausgebildet als das Wachs-Siegel-Verhältnis.

Die Materie nun wird sehr scharfsinnig und richtig unterschieden in erste und zweite Materie. Die erste Materie ist Wachs, mit dem noch gar nichts angefangen worden ist, vollständig jungfräuliches

Wachs, in dem gar keine Bestimmung ist. Die zweite Materie ist bereits geprägte Form, die sich aber zu dem, was angefangen wird, wie Wachs verhält, nämlich als Bauzeug. Zum Beispiel ist ein Baumstamm keine bestimmungslose Materie. Verglichen mit der wirklich bestimmungslosen Materie ist ein Baum noch eine ganz hohe Entelechie. Aber für ein Haus ist er wieder Materie, aus ihm werden Bretter, Balken und Gerüst gemacht. Ebenso sind Wirtschaft und Gesellschaft hohe Entelechien, aber für die Gestaltung des Überbaus wieder Materie; sie liegen ihm zugrunde. Nach dem historischen Materialismus ist der Überbau als Anlage im Unterbau enthalten und in letzter Instanz von ihm bestimmt. Der Unterbau ist Materie, aber bereits eine sehr hohe Organisationsform von Materie; verglichen mit einem Bleiklumpen ist sie ungeheuer hoch organisiert, ja sozusagen geistig, das Wort in einem nicht spiritualistischen Sinn gebraucht.

So kann die *Form* für eine nächsthöhere Form wieder *Materie* werden. Die πρώτη ὕλη oder prima materia ist also *das gänzlich Bestimmungslose*, aus ihr kommt das Holz, aus dem ein Haus gemacht wird, das Erz, aus dem eine Bildsäule gemacht wird. Sie spielte eine sehr große Rolle im chemischen Aberglauben; sie wurde nämlich gesucht, um Gold zu machen. Man wollte all die Bestimmungen, die bisher der prima materia zugefügt worden waren, wieder abtun und die erste Materie suchen, um ihr ein Losungswort zu geben, auf daß sie in Linie der Goldentelechie marschiere. So wurde die prima materia im Mittelalter mit der Jungfrau Maria gleichgesetzt, die den Goldkönig gebiert. Dies zur Geschichte des Aberglaubens.

Die prima materia ist, indem sie wie Wachs ist, das zur unbegrenzt möglichen Gestaltung Fähige. Sie ist δυνάμει ὄν, das »in Möglichkeit Seiende«, ist nichts anderes als das Substrat der objektiv-realen Möglichkeit. Es läßt sich aus ihr alles Mögliche machen, es läßt sich aber aus ihr nicht alles Unmögliche machen. Auch das hat Gesetze. Es läßt sich auf Wachs nur Petschaft prägen, es läßt sich mit Wachs nicht auf den Mond fliegen. Das ist nicht im Wachs enthalten. Selbst wenn Sie von dem Wachs, das ja schon eine hochgeformte Materie ist, zurückgehen zur prima materia, erkennen Sie eine Grenze, so daß man nicht alles aus ihr machen kann. Gleichzeitig aber steckt der Mutterschoß der Geburten in dem δυνάμει ὄν; die Befruchtung erfolgt durch die Form, durch die Entelechie.

Es gibt aber noch eine zweite Bestimmung der Materie. Außer dem δυνάμει ὄν, dem in Möglichkeit Seienden – δύναμις ist Möglichkeit; Potentialität ist die lateinische Übersetzung davon – gibt es eine Bestimmung der bereits gestalteten Materie als κατὰ τὸ δυνατόν, das »nach Möglichkeit Seiende«. Die deutsche Sprache hat genau diesselbe Fähigkeit zu feiner Unterscheidung wie die griechische. *In* Möglichkeit – darin steckt ein Goldklang von Möglichkeit, von ungelebten Möglichkeiten; das ist weit, groß, das läßt die Herzen höher schlagen. Damit gab es sehr viel Unsinn und Wischiwaschi und Narrenparadies, aber das Wort enthält auch noch die echten Möglichkeiten, ungefähr in dem Sinn des Satzes: Welche Möglichkeiten hat die Jugend vor sich! κατὰ τὸ δυναντόν, *nach* Möglichkeit – das ist kaltes Wasser, ist sauer. Das steckt in so einem Satz: Na ja, ich werde mein Bestes tun; ich hoffe, etwas nach Möglichkeit ausführen zu können. Sie sehen, es ist kühl, es ist pessimistisch sogar, auf alle Fälle begrenzt. Aber es ist das gleiche Wort »Möglichkeit«. Es setzt *partiale Bedingungen*, vielleicht sogar enger Art, es setzt einen Fahrplan: heute ist es mir nicht möglich, aber vielleicht in acht Tagen. Jetzt können wir noch nicht den Fünfjahresplan durchführen, aber in 60 Jahren. *Nach Möglichkeit* hat auch etwas Leitendes an sich, auf alle Fälle ein Nüchternes, Männliches, Überlegtes, dem Don-Quichottehaften völlig Fernes, Realistisches, es ist ein anderer Begriff. Diesen hat Aristoteles also auch, und zwar in einem pessimistischen Sinn.

Im neutralen Sinn ist der Stoff δυνάμει ὄν, im pessimistischen Sinn ist derselbe Stoff κατὰ τὸ δυνατόν. Er ist hemmend, er erlaubt nicht – das sind Nachwirkungen von dem Bösen, das bei Platon im Stoff steckte –, er erlaubt nicht, daß sich die Entelechie rein ausprägt, es muß abgehandelt werden. »Uns bleibt ein Erdenrest / Zu tragen peinlich, / Und wär er von Asbest, / Er ist nicht reinlich« [Goethe, Faust II, Vs. 11954], heißt es im zweiten Teil des Faust. Dieser Erdenrest, das ist auch Materie, und sie läßt sich nicht rein ausprägen. Zum Beispiel sind Tiere für Aristoteles verunglückte Menschen. Einige seiner Schüler haben sogar gesagt, die Weiber wären verunglückte Männer, der Stoff habe eben nicht ausgereicht, der Stoff habe eingewirkt. Hier steckt zugleich die Ursachenbeziehung darin, daß der Stoff störend sein kann. Der Stoff ist aber nicht nur der Ort der Störungen, sondern auch der Ort der Zufälligkeiten, dessen, was nicht notwendig ist, dessen was nicht aus innerer Notwendigkeit erfließt, sondern bloß, wie Hegel sagen würde, aus äußerer Notwendigkeit; ein Wort, das Aristoteles nicht einmal zuläßt. Dieser nicht rationale Rest, den die Welt zeigt, wird bei Aristoteles sehr klein gemacht, er stammt aber aus dem widerstrebenden Stoff, aus den widerspenstigen Einflüssen, die eben die ὕλη in die Ausprägung der Gestalten hineinschickt. Also: das Wachs ist verdorben, oder es ist körnig, oder seine Farbe ist schlecht geworden u.s.f. Darum prägt sich das Siegel nicht rein aus.

Dies ist das Negative an der Aristotelischen Auffassung vom Stoff. Das andere, was ich neutral nannte, spielte vor allem im Mittelalter eine große Rolle. Der Stoff galt als das principium individuationis, das heißt das Prinzip der Vielheit. Die Entelechie ist überhaupt nicht teilbar, es gibt keine Teilbarkeit des Palmenhaften und des Menschlichen; »Der Friede ist unteilbar« – in einem solchen Wort haben wir sogar Anklänge daran. Aber teilbar ist der Stoff, teilbar in Homoiomerien bei Anaxagoras, teilbar in Atome bei Leukippos und Demokrit. Das hat Aristoteles durchaus anerkannt. Indem der Stoff teilbar ist, ist er das Prinzip der Vielheit. Die Vielheit ist für Aristoteles der Erklärung bedürftig – ein platonischer Zug, sogar ein überplatonischer Zug. Nicht die Einheit, nicht die Allgemeinheit, sondern, daß es viele Individuen von der gleichen Gattung gibt, ist der Erklärung bedürftig, und die Erklärung der Vielheit, daß es also nicht nur ein Glas Wasser, eine Palme gibt, sondern viele, liegt in der ὕλη. Sie bringt die Teilbarkeit, die die Einheit facettiert, wie ein Prisma auseinanderwirft. An dieser Stelle haben wir bei Aristoteles, um mich mittelalterlich auszudrücken, noch einen Begriffsrealismus und keine Spur von Nominalismus. Dem Nominalismus wird die Einheit das Problem, die Vielheit ist das Gegebene. Dem Begriffsrealismus ist die Einheit das Gegebene und die Vielheit das Problem, das erklärt werden muß.

Festzuhalten ist, daß die *Materie* δυνάμει ὄν ist, der Ort der *Möglichkeiten*, der *Mutterschoß der Geburten*, der allem zugrunde liegende *Fundus der Gestaltbarkeit* überhaupt in der Welt. Wir werden am Schluß der Vorlesung über Aristoteles sehen, welche Wirkung das später gehabt hat und welche weiteren Bestimmungen später den aktiven Charakter der Materie verstärkt haben. Bei Aristoteles ist die Materie überwiegend passiv, was auch mit ihrem Weibcharakter zusammenhängt und der Auffassung der Sklaven-

haltergesellschaft des Vorderen Orients entspricht. Aber allmählich, und zwar schon bei seinem ersten Schüler, seinem Jünger und Freund Theophrast, und dann später bei Straton, dem Physiker, dem dritten Schulhaupt der Peripatetischen Universität, wird die Materie muskulöser; sie selbst befruchtet sich, Parthenogenese kommt hinzu, und die Form wird immer mehr in die Materie selbst hereingezogen, womit wir den Übergang zu einem pantheistischen Materialismus bekommen, der bei Aristoteles fehlt, bei dem ja der Gegenpol zur Materie dauernd die Form ist und dem die höchste Form die νόησις νοήσεως oder Gott ist, in dem überhaupt keine Materie ist. In der prima materia ist kein Gott, und in Gott ist keine Materie. Dies wird sich im Verlauf der naturalistischen Entwicklung der Aristotelischen Philosophie ändern.
[...] Wir haben also gehabt: Materie mit dem Moment der Störung, mit dem Moment der Quantifikation, der Individualisierung. Jetzt kommt noch ein Drittes zur Materie hinzu: Die Materie, die das Eigenschaftslose an sich ist – denn Eigenschaft ist ja eine Formbestimmtheit –, hat aber ein anderes, nämlich den Platonischen Eros. Aristoteles nennt ihn Drang oder Sehnsucht. Die Materie hat eine Sehnsucht nach der Form, einen Drang nach der Form, die sie entbindet. Der Platonische Eros ist durch Aristoteles von der Seele auf die Materie übertragen worden, eine außerordentlich folgenreiche Beziehung und ein riesiger Bogen. Es gibt eine *Sehnsucht der Materie nach der Form*, das *Heimweh der Materie nach Gott*. Das ist zwar etwas zu theologisch für Aristoteles, macht aber das Prinzip deutlich. Die Vollkommenheit der obersten Entelechie zieht an. So kommt in die Materie die Gärung hinein, die auch von ihr ausgeht und nicht nur von der Form, was den Dualismus Materie-Form völlig aufhebt. Aber im Großen und Ganzen gibt es Bewegung, ohne daß aufgehoben wird: Die Materie ist ungeschaffen und ungeworden, sie ist nicht aus dem Nichts geschaffen, sondern genauso alt wie die Form und ewig. Ein harter Bissen für die Kirchenlehre. [...]
[...]
Ich rekapituliere kurz. [...]: Es gibt zwei Definitionen des Stoffs bei Aristoteles. Aus dem μὴ ὄν, dem Nichtsein bei Platon, das selbstverständlich unfruchtbar ist wie alles Nichts, entsteht bei Aristoteles das Fruchtbare des Stoffs als Möglichkeit. [...] Möglichkeit erstreckt sich nach zwei Seiten als *nach Möglichkeit seiend* und

als *in Möglichkeit seiend*. Der Stoff ist dasjenige, was die Bedingungen zur Entfaltung des Wesens enthält, und zwar auf eine begrenzte und begrenzende Weise, das heißt, er bewirkt als Nebenursache, daß sich die Form, also das Wesen, die Entelechie oder die Natur einer Sache, nur nach Möglichkeit ausprägen kann, nach Möglichkeit in dem schon populären Sinn: »Na ja, ich will mein Bestes tun, nach Möglichkeit werde ich das ausführen«. Sie sehen das Begrenzende darin; es geht etwas vor sich je nach den vorliegenden Bedingungen.

Das ist dasselbe, was im dialektischen Materialismus der Fahrplan ist. Je nach der Reife der ökonomischen Bedingungen kann sich etwas ausprägen. Zum Beispiel konnte sich zur Zeit der Bauernkriege im 16. Jahrhundert – das ist natürlich eine weit übersteigende Deutung von Aristoteles, der von den Bauernkriegen nicht viel wußte – kein Kommunismus ausbilden, obwohl Intention auf Kommunismus, auf kommunistische Gesellschaftsordnung da war und immer da war, denn der Fahrplan lautete: kapitalistische Entwicklung der Produktivkräfte. Da konnte man machen, was man wollte, es wäre doch dahin gekommen; das heißt, nach Möglichkeit der Lage war es so, daß man damals nur eine Entfesselung der Produktivkräfte, zwar in einer nicht erwünschten, aber immerhin progressiven Weise erlangen konnte, nämlich eine kapitalistische Entfesselung. Das wäre so gekommen, auch wenn die Bauern gesiegt hätten. Die Französische Revolution hat ja auch etwas ganz anderes im Sinn gehabt als die völlige Entfaltung der Bourgeoisie. Robespierre hat anderes im Sinn gehabt, aber die Verhältnisse waren nicht so, und heraus kam der Thermidor, und heraus kam die kapitalistische Entfaltung der Produktivkräfte. Nach Möglichkeit – das ist das Hemmende im Stoff, das was eben herabzieht, was Mißglücktes hervorbringt, natürlich auch in einem negativen Sinn.

Vom κατὰ τὸ δυνατόν – κατὰ heißt »nach Maßgabe«, τὸ δυνατόν »das Mögliche« – unterschieden werden muß δυνάμει ὄν, »in Möglichkeit seiend«. Dies bezieht sich bei Aristoteles wesentlich auf die erste Materie, die prima materia. Ich hatte Ihnen ein Bild gegeben, das sich bei Aristoteles selbst findet, das Bild von Wachs und Petschaft. Der Stoff, die Materie, ist Wachs. Die Form, die Natur der Sache, die Entelechie, das Wesen ist das Petschaft, das auf das Wachs gepreßt wird. Das Wachs nimmt vollkommen gleichgültig zu der Form jede Form an, die ihm aufgepreßt wird; der Stoff ist also Anlage zu allem und jedem. Wohlgemerkt: zu allem und jedem, nicht bedingend, nicht κατὰ τὸ δυνατόν.

κατὰ τὸ δυνατόν ist der bereits geformte Stoff, nicht mehr der erste, gänzlich unbestimmte Stoff. [...] Diese bereits geformte Materie, die materia signata, ist zum Beispiel Holz, aus dem ein Tisch gemacht wird. Das Holz ist bereits ein sehr bestimmter Stoff, es setzt einen Baum voraus, der gewachsen ist, der Baum wieder setzt einen Boden voraus und Luft und Wasser. Das Erz, aus dem eine Bildsäule gemacht wird, ist durch Verhüttung gewonnen worden und darum ebenfalls schon ein sehr bestimmter Stoff. Es ist nicht mehr zu allem brauchbar, Sie können daraus keine Pfeife machen und keine Glühbirne und keine Bluse. Das Erz ist κατὰ τὸ δυνατόν, voller Begrenzung, nach Maßgabe der Möglichkeit können Sie etwa nur eine Bildsäule daraus machen. Da haben Sie auch eine Art von räumlicher Begrenzung, nicht nur von zeitlicher, wie ich sie vorhin beim Bauernkrieg angegeben habe.

Buntmetall können Sie nicht trinken – die prima materia hingegen ist zu allem fähig und zu allem bereit und auch alles bedürftig. Die prima materia, die gänzlich unbestimmte, die allem zugrunde liegt, die noch gar keine Form hat, die δυνάμει ὄν, reine *Potentialität*, reine Möglichkeit und, bei Aristoteles, gar kein *Vermögen*. Trennen Sie die beiden Begriffe Möglichkeit und Vermögen! In der deutschen Sprache werden sie oft schludrig gebraucht, man faßt Möglichkeit auch aktiv, während sie am besten passiv gefaßt wird. Für die aktive Möglichkeit sollte man Vermögen sagen. Denn wenn ich sage »Rot kann verblassen« oder »Fritz kann das tun«, so gebrauche ich das Wort »können« in zwei verschiedenen Bedeutungen. »Rot kann verblassen« ist passiv, »Fritz kann das tun« aktiv. Verblassen ist eine passive Möglichkeit, es braucht nicht zu verblassen, kann es aber. Dagegen liegt in »Fritz kann das tun« ein aktives Vermögen. In Fritz liegt die Möglichkeit auch, es tun zu können, aber auf das »auch« kommt es nicht an, die Hauptsache ist, daß er es tun kann, daß er das aktive Vermögen dazu hat.

Der Stoff ist also bei Aristoteles nicht aktiv, er kann nichts tun. Der Stoff *ist* nur, gibt die Möglichkeit zu allem, was mit ihm getan und aus ihm gebildet werden kann. Das hat sich in der »Aristotelischen Linken« geändert, worauf wir noch kommen werden. Diejenigen, die sich dafür interessieren, was der Vortragende über das Thema geschrieben hat, werden die Erfindungen der Buchdruckerkunst nicht ignorieren und sein Buch »Avicenna und die Aristotelische Linke« [vgl. Bloch, Gesamtausgabe, Bd. 7, 479 ff.] lesen. Der neue Ausdruck »Aristotelische Linke« ist parallel zu dem der »Hegelschen Linken« gebraucht. Sie werden in dem Buch über die Nachreife des Aristoteles und seine Einwirkung auf die Ausbildung des neueren Materialismus einiges nicht ganz Unnahrhaftes finden: Genau in dem Punkt, daß der Stoff nicht allein passiv ist, sondern auch aktiv, hat sich nach Aristoteles, in der Aristotelischen Schule bis hinauf zu Giordano Bruno, etwas Wesentliches geändert. Angelegt ist es bei Aristoteles schon, nur nicht in dieser Schärfe ausgesprochen wie später.

Form, Entelechie, Verwirklichung

[...] Ich komme jetzt vom Stoff zu dem zweiten Prinzip der Form. Sie wissen, es gibt ursprünglich vier Prinzipien bei Aristoteles: Stoff, Form Ursache, Zweck; aber Ursache und Zweck fallen mit der Form großenteils zusammen, so daß es nur zwei gibt, Stoff und Form. [...] Das darf nicht in einem dualistischen Sinn verstanden werden, als ob Stoff und Form keine Beziehungen zueinander hätten. Im Gegenteil, sie sind eng aufeinander angewiesen. Der Stoff braucht die Form, damit er aus sich, aus dem Möglichen herausgehen kann, und die Form braucht den Stoff, damit sie sich in ihm ausprägen kann.
Die Form ist bei Aristoteles wie bei Platon wesentlich ruhend, was die Schranke der ganzen griechischen Philosophie bezeichnet, die auf der Verleugnung der Arbeit beruht. Die Arbeit wird von Sklaven gemacht, der freigelassene oder freie Mensch arbeitet nicht; also hat er weder einen aktiven Faktor der Erkenntnis – vielmehr ist alles nur *Schau*, Hinnehmen, keine *Erzeugung* – noch kommt er über den Gattungsbegriff hinaus. Die Griechen kommen also nicht zu einem funktionalen Gesetzesbegriff wie die bürgerliche Neuzeit. Der Begriff eines Gesetzes ist in der Antike unbekannt. Desto bekannter ist der Begriff einer Gattung. Die Gattung ist dasjenige, was die Form erfüllt, ganz im Sinn der Platonischen Idee. Die Platonische Idee ist allerdings von der Erscheinung abgetrennt, sie ist gleichsam nur zu Gast in der Erscheinung. Die Erscheinung

nimmt an ihr teil (μέθεξις), die Idee ist in der Erscheinung gegenwärtig (παρουσία), kann sich aber jederzeit trennen, wohnt ja auch ganz woanders, im τόπος οὐράνιος, während bei Aristoteles die Idee, wie ich der Einfachheit halber einmal sage, das εἶδος, die Gestalt, das Genus, die Gattung oder das Wesen in der Erscheinung selbst enthalten ist, in ihr umgeht, sich in der sich bewegenden und entwickelnden Erscheinung manifestiert.

Wie Aristoteles aus dem μὴ ὄν des Platonischen Stoffes das δυνάμει ὄν gemacht hat, so hat er aus der gattungsmäßig stillen Idee die energische Entelechie gemacht. Entelechie kommt von griechisch τέλος ἐνέχειν, das heißt: »in sich selbst ein Ziel haben«. Die Entelechie ist die Natur einer Sache, die in der Sache sich auszuprägen bestrebt ist. Ich sage: bestrebt ist, das ist aktiv. Ich habe von der Sehnsucht der Materie (ὁρμή), von dem Drang der Materie nach der Form gesprochen, das ist passiv. Wie also die Entelechie bestrebt ist, sich auszuprägen, so gibt es in dem Stoff ein Sehnen danach, ausgeprägt zu werden. Diese beiden kommen zusammen, wobei die Entelechie der aktive Teil ist, so sehr der aktive Teil, daß Aristoteles die beiden Begriffe ἐντελέχεια und ἐνέργεια, Energie, oft völlig synonym gebraucht. Eine aktive, tätige Zielstrebigkeit des Wesens zu seiner eigenen Ausprägung ist da, eine Tendenz des Wesens, sich zu manifestieren, durch alle Hindernisse hindurch, mit Hemmung durch κατὰ τὸ δυνατόν. Nach Maßgabe der Verhältnisse, der Bedingungen, die der Stoff gibt, sucht sich die in der Erscheinung immanent anwesende, ja in der Erscheinung bereits erscheinende Form entwicklungsgeschichtlich immer weiter zu manifestieren.

Erscheinungen also wie der Ochse oder die Palme oder die Eiche oder der Mensch oder die Pantherkatze sind alles Entelechien, die durchdringen und sich rein ausprägen wollen, so daß das Pantherhafte und das Eichenhafte und das Menschhafte immer reiner wird. Das Menschhafte ist das, was in uns das Bedürfnis erregt, immer mehr humanus zu sein, bis nichts Menschliches uns fremd ist. Das ist zunächst noch ohne Wertbegriff, ist noch nicht humanitas, sondern Mensch, so wie ein Ochse ein ganzer Ochse ist. Es ist das, was in der Erscheinung so selten ist, dagegen – hiermit greife ich zur Aristotelischen Poetik vor – in der Kunst reiner erscheint, weil nämlich die störende Materie weg ist, so daß man sagen kann: Das ist einmal ein Sommerabend wie er im Buche steht, das heißt ein wesenhafter Sommerabend, einer, der sich sehen lassen kann; auch darin ist dieser Doppelsinn. Juvenal, der große römische Satiriker, gebraucht einmal den Ausdruck »tempestas poetica«, wörtlich »poetischer Sturm«. Er bedeutet aber gar nicht poetischer Sturm, das wäre ganz falsch übersetzt, sondern: ein Sturm, wie er im Buche steht, wie ein Dichter einen Sturm ausprägen würde. Das ist die Entelechie des Sturms, die zum Ausdruck kommt, das Typische als das Charakteristische.

Hier haben wir auch den Ursprung des Wortes »typisch«; es kommt bei Aristoteles zuerst vor. τύπος ist das Charakteristische, Wesenhafte, nicht der Durchschnitt. Der Durchschnitt verwischt wieder, im Durchschnitt ist das Wort κατὰ τὸ δυνατόν sehr stark enthalten, und er ist auch meistens viel schlechter als jeder einzelne oder fast jeder einzelne; er bringt eine Senkung herein. »Jeder, sieht man ihn einzeln, ist leidlich klug und verständig, sind sie in corpore, gleich wird euch ein Dummkopf daraus«, sagt ein Vers von Schiller. Der Durchschnitt ist nicht immer dasselbe wie das Charakteristisch-Bedeutende, aber »typisch« ist charakteristisch-bedeutend oder sogar vorbildlich, paradigmatisch. All das, was in der neueren ästhetischen Diskussion eine Rolle spielt – Sie erinnern sich an den positiven Helden und ähnliches –, das ist in der Entelechie enthalten.

Schwieriger ist, wie nicht zu verhehlen, die Einheit von Energie und Entelechie, die unserer Denkgewohnheit ziemlich fremd ist. Wir stellen uns unter Energie sozusagen etwas Gesichtsloses vor, etwas rein Intensives, etwas Anonymes, das auch überall gleich ist. Energie ist eine Kraft, die sich auf etwas richtet und etwas ausprägt. Bei Aristoteles ist die Kraft selbst qualifiziert, das heißt, die jeweilige Energie ist eine Entelechie. Die Kraft, sich auszuprägen zu etwas, ist dasselbe wie das, was sich ausprägt, ausprägen will; und die Bewegung als Erscheinung, die Bewegung des Sich-Ausprägen-Wollens, der »geprägten Form, die lebend sich entwickelt«, wie Goethe das übersetzt, ist Entelechie [Goethe 1, 523].

Die Bewegung nennt Aristoteles folgerichtig eine *unvollendete Entelechie*. Solange also ein Gegenstand in Bewegung ist, ist eine Entelechie noch nicht vollendet ausgeprägt. Sie haben hier wieder die Schranke des antiken Denkens, die bis an die Schwelle der Neuzeit reicht. Der normale Zustand einer Sache ist *Ruhe*, der anomale Zustand ist *Bewegung*. Die Bewegung zehrt sich auf, und der

Körper ist, wenn man ihn in Ruhe läßt, eben in Ruhe. Die Bewegung ist etwas, was durch einen äußeren Anstoß oder eine innerliche Unruhe, Unzufriedenheit, Unausgeprägtheit in der Welt ist, so daß ein Gesetz der Erhaltung der Energie in dieser Sphäre völlig unmöglich wäre. Es gibt ein Gesetz der Erhaltung der Ruhe, aber nicht der Entelechie, nicht der Energie. Es gehörte die bürgerliche Neuzeit dazu, der homo faber, der Unternehmer, der dynamische Mensch, damit die Bewegung das Normale und die Ruhe zum Grenzfall von Bewegung würde. Daß in der Welt keine Ruhe ist, daß die Erde sich um die Sonne dreht und die Sonne sich wieder um eine Zentralsonne dreht, in einem Fixsternsystem, und daß dieses sich vielleicht auch dreht, daß es keinen Ruhepunkt gibt, keinen absoluten Bezugspunkt (nicht einen, den wir erst setzen, sondern einen, der wirklich ruht, so wie im mittelalterlichen Weltbild die Erde wirklich ruht) – das ist für das antike Denken unvollziehbar. Deshalb ist Bewegung unvollendete Entelechie, und alles strebt danach, zur Ruhe zu kommen, das heißt zur möglichst vollkommenen Ausprägung, in der man keine Bewegung, infolgedessen auch keine Entwicklung mehr nötig hat.

Entwicklung, sagte ich, ist Ausprägung der Entelechie im Stoff. Das ist aber nicht eine Entwicklung im entwicklungsgeschichtlichen Sinn zwischen oder unter den Entelechien selbst. Auch hier ist eine Schranke des antiken Denkens, die sehr weit gereicht hat, bis Darwin, obwohl sie im antiken Denken schon besprochen wurde. Ich erinnere an Anaximander, an Empedokles, nach dem die Menschen aus dem Meer kommen, von Fischgerippe umgeben sind und dieses abstoßen; da gab es eine Entwicklung der Arten. Das ist jedoch fallengelassen worden, weil es eine Anomalie im griechischen Denken war. Nach Aristoteles gibt es aus den Arten, die dasselbe wie Entelechien sind, aus den Ochsen, Löwen, Pflanzen, Eichen, Palmen, keine Entwicklung heraus, sondern es gibt eine Entwicklung zu diesen Arten. Eine Eiche bleibt eben eine Eiche, und je mehr sie eine Eiche wird, desto mehr bleibt sie es, desto mehr ist sie ausgeprägt, es gibt keinen Umschlag in etwas anderes. Es wird nicht aus einem Saurier ein Vogel oder aus einem Affen ein Mensch. Das ist vollkommen unvollziehbar, übrigens noch bei Goethe in der »Metamorphose der Tiere« und der »Metamorphose der Pflanzen« [vgl. Goethe, 1948ff., Bd. 17,

192 ff.] unvollziehbar. Sondern es steht still, das heißt, die Arten sind fest, und zwar mit dem antiken Pathos der Ruhe, zum Unterschied von Darwin, bei dem alles Bewegung ist und die Arten nur einen gewissen Gleichgewichtszustand zeitlich begrenzter Art darstellen. Bei Aristoteles dagegen sind sie Entelechien und nicht zeitlich begrenzt, die Zeit läuft auf sie hin, sie läuft nicht durch sie hindurch und verwandelt sie.

Rettung der Qualität

Das bedeutet also im Ganzen, daß durch das Stoff-Form-Verhältnis und das Form-Stoff-Verhältnis die Welt ein einheitlicher Lebenszusammenhang ist, worin die Materie durch die qualitative und immer qualifiziertere Fülle der Gestalten hindurch von Form zu Form sich höher entwickelt und dem ruhenden Sein, der letzten Form, zustrebt. Hier dürfte Ihnen das Wort »qualitativ« aufgefallen sein. Wir haben hier einen starken Gegensatz zu Demokrit, der durch die Zeiten geht und unerledigt ist, gerade im dialektisch-historischen Materialismus noch unerledigt ist. Man bezeichnet beide Weisen der Erklärung der Welt am besten mit je einem »Ismus«: Demokritismus und Aristotelismus. Demokrit selbst ist der einen Erklärungsweise, der mechanisch-materialistischen, nicht völlig zuzuordnen, denn für ihn besteht die Seele aus Feueratomen, die von den anderen verschieden sind; gewiß: verschieden nur durch die Gestalt, aber aus der Gestalt entsteht eine neue Qualität – sie sind glatt und beweglich. Demokrit gehört also nicht ganz dazu, aber doch sehr weitgehend, denn letztlich sind auch die Feueratome von den übrigen nur durch quantitative Verhältnisse unterschieden.

Der mechanische Materialismus bedeutet eine totale Quantifizierung der Welt. Es wird alles herunteranalysiert auf einfachste mechanische Verhältnisse, auf Druck und Stoß, und es löst sich die ganze Fülle der uns doch qualitativ gegebenen Erscheinungen auf; Rot und Grün und Gelb, Gut und Böse, Eiche und Palme, Kapitalismus und Sklavenhaltergesellschaft, der Wiener Kongreß und ein Ballett, ein Tanz und eine Fastnachtsfeier – das alles löst sich auf und wird zu quantitativen Verhältnissen nivelliert, zu einem Sich-Trennen und Sich-Verbinden von Atomen. Das zu Ende gedacht

ist radikaler mechanischer Materialismus, in diesem Punkt sehr verschieden vom dialektisch-historischen.
Die Aristotelische Sichtweise ist qualitativ. Sie nimmt den Satz von Demokrit: διασῴζειν τὰ φαινόμενα (»die Erscheinungen retten«), der bei diesem kaum einen qualitativen Sinn haben kann, ernst. Sie baut die Welt nach, so wie sie selbst gebaut ist, in qualitativen Stufungen, innerhalb deren Entwicklung stattfindet. Zwischen den Stufen aber findet keine Entwicklung statt; eine Eiche bleibt eine Eiche, eine Pflanze bleibt eine Pflanze, ein Tier bleibt ein Tier. Aber eine räumliche Ordnung der Gattungen findet statt, wie wir sie schon in der Ideenpyramide bei Platon haben. Innerhalb dieser Ordnungen gibt es eine stärkere Qualifizierung, das heißt Ausprägung. Wenn ein Mensch sagt: Ich will mich qualifizieren, so heißt das ja: Ich will mich ausprägen. Ich will mich als Dreher qualifizieren: soll heißen: Ich will ein immer besserer Dreher werden, ich will in mir die Entelechie des Drehers immer mehr entwickeln, auf daß sie herauskomme, auf daß man sagen könne: das ist ein Dreher wie er im Buche steht. Das Qualifizierende in diesem Sinn gebrauchen wir also noch. Und diese formalen Ausdrücke, wie Qualifizieren, kommen alle da her, es sind abgelegte Kleider, und Philosophen sind verpflichtet, das zu Ende zu denken.
Es gibt also ein Sich-Qualifizieren von Qualitäten in einem Stufenbau, in einer qualifizierten Stufenleiter der Welt. Sie sehen, das ist sehr verschieden vom Demokritismus. Bei Aristoteles wird das Höhere von einem Niederen getragen, ist aber auf das Niedere nicht ganz zurückführbar. Es ist ein Anderes darin, ein Mehr, ein Höheres, Höherstehendes, eine größere Präzision. Mechanische Welt gibt es nach Aristoteles durchaus; es gibt die Ortsveränderung, die Bewegung, aber das Organische zum Beispiel oder das Psychische läßt sich nicht darauf herunteranalysieren, so daß es darin erschwindet, sondern es bleibt bestehen. Infolgedessen ist es bei Aristoteles wenigstens möglich, daß geschichtliche Vorgänge einen Platz haben. Wenn sie auch nicht in unserem Sinne erklärt werden, so haben sie doch einen Platz, während im mechanischen Materialismus geschichtliche Vorgänge überhaupt keinen Platz haben. Ich meine unter geschichtlichen Vorgängen menschliche geschichtliche Vorgänge.
Die riesige Welt des mechanischen Materialismus ist so klein, daß nicht einmal ein menschliches Ohr, das Töne – also Qualitäten –

wahrnimmt, darin Platz hat, geschweige denn ein menschlicher Kopf. Bei Aristoteles haben wir eine dauernde Mischung von Materialismus, Idealismus und Ideologie, aber er hat das Plus, eine Stufung anzuerkennen, in der die Geschichte der Ökonomie, die Beziehungen von Menschen zu Menschen und zur Natur einen Platz haben, so daß die Welt nicht eingeebnet wird in einem Tanz der Atome, sondern die Erscheinungen gerettet sind.

Das ist die welthistorische Bedeutung und das welthistorische Problem einer *qualitativen Stufung*. Es ist auch das Problem des starting-point, wie Engels das nennt, des Ausgangspunkts der Betrachtung. Zum Beispiel ist der wirtschaftende Mensch, der homo oeconomicus der starting-point des historischen Materialismus. Nicht der kapitalistische homo oeconomicus von Adam Smith, aber der arbeitende und wirtschaftende Mensch. Da interessiert nicht mehr, wie die Arbeit und das Wirtschaften physiologisch und anatomisch, in der organischen Chemie und zum Schluß in der anorganischen Chemie erklärt werden. Es interessiert nicht, daß die Ermüdung eines Arbeiters, die es nötig macht, daß ihm der Kapitalist die Reproduktion seiner Arbeitskraft wider Willen doch ermöglicht, durch eine Fülle von Milchsäure in den Muskeln entsteht. Das ist zwar vollkommen richtig, nur ist es keine ökonomische Formulierung der Ermüdung innerhalb des Produktionsprozesses. Für den mechanischen Materialismus geht es zur Milchsäure, von der Milchsäure zur organischen Chemie und von da zur anorganischen, und am Schluß bleiben Atombeziehungen oder Elektronenbeziehungen, und alles geht unter in einem einzigen Seifenwasser, und das übrige ist Seifenblase.

Der dialektisch-historische Materialismus kennt das nicht, er hat eigene Realitäten historischer Art. »Radikal sein ist die Sache an der Wurzel fassen«, sagt Marx in der Einleitung zur Kritik der Hegelschen Rechtsphilosophie, »die Wurzel für den Menschen ist aber der Mensch selbst« [Marx, 1844, 385]. Dies Stück *anthropologischen Materialismus*, das damals noch von Feuerbach her in Marx war, ist im mechanischen Materialismus nicht möglich. In Aristoteles aber ist es enthalten, indem es bei ihm eigene Bewegungen als unvollendete Entelechien gibt, auch eigene Entelechien, etwa den Menschen. Die Spitze des Ganzen ist theologisch, und selbst hier hört die Erklärung der Welt aus sich selbst nicht völlig auf, sie wird jedoch etwas unklar. Erklären der Welt aus sich selbst ist Materialismus. Es gibt bei Aristoteles keinen Schöpfer wie bei Platon im »Timaios«, keinen Demiurgen der Welt, durchaus nicht. Die Materie ist unerschaffen und ewig, und die Spitze, der νοῦς, wie Aristoteles sagt, der Geist, arbeitet nicht, ist aber vorhanden als ein Grenzbegriff.

Der νοῦς – theistische Spitze einer Immanenzphilosophie

Νοῦς – es ist das Wort des Anaxagoras, das Aristoteles aufnimmt. Bei Anaxagoras war, wie wir gesehen haben, νοῦς noch materialistisch, am besten zu übersetzen als »Denkstoff«. So wie es bei Heraklit, Anaximenes und Thales einen Feuerstoff gibt, einen Luftstoff und einen Wasserstoff, so gibt es bei ihm am Schluß einen Denkstoff. Er ist stofflich, er kann sogar gewogen werden, er teilt sich den Dingen mit wie ein Lufthauch und so weiter. Davon ist bei Aristoteles gar keine Rede mehr. Der νοῦς ist reine Form und hat überhaupt keinen Stoff mehr in sich. Sie haben also hier zwei Grenzbegriffe, zwischen denen sich alles ausspannt. Das ganze reiche Gebiet der Geschichte der Welt, sämtlicher Phänomene, erstreckt sich hier zwischen prima materia ohne Form, dem gänzlich Unbestimmten, und auf der anderen Seite dem νοῦς, dem Geist, der actus purus, reine Aktion ist. Wie die prima materia völlig ohne Form, so ist umgekehrt der νοῦς oder der Geist actus purus, nicht normaler Geist, nicht jeder Geist, sondern höchster Geist ohne Körper. Zwischen diesen beiden spannt sich das Weltgeschehen, der Weltaufbau aus. Actus purus – das ist die in der Scholastik übliche Übersetzung von ἐνέργεια καθαρά, reiner Energie. Wesentlich dafür ist, daß kein Stoff da ist, nur ein reines Denken seiner selbst. Im Denken ist so wenig Stoff, daß es darin nicht einmal einen Gegenstand gibt, der selbst etwas anderes wäre als das Denken selbst. Daher ist νόησις νοήσεως, das heißt »Denken des Denkens«, die Beschäftigung dieses Elementbegriffes actus purus oder Gottes.
Gott als reiner Geist ist nun ein ausgeprägter Philosophengott. So wie die Soldaten und Offiziere in Armeen der monarchistischen Länder stolz darauf zu sein pflegen oder pflegten, daß sie des Königs Rock tragen, so tragen nun die Philosophen des Gottes Rock, das heißt, sie sind selbst nichts als Denker und streben nach

dem höchsten Denken. Es wird also die Beschäftigung Gottes eine ausschließliche Denkbeschäftigung, Gott ist der oberste Denker. ὁ θεός ἀριθμητίζει ist schon ein Platonischer Ausdruck, der liebe Gott treibt Arithmetik, er zählt. Das geht weiter bis zu Eduard von Hartmann, der einmal in seiner Kategorienlehre sagt, die absolute Idee konstruiere Strahlenbüschel, sie treibe synthetische Geometrie. Aristoteles aber war der erste, der die Denkfunktion als die Gottes statuierte; die Studierstube wird in die höchste Entelechie transportiert. Diese Gotteseigenschaft hat das, was sie zu sein berufen ist, längst in sich ausgeprägt; so gibt es in ihr keine Bewegung, keine unvollendete Entelechie, sondern es gibt selige Ruhe, Selbstschau, Selbstgenuß, Selbstdenken.

Und da wir in einer Sklavenhaltergesellschaft leben und da Aristoteles überdies noch aus dem feudal-ritterlich-militärischen Makedonien stammt, ist Arbeit natürlich gänzlich ausgeschlossen. Der liebe Gott arbeitet doch nicht, tut doch nichts, schafft doch keine Welt, ist kein Töpfer, kein Dreher, der die Welt aus Ton kugelt. In der Bibel wird Gott mit einem Töpfer verglichen. Ein Töpfer, so etwas Armseliges, das kann doch nicht Gott sein! Nein, Gott tut nichts, aber er hat eine ungeheure Wirkung, ohne daß er Ursache in dem Sinne einer tätigen Ursache wäre. Er ist nämlich keine wirkende Ursache, sondern eine *Zweckursache*, er ist das Vollendete, das Vollkommene. Und das Vollkommene zieht dadurch an, daß es ist, ohne daß es wird, ohne daß es schafft, ohne daß es sich bewegt. Deshalb strömt alles an Entelechien im Dasein der obersten Entelechie zu. Es gibt die ὁρμή des Stoffs, das heißt die Sehnsucht der Materie nach der Form, die Energie, das Bestreben der Entelechien.

Alles bewegt sich nach dem Vollkommenen zu, und der Vollkommene, der actus purus, die oberste Entelechie, wird von Aristoteles der »unbewegte Beweger« genannt. Er ist selbst unbewegt, aber er bewegt, er ist ein fluterregendes Gestirn. So, wie der Mond das Wasser hebt, so hebt dieses Gestirn alles in der Welt zu sich hoch, es ist der letzte Anlaß zur Bewegung in der Welt, ohne jedoch selbst in die Welt einzugreifen. Unzweifelhaft haben wir eine Immanenzphilosophie, nicht mit einer pantheistischen Rundung, wie das nachher noch öfter vorgekommen ist, sondern mit einer theistischen Spitze. Oben strahlt der Gottesstern, und alles bewegt sich und strebt auf ihn zu. Diese theistische Spitze machte Aristoteles zum

Chefideologen der feudal-theologischen Gesellschaft des Mittelalters geeignet.

Wir haben also statt des immanenten Pantheismus eine völlige Immanenz, und zwar eine entwickelte, eine qualitativ entwickelte, aber ihr aufgesetzt ein Stück transzendenten Monotheismus. Nicht so transzendent wie im Mittelalter, daß die Welt und die Überwelt zerrissen wären, unvereinbar; sondern es geht *eine einzige Vermittlungsreihe hinauf zur Spitze der Welt*. Diese ist ohne Welt nicht denkbar, zum Unterschied vom rein theistischen Gott, der ja ohne Welt denkbar ist, den es schon gab, bevor er die Welt schuf. So nicht, sondern die Materie ist ewig, die Welt ist ewig, und oben steht die Spitze, das fluterregende Gestirn. Also gibt es eine Ordnung der Formen bis hinauf zu der seligen Vollkommenheit der höchsten Form, die keinen Stoff mehr hat im selben Zuge, wie die reine Materie keine Form hat. Man kann sagen, die reine Materie hatte noch keine Form, während man nicht sagen kann, die oberste Entelechie habe keinen Stoff mehr, denn sie hat wesensmäßig keinen Stoff gehabt, sie hat keinen Stoff und wird keinen haben, sie ist überhaupt der Zeit entronnen, weil sie ausgeprägt ist als eine vollkommene Entelechie.

Die Aristotelische Linke

Gehen wir nun auf die Nachwirkung gerade dieses Wesens, dieser Beziehung von Stoff und Form ein. Ich verwies bereits auf die Schrift »Avicenna und die Aristotelische Linke« [Bloch, Gesamtausgabe, Bd. 7, 479 ff.]. Diese Nachwirkung ist bisher nirgends beachtet worden, trotzdem ist sie mit Händen zu greifen. Es ist mit ihr wie mit einem Vexierbild »Wo ist die Katze?« Wenn man sie einmal gesehen hat, kann man nicht mehr begreifen, daß man sie vorher nicht gesehen hat. Die Nachwirkung, die Aristotelische Linke, hat sich genau an dem Verhältnis der beiden Prinzipien Stoff und Form entwickelt. Wie hoch reicht der Stoff in die Formen hinein?

Im Aristotelischen liegt eine doppelte Tendenz. Einmal soll der Stoff möglichst schwach wirksam sein. Er hat eigentlich so gut wie nichts zu melden; seine Herkunft aus dem Platonischen Begriff des μὴ ὄν ist immer noch sichtbar, und eine Art von unfreundlichem

Blick trifft den Stoff als das Hemmende, das Zerstreuende, auch als das, was die Vielheit hervorruft. Der Stoff ist auch principium individuationis, Prinzip der Teilung, so daß es eine Eiche nicht nur einmal gibt, sondern eben tausend und millionenmal. Eine Idee, eine Form ist nicht teilbar, nur der Stoff gibt die Teilbarkeit. Aber wir haben auch δυνάμει ὄν – da sieht es sofort schillernd aus, denn in δύναμις steckt wie in dem deutschen »Möglichkeit« sowohl Möglichkeit als auch Vermögen. Wir haben in der Entwicklungsgeschichte unserer Fremdwörter aus δύναμις nur Vermögen herausgeholt und gemacht; dynamisch, Dynamomaschine kommt von δύναμις, Energie im aktiven Sinn. Im Griechischen ist auch das Negative, das Passive enthalten, das wir in »dynamisch« nicht haben. Wir würden bei einem dynamischen Menschen nicht an einen Menschen denken, der lässig ist und wartet, daß man mit ihm etwas anfängt; ganz im Gegenteil. Aber im Griechischen ist das darin, das Lässige und zugleich das Mögliche, das Wachshafte und zugleich Energische.

In dem Maße, wie sich gegen die zunehmende Spiritualisierung der spätgriechischen und hellenistischen Philosophie eine Gegenbewegung unter den wenigen Aristotelikern anbahnte – es gab ja nicht viele, die Schriften waren ja unbekannt geworden –, in dem Maße wurde das Vermögen in der Materie pointiert. Und es waren bezeichnenderweise vor allem Naturforscher in der Aristotelischen Sekte, die darauf eingingen. Diese Naturalisierung der Form und die Erhöhung des Materiebegriffs beginnt bereits bei dem Freund und ersten Nachfolger des Aristoteles, bei *Theophrastos*, von dem die »Charaktere« erhalten sind, nach denen Molière seine Dramen, seine Komödien gemacht hat.

Ganz deutlich wird es bei dem dritten Nachfolger des Aristoteles, bei *Straton* mit dem Beinahmen ὁ φυσικός, der Physiker. Hier wird die Trennung von Stoff und Form aufgehoben, dergestalt, daß es so wenig reinen Stoff gibt, der keine Form hat, wie es eine Form gibt, die keinen Stoff hat, einschließlich der sogenannten reinen Form. Es wird die Form verleiblicht und der Stoff in der Form organisiert, so daß wir eine universale Stoffgrundlage aller Formen in der Welt haben. Der Stoff hört überhaupt nicht auf. Es gibt nichts Geistiges, das nicht mit Stoff tingiert wäre, mit einer materia signata, die stofflich ist und in der der Geist sich ausprägt. Es ist nicht so, daß es keine Seele und kein Bewußtsein gäbe – diesen Unsinn hat Straton natürlich nicht gesagt, das hat er Ludwig Büchner und Moleschott überlassen. Nein, das Geistige gibt es auch, aber es ist fest mit dem Stoff verbunden und eine höhere Organisationsform, Organisationserscheinung des Stoffs. Aber es gibt nichts, was nicht eine stoffliche Grundlage, sogar mehr: was nicht stoffliche Substanz hätte. Das bleibt allerdings bei Straton, dem Physiker, ohne besondere Wirkung; denn wir haben eine zunehmende Tendenz zur Transzendierung, trotz Pantheismus, trotz des stoischen Materialismus, den es gibt. Die Materie der Stoa allerdings ist, wie wir sehen werden, gegenüber dieser natürlichen Materie sehr durchgeistigt.

Dann geht es weiter über *Alexander von Aphrodisias*, den großen Kommentator des Aristoteles, in das Mittelalter hinein. Da haben wir nun Avicenna, Avicebron und Averroës. Sie werden in der mittelalterlichen Philosophie noch erscheinen. Behalten Sie nur in Beziehung auf das Stoff-Form-Problem, daß sie zur Aristotelischen Linken gehören. Bei *Avicenna*, dem großen tadschikischen oder persischen – das ist nicht ausgemacht, jedenfalls war er kein Araber – Philosophen aus Buchara rücken beide schon sehr nahe zusammen; es zeichnen sich die ersten Spuren von natura naturans ab, also der naturierenden Natur, der Natur, die selbst gebiert, des Mutterschoßes Materie, der sich selbst befruchtet. Vermögen ist da, nicht nur Möglichkeit, und aus diesem Mutterschoß der Materie wird das Sein geboren. Bei *Avicebron*, einem großen jüdischen Philosophen, den man wegen seines Namens Salomon ibn Gabirol lange für einen Araber gehalten hat, geht die Materie hinauf bis zu den Engeln, bis zum Thron Gottes, und nur Gott selbst ist aus Höflichkeit noch ausgelassen. Aber die Welt hat bei ihm eine einheitliche Seinsgrundlage, eine materia universalis.

Bei *Averroës*, dem arabischen Philosophen des 12. Jahrhunderts in Cordova, im arabischen Spanien, entsteht nun deutlich der Begriff der natura naturans, die identisch ist mit der natura naturata. Natura naturans und natura naturata haben Sie in dem Gesang des Erdgeistes im Faust: »In Lebensfluten, im Tatensturm / Wall ich auf und ab, / Webe hin und her! ... So schaff ich am sausenden Webstuhl der Zeit / Und wirke der Gottheit lebendiges Kleid.« [Goethe, Faust I, 149] Das ist der Erdgeist, das ist die schaffende Natur, die potentia in der Potentialität; und was die schaffende Natur schafft, das ist sie selbst als geschaffene Natur, natura naturata. Der Gott stößt also nicht von außen, er steckt innen, in

der materia, in der Bewegung der Materie und schafft die Gestalten der Materie. Das ist die naturierende, gebärende Natur. Hier, bei Averroës, haben wir den Ursprung der prächtigen Materie, die so schöpfungsmächtig ist, daß kein transzendenter Schöpfer mehr notwendig ist.
In dem christlichen Abendland hat das weniger reüssiert, wie man sich wohl vorstellen kann. Das war wohl unter allen Ketzereien die heilloseste und gefährlichste; sie hat sich nicht mit Kleinigkeiten abgegeben wie mit dem Streit um das Jota, ob Gott-Vater und Gott-Sohn gleich oder ähnlich seien, ob ὁμοουσία oder ὁμοιουσία vorliege, oder gar mit Fragen wie der, ob man das Kreuzeszeichen mit zwei oder mit drei Fingern schlagen solle, weshalb allerdings auch Menschen auf den Scheiterhaufen gekommen sind. Ketzereien dieser Art waren bedeutungslos gegenüber den Lehren eines *Amalrich von Bena*, des Amalrikaners aus dem südlichen Frankreich im 13. Jahrhundert, oder eines *David von Dinant*, von dem Thomas sagte: Stultissime posuit Deum esse materiam primam, »er hat auf allertörichteste Art behauptet, Gott sei die erste Materie.« [Thomas, 1934, 1, 3, 8] So ungeheuer stultissime kommt uns das nicht vor.
Der transzendente Gott also ist eliminiert, wird in die Welt hineingezogen, in eine pantheistisch schaffende Natur, und die Materie hat nun jeden Schein der Niedrigkeit von dem μὴ ὄν und dem τὸ κακόν, dem Bösen her verloren. Es tritt im Zusammenhang mit dem aufkommenden Bürgertum, der aufkommenden Geldwirtschaft, dem Sich-Regen im Diesseits eine Bejahung des Diesseits ein bei einem Verblassen der Jenseitsinhalte, die schließlich langweilig werden. Sie brauchten gar nicht mehr geleugnet zu werden, die Ordnung der Engel interessierte eben nicht mehr so sehr. Es brauchte nicht geleugnet zu werden, daß es Engel gibt, es ging das die aufkommende bürgerliche Klasse nur nichts mehr an. Es wurde damit so wie mit dem Sirius, der tausendmal größer als die Sonne ist, aber unsere Trauben nicht reift. So ist es damals, cum grano salis, mit der Transzendenz gewesen. Der homo faber, der tätige Mensch, der energische Mensch, hatte nun in dem Weltall eine Antwort. Er bekam auf seine Fragen Antwort, es gab antwortende Gegenbilder seines eigenen Wesens. Natura naturans, Schaffen der Natur, Dynamik sind bürgerliche Schlagworte, bürgerliche Parolen, mit denen die Entfesselung der Produktivkräfte vor sich gegan-

gen ist. So ist die ganze Welt eine Schöpfung aus sich selbst, nicht mehr im Sinn eines künstlerischen Schaffens allein – das wurde ja auf den schaffenden Gott auch angewandt –, sondern in dem Sinn eines geschäftlich-materiellen Erzeugnisses. Das empfahl sich also der gesellschaftlichen Grundlage als Überbau.

Nun geht es weiter bis zu *Giordano Bruno*, wo der Weltpantheismus ausgebrochen ist, wo natura naturata gefeiert wird von einem Minnesänger der kosmischen Unendlichkeit, einem Minnesänger des kopernikanischen Systems, im Jubel über die goldene Unendlichkeit des Diesseits und dem großen Paradox, daß das Diesseits unendlich ist, so daß für das Jenseits kein Platz mehr bleibt. Es war ein enger Anschluß an die Aristotelische Linke, durch den der materialistische Pantheismus oder *pantheistische Materialismus* entbunden wurde. Nach diesem kommt vor der Französischen Revolution der *mechanische Materialismus*, dann durch Feuerbach der *anthropologische Materialismus* und durch Marx der *dialektisch-historische Materialismus* mit Prävalenz der ökonomischen Grundlage.

Dies ist die Entwicklung, die sich von Theophrast und Straton her zeigte und einen ungeheuren Einfluß hatte auf die Ausprägung des materialistischen Denkens, das in der bürgerlichen Geschichtsschreibung ja nicht besonders pointiert wird. Das alles schläft in dem κατὰ τὸ δυνατόν und δυνάμει ὄν. Sie sehen, hier geht es nicht um müßige Fragen, nicht um abgetane Vergangenheit, sondern um eine höchst brennende Gegenwart und auch Zukunft, die Ihnen hier in Gestalt Aristotelischer Gedanken entgegenkommt. Hierin ist ein noch Unausgedachtes – natürlich nicht geeignet zur Stallfütterung, aber etwas für junge Menschen, die Freude haben, mit Leidenschaft zu denken und nicht hinzunehmen. Hier sehen Sie Probleme noch im Fluß, obwohl sie schon so lange her sind.

Teleologie im System der Entwicklung

[...] Ehe wir vorläufigen Abschied nehmen von der Aristotelischen Ontologie, das heißt der allgemeinsten Bestimmung des Seins nach den vier Prinzipien Stoff, Form, Ursache, Zweck, möchte ich Sie auf eine dieser Kategorien aufmerksam machen, die bei Aristoteles äußerst scharf betont wird, nämlich die Kategorie des Zwecks. Das ist eine Kategorie, die bei Demokrit völlig fehlt, sogar betont bekämpft wird. Bei Demokrit gibt es nur ἀνάγκη, die kausale Notwendigkeit; Zweck ist Meinung, ist δόξα, etwas, was sich die Menschen ausdenken, was sie hinzufügen, dem in der vom Menschen unabhängigen Außenwelt gar nichts entspricht. Das ist der Standpunkt des mechanischen Materialismus.

Wir haben denselben Standpunkt später bei Hobbes, ganz scharf bei Spinoza, gegen die Teleologie gerichtet. Wir haben ihn nicht bei Aristoteles, nicht bei Leibniz und nicht bei Hegel, [...] den großen Systemen der Entwicklung. Entwicklung ist eine Entwicklung zu etwas, Fortschritt ein Fortschritt zu etwas. Fortschritt an sich gibt es nicht, Fortschritt setzt als Wechselbegriff ein Ziel voraus. Ich kann sonst meinen Fortschritt an nichts messen, also muß meinem Fortschritt ein Ziel zugeordnet sein, sonst weiß ich ja nicht, ob es nicht ein Rückschritt ist oder ein Seitenschritt, ob ich vom rechten Weg abgekommen bin. Auch der Weg hat ein Ziel, sonst wäre er doch kein Weg. So ist im Fortschritt implicite ein Ziel. Ziel und Zweck sind nicht genau dasselbe. Ziel ist psychologischer, Ziel ist etwas, was Menschen im Bewußtsein haben, aber doch dem Zweck sehr nahe verwandt. Man hat in dem Fortschritts-, in dem Entwicklungsgedanken Zweck, ob man will oder nicht.

Nun ist der Zweckgedanke ungeheuer diskreditiert durch seine überwiegend, wenigstens im populären Bewußtsein überwiegend theologische Fassung. Als Vorsehung wird da ein Zweck gesetzt; es gibt einen göttlichen Ratschluß, der auch noch unerforschlich ist, einen Zweck, und die wahren Zwecke sind uns verborgen. Aber sie werden von einem gütigen Vater ausgesteckt, und die Menschen erreichen sie oder erreichen sie nicht, und danach werden sie gerichtet. Es gibt sozusagen ein Ziel der Klasse, das von einem Schuldirektor festgesetzt wird, oder ein Staatssekretär für Hochschulwesen ordnet die einzelnen Prüfungen an, damit Schüler in der Schule oder Studenten in einer leider verschult werdenden Universität das Ziel der Klasse erreichen. Es wird von außen festgesetzt. Nun, sofern ein Gott das Ziel festsetzte, war natürlich der Zweck diskreditiert, er wurde darum auch von den großen Philosophen der Aufklärung, des dritten Standes, des Bürgertums, in Grund und Boden verneint. Daher Hobbes, daher Spinoza, der das Zweckdenken das asylum ignorantiae nennt, das Asyl der Unwissenheit.

Etwas anderes ist es, wenn der Zweck nicht von außen, sondern entweder von Menschen gesetzt wird oder immanent in einer Sache enthalten ist, wie Aristoteles es mit dem Wort »Anlage zu etwas« meint. Die Anlage ist der Keim der Entelechie, und die Bewegung ist die Herausprägung, Ausbildung der Anlage. Da ist ein innerer Zweck, ein immanenter Zweck vorhanden, der nicht von außen gesetzt ist, der in der Sache bleibt. Oder Menschen haben einen Zweck, einen Fünfjahresplan, »Du hast ja ein Ziel vor Augen«. Die menschliche Arbeit hat eine Zweckbeziehung zum Unterschied von der Arbeit der Tiere. Die Menschen haben eine Idee, die sie sich vornehmen, die sie ausführen, und diese Idee ist der Zweck meiner Arbeit, deshalb stehe ich morgens auf.

Wir jedenfalls haben den Zweck, und wir sind doch ein großer Teil des Daseins. Kurz und gut, die Eliminierung des Zwecks ist nicht möglich, das heißt, einen großen Teil der Wirklichkeit zum Fenster hinauszuwerfen, und das ist ganz und gar nicht realistisch. Die Fassung, daß der Zweck eine rein menschliche Zutat wäre – meine Damen und Herren, diesen Ton kennen wir, der ist empirio-kritizistisch. Da ist nicht nur der Zweck allein eine bloße Zutat, sondern die Ursache und Wirkung ist eine, die Dialektik ist eine, und das Ding und alle möglichen Sachen sind lauter Zutaten zu Sinnesempfindungen. So einfach ist es auch nicht. Es gibt selbstverständlich eine ungenaue Kausalität, die Zutat ist; ich kann mich täuschen im Ursache-Wirkung-Verhältnis. Nachher ist außerdem nicht dasselbe wie deshalb, das post hoc ist nicht dasselbe wie das propter hoc. So ist auch nicht alles Zweck, was sich als Zweck ausgibt; ein großer Teil ist gar nicht Zweck, sondern völlig sinnlos. Das Wasser schmilzt bei der Schneeschmelze nicht, damit die Flüsse größer werden, sondern hier liegt ein reines Ursache-Wirkung-Verhältnis vor. In Ägypten konnte so etwas sogar als Zweck betrachtet werden: die Nilüberschwemmung, die das Land befruchtete, galt als weise Einrichtung. Bei unserer Unwetterkatastrophe in diesem Sommer war es nicht so weise eingerichtet, da hat kein Mensch von einem Zweck geredet. In theologischen Zeiten wäre vielleicht von einer Strafe des Himmels gesprochen worden. Damit hat das, was bei Aristoteles gedacht ist, gar nichts zu tun.

Die Verbindung von Zweck und Ursache im Sinn einer Zweckursache, einer causa finalis, findet sich zuerst bei Aristoteles. Der

Übergang von Ursache zu Zweck geschieht durch *Wechselwirkung*. In der Wechselwirkung haben Sie bereits ein Sich-Zurückwenden der Wirkung auf die Ursache, das heißt, Ursache wird Wirkung, und vor allem kann in der Wechselwirkung Wirkung wieder Ursache werden, wie etwa beim Menschen, der seine Umstände verändert und von den Umständen wieder verändert wird. Nun wäre also die Frage: Gibt es etwas, was sich in der Welt durch eine Tendenz hindurchdrängt auf ein Ziel zu, mit den Menschen als den Armen, die es betreiben, mindestens für menschliche Angelegenheiten betreiben? Vorsicht ist hier anzuraten, aber auch Vorsicht gegen das abstrakte Verneinen, mit dem man nicht etwa dialektischen Materialismus, sondern mechanischen Materialismus treibt. Jedenfalls erwähne ich und übergebe vor allem zum Nachdenken, daß der Zweckbegriff wesentlich in historischen Systemen vorkommt, in Systemen der Zeit, in Systemen des Fortschritts, der Entwicklung, daß er nicht vorkommt in statischen Philosophien, obwohl diese an Ort und Stelle die progressiveren sein können, wie die materialistischen Philosophien von Hobbes und Spinoza zeigen. Sie können das sein, weil sie Erklärungen aufs Mechanische bringen und auf diese Art und Weise eine phantastisch gute Brechstange sind gegen Adel und Geistlichkeit. Daß sie den Zweck auslassen, ist ein merkwürdiges Minus. Wenn Sie das marxistische Schrifttum durchsehen, so gibt es darin keine Seite – so kann man ohne Übertreibung sagen – wo nicht immanent irgend etwas mit Ziel und Zweck vorkommt oder mit Tendenz, worin ja auch ein Zweck und ein Ziel steckt. Wie gesagt, das ist weißes Land im dialektischen Materialismus, das dringend verlangt, erforscht zu werden. Aristoteles, Leibniz, Hegel und ein mit guten Augen gelesener Marx sind hier Führer.

Die Kosmologie

Ich gehe nun über zur Kosmologie. Die Welt ist also ein qualitativer Stufenbau; es steigt darin auf, es schlägt sich auf, es gibt die Stufenordnung von Steinen, von Pflanzen, von Tieren, von Menschen, von Gesellschaften, von Staaten und so fort. Die Grundlage ist Bewegung, Bewegung im Sinn von unvollendeter Entelechie.

Hier unterscheidet nun Aristoteles gemäß seinem qualitativen Denken *drei Arten von Bewegung*, von denen die jeweils untere der nächstfolgend höheren zugrunde liegt. Die erste ist die mechanische Bewegung, das ist für ihn Bewegung im engsten Sinn, Ortsveränderung. Bewegung heißt griechisch κίνησις, ein Wort, das Sie ja allabendlich gebrauchen, wenn Sie sagen: Ich gehe ins Kino. In der mechanischen Bewegung bewegt sich ein Körper A, indem er seinen Ort verändert und auf die Stelle B geht.
Diese liegt einer interessanteren Form der Bewegung zugrunde, der chemischen Bewegung, nämlich der Eigenschaftsverwandlung, der ἀλλοίωσις. Es wird ein Körper anders, er verändert sich. Das nennt der Materialist Aristoteles charakteristischerweise auch Bewegung. Es ist noch kein Umschlag von Quantität in Qualität darin, nein, aber wenn an etwas sich die Farben ändern durch eine veränderte chemische Zusammensetzung, so ist das eine Bewegung, die etwas anderes ist als bloße Ortsveränderung, in der der Körper A ja der Körper A bleibt, bloß an einem anderen Ort, der vollkommen gleichgültig ist. Das Glas Wasser ist das gleiche, wenn es hier steht und wenn es da steht. Dagegen, wenn das Glas Wasser sich ändert, wenn ich es an einen anderen Ort bringe, etwa in einen Schmelzofen, dann habe ich eine Eigenschaftsveränderung, dann habe ich sozusagen eine chemische Bewegung.
Die dritte Art der Bewegung ist die organische mit den wichtigen neuen Kategorien Werden und Vergehen, αὔξησις und φθίσις; αὔξησις heißt »Mehrung«, φθίσις heißt »Schwinden«, daher Phthisis, Schwindsucht, was wir erhalten haben. Das Verschwinden, Auflösen, Aufhören, Sterben am Ende und auch das Wachstum – das ist höher als Eigenschaftsveränderung. Immer liegt die Ortsveränderung zugrunde, ist die Bedingung, die untere Stufe, die vorausgesetzte, fällt aber nicht damit zusammen. In der »Dialektik der Natur« hat Engels an einigen Stellen dieses Aristotelische aufgegriffen. Engels braucht schon wegen des Umschlags von Quantität in Qualität außer der mechanischen Bewegung auch eine qualitative Veränderung, die keine eigene Lebenskraft hat, die mechanisch vor sich geht, aber gänzlich andere Züge trägt als die bloß mechanische Bewegung. Das geht bis hinauf zu der Bewegung, die Arbeitsbewegung und Arbeitsbeziehung ist und Veränderung des Objekts durch das Subjekt und das Subjekt durch das Objekt. Das sind alles noch Bewegungen. Da ist selbstverständlich ein näherer Anschluß

an Hegel, aber in Hegel selbst ist dies Aristotelische Wesen enthalten.
Nun läuft die Aristotelische Lehre von der Bewegung, überhaupt von der Welt im allgemeinen, nach zwei Richtungen aus. [. . .] Sie stehen also vor dem großen Problem: Lasse ich die Stufenordnung der Welt oder den Fluß der Welt, der Bewegung, in den Gestirnen münden oder in den Menschen? Für Aristoteles sind die Gestirne, die Planeten, Götter oder göttliche Wesen, mit vollkommen reiner Bewegung, aber noch nicht νόησις νοήσεως. Das ging später über Ptolomäus bis Kopernikus in das ganze Weltbild hinein. Die Sterne sind in Schalen rund um die Erde geordnet. Jeder einzelne Planet hat eine Schale, diese Schale ist am Planeten befestigt und dreht sich, und es gibt eine äußere Kristallschale, an der die Fixsterne befestigt sind, und über der Kristallschale ist der Feuerhimmel, der Lichthimmel. Das ist das Aristotelische und das mittelalterliche Weltbild, mit der Erde in der Mitte. Da endet nun die ganze Bewegung bei den Gestirnen und über den Gestirnen ist der Lichthimmel, dort ist νόησις νοήσεως. Das ist die eine Linie.
Die andere Linie geht zum Menschen, geht von der organischen Bewegung zur psychischen, zur Psychologie, von dem psychischen Menschen geht es zu dem ethischen Menschen, vor allem verbunden in Freundschaft, und von dem ethischen Menschen geht es zum ξῷον πολιτικόν, zum politischen Menschen, verbunden in der ganz großen Freundschaft, der Gemeinsamkeit des Staats, dann zum Künstler und zum Philosophen. Die Bewegung endet also plötzlich im Philosophen, im Philosophischen, und nicht im Astronomischen. Diese beiden Linien der Pointierung des Wozu sind bei Aristoteles unausgetragen da; es ist beides da, es endet in Gestirndienst, philosophisch geworden, und es endet im Humanismus, philosophisch geworden. Sie sehen, dazwischen sind Unterschiede. Die erste Linie ist weitaus orientalischer, da verschießt der Mensch im Sonnenglanz. Die andere ist weitaus europäischer, da ist der Sonnenglanz ein äußerer Glanz, der nichts bedeutet gegen den Tag der humanen Natur. Sie haben hier ein Zentralproblem ersten Ranges. Wo endet denn unser Zielstreben, was ist der strahlende Punkt des Überhaupt? Natur, verschießend in Sternen, oder der Mensch als Mitte und auch als Ziel? Sie sehen auch an diesem Punkt, nicht nur an der Sehnsucht der

Materie und an der Bewegung als einer unvollendeten Entelechie, welche Tiefen in Aristoteles stecken, der in der bürgerlichen Geschichtsschreibung gegen Platon dauernd zurückgesetzt wurde. Und ich kann mein Wort einlösen, mit dem ich die Vorlesung begonnen habe: Aristoteles ist nicht nur ebenso tief wie Platon, sondern tiefer. [. . .]

Ich sprach über die drei Formen der Bewegung bei Aristoteles, Ortsveränderung, Eigenschaftsveränderung und organische Veränderung im Sinne von Werden und Vergehen. Ich wies darauf hin, daß das schon in der Grundlage des kosmischen Seins eine starke Qualifizierung bedeutet, eine starke Stufung in Qualitäten, indem die erste Bewegung, die der Ortsveränderung, zusammenfällt mit dem, was man später mechanische Bewegung genannt hat. Aristoteles bleibt bei der mechanischen Bewegung nicht stehen, sie ist nur die unabdingliche Grundlage für jede chemische und jede organische Bewegung. Es kommt ein anderes hinzu in der chemischen Bewegung, der Eigenschaftsveränderung, und wieder ein anderes in der organischen Veränderung, so daß wir hier eine Stufung haben, die unausgesprochen einen *Umschlag von Quantität in Qualität* enthält. Dergleichen kommt bei Aristoteles nicht vor, denn wir haben ja auch als sonderbares Manko bei ihm entdeckt, daß ihm die Dialektik ausgesprochen fehlt.

Dialektik ist für Aristoteles – ein Rückschritt hinter Platon – nur eine Sache der Meinungen, des Gesprächs, der Unterhaltung; sie bleibt im Methodischen und geht in die Sache selbst überhaupt nicht hinein. In der Sache selbst gibt es keine Dialektik, sondern Logik und ausgeschlossenen Widerspruch. In all dem schläft Dialektik, ist aber nicht genannt. Umschlag von Quantität in Qualität ist ohnehin eine sehr späte Kategorie, die erst bei Hegel erscheint, zugleich mit der Weitsicht, daß sich die oberen, die höheren Formen der Bewegung nicht ohne Rest auf die unteren zurückführen lassen. Wenn Sie das fortsetzen, kommen Sie auf die sozialen Bewegungen, die mit der menschlichen Arbeit zusammenhängen. Damit fing Marx an, aber er dachte gar nicht daran, nun, um besonders gründlich zu sein, ein Physiker zu werden; dann wäre er ja ganz ungründlich, dann würde er seinen Gegenstand verlieren. Diese produktive Stufung ist über Leibniz, Hegel zu Marx gelangt und unterscheidet auch in diesem Punkt dialektisch-historischen Materialismus von mechanischem Materialismus. Nicht die Dialektik allein, sondern auch das historische Moment und das anthropologische Moment unterscheiden den dialektisch-historischen Materialismus vom mechanischen. Vorbereitet ist das bei Aristoteles. Natürlich darf es nicht so weit gehen wie bei dem Epigonen Nicolai Hartmann. Reaktionär – man kann dieses abgedroschene Wort, das viel zu allgemein ist, und bei jeder Gelegenheit gebraucht wird, kaum noch benutzen. Was ist nicht alles reaktionär! Platon ist reaktionär, und Adenauer ist reaktionär, was soll man mit solch einem Wort noch anfangen! Aber ein wirklich reaktionärer Herr in der Maske des Aufgeklärtseins ist Herr Nicolai Hartmann, ein Philosophieprofessor in Göttingen, der vor einigen Jahren den Weg allen Fleisches gegangen ist. Er benutzt diese Stufung dazu, die Entwicklungsgeschichte aufzuheben und überhaupt jede Reduktion unmöglich zu machen. In den höchsten Stufen, in denen so ein gänzlich anderes sich zuträgt, bleibt von der unteren Stufe, der Stufe des Stoffs und der mechanischen Bewegung, nichts mehr übrig, und die untere Stufe ist das Gemeine, in dem Sinn von: »Übers Niederträchtige niemand sich beklage, denn es ist das Mächtige, was man dir auch sage.« [Goethe, 1948 ff. Bd. 3, 330 f.] Das Mächtige, gewiß, aber es ist ganz wertlos; fein wird die Sache erst, je höher es geht, und am feinsten ist der Geist. Davon ist bei Aristoteles gar keine Rede, er hat keine aristokratische und keine reaktionär-antimaterialistische Haltung wie Nicolai Hartmann.

Die Psychologie

Wir haben also die organische Bewegung; weiter geht es in der Kosmologie, indem es außer der organischen Bewegung ein psychisches Leben gibt, das im engeren Sinne nicht mehr Bewegung genannt wird, sondern an die organische Bewegung als an einen Lebensvorgang angeschlossen wird. Der Weg nun zur Psychologie geht über die Zoologie, für die sich Aristoteles sehr interessiert hat. Er besaß große Sammlungen, war auch hier verwandt mit Demokrit, hat Untersuchungen über Pflanzen, Krebse, sonderbare Tierarten, sonderbare Pflanzenspezimina und so weiter angestellt. Aber das ist vergänglich; wichtiger und interessanter ist im qualitativen Stufenbau seine Psychologie.

Grundsatz ist hier die Seele als Entelechie des Leibes, die Natur der

Sache, das Wesen, das aufgeschlagene Bewußtsein des Leibes. Der Leib will sich verseelen, durchseelen, durchgeistigen; das ist seine Wahrheit. Diese Entelechie ist an den Leib gebunden, wie jede Entelechie gebunden ist an die spezifische Materie, die ihr zugrunde liegt und die sie ausprägt. Leib aber ist gar keine menschliche Spezialität; es gibt Tierleiber, es gibt auch Pflanzenleiber, entsprechend gibt es Tierseelen und Pflanzenseelen, genau wie es Menschenseelen gibt. Und da alles übereinander gebaut ist und die obere Stufe die untere enthält, schichtet die menschliche Seele in sich die Pflanzen- und die Tierseele ein.

Die Pflanzenseele als Entelechie des Pflanzenleibs hat die Funktion, die Assimilations- und Fortpflanzungsvorgänge zu regieren. Die Tierseele als die Entelechie des Tierleibs regiert die räumliche Selbstbewegung und die Empfindung. Das Novum am Tier ist die Selbstbewegung, der gänzlich neue Bau, die Bewegung auf Nahrung hin. Man sagte später einmal, die Pflanze sei ein Tier, das seinen Magen in der Wurzel habe. Mit dem Tier hat sich etwas sehr geändert. Die Bewegung zur Nahrung hin, auch die Bewegung zur Fortpflanzung hin wird also bewirkt durch die Entelechie des Tierleibs. Zugleich aber schlägt hier der Leib gleichsam ein Auge auf, eine Bewußtseinsform erscheint im Tier, die der Pflanzenseele fehlt, nämlich die Empfindung. Empfindung, zu der auch Affekte gehören, also Leibgefühle, aber nicht mehr.

Die menschliche Seele, ein qualitatives Novum, hat nicht allein Empfindung, Assimilation, Fortbewegung und Fortpflanzung. Das ist zwar alles geblieben, nichts ist verlorengegangen, aber wird überbaut mit der menschlichen Leib-Entelechie par excellence: mit der Vernunft, die sich nur beim Menschen findet. Im Menschen wird der Trieb, den er von der Tierseele her hat, zum Willen. Vielleicht haben Tiere Vorstellungen, das heißt Erinnerung an Empfindungen, aber allein beim Menschen wird die Empfindung zur möglichen Erkenntnis. Das ist zu finden in der Schrift »De anima«, »Ueber die Seele«.

Dagegen ist eine sehr wichtige Seite seiner Psychologie mit sehr vielen Feinheiten, nämlich die Lehre der Affekte, der Gemütsbewegungen Liebe, Haß, Neid, Furcht, Hoffnung und so fort, nicht in der Psychologie abgehandelt, sondern bezeichnenderweise in der Rhetorik, denn Rhetorik bedeutet Erregung und Beherrschung der Affekte, und zwar der Affekte der Zuhörer. Die Affekte werden in der Rhetorik mit einer Fülle von feinen Bemerkungen behandelt; eine Scholastik der Empfindsamkeit zeigt sich bei Aristoteles, wie sie die Griechen sonst nicht haben. Nehmen Sie den Satz: Es gibt keinen Affekt der Furcht, in dem nicht eine Beimengung von Hoffnung ist, denn sonst gäbe es keine Furcht. Ein Mensch, der keine Hoffnung hat, fürchtet sich nicht. Einer solchen Feinsinnigkeit werden wir erst im 18. Jahrhundert bei den Franzosen wieder begegnen. So etwas steht also bei dem angeblich so nüchternen Aristoteles.

Wichtig und folgenreich in der Psychologie des Aristoteles ist nun dieses: Es gibt zwei Stockwerke der menschlichen Seele. Die eine Seele, die eng mit dem Leib verbunden ist, also im buchstäblichsten Sinne des Wortes Entelechie des Leibes ist, durch den Leib bestimmt, im Leib einwohnend, ihn aussprechend, ihm folgend, unter der Diktatur des Leibes stehend – das ist die passive Seele und zugleich die individuelle. Leib ist materia signata, eine besonders bestimmte Art von Materie. Alle Materie aber ist, wie Sie sich erinnern, principium individuationis, das heißt Grund für Teilung. Materie kann in endlose Teile geteilt werden; Form kann nicht geteilt werden, Sie können eine Seele nicht zerschneiden. Daraus stammt also die folgenreiche Lehre, daß die Materie das Prinzip der Individuierung, der Teilung auch der Persönlichkeit, des Individuums ist. Diese selbe Seele mit ihrem Habitus, die bei jedem von uns verschieden ist und in verschiedenen Zeitläuften, Lebensaltern auch bei demselben Menschen verschieden ist – diese individuelle Seele rührt also von der Einwohnung in den Leib her. Zugleich ist sie passiv, denn in ihr überwiegt Materie und Materie ist ja nach der original Aristotelischen Definition gleich Wachs.

Der Ausdruck tabula rasa, der später in der sensualistischen Erkenntnistheorie bei Locke eine so große Rolle spielte, kommt von Aristoteles her, von der passiven Materie. Die Seele ist tabula rasa, eine ausrasierte Wachstafel, auf der gar nichts steht; erst die Empfindungen ritzen in diese Tafel etwas ein. Es gibt nichts in der menschlichen Seele, was im mindesten vorgeformt wäre. Eine eingeborene Idee ist nicht da, alles kommt von außen durch Sinnesempfindungen. Nichts ist im Verstand, was nicht vorher in den Sinnen war [vgl. Locke, 1689, II, 5], ist die Formel. Das rasa bezieht sich auf das griechische ἐγγραφή; es ist ja eigentlich im 17. Jahrhundert bei Locke ein vollkommen sinnloser Ausdruck, da gab es

Papier genug, man hat nicht mit einem Griffel in Wachs eingeritzt, wie es die Griechen taten. Also: die Seele ist passiv und individuell, soweit sie eine leidende Seele ist, soweit sie eine mit dem Körper verbundene individuelle Seele ist.
Es gibt aber auch noch eine andere Seele, bei der der Akzent nicht auf Entelechie des *Leibes* steht, sondern auf *Entelechie* des Leibes, so daß der entelechetische Charakter, der Formcharakter, der aktive Charakter herauskommt. Das ist die tätige Seele, die aktive, und die ist sehr eigentümlich: Indem sie von der Materie weiter entfernt ist, von der Materie des Leibes, ist sie nicht nur aktiv zum Unterschied von der passiven, von der tabula-rasa-Seele, sondern auch nicht mehr individuell. Es ist also eine allgemeine Seele in uns, unabhängig von dem individuellen Habitus, der differentiellen Psychologie jedes Menschen. Das ist das, was sich als Erfahrungstatsache in dem Satz von Lichtenberg ausdrückt, der ähnlich auch bei Kleist vorkommt: Wie man zu sagen pflegt: Es blitzt, so könnte man auch sagen: Es denkt in mir. Ein Allgemeines im Einzelmenschen, das aber seelisch ist, taucht auf, die aktive Seele, ein sehr folgenreicher und merkwürdiger Begriff, wie wir gleich sehen werden.

Universelle Gattungsvernunft

An diese Lehre von den zwei Seelenarten, der individuell-passiven und der generell-aktiven, haben die Scholastiker angeknüpft in Form des intellectus agens, in wörtlicher Übersetzung »tätiger Intellekt«. Seele haben sie zu Intellekt verengt und zum Teil auch präzisiert. Vernunft ist ja nach Aristoteles das Wesen der Seele, also läßt sich intellectus sagen. Das wird nun, bei den Arabern vor allen Dingen, der Ort der allgemeinen Gattungsvernunft. Vorbereitet wurde das von den Stoikern mit ihren communes notiones, den allgemeinen Begriffen. Diese kommen nicht bei Aristoteles vor, erst in der Stoa, wie Sie noch sehen werden. Aber die allgemeinen Begriffe, in denen alle Menschen, unabhängig von ihrem Geschlecht und von ihrer Nation und unabhängig von allen Zeiten übereinkommen, in denen kein Zweifel besteht, beruhen auf Aristoteles. Eine sehr folgenreiche Kategorie; sie wurde der Ort, in dem auch psychologisch die humanitas, die Menschheit wohnen konnte. Es gibt also eine Menschheit, und zwar nicht als Abstraktum, sondern psychologisch fundiert. Das Wort selbst ist ziemlich spät. Humanitas als Menschheit oder Menschlichkeit entstand erst am Hof des jüngeren Scipio in Rom um 180 vor Christus unter stoischem Einfluß. Aber wenn das Wort noch nicht da war, war doch die Sache da, und wie gesagt, zur Zeit der Araber wurde sie weiter ausgeführt.

Wir haben also hier nun den Ort für gültige allgemeine Meinungen und bald auch den für gültige allgemeine Wahrheiten, denn das, worin alle Menschen übereinkommen, das muß doch wahr sein. Es ist dies der Ort für die bereits in der arabischen Aufklärung im Keim wirksame Naturreligion, Natursittlichkeit, das Naturrecht, die Natursprache, für die Toleranz. Da sehen die einzelnen Religionen und gar die Glaubenskriege völlig sinnlos aus. Im Grunde läuft alles zusammen, und bloß Interessen der Machthaber oder Dummheit haben die Menschen entzweit, sie meinen eigentlich dasselbe. Das ist eine Toleranz, die dann über arabischen Einfluß in das Mittelalter kam, in der christlich-europäischen Welt keine große Rolle spielte, aber im 18. Jahrhundert wieder riesig auftrat. Da wurden auch alle Götternamen gleich, sie wurden Natur, die »des unermeßlichen Weltalls Schöpfer ehrt, Jehova nennt ihn, oder Gott, nennt Fu ihn oder Brahma« [Mozart 1957, I, 4, 4], beginnt eine Kantate von Mozart. Es ist also völlig gleichgültig, wie man das nennt; man kann es Natur nennen, man kann es auch Weltmagnetismus nennen, um ein Schlagwort aus dieser Zeit zu nehmen.

Da haben wir die Toleranz, die ausgedrückt ist im Gleichnis der drei Ringe von Nathan dem Weisen, ein Gleichnis, das literarhistorisch auf Boccaccio zurückgeht, philosophisch aber auf Aristoteles. Da die meisten Literarhistoriker nichts von Philosophie verstehen und auch leider die meisten Philosophen nichts von Literatur, die Philosophen meine ich, die wir heute haben, so sind diese beiden Dinge nie mehr zusammengekommen, die im nachdenkenden Bewußtsein in Wirklichkeit sehr nahe beieinander lagen. Also was ist das Allgemeine? Die individuelle Seele und die individuelle Nation, die Nationsseele sozusagen, haben eine eigene Religion, Judentum, Christentum, Islam. Aber die Gattungsseele hat eine Einheit; der echte Ring ist verlorengegangen, seiner müssen wir uns wieder entsinnen, das andere sind individuierte und gefälschte Nachahmungen. Hinter allen diesen Nachahmungen

steht jedoch ein Original, dieses Original kann nur durch Besinnung auf die aktive, die Gattungsvernunft gefunden werden.
Nun geht die Sache noch weiter und wird für das Historische sehr interessant, und zwar durch die neueste Bewegung, die durch die Sprachschrift von Stalin entstanden ist. Bis vor fünf Jahren ungefähr war es doch für jeden sich hieb- und stichfest glaubenden Marxisten – wobei ich mich auch einschließe – selbstverständlich, daß es ein allgemeines Kategoriensystem nicht gäbe. Ursache-Wirkung, Mittel-Zweck, Raum-Zeit und was alles Kategorien sind, differierten je nach der Gesellschaftsform, die diese Kategorien zu ihrer Selbstverständigung braucht. Es ließen sich also ein griechischer, ein griechisch-römischer, ein mittelalterlich-feudaler, ein bürgerlich-neuzeitlicher Raumbegriff oder Kausalitätsbegriff kaum miteinander vergleichen. Es gab eine Einheit, denn sonst könnte man ja die Kausalität gar nicht wiedererkennen; aber die Differenzierung durch die gesellschaftliche Grundform galt als so stark, daß es infolgedessen keine Kategorienlehre geben konnte, die ein für allemal die Kategorien des menschlichen Denkens ausmaß in einer Weise, wie Kant in der »Kritik der reinen Vernunft« die Kategorien der mathematischen Naturwissenschaft ausmessen wollte, was in Wahrheit nichts als die Kategorien der bürgerlichen Newtonschen Naturwissenschaften waren. Das ist bekannt. Hegel hat nach all dem wieder eine Kategorienlehre geliefert. Sie drückt die bürgerliche Neuzeit aus mit Erbe aus der griechischen und mittelalterlichen Welt, aber sie bleibt nicht.
Wie ist das jetzt? Wenn über das rein Formale hinaus die Sprache ein Dauerndes ist, das schon angezeigt ist, indem ich das Wort »Sprache« gebrauche oder indem ich überhaupt Grammatik und Syntax anwenden kann, muß doch eine Gemeinsamkeit da sein. Die griechische Sprache ist doch schließlich von der französischen Sprache nicht so verschieden wie eine Kuh von einem Scheunentor. Ja, wie tief geht das? Das merkwürdige hypothetische Subjekt, das über allen gesellschaftlichen Veränderungen eine relative Einheit der Kategorien hält, wäre dann die humanitas im Sinn einer von Individuationen, also auch von Klassenindividuationen doch noch relativ freien Allgemeinheit der Vernunft. Dieser Gedankengang wäre vor fünf Jahren vermutlich als erzidealistisch bezeichnet worden, geradezu dem dialektischen Materialismus, dem historischen vor allen Dingen, ins Gesicht schlagend.

Übrigens kommt das Problem auch außerhalb des Marxismus vor, in Spenglers »Untergang des Abendlandes«. Spengler lehrt zwar keine voneinander völlig verschiedenen Klassengesellschaften, aber völlig verschiedene Kulturen, die überhaupt nichts miteinander zu tun haben. Die griechische Kultur, die germanische Kultur, die indische, die ägyptische, die Mayakultur haben gar nichts miteinander zu tun, sie sind schottendicht voneinander abgeschlossen. Trotzdem gibt es in diesen Kulturen Kunst, Wissenschaft, Sitte, Technik; also sind sie doch nicht so schottendicht abgeschlossen, sonst könnte ich sie überhaupt nicht vergleichen. Methodisch kommt das also auch außerhalb des Marxismus in bürgerlichen Konzeptionen vor und hat hier dieselben Schwierigkeiten. Innerhalb des Marxismus ist die Schwierigkeit noch verschärft wegen des starken historischen Bewußtseins von der Abfolge von Klassengesellschaften und der Ablehnung oder Abneigung gegen ein historisch sozusagen Überwölbendes, was ja ein Reservoir des Idealismus war und zugleich die Klassen, die klassenmäßige Schichtung relativierte. Also haben wir das Problem: allgemeine Vernunft. Was ist das? An Ort und Stelle natürlich ein mythologischer Ausdruck, aber in dem Mythologischen ist noch etwas Reales bedeutet, das wir ja völlig verstehen, und das ist der Ort, an dem sich nach Aristoteles und seinen Nachfolgern die allen Menschen gemeinsamen Meinungen und die vielleicht allen Menschen gemeinsamen Grundkategorien befinden.

Sterblichkeit oder Unsterblichkeit der Seele?

Die Lehre von der Trennung der Vernunft in passive und aktive hat in dem erwachenden Bürgertum auch noch eine klassenkämpferische Rolle gespielt als Brechstange gegen Rom, und zwar in Padua. In Padua gab es einen Kampf zwischen zwei Aristotelischen Schulen, den radikalen Alexandristen und den Averroisten. Die Averroisten hatten schon aus der Bindung der persönlichen Seele an den Leib gefolgert, daß die individuelle Seele sterblich ist. Was das für die Kirche bedeutete, ist klar, obwohl wir uns das Denken darüber abgewöhnt haben: Dann gibt es keine Schlüsselgewalt Petri, dann gibt es keinen Ablaß, keine Gebete um die Verstorbenen, dann gibt es nicht den Druck und die Furcht der Hölle, nicht die Anziehun-

gen und die Belohnungen des Himmels, vor allem aber gibt es nicht die Kirche als Heilsverwalterin und Sakramentsausteilerin. Wenn es kein Leben jenseits des Todes gibt, ist die Kirche vollständig entwurzelt. Die klassenkämpferische Bedeutung des beginnenden bürgerlichen Gesellschaftswesens, des Handelskapitals, der ursprünglichen Akkumulation in Italien, wo sie beginnt, liegt auf der Hand.
Der radikale Alexandrist Pomponatius ging, ebenfalls in Padua, so weit, auch für die aktive, universelle Seele Unsterblichkeit abzulehnen. Es gab immer noch den Ausweg, daß ich zwar als Person nicht übrigbleibe, daß aber so, wie der Saft aus den Blättern und Blüten im Herbst in den Baum zurücktritt – was er ja nicht tut, aber was man bildhaft sagen könnte –, am Baum der Menschheit Blüte um Blüte wächst und sich im Winter, im Sterben, in den Stamm zurückzieht, so daß ich zwar individuell vergehe, aber als Menschheitsseele bleibe. Auch das ist von Pomponatius abgelehnt worden und, was verblüffend ist, ohne Melancholie. Die Freude, den verhaßten Papismus zu schlagen, aufzuatmen und frei zu sein von der Furcht der Hölle vor allem, war sehr viel größer als die Melancholie des Vergehens. Man hätte annehmen können, daß sich eine ganz schwere Wetterwolke von Melancholie über der Menschheit ausgebreitet habe, weil das Leben so kurz ist und weil es nachher aus ist, aber es wirkte ungeheuer trostreich, weil man die Angst vor der Hölle los war, woraus zu ersehen ist, wie lebhaft und stark und drückend diese Angst war.
Die höflichste Form, die Unsterblichkeit zu retten, war universale Vernunft gewesen; in diese hatte man noch einzugehen geglaubt. So etwas kommt auch bei uns vor, meine Damen und Herren, wir wollen nicht so dick tun, wir denken bloß weniger. »Eingeschreint im Herzen der Arbeiterklasse« – was ist denn das? Wenn also ein tüchtiger roter Kämpfer gestorben ist, dann ist er eingeschreint im Herzen der Arbeiterklasse. Gott sei Dank ist das noch nicht so abgedroschen wie vieles andere; es ist ein echter, schöner, lebendiger Ausdruck, wenn dabei noch etwas gefühlt wird. »Eingeschreint im Herzen der Arbeiterklasse« – was ist das Herz der Arbeiterklasse? Also der Herr Müller, der Herr Schulze oder der Herr Meier, die erinnern sich an den Verstorbenen, individuell, und nach einiger Zeit sind die Herren Müller, Meier oder Schulze auch Verweser ihrer selbst und erinnern sich dann nicht mehr. Da

erinnert sich jemand an Herrn Müller, Meier oder Schulze, aber auch an das, woran sich Herr Müller, Meier oder Schulze erinnerten? Stellen Sie sich das einmal weitgehend vor. Das ist nicht dasselbe wie »Es kann die Spur von meinen Erdetagen nicht in Äonen untergehn« [Goethe, Faust II, Vs. 11583], nicht dasselbe wie Unsterblichkeit im Werk. Wenn ein Werk bleibt, das hält etwas, das hält die Seele eines Menschen. Wenn kein Werk da ist, sind es Freunde. Aber was ist das? In einer säkularisierten, abgematteten Form lebt noch die Aristotelische allgemeine Vernunft in dem sentimentalischen und unphilosophischen Ausdruck »eingeschreint im Herzen der Arbeiterklasse«.

Die Ethik

Nun gehen wir zur Aristotelischen Ethik über, die sich unmittelbar an die Psychologie anschließt. Vernunft ist die der menschlichen Seele eigentümlichste Form, die Entelechie in der Entelechie des Leibes ist Vernunft, und die Ethik treibt nun das Geschäft des vernünftigen Bewußtseins weiter, indem sie den Trieb in Willen und die Vorstellung, Empfindung in Erkenntnis verwandelt. Was nun hier entwickelt werden soll – wir sind dauernd in einem System der Entwicklung, vergessen Sie das bitte nicht –, ist die individuelle Vernunft, ist die mit dem Leib verbundene Vernunft. Mit der Anleitung der aktiven Vernunft wird die passive moralisch entwickelt.

Der Effekt und zugleich das Ziel dieser Entfaltung, die moralisch geschieht, ist Glück, ein Glück, das der Mensch durch eigene Tätigkeit erwirbt. Es ist nicht Glück schlechthin, es ist nicht Glück, das am Ende eines zufälligen Strebens steht wie zum Beispiel, möglichst viel Geld oder ein schönes Mädchen zu gewinnen. Das ist etwas, was eigentlich jeder könnte. Nein, das Glück muß im Zusammenhang stehen mit meiner Anlage, mit meinem individuellen Streben. Dann erst ist es Glück. Hier wird das principium individuationis sehr stark betont. Es muß nach Aristoteles ein Glück sein, das bei uns steht, das aus uns kommt, mit uns zusammenhängt. Jedes Wesen wird nur durch die Entfaltung der ihm eigentümlichen Tätigkeit glücklich. Im allgemeinen wird der Mensch glücklich durch die Vernunft; sie gehört zum Menschen,

sein Glück liegt im vernünftigen Leben. Aber die Einzelmenschen haben jeder eine besondere Vernunft, und Glück erst muß in Einklang mit unserem individuellen Wesen gebracht werden, mit unserer Beschaffenheit, (ἕξις, in der Scholastik habitus).
Eine sehr folgenreiche Lehre für spätere Gedanken über Erziehung. Locke und Rousseau kommen von Aristoteles her: Nichts darf von außen aufgepreßt, nichts eingetrichtert werden, der Mensch darf nicht gezwungen, nicht zu etwas hingeführt werden, wozu er nicht Ja sagt, sondern Erziehung heißt Entfaltung der in der individuellen Seele bereits vorhandenen Anlagen. Im »Emile« von Rousseau weht durchaus Aristotelischer Atem, Entfaltung des Natürlichen, der natürlichen Beschaffenheit eines Menschen wird angestrebt. Das geht nicht ins Unendliche, denn wie die Leiber einander ähnlich sehen, so gibt es auch im Seelischen keine unermeßliche Vielheit, daß man unermeßlich acht geben müßte; sondern wie der Leib ein menschlicher Leib ist, so ist die seelische Beschaffenheit eine menschliche. Wie aber die Leiber verschieden sind, so sind auch die Seelen verschieden, und es ist ein Begießen, eine gärtnerische Kunst vonnöten, mittels derer nichts eingetrichtert, nichts eingegossen wird, sondern die in jedem Menschen vorhandenen natürlichen Anlagen erfüllt und entwickelt werden.
Dabei gibt es einen Unterschied zu Sokrates, der ja mit seiner Hebammenkunst dazu auf dem Weg war. Jeder Mensch ist nach ihm sozusagen seine eigene Mutter, er bringt sich selbst noch einmal auf die Welt, indem er denkt; Sokrates hat die Mäeutik, das Geschäft seiner Mutter, die eine Hebamme war, besorgt, er hat jedem Menschen zu seiner individuellen Ausgeburt verholfen. Sokrates sagte jedoch, kein Mensch tue freiwillig Unrecht, man müsse ihn nur belehren, dann fiele es ihm schon ein, was an ihm Gutes sei und was er als Gutes zu tun habe. Nicht so Aristoteles, der diesen extremen moralischen Intellektualismus aufhebt. Es gibt ein Justament, es gibt einen Knorren, es gibt einen Trotz. Justament tue ich etwas nicht, obwohl ich es einsehe. Verbiestertheit in verschiedenen Graden ist bei Aristoteles gesehen, was später eine günstige Gelegenheit für das Christentum darstellte, den Sündenfall einzubauen. Das Dichten des menschlichen Herzens ist böse von Jugend auf, vom Paradies, vom Sündenfall her, also muß etwas gebrochen werden. Dieses Brechen, das sich in der klerikalen Erziehung als äußerst hart und feindlich darstellte, mit starkem Druck, da das

Kind per naturam als ein Verbrecher angesehen wurde und in Ketten gelegt und mit Ruten gestrichen werden mußte, das gibt es bei Aristoteles nicht. Was hier getan werden muß, um den Trotz zu brechen, das liegt in jedes Menschen eigener Hand, es geschieht durch die Entfaltung der Vernunft, die eine *Selbstbeherrschung* ist. Wenn Trieb zu Willen und Empfindung, Vorstellung zu Kenntnis geläutert werden, dann gibt es auch eine Beherrschung der trübseligen Störungen der Triebe durch Meinungen und Vorstellungen mittels der Vernunft.

Maß und Gerechtigkeit

Beherrschung heißt nun, daß man gegen die Auswüchse und Extreme ein Maß findet und das Maß einhält. Die Grundkategorie der Aristotelischen Entwicklungsethik ist darum das Maß, die μεσότης, was deutsch »die Mitte« heißt. Ebenmaß wird verlangt; genau im Sinn des Ebenmaßes, der Harmonie einer griechischen Plastik oder eines griechischen Tempels gegenüber der wilden Pracht der orientalischen Kunst, dem Ausschweifenden, Glühenden oder Berserkerhaften, dem Glühenden der Südländer, dem Berserkerhaften der Nordländer. Das griechische Maß, der attische Gentleman wird das ethische Ideal. So ist also das Kriterium aller Tugenden, das bei Sokrates fehlte, die *Mitte zwischen den Extremen*, an denen kein Segen ist. Tapferkeit ist die rechte Mitte zwischen Feigheit und Verwegenheit. Vor allem bewohnt auch *Gerechtigkeit* diese Mitte; weder Härte noch maßlose, unterschiedslose Versöhnlichkeit ist der Ausdruck der Gerechtigkeit – sowohl in der Sklavenhaltergesellschaft wie in der Feudalgesellschaft wie in der bürgerlichen Gesellschaft. Wir haben es noch erhalten in einer Gesellschaft, die mit allen dreien nichts zu tun hat, im Prinzip des Leistungslohns, eines gerechten Lohns in sozialistischen Phasen. Es ist ein Prinzip des Suum cuique.

Die Gerechtigkeit wird bei Aristoteles ziemlich gründlich behandelt, und dieser Punkt ist es, der den Ökonomen Marx an Aristoteles ganz speziell interessiert hat. Gerechtigkeit wird doppelt dargestellt als austeilende und als ausgleichende. Die Lehre von der austeilenden Gerechtigkeit, vom Suum cuique, ist der Ort für die politische Ökonomie des Aristoteles. Dort wird nämlich der

Tauschwert behandelt. Was ist das Gleiche zwischen zwei Gütern, so daß ein pretium iustum erscheinen kann, ein gerechter Preis? Der Ausdruck ist geblieben; er spielt vor allem in der mittelalterlichen thomistischen politischen Ökonomie eine große Rolle und ist auch im Neuthomismus erhalten. Das Suchen nach dem gerechten Preis blockiert natürlich Ausbeutung und Mehrwert. Die Wertgleichkeit im Tauschhandel wird hier also untersucht, mit bedeutenden Ergebnissen, die Marx anerkannt hat.

Das andere nun ist die uns viel bekanntere ausgleichende Gerechtigkeit, die im Strafrecht auftritt, die aber mit der ersteren noch den Gedanken der Proportionalität gemein hat. Was gleicht aus, sozusagen auch im Tauschverkehr, zwischen Verbrechen und Strafe? Was gleicht aus, was ist das, was die Sache bezahlt? Wer einen kleineren Gegenstand stiehlt, bekommt drei Monate Gefängnis, wer nicht nur stiehlt, sondern einen Einbruch macht, kriegt schon bedeutend mehr als Gegengabe vom Staat geliefert. Es ist da ein Element in der ausgleichenden Gerechtigkeit erhalten, das zweifellos mit dem Tauschverkehr etwas zu tun hat, obwohl es ursprünglich gar nichts damit zu tun hatte. Die Strafe hat einen rein mythisch-magischen Ursprung, hängt mit der Blutrache zusammen, mit Wiedergutmachung an Ort und Stelle. Gewiß, auch darin ist eine Art von Tauschverkehr, aber das typische Element Sühne, das magisch-mythisch ist, fehlt im späteren Strafrecht.

Sühne mußte dem Frevel ganz genau entsprechen. Nach altgermanischem Recht wurde zum Beispiel einem, der einer Birke die Rinde abschälte – für uns ein sehr geringes Vergehen, ein kleiner Baumfrevel –, der Leib geöffnet, die Gedärme wurden herausgezogen und mit einem Nagel an den entrindeten Baum befestigt, und er wurde, solange er noch lebte, mit Peitschenhieben um den Baum herum getrieben, damit seine Gedärme den Baum umbanden. Diese unsagbare Grausaumkeit hatte magische Bedeutung, weil Gedärme und Rinde einander korrespondierten. Die Birke war eine Göttin, der Baumfrevel wurde auf diese Art getilgt. Das hat mit Tauschverkehr gar nichts zu tun.

In dem Maße aber, wie die mythisch-magische Begründung des Strafrechts verschwand, das Auge um Auge, Zahn um Zahn, Blut um Blut und Darm für Rinde, in dem Augenblick kam das Tauschverhältnis hinein. Bei Verordnungen etwa ist es ganz klar ausgebildet: Wer die Notbremse zieht, zahlt zwanzig Mark Strafe; bitte, wenn Ihnen die Geschichte zwanzig Mark wert ist, können Sie die Notbremse ziehen, Sie kaufen dann das Stehen des Zuges für zwanzig Mark. Das Strafgesetzbuch ist eine Art von Preistarif geworden. Da können Sie alles kaufen, allerdings nicht Einbruch und Diebstahl, und wenn Sie noch so viel dafür zahlen. Wenn Sie einen Menschen totschlagen, dann wird Ihnen der Kopf abgeschlagen; also gut, Ehre wem Ehre gebührt, Sie sind ein Gentleman, kein Zechpreller, Sie haben etwas für Ihr Geld, wenn Sie einen Menschen umbringen, mehr als das Leben kann es nicht kosten. Dieser eigentümliche Preistarifcharakter kommt aus der Verbindung von austeilender und ausgleichender Gerechtigkeit. Ein sehr sonderbares rechtsphilosophisches Phänomen, das in der klassenlosen Gesellschaft in dem Maße, wie der Tauschverkehr verschwindet, der Tauschwert zurücktritt gegenüber dem Gebrauchswert, auch seinen Sinn verändern wird. Deshalb vor allem interessierte Marx diese Sache.

Nun komme ich auf die μεσότης, die Mitte. Wenn wir so hören, die Tapferkeit sei die Mitte zwischen Feigheit und Tollkühnheit, so klingt das eigentlich recht spießbürgerlich. Ich nannte Ihnen griechische Plastiken, griechische Tempel als Beispiele für Haltung, Maß. Es klingt recht spießbürgerlich, mindestens erzbürgerlich: die gesunde Mitte halten, die aurea mediocritas hat den Sinn von goldener Mittelmäßigkeit, Mediokrität bekommen, was keineswegs nur aristokratisch abwertend ist, sondern überhaupt. Wir haben ja auch Mittelmäßigkeit nicht gern, obwohl wir keine Aristokraten im politischen Sinn sind. Aber diesen Sinn müssen Sie abtun. Er war an Ort und Stelle nicht gemeint, konnte aber eintreten. Das Verständige, das Rechtschaffene, das Maßhalten, die Angst vor Extremen wurde schließlich zu der Angst, überhaupt etwas zu bekennen. »I sag nit so und sag nit so, damit es nachher net heißt, i hätt so oder so gsagt« ist ein bayrischer Grundsatz gewesen. Denken Sie vielmehr zum Beispiel an die beamtenhafte Rechtlichkeit, die Beamtenmoral, die nichts mit bürgerlicher Gesellschaft zu tun hat, die auch älter ist, ausgebildet wurde in Ägypten, in Rom, und so nun in die bürgerliche Gesellschaft hineinkam; denken Sie an die Haltung als Gerechtigkeit des rechten Maßes, die ins Feudale hineinreicht, aber auch im Bürgerlichen lebt.

Die chinesische Kultur seit Konfuzius ist [in diesem Sinn] eine bürgerliche Kultur. Die großen Streitigkeiten zwischen den vier großen Tyrannen waren beendet, es gab um 600 vor Christus eine Erholung, und es entstand eine Handelsdemokratie unter einem Kaiser und unter einer großen Beamtenschicht natürlich. Bei Konfuzius haben wir nun auch diese Mitte, die bei Konfuzius im Chinesischen Li heißt, Li, ein sehr häufiger chinesischer Name. Das bedeutet Mitte, Maß, Höflichkeit oder Schicklichkeit. Es gibt von Konfuzius einen Satz, der Ihnen Aristoteles erläutert und Ihnen den schlechten Geschmack der Mediokrität wegnimmt. Konfuzius sagt: »Ehrerbietigkeit ohne Li wird lästig, Vorsicht ohne Li wird zur Furchtsamkeit, Tapferkeit ohne Li wird zur Unruhestiftung, Gradheit ohne Li wird zur Grobheit.« Also das Li, das Schickliche, muß tangiert werden, und was herauskommt, ist ein gut ausgewogenes, an dem dann Segen ist. Also nicht Linksradikalismus und nicht Rechtsradikalismus; das ist immer noch nicht dasselbe wie das Durchlavieren zwischen zwei Extremen, sondern hier ist etwas objektiv Richtiges, Segensreiches da. Es gibt eine gesunde Generallinie, auch in der Moral, in der Segen ist, und die bürgerlich, aber nicht nur kleinbürgerlich und europäisch-spießbürgerlich ist, sondern auch chinesisch vorkommt, die auch feudal vorkommt. Wir haben also wieder die allgemeine Vernunft. Was ist denn das moralische Ideal der Ritter im Mittelalter, bei Walther von der Vogelweide und bei Wolfram von Eschenbach, woran hält sich der Ritter, was ist denn seine Ehre vor allem? Die maze. Hier ist der Ursprung des Gentlemans, der Ursprung des Klassizismus der Haltung. Die maze also, dies ritterliche Wesen, hängt mit μεσότης, mit Moral der Mitte zusammen.

Die Freundschaft

Die einzelnen Tugenden nun werden von Aristoteles auch individuell behandelt, und, was charakteristisch für ihn ist, das achte und neunte, auch noch das zehnte Kapitel, beinahe ein Fünftel der ganzen »Nikomachischen Ethik«, ist dem Tugendphänomen der Freundschaft gewidmet. Das hat einen besonderen Grund. Die Ethik ist bei Aristoteles nicht etwa der Politik übergeordnet, da gibt es kein »Ich und du Müllers Kuh« und »Selig, wer sich vor der Welt / Ohne Haß verschließt, / Einen Freund am Busen hält / Und mit dem genießt« [Goethe, 1948 ff., Bd. 1, 72]. Da kann man nicht im kleinen Wellenkreise, da wo die Stürme der Welt nicht hereinschlagen, ein anständiger Mensch sein, und draußen schnürt man den Andern die Hälse zu und geht mit den Ellenbogen los, aber zu Frau und Kindern und den näheren Freunden ist man ein reizender Mensch. Himmler war so ein reizender Mensch in seiner Häuslichkeit, hat mit den besten Manieren und sehr gerne Skat gespielt, und seine Finger trieften nicht von Blut. Die Ethik als Privatangelegenheit – das ist hier völlig ferne. Die Ethik ist für Aristoteles ein Übergang zur Politik. Das individuelle rechtliche Leben wird ein Additionsphänomen und mehr als das im gesellschaftlich rechten Leben.

So ist die Grundtugend bei Aristoteles die Freundschaft und nimmt fast ein Fünftel ein in der Abhandlung über die Tugenden. In ihr entfaltet sich der vernünftige Teil der Seele am schönsten unter den praktischen Tugenden, schöner – das ist auch antik – als in der Liebe. Denn in die Liebe, Geschlechtsliebe ist hier gemeint, geht ja noch sehr viel von der perturbatio animi hinein. Da ist zwar eine große Glut, aber auch ein großes Flackern der Vernunft, und wir haben sie mit den Tieren gemein und auch mit den Pflanzen, sie ist nur sublimiert und veredelt. In der Freundschaft ist das anders.

Das ist ein seltsamer Weg für die uns als Anomalie erscheinende – in Griechenland war sie keine – Homosexualität. Die Freundschaft stand höher als die Liebe, sie war menschlicher, wobei Homosexualität nicht notwendig war, denn es gab natürlich auch die Freundschaft zwischen Personen verschiedenen Geschlechts. Die Formulierung der Freundschaft zwischen Personen verschiedenen Geschlechts heißt Ehe. Ehe ist gar keine Angelegenheit der Liebe, Liebe funktioniert auch außerhalb der Ehe vorzüglich. Die Ehe ist Freundschaft, die hinzukommt zur Liebe; ein weiser, erfahrener Mann hat gesagt: Die meisten Ehen gehen nicht aus Mangel an Liebe zugrunde, sondern weil sich in der Liebe keine Freundschaft entwickelt hat, die hält. Und Jean Paul, ein sehr gütiges Herz und durchaus ein Frauenlob, sagte den völlig aristotelischen Satz: Im Abschied von einer Geliebten ist auch noch etwas Süßes; der Abschied von einem Freund enthält nichts als Bitterkeit. Das ist antik. Sie sehen also, es fällt ein anderer Blick auch auf die griechischen Männerfreundschaften, dieses ganz andere Pathos, das der Vernunft gemäßer ist, bei dem die physiologischen Formen von gleichgeschlechtlicher Liebe gar nicht zur Diskussion stehen. In der

Art, wie Aristoteles Freundschaft behandelt, wie Sokrates mit seinen Jüngern verkehrte, liegt das alles offen. Die Vernunft ist das Verbindende, und daher gibt es das Pathos der Freundschaft.

Ich möchte Ihnen nun ein paar Sätze aus der »Nikomachischen Ethik« über die Freundschaft vorlesen: »Ohne Freundschaft möchte niemand leben, hätte er auch alle anderen Güter ... denn was nützte ihm die Gunst des Schicksals, wenn ihm die Möglichkeit entzogen würde, jenes Wohltun zu üben, das man am besten und lobenswürdigsten gegen Freunde beweist? Oder wie ließe sich das Glück ohne Freunde hüten und wahren? Es ist ja um so unsicherer, je größer es ist. In Armut und sonstiger Not aber gilt der Freund als die einzige Zuflucht. Den Jünglingen erwächst aus der Freundschaft Bewahrung vor Fehltritten, den Greisen die wünschenswerte Pflege und Ersatz für das, was ihre Schwäche selbst nicht mehr vermag, dem starken Manne Förderung zu jeder guten Tat ... Freundschaft ist es auch, die die Staaten erhält und den Gesetzgebern mehr am Herzen liegt als die Gerechtigkeit. Denn die Eintracht ist offenbar mit ihr verwandt, und auf diese ist das Hauptaugenmerk der Staatslenker gerichtet, während sie die Zwietracht als eine Feindschaft am meisten zu verbannen bemüht sind. Auch bedarf es unter Freunden der Gerechtigkeit nicht, wohl aber unter Gerechten der Freundschaft als einer Ergänzung der Gerechtigkeit, und das höchste Recht wird unter Freunden angetroffen. Doch nicht bloß notwendig ist sie, auch schön, auch sittlich gut. Den Sinn für Freundschaft erheben wir mit Lob, und den Besitz vieler Freunde halten wir für schön, und mancher glaubt, die bravsten Männer müßten auch Freunde sein ...« [Aristoteles, 1972, VIII, 1, 1155a]

»Das Lieben scheint aber den Charakter eines sinnlichen Gefühls, die Freundschaft den eines Habitus zu haben. Denn ein Lieben gibt es auch gegenüber dem Unbeseelten. Gegenliebe aber erfordert Willenswahl, und Willenswahl geht von einem Habitus aus. Auch wünscht man denen, die man liebt, um ihretwillen Gutes, nicht aus sinnlichem Gefühle, sondern aus einem Habitus heraus. Wer so den Freund liebt, liebt zugleich, was ihm selbst gut ist ... Freund im Sinne der vollkommenen Freundschaft kann man nicht mit vielen sein, so wenig man gleichzeitig in viele verliebt sein kann.« [Aristoteles, 1972, VIII, 7, 1157b]

Nun das Letzte in diesem umfangreichen Kapitel: »Es gibt aber noch eine andere Art von Freundschaft, bei der ein Verhältnis der Überlegenheit besteht, so die Freundschaft des Vaters mit dem Sohne und überhaupt eines Älteren mit einem Jüngeren, die des Mannes mit der Frau und die eines jeden Vorgesetzten mit dem Untergebenen. Diese Freundschaften sind auch unter sich verschieden; die Freundschaft der Eltern mit ihren Kindern ist nicht die nämliche wie die der Vorgesetzten mit ihren Untergebenen, aber auch die des Vaters mit dem Sohne ist nicht die gleiche wie die des Sohnes mit dem Vater und die des Mannes mit der Frau nicht die gleiche wie die der Frau mit dem Manne. Jede dieser Personen hat nämlich eine andere Tugend und eigentümliche Verrichtung und jede ein anderes Motiv der Liebe, und darum ist auch die Liebe und die Freundschaft jedes Mal eine andere. So leisten denn hier beide Teile einander nicht das Gleiche, und man darf das auch nicht verlangen.« [Aristoteles, 1972, VIII, 8, 1158b] Nun schön, so geht es weiter. Es kommt die verhältnismäßige Gleichheit, Differenzierung der Freundschaft, je nach den individuellen Seelen und der Stellung im Leben und den Wünschen und Taten des spezifisch Guten, die die Menschen ausführen können.

Praktische und dianoëtische Tugenden

Ich sagte schon, Freundschaft ist eine praktische Tugend. Aristoteles scheidet nämlich die Tugenden, denen die μεσότης gemeinsam ist, in zwei Klassen, in praktische und dianoëtische Tugenden – ein folgenreicher Begriff. Die praktischen Tugenden sind jene Tugenden, die auf Glück und Nützlichkeit, auf mein Glück auf Grund meiner Anlagen und auf das Glück aller durch die wünschenswerte Betätigung und Praxis meiner Anlagen gerichtet ist. Nun ist es damit nicht erschöpft, denn wie die Vernunft als theoretische am ausgeprägtesten die Entelechie der Seele ist, so steht über allen praktischen Tätigkeiten das Glück und die menschliche Selbsterfüllung in der Erkenntnis. Die Verbindung, die die menschliche Vernunft darin mit der obersten Entelechie gewinnt, wird damit komplett, und Sie erinnen sich, die oberste Entelechie ist νόησις νοήσεως, Denken des Denkens.

Sie haben also hier eine erzidealistische Krönung, in der das Theorie-Praxis-Verhältnis umgekehrt wird und nun ein Praxis-

Theorie-Verhältnis ist. Das Praktische ist geringfügiger als das Theoretische. Die vita activa – das ist nicht ausgeführt bei Aristoteles, schläft aber darin und trat später folgenreich hervor – ist des Menschen nicht so wert und würdig wie die vita contemplativa, die betrachtende Lebensführung. Das Höchste ist Erkenntnis, Weisheit, und in der Weisheit und auf die Weisheit gerichtet leben die dianoëtischen Tugenden. Auch φρόνησις, Klugheit, gehört freilich zu den dianoëtischen Tugenden als Ort, in dem die μεσότης gefunden werden kann. Moralische Klugheit meint das, nicht gerissene Klugheit. Der Generalstab auch für das richtige Handeln praktischer Art liegt im Gebiet der dianoëtischen Tugenden.
Aber auch die dianoëtische Tugend ist nicht eingeflößt. Später, in der katholischen Moraltheologie, spielten die eingeflößten Tugenden eine große Rolle, sie galten als von oben her durch Gnade in den Menschen hineingegossen. Glaube, Liebe, Hoffnung vor allem. Das ist nicht aristotelisch. Bei ihm kommt alles aus dem Menschen, da gibt es keine Tätigkeit Gottes, der νόησις νοήσεως, die eingießen würde, kein Gärtner, keine Gießkanne ist da. νόησις νοήσεως ist eine Vollkommenheit, die nur anzieht durch ihre Vollkommenheit, die selbst nicht bewegt. Die Tugenden müssen also aus dem Menschen kommen. Das Wissen und die Erleuchtung stellen das Höchste im Menschen dar, die wunschfreie Seligkeit der Erkenntnis, die sich nicht anwendet, ist in Übereinstimmung mit der obersten Entelechie, die ebenfalls reines Denken des Denkens ist.

Nochmals zu »Form«, »Quodditas« und »Quidditas«

[In Zusammenhang mit dem Aristotelischen Begriff der Form sind Verständnisschwierigkeiten aufgetreten] [...] Schwierigkeiten macht schon das Wort »Form«. Es ist vor allem durch die englische Philosophie des 17. Jahrhunderts entwertet worden, genauso wie »Idee«, die doch bloß noch eine Vorstellung ist. »Ich habe keine blasse Idee.« Stellen Sie sich einmal Platon vor und dann den Satz »Ich habe keine blasse Idee« oder »Nehmen Se det Jewehr eine Idee weiter links«, wie der Unteroffizier sagt. »Ich meine, der Rock müßte eine Idee länger sein.« Was ist denn das? Was hat das noch mit der Platonischen Idee zu tun? Es hat sogar etwas damit zu tun, indem die Engländer, diese Tröpfe, die Idee halt mehr und mehr verplattet haben, bis sie bloß noch eine Vorstellung war statt eines Gedankengebildes objektiver Art. Und eine Vorstellung ist für die englischen Sensualisten natürlich etwas Blasses gegenüber einer sinnlichen Wahrnehmung oder gar gegenüber einer Sache in bar, die ich auf den Tisch des Hauses legen kann. Money, das ist keine Idee, das ist eine Realität. Aber Lyriker, das sind Ideen, die nichts verdienen. »You look as a million dollar«, wird in Amerika zu einer schönen Frau gesagt, »Sie sehen aus wie eine Million Dollar«. Das ist das Höchste der Gefühle, was überhaupt gesagt werden kann.

Wie es der Idee ergangen ist, so ist es der Form auch ergangen. Form und Idee hängen ja bei Platon zusammen, bei Aristoteles auch. Sie denken sich unter Form etwas möglichst Leeres, ein Schimpfwort sogar. Ich brauche Sie ja bloß an die heilige Antithese zu erinnern, an unser Heiligtum, das wir haben: Formalismus und Realismus. Alles Schlechte ist Formalismus, und alles Gute ist Realismus. Bei Aristoteles ist Formalismus und Realismus dasselbe, indem die Form ja die Realität ist, die Wirksamkeit, die Fülle; der Stoff ist die Möglichkeit, und die Form ist die Wirklichkeit. Form ist inhaltlich vollkommen erfüllt, Form ist Inhalt bei Aristoteles. Da gibt es die Unterscheidung noch gar nicht. Das macht Ihnen vielleicht auch Schwierigkeiten, daß Form etwas Positives ist, und gar das Positivste. Wenn ich von einem Sportler sage, er sei gut in Form, spreche ich etwas Aristotelisches aus. Er ist richtig, er ist in Entelechie, er ist ein Sportler, ein Boxer, wie er im Buch steht. »Er ist in Form« – das ist nicht formal, sondern durchaus inhaltlich. Im Kaufmannslatein bedeutet das Wort »informieren« ja auch, daß man sich inhaltlich mit der Sache vermittelt, daß man sich eine materielle, nicht formalistische Kenntnis der Zahlungsfähigkeit oder anderer Eigenschaften eines Kaufmanns verschafft, daß man sich nach der Bonität einer Firma erkundigt, »Geprägte Form, die lebend sich entwickelt«, nennt das Goethe [Goethe, 1, 523], μορφή ist das Wort für Form im Griechischen, daher Morphologie, womit nicht eine Lehre von Formalismen oder von kubistischen Bildern gemeint ist, sondern von der dicksten Realität, von den Urgestalten, den sich ausprägenden Wesenheiten in der Welt. Behalten Sie das für die ganze mittelalterliche Philosophie, wo Form ebenfalls ein ganz inhaltlicher Begriff ist. In der Antike oder auch noch im Mittelalter ist der Gegensatz zu Inhalt nicht Form, sondern Leere.

Die Form selbst ist nicht leer. Kurz und gut, das muß begriffen werden, denn sonst verstehen Sie Aristoteles nicht, dann verstehen Sie auch vieles in unserer ganzen heute noch gebliebenen Terminologie nicht, wo die Form ebenfalls erscheint.
Es wird die Frage nach Quod und Quid gestellt. Quod ist im mittelalterlichen Latein Daß und Quid ist Was. [...] Die Quodditas ist die Daßheit, das heißt das als real sich Setzende, das noch nicht begriffen ist, das uns durch die Sinne vor Augen geführt wird oder auf das wir sogar aufprallen, das erklärungsbedürftig ist und durch das Quid nicht vollständig erklärt werden kann. Das Quid ist die lateinische Übersetzung von τί, und ich wiederhole zum hundertsten Male: τί ἔστιν ist die Sokratische Frage »Was ist?«. Jetzt können Sie alles einsetzen, was Ihnen Spaß macht, also sämtliche Definitionen fangen bei dem »Was ist?« an. Was ist Musik? Was ist ein Strumpf? Was ist die Tugend? Was ist schönes Wetter? Was ist denn richtig leben? Was ist den richtigen Mann finden? Und dieses τί, das ist die Washeit einer Sache, das ist das Wesen. Wenn ich ihr Wesen erfaßt habe, habe ich eine Sache definiert, bis auf den Grund verstanden. Nicht jedoch habe ich ihren Eintritt verstanden. Ich kann infolgedessen auch aus dem Wesen – das geht jetzt in Tiefen, die bei Aristoteles nur angedeutet sind –, aus dem gedanklich Erfaßten noch nicht die einzelnen Ausprägungen erhalten. Das Fallgesetz kenne ich: $\frac{g}{2} \cdot t^2$. Ich weiß, wenn ein Stein fällt, fällt er nach der Formel: $\frac{g}{2} \cdot t^2$. Das ist die Quidditas. Aber: daß der Stein fällt und wo die Steine fallen und wann sie fallen, das kann ich aus der Formel nicht erkennen. Ich kann nur herausbekommen, daß, wenn sie fallen, sie so fallen. Das Wesen, da stecken die Finessen. Das Eintreten ist das Daß, das, daß das eben geschieht. Gewiß kann ich vieles erforschen und kann die Gründe langsam herauskriegen, daß der Stein fallen muß, aber es bleibt ein Rest. Es bleibt der Rest der *Existenz*.
Die Existenz ist nicht dasselbe wie die *Essenz*. Das Existieren, das mir durch die Sinne zugänglich ist, ist ein anderes als die Washeiten, die mir durch das Denken zugänglich sind. Das ist ein großes Problem der mittelalterlichen Philosophie gewesen, das dann vom späten Schelling außerordentlich tief ausgebohrt wurde und bei Eduard von Hartmann wieder erscheint. Es geht aber zurück auf ὅτι, διότι bei Aristoteles, auf Quodditas und Quidditas. Quodditas ist die einzelne Daßheit, daß der Stein fällt, das Existierende, das

Willenshafte auch in der Sache, das Sich-Setzende, Quidditas ist das Vernünftige. Diese beiden sind die Wurzeln des gesamten Daseins, das Willenshafte und das Vernünftige, das Intensive und das Logische, wie man später gesagt hat. Das Intensive ist der Empfindung zugänglich, dem Affekt, dem Gefühl, das Logische dem Denken. Nehmen Sie ein so Intensives wie Liebe oder Haß, die können Sie doch gar nicht ganz erklären. Da bleibt eben der Rest der Glut, des Intensiven, auch wenn Sie alles erklärt haben. Der Marxismus erklärt aus dem Interesse. Was Interesse ist, wird das erklärt? Was ist denn das eigentlich? Was ist denn daran, in dem Daß des Interesses? Da haben wir einen Rest, der ruhig eingeklammert werden kann, der für den Fortgang der Erkenntnis keineswegs störend ist. Aber wenn man philosophisch sehr tief dringt, bleibt hier etwas übrig, und das ist Daßheit, das Intensive. Wenn die Vernunft abgeblendet werden soll aus Gründen des kapitalistischen Wirtschaftsinteresses, dann bleibt das Daß als harmlos und zugleich sehr spannend übrig, nämlich als das bloß Existierende, und deshalb haben wir nach dem Untergang der Wissenschaft in Westdeutschland eine Hochkonjunktur von Existentialismus, denn der beschäftigt sich nur damit, mit Beschreibung, mit Deutung, mit Hölderlinschen Gedichten, mit dunkler Sprache, mit Emotionen, mit Eingeweideempfindungen und nicht mit Großhirntätigkeiten. Also Heidegger ist der Philosoph des Quod, und, sagen wir Hegel, der Panlogiker, ist der Philosoph des Quid, wobei ich Hegel geziemend um Entschuldigung bitte, daß ich ihn mit einem Heidegger in dieser Weise parallelisiert habe.
Sie sehen, das geht dick in die Philosophie hinein. Vielleicht ist es aber auch Ihnen für die von Ihnen so unglücklich ventilierte Frage: Wozu überhaupt Geschichte der Philosophie? eine Hilfe. Vielleicht sehen Sie, daß man das für die Philosophie sehr gut brauchen kann, als Organon, als Werkzeug. Wie ein Handwerker ein Werkzeug braucht, so brauchen Sie auch einen Hammer, brauchen auch Maschinen, brauchen auch den Drehstuhl; und so, wie Männer kommen, die Ihnen zeigen, wie besser gedreht wird mit dem Drehstuhl, so ist es in der Geschichte der Philosophie. Die Anlage zum Drehen bringen Sie schon mit, bloß die Werkzeuge haben Sie noch nicht. Nun gut, die sind hier.

Wir haben unterbrochen bei dem Thema, wo man sagen kann: »Freundschaft siegt!« Ich habe Sie auf die erfreuliche Sonderbarkeit hingewiesen, daß bei Aristoteles die Ethik vor der Politik steht und nicht umgekehrt die Politik eine Vorstufe der Ethik ist, wie das sonst, mit Ausnahme von Hegel, in allen Rechts- und Moralphilosophien der Fall war. Wir kommen also zur Politik, niedergeschrieben in der Schrift »Politeia«.

Politik hat hier einen etwas anderen Sinn als den, den man in unserem heutigen Leben seit etwa 200 Jahren damit verbindet, wo es eine große Überraschung ist, daß es überhaupt Politik als Wissenschaft gibt. Das haben die bürgerlichen Herrschaften am Anfang dieses Jahrhunderts entdeckt und in Berlin eine Hochschule für Politik aufgemacht, die auch danach war. Der Tradition nach ist Politik selbstverständlich eine Wissenschaft, nämlich Staatslehre, Staatslehre auch in Aktion. Sie ist etwas, was gelernt werden muß. Heute ist sie reine Handwerkelei geworden, eine sehr vornehme zum Teil, in der Diplomatie eine gemeine Handwerkelei, und jeder glaubt, er könnte mitreden, ohne sich mit den Sachen beschäftigt zu haben. Aber die Tradition ist eine ganz andere. Bis Christian Wolff ungefähr, bis 1740, 1750, gab es genauso eine Wissenschaft der Politik, wie es eine der Ökonomie gab und gibt. Das erscheint oder erschien primitiven Gestalten auch bei Ökonomie sehr komisch zu sein. Ich erinnere mich, daß, als ich als Pennäler einmal sagte, ich möchte Philosophie oder Nationalökonomie studieren, mir ein Mann zur Antwort gab, um Ökonomie zu studieren, würde ich doch am besten zu den Bauern gehen. Das zeigt den Begriff von Ökonomie, wie er in gewissen Schichten noch lebte: Ökonomierat, der Rindvieh abgibt. Inzwischen ist der Begriff Ökonomie gehoben worden, und auch bei Politik müssen wir den guten alten Sinn erneuern. Wir haben ihn schon in der Zusammenstellung »politische Ökonomie«.

Platon hat eine »Politeia« geschrieben, die Stoiker ebenfalls. Der Übergang nun, der uns hier besonders interessiert, ist die Freundschaft. Der Mensch ist, nach der berühmten Definition des Aristoteles am Anfang der »Politeia«, ein ζῷον πολιτικόν, ein gesellschaftliches Lebewesen, ein Tier, das in besonderer Weise auf Gemeinschaft angewiesen ist, ein Wesen, das sich nur in Gemeinschaft entfaltet. Und wie in der Freundschaft diese natürliche Zusammengehörigkeit der Menschen zur moralischen Erscheinung gelangt, so tritt sie im Staat, in der Polis, als politische Erscheinung hervor. Freundschaft erweitert sich zur sittlichen Lebensgemeinschaft in der Gesellschaft. Das ist ein uns etwas zu weiter Begriff geworden. In der antiken Sklavenhalterdemokratie reichte er aus, da gab es kein Bewußtsein von Klassen. Sklaven galten nicht als Menschen, sondern als sprechende Werkzeuge. Und was über den Sklaven stand, was von der Sklavenarbeit lebte, das waren Bauern, Handwerker und selbstverständlich die oberen Stände. Die Handwerker waren auch produktiv, die Bauern waren erst recht produktiv, aber doch selbständige Gewerbetreibende auf der Grundlage der Sklavenarbeit, dergestalt, daß auf fünf oder zu einzelnen Zeiten sogar auf zehn Sklaven ein athenischer Bürger kam. Gegenüber dieser ungeheuren Masse von Unterworfenen bildete sich ein Klassenbewußtsein nicht aus, es sei denn in politischen Kämpfen, aber tief ging es nicht, und wenn es auch tief ging, Aristoteles ignorierte es.

Wir haben also eine natürliche Lebensgemeinschaft, wie wir sie als Übergang noch in Kolonien hatten, in weißen Kolonien, nicht in Kolonien mit unterworfenen Eingeborenen. Ich denke an die thirteen colonies in Nordamerika vor 1776 und noch später. Man kann das Nachbarschaftsethik nennen: Menschen helfen sich unter schwierigen Verhältnissen gegenseitig, und es entfaltet sich zuerst ein Familiengefühl und dann ein Freundschaftsgefühl, das anscheinend sprunglos übergeht bis hin zu einer community, einem politischen Gemeinschaftswesen. Das hat mit der Nachbarschaftsethik in Athen selbstverständlich nichts gemein, dort waren völlig andere Verhältnisse. Ich erwähne nur zur Verdeutlichung, daß die Neuzeit so etwas auch kennt. Freundschaft wurde also erweitert und erbaut auf der gesicherten Grundlage dauernder Einrichtungen und

fester Gesetze. Das Atmosphärische der Freundschaft fällt nun weg, damit auch Schwankungen der Freundschaft. Es gibt gesicherte Gesetze, die Sache ist eingerammt, es gibt dauernde Einrichtungen, und das ist für Aristoteles ein Plus. So steht also der Staat über der Freundschaft, die Politik über der Moralität, es ist nicht umgekehrt. In der bürgerlichen Gesellschaft hat sich das umgekehrt, und wir haben es alle in den Knochen, daß Recht und die Forderungen des Rechts minimal sind. Das ist noch gar kein Verdienst, daß man kein Verbrecher, kein Dieb ist, daß man keine Unterschlagung begeht. Mit Moralität hat das nichts gemein. Infolgedessen steht in der bürgerlichen Gesellschaft und auch in der bürgerlichen Rechtsphilosophie, das heißt der progressiven Rechtsphilosophie, bei Thomasius, bei Kant, der private Sektor über dem öffentlichen Sektor; Moral ist privat, sie geht von Mensch zu Mensch, Jus dagegen ist eine Staatsangelegenheit, steht unter der Moral. Ein Rechtstheoretiker in Heidelberg namens Jellinek nannte das Ende des 19. Jahrhunderts »das juristische und das moralische Minimum«. Jus ist das moralische Minimum.
In einer Gesellschaft, in der es nicht notwendig ist, sich privatantagonistisch zu verhalten, ist Jus kein moralisches Minimum mehr, und der Antagonismus gegen die Gesellschaft fällt weg. In der bürgerlichen Gesellschaft haben wir diesen Antagonismus, oft aus moralischen Gründen, oft auch aus ökonomischen Gründen, indem der Unternehmer den Zunftzwang, die Reste der feudalen Gesellschaft sprengte, indem er auf der Suche nach Profit auch das moralische Minimum noch sprengte. In mehreren älteren Gesellschaften und erst recht in der sich anbahnenden sozialistischen Gesellschaft haben wir diesen Antagonismus nicht mehr, sondern da gibt es eine Solidarität, eine sehr kritische Solidarität, wie ich hoffe, aber eine Solidarität trotzdem, eine Gemeinschaftlichkeit, eine Freundschaft, auch eine Freundlichkeit, die mit der Freundschaft verbunden ist oder sein sollte, und eine Heiterkeit. Dann ist das hergestellt, was Hegel in starker Analogie zu Aristoteles beschworen hat, was er nicht als Zustand ausgedrückt, sondern als Zustand sentimentalisch beschworen hat: die Polis, in der Bürger leben mit guten Gesetzen als dem Höchsten. Wenn wir das nicht zu beschwören brauchen, wenn wir es nicht nur sentimentalisch haben, sondern naiv, dann allerdings können wir sagen: Jus ist nicht das moralische Minimum, sondern Moral ist das juristische Mini-

mum. Dann ändert sich also etwas; wir bekommen ein freudiges Rechttun im Sinne der Gemeinschaft, und der Polisgedanke wird auf einer neuen Stufe wieder lebendig, ganz im Sinn von Aristoteles.

»Mittel«-Stand

Des näheren nun ist der Staat bei Aristoteles kühl betrachtet; wir haben es ja mit einem Realisten zu tun. Der Staat entspringt aus Bedürfnis, er ist um des privaten und dadurch des gegenseitigen Nutzens willen entstanden. In der Gemeinschaft kann es auf die Dauer keinen privaten Nutzen geben, der nicht auch allgemeiner Nutzen wäre. Darin steckt schon etwas Beschwörendes. Der Staat ist gegründet auf den Mittelstand, und hier zeigt sich die μεσότης in seiner Ethik aufs neue. Der Staat ist auf die soziale Mitte, auf einen Mittelstand gegründet, den Sie mit dem heutigen, soweit er noch geblieben ist, selbstverständlich nicht verwechseln dürfen. Vielmehr ist das gemeint, was weder zuviel noch zuwenig hat, was sich von den Extremen der Armut und der Völlerei fernhält, was tüchtig ist, lebenstüchtig im Sinn der ersten griechischen Weisen, mit common sense, mit bon sens vor allen Dingen. Diese Schicht, die im Aussterben begriffen ist, können wir uns in etwa noch vorstellen – und zwar ohne den schlichten Geschmack, den wir beim »Kampfbund für gewerblichen Mittelstand« haben –, wenn wir an Frankreich denken. Der mittlere Franzose ist kein Spießer, hat keinen Muff um sich, vor allen Dingen keinen sexuellen Muff wie der deutsche Spießer. Diese heitere Mitte von gesunden Menschen ist zum Teil auch noch in der Schweiz erhalten. Sie finden sie auch in Süddeutschland etwas, in Bayern und in Württemberg, aber am schönsten blüht diese Pflanze in Frankreich. Bemerkenswert ist, daß ein großer Teil dieses bon sens, der übrigens vom common sense verschieden ist – daß dieser gut gewachsene Typ die Mitgliedschaft der KPF ausmacht, zum bedeutenden Unterschied von Deutschland. Dieses zur versuchten Illustrierung, damit Ihnen Assoziationen zerrissen werden an den vorhanden gewesenen oder immer noch vorhandenen deutschen Mittelstand.

Seinem Wesen nach ist für Aristoteles der Staat die Verwirklichung des Glücks für alle, der κοινωνία, der Gemeinsamkeit. Nach dem

Grade ihrer Verwirklichung wird er bemessen. Harmonie, in dem Sinn, wie es eine Harmonie der Seelenkräfte als gleichsam psychologische Gerechtigkeit gibt, ist das Produkt eines gut verwalteten Staates mit einer ausgleichenden Gerechtigkeit. Der Ausgleich über einer Waage, wenn das Zünglein einsteht, bringt die Sache ins Lot, die μεσότης wird als eine politische hergestellt und garantiert.

Der beste Staat

Um diesen Staat, den es ja doch nicht gibt, an den es gerade im Blick des Realisten Aristoteles, der sich nichts vormachen läßt, nur Annährungen gibt –, um diese Entelechie des guten Staats zu finden, macht Aristoteles nicht ein Traumgebilde, wie es Platon unternommen hatte. Aristoteles sucht nach dem rechten Staat. Der Staat kann auf dieser Stufe noch nicht absterben, der rechte Staat war vielmehr ein aktuelles und progressives Thema. In Aristoteles' Suche nach dem rechten Staat finden wir Empirie. Wir finden keine Utopie, wir finden aber den Versuch einer konkreten Utopie, wenn es sich so sagen läßt, das heißt: Aristoteles ließ durch seine Schüler nicht weniger als 158 Staatsverfassungen sammeln. Er ließ sie sammeln und zusammentragen, wie Pflanzenarten und Tierarten zusammengetragen und ausgestopft werden, damit ihr Wesen erkannt wird. Aus den 158 Staatsverfassungen soll die Entelechie des Staates erkannt werden und welcher Staat ihr am nächsten kommt. Wie ich schon sagte, gibt es kein Staatsideal bei Aristoteles, denn er sagt deutlich, daß er in diesen 158 Staatsverfassungen nirgends die vollkommene Staatsform gefunden hätte. Das heißt aber nicht, daß er sich die vollkommene Staatsform im Sinn der abstrakten Utopie ausdächte, sondern er denkt darüber nach, wie sie in dem Bedürfnis des ζῷον πολιτικόν angelegt ist und wie sie sich in der kodifizierten Bedürfnisbefriedigung darstellt, die in verschiedener Weise in den 158 Staatsverfassungen vorliegt.
Zur Ausarbeitung eines eigenen Staatsideals ist Aristoteles nicht gekommen, wir sind aber zu der Vermutung berechtigt, daß er diese Ausarbeitung ausführen wollte. Hierbei zeigt sich der Weitblick des Philosophen in einer sehr merkwürdigen Gleichgültigkeit. Gleichgültig sind ihm die Unterscheidungen Republik, Aristokratie und Monarchie. Für Aristoteles ist das unwesentlich, genauso

unwesentlich, wie zum Beispiel in Amerika die Unterscheidung zwischen demokratischer und republikanischer Partei ist. Das sind arithmetische Unterschiede. In der Republik herrschen viele, in der Aristokratie wenige und in der Monarchie herrscht einer über die Menschen. Darauf kommt es Aristoteles nicht an. Es kann unter der Herrschaft eines Mannes vortrefflich hergehen, es kann unter der Herrschaft weniger und es kann unter der Herrschaft vieler vortrefflich hergehen; es kann auch unter jeder dieser Herrschaften miserabel hergehen. Ihn interessieren nur die Karikaturen dieser drei Regierungsformen, nämlich: aus der Republik oder Demokratie kann die Pöbelherrschaft entspringen, die Ochlokratie, aus der Aristokratie kann die Willkürherrschaft, die Oligarchie weniger entspringen und aus der Monarchie kann, was vor aller Augen steht, die Despotie entspringen. Sie sind sämtlich sehr starke Abweichungen von der Staatsentelechie.

Wenn aber Monarchie und Aristokratie und Demokratie in Ordnung sind, dann läßt sich unter all diesen ganz äußerlichen Regierungsformen gleichermaßen gut leben. Aristoteles schwebte eine demokratisch kontrollierte Staatsleitung vor. Die Kontrolle in der Polis kann von wenigen, kann von einem oder kann von einem Stadtrat ausgeübt werden, das ist gleichgültig. Wichtig ist nur, daß Kontrolle ausgeübt wird und daß sie demokratisch ausgeübt wird. Hier haben wir also im Abendrot der athenischen Polis von dem Prinzenerzieher und Makedonier Aristoteles eine seltsame Feier der athenischen Demokratie als einer Leitung, wie sie unter Perikles bestanden hatte, der doch längst hinter dem Horizont verschwunden war und gegen den nach dem Peleponnesischen Krieg eine große Aversion herrschte. Hier findet sich, obwohl sein Name nur einmal genannt wird, trotzdem eine späte Feier. Das Beste ist also ein aristokratisch-demokratischer Staat, in dem die Aristokraten die Volksbeauftragen sind, ausgewählt nach ihrer Tüchtigkeit, nicht nach Geschlechtern.

Es finden sich in der »Politik« eine Fülle feiner Beobachtungen, geistreicher Schlüsse, großer Klugheiten, die über die Zeiten hinwegreichen. In dem Zusammenleben des ζῷον πολιτικόν zeigen sich eben selbst bei noch so veränderter ökonomischer Grundlage Beziehungen, die gleich der Sprache, gleich der Logik, gleich der Kategorienlehre zwar formal und inhaltlich äußerst variieren, aber doch erkennbar sind. Man weiß, wovon geredet wird, und daß man weiß, wovon geredet wird, ist ein Zeichen, daß etwas geblieben ist; sonst würde man es ja nicht wiedererkennen und nicht die Qualität der Bekanntheit empfinden. Sie finden eine Fülle von Feinheiten, was Regierungsformen angeht, was demokratisch kontrollierte Verwaltung der Besten angeht, die solange interessant sind, wie wir noch nicht den Zustand haben, den Lenin vorhersagt: daß eine Köchin den Staat regieren kann. Dieser Zustand wird eintreten, wenn die Funktionen des Staats aus einer Herrschaft über Personen in eine Verwaltung von Produktionsprozessen übergegangen sein werden. Solange wir das nicht haben, läßt sich aus solchen Büchern sehr viel erfahren und lernen; es läßt sich auf abgekürzteste und unblutigste Weise Erfahrung sammeln, die man nicht durch Experimente im Leben zu gewinnen braucht.

Ich gehe nun über zu der letzten Schrift des Aristoteles, zur »Poetik«. Sie besitzt einen Zusammenhang mit der »Politik«: Wenn auch Aristoteles keinen konkreten Idealstaat ausgearbeitet hat, so hat er doch ein Kunstideal ausgearbeitet, gewissermaßen einen locus minoris resistentiae für Utopien, Ideale, ein künstlerisches Soll; allerdings an vorhandenen Kunstwerken, um an den Kunstwerken das ihnen entelechetisch eingeschriebene Wesen zu definieren, auch wenn es nicht vollkommen durch die Erscheinungen, durch die Manifestation bricht. [...]
Aristoteles' Verhältnis zur Kunst ist von dem Platons sehr verschieden. Verbunden mit Platon ist er in der Hinsicht, daß auch für ihn die Kunst μίμησις ist, Nachahmung – das Wort »Mime« kommt davon. Bei Platon war die Kunst aber eine Nachahmung von Erscheinungen, und da ja ihm zufolge Erscheinungen selbst schon Nachahmungen sind, Nachahmungen der Ideen nämlich, getrübte, schlechte, verworrene, durch Materie verschmutzte Nachahmungen, so kann ein Kunstwerk, das von einer solch minderwertigen Nachahmung wiederum eine Nachahmung ist, erst recht nur minderwertig sein. Ein seltsamer und uns kaum mehr nachvollziehbarer Blick Platons auf die Kunst, wesentlich auf die bildende Kunst, aber auch auf Homer, dem er die Unsittlichkeit, die Vermenschlichung der Götter zum Vorwurf machte, ganz in der Weise, wie das alte griechische Philosophen – ich erinnere an Xenophanes – vorher auch schon getan hatten. Aber es ist eine Kunstblindheit und Kunstfremdheit bei Platon, die überrascht und die dann bei Aristoteles und erst recht in der Spätantike bei den Neuplatonikern aufhört.

Kunst als Mimesis des Wesentlichen

Das Stichwort für diese andere Form der Wertung von Kunst gab Aristoteles. Auch für die Neuplatoniker, auch für Plotin ist ein Kunstwerk zwar Nachahmung, aber keine der Erscheinung, sondern des Wesens, also der Entelechie. Die Kunst treibt wieder in ihren Ort des geringsten Widerstandes in einer gesicherten Welt, die, wie man im alten China sagte, hinter der Mauer ewiger

Buchstaben ist, wohin kein Wind von der Welt hereindringt, das heißt von der störenden Welt, von der Welt, die noch gar keine richtige Welt ist, sondern bloß Störung und Bruchstück. Sie leistet keinen Widerstand mehr, und das Kunstwerk wird frei von ephemeren, nicht zum Gang der Handlung gehörigen Dingen. Hinter einer Mauer ewiger Buchstaben ist Vollendung gesucht, Vollendung des Bilds im Rahmen der Bühne und des Buchs, in der Geschlossenheit des Buchs. Das ist keine hermetische Abgeschlossenheit, kein elfenbeinerner Turm, aber eine Rettung vor der schlechten, in allem durcheinandergehenden Erlebnisfähigkeit, so daß ein Kunstwerk überlegt und auf das Wesentliche gerichtet ist.

Dieser Sinn ist auch geblieben. Beachten Sie den Rat, der an junge Dramatiker ergeht, ein Rat, der von der Inschrift an einem Bauplatz genommen ist, wo zu stehen pflegt: »Nichtbeschäftigten ist der Zutritt zum Bauplatz verboten!« So ist es in einem Drama, wenn es etwas taugt. Nichtbeschäftigten Personen ist der Zutritt zum Drama selbst verboten, Randfiguren haben nichts darin zu suchen, weil hier Wesentliches ausgetragen wird und das Wesentliche nicht gestört werden darf. In einem geschliffenen Dialog werden Konflikte ausgetragen, und zwar rein ausgetragen, in Charakteren, die ebenfalls entschiedene sind. Auch wenn sie unentschiedene sind, werden sie entschieden als unentschiedene dargestellt, und im modernen Drama von Shakespeare an treibt jeder einzelne Charakter das Metier seines Charakters und nichts anderes, in dem Sinn, den ich für die Entelechie schon angegeben habe, in dem Sinn des Typischen. Typische Charaktere und typische Situationen werden gefordert, das heißt *zu Ende getriebene und ausgetragene Situationen*, in denen die Konflikte aufeinanderprallen ohne Störung, ohne Watte, ohne Ablenkung, entelechetisch rein. Das ist μίμησις.

Es wird, wie Aristoteles sagt, τὸ ἀναγκαῖον (das Notwendige) hergestellt. Die Kunst stellt nicht das dar, was geschieht, sondern was der Natur der Sache gemäß geschehen sollte und nicht geschehen kann in der Welt der Störungen, in der Welt des κατὰ τὸ δυνατόν, nach Maßgabe des jeweils Möglichen. So kommt das berühmte Aristotelische Diktum zustande, daß der Dramatiker philosophischer sei als der Historiker, daß ein Drama philosophischer sei als die Geschichte. Denn die Geschichte und die Geschichtsschreibung zeigen mehr das Einzelne. Er bezieht sich damit

auf die Geschichtsschreibung seiner Zeit, auf Thukydides vor allem, der pragmatisch das Einzelne aufzählte und nicht etwa eine Notwendigkeit sichtbar machte, wie es zum Beispiel Jahrhunderte später bei Polybios geschah, der die Bildung des römischen Großreichs als eine von Anfang an in der Tendenz liegende Notwendigkeit darstellte und so Geschichte des römischen Reichs schrieb. Bei Thukydides, der die griechische Geschichte zur Zeit des Peleponnesischen Krieges geschrieben hat, bei diesem großen Historiker haben wir ein Pragmatisches; da folgen Ereignisse aufeinander nach Ursache und Wirkung, aber so wie die Blätter im Herbst fallen oder das Gras im Frühjahr wiederkommt. Es ist eine gewisse Zufälligkeit der Aneinanderreihung da, eine einfache, äußerst kunstvolle und verschlungene Erzählung, aber doch nur eine Erzählung von Dingen, die aufeinanderfolgen; es ist nicht die Gesetzmäßigkeit im Sinn von Aristoteles sichtbar. Noch weniger ist das der Fall in der primitiven Geschichtsschreibung der Chronisten, die einfach aufzählen, was wo passiert ist.
Die Geschichtsschreibung ist für Aristoteles also nicht philosophisch. Ihr fehlt das ἀναγκαῖον, und ein Drama wie die »Perser« des Aischylos ist selbstverständlich philosophischer als eine Darstellung der Perserkriege bei einem Historiker; denn die Personen, die auftreten, und die Handlungen, die vorkommen, geben nicht nur ein ἀναγκαῖον, ein Notwendiges, sondern, indem sie es geben, geben sie ein παράδειγμα, ein Paradigma, sind sie urbildlich, vorbildlich für das Ausgetragene. Das ist eine neue Kategorie. Auch ein Schuft ist urbildlich, indem er das Metier seines Charakters treibt. Erst recht sind urbildlich in unserem Sinn von Vorbild die guten, die heroischen Personen. Das alles wird nicht an bildender Kunst exemplifiziert, zu der es bei Aristoteles kaum ein paar Andeutungen gibt, sondern an der griechischen Tragödie, die ja völlig in Blüte stand und auf die auch der Platonische Vorwurf nicht gehen konnte.

Verschiedenheit des Materials bei Platon und Aristoteles

Mit dem Platonischen Vorwurf ist es überhaupt so eine Sache. Bedenken Sie einmal, warum das in der Spätantike nicht mehr der Fall ist. Man sagt so abstrakt, Platon habe die Kunst gehaßt. Ja, aber welche Kunst? Das bleibt ein leeres Wort, wenn ich mir nicht darunter vorstellen kann, welche Art von Kunst zu Platons Zeit gelebt hat. Vielleicht hat Platon auf die griechische Kunst so reagiert, wie wir darauf reagieren oder reagiert haben, nachdem wir Ägypten und die Gotik und die große indische und die große chinesische Kunst kennengelernt haben, nämlich, daß sie zwar sehr gelassen und sehr erhaben ist, aber auch sehr illusionistisch, daß sie nicht naturalistisch ist, aber illusionistisch, nur den lebenden Leib darstellt, aber das Gesicht ohne Ausdruck, ohne Augen. Auch das Gesicht ist ein Leib, kein Charakter tritt hervor. Die griechische Plastik ist, wie man bösartig gesagt hat, eine Zuckerbäckerei höherer Ordnung, wenn man die ägyptische Plastik damit vergleicht. Das war in der klassizistischen Zeit bei uns in Deutschland keineswegs so, im Gegenteil. Da wurde die ägyptische Kunst als kleine, ungekonnte Vorstufe der griechischen Plastik betrachtet, und wie es immer geht, kam nachher die Überschätzung der ägyptischen und die Unterschätzung der griechischen Plastik, in der ja ungeheure Probleme verborgen sind und die gar nicht illusionistisch ist und natürlich erst recht mit Zuckerbäckerei nichts zu tun hat. Aber zur Platonischen Philosophie paßt sie in der Tat nicht. Der Widerspruch der tiefen Platonischen Philosophie zu dieser geheimnislosen Kunst wurde immer gesehen, zu diesen geheimnislosen Tempeln, in denen die Decke flach ist, in denen das klare und – verglichen mit der Pyramide – geheimnislose Dreieck des Tympanons ist. Es geht darin sehr schön und menschlich und human her, aber man hat von diesen Tempeln den Eindruck, als fehlte die dritte Dimension im Unterschied zu den ägyptischen Tempeln und denen in anderen orientalischen Kulturen. Das ist ein Platonisches Gefühl, und Platon war ja sehr stark von Ägypten beeinflußt und hatte sehr stark orientalische Kultur in sich aufgenommen.

Dieses Gefühl hört auf bei Plotin, dem Neuplatoniker, dem Schüler Platons 600 Jahre später, zu dem wir noch kommen werden. Nachdem Aristoteles gesagt hatte, die Kunst sei Nachahmung des Wesens, definierte Plotin die Kunst als sinnliches Scheinen der Idee. Diese Definition wurde dann von Hegel aufgenommen: Kunst ist die Unendlichkeit in Grenzen. Aber um 200, 250 nach Christus war eine andere Kunst da. Diese spätrömische Kunst war stark von den Barbaren, stark vom Orient beeinflußt und hatte infolgedessen in der üblichen Kunstgeschichtsbetrachtung bis vor vierzig, fünfzig Jahren eine sehr schlechte Presse, was sie bei uns nicht mehr hat. Der Plotinische Satz kann sich also auf eine veränderte Kunst beziehen, und vielleicht hätte Platon in Ägypten oder in China oder in der Mayakultur die Nachahmung einer Nachahmung nicht verurteilt. Dies bitte ich zu bedenken zur Entschuldigung Platons oder mindestens zur Erklärung des sonst erstaunlichen Phänomens, daß er eine solche Abneigung gegen die Kunst gehabt hat und doch ein so großer Künstler unter den Philosophen war. Bei Aristoteles ist es vielleicht kein Zufall – falls nichts verlorengegangen ist – daß die bildende Kunst gar nicht oder kaum behandelt worden ist, sondern das Drama, für das dies alles ja nicht gilt.

Das griechische Drama hat mit der griechischen Plastik nur entfernte Verbindung. Das Drama ist für Aristoteles das Wesentliche, und berühmt und berüchtigt geworden ist die Aristotelische Lehre von den drei Einheiten. Diese Lehre von der Einheit des Ortes, der Zeit und der Handlung, die vor allem die klassische Dramentheorie der Franzosen im 17. und 18. Jahrhundert bestimmt hat, stammt nicht von Aristoteles, sondern aus dem Italien des 16. Jahrhunderts. Sie ist eine Fälschung des Aristoteles. Aristoteles forderte nur die Einheit der Handlung, nicht die Einheit der Zeit und nicht die Einheit des Ortes. Diese können sich mit der Einheit der Handlung verbinden, müssen es aber nicht.

Nun ist die Tragödie erst recht eine Nachahmung, und zwar eine μίμησις πράξεώς τινος. Nach der berühmten Definition ist sie die Nachahmung einer Handlung, welche durch Erregung von Mitleid und Furcht die zeitweilige Reinigung von solchen Gefühlen zur Folge hat. Das ist die berühmte Aristotelische Lehre von der Katharsis, der Reinigung durch die Kunst. Durch Erregung der Affekte Furcht und Mitleid (φόβος καὶ ἔλεος) an dem tragischen Schicksal, dem Untergang entsteht eine Entladung dieser Affekte, die wir mit uns herumtragen. Vor diesem gesteigerten, typischen, paradigmatischen, entelechetisch ausgetragenen Schicksal des Helden werden sie besonders akut, und dieser ungehemmte Affektablauf erzeugt nach Aristoteles Lust, ist also, um den Titel einer Schrift von Schiller zu nehmen, »der Grund des Vergnügens an tragischen Gegenständen.«

Wieso haben wir an tragischen Gegenständen ein Vergnügen? Wieso gibt es einen sogenannten Kunstgenuß, der ohnehin schon eine bedenkliche Geschichte ist, gleichgeordnet mit jedem anderen Genuß – wieso gibt es Kunstgenuß an einem schrecklichen Vorgang? Kunstgenuß müssen Sie sich so vorstellen, wie wenn Sie einen guten Apfel haben, und der Apfel wird immer besser und besser und besser, und so geht der Apfelgenuß sprunglos über zum Vergnügen an der Neunten Symponie. Das ist Kunstgenuß. Aber dazwischen sind verschiedene Sprünge, und die müssen herausgebracht werden, denn das Grauenhafte – es braucht gar nicht tragisch zu sein –, das Finstere, das Unheimliche, das Nichtgeheure erzeugt ebenfalls einen gesprenkelten, aber nicht verächtlichen Genuß. Vorausgesetzt ist, daß man sich selbst in einem Zustand befindet, der einen nicht hineinreißt, sondern der eine genießende, eine künstlerisch distanzierte Haltung erlaubt. Ein Kriminalroman oder die Darstellung eines schrecklichen, öden Hauses, eines pfeifenden Novembersturms, der langgezogen und einsam durch Schlüssellöcher heult, kann Genuß bereiten. Aber auf die Frage, warum selbst tragische Vorgänge auf der Bühne Genuß bereiten, können wir die Antwort des Aristoteles nicht als endgültig betrachten, weil wir ein ganz anderes Material haben.

Der tragische Held

Die Verschiedenheit des Materials hat man bei Platon verabsäumt zu beobachten, bei Aristoteles hat man es nicht versäumt. Bei ihm hat man stets berücksichtigt, daß ihm die griechische Tragödie vorlag. Uns liegt nicht primär die griechische Tragödie vor, die leider bloß von Zeit zu Zeit philologisch ausgegraben wird, sondern uns liegt die moderne Tragödie vor, die von Shakespeare gesetzte, mit Rezeptionen Griechenlands, die auch Schiller versucht hat, die aber etwas Zweideutiges an sich haben. Wesentlich haben wir keine *Schicksalstragödie*, wie man sagte, sondern eine *Charaktertragödie*. Wir haben zu den Helden ein ganz anderes Verhältnis. Wir haben ein anderes tragisches Phänomen, den Untergang einer großartigen und oft im positiven Sinn vorbildlichen Person. Unsere Reaktion auf den Untergang eines tragischen Helden, unsere dadurch entladenen Affekte sind kaum mehr Furcht und Mitleid und können es nicht sein, sondern im niedersten Sinn haben wir gegenüber dem tragischen Helden, der seinen Kopf durchsetzt und identisch mit sich lebt und handelt und die Flagge an den Mast nagelt und mit dem Schiff untergeht, ohne zu kapitulieren, ein Gefühl von neidischer Bewunderung und nicht von Furcht und Mitleid. In einem besseren Sinn haben wir als Reaktion offenbar eine Erhebung, die durch diesen hochroten Kopf, der unterging, Gestalt, Stetigung bekommt. Es ist ein Rebell untergegangen, und er hat recht, obwohl er untergeht, und er wird recht behalten. Dieses Gefühl hätten die Griechen auch haben können, wenn die tragischen Helden, die sie besitzen, nach dem Modell des Prometheus geschnitzt gewesen wären und nicht nach dem des zerrissenen Dionysos.

Die tragischen Helden, die Aristoteles vorlagen und die Furcht und Mitleid erregten, waren alle Masken des Dionysos. Aus dem Kult des Dionysos entstand ja das griechische Theater. Da er von Mänaden zerrissen wurde, ist das Zerreißen eines Gottes, das Zerreißsen eines Helden der Gegenstand der griechischen Tragödie. Es gibt eine Trilogie von Aischylos über Prometheus, von der nur der erste Teil »Der gefesselte Prometheus«, erhalten ist. Aber Prometheus ist darin auch eine Art Dionysos, wenigstens in dem erhaltenen Stück. »Der leidende Prometheus« und »Der gerettete Prometheus« sind nicht mehr da. Wir wissen nicht, wie Prometheus darin erscheint. In dem erhaltenen Stück ist Prometheus ohne jede Perspektive als Leidender gesehen; er leidet angekettet und angenagelt an seinen Felsen im Kaukasus, ein Geier zerfleischt täglich seine Leber. Philoktet, der Aussätzige, kommt in dem gleichnamigen Stück von Sophokles auf die Bühne und schreit und jammert in einer uns unfaßlichen Weise. Ganz unmännlich kommen uns die Heullaute Philoktets vor. Das erregte Furcht und Mitleid.

Der mythische Prometheus dagegen geht nicht unter; Zeus muß ihn befreien. Der Rebell behält recht, und Herkules wird der sein, der ihn befreit. Dies geht durch, und am Ende wird der Kampf doch ausgefochten. Prometheus siegt noch nicht über Zeus – wir sind in Griechenland, wo das nicht in Frage kommt. Prometheus ist für die Griechen wesentlich der, der das Feuer gestohlen hat, nicht der, der die Menschen gemacht hat. Er ist nicht der Prometheus im Fragment von Goethe und vorher bei Shaftesbury und Scaliger, wo Prometheus ein Konkurrent Gottes, Schöpfer wie Gott wird, und zwar ein besserer Schöpfer. Diese Hybris fehlt bei den Griechen fast völlig. Prometheus ist ein tiefbraver Halbgott, der den Menschen aus Mitleid und Güte das Feuer vom Blitz heruntergebracht hat. Infolgedessen gibt es kein Revolutionsdrama bei den Griechen. Prometheus, nach Marx der vornehmste Heilige im philosophischen Kalender, hat bei den Griechen keine Presse; er hat keine Bühne, kein Drama, kein Problem erregt. Wir sind in einer Sklavenhaltergesellschaft, einer unerschütterten. Infolgedessen kam auch nicht zu reflektiertem Bewußtsein, was die Tragödie im Griechischen darstellte.

Die Griechen haben nicht Furcht und Mitleid am Leid empfunden, auch nicht an ihren unprometheisch gehaltenen tragischen Helden, sondern sie haben bemerkt – und das verschlug ihnen den Atem –, daß der Mensch besser ist als die Götter. Das war schlimmer als Atheismus. Die Götter sanken unter die Menschen. Der Held erregte Furcht und Mitleid wegen des von den Göttern verhängten Geschicks. Ein böses Schicksal hätte dem Ansehen der Götter noch nicht geschadet, denn die Götter standen auch unter dem Schicksal, der Moira; aber das von den Göttern verhängte Geschick, das sich durchsetzt und das die Menschen schuldig werden läßt, erschien als ungerecht. Ich erinnere Sie an Ödipus, an die Ironie seines Schicksals, daß er seinen Vater erschlagen mußte, ob er wollte oder nicht. Gegen seine Absicht setzte sich das verhängte Geschick durch. Und er selbst war kein Mörder, er war bedeutend besser als das, was er tun mußte, und wurde auch am Ende begnadigt. Ödipus auf Kolonos zieht nach Athen und wird der Schutzheilige Athens. Das alles sind Bewußtseinsformen, die in der Furcht- und Mitleid-Hypothese von Aristoteles nicht zum Ausdruck gekommen sind.

Trotzdem, wir haben hier den ersten Versuch, das Phänomen des Tragischen zu verstehen, einen Versuch, der, solange die Tragödie geherrscht hat, nicht überboten wurde. Ich sage: solange die Tragödie geherrscht hat. Es ist nämlich, wie mir scheint, höchste Zeit, daß wir diese Art von Tragödie nicht mehr haben können. Wir werden nicht mehr den Prometheustyp haben können aus demselben Grund, aus dem bei Aristoteles die Politik nach der Ethik folgt, aus dem Grund der Solidarität. Es gibt nicht mehr den einsamen Helden, der gegen den Nomos, gegen die Satzung auftritt und das Recht auf seiner Seite hat, das Recht einer späteren Gesellschaftsform, wie Marx und Engels es in der Sickingen-Debatte definiert haben. Wir können auch nicht mehr das Recht einer älteren Gesellschaftsform feiern, die doch auch noch etwas Gutes enthielt, etwas

Besseres jedenfalls als jene, die unterdessen gesiegt hat. Das ist das Thema der »Antigone« von Sophokles; dort tritt das Mutterrecht gegen das Vaterrecht auf, Antigone gegen Kreon. Es kommt auch zum tragischen Untergang, aber an dem Mutterrecht, an der Pietät, an der Stimme des Blutes, an dem Gefühl der Schwester, die den Bruder nicht als Beute der Raben auf dem Fels liegen lassen will, ist etwas Humanes und Ergreifendes. Antigone muß untergehen, Kreon aber wird auch nicht glücklich.
Das sind antithetische Gesellschaftsformen. Wie nun, wenn wir allein nichtantagonistische Widersprüche haben? Dann werden also die Rebellen Trotzki heißen und nicht mehr Prometheus, und das ist dann tragisch erhebend, etwas, was an den großen Schlaf der Welt rührt. Also wie, wenn die Rebellen Trotzki heißen oder etwa in der älteren Form Thersites oder Vansen im »Egmont«? Dann haben wir keinen antagonistischen Widerspruch mehr, dann haben wir eine optimistische Tragödie, und die Frage ist nur, ob das noch eine Tragödie ist. Es wäre Zeit, daß man das einmal untersuchte und daß man das, was damals Menschen bewegt hat und in den alten Dramen immer wieder bewegen wird, zu einem Erbe machte und herüberrettete, nicht nur im Verhältnis zu den Gestalten auf der Bühne, sondern auch zu denen im Leben. Denn Furcht und Mitleit und neidische Bewunderung empfinden wir ja nicht nur gegenüber dem Herrn Schauspieler Müller, der einen tragischen Helden spielt, sondern auch gegenüber großen Personen, die in der Geschichte auftreten. Wir haben das Gefühl, daß sie so, wie sie sind, schon dramatisch verdichtet sind. Meistens geschieht das erst auf der Bühne, aber das muß nicht notwendig so sein.
Das war die Aristotelische Dramentheorie, die heftige Feindschaft gefunden hat. Gegen das dramatische Theater des Aristoteles, ein affektgeladenes Theater, in dem sowohl die Zuhörer als auch die Helden ihre Affekte durch Katharsis abreagieren, trat der Versuch eines ruhenden Theaters, der Versuch einer anti-aristotelischen Dramentheorie hervor, nämlich das epische Theater von Bertolt Brecht. Brecht will den Zuschauer gänzlich ohne Gefühle lassen, am besten rauchend, betrachtend, diskutierend, überlegend: Ist das richtig, was der jetzt gemacht hat, könnte man es nicht anders, könnte man es nicht besser machen? Statt sich in Affekten abzureagieren, soll sich der Zuhörer in Diskussionen und in Gedanken bewegen. Die Handlung geht nicht dynamisch vor sich, nicht

Schlag auf Schlag wie bei Schiller, sondern langsam, episch, vergnügt, vergnüglich und spannungslos, mit einer tunlichst bekannten Handlung, wie in der Antike auch, wo aber trotzdem Spannung vorhanden war. Das ist also die Gegenbewegung, vermutlich ein vorübergehendes Experiment. Aber es zeigt immerhin, daß es mit den Aristotelischen Kategorien zu Ende geht. Es geht auch mit dem Drama zu Ende, und die Aristotelischen Kategorien haben das Drama auch nicht gefaßt, nicht auf dem entelechetischen Grund gefaßt. Die Dramentheorie des Aristoteles ist vergänglich auf Grund der Größe seiner Konzeption, nämlich auch hier das Entelechetische zu finden.

Sie haben die Aristotelische Definition der Kunst sehr schön in Lessings »Emilia Galotti«, wo ein kleines Kunstgespräch zustande kommt, als der Maler dem Prinzen das Bild seiner Maitresse, der Gräfin Orsini, bringt. Das Bild interessiert den Prinzen nicht mehr, weil er, ein Flattergeist, ja schon wetterwendisch geworden ist und sich zu Emilia hingewandt hat. Da gibt es nun ein Gespräch zwischen dem Maler und dem Prinzen darüber, was Kunst ist. Der Maler sagt, die Kunst müsse malen, wie sich die Natur das Bild gedacht habe, ohne den Abfall, den der widerspenstige Stoff bedingt, ohne den Verderb, den die Zeit anrichtet. Das ist nicht idealisieren, sondern das ist eben entelechisieren. Dieser Grundzug der Aristotelischen Kunsttheorie ist zum Unterschied von der Furcht- und Mitleid-Auffassung, die sich ja nur auf das griechische Drama bezieht, zweifellos bleibend und richtungsgebend und zwar im Strom und im Zusammenhang eines Systems der entelechetischen Formen.

Astronomische Kuppel oder kulturelle Pyramide?

Nun komme ich zum Ende und wiederhole noch einmal den doppelten Ausgang des Aristotelischen Weltsystems, weil darin wieder ein großes Problem steckt. Die Aristotelische Philosophie läuft in zwei Spitzen aus, nicht in eine, und zwar gänzlich im Sinn der entelechetischen Weltordnung, von der ich eben zuletzt bei Gelegenheit der Kunst gesprochen habe.

Sie hat einmal einen astronomischen Schlußpunkt. Der Stufenbau reicht von dem ungeordneten terrestrischen, also irdischen Leben bis zu dem gleichmäßig vollendeten und regelmäßigen Umschwung der Gestirne. Geht man davon aus, daß das irdische Leben reich an Störungen ist, weshalb es Freundschaft braucht, weshalb es Staat braucht, weshalb es Kunst braucht, damit das Entelechetische herausgebildet oder herausgeschlagen wird, während der regelmäßige Umlauf der Gestirne keinerlei Kunst, keinerlei Verbesserung, keinerlei Herausschlagen nötig hat – dann endet die Aristotelische Philosophie bei den Planeten und beim Fixsternhimmel, dann ist das irdische Dasein astronomisch überbaut. Das ist ein altorientalischer Weg, vor allem ein Weg Babylons, ein Weg des überwölbenden Astralwesens, säkularisierter Sterndienst, den wir ja sehr wohl kennen, auch wenn wir nicht glauben, daß die Sterne Götter sind.

Der zweite Weg ist der Weg vom mechanischen zum chemischen und zum organischen Geschehen. Diesem Weg sind wir nachgegangen; er läuft weiter zur Psychologie, zur Ethik, zur Politik und zur Poetik. Er bleibt also gewissermaßen innerhalb eines Lokalpatriotismus der menschlichen Kultur, er läßt die Natur links oder rechts liegen und endet in der menschlichen Kultur. Beide Wege allerdings haben über sich etwas ganz Gleichmäßiges, sie haben den Feuerhimmel über sich, und dort wohnt der ewige unbewegte Beweger. Kunst und Kultur haben den unbewegten Beweger als Gegenstand ihrer Sehnsucht über sich, als die Anziehung der Vollendetheit des reinen Denkens, weshalb die dianoëtischen, die geistigen Tugenden bei Aristoteles höher sind als die praktischen. Der unbewegte Beweger ist also der Schlußpunkt aller Schlußpunkte. Man kann sowohl den Naturpol als auch den Kulturpol haben und verwenden, um sich an ihn anzuschließen, um sozusagen einen Punkt zu machen.

Wir haben hier das Problem, ob wir die astronomische Kuppel oder die kulturelle Pyramide wählen sollen. Bei Aristoteles gibt es beides, und das Problem ist nicht gelöst. Als Freunde der Entwicklungsgeschichte, infolgedessen als Aristoteliker haben wir seit Herder eine Linie, daß die Natur ein Vorbei ist, daß danach die Geschichte erfolgt und der Natur kaum mehr gedacht wird. Es gibt noch einen Wechselverkehr mit der Natur, es gibt noch Rohstoffe, sie kommt noch in der Politökonomie vor in Gestalt von Bergwerken, sie kommt noch in Romanen vor in Gestalt von Tee, der getrunken wird, und unvermeidlich ist Natur in Liebesphänomenen vorhanden, in Gestalt von Leibern. Aber das alles ist gebeugt unter psychische und kulturelle Beziehung. So haben wir eine Entwicklungsgeschichte vom Nebelfleck bis Noske oder bis Scheidemann, alles läuft weiter, und die Natur wird als ein Vorbei betrachtet ganz ähnlich wie die Kreuzzüge oder der Siebenjährige Krieg. Die Sternbildung und die Erdbildung liegen auf einer Zeitlinie, alles ist ein sauberes Hintereinander; nur mit dem kleinen Unterschied, daß es die Kreuzzüge und Gott sei Dank den Noske nicht mehr gibt, während es die Erde noch gibt und die Kometen und den Sirius und die Sonne. Die gibt es sogar nicht nur, sondern sie umwölben uns, und wir sind vollständig von ihnen umgeben, sie sind unser Haus.

Da haben Sie also das große *Systematisationsproblem der Natur*. Bei Aristoteles ist es nicht gelöst, aber mit einer solchen Schärfe gestellt, daß er selbst nur zwei Lösungen anbietet, ohne daß eine Entscheidung da wäre, denn die Entscheidung des unbewegten Bewegers übernehmen wir ja nicht, und es ist auch keine Lösung darin. Wie also soll die Welt, die Weltgeschichte, im System dargestellt werden, wo soll man die Natur hintun, und zwar die anorganische Natur, auf die es ankommt? Das ist eine Frage, die offen bleibt, aber die Größe der Problemstellung, die Aristoteles auch hier hat, zeigt sich deutlich. Eine solche Frage bleibt offen und kann nur beantwortet werden in einer nicht unaristotelischen Weise nach dem Rang der Entelechie.

Die Frage ist nämlich: Was ist in der Natur an Entelechie enthalten? Ist sie wirklich bloß der Boden, sozusagen die Druckfeder für uns Pflanzen, oder ist etwas in ihr, wozu die Kultur vielleicht den Schlüssel bietet und liefert, aber der Schlüssel hat nicht die Substanz, die sich dem Schrank, der hier verschlossen ist, vergleichen ließe? Wie steht es mit der Überwölbung? Diese Frage liegt Materialisten, wie mir scheint, besonders nahe. Primat der Natur heißt nicht Primat der Natur als Topferde, und wir sind die Pflanzen; Natur ist nicht das bißchen Erde, das in dem Topf steckt, nein, sie ist die ganze Erde, der Himmel und der Sirius und die fernsten Nebelflecke. Vor Herder erschien die Natur mit gewaltiger Unendlichkeit bei Giordano Bruno und im Pantheismus Spinozas. Dieses Problem steht bei Aristoteles, und es konnte nur gefunden werden durch seine Lehre von der Entelechie.

Wir hören damit auf und wir hören auch nicht auf; wir werden Aristoteles noch sehr oft begegnen, denn es gibt außer der Stoa keine Philosophie, die eine solche Nachwirkung gehabt hätte. Die Kreuzfahrer und die Muslim, die sich gegenseitig die Köpfe einschlugen, waren sofort vereint, wenn das Gespräch auf den größten griechischen Weisen kam. Es bestand im Mittelalter eine völlige Einheit der Verehrung für Aristoteles bei Juden, Muslim und Christen. Aristoteles war der unbezweifelte kanonische Meister in Cordova, in Bagdad, in Rom, in Köln, in Oxford, in Paris, an allen Universitäten der Christenheit, genau wie an jeder Medresse des Orients. Die Verbindung ist ungeheuerlich gewesen, die Einheit, die er dem Mittelalter gebracht hat, war eine fast solidere Einheit als die der universalen Kirche. Dante nennt ihn Meister aller Wissenden. Der Heide Aristoteles, bei Dante noch in der Vorhölle, wurde, nachdem mit einiger Mühe allerdings seine Rezeption durch die Kirche in diesem ungeheuren Ausmaß möglich geworden war, als praecursor Christi, als Vorläufer Christi gefeiert.
Ein solches Maß der Verehrung für einen Philosophen hat es noch nicht gegeben. Was später im 18. Jahrhundert vornehme Sprechweise hieß, das galt als philosophisch elegant nur, wenn es sich dem Aristoteles annäherte. In mittelalterlichen Disputationen an den Universitäten war es das höchste Lob, das einem Studenten, einem Disputanten, einem jungen Doktor erteilt werden konnte, wenn man von ihm sagte: aristotelicissime dixit, er hat etwas aufs allerarisstotelischste gesagt. Ein entzückendes Wort: aristotelicissime dixit. Also auch was die Eleganz der Beweisführung, die Schärfe des Syllogismus anging, war Aristoteles unerreichbarer Meister, und die Grundbegriffe seiner Philosophie regierten auch bei denen, die ihn bekämpften. Er bildete die Ideologie der feudal-klerikalen Gesellschaft durch seine Stufenlehre und den Monotheismus des unbewegten Bewegers, der allerdings kein Weltschöpfer ist. Aber es gab auch eine Aristotelische Linke, die das andere an Aristoteles, nämlich die fruchtbare Materie und die immer wachsende Hereinziehung der Entelechie in die Materie pointiert hat. Auf diese Weise wurde dem Naturalismus der natura naturans, dem naturalistischen Pantheismus und schließlich dem Materialismus auf eine viel tiefere Weise als bei Demokrit Platz gemacht. Aristoteles ist so reich, daß

er beide Möglichkeiten in sich trägt und daß beide sich entwickelt haben. Auch eine Parallele zu Hegel, bei dem ja der Ausdruck Rechte und Linke zuerst in Schwang gekommen ist.
Ich sagte schon, daß Aristoteles nicht sofort wirkte; seine Schriften waren verlorengegangen, in den ersten Jahrhunderten war er vergessen, er spielte keine Rolle in der Ausbildung der Philosophien, denen wir uns nun zuwenden werden, der Skeptiker, der Epikureer und der Stoa. Auf die Stoa wirkte er mehr, aber auch erst später. Aristoteles ist erst rezipiert worden durch die Arbeit seiner Kommentatoren in den ersten vorchristlichen und in den ersten nachchristlichen Jahrhunderten. Erst da ging der Same auf, zwei- bis dreihundert Jahre mußte der, den die Christenheit als den größten Denker der Welt betrachtet hat, warten, bis man sich für sie interessierte. Dann allerdings hat die Geschichte vieles nachgeholt, und auch wir werden, wenn wir die späteren Philosophen und ihre Probleme betrachten, immer wieder Aristotelisches nachzuholen haben. Denn an ihm ist das Kulturerbe immer noch nicht zu Ende, und zwar zu unseren Gunsten, nicht, um historisch zu sein.

Die Hauptgedanken

[. . .] Drei Hauptpunkte machen das Wesentliche und relativ Unvergängliche dieser Philosophie aus: einmal das Wahrheitskriterium, zum anderen Mal die qualitativ gestufte Entwicklungslehre und zum dritten die Definition der Materie in Beziehung zur Entelechie. Es gibt noch vieles andere Wichtige, aber diese drei Punkte hebe ich hervor.
Das *erste* liegt den Marxisten unter Ihnen besonders nahe. Es ist die Lehre, daß sich ein Urteil von einem bloßen Satz dadurch unterscheidet, daß es ein bejahter oder ein verneinter Satz ist. Nicht die Formel »S ist P« sondern ob S in Wahrheit P oder in Wahrheit nicht P ist, das macht das Urteil aus. Entweder bejaht das Urteil, S ist P, oder es verneint, S ist nicht P. Diese Bejahung oder Verneinung geschieht nach Aristoteles, wenn das Verknüpfende zwischen Subjekt und Prädikat oder das Trennende zwischen Subjekt und Prädikat auch in der Wirklichkeit das Verknüpfende oder das Trennende ist. Es geht noch weiter, wie Sie sich erinnern, indem Aristoteles sagt, daß der Grund für die Notwendigkeit eines

Schlusses – also diesmal nicht eines Urteils – der Mittelbegriff ist. In dem Schluß »Alle Menschen sind sterblich, Gajus ist ein Mensch, folglich ist Gajus sterblich« ist »Mensch« der Mittelbegriff, der auch die reale Ursache abbilden muß. Weil er ein Mensch ist, darum ist Gajus mit Notwendigkeit sterblich. Sie haben hier also eine Lehre, wonach die Kriterien der rechten Erkenntnis nicht in der Erkenntnis selbst gesucht werden dürfen, sondern in der Wirklichkeit, die die Erkenntnis nur abbildet, dergestalt, daß eine Wahrheit nur dann eine Wahrheit ist, wenn sie wirkliche Verhältnisse abbildet.

Das wurde in der mittelalterlichen Philosophie, die in diesem Punkt und in vielen anderen gänzlich Aristotelisch ist, definiert als veritas est adaequatio intellectus ad rem: Die Wahrheit ist *Adäquation*, Anähnlichung des Verstandes an die Sache. Die materialistische Abbildtheorie steht hier an einem ungewohnten Ort, nämlich in der hochmittelalterlichen Scholastik. Freilich ist nicht Abbildung von materiellen Verhältnissen gemeint, sondern Abbildung von Formen, von species. Hier sind durch den Inhalt ungeheure Unterschiede gegeben, aber eine merkwürdig gemeinsame Stellung liegt vor gegenüber dem erkenntnistheoretisch subjektiven Idealismus mit dem Subjekt als dem Prius, als dem Ersten. Gleich nach dieser ersten Verwandtschaft trennen sich allerdings die Wege wieder so radikal, daß der erkenntnistheoretisch objektive Idealismus dem Materialismus näher steht als der Thomismus. Das werden wir noch sehen. Die Hauptsache ist, daß bei Aristoteles ein Ausgangspunkt liegt – ein noch neutraler Ausgangspunkt ohne katholisches Mittelalter –, dem die Abbildtheorie in einer unausgearbeiteten, aber unmißverständlichen Form vorliegt. Und unausgearbeitet ist ja die erkenntnistheoretische Abbildtheorie bis auf den heutigen Tag.

Der *zweite* Punkt ist die *qualitative Stufungslehre*, etwas, was dem mechanischen Materialismus grundsätzlich widerstreitet. Es geht gegen Demokrit, so weit Demokrit mechanischer Materialist ist. Das ist er gar nicht so ganz, wie wir gesehen haben. Es gibt ja verschiedene Arten von Atomen bei ihm. [...] Der mechanische Materialismus kennt eben nur noch gleichartige Atome. In der Aristotelischen Stufungslehre nun gibt es eine Bewegung als Ortsveränderung, eine Bewegung als Eigenschaftsveränderung, als chemische Veränderung, Verwandlung, und eine Bewegung als organische Veränderung, als Wachstum und Vergehen. Das sind Qualitäten, von denen immer die höhere Stufe die niedere voraussetzt, aber nicht auf sie zurückführbar ist. Das Ganze ist ein Stufensystem, und zwar ein entwicklungsgeschichtliches Stufensystem. Dieses Element steht dem dialektisch-historischen Materialismus wiederum nahe, näher, als der mechanische Materialismus dem dialektisch-historischen steht.

Die Verbindung zwischen mechanischem und dialektisch-historischem Materialismus ist die *Erklärung der Welt aus sich selbst.* Insofern sind sie beide gegen Aristoteles gerichtet, der den unbewegten Beweger als die Anziehung betrachtet, zu der sich alles hinbewegt. Aber innerhalb der Welt selbst ist die qualitative Stufungslehre von Aristoteles sehr interessant. Leider ist sie eine Beute der Reaktion geworden, zum Teil durch die Schuld des Materialismus, indem sich dieser dem Publikum eben immer nur als mechanischer dargestellt hat und nicht als dialektisch-historischer. Millionen gebildeter Menschen im Bürgertum haben noch heute keine Ahnung, daß es zwischen mechanischem und dialektisch-historischem Materialismus einen solchen Unterschied gibt. Zum Teil ist das auch die Schuld der dialektisch-historischen Materialisten, die das nicht deutlich genug betonen, weil sie selbst noch viel mechanistische Eierschalen haben. Hier ist aber bei aller Verwandtschaft der Materialisten untereinander, die grundsätzlich ist und von Aristoteles abhebt wie von allem anderen auch, ein Punkt, wo der dialektisch-historische Materialismus dem Aristoteles näher steht als dem mechanischen, selbst als Demokrit. Das ist noch nicht ausgearbeitet.

Der *dritte* Punkt ist die Definition der Materie als das δυνάμει ὄν, das *in Möglichkeit Seiende*, und als Schoß der Geburten, als die *Potentialität*, die gegenüber der Potenz, der Aktivität, der Aktualität, der Form, der Entelechie, vorrückte und die Entelechie in sich einschlang, so daß die materia auch das Sich-selbst-Befruchtende wurde. Das ist eine Erweiterung des Begriffs der Materie um eine der wichtigsten Kategorien wiederum des dialektisch-historischen Materialismus, nämlich um die Kategorie der Möglichkeit. Für die geschlossenen Systeme der Welt, und zwar ganz gleich, ob sie mechanische oder idealistische sind, ist die Welt abgeschlossen, fertig; alles Mögliche ist längst wirklich geworden, und die Möglichkeit ist entweder ein Schein oder unwesentlich, erschöpft sich in gleichgültigen Dingen. Daß ein Zentrales noch aussteht, daß die Hauptsache noch aussteht, daß etwas real möglich ist und uns braucht, damit es wirklich wird, daß auch Furchtbares real möglich ist, dessen Bedingungen verhindert werden müssen, damit es nicht eintritt, daß Heilvolles real möglich ist, dessen Bedingungen gefördert werden müssen, damit es eintritt – das wird nicht gesehen. Es gibt außerordentlich wichtige Dinge, die real möglich sind, und es ist in der bisherigen Wissenschaft und Philosophie überhaupt noch nicht behandelt worden, was das ist. Hier bei Aristoteles ist eine enge Verbindung dazu, noch ganz in den Anfängen, angedeutet mit Materie und dem Materiellen. Die ideelle Andeutung kommt später, bei Leibniz mit den possibilitates aeternae in Deo, den »ewigen Möglichkeiten in Gott«. Auch darin ist sehr viel Tiefes gedacht, aber die Verbindung ist nicht so eng wie bei Aristoteles, sondern völlig anders. Der Begriff der realen Möglichkeit in Beziehung zur Materie ist fast völlig unausgearbeitet. Diese drei Dinge zeigen, daß Aristoteles nicht ein Mann von gestern ist und nicht einmal nur ein Mann von heute, sondern auch ein Mann von morgen, und wir können in der Geschichte der Philosophie in vielen Beziehungen sagen: Vorwärts zu Aristoteles! [...]

Damit wäre ich nun in der Darstellung der griechischen Philosophie am Ende, denn wir lassen die griechische Philosophie nur laufen bis zur Zeit Alexanders. Was nachher kommt, fußt zwar auf der griechischen Philosophie, bewegt sich auch zum großen Teil in ihren Problemen, ist aber doch auf einer anderen Grundlage erwachsen. Die Grundlage hat sich nicht so sehr gesellschaftlich geändert – die Sklavenhalterordnung war ja geblieben – als vielmehr politisch. Einwirkungen religiöser Art sind da, vor allem in der späteren Epoche, die in der griechischen Philosophie nicht so zu merken waren. Unterirdisch waren sie da, im Volksglauben, sie sind aber nicht an die Oberfläche getreten, auch nicht bei Platon, obwohl der ihnen am meisten nachgegeben hat. Infolgedessen fügen wir an die griechische Philosophie, innerhalb der Antike bleibend, wie sich von selbst versteht, die hellenistische Philosophie an.

Wie es nach dem Peloponnesischen Krieg aussah, haben wir gesehen. Wie sah es aber nach dem Tod Alexanders aus und nach dem Tod des Aristoteles (322 n. Chr.)? In Griechenland war nichts Geringeres passiert als der Untergang der Polis. Das hatte im Gefolge die Bildung gänzlich anderer Zentren als Athen sie darstellte. Athen erscheint überflügelt von Alexandria in Bezug auf Gelehrsamkeit, in Bezug auf Luxus von Antiochia, der Hauptstadt Syriens. Die Diadochenreiche entstanden, und die große und folgenreiche Verschmelzung der persisch-orientalischen mit der griechischen Kultur unter Führung der griechischen Kultur ging vor sich. Das bedeutete für Griechenland selbst Verarmung, Rückgang der Bevölkerung. Das Land der ehemals so stolzen und aufeinander so eifersüchtigen Stadtstaaten besaß keinerlei politische Selbständigkeit mehr, Sparta, Athen und Theben waren völlig gleichgültig geworden. Sie glichen Karpfen, die in einem Eimer schwimmen, und die Köchin steht schon und wetzt das Messer. Griechenland machte keine Weltgeschichte mehr, es war ein Streitgegenstand für Fremde geworden, und es gab keine Polis mehr. Griechenland wurde klein, und es verstand sich auch als klein.

Das war eine ungeheure Wendung. Zu Hause gab es kein größeres politisches Ziel mehr, das gab es in den Diadochenstaaten, in der verachteten Gegend der Barbaren, wohin nun die griechische Kultur getragen wurde. Dort blühte das in anderen Formen weiter, was in Athen begonnen worden war. Die athenische Seehandelsstadt wurde weit überflügelt oder verschwand überhaupt vor der riesigen Reede von Alexandria. Die Griechen hatten nur einen beschränkten Handel nach Ionien, etwas nach Italien, nach Ätolien vielleicht gehabt. Nun ging Indien an, die Goldschätze Afrikas, der Bernstein der Ostsee, alles dies kam ins Bewußtsein und brachte eine ungeheure Erweiterung des Horizonts, gleichzeitig eine Verkleinerung des altgriechischen Hauptplatzes. Das war ein Zusammenstoß zweier kaum vorstellbar verschiedener Reaktionen. Auf der einen Seite geht man ins Enge, ins Kleine; man zieht sich zurück; das Individuum wird tunlichst privat, weil die Polis verschwunden ist, weil die Freundschaft, die Ethik nicht mehr aufgefangen wird von der Politik. Auf der einen Seite geht die ungeheure, in Griechenland bisher unerhörte Weite durch Alexanders Eroberungen auf.

Rückzug ins Private

Das hat nun zwei Reflexe in der hellenistischen Philosophie, vor allen Dingen in der Philosophie der ersten, der ethischen Periode, also bei den Skeptikern, bei Epikur und in der Stoa. Die Kleinheit Griechenlands wird reflektiert durch den Rückzug in das Private. Die griechischen Städte wurden kleine Krähwinkels mit einer großen Tradition. Stellen Sie sich vor, das Paris des 17., 18. Jahrhunderts wäre plötzlich das kleine Weimar geworden! So plötzlich ging es zwar nicht, aber es war schon so, daß Athen, daß ganz Griechenland machtlos wurde und es wußte, plötzlich wußte, daß es klein war. Riesige Räume gingen in Kleinasien auf, bis an den Indus, bis nach Indien hin. Ägypten wurde von Alexander erobert, – und Hellas war nur eine kleine Halbinsel, davon wieder eine winzige Halbinsel war Attika, und darauf lag Athen. Die Polis, die ja schon nach dem Peloponnesischen Krieg zerrüttet war, versank nun fast völlig, und die Menschen zogen sich in sich zurück. Das war nicht neu. Das hatte schon bei den Sophisten, auch bei Sokrates begonnen, daß der Mensch interessant wurde. Da hatte die anthropologische Periode begonnen; sie ging nun weiter, aber noch viel geschärfter. Sokrates rief ja noch in die Polis hinein, in einer sentimentalischen Weise. Er war ein guter Bürger, ein guter

Soldat, er liebte die Gesetze und war stolz darauf, ein Athener zu sein. Das alles versank.
Das Individuum und der kleine Freundeskreis von Individuen trat nun in die Mitte. Sie sehen den ungeheuren Gegensatz auch zu Aristoteles kurz vorher, wo die Freundschaft, die schon sehr betont ist, doch nur ein Vorraum zur Polis ist, zur Gesellschaft, und die Ethik unterhalb der Politik steht. Jetzt steht die Ethik nicht nur oberhalb der Politik, sondern sie ist die Mitte von allem geworden. Wie kann ich richtig leben? Wie kann ich mich von den Schlägen der Außenwelt des gesellschaftlichen und sonstigen Schicksals unbeschädigt erhalten? Wie kann ich glücklich sein, das heißt unbeschwert und ungestört? Das Ziel ist: to be a good private, wie das auch in Amerika vorkommt, bei immer düstereren äußeren Verhältnissen: My family and myself! I enjoy myself! Ich erfreue mich an mir selbst, mit mir selbst, mit meiner Familie und mit meinen paar Freunden. ἰδιώτης, wie das altgriechische Wort heißt, wird nun, für sich mindestens, die Mitte von allem. Das Wort ἰδιώτης heißt »Privatmann« und hatte weiter keine Bedeutung; ἴδιος heißt »eigen«, idiom ist »eigene Sprache«. Bei uns wurde Idiot daraus. Im hellenistischen Griechenland war das nicht der Fall, sondern ἰδιώτης war einer, der das rechte Leben führt. »Bene vixit qui bene latuit« war der Grundsatz in allen Schulen, der hat gut gelebt, der sich gut versteckt hat, der gut verborgen war. Den gleichen Sinn hat der Rat Epikurs, des Materialisten Epikur: λάθε βιώσας (»lebe im Verborgenen«).
Mit dieser Reaktion auf das Sinken der Polis hängt eine Veränderung im Begriff des Weisen zusammen. Der Weise war bei den Sieben Weisen, war bei Sokrates ein tüchtiger Mann, der sein Fach versteht, der umgänglich ist, der sich in der Welt auskennt. Was er sagt, hat Hand und Fuß; er ist praktisch und öffentlich, ein Schuhmacher des rechten Lebens sozusagen, mit einem Laden, der offen ist. Der Weise, der nun erscheint, ist zurückgezogen, unerschütterlich, er überwindet die Welt in sich, er sieht aus wie eine Säule und hat auch die rauhe Haut einer Säule, er ist völlig isoliert. Diese Züge sind uns kurz nach Sokrates bei den Kynikern und bei den Hedonikern schon begegnet. Sie wiederholen sich hier, werden nun groß, bekommen Luft, bekommen einen gesellschaftlichen Auftrag, der damals noch nicht dagewesen war. Es tritt also im Begriff des Weisen vor allen Dingen diese Veränderung auf, die bei

Sokrates nicht da war, aber bei den Kynikern anfing. Trotzdem ist auch etwas Sokratisches darin. Bei Sokrates war ja die Polis schon im Absinken gewesen, nämlich ein Zurückziehen auf rein private Interessen, eine Abkehr von der Natur war eingetreten. »Felder und Bäume wollen mich nichts lehren«, sagt Sokrates im »Phaidros«, »wohl aber die Menschen in der Stadt.« [Platon, Phaidros, 230d] Diese Abkehr von der Natur tritt zugleich ein mit dem Postivum der besonderen *Betonung der Praxis.* Die Theorie muß der Praxis dienen. Hier hat nun das Wort seinen Ort, die Logik sei der Zaun, die Physik der Baum und die Ethik die Frucht. Und auf die Frucht kommt es an: Was haben wir davon? Allerdings auch: Was habe ich davon, ὁ ἰδιώτης der Privatmann, der im Verborgenen lebt?

Kosmopolitischer Zusammenhang

Der zweite Reflex nun ist das Gegenteil davon, ist Weite plus Pathos des Zusammenhangs, das auch da ist, vor allem in einem so ausgeführten System wie dem der Stoa, das Alexandria und Antiochia entspricht, der großen Welt. Diese beiden Entgegensetzungen führen auch zu wirklichen Aporien und Antagonismen in der Philosophie der Stoa selbst, indem es auf der einen Seite die Idolatrie des Weisen gibt, der unerschütterlich ist und die schlechte Welt von sich fern hält, und auf der anderen Seite einen rasenden pantheistischen Optimismus, dem die Welt vollkommen ist und das Haus des Zeus, für den es einen Weltzusammenhang mit der Ananke gibt, an der nichts als Segen ist. Dieser Widerspruch reflektiert die gesellschaftliche Lage so deutlich und greifbar, wie es selten sonst in Gedanken vorkommt. [...]
Gesellschaftlich sehen wir die ungeheuerste Ausbreitung des Horizonts, die Bildung von Königreichen mit mächtigen neuen Hauptstädten glänzender Art, die Athen an Glanz weit überleuchten. Antiochia in Syrien war, was die Eleganz des Lebens anlangt, das antike Paris. Eine Stadt mit einer Straße von zwanzig Kilometern, die mit lauter Laubengängen versehen war, überall Springbrunnen in der Mitte, nachts hell erleuchtet, Zentrum der Parfümindustrie, der Luxusindustrie und der erotischen Industrie. In Ägypten blühte Alexandria, die gelehrte Stadt, eine Gründung Alexanders,

nach dem sie benannt ist. Der Alexandrismus hatte hier seine Heimat. Von Griechenland blühte nichts mehr im Freien, aber im Wintergarten Alexandrias blühte es auf ungeheuer gelehrte Weise. Geburtsort der Philosophie, der exakten Geschichtsschreibung, der Methodik, Heimat des Gelehrtenfleißes, der Monumentalwerke des Gelehrtenfleißes – das alles war Alexandria. Die mächtige Bibliothek ging 600 nach Christus in Flammen auf, die Araber ließen sie anstecken. Dagegen war Athen ein edles, kleines, mit der Tradition großer Schulen, vor allem mit der der Platonischen Akademie, erfülltes Landstädtchen geworden. An den Höfen der Monarchen, in den Staaten der Diadochen, entsteht eine neue große Kunst, der griechische Barock, eine neue, sehr bewegte Plastik. Der Pergamonaltar, der in Berlin steht, der Farnesische Stier, der Herkules mit der Keule, Laokoon – das alles sind dramatisch bewegte Darstellungen, die mit der Gelassenheit der athenischen Plastiken des Phidias und des Myron fast nichts mehr gemein haben, ungeheuer dramatisch und affekthaft sind sie, verwandt der Barockplastik im 17. Jahrhundert.

Eine neue, große, auf Glanz, auf Prunk, auf Weite gestellte Welt ersteht, die der Enge des Privatlebens widerspricht. Und auch davon haben Sie einen Reflex. Obwohl die Ethik, und zwar die private Ethik, die Freundschafts- und Nachbarschaftsethik, im Zentrum des Interesses steht und die ganze Wissenschaft sich auf die Beantwortung der Frage konzentriert: Wie kann ich richtig, das heißt: bequem, lustvoll, ungestört, glücklich, anständig leben? – Und obwohl die ganze Wissenschaft nichts anderes als eine Art Instrumentarium für den richtigen Lebenskurs ist oder sein soll, haben Sie ein Denken von ganz großen Zusammenhängen, mindestens in der Stoa. Das systema – σύστημα heißt Zusammenhang –, das *System*, die schulmäßige Philosophie strenger Art beginnt. Drei Paläste der Weisheit werden aufgeführt: Logik, Physik, Ethik. Es ist durchaus nicht so, daß etwa in der Logik nichts geleistet worden wäre. Die Stoiker haben sehr viel getan, sie haben sogar den Grund gelegt zu unserer heutigen Kategorienlehre. Durchaus nicht wahr ist auch, daß in der Physik nichts getan worden wäre. Die Stoiker haben sehr viel getan. Die gesamte Naturwissenschaft bis ins 16. Jahrhundert ist von den Stoikern bestimmt, auch die Medizin ist durch sie wesentlich bestimmt. Obwohl die Wissenschaft der Welt das Instrumentarium

des Privatlebens wurde, ist es also nicht so, daß nun deshalb die Wisenschaft zu kurz gekommen wäre.
Sie haben also vor allem in der Stoa, der breitesten, regierenden Philosophie der ethischen Periode im Hellenismus, zwei ganz unvereinbare Strömungen. Auf der einen Seite Preis und *Kultur des Weisen*, das heißt des ἰδιώτης, des unerschütterlichen Mannes, der sich von Schicksalsschlägen befreit hat, indem er die Welt in sich überwunden hat, der wie eine Säule steht, auch mit der rauhen Haut einer Säule – also in Ansehung der Welt eine pessimistische Haltung. Auf der anderen Seite größtes Vertrauen zur Welt, zum Weltzusammenhang, zum Haus des Zeus, so daß die Richtschnur des rechten Verhaltens für den weisen Menschen die ist, daß er in *Übereinstimmung mit der Natur* lebt, in Übereinstimmung mit dem guten Weltlauf, mit Bejahung des Schicksals, mit amor fati, mit Liebe zum Schicksal, das dasselbe ist wie Zeus. Das ist ein unerträglicher Widerspruch: dann braucht man doch keinen Weisen. Entweder hat man ein gutes Schicksal oder man muß ein Weiser sein, der sich halten muß. Dann kann wieder das Schicksal nicht so gut sein. Dieser Widerspruch scheint ein ideologischer Reflex dieser beiden merkwürdig verschiedenen, bis in die letzte Zeit unterhaltenen Antriebe zu sein. Einmal: sich zu retten, sich zu schützen, vor allem im späten Rom, im Rom der Nero und Domitian, der Schreckenskaiser; und auf der anderen Seite: hingerissen zu sein von dem Imperium, zuerst von dem Alexanders und dann von Rom, wo das Imperium eine Fortsetzung findet. In ungeheurer Weite, in freier Luft kommt eine Mischung aller Religionen und Meinungen und Gedanken zustande, ein Wissensstoff, ein σύστημα kommt zusammen im riesigen römischen Reich, das ja selbst ein ungeheurer Zusammenhang ist.
Dies ist ein Blick auf die gesellschaftlich-politische und dementsprechend ideologische Zweiheit im hellenistischen Denken, vor allem ausgeprägt in dem breitest ausgeführten Denken der Stoa. Wenn wir nun des näheren darauf eingehen, so sehen wir drei Richtungen, die sich vielfältig verschlingen und trotzdem deutlich getrennt sind: erstens die skeptische, die Skepsis, zweitens die epikureische, die Lehre Epikurs, die keineswegs schulbildend war, und drittens die am meisten schulbildende Richtung, die Lehre der Stoiker, die Stoa.

Ich beginne mit der Skepsis. Zweifeln, Zweifeln bis zum angenehmen Verzweifeln, das Gefühl, Ferien zu haben, weil man doch nichts wissen kann – das ist nicht neu. Das wurde in frivoler Form, wie Sie sich erinnern, zuerst von den Sophisten vorgemacht. Danach gibt es kein Maß der Erkenntnis, kein Maß des rechten Handelns; wie man es macht, ist es falsch, oder wie man es macht, ist es richtig. Es gibt keine gemeinsamen Überzeugungen; sehe jeder, wie er es treibe. Das war die damals kokett übersteigerte Zerfallsphilosophie, kokett übersteigert darum, weil Athen noch gar nicht so zerfallen war. Es gab nur eine Lust am Konsequenzmachen.

Dieser Zug wird nun ernster und hört auch auf, frivol zu sein. Die Skepsis tritt hervor und vieles andere, was durch die Erscheinung von Sokrates und Platon und Aristoteles für uns zugedeckt war. Sokrates, Platon und Aristoteles waren umgekehrt für die Zeitgenossen und deren Kinder und Kindeskinder durchaus zugedeckt. Man hat nicht gewußt, wer Sokrates war; sehr viele wußten wahrscheinlich nicht, daß es einen Sokrates und einen Platon und einen Aristoteles gegeben hat. Die alte Bewegung ging doch weiter; nur wir machen aus der Geschichte eine merkwürdige Pointierung, als ob die Welt stillgestanden hätte mit Sokrates, Platon und Aristoteles und als ob dann mit einem Mal das andere wieder aufgetaucht wäre. Das tauchte gar nicht auf, sondern war immer dagewesen. Die späteren Historiker pointieren da nur etwas, die Zeitgenossen waren nicht so helle.

Die Skepsis steht also in enger Verbindung mit der Sophistik, so wie die Sophistik auch schon Verbindungen hatte zu der Müdigkeit alter oder schwächlicher Leute, die auch schon immer gezweifelt haben und es nicht so ernst nehmen und sagen: »Als ich so alt war wie du, habe ich auch daran geglaubt.« Das geht durch die ganze menschliche Geschichte. Der vierzigjährige Spießer, der zu dem zwanzigjährigen Sohn sagt: »Du wirst dir auch noch die Hörner ablaufen und sehen, daß die Suppe nicht so heiß gegessen wird und daß alles mit Wasser gekocht wird«, ist uralt. Aber hier bricht das aus und bekommt einen Auftrag, der allerdings stark ist, nämlich den: zu lehren, sich zurückzuziehen vor der unwirtlich werdenden Außenwelt.

Die Skepsis wurde begründet durch Pyrrhon aus Elis (ca. 360-270 v. Chr.). Er hat den Zug Alexanders mitgemacht. Bei Pyrrhon tritt also etwas ein, was merkwürdigerweise in Griechenland selten ist: die Berührung mit Indien. Die Griechen haben sonst nichts angenommen und nichts gewußt von dem riesigen geistigen Leben Indiens. Buddha, ein Zeitgenosse von Heraklit, die Fakire und alles, was an wirrer, riesenhafter Mythologie im Volksglauben auftauchte, machte keinen Eindruck. Die Fakire hießen in Griechenland einfach Gymnosophisten, »Nackt-Weise« [...] Was da eigentlich vor sich ging, in dieser Art von Versenkung, Weltverneinung, in diesem Verschweben, Verdämmern, Suchen nach Heil, dem Erlöschen des Durstes und der Erfüllung der Wünsche, indem die Wünsche vergessen werden, das haben die Griechen merkwürdigerweise nicht wahrgenommen. Pyrrhon scheint einer der wenigen gewesen zu sein, die es gesehen haben. Es ist nicht unwahrscheinlich, daß bei ihm in einer griechischen Form das buddhistische Nirwana auftaucht, das Erlöschen, das Sich-Herausziehen, nicht nur im Sinne des Sich-Zurückhaltens, sondern des Heraustretens aus der Sache.

Pyrrhon hat keine Schriften hinterlassen; über eine Lehre orientiert sein Schüler Timon. Und die Lehre ist diese: Um glücklich zu leben, darf man sich nicht festlegen, sich nicht an Frauen, an Freunde und erst recht nicht an Verhältnisse binden, über die man keine Macht hat. Das gesamte Verhalten zur Welt, Glauben oder Unglauben an die Welt muß so eingerichtet sein. Hier nimmt Pyrrhon nun die sophistischen Lehren vom Trug der Wahrnehmung auf, auch die des Zenon, aber nicht, um etwas zu beweisen. Zenon wollte noch dogmatisch beweisen, daß es keine Bewegung gibt. Pyrrhon ist das alles völlig gleichgültig. Wichtig ist ihm nur: Wir haben niemals die Sache selbst, sondern nur eine Meinung von der Sache, ja eigentlich viel weniger, wir haben Gefühlszustände, die Welt versetzt uns in Gefühlszustände. Aus diesen Gefühlszuständen heraus haben wir Meinungen, die so schwankend sind wie unsere Gefühlszustände selbst. Man nimmt nicht die Dinge wahr, sondern nur die Gefühle, in die sie uns versetzen. So ist also eins ratsam: Zurückhaltung des Urteils; Pyrrhon nennt das ἐποχή. Wir haben es in dem Wort »Epoche«, das »Anhaltung« heißt – wenn

eine Sache, ein Geschichtsablauf anhält, dann schließt eine Epoche. Aus der ἐποχή ergibt sich von selbst das moralisch glückliche Ziel: nicht zu stark bewegt werden, unerschütterlich bleiben, sich durch nichts in Ekstase versetzen lassen. Ein Zustand muß eintreten, in dem uns klar wird, daß nicht nur all unser Wahrnehmen und Erkennen Schein ist, sondern daß auch das, was wir wahrnehmen, Schein ist. Die Sache ist auch in sich selbst nicht so, daß es darin ein Wahres gäbe.
In diesen Elementen steckt nun deutlich das Indische, Samsara, die Welt des Scheins, entgegengesetzt der Welt des Nirwana. Samsara, das ist der Schleier der Truggöttin Maja, der uns das Wesen verhüllt, und was wir sehen, sind nicht Erscheinungen, sondern ist Schein, so daß es sich durchaus nicht lohnt, selbst wenn unsere Erkenntnis träfe, in dieser Welt des Scheins sich zu engagieren. Es entsteht Gleichgültigkeit, es entsteht ein Erlöschen des Durstes, ein Nachlassen der Wünsche, auch das Schreckliche verliert seine schwarze Farbe. In einer Welt, wo alles Schein ist, steht auch der Tod da als Schein, als ein leeres Schauspiel, wie alles andere auch. Ein völliges Verwehen von Glück und von Leid, von allem Festen, auf das man gründen kann, tritt ein, aber auch der Keilhieb, der uns unsere Zusammenhänge entzweischneidet, der Tod, verschwindet. Es lohnt sich nicht, über die Stränge zu schlagen, man bleibt bei der Gewohnheit. Einem Schüler von Pyrrhon geschah folgendes: Ein Wagen kam in voller Fahrt auf ihn zu, und er sprang zur Seite. Er wurde gefragt, warum er sein Urteil nicht zurückgehalten habe, da er doch nicht habe wissen können, daß der Wagen ihn überfahren würde, er habe also nicht als echter, guter Skeptiker gehandelt. Er antwortete: Genau als guter Skeptiker habe ich gehandelt, denn ich weiß zwar nicht, daß er mich überfährt, aber ich weiß auch nicht, daß er mich nicht überfährt, deshalb wähle ich ἐποχή – was dann im moralischen Sinne »Vorsicht« heißt. Es ist also leicht, wie Sie an dieser höhnischen Anekdote sehen, bei der Gewohnheit zu bleiben, um so mehr, als ja alle Spießer nicht entschieden zu sein wünschen. So entstand ein sehr vornehmes Spießertum, das die Skeptiker in ihrer Breite wohl ausgezeichnet hat.

Wir gehen nun weiter zu der wissenschaftlich werdenden Skepsis. Sie wird jetzt interessanter, wissenschaftlich interessanter, auch weniger müde, weniger sparrenhaft und privat. Vorsicht wird nicht mehr gebraucht in dem Sinn des Leimsieders, der sich nicht engagiert, sondern in dem *methodischen Sinn der Prüfung*, des Mißtrauens gegen allzu schnell gelingendes Erkennen. Das ist ausgeführt worden von einem besonders scharfsinnigen Mann namens Karneades, der bedeutend später lebte, etwa 214 bis 129 v. Chr., und dann von Änesidemus oder griechisch Ainesidemos, der wahrscheinlich im ersten vorchristlichen Jahrhundert lebte und dessen Lebensumstände dunkel sind.

Karneades fing damit an, ernsthaft Kriterien der Gewißheit zu suchen. Das sind nun die Anfänge einer wichtigen Wissenschaft, die nur auf dem Boden der Skepsis entstehen konnte, nämlich die Anfänge der Wahrscheinlichkeitslehre, der Berechnung der Chancen. Die vielleicht undialektische Härte des Ja oder Nein, des Gewissen oder Ungewissen, die wir bisher fast überall hatten, wo hellstes Licht des Ja und tiefste Nacht des Nein da ist, milderte sich nun, Zwischentöne klangen auf. Man kann sagen, daß die Schwarzweißmalerei in der Erkenntnistheorie aufhörte. Es gibt also diese merkwürdige Zwischenschicht der Wahrscheinlichkeit, die mit moralischer Feigheit oder moralischer Vorsicht gar nichts zu tun hat. Es ist noch nicht die mathematisch entwickelte Wahrscheinlichkeit; die kommt erst im 17., im 18., eigentlich erst im 19. Jahrhundert auf. Es ist die logisch entwickelte Wahrscheinlichkeit mit Angaben verschiedener Grade. Die Skepsis nuanciert sich, sie ist auch nicht mehr so stur wie bei Pyrrhon, der einfach nur sagt: Ich weiß es nicht, da ist kein Unterschied da. Hier gibt es nun die Nuancierungen selbst mit Graden der Wahrscheinlichkeit.

Der niederste Grad der Wahrscheinlichkeit ist vorhanden bei einer einzelnen Vorstellung, die für sich allein angenommen oder nicht angenommen werden muß. Da ist die Pyrrhonische Skepsis völlig in Ordnung. Man kann von einem einzelnen Datum nicht einmal sagen, daß es wahrscheinlich wäre. Es steht eben auf der Kippe, und ich kann überhaupt nichts sagen, wenn ich nichts weiß als ein einziges Datum. Ein höherer Grad wird erreicht bei einer solchen Vorstellung, die sich in den Zusammenhang von Vorstellungen, in den sie gehört, widerspruchslos einfügt. Wir haben dann eine Mehrheit von Vorstellungen, und wenn diese Mehrheit sich widerspruchslos verträgt, dann ist ein gewisser Grad von Wahrscheinlichkeit gegeben, daß der Inhalt der Vorstellung, die ich zu beurteilen habe, wirklich ist. Der dritte Grad, überhaupt der höchste Grad, ist erreicht, wenn alle Vorstellungselemente, nicht nur die einzelnen, die ich gerade beachte, sondern alle Vorstellungselemente eines Zusammenhangs übereinstimmen und auf den Zusammenhang hin geprüft werden können. Wir haben also hier die sehr merkwürdige Fassung, daß *der Zusammenhang eine Garantie* gibt. Nicht nur das Widerspruchslose, sondern das Zusammenhängende steigert die Wahrscheinlichkeit. Die Wahrscheinlichkeit der Einzelursachen steigt in und mit dem Zusammenhang. Dieser bekommt methodische Bedeutung.

Sie sehen also, methodische Prüfung und ein wichtiges wissenschaftliches Verhalten ist an dieser Stelle aus der Skepsis durchaus entstanden. Dies alles ist noch nicht rationalistisch, nicht im mindesten. Ich sagte Ihnen, es gibt keine genaue, auf vernünftige Wege sich richtende Wahrscheinlichkeitslehre, erst recht noch keine mathematisch behandelte, aber immerhin bildet sich – vor allem bei Änesidemus – die Skepsis aus als die Haltung des echten Wissenschaftlers: nichts ungeprüft hinzunehmen, die Quellen zu prüfen, den Meinungen, die sich zuerst aufdrängen, besonders mißtrauisch gegenüberzustehen. Was zu sehr einleuchtet, ist verdächtig. Was zu süß schmeckt, zu glatt eingeht, birgt Gefahr. Das sind Dinge, die jeder wissenschaftlich Arbeitende kennt. Mit Vorsicht, mit Zweifel, mit Kopfnicken, mit Bartstreichen, mit Brillewischen, mit all diesen Gelehrteneigenschaften soll man gegenüber dem Überschwang des ersten Entwurfs vorgehen. Es tritt so etwas ein wie Vorsicht gegen sich selbst und Vorsicht ebenso gegen die Wirklichkeit, die auch erkenntnistheoretisch kein Honiglecken zu sein pflegt.

Die Tropen des Änesidemus

Änesidemus hat dann in späterer Form die methodische Gewissenhaftigkeit ausgeführt, gewiß sehr hellenistisch, sehr alexandrinisch, sehr wintergartenhaft, selber wenig schöpferisch. Es ist nicht der fruchtbare Zweifel darin, der während der Arbeit produktiv erscheint. Er ist der Beckmessertyp, der hinten steht, der nicht selbst produziert, der meckert, aber dessen Haß scharf sehen kann, der achtgibt, wo es einer falsch macht. Die Selbstreinigung der Flüsse, wie sie in produktiver Arbeit geschieht, ist nicht darin. Aber das Schielen aus dem Winkel und das genaue Achthaben gibt es, das philologisch scharfe Achthaben. Philologie kommt in die Logik und in die Erkenntnistheorie hinein. In diesem Sinn entwickelte Änesidemus die *Tropen*, eine wichtige Kategorie. Es heißt nichts als »Wendungen«. Durch die Tropen kommt die ἐποχή, die Zurückhaltung des Urteils zustande.

Von den zehn Tropen des Änesidemus sind fünf interessant. *Erstens:* Die Tiere haben anders gestellte Augen, sie sehen also die Dinge ganz anders als wir. Sehen sie sie deshalb falsch? Woher wissen wir, daß unsere Augen, die nach vorn gerichtet sind, die Dinge richtig sehen? Warum ist das Weltbild eines Löwen oder auch das einer Wespe nicht ebenfalls richtig oder richtiger? Wo ist hier ein Kriterium? Es ist nirgends zu finden. *Zweitens:* Nicht nur die Tiere sind von uns verschieden, sondern auch die Menschen sind voneinander verschieden, wie uns die bekannten, schon in der Spruchweisheit lebenden Beobachtungen zeigen: Was dem einen heiß ist, ist dem andern kalt; was dem einen süß ist, ist dem andern bitter; was dem einen ›sin Uhl, ist dem anderen sine Nachtigall‹. Der Standort des Individuums, der individuelle Habitus verändert bei jedem Menschen die Welt, so daß jedes Individuum mindestens eine andere Welt des Wertens und dadurch auch des Wahrnehmens hat. *Drittens:* Die verschiedenen Sinne zeigen Verschiedenes, verschiedene Eigenschaften der Gegenstände, mitunter einander entgegengesetzte. Vielleicht könnten wir mit mehr Sinnen mehr von den Dingen erfahren. Infolgedessen ist unsere Erkenntnis begrenzt. *Viertens:* Im gleichen Menschen wechselt das Urteil je nachdem, ob er jung oder alt, ob er verliebt ist oder nüchtern, in welcher Stellung er sich befindet, in einer abhängigen oder in einer höheren Stellung, an welchem Ort er sich aufhält. Also: es gibt verschiedene Standpunkte, verschiedene Perspektiven. Wo ist hier das Maß, wo ein Kriterium? Wer hat beim gleichen Menschen recht, der Junge oder der Alte, der Hohe oder der Niedere? *Fünftens:* Alles besteht nur in Verhältnissen. Wir haben ein Verhältnis zu den Dingen und dementsprechend haben die Dinge ein Verhältnis zu uns. Über etwas anderes als über Verhältnisse gibt es überhaupt keine Aussage. Aber nicht nur das. Die Dinge selber stehen wieder mit allen Dingen in Verhältnissen. Was ein Ding an sich ist, losgelöst von Verhältnissen, die es doch stören, blenden, überblenden, verdunkeln, das ist überhaupt nicht herauszubringen. Das Für-sich-Sein der Dinge wird dauernd durch die Atmosphäre, das wechselnde Licht, das Wetterhafte von Verhältnissen zwar nicht verhindert, aber getrübt und verdeckt und vor allen Dingen in dauernden Wechsel gebracht.

Das also sind die Tropen der Skepsis. Müdigkeit und ein Wort, das Ihnen sicher auf den sich nicht bewegenden Lippen lag: Agnostizismus, eine uns wohlbekannte Sprache, ist darin. Auf der anderen Seite gab es viele Jahrhunderte später einen Philosophen namens Francis Bacon, den englischen Lordschatzkanzler, der die Lehre von den vier Idolen ausbildete. Danach werden die Menschen durch vier Idole gehindert, die Wirklichkeit zu erkennen, durch idola specus, idola tribus, idola fori, idola theatri. Das erste sind Idole oder Trugbilder der Höhle, das heißt des eigenen engen Hohlraumes, in dem sich das Individuum befindet; das zweite sind Idole, die in der menschlichen Gattung begründet sind; das dritte Idole des Marktes, die landläufigen Meinungen; das vierte sind Idole der Lehrmeinungen, die aus der Vergangenheit überkommen sind. Erst wenn das alles weggewischt ist, gibt es eine von Idolen freie Erkenntnis, eine ideologiefreie Erkenntis. In dem Idol schläft *Ideologie* als *Begrenzung der Erkenntnis durch den Standpunkt*, die gesellschaftliche Schranke. Es muß nichts Agnostisches herauskommen, sondern es kann ein wunderbares Putzmittel herauskommen, eine Schere, die einem die Schuppen vor den Augen wegschneidet, und niemand kann sie mehr anheften. Das ist die reinigende Wirkung von Skepsis, wenn sie im Dienst des Erkennenwollens geschieht und nicht im Dienst des Ausweichens vor dem Erkennen.

Die Tropen wurden später weiterentwickelt in Beziehung auf die Relation zu allen Dingen. Das geschah in der ganz späten Periode der Skepsis, die sich ja durch die ganze Antike hindurch erstreckt, auch noch weit in ihre religiöse Periode hineingeht, und zwar durch einen Mann namens Sextus Empiricus, den letzten, den wir hier behandeln.

Sextus Empiricus (um 200 n. Chr.) war Zeitgenosse des berühmten Arztes Galen und hat eine Schrift hinterlassen »Adversus mathematicos«, »Gegen die Mathematiker«, die sich aber auch gegen die dogmatischen Physiker und die dogmatischen Philosophen richtet. Darin wird es nun ganz präzis, da kommt etwas zuerst vor, was später große Schule gemacht hat, nämlich eine Untersuchung der Kausalität. Kausalität ist ja eine Relation par excellence, die Relation von Ursache und Wirkung, von Wirkung und Ursache. Die hier begonnene Kritik ist später wiedergekehrt, am stärksten bei Hume, und Hume brachte das ganze Gebäude des bürgerlich fassadenhaften Rationalismus, der abstrakten mathematischen Weltbetrachtung zum Zittern. Hier sind die Anfänge davon, die rein vom Zweifel ausgehen.

Wann kann die Kategorie Ursache-Wirkung mit Recht oder Unrecht, mit Wahrscheinlichkeit oder Unwahrscheinlichkeit oder Unmöglichkeit auf Erscheinungen bezogen werden? Ich sage nicht: angewandt werden, das wäre zu kantisch; ich sage: bezogen werden. Zunächst warnt Sextus Empiricus davor, daß man das Post hoc mit dem Propter hoc verwechselt, das Nach-einander mit dem Durch-einander. Wenn also, um ein modernes Beispiel zu nehmen, die Billardkugel A auf die Billardkugel B stößt, dann ist mir nichts anderes in der Sinnenwelt gegeben, als daß die Billardkugel B läuft, nachdem A sie angestoßen hat. Das ist ein zeitliches Verhältnis und sonst nichts. Wieso kann ich sagen, der Stoß der Billardkugel A sei die Ursache für die Bewegung der Billardkugel B? Noch niemand hat behauptet, daß der Tag die Ursache der Nacht sei oder die Nacht die Ursache des Tags, obwohl beide aufeinander folgen. Warum bin ich bei dem einen so sicher, daß sie füreinander nicht Ursache sind, und bei dem anderen, daß sie es sind? Vielleicht ist der Tag auch die Ursache der Nacht, und vielleicht ist umgekehrt die Billardkugel A gar nicht die Ursache der Bewegung der Billardkugel B. Aus einem Post hoc kann ich kein Propter hoc machen. Diese Warnung ist für viele Geschichtsschreiber lebendig geblieben.

Eine zweite Schwierigkeit ist folgende: Wie steht es mit dem Zeitverhältnis selbst, wenn ich es genau betrachte? Wenn die Ursache früher ist als die Wirkung, muß also die Ursache der

Wirkung zeitlich vorangehen. Es muß aber auch die Ursache gleichzeitig mit der Wirkung sein; denn wenn die Ursache vor der Wirkung vergangen wäre, könnte sie doch nicht die Ursache sein; dann würden die beiden sich ja überhaupt nicht berühren. Es muß also die Ursache sowohl vor der Wirkung sein als auch gleichzeitig mit der Wirkung; erst dann kann sie vergehen. Wäre die Ursache schon vor ihrer Wirkung vergangen, könnte sie keine Wirkung haben.

Die dritte Schwierigkeit besteht in der Vielheit der Ursachen für jedes Geschehen. Woher kann ich wissen, daß eins die entscheidende Ursache ist und das andere die Nebenursache? Unermeßlich viele Ursachen sind da, nicht unendlich viele, aber unermeßlich viele, die von unserem Verstand nicht zu ermessen, nicht alle aufzuzählen sind. Besteht nun nicht die Gefahr, daß ich das, was mir im Augenblick am meisten auffällt, weil ich gerade dazukomme, für die Hauptursache halte? Und wie ist es mit etwas, was gar nicht eingetreten ist und doch eine Ursache von etwas wird? Ein englischer König will etwa eine spanische Prinzessin heiraten; die Heirat kommt nicht zustande, aber es entsteht dafür ein Krieg. Also aus etwas, was es eigentlich gar nicht gibt, entsteht ein Krieg? Was ist hier die Hauptursache? Eine sehr interessante Frage. Für alle, die sich auf dem Boden der materialistischen Geschichtsauffassung befinden, ist es nicht sehr schwierig zu sehen, wo die Hauptursachen liegen. Vulgärmaterialisten sollte das nachdenklich machen. Vielleicht halte ich das, womit ich mich allein abgebe, was in meinem Begriffsgefängnis mir allein sichtbar ist, immer für die Hauptursache? Es gibt auch noch andere Ursachen. Es gibt Ideologien und Überbauten als Ursachen neben den Hauptursachen im Ökonomisch-Gesellschaftlichen. Auch diese Fragestellung ist eine solide Warnung der Skepsis.

Und dann eine andere, letzte Schwierigkeit: Die Kausalität hat die Eigenschaft, daß sie von einer Ursache immer wieder zurückschließen läßt auf eine andere Ursache, denn eine Ursache ist immer die Wirkung einer anderen Ursache. Die Kausalität ist also ein Wagen, der immer rückwärts läuft. Ich forsche und komme doch nie bei einer letzten Ursache an. Es geht immer weiter, so daß es überhaupt keine Ursache gibt, die ich als die Grundursache, als die letzte Ursache, bezeichnen kann. Das ist ein schlecht-unendliches Geschäft. Wenn ich sehr gründlich frage, verliere ich mich im Abgrund schlechter Unendlichkeit. Dabei verliere ich völlig mein Thema. Dann handelt es sich gar nicht mehr darum, warum da unten ein Kind von einem Wagen überfahren worden ist. Dann bin ich plötzlich im Jahre 1732, wo sich ein Kurfürst ein Bein gebrochen hat. Das kann die letzte Ursache davon sein, daß ein Kind überfahren wurde. Oder sehen Sie in Ihrem Leben nach. Wenn Sie die Ursachen darin betrachten, dann hat sich für einen sein Dasein vielleicht entscheidend geändert, weil er an einem bestimmten Abend, weil seine Bude nicht geheizt war, in eine Wirtschaft gegangen ist. Dort hat er jemanden kennengelernt, ein Mädchen oder einen Mann. Oder er hat zufällig ein Billett geschenkt bekommen und ist zu einem Ball gegangen. Dort hat er dann seine spätere Frau gefunden. Nicht wahr, das kommt doch vor? Und warum – jetzt geht es weiter – warum hat ihm einer das Billett geschenkt? Das interessiert doch eigentlich gar nicht. Aber wenn man wissenschaftlich vorgeht, muß man auch nachforschen, warum der Betreffende das Billett verschenkt hat. Also schön, weil er Schnupfen gehabt hat. Warum hat er Schnupfen gehabt? Weil ihm ein Bazillus in die Nase geflogen ist. Was hat denn dieser Bazillus mit der Frau zu tun? Aber eine Ursache, eine Relation ist doch da. Also nimmt das kein Ende und führt mich von meinem Thema immer weiter weg. Das ist eine weitere Aporie oder Unwegsamkeit, die hier angegeben worden ist. So weit über Sextus Empiricus und die Kritik der Kausalität.

Fazit

Schlechte Privatheit

Nun also ist der Ort für eine Würdigung, die wir implicite schon die ganze Zeit begonnen haben. Eine Schwarzweißmalerei ist da unumgänglich. Auf der einen Seite sehen wir das Freche, Absprechende, Knabenhafte, Unwissenschaftliche, Feige, Leimsiederhafte, das Österreichische: »da kann man halt nichts machen«. Das sehen Sie in dieser Skepsis, nicht in der, die Sie eben kennengelernt haben, aber in den Wirkungen, die sicher – oder sagen wir skeptisch: sehr wahrscheinlich – in Kreisen gewuchert haben, die nicht wissenschaftlich gesinnt waren und von denen uns nichts überliefert ist, die aber höchstwahrscheinlich dieser Art Skepsis Nahrung geboten haben. Das Entmutigende an der Skepsis machte, daß sie immer in niedergehenden Zeiten blühte und in niedergehenden Zeiten von den herrschenden Klassen prämiert wurde und bei ihnen hochbeliebt war. Denn in niedergehenden Zeiten wird man sich nicht für etwas einsetzen, wird man nicht sehr stark aus sich herausgehen, wird man nie so genau wissen, wofür man sich entscheiden soll, da wird es gar keinen Glauben oder Unglauben, erst recht keinen Fanatismus geben. Es ist ein Zustand der Feigheit, des Sich-nicht-Engagierens, der vortrefflich ist für jene, die sich höchstens zu einem Negativen entschließen: das »ohne mich«. Da haben Sie wieder das Private, den ἰδιώτης, den Privatmann, in einer heruntergekommenen Form. Das alles kann sich sehr leicht mit Skepsis verbinden, mit dem Müden, Herbstlichen, das ja auch in der antiken Skepsis steckt. »So sucht der Nachtschmetterling, wenn die allgemeine Sonne untergegangen ist, das Lampenlicht des Privaten« [Marx, 1839, 219], sagt der junge Marx in den Vorarbeiten zu seiner Dissertation mit Beziehung auf die Skepsis dieser Zeit. Man ist müde, und die großen Ereignisse und Erscheinungen interessieren einen nicht oder sind ferne, und der Nachtschmetterling dieser Müdigkeit, dieses untergegangenen Nichts fliegt bloß um meine private Lampe herum. Also: Zurückziehen auf Privatheit, aufs schlechte Individuum, auf den kleinen Kreis, in die Bucht, wo die Stürme nicht hereinkommen – »Ich und du und Müllers Kuh.« Das ist die Wissenschaft der Schwächlinge und Unproduktiven. Ich brauche nicht erst hinzuweisen auf das Pessimistische, das darin steckt, und das Agnostische, das erst später einen sozialen Auftrag bekam und diesem sehr gut gehorchte. Da kann man überhaupt nichts wissen, so daß jeder Streit müßig ist, man sich also gar nicht so sehr anzustrengen braucht. Materialismus oder Idealismus – das ist ja beides Metaphysik, das sind ja alles bloß Rechnungsformen und Anpassungen des Denkens, um sich etwas zurechtzulegen. Andere Wissenschaften, andere Wahrheiten gibt es nicht. Diese Skepsis kommt auch bei Mach und bei Sartre vor und blüht dort und gehört selbstverständlich auf die schwarze Seite der Sache.

Nun das andere, das schon damals oder gerade damals war. Die Zeit, in der die Skepsis aufkam, war ja keine Niedergangszeit in dem Sinn der niedergehenden Epoche des Kapitalismus im Westen. Das war – worauf ich Sie deutlich hinwies – eine ungeheure Erweiterungszeit, eine Aufgangszeit, die Zeit des alexandrinischen Reichs, der alexandrinischen Kultur, die Zeit einer blühenden Wissenschaftlichkeit – weniger Philosophie als Wissenschaftlichkeit – und eines großartigen Denkzusammenhangs, den vor allem die Stoa darstellte. An diesem rieb sich die Skepsis und sie stellte ein positives Element dar, nämlich das *Moment der Prüfung, der Nichtübereiltheit*. Wenn Sie ἐποχή mit »Nichtübereiltheit« übersetzen, dann klingt das Wort schon etwas anders, ohne daß es seinen vorigen Leimsiedersinn völlig verlöre. Eine methodische Bedeutung hat die Skepsis damals schon gehabt, eine Ausbildung von sorgfältigem Scharfsinn, und erst recht hatte sie das in Zeiten, die nicht nur solche des lang hingezogenen Ausklangs einer großen Kultur waren wie in der Spätantike, sondern aufsteigende Zeiten. Bei Bacon, bei Descartes – da ist ja überall der Zweifel da, Zweifel an dem bisherigen Wissen, Zweifel, der ritzt, der sich nicht beruhigt mit einer faulen Abwägung entgegengesetzter Standpunkte auf der Waage, wobei die Sache gleich steht, sondern der Brechstange ist gegen die alte Ideologie, der bis zur Verzweiflung treiben kann. Aus ihm bricht dann das Licht, das vom Zweifel befreit ist, vom Zweifel nicht angreifbar ist, vom Zweifel nicht ausgelöscht werden kann, ein neues Licht, das vermeintlich standhält, wie es Descartes von seinem Cogito ergo sum annahm. Daß er zweifelte, wenigstens das erschien ihm als sicher. Er suchte von diesem schmalen Punkt der Gewißheit aus eine Welt wieder aufzubauen, eine Welt der Wissenschaft. Das ist die produktive Form der Skepsis.

Ich komme nun zu dem zweiten, nicht gesellschaftlich, sondern gegenständlich gefaßten Positiven. In der Skepsis ist eine außerordentliche *Schärfe des Sinns für Negation*, nicht allein in gesellschaftlicher, sondern auch in objektbezogener Hinsicht. Das dialektische Element der Antithesis wird in der Skepsis sehr scharf gesehen, ausgebildet und pointiert, dergestalt, daß Hegel dem skeptischen Verfahren höchste Wichtigkeit beimaß und den einzigen Fehler der Skepsis darin sah, daß sie stehenbleibt, daß sie die Negation verfestigt, statt in der Negation den Puls der Lebendigkeit zu sehen, der durch den Widerspruch zu dem Gesetzten das Gesetzte auf eine höhere Stufe treibt. Also diese Isolierung des mittleren Elements, wie Hegel das nennt, das ist der Schaden an der Skepsis. Trotzdem haben die Skeptiker, vor allem Änesidemus, ein nahes Verhältnis zu Heraklit gepflegt, indem sie dessen Gegensatzlehre besonders betonten, nicht, um zur objektiven Dialektik vorzustoßen, sondern lediglich um die Welt in Erschütterung zu zeigen. Die Erschütterung der Welt, die von uns Unerschütterlichkeit verlangt, damit wir nicht in die Erschütterung der Welt hineingezogen werden, die wurde von Änesidemus betont.

Ein Beispiel für das Dialektische in der Skepsis, das bei Sextus Empiricus in der Schrift »Adversus mathematicos« [vgl. Sextus Empiricus, 1949, III, 22 ff.] steht. Schon bei den einfachsten mathematischen Begriffen, sagt er, beginne die Pflicht zu zweifeln. Nehmen wir einen Punkt. Ein Punkt im Raum – so lautet die Definition – ist das Einfachste, nämlich das, was keine Ausdehnung hat. Nun ist es aber das Wesen des Raumes, daß er ausgedehnt ist. Wie kann also ein Punkt, der nicht ausgedehnt ist, im Raum sein? Er ist zweifellos ebenso, indem er nicht ausgedehnt ist, nicht im Raum. Da für den Raum die Ausdehnung wesenhaft ist, so ist also der Punkt nicht das Einfache im Raum, sondern überhaupt nicht im Raum. Nun ist aber die ganze euklidische Geometrie auf Punkt, Linie und Fläche aufgebaut: Die Linie ist ein bewegter Punkt, die Fläche ist eine bewegte Linie, und ich komme immer wieder auf bewegte Punkte zurück. Das ganze Element des Punktes jedoch ist raumlos, raumfremd, ja raumfeindlich, es ist ja nicht ausgedehnt. Also bricht die euklidische Geometrie zusammen. Es läge nun nahe, hier weiterzugehen, das wurde aber antik nicht getan. Hegel hat das fortgeführt: Der Punkt ist eine Negation des Raumes, diese bestimmte Negation hat aber einen Anteil am Raum. Der Punkt ist zwar unräumlich, aber er ist ebenso räumlich, er ist räumlich und unräumlich zugleich. Das treibt ihn weiter zur Linie. Wenn er nicht so wäre, gäbe es überhaupt nichts als unverbundene Punkte. Die einfache Bewegung vom Punkt zur Linie stammt bereits aus dem daseienden Widerspruch des Punktes. Das klingt für uns etwas spekulativ, ist aber plausibel. Bei Sextus Empiricus ruft es nur unaufhörliches Kopfschütteln hervor. Aber Sie sehen: Zusammenhänge mit der Dialektik sind da.

Das geht nun noch weiter auf die Moral, auf die Güterlehre. Die Güterlehre mit ihren Abwägungen ist auch schon dagewesen, zum Beispiel bei Aristipp, einem Schüler des Sokrates. Der fragte: Wann versage ich mir eine Lust, damit mir eine andere Lust desto besser bekommt? Was ist mir jetzt wichtiger, Schokolade oder Hummer, Alkohol oder ein Weib? Alkohol und Weib zusammen stört sich manchmal etwas. Soll ich Alkohol mit Freunden zusammen genießen oder soll ich Süßholz raspeln? Was ist wichtiger? Das ist also eine Abwägung aus reinem Hedonismus, reiner Genußlehre heraus. Hier wird das Vorziehen eine Frage; aus der Skepsis heraus kommt eine *Wertwägungslehre*. Ein Widerspruch entsteht, nicht nur bei so Gewöhnlichem wie Schokolade oder Beefsteak, sondern es gibt auch Konflikte der Pflichten, wo man das eine nicht tun kann, ohne das andere zu lassen. Was ist wichtiger? Wie komme ich aus diesem Widerspruch heraus? Eine Beherrschung von Skepsis liegt hier nahe, und wir alle kennen das. Die wichtigere Pflicht wird betont und durch vorsichtige Prüfung herausgearbeitet. Oder nehmen Sie andere Dinge, die zum Beispiel in der Nazizeit eine Rolle spielten: glückliches oder gefährliches Leben? Oder, um zu edleren Themen zu kommen: Individuum oder Kollektiv? Einsamkeit oder Geselligkeit? Sinnenglück oder Seelenfrieden? »Zwischen Sinnenglück und Seelenfrieden bleibt dem Menschen nur die bange Wahl«, sagt Schiller. [Das Ideal und das Leben, 1795]

Dies alles ist durch die skeptische Prüfung mit Für und Wider sehr gut instrumentiert worden und wäre vermutlich ohne diese skeptische Schulung, die sich durch Jahrhunderte hindurchgezogen hat, in dieser Form nicht da. In einer außerordentlich großen Zahl von Beispielen ist dieser Konflikt der Pflichten durch Jahrhunderte hindurch erhalten geblieben. Was soll man tun und was soll man lassen, was ist einem wichtig und was nicht? Bis zur Kasuistik, bis zur sorgfältigen Prüfung jedes einzelnen Falles, nicht nur juristisch, sondern moralisch, ist das mit skeptischen Denkmitteln ausgebildet worden, so daß wir hier ein unbezweifelbares Positivum haben. Es kommt also darauf an, zu welchem Zweck, in welchem Auftrag, in welcher Zeit Skepsis gebraucht wird. Soviel über die Skepsis.

Es ist nun fällig, zu Epikur zu gehen und dann zur Stoa. Der Unterschied zwischen der Skepsis und Epikur ist enorm, aber es ist vielleicht lehrreich, Sie darauf hinzuweisen, was an Gemeinsamkeiten da ist. Bei den Skeptikern haben Sie diese kühlen Privatpersonen, die nicht darauf ausgehen, eine umfassende Weltanschauung auszubilden. Schon das Wort »umfassend« erregt ja Hohn. Hier wird Säure ausgebildet, Trennendes, Aufhebendes, und nicht Verbindendes. Bei Epikur und erst recht in der Stoa dagegen haben Sie die reichshafte Seite der alexandrinischen Welt. Bei der Stoa ist sie ganz entschieden da, bei Epikur taucht sie auf in Form eines Zusammenhang-Denkens. Das Erkenntnistheoretische, das eigentlich das einzige ist, worüber wir bei den Skeptikern gesprochen haben, mitsamt dem Kriterium im Konflikt der Pflichten, wird in ein Weltbild eingefügt. Während die griechische Philosophie in der Skepsis sachlich beinahe zu einer Provinzangelegenheit, zur Spießerhaftigkeit verarmt wäre, gewinnt bei Epikur und der Stoa der ἰδιώτης, der Privatmann, wieder riesige Breite, eine Welthaftigkeit, die der Ausdehnung des alexandrinisch-römischen Reichs entspricht. Hier gibt es eine Verbindung zur Skepsis, die, wie ich sagte, nur als Instrumentarium oder Astrolabium für den Kurs des Lebensschiffs gebraucht wird. Wenn man das hat, dann kann allerdings die Weltweite nicht groß genug sein. Um den Kurs richtig zu bestimmen, muß ich nach den Sternen sehen, nicht nach Wolken, die sich bewegen. Ein Umfassendes, Dauerndes muß ich durchaus visieren. Das geschieht bei Epikur, das geschieht bei der Stoa und hierin besteht die Verbindung samt dem Unterschied zur Skepsis.

Den Unterschied zwischen Privatem und Kosmischem sehen Sie bei Epikur und erst recht in der Stoa. Er macht das Eigentümliche, Nachdenkliche und sehr Problemhafte in der ganzen Philosophie dieser Zeit aus. Ich darf Sie an Ihr eigenes Nachdenken erinnern. Vielleicht haben Sie das schon gehabt, andeutend, annähernd gehabt, vielleicht auch nicht: diese langweilige, aber störend und wichtig, wichtigst erscheinende, sogar ausweglose Antithese zwischen den beiden Dingen, die einen anziehen – entweder Subjekt oder Objekt, entweder Liebe oder Granit, um ein Goethesches Beispiel zu bringen, entweder das Vergänglichste, das menschliche

Herz, oder das Bleibende, der »älteste Sohn der Natur«, der Granit, entweder das Moralische oder das Naturwissenschaftliche, entweder das Historische oder das Physikalische. Das eine hat das Interessante, Brennende, Menschliche für sich, das Lyrische in einem über den rein ästhetischen und poetischen Sinn weit hinausgehenden Umfang; das andere hat das Männliche, das Objektive, auch das Exakte, das nicht Flackernde, das Darstellbare für sich. Was wähle ich da in der Philosophie? Der Marxismus hat eine starke Prävalenz des Objektiven, der vom Menschen unabhängigen Außenwelt, des Kosmischen und ein erst allmählich gelingendes Hervortreten des subjektiven Faktors, der durch den subjektiven Idealismus so stark blockiert und verdächtig gemacht, gefälscht und entstellt war, daß man ihn wegließ, trotz der Mahnungen von Marx in der ersten Feuerbach-These, den subjektiven Faktor nicht auszulassen.

Epikur wurde 341 v. Chr. auf Samos geboren und lebte bis 270 v. Chr. Von seinem 36. Jahr an war er beständig in Athen. Er hat zahllose Schriften geschrieben, die uns leider nur in fragmentarischer Gestalt und dazu in einem schludrigen Griechisch erhalten sind. Er hat allerdings nicht so viel geschrieben wie der Stoiker Chrysippos, der angeblich 700 Schriften hinterlassen hat. Qualitativ schrieb jedoch Epikur mehr, denn das Schriftwesen von Chrysippos besteht zum größten Teil aus Zitaten. Aber die Schriften vermitteln gar kein Bild von Epikur; es ist nicht der Schreiber, sondern der Mensch und der Freund und Lehrer, der unmittelbar gewirkt hat in einer Weise, die auf liebenswürdige, eben epikureische Art an den Umgang mit Sokrates erinnern mag.

Der Garten

Epikur versammelte seine Freunde in einem Garten, was sehr gut zu ihm und seiner furchtlos-diesseitigen Lehre paßt. Er war der Mittelpunkt eines Kreises, der von unbedingter Verehrung für den Lehrer und seine Lehre erfüllt war; der Garten war Ort eines vertraut-geselligen Verkehrs, verbunden mit philosophischen Studien. Das hat schon, wenn man einen viele Jahrhunderte überspringenden Vergleich wagen kann, den Stil des französischen 18. Jahrhunderts. Ein sublime Aufklärung hat ihren Raum in diesem Garten gefunden, ungeachtet dessen, daß sich diese ganze Freundlichkeit und Aufgeräumtheit unverändert im Zustand einer Sklavenhaltergesellschaft abspielte. Aber selbst das verbindet zum Teil mit dem 18. Jahrhundert, wenn Sie nämlich den sozialen Inhalt der französischen Aufklärung weglassen und ihre Träger betrachten: Vornehme, heitere, geistreiche Aristokraten gaben im Salon den Ton an, und das Freigelassensein von den Mühen des Lebens gestaltete sich zu edler Muße. Es wurde etwas angefangen mit diesem Freigelassensein. Nicht Schlemmerei und Völlerei oder Roheit und Peitsche regierten, sondern hier trifft noch zu, was Treitschke einmal in einer niederträchtigen, aber etwas nachdenklich machenden Weise ausgesagt hat: daß es keine Kultur ohne Dienstboten gebe [...] Das ist, sozialistisch gesehen, ein nieder-

trächtiger Satz, aber historisch gesehen, zurückblickend auf die bisherigen Klassengesellschaften, ist es wahrscheinlich ein durch den Stand der Produktivkräfte erzwungener Satz. Und, was die Hauptsache ist: Wenn es schon Dienstboten und Sklaven gab, von denen Epikur und sein Garten am wenigsten berührt waren, so wurde doch mit der Freizeit etwas angefangen, in großer Heiterkeit, zugleich auch etwas in der Form, die – das kann nicht verschwiegen werden – dem Wort »Epikureer« nicht nur den kulturellen Beiklang gab, sondern auch den schlemmerhaften, mit einer Art Lust als Selbstzweck im gastronomischen Sinn. In Paris oder New York gibt es heute Restaurants »Zum Epikur« – gemeint ist besonders gute Küche. Dagegen haben wir auch nichts einzuwenden; wir wollen nur, daß alle gute Küche haben.
Kultur für eine Minderheit ist damit also ebenso angesprochen wie rücksichtsloser Lebensgenuß, der sich später auf das Epikureische zwar mit Unrecht berufen, aber immerhin berufen konnte. So haben schon die Römer das griechische Grundwort ἡδονή, das wir schon von Aristipp her kennen, plump übersetzt. Weil es in der römischen Soldatensprache keine Feinheit gab, weil im alten Rom, das sich großgehungert hat, wie Preußen mit Rüben groß wurde, es keine feine Lust gab, keine Kultur des Lebensgenusses – aus diesem Grund wurde ἡδονή von Cicero mit voluptas übersetzt. Voluptas bedeutet nun handfeste Sinneslust und ist sehr weit entfernt von dem Atem, dem Aroma und Duft, der durch den Garten Epikurs weht. Diese Vergröberung und Entstellung fing also schon in Rom an. Horaz, an dem noch sehr viel epikurische Liebenswürdigkeit ist und eine hohe Kultur des Genießens, nannte sich trotzdem Epicuri de grege porcus, das heißt »ein Schwein aus der Herde Epikurs«. Auch dieser Zug ist in den Nachwirkungen Epikurs sichtbar und hat sehr lange Zeit dazu verholfen, diese Lehre als eine materialistische Lehre zu diskreditieren, wünschenswert zu diskreditieren.
Von all dem ist nun im Original gar keine Rede. Ein freundlicher Garten ist da, mit freundlich-heiterer Diesseitigkeit, die nicht zu verwechseln ist mit den Völlereien der römischen Kaiserzeit, auch nicht mit den kulturlosen Ausschweifungen der Despoten im 18. Jahrhundert. Nehmen Sie vielmehr das Lichtgesicht der französischen Enzyklopädisten, die sich ebensogut auf Bücher und Porzellan wie auf einen Schluck Wein und auf eine vortreffliche Straßburger Gänseleberpastete verstanden haben. Das alles war

ihnen eigentlich dasselbe. Das ist ja ein uns in der Hoffnung nicht sehr fernliegender, in der Wirklichkeit leider noch sehr fernliegender Traum vom besseren Leben, zu dem gutes Essen, gutes Trinken und Umgang mit schönen Frauen durchaus gehören. Diese Heiterkeit und Leichtigkeit und Offenheit, die wir immer noch am schönsten in Frankreich finden, hat ihren Ursprung im epikurischen Wesen und es ist sehr bezeichnend, daß eines der letzten Lichtgesichter aus dem 19. Jahrhundert, der große französische Schriftsteller Anatole France, ein entzückendes Buch mit dem Titel »Le jardin d'Epicure«, »Der Garten Epikurs«, geschrieben hat.

Einflüsse

[...] Es ziemt sich, kurz auf die Quellen Epikurs einzugehen. Einmal greift er, als ob Platon und Aristoteles nicht gewesen wären, auf Aristipp zurück, auf die hedonistische Schule, die sich nach dem Tod von Sokrates aus der Sokratischen Lehre neben der zynischen und der megarischen Schule entwickelt hat. In der Lehre Aristipps kommt das Wort ἡδονή (Lust) schon vor. Da ist bedacht worden, daß kluge Lust das Ziel des Lebens ist, daß man durch Abwägung des Für und Wider eine Lust vermeidet, die Katzenjammer oder Reue bringt. Vielleicht ist eine Lust den Preis nicht wert, den man dafür zahlen muß, vielleicht verlegt man sich mit ihr den Appetit. Dieses kluge Abwägen eines freien Lebemannes hat schon eine Quelle bei Aristipp gehabt, zugleich mit der Mahnung, daß man unter allen Umständen, obwohl man ausschließlich der Gewinnung von Lust nachfolgt, seiner selbst und der Verhältnisse Herr bleibt, daß man nicht etwa eine Fessel annimmt, daß man nicht aus dem dauernden Bedürfnis des Genusses in Abhängigkeit von einem Gönner gerät. Ein schwieriges Geschäft, wofür es in der Lehre von Aristipp Klugheitsregeln gab, die bei Epikur nicht ganz verschwunden sind.

Wichtiger ist der Rückgriff Epikurs auf Demokrit. Nach dem schweren idealistischen Einbruch, der durch Platon geschah, der bereits bei Sokrates die urwüchsig materialistische Epoche der sogenannten Vorsokratiker abreißen ließ, nach diesem schweren idealistischen Einbruch haben wir wieder, als wäre nichts geschehen, einen Rückgriff auf das erste große System des Materialismus, die Lehre Demokrits. Epikur übernimmt von Demokrit die Atomlehre, die Aufklärung, die Betonung des Materialismus als Freiheit von Furcht, als Bejahung und Einsicht in die Notwendigkeit – allerdings mit einem bedeutsamen Unterschied. In einem Punkt nämlich hat Epikur das Erbe Demokrits weit ungenauer verwaltet als später die pantheistische Stoa. Epikur läßt, durchaus nicht völlig, aber in Anfängen, den Grundgewinn der Demokritischen Lehre fallen, der ἀνάγχη heißt, Notwendigkeit, durchgehende kausalgesetzliche Determiniertheit des Geschehens. Die Stoa hat die ἀνάγχη gehalten und von Demokrit aufgenommen. Epikur hat sie fallen lassen, und zwar doppelt: einmal für die Anfangsbewegungen der Atome und zum anderen für die Bewegung der Individuen in der Gesellschaft. Also an dieser einen Stelle, nur an dieser einen Stelle und nur für die Anfangsbewegung, ist Epikur indeterministisch. Er läßt nicht nur den Zufall, sondern er läßt die *ursachlose Freiheit* in seine sonst völlig materialistische Lehre ein.

Die Kanonik

Was nun die Lehre selbst angeht, so sind hier wieder die drei Teile, die sich herausgebildet haben: Logik, Physik, Ethik. Ich sagte Ihnen schon beim Überblick über die drei großen Lehrgebäude, die sich nun als Skepsis, Epikureismus und Stoa hellenistisch erheben, daß im Mittelpunkt des Interesses der Mensch war, und zwar in allen drei Lehren der einzelne Mensch. Infolgedessen treten Logik und Physik zurück, und das Zentrum wird Ethik. Dies geschieht auf verschiedene Weise. Die Logik tritt sehr wenig zurück bei den Skeptikern, die die Wahrscheinlichkeitslehre ausgebildet haben, und sie tritt, wie wir sehen werden, bei der Stoa ebenfalls nicht völlig zurück. Im Gegenteil, man findet dort eine lebhafte Fortentwicklung der Logik, aber doch nur auf Nebengeleisen. Fast völlig Nebengeleise ist die Logik im Garten Epikurs. Logik und Garten geben sowieso keinen selbstverständlichen Zweiklang.
Es wird bei Epikur wesentlich danach gefragt, wie das Wissen zu erlangen ist, das zu wissen nützlich ist, das heißt, das für mein Wohlergehen nützlich ist, für das Individuum und seinen Freundeskreis. Die Welt ist ein Gefüge, innerhalb dessen der Mensch sich möglichst gut einrichtet, von dem er aber nicht das Bedürfnis hat,

mehr oder anderes zu wissen als das, wovon sein eigenes Wohl und Wehe berührt wird. Und so ist die Logik, die bei Epikur und auch später in dieser Schule ausgebildet worden ist, wesentlich eine Lehre des Maßstabs oder bestenfalls eine Lehre der Kriterien des Wahren als eines Nützlichen. Epikur nennt sie auch gar nicht Logik, sondern Kanonik; es ist ein Kanon von Regel, in denen das Wittern des Richtigen und Wahren bewußt gemacht und reflektiert wird. So naturhaft, wie das Wild wittert, so wittert der Mensch das für ihn Richtige, das in der Welt für ihn Erkenntniswürdige, das, was erkannt werden muß, wenn man nicht im Dunklen tappen will, wenn man nicht Abgründen begegnen will, sich nicht den Kopf an der Wand oder am Gitter anstoßen will. Über die Weise des Sich-Orientierens in der Welt gibt es eine Summe von Regeln, einen Kanon, durchaus auf reflektierte Weise.

Kriterien der Wahrheit: Wahrnehmung und Lust

Und zwar werden die Kriterien des Wahren, das uns gut zu wissen ist, zweifach angegeben. Das *erste* Kriterium, das hauptsächliche ist die Wahrnehmung; hier ist Epikur durchaus senusualistisch. Das Wahrgenommene ist das, was sich unwiderstehlich aufdrängt, das Augenscheinliche, das Sonnenklare, die sinnliche Gewißheit. Wie bei Demokrit lösen sich Bilder von der Oberfläche der Dinge ab, treffen auf unser Auge, und nach dem Bild dieser Bilder sehen wir die Welt. Skepsis in bezug auf die Sinnesempfindung wird völlig zurückgewiesen. Die Skepsis begann ja als eine an den sinnlichen Daten, nicht an Gedanken, am gebrochenen Stab im Wasser, der in Wahrheit gerade ist. An Sinnesempfindungen gibt es keinen Trug, sagt Epikur, Trug gibt es nur in den Urteilen, die sich auf die Sinnesempfindungen beziehen, nicht in den Wahrnehmungen. Die Wahrnehmung als beurteilte kann ein Netz von Irrtümern enthalten. Weil wir nun keine reinen Wahrnehmungen haben, sondern immer nur beurteilte, vielleicht nur wider Willen beurteilte, so läßt sich auch nach Epikur nicht behaupten, daß sich die Wahrnehmung vollständig mit dem Ding deckt. Das Bild, das in der Sinnesempfindung zum Bewußtsein kommt, das sich von den Dingen abgelöst hat, deckt sich nicht vollkommen mit ihnen, eben weil es immer ein

beurteiltes Bild ist, eine beurteilte impressio von dem Ding auf unser Sinnesorgan. Immerhin ist es dem Ding ähnlich.
Wir haben hier einen sensualistischen Ausgang und einen – was auch sehr gut zum Garten paßt – naiv realistischen. Wie der einfache Mann etwas sieht und glaubt, so ungefähr ist die Welt beschaffen. Eine eigentliche *Methode der Forschung*, der Beurteilung, die ein Erschließendes an sich hat, ein Eröffnendes, so daß ich in das Getriebe sehen kann, das mir nur die Sinnesinhalte vor die Tür wirft, so daß ich erfahre, was jenseits der sensualistischen Erkenntnis liegt, findet sich bei Epikur nicht. Das zu erfahren, wäre ja auch mit einer Anstrengung verbunden, dazu müßte man die Anstrengung des Begriffs auf sich nehmen; das widerspricht dem Gartenleben, das widerspricht der Lust, und so wird keine eigene Methode der Forschung ausgebildet.
Der Beweis für eine Meinung kann nicht durch Rechenschaft über den Weg geliefert werden, auf dem ich zu dieser Meinung oder wissenschaftlichen Anschauung gekommen bin, sondern nur die Wahrnehmung entscheidet darüber. Die Wahrnehmung gibt das letzte Kriterium ab, ob eine Aussage richtig oder nicht richtig war. Sie gibt das Kriterium ab für die richtige Erklärung, indem etwas so ist, wie ich gesagt habe, und sie gibt das Kriterium ab für die richtige Vorhersage, indem nämlich ein vorhergesagtes Ereignis richtig eintritt. Man braucht sich also nicht sehr lange auf dem Weg der Prüfung der Methode zu bewegen, weil die Sache sehr rasch mit einer Art von kurzfristigem Kredit herauskommt; es muß ja gezahlt werden mit der Wahrnehmung. Und wenn die Wahrnehmung einer Theorie widerspricht, dann war die Theorie eben falsch und muß korrigiert werden. Über etwas nachgedacht wird nicht. Diese Wahrnehmung ist natürlich weit entfernt von Praxis, sie ist wieder ein Empfangen, ohne daß im mindesten in der Welt etwas verändert worden wäre.
Das *zweite* Kriterium allerdings gibt sich sozusagen als praktisch. Es heißt: Nur dann ist etwas wahr, wenn sich auf dem Weg der Verfolgung dieses Wahren für mich Lust herstellt. In diesem Sinne sagen wir noch heute: Das hilft mir, das ist das Wahre! Wir haben also gleichsam zwei Arten von Einleuchtendem: das sinnlich Einleuchtende im Sinn des Sonnenklaren und das Einleuchtende oder Evidente, das durch den Charakter der Lust bezeichnet wird, durch Glück im höheren Sinn, durchaus im Epikurischen Sinn. Die

Frucht einer Einsicht muß mit Lust gepflückt werden. Glück zeigt an, daß eine Sache in Ordnung ist und gut geht, daß man richtig und wahr gehandelt hat.

Glück ist also eine emotionale Form von Einleuchtung, und Sie sehen, wie weit das von der Einleuchtung, wie wir sie im wesentlichen kennen, von der Einleuchtung im mathematisch-logischen Sinn entfernt ist. Ein Axiom zum Beispiel ist durch sich selbst einleuchtend. Um einzusehen, daß die Gerade die kürzeste Verbindung zwischen zwei Punkten ist, brauche ich die Gerade nicht zu zeichnen, brauche ich auch nicht zu erfahren, ob die Verfolgung dieses Gedankens mit Lust verbunden ist. Diese Erfahrung kann ich auch haben, wenn ich einen Umweg mache. Wenn ich müde werde, dann merke ich, daß die Gerade die kürzeste Verbindung zwischen zwei Punkten ist, sonst gäbe es ja nicht einmal das Wort »Umweg«. Aber die Lust ist für uns kein Kriterium. Einleuchtend nennen wir, da wir durch rationale Schulung hindurchgegangen sind, das, was logisch einleuchtet, was evident ist. Einleuchtend ist nicht die Sinnesempfindung und nicht die Rente, die wir sozusagen in Form von Lustempfindung aus der Sache ziehen. Bei Epikur aber fällt das völlig aus, da es bei ihm gar keine rationale Gegend gibt. Glück ist das emotionale Zeichen der Wahrheit und sogar als einer ethisch richtigen. Damit haben wir eine Feier der sinnlichen Gewißheit und der Sinnlichkeit, in dem anderen Sinne, den das Wort in der Sprache doch auch hat, die bisher ohnegleichen war. Das alles ist aufs feinste zubereitet, nirgends plump und nirgends roh, sondern trägt das Zeichen äußerster Durchkultiviertheit von Sinnesempfindung und Sinnlichkeit.

Zugleich hat es eine still oppositionelle Wirkung – man kann nicht von einem Auftrag sprechen. Es waren ja lauter Männer und Frauen mit arbeitslosem Einkommen, die diese Ideologie sehr gut für sich brauchen konnten. Aber in der Lehre selbst liegt das Material für einen späteren Auftrag, nämlich für den, den die Schlechtweggekommenen stellen, denen, da ihnen der Mehrwert abgezwackt wird, zugemutet wird, sich im Triebverzicht zu üben. Leid, Leid, Kreuz sei des Christen Teil, sagte Luther. Er meinte die Bauern, nicht die Ritter und erst recht nicht die Könige, die Fürsten und die Kaufleute. Also überall dort, wo die herrschende Klasse Triebverzicht verlangte, vor allem im 18. Jahrhundert, bekam die Epikurische Lehre, das Glück nicht verteufeln zu lassen,

einen sozialen Auftrag. An Ort und Stelle war es eine durchaus lebensfreudige, lebensbejahende, eine, wenn man das in Griechenland sagen kann, sichtbarlich unpfäffische Linie. Es wird nicht das Leid betont, es werden keine Sinngebungen in der Krankheit gesehen. Leid ist keine Zuchtrute, ist nicht der schnellste Weg zur Vollkommenheit. All diese Dinge fallen weg, fallen auch mit ihrer Tiefe weg, fallen vor allen Dingen weg in dem Sinn, daß die überflüssig starken Schatten, die auf das Diesseits geworfen werden, zerstreut werden sollen.
Eine solche Gegenbewegung gegen jede Form von Askese im späteren Sinn ist erstaunlich, und ihre Heftigkeit ist auch etwas schwer zu verstehen, da es ja in Griechenland noch gar nicht so aussah. Die Betonung des Gedrückten, Bedrückenden als des Vollkommenen; die Betonung der Krankheit, wie sie besonders im mittelalterlichen Christentum auftrat, was sich in einer Aufschrift auf einem Taufstein zeigt: diminui ut crescat, ich bin vermindert worden, damit er, Christus, in mir wachse; das Mißtrauen gegen die Kreatur; die Freude am Häßlichen, am Leidenden; die Bewegungsumkehr der Liebe, nicht zu dem Strahlenden und dem Gesunden, sondern zum Häßlichen und Gedrückten, nicht weil es strahlend werden soll, sondern weil es gedrückt und häßlich ist – das alles liegt hier vollkommen fern. Der asketische Zug läuft noch weiter, bis zu einem Satz, den Fritz Reuter seinen Onkel Bräsig sprechen läßt: »Gesund ist, was eklig schmeckt.« Das ist in der populärsten Form ungefähr der äußerste Gegen-Epikur, den man sich vorstellen kann, und der Ausspruch wird von einem Epikureer getan, nämlich von dem gemütlichen und verfressenen Mecklenburger Onkel Bräsig. Dagegen Epikur: Gesund ist, was wohl schmeckt; je besser etwas schmeckt, desto evidenter ist auch, daß es das Wahre ist. So stellt sich, populär gesprochen, das Kriterium des Glücks und der Sinnlichkeit bei Epikur dar.
Es finden sich dabei selbstverständlich auch die Aristippischen Abschätzungen, von denen ich sprach: Was soll man tun, damit man sich nicht den Appetit verdirbt? Was soll man tun, damit man wirklich von Furcht, Ungewißheit und Unsicherheit frei ist? Was soll man tun, damit man nicht eine Beute seiner Triebe wird, damit man nicht ein Gut, das gerade im Augenblick gleißt und lockt, erwählt und sich auf diese Weise für den Genuß eines viel höheren und vor allen Dingen sichereren Gutes untauglich macht? Mit

großer Klugheit, Eleganz und Feinheit sind derartige Fragen behandelt worden im Kreis der angenehmsten und edelsten Müßiggänger, die die Welt vielleicht bis dahin gesehen hat. Ein Leben ohne Furcht, ohne Reue, auch ohne die Ungewißheit von Hoffnung wird angestrebt, ein Leben in der kultivierten Art eines schönen, edlen, gesunden Tiers, das auch keine Hoffnung, keine Unsicherheit kennt. Hier wird es kynisch. Zurück zu dem Hundedasein, aber nicht im Sinn eines schmutzigen und struppigen Hundes wie bei Diogenes, sondern im Sinn eines wohlig seienden, vornehmen Tieres. Das Tierische bleibt in dieser Haltung, das Naturhafte, das sentimentalisch gesuchte Naturalistische. Denn auch Tiere haben keine Furcht vor dem, was vergangen ist, und schon gar nicht vor Künftigem. Tiere sind in einer primitiven Weise seinsmächtig. Für sie gilt die Epikurische Regel des Horaz: Carpe diem, pflücke den Tag, sei des Augenblicks mächtig, der gerade ist; denke nicht zurück und denke nicht voraus, sondern genieße. Und genießen läßt sich nur in der Gegenwart. Es läßt sich zwar auch Hoffnung genießen, es lassen sich auch Erinnerungsbilder genießen, aber das ist den Epikureern nicht sensual genug. Die Kunst, Gegenwart zu genießen, will Epikur die Menschen wieder lehren und zwar auf einer viel höheren Stufe, als den Tieren möglich ist.

Die Physik

Ich gehe nun auf die Physik oder Kosmologie Epikurs ein, die in vielen Punkten merkwürdig ist. Eben die Sinnesempfindung als einzige Quelle des Erkennens, sagt Epikur, bringt uns darauf, daß die Dinge aus kleinsten Teilchen bestehen. Das ist zu sehen an Sandstäubchen, Sandkörnchen, überall, und wenn wir einen Stoff zerreiben, so zerfällt er in immer kleinere Teilchen, also ist er aus diesen allerkleinsten unteilbaren Teilchen zusammengesetzt. Auf diese Weise wird die Atomlehre Leukipps und Demokrits erneuert. *Atome* sind die bewegten Bauelemente der Welt, sie bilden das Diesseits, und zwar so, daß das Diesseits aus ihnen lediglich zusammengesetzt ist. Es gibt nichts Gewachsenes, es zeigen sich keine wesentlich neuen Bildungen, und wenn, dann sind sie Schein. Das Wesen der Dinge zeigt sich bei ihrem Zerfall, beim Zerfall der Organismen. Es zeigt sich, man kann nicht tiefer fallen

als bis zu den Atomen, man fällt aus den Atomen nicht heraus. Auf Atome geht alles wieder zurück, sie sind unsterblich.
Diese Bejahung der kleinsten, nicht unendlich kleinen, aber kleinsten Teilchen verlangte nun, daß die Welt wenigstens in Umrissen erklärt wurde. Wenn schon alles ein Aggregat von Atomen ist, wie ist es dann zustande gekommen? Hier ist uns von der Lehre nun im einzelnen nichts erhalten. Vielleicht ist es dagewesen, aber die Fragmente enthalten nichts als einige Andeutungen. Der relativ reiche Gedanke der Entwicklung, den wir bei den frühesten Vorsokratikern kennenlernten, bei Anaximander, der die Menschen sich aus fischähnlichen Wesen entwickeln ließ, die durch Austrocknung der Meere ans Land gekommen waren, die phantastischen biologischen Lehren eines Empedokles – das findet sich wohl später wieder bei Lukrez, aber nicht in dem uns erhaltenen Schrifttum.

Subjektiver Faktor in der Atomlehre

Dagegen findet sich eine sehr merkwürdige Lehre der Weltentstehung mit einem Abfall von Demokrit. Bei Demokrit herrschte durchgehend ἀνάγκη, Notwendigkeit. Nun aber entstand die Schwierigkeit: Wenn die Welt aus einem Fall von Atomen entstanden ist, wenn alle Körper schwer sind und im leeren Raum fallen, dann können doch auf gar keine Weise Seitenbewegungen oder gar Wirbel entstehen, vielmehr fallen, wenn ein schwereres Atom auf ein leichteres auffällt, eben beide mit beschleunigter Geschwindigkeit weiter senkrecht abwärts. Lukrez nannte das in der Schrift »De rerum natura« einen Landregen der Atome. Woher kommt die Abweichung von der senkrechten Linie? Dieses Problem spielte noch bei Newton eine große Rolle, da wurde als Lückenbüßer der Schöpfergott eingefügt, wovon natürlich bei Epikur gar keine Rede sein kann. Woher kommt also diese Abweichung? Denn sie ist notwendig, weil sich nur auf diese Weise Wirbel bilden können. Zur Erklärung der Abweichung führt Epikur *ursachlose Freiheit* ein. Am Anfang alles Determinierten steht Freiheit. »Das erste steht uns frei, beim zweiten sind wir Knecht« [Goethe, Faust I, 1412], heißt es im Faust. Am Anfang alles Determinierten gibt es die Potenz zu einer wenn auch geringen Abweichung von der senkrechten Bahn. In der ἀνάγκη steckt, bevor sie zu herrschen beginnt, eine indeterministische Freiheit.

Diese Lehre, die durch Jahrhunderte als ein Sparren oder als eine merkwürdige Ausnahme in dem sonst so deterministisch-materialistischen System der Naturerklärung betrachtet worden ist, war wie eine Jerichorose, die ja wohl jahrelang verdorrt liegen kann und dann im Wasser wieder aufblüht. Sie kam als vertrocknete Rose in das Wasser der neuesten Physik, und in der Unsicherheitsrelation Heisenbergs, vor allem in der reaktionär interessierten Auslegung, ist die Epikurische Freiheit wieder da. Danach lassen sich die subatomaren Vorgänge nicht rein deterministisch erklären, sondern es gibt eine Unsicherheit, die verlangt, daß man nur statistische Äußerungen mit mehr oder minder großer Wahrscheinlichkeit macht, aber keine kausal unweigerlich determinierenden. So hat die Freiheit des menschlichen Willens, wie schon bei Epikur, ein wichtiges Vorspiel in den kleinsten Bauelementen des Daseins.

Damit wollte man natürlich dem Materialismus einen starken Schlag versetzen. Es trifft aber im wesentlichen den mechanischen Materialismus, und die Kämpfer gegen den Materialismus wissen nicht, daß zwischen dem mechanischen und dem dialektischen Materialismus ein großer Unterschied besteht. Sie wissen erst recht nicht, daß die dialektischen Materialisten dem Zufall einen sehr großen Platz geben, allerdings nicht einem total undeterminierten. Auch der Zufall ist in seiner Weise, näher oder ferner, von Notwendigkeit determiniert, ist also trotz dieser Streuung nicht völlig indeterministisch. So daß es schließlich einen *Fahrplan des Geschehens* gibt und nicht zu jeder Zeit alles getan werden kann. Nur ein Faschist wie Gentile konnte sagen, daß alles zu jeder Zeit möglich sei und daß ein grande animatore wie der Duce die Geschichte auch gegen den Strich bürsten könne. Das ist der soziale Auftrag, den schließlich die physikalische Unsicherheitsrelation in den Weiterungen bei den Gassenhauersängern des Faschismus gefunden hat.

Davon ist bei Epikur, wie sich von selbst versteht, nicht im mindesten die Rede. Es ist nirgends ein Auftrag dazu da, und wenn wir die ideologischen Deutungen, die das gefunden hat und die nichts damit zu tun haben, völlig abziehen, so stoßen wir auf eine sehr tiefe, vorweggreifende physikalische Erkenntnis. Sie hat wohl etwas mit Quantentheorie zu tun, mit der stoßweisen Abgabe von

Energie; und was wir in unserer mechanischen Umwelt, in der Newtonschen Umwelt an Gesetzen und Determinismen vorfinden, das ist in der inneratomaren Welt in derselben Weise wohl kaum mehr vorfindbar, infolgedessen ist auch die alte Art von Determinismus nicht mehr gültig. Hier ist also die Korrektur von Demokrit durchaus interessant. Es gibt sozusagen von einer ganz unerwarteten Ecke her so etwas wie einen subjektiven Faktor auch in der Natur, nicht nur in der Geschichte. Das alles ist, soweit uns das Material erhalten ist, an Ort und Stelle vollkommen unbelichtet, hat aber diese Konsequenzen.

Nichtsein nach dem Tode

Ich sagte, daß eine eigentliche Entwicklungsgeschichte des Kosmos uns nicht erhalten ist. Dagegen geht es nun weiter zur Zertrennung der Atome. Zertrennung, Zerstreuung bei anorganischen und bei organischen Wesen ist der Tod. Die feurigen Seelenatome übernimmt Epikur, soweit wir darüber richtig berichtet sind, ebenfalls von Demokrit. Sie unterscheiden sich aber nur durch ihre Gestalt voneinander, nicht durch irgendwelche Qualitäten. Diese Seelenatome werden vom Leiblichen zusammengehalten, und wenn sie beim Tode zerfallen, dann tritt Vernichtung ein, die in Wahrheit aber nur Zerstreuung und Herstellung des vorhergehenden Zustandes ist. Das ist eine Lehre, die damals schon seltsam einschlug, und zwar – ich sagte das bereits bei ähnlicher Gelegenheit – auf eine merkwürdige tröstende Weise. An sich müßte doch die Überzeugung, daß es mit uns nach dem Tode aus ist, bei dem natürlichen Lebenswillen und der kreatürlichen Todesfurcht schreckend sein. Aber solche Affekte sind bereits gesellschaftliche Affekte, nicht mehr rein kreatürliche. Wahrscheinlich sind sie auch bei Tieren nicht mehr rein kreatürlich, sondern auch schon sozial, durch den Herdenverband bedingt.
Es kommt darauf an, was durch die Leugnung der Unsterblichkeit weggeräumt wird. Es wurde ja nicht nur die Unsterblichkeit weggeräumt, mit der es bei den Griechen sowieso nicht so weit her war, sondern es wurden die Schreckbilder weggeräumt, die mit der Unsterblichkeit verbunden waren. Damals, und erst recht im 18. Jahrhundert, wo das Epikurische und die vollkommene Ablehnung

eines Fortlebens nach dem Tode wieder auftauchten, war eine ungeheure Befreiung damit verbunden, Freiheit von Furcht wurde gewonnen. Die Griechen hatten den Hades, der nicht sehr großartig aussehen sollte, denn es gab nicht umsonst das griechische Sprichtwort: Lieber ein lebender Hund als ein toter Achill. Dort sollte es grau sein, milchig, im Nichtstun unermeßlich langweilig vor allen Dingen, also kein sehr schöner Zustand. Dagegen kamen die paar anderen Mythen von den Elysäischen Feldern und der Asphodeloswiese und den Tänzen der Seligen kaum auf. Wenn diese graue Welt nun verschwindet und statt dieser kleinbürgerlichen Armseligkeit des Hades eine ganz solide Sache kommt, nämlich gar nichts, ein Zustand wie vor der Geburt, dann wirkt das zweifellos erheiternd.
Erst recht hat im 18. Jahrhundert das Epikurische erheiternd gewirkt. Womit war denn damals die Welt bevölkert, die uns erwartete? Bestenfalls mit Fegefeuer, mit der sehr großen Möglichkeit von Hölle, die sehr viele Grade hatte, einer unangenehmer als der andere, und die ewig währen sollte. In den Himmel kam überhaupt niemand. Dieses riesige ideologische Mittel benutzte die Kirche. Sie hatte angeblich die Schlüssel zum Jenseits, das man sich mit Ablaß, mit Seelenmessen erträglich gestalten konnte. Es ist für die irdische Macht heute noch nicht unwirksam. Das fiel nun weg, die Brechstange gegen den Klerus wurde sichtbar, und die Kirche wurde im Zentrum ihrer psychologischen Macht getroffen. Was wir kreatürlich an Todesfurcht kennen, ist ja völlig überdeckt gewesen durch eine ganz andere Furcht, durch die Furcht vor dem zweiten Tod, wie die Hölle hieß. Der erste Tod ist noch gar nichts, der erste Tod ist ein fatales Tor, durch das man in etwas eintritt. Aber das dicke Ende kommt nach, und davor fürchtete man sich. In Wernigerode im Harz gibt es auf dem Rathaus ein erhaltenes Schriftstück, eine Anklage, die darüber Auskunft gibt, daß ein Raubmörder zum Tod durch das Rad von unten herauf verurteilt wurde. Ich weiß nicht, ob Sie sich eine Vorstellung davon machen, was das ist. Es lohnt sich darzustellen, worauf alles die Menschen auch schon im Diesseits gekommen sind. Der Mensch wurde ausgestreckt auf Bretter oder runde Bohlen, und mit einem Rad wurden ihm die Knochen, Unterarm und Oberarm, Unterschenkel und Oberschenkel, zermalmt, in kleine Stücke zerschmettert, bis man das Zeug so brechen konnte wie eine Brezel, aber es hing noch

zusammen durch die Fleischfetzen und die Muskeln. Das wurde nun auf ein Rad geflochten, und das Rad wurde aufgesteckt. So lebte dann der Delinquent zuweilen noch neun Tage, und die Raben fraßen ihm die Augen aus; schließlich starb so einer dann an Blutverlust und an Verschmachtung und überhaupt an allgemeinem Übelbefinden. Dies mit dem Segen Christi. Ich muß das erwähnen, um Ihnen die Furcht vor dem Jenseits zu zeigen und die ungeheure Wirkung des Epikureismus als mechanischen Materialismus im 18. Jahrhundert. Eine Nachschrift zu diesem Urteil sagt uns, daß ein zu dieser Strafe verurteilter Verbrecher – es war 1700 oder 1701, also doch reichlich spät – begnadigt worden wäre, wenn er in der Walpurgisnacht allein auf den Brocken gegangen wäre und im Falle der Rückkehr mitgeteilt hätte, was er gesehen hat. Es wurde also von ihm nichts anderes verlangt, als in der Nacht vom 30. April zum 1. Mai auf den Brocken zu gehen, sonst nichts. Und der Delinquent, dieser arme Sünder, wählte lieber diesen entsetzlichen Tod, als daß er auf den Brocken gegangen wäre, so fest glaubte er, daß dort oben nur der Teufel und die Hexen hausten und es dann völlig um sein Seelenheil geschehen sei, während so doch noch eine ganz schwache, kaum glaubhafte, aber nicht völlig verschwundene Aussicht bestand, daß er nach einigen Milliarden Jahren schrecklichsten Fegefeuers vielleicht doch nicht in die Hölle geworfen wurde. Ging er aber auf den Brocken, dann kam er ja sofort in die Hölle, da nahmen ihn die Dämonen gleich mit. Daran sehen Sie die Festigkeit des Glaubens an die Schrecken des Jenseits. Diese Schrecken nun verschwanden, und die Lehre von der Vernichtung, der völligen, bewußtlosen Vernichtung nach dem Tod wirkte nicht melancholisch, sondern ungeheuer befreiend und fröhlich.

Epikurs heitere und gelassene Art wird auch darin sichtbar, daß er sagte: Der Tod kann überhaupt nicht erfahren werden, denn wo wir sind, ist der Tod nicht, und wo der Tod ist, sind wir nicht. Die beiden können sich so wenig begegnen, wie sich ein Walfisch und ein Löwe begegnen. Diogenes Laertios, der Leben und Lehren der namhaften Philosophen der Antike kompiliert hat und eine Fundgrube von Fragmenten und Darstellungen in indirekter Weise ist, gibt Epikurs Meinung so wieder: »Gewöhne dich auch an den Gedanken, daß es mit dem Tode für uns nichts auf sich hat. Denn alles Gute und Schlimme beruht auf Empfindung; der Tod aber ist die Aufhebung der Empfindung. Daher macht die rechte Erkenntnis von der Bedeutungslosigkeit des Todes für uns die Sterblichkeit des Lebens erst zu einer Quelle der Lust, indem sie uns nicht eine endlose Zeit als künftige Fortsetzung in Aussicht stellt, sondern dem Verlangen nach Unsterblichkeit ein Ende macht... solange wir noch da sind, ist der Tod nicht da; stellt sich aber der Tod ein, so sind wir nicht mehr da... Der Weise... weist weder das Leben von sich noch hat er Angst davor, nicht zu leben. Denn weder ist ihm das Leben zuwider noch hält er es für ein Übel, nicht zu leben.« [Diogenes Laertios, 1967, x, 124 f.]

Das ist eine Lehre, die sich mit dem Epikurischen auch sonst sehr gut verbindet, denn an solchen etwas prekären Stellen verwandelt sich bei Epikur Lust schließlich in Abwesenheit von Unlust. Keine Furcht, kein Gefühl der Unsicherheit; Glück ist dann dasselbe wie Schmerzlosigkeit, wie Empfindungslosigkeit, so daß der Zustand nach dem Tode als Nichtsein eigentlich ein höchst epikurischer Zustand ist. Es geht einen nichts mehr an, es gibt keine Prüfungen mehr, es wird nicht mehr telefoniert, nichts kann von einem verlangt werden, man liegt eben im Grab und streckt sich aus. Ein Element von Müdigkeit, sich ausstrecken wollen, Ruhe haben, Valet sagen, Adieu sagen, steckt auch darin, das mit der gesellschaftlichen Situation durchaus zusammenhängt, allerdings nicht im 18. Jahrhundert. Lichtenberg, ein von Epikur sehr beeinflußter großer Satiriker und einer der größten deutschen Schriftsteller des 18. Jahrhunderts, drückt sich so aus: »Die wenigsten Menschen haben wohl recht über den Wert des Nichtseins gehörig nachgedacht. Unter Nichtsein nach dem Tode stelle ich mir den Zustand vor, in dem ich mich befand, ehe ich geboren ward. Es ist eigentlich nicht Apathie, denn die kann noch gefühlt werden, sondern es ist gar nichts. Gerate ich in diesen Zustand – wiewohl hier die Wörter ich und Zustand gar nicht mehr passen; es ist, glaube ich, etwas, das dem ewigen Leben völlig das Gleichgewicht hält. Sein und Nichtsein stehen einander, wenn von empfindenden Wesen die Rede ist, nicht entgegen, sondern Nichtsein und höchste Glückseligkeit. Ich glaube, man befindet sich gleich wohl, in welchen von beiden Zuständen man ist.« [Lichtenberg, 1931, 160] Eine späte, noch durchaus von Epikurs Stimmung und Atem bewegte und erfüllte Stelle. Schmerzlosigkeit ist also ein wesentliches Ingredienz des Glücks, so daß in dieser Lehre von der Auflösung in Atome

keine Melancholie stattfindet und in späteren Zeiten ein Gefühl der Befreiung und des Kampfes gegen Adel und Klerus damit verbunden war.
Es ist die Frage, wie es damit in einer sozialistischen und klassenlosen Gesellschaft steht. Die Spätantike hat etwas erlebt, wovon wir sehr weit weg sind, wovon wir aber vielleicht nicht dispensiert sind. Als das maßlose Grauen vor dem Nichts, als die Furcht vor den Göttern schon weggefallen war, als die Götter längst gestorben und gleichgültig geworden waren, siegte das Christentum ideologisch mit dem Wort Christi: »Ich bin die Auferstehung und das Leben!« [Joh. 11,25] Daß die Sklavenhalter oder die beginnenden Großgrundbesitzer im Übergang von der Völkerwanderung in das Feudale noch etwas anderes am Christentum begrüßt haben, liegt auf der Hand. Aber für die Armen und die Sklaven und für die große Menge der proles und Heimatlosen siegte wieder das Grauen der Vernichtung. Ob wir von diesem Zustand dispensiert sind, steht dahin. Es ist schon einmal so in der Welt gewesen, und gerade nach einer großen Epoche gründlicher Aufklärung. Immerhin sind die gesellschaftlichen Verhältnisse völlig verschieden. Aber auch hier sind Elemente, die in allen gesellschaftlichen Verhältnissen vorhanden sind und sich vermutlich nicht so sehr verändern, Urbeziehungen wie das Sterben, das in jeder Gesellschaft vorkommt und das auch nicht auf den Menschen beschränkt ist. Die Relation dazu nimmt völlig am gesellschaftlichen Leben teil, die Sache selbst geht aber nicht völlig in die gesellschaftlichen Verhältnisse, in die Färbungen des Überbaues durch den Unterbau ein.
Es ist gut, hier vorzubauen, es ist gut, darüber nachzudenken, was im Bewußtsein der Kommunisten war, die in Konzentrationslagern, in Folterkammern und SA-Kellern für ihre Sache gestorben sind. Was ist das, was in »Huttens letzten Tagen« bei Conrad Ferdinand Meyer in einem symbolischen Vers gemeint ist: »Die wilde Jagd des Lebens geht zu End ... Komm! Sehn wir, ob im Herd ein Feuer brennt.« [Meyer, 1871, LXI] Was ist das Fortleben im Gedächtnis der Freunde, im Gedächtnis der Arbeiterklasse? Was ist das Fortleben im Werk? Welche Elemente stecken darin? Welchen Ort hat das im Weltzusammenhang, im kosmologischen? Was ist die Realität darin, und was zeigt das Bewußtsein dieser Märtyrer, die nicht an ein Jenseits glaubten wie die Urchristen und die Täufer im 16. und im 17. Jahrhundert und wie die Ketzer, die

die spanische Inquisition vernichtet hat? Die Kommunisten hatten diesen Glauben doch nicht und haben sich genauso tapfer verhalten. Das ist ein interessantes Thema, gerade bei Gelegenheit der zweifellos richtigen Vernichtung, bei Gelegenheit der Lehre, die Epikur zuerst dermaßen melancholisch leuchtend in die Welt gebracht hat. Soviel über die Kosmologie.

Die Ethik

Ich gehe nun über zum dritten Teil, zur Ethik. Ich sagte, sie ist das Zentrum. Von hier aus ist sowohl Logik als auch Kosmologie bestimmt. Es gilt für alle drei Lehren: Kosmische Wissenschaft ist eine Art Instrumentarium, um den richtigen Lebenskurs zu finden. Also kommt man mit der Ethik in das Zentrum der Lehre selbst hinein. Hier kann ich mich kurz fassen, denn ich habe es ja bereits überall als reflektiert kenntlich gemacht.

Ἡδονή, Glück, Schmerzlosigkeit, wie sie zuletzt erschienen ist, ist Freiheit von Furcht, auch Freiheit von Hoffnung. Aus diesen Elementen ist die Ethik zusammengesetzt. Dazu ist ein weiterer Satz Epikurs wichtig, den ebenfalls Diogenes Laertios überliefert: »Die Zukunft liegt weder ganz in unserer Hand noch ist sie völlig unserem Willen entzogen. Das ist wohl zu beachten, wenn wir nicht in den Fehler verfallen wollen, das Zukünftige entweder als ganz sicher anzusehen oder von vornherein an seinem Eintreten völlig zu verzweifeln.« [Diogenes Laertios, 1967, x, 127] So weit geht also die Gegenwärtigkeit Epikurs nicht, daß er die Zukunft leugnet, denn sonst würde es ja die Lehre eines höheren Tieres sein, zwar die Philosophie eines höheren Tieres, aber doch immerhin eines Tieres. Blick auf die Zukunft ist noch da, aber auch diese, das Zielhafte, das, wohin wir wollen, das Aufbauende, ist immer nur so da, daß es sich augenblicklich mit einem sehr kurzen Bogen zur Gegenwärtigkeit senken muß.

Carpe diem und erfüllter Augenblick

Hier haben wir nun das Problem, das wesentlich das Epikurische ist und auch wesentlich ein unsriges, nämlich das, was Horaz als Kern der Epikurischen Lehre ausdrückt: Pflücke den Tag, carpe diem. Was ist das? Ist das Glück, wie Epikur es betont, in der Tat nur das gegenwärtige Dasein, das, was gerade gegenwärtig ist, das, was uns vorliegt? Alles andere ist ja nicht Sinnesempfindung und ist ja nicht Glück im Sinn eines gegenwärtigen Genusses, einer fruitio. Also gibt es, wenn ich es versäumt habe, kein Glück mehr, und wenn ich es erhoffe, so ist es auch noch nicht da. So wird das Carpe diem die große Kunst, von dem wunderbaren Baum des Lebens immer das zu pflücken, was gerade gegenwärtig ist, was er uns bietet, die Kunst, meine Schritte in dem Garten des Lebens so einzurichten, daß ich in jedem Augenblick das habe, was ich brauche. Ich soll weder erinnern noch hoffen, sondern den Tag pflücken oder, mit einem moderneren Ausdruck, mich seinsmächtig verhalten.

Eine sehr sonderbare Gegend, das Carpe diem, indem es sich nämlich den Tröpfen und den höchsten Weisen zugleich zuwendet und ebenso in der äußersten Armseligkeit und Niedrigkeit vorkommt und dort leicht erfüllt werden kann, wie es in sehr hohen Gegenden vorkommt. Wenn Sie einen Schnösel nehmen, einen amerikanischen playboy, einen Kerl, der in den Tag hineinlebt, oder einen Hund, der ein nettes Wesen ist und kein playboy, aber dafür ein Hund, so sind die durchaus seinsmächtig. Die denken nicht weiter als über den Tag hinaus, sie pflücken das, was ihnen gerade geboten wird, sie machen ihre Stepschritte, sie genehmigen sich einen Drink, sie gehen spazieren, sie glotzen vor sich hin, sie leben völlig in der Gegenwart. Aber in was für einer Gegenwart, in einer leeren, in einer armseligen! Ein armseliger Menschentyp. Soll man dazu sagen: das ist carpe diem? Das andere: »Im Vorgefühl von solchem hohen Glück / Genieß ich jetzt den höchsten Augenblick« [Goethe, Faust II, Vs. 11585], sagt der sterbende Faust. Also den Augenblick genießt er, allerdings nur im Vorgefühl von solchem hohen Glück. Damit ist die Wette erfüllt, Faust ist in den Zustand gekommen, daß er den Rat befolgen kann: carpe diem. Aber die Wette um den erfüllten Augenblick hat ein doppeltes Gesicht. Am Anfang ist das Faulbett gemeint: »Werd ich zum Augenblicke sagen: / Verweile doch! du bist so schön! / Dann magst du mich in Fesseln schlagen. Dann will ich gern zugrunde gehn!« [Goethe, Faust I, Vs. 1701] Das ist der Carpe-diem-Zustand des playboys. Später aber ändert sich das, und gemeint ist der erfüllte Augenblick, der vollkommene Augenblick, dessen ich mächtig bin.

Nun ist es mit dem Augenblick eine schwierige Sache, indem er erstens vergeht und indem man ihn zweitens, wenn er da ist, nicht recht merkt, da jeder Abstand fehlt. Erst zu dem, was gerade vergangen ist, habe ich einen Abstand, erst das kann ich plastisch wahrnehmen. Und zu dem, was heraufkommt, habe ich auch einen Abstand und kann seine Silhouette wahrnehmen, wie ich ein Gebirge in der Ferne sehe. Dazu gibt es nun viele erfahrene Sprichwörter: Am Fuß des Leuchtturms ist kein Licht; was er webt, weiß kein Weber. Sie zeigen, daß es erkenntnistheoretisch außerordentlich schwierig ist, den gelebten Augenblick überhaupt nur wahrzunehmen. Es gibt in unserem Auge eine Stelle, wo der Sehnerv in die Netzhaut eintritt, diese Stelle heißt der blinde Fleck. An dieser Stelle sieht man nichts. So haben wir vermutlich bei jedem Augenblick einen blinden Fleck, so daß wir ihn nicht wahrnehmen. Erst kurz nachher nehmen wir ihn wahr, oder kurz vorher erhoffen wir etwas.

Des Augenblicks mächtig zu werden, ist sehr schwierig. Es gibt ein Trübendes in der Wahrnehmung des gelebten Augenblicks, ein Anzeichen, daß dieser im Dunkeln liegt und daß dort vielleicht der Weltknoten steckt, nämlich im gerade erlebten Jetzt. Die Geheimnisse sind nicht sehr weit droben oder fern, nein, sie sind gerade ganz nah. Nicht das Transzendente, sondern das Immanente ist das Geheimnis, das Immanenteste im Immanenten, der gerade gelebte Augenblick. Das Allernächste kann nicht gesehen werden, weil es das Nächste ist. Erkenntnistheoretische, philosophische Probleme ohne Zahl erwachsen also aus der Forderung: carpe diem. Eine sonderbare Forderung, eine große Forderung, die zweierlei Auslegungen hat. In der banalsten Weise kann sie erfüllt werden, leider nur in der banalsten; sonst ist es eine der größten Schwierigkeiten des menschlichen Daseins, sich konkret zum Jetzt zu verhalten. Epikur bewegt sich immer am Rand, an der Peripherie davon. In dieser Philosophie stecken also Probleme über Probleme.

Der Epikureische Weise

Dem Carpe diem, der Seinsmächtigkeit gegenüber dem Jetzt zugeordnet sind nach Epikur die *Tugenden*. Die Haupttugend ist Einsicht, Aufklärung, Freiheit von Vorurteilen, leeren Einbildungen, auch törichten Wünschen, wahrhafte Selbstbeherrschung, die mit diesen Tugenden ernst macht an sich selbst. Danach kommt die Tapferkeit, als Gegenzug zur Wehleidigkeit, die ein vorhandenes Leiden überflüssig und übermäßig vermehrt, dann die Gerechtigkeit. Das Ensemble dieser philosophischen Berufstugend ergibt die Weisheit, ergibt den Epikurischen Weisen, also nicht den playboy, nicht den Schnösel, nicht den rücksichtslosen Genußmenschen. Das ist nicht im mindesten intendiert, das sind Karikaturen oder gesellschaftliche Verschlechterungen des Epikureismus übelster Art. Gemeint ist der leuchtende, lächelnde Weise, der weit entfernt ist von dem Leimsiederhaften des mißmutigen, sauren Skeptikers, der an überhaupt nichts glaubt, der immer die Nase rümpft, in jedem Augenblick zweifelt.

Der Epikurische Weise ist aber auch weit entfernt von dem Stoischen Weisen, dessen Grundzug die Apathie ist, die Fühllosigkeit. Bei Epikur ist gar keine Apathie, sondern Gefühl der Heiterkeit. Wohl aber ist genau wie bei den Stoikern, genau wie bei den Skeptikern Selbstgenügsamkeit des Weisen da, Ataraxie, Unerschütterlichkeit, Überwindung der Welt im Menschen, Rückzug auf den ἰδιώτης, auf das Individuum, allerdings in der kultiviertesten Form, die man sich vorstellen kann. Man soll sich aus den wechselnden Situationen heraushalten und nach dem Kompaß der Lustgewinnung klug durch die Welt fahren und sofort ausweichen, wenn das Glück Schaden erleiden kann. Ehrgeiz und alle solchen inadäquaten Gefühle sind verpönt. Man soll sich nicht in der Nähe von Verhältnissen ansiedeln, über die man keine Macht hat. Die Epikureer sind Privatiers, Rentiers der Welt selber, die möglichst viel aus dem Weltgeschäft herausschlagen, ohne in es einzusteigen. Diese Ideologie des arbeitslosen Einkommens blüht auf dem Grund der Sklavenhaltergesellschaft, aber auf die großartigste Weise.

Gesellschaftlicher Atomismus und »contrat social«

Nach Maßgabe der individuellen Unerschütterlichkeit wird auch die Gesellschaft betrachtet. Und wie die toten Dinge nur als Aggregate aus Atomen, so wird die Gesellschaft als ein bloßes Aggregat aus Individuen betrachtet. Die Epikurische Ethik pflegt den Kult des sich selbst genügenden, fröhlichen Individuums, die

Epikurische Politik steigert diesen Kult, dergestalt, daß die Gesellschaft die Individuen nur umfaßt, also ein Summationsphänomen von Individuen ist, sie aber in nichts trägt oder beeinflußt oder beeinflussen darf. Ein *sozialer Atomismus* entsteht als Entsprechung zu dem physikalischen Atomismus. Die Wahlfreiheit, die die Atome in ihrem Fall haben, hinzufallen, wo es ihnen beliebt, wenigstens am Anfang, diese Freiheit haben die Individuen in der Gesellschaft, in ihrem ethischen Atomismus ebenfalls. Sie können sich entschließen zu welcher Gesellschaft sie nur wollen, sie haben die Wahlfreiheit, das beliebige Aggregat von Privaten zu bilden, das ihnen im Sinne liegt. Diese Lehre tauchte später im Anarchismus wieder auf, der den freien Entschluß, sich zu einer Kooperative zu verbinden mit wem auch immer oder sich nicht zu verbinden, die völlige Freiheit von jeder gesellschaftlichen Bindung, von jedem gesellschaftlichen Zwang erstrebte.
Laut Epikur braucht der Weise mit philosophischer Schulung keine Ehe, keine Familie, keine Polis. Sein Ort ist ein freiwilliger Freundeskreis, mit schönster Blüte ein Summationsphänomen von lauter Gärten. Das wäre die soziale Utopie, die hier, in diesem ethischen Atomismus, Platz hat. Der Staat selbst, wenn er schon nicht von Anfang an vollkommen abstirbt, vernichtet wird, so wird er doch, was auch später eingetreten ist, ein bloßer Nachtwächterstaat, ein Manchesterprinzipstaat. Die Parole lautet: laissez faire, laissez aller. Gleich wie die Frau die beste ist, von der man nicht spricht, so ist der Staat der beste, von dem man am wenigsten merkt. Diese dem Anarchismus nahestehende, liberalistische Welt wird in Epikurs Kreis vorweggenommen. Der Anarchismus kommt ja aus dem Kapitalismus, er überwindet ihn nicht, er tut es nur scheinbar in subjektiv falschem Bewußtsein. Dieses alles hatte seine erste Form gefunden schon bei Aristipp in dem schönen, freien, lockeren Aggregatgebilde von herrlichen Schmarotzern oder Genießern, die sich von dem großen Kuchen so viel abschneiden, wie es ihnen in ihrem Kram paßt und wie ihr Appetit ist.
Das war das Negative. Nun aber das Positive: Indem Epikur einen sozialen Atomismus von solchen Graden hat und den Staat völlig jeder Geweihtheit entkleidet, gibt es nichts von der späteren Terminologie von Gottes Gnaden, gibt es nichts von uralten Weisen und Magiern Eingesetztes, nichts Gesalbtes. Der Staat ist ein Geschäftsverband, ein Zweckverband von Individuen, eingegangen ihrem

jeweiligen Nutzen entsprechend. So haben Sie hier nichts Geringeres als den *Ursprung der Lehre vom Staatsvertrag*, dem contrat social. Was im Naturrecht, bei Althusius, bei Hobbes, bei Locke und bei Grotius und dann ganz durchschlagend bei Rousseau das ideologische Mittel zur Französischen Revolution geworden ist, hat hier seinen Ursprung: Der Staat ist entstanden auf Grund eines Vertrags freier Individuen. Dieses sehr späte juristische Instrument des Vertrags wurde ganz an den Anfang projiziert. Individuen kommen zusammen und schließen dies Geschäft ab zu ihrem gegenseitigen Nutzen, zur Bewahrung und Förderung ihres individuellen Nutzens und ihrer individuellen Freiheit. Es entsteht eine συνθήκη, wörtlich Vertrag – das griechische Wort für contrat social.
Wenn aber ein Staat nur auf Grund eines Vertrags entstanden ist, gelten für ihn die Rechte jedes Vertrags, das heißt, wenn der eine Partner den Vertrag nicht erfüllt, kann der andere vom Vertrag zurücktreten. Wenn also die Obrigkeit den Vertrag: Nutzen für jedes Individuum, Fröhlichkeit, Freiheit, Ungestörtheit nicht erfüllt, wenn Despotie eintritt, kann der andere Partner oder das Volk den Vertrag kündigen. Die Kündigung des Vertrags heißt Revolution. Das war die Ideologie der Französischen Revolution, die aus dem Staatsvertrag gezogen worden ist und ihren Ursprung bei Epikur hat. Sie sehen das Lichtgesicht, das materialistische Lichtgesicht, das ursprünglich hervortritt, mit all dem Ausgleiten in Völlerei, in Anarchismus, in Beliebigkeit, in Libertinage, aber immer wieder auch das Helle von Glück, von frischer Luft, von großer Weite, von Furchtlosigkeit, von Abtun von allem Bann und Zwang und undurchschauten Brauch. Hier wird Philosophie deutlich zu Philosophie, in einem Lichtsinn, eben als Befreiung von Bann, Druck, Zwang, Brauch und Unreflektiertem.

Epikureische Götter

Ich will in diesem Zusammenhang noch auf eine Konsequenz eingehen, die eintritt, auf die Stellung Epikurs zur Religion. Wenn ich schon das Muffig-Geweihte, das heilige Öl und das Gottesgnadentum als etwas hier Entferntes bezeichnete, so gilt das nicht weniger für die Götter. Man kann allerdings nicht sagen, daß Epikur antireligiös gewesen wäre, er ist vielmehr areligiös. Schon deshalb, weil es zu einem Weisen nicht gehört, daß er kämpft. Ein Weiser kämpft nicht gegen Menschen, er kämpft erst recht nicht gegen Götter. Er hält seine weise, seine heitere Gemütsruhe, läßt sich also auf nichts ein, sonst würde ja seine ἡδονή geschmälert. Aber soweit die Götter dem Glück im Wege stehen, soweit sie Furcht verbreiten, wird doch gegen sie gekämpft, und es gibt ja in dem griechischen Mythos durchaus dunkle Partien. Ich wies schon auf den Hades hin, der nicht schwarz, aber grau ist. Es gibt Schwarzes genug, die thrakischen Götter, die dreiköpfige Hekate, es gibt all das entsetzlich dämonische Gesindel, das Sie in der klassischen Walpurgisnacht im zweiten Teil des Faust finden können, gräßlich aussehendes, mißredendes, mißgestaltetes, das aus der alten Volksreligion durchaus lebendig geblieben ist; es gibt die finstere, undurchschaubare Moira, es gibt die grauenhafte Gorgo, vor deren Anblick alles versteinert. Dieser ganze pelasgische, thrakische dunkle und finstere Untergrund, das Negergötzenhafte, lebte auch in der griechischen Religion. Es berührte die glückliche Gemütsruhe negativ, und deshalb mußte es weg. So wird die gesamte Mythologie aus der Umwelt des Weisen gewiesen, ja sie wird aus der ganzen Welt gewiesen. Die Götter – und nun kommt ein leichtes Element von Humor –, die Götter sind ja die allerhöchsten Epikurischen Weisen. Sie leben schon die ganze Zeit nach der Lehre Epikurs, das heißt, sie bekümmern sich um die Welt erst recht nicht. Wenn sich schon der Weise nicht um die Welt bekümmert, wie wenig erst die Götter! Sie leben in den leeren Zwischenräumen, in den Intermundien der Welt, führen ein vergnügtes Leben mit Nektar und Ambrosia, ein epikureisches Dasein, und lassen sich auf solches Zeug wie Verwaltung der Welt überhaupt nicht ein. Das zeigt eben, daß sie Götter sind. Denn wenn sie sich um dieses hier bekümmerten, wo so vieles schlecht ist, dann gäbe es nur zwei Möglichkeiten der Erklärung: entweder wären sie nicht allmächtig und könnten dem Schlechten nicht steuern oder sie wären böse und wollten nicht. In beiden Fällen wären sie keine Götter. Da sie Götter sind, kümmern sie sich nicht um die Welt und lassen den lieben Gott einen frommen Mann sein. Das ist nicht antireligiös, sondern areligiös, so daß wir die Freiheit von Furcht auch in diesem allerhöchsten Gebiet vorfinden in Form einer Weltfrömmigkeit, auch in Form einer frommen Resignation. Das Erdenleben muß destilliert werden, dann allerdings ist es möglich, mitten in dem listigen Kosmos sich einen Garten des Vergnügens und der Freundschaft zu schaffen.

Wirkung

Als nächstes werden wir eingehen auf das große Lehrgedicht des Lukrez, auf den langen Schlaf des Epikureismus und seine Erneuerung durch Gassendi im 17. Jahrhundert, wodurch die Atomlehre zur Grundlage der Physik geworden und wodurch vor allen Dingen die stärkste philosophische Kultur des Diesseits in das europäische Bewußtsein gebracht worden ist. [...] Epikur bildete keine eigene Schule in dem Sinn, daß ein großes zusammenhängendes Schrifttum entsprossen wäre. Es gab viele Epikureer, und zwar bis herunter zu Feinschmeckern, wenn man das ein Herunterkommen nennen will, welche Meinung ich allerdings nicht teile. Jedenfalls hat der Epikureismus philosophisch nicht die gleiche Höhe, wie eine zusammenhängende und ausgeführte Lehrmeinung sie darstellt. Epikurs Schüler haben seine Lehre auch nicht verändert, ausgebaut oder vertieft, sondern sie bleibt wie sie war. Eine Ausnahme bildet das große Lehrgedicht »De natura rerum« von Lukrez, zu dem ich nun komme.

Lukrez

Lucretius war ein großer Dichter zur Zeit von Augustus im letzten Jahrhundert vor Christus, der das materialistische System Epikurs vor allen Dingen nach seiner genetischen Seite, nämlich als *Lehre von der Weltentstehung*, als *Erklärung der Welt aus sich selbst*, in einer klangvollen und machtvollen Weise dargestellt hat. Von der ersten Wirbelbildung steigt es hinauf bis zur menschlichen Kulturentwicklung, mit einem großen und doch auffallenden Reichtum an schönen Einzelheiten. Ich sage auffallend, weil die Zeiten längst vorüber waren, wo es leicht möglich war, ein Lehrgedicht zu schreiben in der Weise etwa, wie Parmenides ein poetisches Lehrgedicht in Hexametern über seine Philosophie geschrieben hat. Inzwischen hatte sich die wissenschaftliche Sprechweise, die wissenschaftliche Prosa reich und glänzend ausgebildet. Das dichterische Unternehmen, Philosophie in Gestalt eines Lehrgedichtes darzustellen, sieht nun nach einer von vornherein nicht unter besonders günstigen Sternen stehenden Romantik aus, nach einem Archaisieren, mindestens nach einer Nachahmung. So haben die Römer eine Nachahmung geliefert in der Äneis von Vergil, die eine Kopie der Odyssee ist, also kein Werk ersten Ranges. Es ist nicht mehr das Gold da, man schmeckt das Silberne, stellenweise vielleicht sogar noch weniger edles Metall. Also müßte das Lehrgedicht des Lukrez, wenn es eine Nachahmung des Parmenideischen Lehrgedichts sein sollte, ebenfalls so aussehen, dazu noch bei einem Stoff, der so spröde ist und so gedanklich, daß das Gelingen von vornherein kaum faßbar erscheint. Aber siehe da, es ist hervorragend gelungen! Es muß den Zeitgenossen auch sehr fremdartig vorgekommen sein, ungefähr so, wie wenn heute die Deutsche Film AG einen Film drehte mit dem Thema »Die Kritik der reinen Vernunft«. Ganz so grotesk ist es zwar nicht, aber etwas von dieser Groteske liegt vor; um so bewunderungswürdiger ist das Gelingen.

Dieses große Gedicht des Atheisten und Epikur-Schülers Lukrez beginnt mit der Anrufung einer Göttin, der Venus. Sie erinnern sich, die Götter leben in den Intermundien, den Zwischenräumen der Welten, sie sind so gut wie abgeschafft. Sie bekümmern sich nicht um uns, und wir bekümmern uns deshalb nicht um sie. Hier nun bleibt eine Göttin übrig, und echt materialistisch, mit echt französisch-materialistischer Heiterkeit und Lebensbejahung ist die einzige Göttin, die übrigbleibt, die Venus, die Göttin der Liebe, die Spenderin des Lebens, das Weib. An sie wendet sich das große Gedicht mit Versen, von denen ich Ihnen wenigstens den Anfang vorlesen will: Aeneadum genetrix, hominum divumque voluptas, alma Venus, »Mutter der Aeneaden, die Wonne der Menschen und Götter, strahlende, herrliche Venus« [Lukrez, 1923, 1, 1].

Zugleich haben Sie in diesem Gedicht eine *erste Poetisierung der natura naturans*, also eines Begriffs, der, ohne daß der Ausdruck dafür da war, aus der Aristotelischen Schule herstammt. Ursprünglich ist er schon bei Straton gemeint, dem dritten Nachfolger des Aristoteles, der Aristoteles naturalistisch machte, wo der Stoff nicht mehr die passive Möglichkeit ist, sondern bereits gebärend, und nicht nur das, sondern sogar sich selbst befruchtend, Schoß der Geburten. Die Geburten erzeugen sich selbst aus der Materie heraus, ohne daß die Form noch strapaziert wird, das heißt, Form und Materie gehen in eins oder tauschen sogar stellenweise ihre Gesichter. Das ist die naturierende Natur, wie sie später genannt wurde, die natura naturans, ein Ausdruck, der erst im späten Mittelalter auftaucht. Natura naturans erscheint auch im Erdgeist, den Faust beschwört.

Zunächst ist die natura naturans immer weiblich, hier ist sie nun die erste Erscheinung der Mutter Natur, des Weibes Natur, sie wird als Weib, als Venus gefaßt. Dieses Motiv ist später verlorengegangen; der Erdgeist ist ja kein Weib, und die allgebärende, pantheistische Substanz des Giordano Bruno, die leuchtende, strahlende, reiche Materie, ist auch kein Weib. Bei Lukrez gibt es noch die Deckung mit Venus, und wir haben den Begriff »Mutter Natur«, ein sonderbarer Begriff, wie Sie zugeben werden. Etwas Mutterrechtliches kommt damit in die Physik hinein. Niemand hat je Mutter Natur gesehen, so wenig wie jemand Jahwe gesehen hat oder Zeus. Während aber der Atheismus einen großen Teil seiner Evidenz daraus zog und zieht, daß sein Gegenstand nicht zu sehen ist, also nicht da ist – ein nicht ganz stringenter Schluß –, so ist dieses, daß noch niemand eine Mutter Natur gesehen hat, kein Einwand dagegen, daß wir sie als poetische Wahrheit nehmen, poetisch, aber doch Wahrheit. So auch hier in diesem außerordentlich kritischen und allen Aberglauben vernichten wollenden Lehrgedicht des Lukrez, wo die Venus angesprochen wird.

Zugleich haben Sie ein sehr schönes Beispiel für den *Übergang von Kunst in Wahrheit*, *Kunst in Wissenschaft*. Es ist der gleiche Atem, der das Lehrgedicht erzeugt, mit lauter als wahr gesetzten Inhalten, der vorher Venus anrufen läßt, die ebenfalls als wahr gedacht wird. Wenn Sie eine Oper sehen, etwa den »Ring der Nibelungen«, und Wotan tritt auf, dann brauchen Sie nicht an Wotan zu glauben, brauchen Sie nicht an Feuerzauber zu glauben, nicht zu glauben, daß Brünnhilde in Island von Flammen umgeben auf ihren Erretter und Erlöser wartet. Das ist schön für den, dem es gefällt, eine glühende Musik und lebhafte Bühnenbilder, aber die Wahrheitsfrage wird hier nicht gestellt. Bei Lukrez ist die Wahrheitsfrage gestellt, indem Lukrez auch als Wissenschaftler für die Anrufung der Venus verantwortlich zeichnet. Sie ist die in weiblicher Gestalt gedachte schaffende Naturkraft.

Und es gibt noch eine Apostrophe an Epikur in dem Gedicht »De natura rerum«, die so heißt: »Als vor den Blicken der Menschen das

Leben schmachvoll auf Erden / Niedergebeugt von der Last schwerwuchtender Religion war, / Die ihr Haupt aus des Himmels erhabenen Höhen hervorstreckt / Und mit greulicher Fratze die Menschheit furchtbar bedräuet, / Da erkühnte zuerst sich ein Grieche, das sterbliche Auge / Gegen das Scheusal zu heben und kühn sich entgegenzustemmen.« [Lukrez, 1923, I, 62 ff.] Das ist eine kaum verdeckte Gleichung von Epikur mit Prometheus. Vergil andererseits sagt nicht über Epikur, aber über Lukrez berühmte Verse, die ich Ihnen auch zuerst lateinisch sagen möchte: Felix qui potuit rerum cognoscere causas / Atque metus omnis et inexorabile fatum / Subiecit pedibus strepitumque Acherontis avari [Vergil, 1969, II, 490 ff.], »glücklich der, der die Ursachen der Dinge erkennen konnte und alle Furcht und das unerbittliche Schicksal unterwarf und den Höllenlärm des geizigen Hades.«

Späte Wiederentdeckung

Viele Jahrhunderte war nun Epikur völlig verschollen oder völlig verteufelt als der Atheist, der Materialist und vor allen Dingen auch als der Fresser und Säufer, der Lehrer des Sinnengenusses, in dem Sinn, wie der Spießer noch heute das Wort »Materialist« gebraucht. Es ist bezeichnend, daß das so lange zusammen ging. Als zum Beispiel La Mettrie, der französische Materialist, der Verfasser des Buches »L'homme machine«, theoretisch ebenfalls ein Epikureer, der – wie Voltaire gespottet hat – als königlich-preußischer Hofatheist bei Friedrich II. in Sanssouci lebte, dort nach dem Genuß einer Pastete starb, war sein Tod für die Pfaffen ein gefundenes Fressen. Sie behaupteten, er habe die Pastete so unmäßig verschlungen, in solchen Mengen und so gierig und eilig, daß er daran verreckt sei. Das war selber eine Art Pastete für die Pfaffen, denn so endet angeblich ein Materialist. »Fressen und saufen können sie, arbeiten wollen sie nicht.« Was die Unternehmer von ihren Arbeitern gesagt haben, gilt mutatis mutandis von den Materialisten, und das spielt in der Propaganda gegen den Materialismus heute noch eine Rolle. Die großen französischen Prälaten und Kardinäle und die Könige haben zwar auch immer ausgezeichnet gespeist, aber sie waren Idealisten und deshalb von Gottes Gnaden; die Proleten haben immer gehungert, aber sie waren Materialisten.

Wenn einem einmal eine Pastete gut geschmeckt hat und er starb hinterher an Fleischvergiftung – denn La Mettrie starb an Fleischvergiftung –, dann wird das dem Materialismus zugeschrieben. Unter diesem Aspekt lebte Epikur weiter, und so ging es viele Jahrhunderte, bis das Bürgertum kam, bis die feudal-theologische Gesellschaft versank und im Zusammenhang mit der notwendigen Entfesselung der Produktivkräfte Erinnerungen auftauchten an den Mann, der mit der Natur, mit den Naturgesetzen ganz gut gestanden und die Welt aus sich selbst erklärt hatte; das konnte man brauchen. Im Rahmen der zahlreichen Rezeptionen der Renaissance, als nicht nur die antiken Dichter, sondern auch die antiken Philosophen wiederentdeckt wurden, wurde Epikur sehr spät wieder erinnert. Ich nannte Ihnen bereits den Namen seines Entdekkers: *Gassendi.* Gassendi, italienischer Franzose, ein Kanonikus, hat sich, nebenbei bemerkt, sehr dafür entschuldigt, daß er Epikur wieder in Erinnerung rief. Aber es war unvermeidlich wegen der Atomlehre, die die Naturwissenschaft brauchte. Gassendi schrieb im Jahre 1647 das Buch »De vita, moribus et doctrina Epicuri«. Mit vielen Entschuldigungen und vielen Windungen wurde also Epikur wieder in das neuere Bewußtsein eingeführt. Das Stichwort wurde gehört: Atomistik kam durch Gassendi in die moderne Naturwissenschaft und hat sie, wie Ihnen bewußt ist, bis jetzt nicht verlassen.

Marx' Parteinahme für Epikur

An dem Thema, das große Denker sich für ihre erste Arbeit ausgesucht haben, wird immer etwas kenntlich. Der siebzehnjährige Leibniz zum Beispiel wählte als Thema seiner Disputation ein Prinzip, das ihn sein ganzes Leben lang bestimmte und einen Grundpfeiler seiner Philosophie ausmachte, nämlich das Individuum; seine Disputation heißt »De principio individui«. Nun trifft es sich ausgezeichnet für unseren Zusammenhang, daß der dreiundzwanzigjährige Karl Marx 1841 in Jena mit seiner Schrift »Differenz der demokritischen und epikureischen Naturphilosophie« promovierte, also mit einem Thema aus der Geschichte des Materialismus, mit einem zeitlich sehr zurückliegenden Thema, so daß sich manche unserer heutigen Philosophiestudenten wohl wundern werden, weshalb Marx solche ollen Kamellen ausgegraben hat, weshalb er nicht genauso gegenwärtig und zeitbezogen war wie so viele Parteifunktionäre. Ja, wenn Marx nicht die Differenz der demokritischen und epikureischen Naturphilosophie gewußt hätte und wesentlich gewußt hätte, dann hätten unsere heutigen Parteifunktionäre theoretisch weder etwas zu nagen noch zu beißen, denn dann gäbe es wahrscheinlich keinen Marxismus. Das mußte er durcharbeiten, und das lebte in ihm und bestimmte ihn, wie wir gleich sehen werden.

In dieser Schrift nimmt Marx Partei, nicht nur für Epikur, das ist selbstverständlich, sondern sogar sehr scharf gegen Demokrit. Es liegt ihm daran, den Glauben zu zerstören, den man so lange gehabt hatte, daß die beiden in ihren Lehrmeinungen schließlich identisch wären und daß Epikur höchstens einige willkürliche Einfälle gehabt hätte. Es ist eine letzte Rettung Epikurs, gegen Cicero, gegen die Kirchenväter, auch gegen den großen Leibniz, der Epikur ebenfalls sehr unterschätzte und ihn nur zu einem kleinen Nachfolger und Nachbeter von Demokrit machte. Wie das oft so ist bei Rettungen, übersteigert Marx. Er setzt in einer unbilligen Weise Demokrit herab und erhöht Epikur in einer weniger unbilligen, aber doch leicht übertriebenen Weise, mit der starken Frische der Jugend und der Übertreibung der Jugend, die rasch mit dem Wort ist. Aber die Motive, weshalb er ihn überhöht, sind sehr interessant und für den Marxismus nicht unbezeichnend.

Marx geht so weit zu sagen, daß Epikur und Demokrit einander sogar diametral entgegengesetzt wären, was man nun wohl als eine leichte Übertreibung bezeichnen kann. Interessant ist, daß Marx etwas betont, was manchem Materialisten und manchem Freund der Gesetzmäßigkeit in der Natur etwas zu raten aufgibt, nämlich die relative Einführung von Willkür, von *Freiheit in dem Fall der Atome* und dementsprechend in der gesellschaftlichen Bildung. Daß Epikur das große Erbe des Demokrit zum Teil preisgegeben hat, nämlich die ἀνάγκη, die ausnahmslose Determiniertheit und Gesetzmäßigkeit der Weltgeschehnisse, das rühmt der junge Marx. Die Leugnung der unbedingten Notwendigkeit, die sich im freien Fall der Atome, in den freien Entschließungen der Individuen äußert, wird als ein diametraler Gegensatz zu Demokrit und als ein begrüßenswerter Gegensatz anerkannt. Wir wissen, diese Leugnung ist gar nicht absolut; Epikur setzt nur für den Anfang des Falls der Atome diesen freien Entschluß, um die Abbiegung, die Deklination von der geraden Linie zu erzeugen, damit sich Wirbel bilden; denn wenn die Atome nur senkrecht aufeinander fielen, gäbe es keine Begegnung zwischen Atomen und auch nicht zwischen Individuen. So ist man beim ersten frei, beim zweiten ist man Knecht. Wenn man eine Freundesbeziehung eingegangen ist, dann arbeitet die Beziehung auch mit, und zwar wesentlich, wenn auch weniger als bei Atomen. Aber der junge Marx läßt diese Einschränkung weg, er pointiert sie nicht und zitiert mit großer Zustimmung folgenden, in der Tat höchst bemerkenswerten Satz Epikurs, der von Seneca überliefert ist: »Es ist ein Unglück, in der Notwendigkeit zu leben, aber in der Notwendigkeit zu leben, ist keine Notwendigkeit. Offen stehen überall zur Freiheit die Wege, viele, kurze, leichte... Zu bändigen die Notwendigkeit selbst, ist gestattet.« [Marx, 1841, 275]

So kommt es zu dem Resultat, daß Marx die beiden Philosophen auch in der Form einander entgegensetzt. Demokrit als Empiriker, mit nichts als empirischer Reflexion, Epikur als Philosophen. Und das wird noch verdeutlicht durch den Satz: »Epikur ist... der größte griechische Aufklärer.« [Marx, 1841, 305] Also nicht Demokrit, erst recht nicht die Sophisten, die natürlich auch schon griechische Aufklärung sind, sondern Epikur ist der größte griechische Aufklärer. Am Schluß der Vorrede kommt der großartige Satz: »Prometheus ist der vornehmste Heilige... im philosophischen Kalender.« [Marx, 1841, 263] Also bei Gelegenheit Epikurs ist Prometheus genannt, und Epikur ist der größte griechische Aufklärer. Ich habe schon bei Lukrez auf die Beziehung zu Prometheus hingewiesen. Wie kommt der junge Marx dazu, und noch in einer Weise, die nicht ganz mit dem Marxismus übereinstimmt, die aber aus der Entstehungsgeschichte des Marxismus verständlich ist? Was heißt denn Aufklärer an dieser Stelle, welche Aufklärung lag da für Marx vor? Es ist die Aufklärung, die in dem rheinischen Trier und in der Familientradition seines Vaters und des Vaters der Jenny gepflegt wurde, die des Geheimen Regierungsrates Ludwig von Westphalen, der sein treuer väterlicher Freund war und dem die Arbeit gewidmet ist. Dieser war ein echt französisch liberaler Mann, von französischer, wenn nicht republikanischer, so doch demokratischer Gesinnung. So kommt es, daß wir in dieser Frühschrift von Marx, wo in der Widmung unaufhörlich das Wort

»Idealismus« als ein großes Lobeswort vorkommt, eine Zustimmung zu der damals außerordentlich revolutionär-progressiven Überzeugung des individuellen Liberalismus von 1841 haben. Das ist vor der Achtundvierziger Revolution, noch unter dem Druck der Metternich-Zeit im Vormärz.

Freiheit im Fall der Atome, Freiheit der Individuen ist hier ein Schlachtruf gegen Notwendigkeit, die durch Hegel die königlich-preußische Staatsnotwendigkeit geworden war. Mit Notwendigkeit läßt sich jede Reaktion ideologisieren, dergestalt, daß alles notwendig geworden ist, alles notwendig so weitergeht, daß die Individuen nichts dazu zu melden haben, als es zur Kenntnis zu nehmen, daß gegen die Notwendigkeit nur der beschränkte Untertanenverstand räsonnieren kann, und der ist leer, falsch, der kennt sich nicht aus. Notwendigkeit ist beim Staat, Notwendigkeit ist in der Natur; das Wort »Gesetz« hat daher seinen strengen Sinn im Staat und in der Natur, und Naturgesetz bekommt sogar ein Aroma von Staatsgesetz. Also haben wir in dieser Freiheit der Abwendung, der Deklination von der vorgeschriebenen geraden Linie ein rebellisches Element, das Marx angezogen hat.

Marx ist hier auch noch berührt von der sogenannten Philosophie des Selbstbewußtseins von Bruno Bauer. Sie ist nicht nur eine Philosophie der Abgrenzung von den Massen, was ihr reaktionärer Charakter ist, der in der »Deutschen Ideologie« mit Hohn und Spott und Haß übergossen wird, sondern sie ist auch das Selbstbewußtsein gegen Notwendigkeit, der Männerstolz vor Königsthronen, so daß der Satz von Marx über Epikur nun verständlich wird, der da heißt: »Bei Epikur ist ... die Atomistik mit allen ihren Widersprüchen als die Naturwissenschaft des Selbstbewußtseins ... durchgeführt und vollendet.« [Marx, 1841, 305] Der Satz wäre sonst völlig unverständlich; es gibt keine andere Deutung, soweit ich sehe, mit der Naturwissenschaft des Selbstbewußtseins ist die Philosophie des Selbstbewußtseins von Bruno Bauer assoziiert.

Weiter heißt es: »Dem Demokrit dagegen ist das Atom nur der allgemein objektive Ausdruck der empirischen Naturforschung überhaupt.« [Marx, 1841, 305] Die empirische Naturerforschung schätzt der junge Marx gar nicht sehr, es gibt sogar eine Stelle, wo er im Zusammenhang mit Epikur eine Leugnung der objektiven Realität der Außenwelt ganz sympathisch findet, weil hier die

Wand überall ein Loch kriegt, die Wand, gegen die ich als Individuum mit dem Kopf stoße. Dies Selbstbewußtsein hat Platz und es zeigt eine außerordentliche Übertreibung des subjektiven Faktors im Sinn des individuellen Liberalismus von 1789. Das ist das eine, und es würde uns nicht viel angehen, weil es zur Entwicklungsgeschichte des jungen Marx gehört und wir ja keine Biologen oder Wissenstheoretiker und keine Philologen und keine Historiker sind. Das mag woanders ausgemacht werden, sofern es einen gedanklichen Gehalt hat. Marx hat es ja auch bald abgetan und in der »Deutschen Ideologie« Krieg dagegen geführt.

Es ist aber noch etwas anderes darin. Die Notwendigkeit des Demokrit ist eine mechanische Notwendigkeit, und mir scheint, in dieser Sympathie für die Deklination vom freien Fall zeigt sich eine erste Ahnung des *subjektiven Arbeitsfaktors* gegenüber der Übertreibung des objektiven Faktors im französischen mechanischen Materialismus, der ebenfalls mit Notwendigkeit arbeitet und ganz Demokrit ist. Die Arbeit des Menschen ist damit gemeint, die zwar den Menschen völlig durch die Umstände bedingt sein läßt, aber es wird hinzugefügt, daß die Umstände doch auch von Menschen geschaffen werden. Der Mensch verändert die Umstände, und die Umstände beeinflussen den Menschen. Das Sein, das das Bewußtsein bedingt, ist nicht ein von den Menschen unabhängiges Sein, sofern es gesellschaftliches Sein ist. Sofern es Natursein ist, ist es unabhängig; sofern es aber gesellschaftliches Sein ist – und an dieser Stelle ist gesellschaftliches Sein allein oder wesentlich gemeint –, ist es ein von Menschen geschaffenes Sein, das nur nicht durchschaut ist, das nicht begriffen ist als ein von Menschen geschaffenes Sein, weshalb es als Schicksal erscheint. Also haben wir in dieser Sympathie für die Deklination den subjektiven Arbeitsfaktor contra Schicksal und einen Raum zum Auslauf für das Verändernkönnen der Welt, denn das Schicksal ist inexorabilis, fatum inexorabile, sagt Vergil, das unerbittliche, das heißt also auch unveränderliche, unbeeinflußbare Schicksal.

Die Beeinflußbarkeit der Notwendigkeit im Einklang mit den Gesetzen der Notwendigkeit, wie sie sich für uns von selbst versteht – das ist etwas, was im mechanischen Materialismus, bei Demokrit und auch bei Epikur nicht vorkommt. In der Sklavenhaltergesellschaft und in dem Garten der Freunde bestand kein Interesse daran, die Außenwelt außerhalb der Gartenmauern zu verändern.

Aber etwas davon ist offen, und ich glaube, in dieser interessanten, überraschenden Parteinahme für Epikur gegen Demokrit steckt mehr. Sonst nahm man für Epikur Partei, etwa gegen Platon, also gegen den transzendenten oder als transzendent verstandenen Idealismus. In Marx' Parteinahme für Epikur steckt nicht nur eine feine Empfindung für den individuellen Liberalismus, der uns nicht sehr interessiert, sondern auch eine für das Heraufziehen des historischen Materialismus. So viel zu dieser interessanten Arbeit und zu der Wirkung, die Epikur noch nach so vielen Jahrhunderten auf einen jungen Doktoranden ausübte, der später von sich reden machte. Ich schließe damit die Darstellung Epikurs, was immer cum grano salis zu verstehen ist, denn wir werden Epikur immer wieder begegnen, wie den anderen großen Philosophen auch.

Nun gehen wir über zu der letzten großen Schule, die nach Platon und Aristoteles im hellenistischen Zeitalter hervorgetreten ist, zu der Schule der Stoa. Damit feiere ich gleichzeitig eine Art Jubiläum, denn vor vielen Dezennien habe ich in der Obersekunda einen Vortrag über die Stoa gehalten. Es war in bayrischen Gymnasien Brauch, daß man einmal im Jahr einen freien Vortrag halten mußte, und das begann in der Obersekunda. Dazu habe ich mir nun nicht das Thema ausgesucht »Uhlands ›Ernst Herzog von Schwaben‹« oder »Der Boden, auf dem du stehst, ist heilig, er ist gedüngt durch deiner Väter a) Schweiß, b) Blut«, sondern ich habe mir »Die Philosophie der Stoa« ausgesucht und fast ein Jahr dafür gearbeitet und alle möglichen Schmöker gelesen. Mein erster Vortrag über die Philosophie der Stoa fand vor lauter Freunden statt, vor Pennälern, die alle auf einem bedeutend höheren philosophischen Niveau standen als der Pauker, der mißgünstig, ohne eine Spur des leisesten Verständnisses, danebensaß und vor sich hin griente. So beginne ich also, dieser Erinnerung dankbar voll, mit der Philosophie der Stoa und wie gewohnt zunächst mit Angabe der Personen, die in dieser Schule eine Rolle gespielt haben, sie gegründet und weiter belebt haben.

Die Schule

Die Stoa ist ein außerordentlich weitschichtiges Gebilde, denn sie ist die größte und ausgebreitetste Philosophenschule der Welt. Sämtliche Einzelwissenschaften waren von ihr bestimmt, zum Teil von ihr geboren, wesentlich zum Beispiel die Medizin. Die Stoa ist aber nicht nur weitschichtig im Raum, sondern auch weitschichtig in der Zeit, denn sie erstreckt sich über viele Jahrhunderte, und man kann sagen, daß der letzte griechische Philosoph Boëthius, der 524 von Theoderich hingerichtet wurde, auch noch ein Stoiker war. Die Stoa hat fast tausend Jahre lang in der Spätantike geherrscht. Es gibt eine ältere, eine mittlere und eine jüngere, neuere Stoa. Die ältere Stoa ist rein griechisch, natürlich hellenistisch, die mittlere wandert schon nach Rom aus, die neuere ist rein römisch. Die griechische Stoa ist durch zwei Männer bezeichnet, durch die

Gründer Zenon und Chrysippos, die mittlere Stoa wieder durch zwei, Panaitios und Poseidonios, und die späte, römische Stoa ist bezeichnet durch Seneca, Epiktet und Marc Aurel, den römischen Kaiser.

Zenon ist etwa 340 v. Chr. in Kition auf Zypern geboren und gestorben etwa 265 v. Chr. Ich habe Sie schon bei Euklid von Megara gebeten, ihn nicht mit dem späteren Euklid zu verwechseln, der das Lehrbuch der Geometrie geschrieben hat. So bitte ich Sie auch inständig, Zenon, den Stifter der Stoa, nicht mit Zenon, dem Stifter der Eleaten, durcheinanderzubringen. Zenon, der Stoiker, versammelte Schüler um sich in einer Halle. Halle heißt griechisch στοά. Und zwar war es eine bunte Halle, die zum Unterschied von anderen στοά ποικίλη, die bunte Halle genannt wurde; es war eine reich bemalte Halle. Die griechischen Tempel und die griechischen Wohnhäuser sahen ja nicht weiß aus, wie es sich der kleine Moritz und noch andere Leute jahrhundertelang vorgestellt haben, sondern sie waren bemalt, und zwar in uns ziemlich ordinär vorkommenden Farben, mit Rot, Gelb und einem harten Blau. Das muß besonders leuchtend gewesen sein unter dem attischen Himmel, in der attischen Sonne. Jedenfalls hat die Stoa ihren Namen von der Halle, so wie »Akademie« von Herrn Akademos kommt und »Peripatetische Schule« vielleicht von der Gewohnheit des Aristoteles, hin und her zu gehen. Zugleich gab Zenon der stoischen Schule die ersten Grundzüge, die nicht verlassen, nur weiter ausgeführt wurden.

Chrysippos (etwa 281 bis 208 v. Chr.) war ein scharfsinniger Dialektiker und ungeheuer fleißig. Ich habe Ihnen schon erzählt, daß er über 700 Schriften hinterlassen hat, mehr als Epikur, der ebenfalls sehr viel schrieb. Letztlich ist es aber doch weniger, weil die Schriften des Chrysippos zum großen Teil aus Zitaten bestanden, seitenlang damit vollgestopft waren. Er beförderte die Ausbreitung des Stoizismus, gab auch der Lehre wenn nicht einen Abschluß, so doch eine gewisse Rundung, die ihr sehr wohl ansteht. Von ihm an ist nun die Stoa der große Schulverband geworden mit einer ungeheuren wissenschaftlichen Massenwirkung.

Panaitios (180-110 v. Chr.) aus der mittleren Stoa ist ebenfalls noch ein Grieche. Er brachte den Stoizismus nach Rom. Hierbei traf eine höhere Kultur auf eine niedere. Die Römer haben die höhere griechische Kultur aufgenommen und sich ihr völlig unterworfen.

Die römische Nobilität sprach griechisch, schrieb griechisch und dachte griechisch. Aber es wurde etwas platt, und der Schmetterlingsstaub, die Feinheit und die Tiefe wurden weggewischt, als ob sie nie gewesen wären. Die Römer waren nicht sehr philosophische Köpfe; Mommsen sagt spöttisch, daß in Rom niemand spekulierte außer dem Wechsler. In dieser Stadt war also keine Gelegenheit, griechische Philosophie zu verstehen und auszubreiten; das war nicht die Stärke Roms. Die Philosophie mußte verplatten, sie wurde sehr auf das unmittelbar Nützliche reduziert, noch mehr, als das die Stoiker schon taten. Die Feinheit, die Tiefe, der Glanz, die Schönheit, das menschliche Gesicht, die Weisheit – all das verdorrte nicht, aber es verpuffte.
Es gab Ausnahmen. Zu denen scheint Scipio gehört zu haben, und seine folgenreiche Wirkung war auch da. Am Hof des jüngeren Scipio hat Panaitios das neue lateinische Wort humanitas gebildet, was für das damalige Latein eine fremdartige Abstraktion war. Unter Humanität wurde das Menschtum zum ersten Mal nicht als eine zoologische Eigenschaft, sondern als eine *moralische Würde* und Verpflichtung verstanden. Wir werden sehen, daß dies gänzlich mit dem Inhalt der stoischen Ethik zusammenfällt. Panaitios variierte außerdem die Stoa durch Aufnahme Platonischer und vor allem Aristotelischer Elemente. Er bezweifelte den Untergang der Welt, den die Stoa lehrte; er bezweifelte auch die Entstehung der Welt, er war also der Ewigkeit der Welt näher, was in der späteren Stoa wieder zurückgenommen wurde.
Zur mittleren Stoa gehört auch *Poseidonios*, über den es eine schöne Schrift des Frankfurter Philologen Reinhardt gibt, die in den zwanziger Jahren erschien. Poseidonios (135-51 v. Chr.), ein Polyhistor von Format, ausgezeichnet in vielen Wissenschaften, die er alle mit stoischem Gedankengut befruchtete, war Naturforscher, Ethnologe, Historiker, Meteorologe, Geologe, Numismatiker. Er hielt zum Unterschied von Panaitios viel strenger an den Überlieferungen der Schule fest, die von Zenon und Chrysippos ausgegangen war, hat allerdings auch – und das ist nun ein Neues, das sehr folgenreich wurde – an der beginnenden Mythisierung der Stoa, das heißt an dem Einströmen nicht etwa Platonischer, Aristotelischer Gedanken, sondern vorhandener Volkssagen, auch orientalischer und abergläubischer Mythen, einen ersten Anteil. Er öffnete die Schleuse, daß diese in die strenge und hohe, doch ursprünglich

gegen Aberglauben gerichtete Aufklärungsphilosophie, in den mit Händen zu greifenden Materialismus der Stoa einströmen konnten.

Ich komme nun zur römischen Stoa. *Seneca* (4 v. Chr. – 65 n. Chr.) war bekanntlich der Erzieher und dann der Minister der Bestie Nero, ein mild-erhabener Moralist, nicht so langweilig, wie er verrufen ist, mit Ausnahme seiner Dramen, die entsetzlich sind. Sein Leben und seine Lehre standen in ziemlichem Widerspruch zueinander. Er lebte keineswegs bedürfnislos, war einer der reichsten Männer Roms, aber eine Gestalt, die die Stoa, vor allem im 16. und im 17. Jahrhundert, sehr weit in die Neuzeit verbreitete. Seine Bedeutung hat er auch darin, daß er stark christlich wirkte, ohne zu dem Christentum irgendeine Beziehung zu haben. Was gab es denn schon für Christen 65 nach Christi Geburt! Da gab es einige verlumpte Schlawiner, die irgendwo draußen in den Katakomben sich versteckten und bei Regen mit geschwärzten Gesichtern und geduckt wie Räuber zusammenkamen und dann einen geheimnisvollen, abergläubischen, langweiligen Gottesdienst hielten. Von dem Auswurf dessen, was da aus dem Osten nach Rom kam, waren wahrscheinlich die Christen die Verachtetsten; sie wurden den Tieren vorgeworfen, wie Sie wissen. Ich glaube nicht, daß der vornehme Minister Neros einen Zusammenhang mit den Christen hatte. Trotzdem ist seltsam, daß seine Lehre sehr stark christianisiert, was mit Vorsicht gesagt werden muß. Erasmus von Rotterdam meinte: Wenn man Seneca mit den Augen eines Heiden lese, dann christianisiere er, wenn man ihn mit den Augen eines Christen lese, dann habe er auf eine sehr heidnische Weise geschrieben. Trotzdem sind Übergänge zu einer greisenartigen Milderung da. So wie es ältere Herren gibt, die plötzlich einen so milden, schwimmenden Blick bekommen, so ist es hier im Stoizismus von Seneca.

Das Männliche, Strenge, Haltende, Scharfe, Kräftige geht weg, und es tritt nicht gerade eine Effeminierung, aber eine leichte Senilisierung ein. Das noch stärker bei dem Sklaven *Epiktet*, der ein freundlicher, sanfter Diener war, ein Diener der Natur, mit edlen und vornehmen Zügen, der vermutlich sehr leicht seiner perturbationes animae Herr werden konnte. Von ihm ist eine Schrift bis heute erhalten: das »Handbüchlein der Moral«. Er lebte zur Zeit der Kaiserbestie Domitian. Der Dritte ist nun selbst ein römischer

Kaiser, *Marc Aurel* (121-180 n. Chr.). Von ihm ist ebenfalls eine Schrift erhalten, Τὰ εἰς ἑαυτόν, »Selbstbetrachtung«, eine erste Gestalt der Selbstbiographie oder der Selbstreflexion vor Augustin und Jahrhunderte vor den Konfessionen Rousseaus, die gehalten ist in stoischer Reflexion über sich, die Welt, das Schicksal der Welt, den Sinn des Lebens und der Dinge – eine Populärphilosophie.

Das System

Ich komme zur Einteilung der Philosophie der Stoa, die nun ganz bewußt wird. Es ist die alte Einteilung, die wir schon von der Platonischen Schule her kennen: Logik, Physik und Ethik. Schon bei den Skeptikern und bei Epikur, erst recht bei den Stoikern wird ganz überlegt und reflektiert die Ethik das, was man heutzutage einen Schwerpunkt nennt. Besser ist Schwergewicht, denn der Ausdruck Schwerpunkt für den gemeinten Sachverhalt ist physikalisch falsch. Der Schwerpunkt ist der Punkt, der unterstützt werden muß, wenn sich ein Körper im Gleichgewicht halten soll. Das Schwergewicht also liegt auf der Ethik und ist in der Ethik zu Hause. Sie ist der Zweck, der Lebenszweck, um des willen, von dem her und vor allem zu dem hin überhaupt philosophiert wird. Der Satz des Horaz: »Quid fugiendum, quid quaerendum in vita« (»was zu fliehen und was zu suchen ist im Leben«) ist ein ganz stoischer Satz. Dazu also, um das höchste Gut zu finden und die übrigen Güter des Lebens abzuwägen im Vergleich mit dem höchsten Gut, wird nachgedacht, dazu wird philosophiert und reflektiert.

Es ist aber nicht so, daß nun diese energische Zweckbeziehung eudämonistischer, moralischer Art die anderen Teile der Philosophie, die Logik und die Physik, vernichtet oder herabgesetzt hätte. Ganz im Gegenteil! Es gibt scharfsinnige Untersuchungen zur Logik, die nur bei den Stoikern vorkommen; zum Beispiel ist das hypothetische Urteil von den Stoikern ausgearbeitet worden. Es gibt eine stoische Kategorienlehre, wie wir sehen werden, die ein Novum enthält. Erstens kennt sie vier Kategorien mit einer materialistischen Grundlage und zweitens die Gleichsetzung der Kategorien mit Ontologie, mit den allgemeinsten Daseinsbeziehungen des Seins. Ebenso ist die Physik eine reichhaltige Lehre, die die gesamten Naturwissenschaften befruchtet hat. Es ist also nicht so, daß das alles verschwunden wäre, aber die Relation ist nach einem stoischen Gleichnis trotzdem so, daß die Logik den Zaun, die Physik den Garten und die Ethik die Früchte darstellt. Poseidonios vergleicht in einem anderen Bild die Logik mit den Knochen, die Physik mit dem Fleisch und die Ethik mit der Seele eines lebenden Wesens [vgl. Diogenes Laertios, 1967, VII, 40].

Einflüsse

Ich gehe nun auf die Einflüsse ein. Es ist uns schon klar geworden bei den Skeptikern und bei Epikur, daß das, was sich an Schulen unmittelbar in der kleinen Nachfolge von Sokrates außerhalb Platons gezeigt hat, weiterlebte. Das Dasein Platons und Aristoteles' hat das ja nicht ausgelöscht, und es steht nach Platon und Aristoteles auf in den drei Schulen der Skeptiker, der Epikureer und der Stoiker. Die Skeptiker haben mit der megarischen Schule vieles zu tun, die Epikureer mit der hedonischen, der kyrenaischen Schule, und die Stoiker schließen sich an die Kyniker an, an die Lehre von der bedürfnislosen Ataraxie, der Unerschütterlichkeit des Weisen, der sich zum Unterschied von dem genußfreudigen Epikur von der Welt fernhält und dessen Tugendstolz größer ist als seine Genußfreude. Die kynische Schule ist unter den Sokratischen Schulen vielleicht die uninteressanteste; die megarische ist logisch viel interessanter, und die hedonische, kyrenaische Schule ist materialistisch interessant, weil sie die Lust betont. Aber sie sind nicht die einzigen Quellen für die Stoa.

Was scheinbar nicht in diesem Zusammenhang steht, ist, daß nach der großen Abbiegung, die Platon vor allen Dingen und vorher Sokrates und noch vorher die Sophisten von der vorsokratischen Naturphilosophie vollzogen haben, die Stoa auf diese Zeit energisch zurückgreift, und zwar auf Demokrit. Wir haben also in der Stoa eine Renaissance, nicht Epikurs natürlich – das ist ja die Konkurrenz –, aber eine Renaissance Demokrits in einem Punkt, auf den Epikur keinen Wert legte, nämlich im Punkt der Notwendigkeit. Während Epikur Demokrits unverbrüchliche Naturgesetzlichkeit, den Determinismus, den allgemein notwendigen Zusammenhang aller Dinge und Erscheinungen fahren läßt, ist dies ein Zentrum der Lehre der Stoa.

Demokrit hat ja ohnehin schon gewisse Auferstehungen erlebt, Sie erinnern sich an Straton, das dritte Schulhaupt nach dem Tod des Aristoteles, in dessen Lehre Demokrit im Aristotelischen Lager selbst auf großen Strecken gesiegt hat, durch Einfügung des Naturalismus nämlich, durch die Verwandlung, die Straton der Aristotelischen Lehre gab, indem er erstens den übersinnlichen Ursprung und Charakter der menschlichen Vernunft strich und zweitens die Lehre von der reinen Geistigkeit Gottes. Straton, ὁ φυσικός, der Physiker, besser der Naturalist, ist daher mit seiner Lehre dem Demokrit sehr nahe. Es geht also mit der Naturnotwendigkeit, die in der Stoffentwicklung selber ist, das an, was ich die »Aristotelische Linke« nannte, und in die Anfänge der Aristotelischen Linken ist bereits Demokrit eingezahlt, vor allen Dingen auch mit der Leugnung einer außerweltlichen Ursache, wenn diese Ursache auch bloß eine Zweckursache ist. Der unbewegte Beweger, auf dessen Vollkommenheit hin sich alle Stoffgebilde bewegen, ist gestrichen.

Es siegt also Demokrit, der sich nun auch in der Stoa gleichsam kodifiziert. Aber nicht nur Demokrit siegt, sondern auch der Zweckgedanke. Was Epikur wieder mit Demokrit verbindet und was dem Materialismus bis heute eine Selbstverständlichkeit ist, ist die Ablehnung des Zwecks. Epikur bringt sozusagen die Freiheit in die ἀνάγκη hinein, aber den Zweck lehnt er auch völlig ab, genau wie Demokrit. Dieses Zweckmotiv, das zuletzt begriffen war von Anaxagoras, wird in der Stoa wieder aufgenommen: Durchgehender Mechanismus steht im Dienste eines Zwecks. Ein Bild bietet sich an, das im 18. Jahrhundert gebraucht wurde, das Bild einer Maschine, die durchaus mechanisch ist und einen Zweck hat, zu einem Zweck gemacht wurde, etwa um Baumwolle zu spinnen. Hierin wurde von der Stoa kein Widerspruch gesehen, hier wirkt nicht Demokrit, sondern ein dritter Einfluß, der von Anaxagoras und Aristoteles. Hier siegt der teleologische Aristoteles mit dem οὗ ἕνεκα, der wichtigen Kategorie des Um-wes-willen. Eine Vermählung von Demokrit und Aristoteles in einzelnen Teilen geht vor sich, und die Grundlage, die vor allen Dingen die ursprüngliche Haltung bestimmt, ist kynisch; es ist der bedürfnislose Weise mit der Haltung oder Reaktion, die auch Sokrates hatte, als er über die

Agora, den reich beschickten athenischen Markt ging und sagte: »Wie vieles gibt es, was ich nicht brauche.« [Diogenes Laertius 1955, I, 86]

Widersprüche der Stoa

Bevor wir auf die stoische Philosophie eingehen, möchte ich Sie im Überblick auf etwas aufmerksam machen, was wir dann im einzelnen vielleicht nicht mehr so sehen, auf zwei auffallende Widersprüche, von denen ich den einen bereits notiert habe. Zwei Unwegsamkeiten oder griechisch: Aporien tauchen in der Stoa auf. Es ist die starke *Betonung des Individuums*, des auf sich selbst gestellten Menschen, des zurückgezogenen ἰδιώτης auf der einen Seite, auf der anderen Seite das ebenso große *Pathos der weltbürgerlichen Gemeinsamkeit aller Individuen*. Das ist der erste Widerspruch.

Wir haben seine gesellschaftliche Grundlage anzugeben versucht: Auf der einen Seite der Zerfall der Polis, das Individuum wird auf sich selbst zurückgewiesen; auf der anderen Seite die neue Welt der hellenistischen Königreiche mit Großgrundbesitz, ein mächtiger Militär- und Beamtenstaat, der sich ausbildet, zum Teil nach ägyptischem, zum Teil nach persischem Muster. Die Reiche der Diadochen, der Nachfolger Alexanders, haben sich ja bis nach Indien erstreckt. Dazu kam noch die andere, gewaltigere gesellschaftliche Grundlage in späterer Zeit, das römische Reich, das ein kosmopolitisches Gebilde erster Ordnung war. Was in der Republik, vor allen Dingen gegen Ende, an großen Staatsmännern auftauchte, das waren nicht mehr Nachfolger von Perikles, das waren Vorformen von Cäsar. Eine gänzlich andere Gemeinsamkeit ging auf, eine Gemeinsamkeit von Gestaltung, von Zusammenhang, von Staatsrecht, Macht und eiserner Logik. Das wurde auch reflektiert; das Schicksal schien es selbst so angelegt zu haben, daß sich die antike Welt im römischen Reich versammelte. Der große griechische Historiker Polybios hat Rom als den Ratschluß des Zeus dargestellt. Es ist kein Kosmopolitismus im Adenauerschen, auch nicht im Goethischen Sinn, nein, in einem ganz anderen Sinn. Die Nationen sind untergegangen in dem viel größeren Zusammenhang der Ökumene, die später der Boden der römischen Kirche werden konnte. So haben wir nun gesellschaftlich einen hohen

Bogen zwischen dem Individuum und diesem großen System. Alles andere fällt aus; die kleine Zelle der Familie, die Polis, die Nation, aber ein riesenhafter Zusammenhang ist da, das ist das wohlige Haus des Zeus. Der Zusammenhang geht bis zu den Göttern hinauf, alles ist in sympathetischer Beziehung. Und auf der anderen Seite haben wir das auf sich selbst gestellte Individuum. Ein Widerspruch, der sich wohl sehen lassen kann.

Derselbe Widerspruch zeigt sich in anderer Gestalt in der *Unvereinbarkeit von Pessimismus und höchstem Optimismus.* Die Zurückgezogenheit des Individuums, die Ablehnung alles Störenden in uns und erst recht außer uns ist pessimistisch. In uns sind die Affekte störend, störend ist die Kreatur, die eine Trübung unserer Gemütsruhe hervorruft, die uns zur Beute unserer Triebe werden läßt, unser Glück und unsere Würde fast vernichten kann. Außer uns gibt es die großen Störungen der Welt, einen Nero, einen Domitian, Krankheiten und Wetterschläge und das launische Schicksal und Verhältnisse, über die man keine Macht hat, die uns unter sich begraben. Das bringt eine pessimistische Haltung mit einem ängstlichen Sich-Zurückziehen vor der rauhen Welt, der bösen Welt, wie sie später, als die Welt auch schlecht war, von den Pietisten im 17., 18. Jahrhundert genannt wurde. Es war die Welt im allgemeinen gemeint, in Wahrheit war es natürlich die Welt, die entstanden war nach der Niederlage der Bauernkriege. Hier ist es die böse römische Welt, in der die Menschen keinen größeren Rang hatten als Insekten und ebenso vernichtet werden konnten. Dagegen zieht sich das Individuum in seine unerschütterliche Würde zurück und hält seine Würde. »Si fractus inlabatur orbis, Inpavidum ferient ruinae« [Horaz, III, 3, 8], sagt Horaz stoisch. Wenn der Weltkreis, das Weltall krachend zusammenstürzt, werden die Trümmer einen unerschrockenen Mann treffen. Der Unerschrockene ist der einsame Weise, der einen Halt in sich hat, an den nichts von außen herankann, auch nichts von innen im Sinn der Kreatur. Aber: das Weltall stürzt krachend zusammen, das Unglück ist im Fluge, die Welt ist schlecht.

Dem widerspricht nun die Lehre von der beglückten Hingabe an die Welt, die *Weltfrömmigkeit*. Die Welt ist vollkommen, das Schicksal ist gut, es ist Zeus darin, die Notwendigkeit ist menschlich, es ist wohlig, in der Welt zu sein, und wir können aus ihr nicht herausfallen. Der moralisch-eudämonistische Pantheismus ist ebenfalls stoisch, mit einem außerordentlichen Vertrauen, wie es später nicht da war, und die Regel, die den Weisen zum Weisen macht, lautet: ὁμολογουμένως τῇ φύσει ζῆν, »in Übereinstimmung mit der Natur leben«. So wirken Naturheilkunde, Naturrecht, Natursprache, Natürlichkeit, Naturhaftigkeit bis ins 18. Jahrhundert von der Stoa her, natürlich mit anderem gesellschaftlichem Inhalt, aber der Rahmen ist gegeben. Also Weltfrömmigkeit, Welthingabe in einer Welt, die beherrscht ist von guter Notwendigkeit; in Übereinstimmung mit der Welt leben, Vertrauen auf den Weltgang haben, auf das – wie die Stoiker dann später sagten – große Götter und das Göttliche im Menschen vereinigende σύστημα. σύστημα ist ursprünglich Zusammenhang, also System.

Da ist auf der einen Seite nun der stoische individuelle Weise, auf der anderen Seite die stoische universale Gottnatur, Zeusnatur; beide stellen einen Widerspruch dar. Auf der einen Seite strahlender Optimismus, bejubelt und begrüßt – es gibt ein Gedicht von Kleanthes an Zeus, das antike Vaterunser. Und auf der anderen Seite Pessimismus, sich von allem fernhalten, sich in sich zurückziehen, die Welt nur als Störung empfinden. Sie sehen einen Zusammenhang mit dem Lebensgefühl von Goethe, das über Spinoza ebenfalls von der Stoa bestimmt ist. »Problem« heißt ein Gedicht von Goethe, ein sehr stoisches, merkwürdigerweise wenig bekanntes Gedicht: »Warum ist alles so rätselhaft? / Hier ist das Wollen, hier ist die Kraft; / Das Wollen will, die Kraft ist bereit, / Und daneben die schöne lange Zeit. / So seht doch hin, wo die gute Welt / Zusammenhält! / Seht hin, wo sie auseinanderfällt!« [Goethe, 1948 ff., Bd. 1, 453] Das Zusammenhalten der Welt ist für den Willen das Maß dessen, was er will und wie er seine Kraft einsetzt, und das Auseinanderfallen der Welt ist das Maß dessen, wie man sich nicht verhalten soll. Das ist das zweite Element in der Stoa und ist eine Aporie, eine Unwegsamkeit. Der Widerspruch zwischen den beiden Motiven ist wohl völlig klar. Die gesellschaftliche Grundlage ist, glaube ich, auch übersichtlich, die Vermittlungsglieder sind leicht zu finden; vor allen Dingen haben die Skeptiker, die ja noch lange mit der Stoa gleichzeitig lebten, nur nicht die gleiche Ausbreitung erlangten, diesen Punkt, den man wohl einen wunden Punkt nennen kann, auch beständig zum Ziel ihrer Angriffe gemacht, und die Stoiker haben keine rechte Entscheidung, keine besondere Synthese gefunden in ihrem σύστημα.

Vermengung von Logik und Psychologie

Wir gehen nun über zu dem ersten Teil des stoischen Gedankenbildes, nämlich zur Logik, wir betrachten also den Zaun. Diese Logik ist dauernd gemischt mit Psychologie. Es ist nun natürlich das Minus an der individuellen Lebendigkeit des stoischen Denkens, daß die strenge Hingabe an wissenschaftliche Forschung, daß der ganz ins Objektive sich wendende Blick, wie er in der Ideenschau bei Platon intendiert war, nachläßt. Wir finden die Logik dauernd mit Psychologismus vermengt, wir finden immer eine Verwechslung von Geltung und Entstehung. Das hängt mit der Lebendigkeit zusammen und zugleich natürlich mit einer nachlassenden begrifflichen Schärfe.

Ich möchte, bevor wir auf die Logik eingehen, hier zugleich eine kleine Ermahnung geben. Haben wir nicht alle in der marxistischen Erkenntnistheorie eine Gefahr, daß wir die Erkenntnisfragen mit dem Psychologismus verwechseln? Die Stoiker lassen, ganz und gar nicht platonisch, den Begriff durch Abstraktion aus Wahrnehmungen entstehen, und die Wahrnehmung ist ihnen auch das Zeichen für die Wahrheit eines Begriffs. Das verbindet sie zum Teil mit Epikur. Und sie führen auch ziemlich breit aus, wie der Abstraktionsvorgang ist und wie aus vielen Sinneseindrücken die Begriffe und auch die Kategorien entstehen. Sagt diese Lehre, daß etwas aus etwas anderem entsteht, sehr viel aus über den Wert dessen, was entsteht, über den Erkenntniswert? Der Irrtum entsteht ja auch aus sinnlichen Wahrnehmungen, er ist auch nicht aus der Luft gegriffen. Es gibt also noch etwas, was ein Anderes ist als das bloß Genetische, nämlich das Normative. Hat das Genetische einen logischen Wert, bildet es, in unserer Sprache, Wirklichkeit ab?

Es ist richtig, daß Vorstellungen und Begriffe durch Abstraktionen aus Sinnesempfindungen entstehen, aber da sind wir doch in der Psychologie und nicht in der Logik. Aber der Wert der Begriffe, der Rang dessen, was den Begriffen Wahrheit gibt, dies, was die Begriffe im Wahrheitswert unterscheidet, was Wahres und Falsches unterscheidet, hat selbstverständlich mit dem Entstehen nichts zu tun. Dazu kommt die andere Schwierigkeit: Indem ich darstelle, daß aus Empfindungen Begriffe entstehen, denke ich ja schon. Wie ist es denn mit dem Denken selbst, woraus kommt denn das psychologische Denken? Ist es auch aus Anschauungen entstanden? Ich gehe also mit einem Instrument, das selbst der Untersuchung bedürftig ist, an etwas heran, um es zu messen; ein Instrument, dessen Eichung selbst erst geprüft werden müßte, benutze ich als Maßstab, um zu eichen. Hier zeigt sich der erkenntnistheoretische Stachel, der verschieden ist von der Geschichte, wie eine Erkenntnis entsteht.

Erkenntnis entsteht genauso, wie ein Geschwür entsteht, ein Auge entsteht, eine Nase entsteht und eine Blüte entsteht; es entsteht vieles, der Faschismus entsteht, und der Sozialismus entsteht. Aber niemals haben wir damit schon von selbst eine Antwort auf die Frage, ob etwas erkenntnistheoretisch gültig ist. Dafür haben wir andere Kriterien, zum Beispiel die Praxis, ein Kriterium, das mit Entstehung nichts mehr zu tun hat. Aber das darf nicht verwechselt werden, und vor allen Dingen darf man nicht glauben, mit der Erklärung der Entstehung wäre etwas gesagt. Denn die Sinnesempfindungen sind höchst fragwürdig in ihrem Erkenntniswert, und wenn die Abstraktion bloß eine Verallgemeinerung der Sinnesempfindung ist, dann habe ich ja auch das Fragwürdige verallgemeinert. Ich habe also das Fragwürdige ausgelassen, wenn die Abstraktion eine logisch richtige ist, ich habe etwas Unwesentliches weggelassen. Was aber ist wesentlich? Das Unwesentliche und das Wesentliche zugleich ist in den Sinnesempfindungen gegeben, der Begriff faßt die wesentlichen Zusammenhänge. Aber was ist ein wesentlicher Zusammenhang? Er steckt doch nicht in Empfindungen drin.

Das wollte ich zu Anfang sagen, bevor wir in die stoische Logik gehen, und es war ein erwünschter Anlaß, denn hier in der Stoa beginnt zum Teil die Verwechslung von Psychologismus und Logik. Das ist genetisch zu erklären, nämlich aus der außerordentlichen Nähe zum Leben, die die Stoiker hatten, die sich mit so etwas wie einer Theorie des Theoretischen nicht abgegeben haben, also mit etwas, was man dann später scholastisch oder überflüssig genannt hat. Aber man kann von vornherein nicht wissen, was überflüssig ist, man kann dieses scheinbar Überflüssige später doch einmal brauchen. Das Theoretische als Gegenstand des Theoretisierens ergab Erkenntnistheorie, die in der Stoa viel mehr als bei

Aristoteles wieder verlorengegangen ist. Auf der einen Seite haben wir Psychologismus und auf der anderen Seite eine Art von Logik um ihrer selbst willen, eine formale Logik, in der nur noch, wenn man sehr gut hinsieht und sie richtig zu gebrauchen versteht, Übergänge zum Erkenntniswert sind. Das also zur Vorbereitung auf die stoische Logik, in der selbstverständlich außerdem – sonst würden wir nicht über sie sprechen – noch sehr viel Nützliches und Tiefes zu finden ist.

In der sehr langen Zeit der Entwicklung der stoischen Lehre sind alle möglichen Einflüsse gesellschaftlicher Art und auch Fortschritte der damaligen Einzelwissenschaften in das System aufgenommen worden. Sie haben es umgebildet und ein recht lebendiges Gebilde geschaffen, keine fertige Sache, an der weder zu drehen noch zu deuten wäre, in die die Wahrheit eingesperrt ist, was auch heißen kann, daß die Wahrheit ausgesperrt ist, nämlich die sich entwickelnde Wahrheit. Wir werden das im einzelnen öfter sehen.

Sinnlicher Ausgangspunkt der Erkenntnis und Arbeit der Abstraktion

Ich beginne nun mit dem ersten der drei Teile der Philosophie, mit der Logik, die in der stoischen Lehre als der Zaun bezeichnet wird. Sie erinnern sich: Zaun, Garten, Früchte; Knochen, Fleisch, Seele; Logik, Physik, Ethik. Ich sagte schon, es mischen sich in der Logik psychologistische und logische Überlegungen, nicht unbedingt zugunsten der logischen Überlegungen. Die quaestio facti, wie etwas entstanden ist, und die quaestio juris, wie weit das Entstandene Erkenntniswert hat, das sind zwei Paar Stiefel, und das eine kann über das andere nicht entscheiden, da ja auch das Falsche entstanden ist. Das Denken hat es mit allgemeinen Vorstellungen zu tun, jede Vorstellung ist allgemein, und alle unsere Vorstellungen entspringen den Wahrnehmungen. Die Wahrnehmungen werden durch Abstraktion zu einer Vorstellung verarbeitet, zum Teil auch verblaßt, vor allen Dingen aber verallgemeinert.

Die Seele an sich ist zunächst ein unbeschriebenes Blatt, eine tabula rasa, in die die Dinge auf dem Umweg über Sinnesempfindungen oder Wahrnehmungen ihre Zeichen einkritzeln. Hier nun stoßen sich die Stoiker schon an Aristoteles, denn ihrer Meinung nach ist die Seele nicht ganz eine tabula rasa, denn sie hat doch die Fähigkeit zu abstrahieren. Diese Fähigkeit liegt nicht in der Sinnesempfindung, sondern ist etwas, was wir hinzubringen, zunächst psychologisch in der Form von Erinnerung. Sie kommt folgendermaßen zustande: Wenn sich in die Seelenplatte bereits mehrere Sinnesempfindungen eingeritzt haben und es kommt eine weitere ähnliche hinzu, dann blitzen die bereits vorhandenen Kanäle als Erinnerung auf. In der Erinnerung schläft die Fähigkeit, zu vergleichen und auf diese Weise in uns gemeinsame Vorstellungen zu bilden. Das ist in der tabula rasa nicht der Fall. Ungeheure Probleme, die sich später im erkenntnistheoretischen Idealismus ausgebreitet haben, sind hier noch im Kindheitszustand.

Der Bann der Arbeitsverachtung, der Arbeitsfremdheit, der über der gesamten griechischen Philosophie lag, wird in der hellenistischen Philosophie leise, noch ohne Bewußtsein der Folgen gebrochen. Es gibt so etwas wie eine Selbsttätigkeit in uns bei der Verarbeitung dessen, was uns durch Empfindungen oder bei Platon durch die Schau der Ideen geliefert wird. Ich sagte Ihnen, in der Sklavenhaltergesellschaft ist Arbeit geächtet. Das gilt für jede Adelsgesellschaft, das gilt auch für die primitiven Häuptlingshorden, das gilt auch für den mittelalterlichen Feudaladel, nur hat es dort nicht solche Wirkung gehabt wie in Griechenland. Der schmutzige Gott Hephaistos, der Schmied, der hinkt und häßlich ist, was bei den Griechen viel heißen will, ist der einzige Gott der Arbeit. Die Arbeit hat sich nicht reflektiert, wir haben immer die Schranke einer bloßen Schau, die so entgegengesetzte Denker wie Demokrit und Platon miteinander verbindet. Das εἴδωλον, das Bildchen, zeichnet sich in uns ein, und wir nehmen es wahr. Das kann vom Sensualismus bis zur Ideenschau gehen. Also: Primat des Empfangens und keinerlei Auszeichnung eines Verarbeitens, das ja mit Arbeit zusammenhängt.

Das beginnt hier leicht, aber immerhin gebrochen zu werden, was natürlich, um die gesellschaftliche Grundlage nicht zu vernachlässigen, mit dem aus der Gesellschaft austretenden Individuum zusammenhängt, das sich nun seinen eigenen Weg suchen muß, damit es richtig leben kann. Es ist eine Art von Aufklärung, wie die Sophisten sie hatten, daß man aus dem Brauch, aus der Gesellschaft, aus der Geselligkeit, aus dem Herkommen austritt, sozusagen auf eigenen Füßen steht, denn ein Weiser muß ja auf eigenen Füßen stehen können. Er muß richtig auf seinem selbstgewählten Platz stehen, er darf nicht eine Beute seiner allgemeinen kreatürlichen Triebe werden, und dazu ist Selbstbeherrschung nötig. Schon darin ist eine Arbeitstätigkeit. All das kommt hier dazu und spiegelt sich bereits erkenntnistheoretisch.

Communes opiniones

Durch die Verallgemeinerung von Sinnesempfindungen entstehen nun bei allen Menschen allgemeine Vorstellungen. Dies ist ein entscheidender Gedanke, mit großer Wirkung in die Geschichte, in die politische Geschichte und in die Revolutionsgeschichte hinein. Wir haben hier die Geburt des sogenannten gesunden Menschenverstandes, und zwar das Wort nicht im platten Sinn, sondern im frischen, noch revolutionären Sinn genommen. Es bilden sich nämlich in allen Menschen aus allen Rassen und Völkern und aus allen sozialen Schichten gemeinsame Vorstellungen. Es gibt Dinge, über die man gar nicht verschiedener Meinung sein kann. Das sind die opiniones communes, die gemeinsamen Vorstellungen, griechisch die κοιναὶ ἔννοιαι – κοινός ist gemeinsam und ἔννοια Gedanke, Begriff. Die Vorstellungen des gesunden Menschenverstandes, wie man das später genannt hat, sind hier nicht in dem englischen Sinn von common sense zu verstehen, der sehr bald flach wurde, sondern in dem französischen Sinn des bon sens, der gar nicht flach ist, der es nie geworden ist. Zum Beispiel hat Hans Sachs in den »Meistersingern« bon sens und keinen gesunden Menschenverstand. Auch die Löwenwirtin in »Hermann und Dorothea«, eine erfahrene Frau, hat bon sens, nicht unbedingt gesunden Menschenverstand.

Die communes opiniones oder notiones können auch außerordentliche Hemmungen darstellen. Zum Beispiel: »Die Neger können ja nie zivilisiert werden, ein Schwarzer bleibt eben ein Schwarzer«. Oder: »Die Russen sind eben Muschkoten, Slave gleich Sklave; die werden ja niemals den Zarismus abschaffen.« Oder: »In China ist eine Republik überhaupt nicht möglich; die Chinesen tragen Zöpfe und werfen sich auf den Boden.« Oder wenn ein Afrikaner sagte: »Das kann mir doch kein Mensch weismachen, daß Wasser fest werden kann. Mir sagt doch mein gesunder Menschenverstand, daß Wasser flüssig ist.« Oder: »Mir sagt mein gesunder Menschenver-

stand, daß die Sonne im Osten aufgeht und im Westen untergeht«. Sie sehen, welche Hemmungen im Vorurteil des gesunden Menschenverstandes stecken, die im bon sens fehlen. Aber die günstigen Wirkungen waren stärker und größer.
Diese κοιναὶ ἔννοιαι, diese opiniones communes, sagen nun die Stoiker, sind noch nicht Wissenschaft, sie liegen ihr bloß zugrunde. Es kommt hier für das Vorwissenschaftliche ein terminus technicus, der interessant ist. Die opiniones communes sind προλήψεις, das heißt Vor-Urteile; von griechisch πρό, vor, und λαμβάνειν, ergreifen, also Vorgriffe, Vor-Urteile, Urteile, die noch einer Prüfung bedürfen. Das ist ohne Wertsinn gemeint, es ist nicht das darunter zu verstehen, was wir mit Recht in den meisten Fällen als Vorurteil bezeichnen. Es ist zunächst wieder psychologisch gemeint, zeitlich: ein vorwissenschaftliches Urteil, in dem aber das richtige Urteil schläft. Es muß von fremden Bestandteilen gereinigt werden wie ein Stück Erz, bei dem Kupfer oder Nickel herauskommt und die Schlacken weggeworfen werden. Die Reinigung nun ist die wissenschaftliche Arbeit; sie ist sozusagen der Hochofen für die προλήψεις, wo noch gekocht wird und sich das Wahrheitsgemäße von den Schlacken scheidet.

Phantasia kataleptikē

Daraus entstehen nun Urteile, die durch keine Einwände mehr zu erschüttern sind, die Überzeugungen werden können, und zwar Überzeugungen in ihrem Zusammenhang. Dabei meldet sich wieder der Ursprung, nämlich die Sinnesempfindung, die Wahrnehmung. Zurückbezogen sind alle diese communes opiniones auf Wahrnehmungen, auf Anschauungen, daher sind sie einleuchtend. Nicht in einem rationalen, idealistischen Sinn, daß sie in sich selbst einleuchten, sondern sie sind einleuchtend, indem sie augenscheinlich bleiben, das heißt, die Nähe zu der einfachen Wahrnehmung nicht verlieren. Hier meldet sich wieder das Sensualistische in einem, wenn man so sagen kann, demokratischen Sinn: Was jeder sieht, das sagt ihm sein gesunder Menschenverstand, das ist augenscheinlich. Augenscheinlich und einleuchtend sind wieder zwei verschiedene Dinge. Das Augenscheinliche ist dasjenige, was einleuchtet auf Grund einer Wahrnehmung; das Einleuchtende im rationalen Sinn ist das, was einleuchtet auf Grund eines genauen Nachdenkens, was seinen schärfsten rationalen Sinn in der Mathematik bekommt.

Das Kriterium nun, nach dem der Übergang von Vorstellungen in Begriffe vor sich geht, ist wieder halb psychologisch und halb logisch. Hier erscheint ebenfalls ein völlig Neues, nämlich: Diejenigen Vorstellungen bestehen die quaestio juris, sind mit Recht wissenschaftliche Vorstellungen, wissenschaftlich gültige Begriffe, die uns nötigen, ihnen zuzustimmen, die ein unabweisbares Gefühl von Nötigung mit sich führen, mit dem Bewußtsein der Notwendigkeit verknüpft sind. Bei uns stammt das Wort »Begriff« von begreifen und dann umgreifen. Ich habe schon bei Aristoteles gesagt, daß im Begriff – griechisch ὅϱος, lateinisch terminus – das Begreifende ein Umgreifendes ist. Der Begriff Tisch umgreift alle einzelnen Tische. Nicht in diesem Sinn allein entsteht nun nach den Stoikern ein Begriff oder eine begriffliche Vorstellung, sondern in einem viel komplizierteren und merkwürdigeren Sinn. Die Stoiker nennen eine Vorstellung, der das Gefühl ihrer Notwendigkeit entspricht und damit ihrer Wirklichkeit, also des Wirklichen, das darin angetroffen, das darin ergriffen wird, eine φαντασία καταληπτική. Darin steckt καταλαμβάνειν, ergreifen, und das bekannte Wort φαντασία, das in diesem Griechisch noch keineswegs Phantasie, sondern schlicht und einfach Vorstellung bedeutet. φαντασία καταληπτική heißt also »ergreifende Vorstellung«.

Die Deutung dieses merkwürdigen Ausdrucks »kataleptische Vorstellung« ist schwierig. Man darf nicht zuviel erkenntnistheoretische Spontaneität, Tätigkeit in die stoische Erkenntnistheorie hineindeuten, aber ein Doppelsinn schwingt ohne Zweifel an Ort und Stelle mit. Die ergreifende Vorstellung bedeutet einmal, daß meine Vorstellung den in ihr vorgestellten Gegenstand ergreift, daß der Geist etwas ergreift – ich sage absichtlich »Geist« –, sie bedeutet aber auch, daß etwas den Geist ergreift, etwas, was die Nötigung hervorruft. Dieses Etwas schlägt aus der Außenwelt in uns und ruft in uns unwiderruflich die Notwendigkeit hervor, daß wir die und keine andere Vorstellung haben. Es gibt eine Einwirkung der Außenwelt auf die Erkenntnis, das, was wirklich ist, drängt sich auch logisch notwendig auf. In der φαντασία καταληπτική liegt also einmal das Ergreifende, das heißt, liegen die Anfänge einer erkenntnismäßigen *Tätigkeit*, es steckt aber auch das Ergreifen des

Anderen *von außen* darin. Es sind zwei Griffe, die ineinandergreifen: wir greifen den Gegenstand, der Gegenstand greift uns. Dieser unausgearbeitete Doppelsinn arbeitet in der φαντασία καταληπτική.

Nochmals zu den gemeinsamen Vorstellungen

Nun wieder zur communis opinio. Wenn die Menschen sich ihren Vorstellungen ungezwungen, das heißt ohne fremde Einflüsse, vor allem ohne tyrannische Einflüsse, überlassen, dann kommen sie zu gemeinsamen Überzeugungen, über deren Inhalt sich alle Menschen mit gesundem Menschenverstand einig sind. Eine solche communis opinio ist zum Beispiel: Alle Menschen sind gleich und frei geboren. Das leuchtet ein. Es ist einem Säugling nicht anzusehen, ob er ein Kronprinz ist oder der Sohn eines Sklaven. Ein Säugling ist dem anderen anatomisch ganz gleich. Der Säugling ist sozusagen frei, das heißt, er interessiert sich nicht für irgendeinen Zwang, er macht, was er will, er benimmt sich höchst ungebührlich als Sklavenkind wie als Kronprinz. Die Unterschiede kommen erst später.

Eine weitere communis opinio ist zum Beispiel, daß Frieden besser ist als Krieg. Das braucht man nicht zu diskutieren, das ist eine φαντασία καταληπτική, die Notwendigkeit mit sich führt. Oder Einheit des Menschengeschlechts – das war ein stoischer Grundgedanke. Es leuchtet doch ein, daß die Menschen gar nicht so sehr verschieden sind. Die Unterschiede sind unwesentlich. Nun kamen die stärksten Unterschiede damals noch nicht so in den Blick. Neger kamen sehr wenig vor und Chinesen und Mongolen überhaupt nicht. Aber auch bei geschlitzten Augen und schwarzer Hautfarbe hätten die Stoiker höchstens einen Augenblick nachgedacht, sich aber sofort dafür entschieden, daß jene auch Menschen sind. Das ist communis opinio. Sie sehen ihre demokratisch-revolutionäre Wirkung in dieser weiten Ökumene, in diesem weiten hellenistischen Reich, bei der Verschmelzung verschiedener Völker. Zwischen Persern und Griechen war gar kein großer Unterschied mehr. In der alten griechischen Zeit, zur Zeit der Perserkriege, war der Unterschied zwischen den Hellenen und den Barbaren ungeheuer, da kommen die Hitlerschen Unter- und Übermenschen kaum mit. Daran sehen Sie, welchen Rückschritt der Faschismus darstellt und was dazu gehört, bis man die communis opinio so umgräbt, daß der Rassenwahn herauskommt.

Es gibt ein Stück von Friedrich Wolf, »Professor Mamlock«, in dem einem verwundeten, von den Faschisten zusammengeschlagenen Arbeiter Blut von einem Juden übertragen werden soll. Eine Ärztin fragt den Arbeiter: »Sie sind hundertprozentiger Arier?« Da sagt der Arbeiter: »Wat für ein Ding?« – »Ob Sie reinrassiger Germane sind?« – »Ick bin ein Prolet, det bin ick. Und wenn man mir und meine Kameraden aus den Betrieben aufs Pflaster wirft, da fragt och keener danach, ob ick reinrassiger Germane bin oder ein Kuli oder ein Zulukaffer.« [Wolf, 1933, 305] Das heißt, die communis opinio macht nicht mit. Es muß also schon eine ziemlich komplizierte Operation stattfinden, bis ein Mensch mit gesundem Menschenverstand auf solchen Unsinn hereinfällt. Der Arbeiter hat noch nie darüber nachgedacht, ob er ein rassereiner Arier ist. Na ja, wenn sie ihm sagen, daß er einer ist, dann ist er eben einer, aber es bedeutet für ihn überhaupt nichts, es ist Chinesisch für ihn.

Dies wäre das Positive, Negatives ist natürlich auch darin. Aus den allgemeinen Begriffen, die allen Menschen gemeinsam sind, verschwindet Kühnheit, verschwindet das Neue. Die communis opinio wendet sich nicht nur gegen die Nazis mit den rassereinen Ariern, wogegen sie sich leider viel zu wenig gewendet hat, und sie wendet sich nicht nur gegen die Kriegshetzer, wogegen sie sich viel zu wenig wendet außerhalb des Friedenslagers, sondern sie wendet sich auch gegen Neues, gegen Kühnes und gegen Schwieriges. Sie ist ja sehr bequem, ist etwas, was ohne weiteres selbstverständlich, was augenscheinlich ist, worüber es gar keinen Zweifel gibt. Das ist natürlich eine sehr beliebte Ware, und wenn es nichts gäbe als die communis opinio, bräuchten Sie gar nicht zu studieren, dann hätten Sie ja alles von Geburt schon in sich, dann hätten Sie das Maß für alles in Ihrer eigenen Vernunft. Hegel spottet, jeder Mensch habe das Maß seines Schuhs an seinem Fuß, deshalb könne er doch keinen Schuh machen.

Wenn man sich zu sehr auf den gesunden Menschenverstand verläßt, kann die communis opinio sehr leicht ins Reaktionäre gewendet werden. Diesen Preis hat man für das Fortschrittliche daran gezahlt. Sie lief immer leicht die Gefahr der Verflachung. In jeder Aufklärung steckt diese Gefahr der Verflachung, aber die

Sache ist den Preis meistens wert gewesen. Allerdings nicht, wenn die Sache schon gemacht war oder wenn die Aufklärung nicht revolutionär gewirkt hat wie in Deutschland; da war sie den Preis nicht wert. Da kamen Gestalten wie der platte Nicolai heraus, das, was Lessing Aufkläricht nennt und Friedrich Engels noch überbietet, indem er es »Abspülicht vom Aufkläricht« nennt. Zwei ganz große Aufklärer, der bürgerliche Aufklärer Lessing und der sozialistische Aufklärer Engels haben also dieses Gefühl auch gehabt, daß eine Gefahr dabei ist, deren man sich bewußt sein muß.
Das Kühne, das Neue, das Schwierige, das steckt nicht in der communis opinio als einem vorwissenschaftlichen Urteil, das muß erarbeitet werden. Aber die Hauptsache ist, daß dieses wichtige und große Gebiet einmal genannt worden ist, mit einer großen aufklärenden Wirkung, die die Wirkung der Sophisten weit übertrifft. Diese hatten umgekehrt gar keine communis opinio geduldet, sondern in völliger Libertinage jedem seine eigene Meinung gelassen. Das, was ich denke, ist richtig, und was Sie denken, ist auch richtig, wenn wir uns nur nicht streiten. Für mich ist das gut, und für dich ist jenes gut und wahr. Dieser Zerfall tritt immer wieder ein. In Westdeutschland haben wir das; tot capita, tot sensus, soviel Köpfe, soviel Sinne, nur sind es keine Köpfe. Gegenüber diesem zerstörenden Modus der Aufklärung ist die Stoa natürlich progressiv und auch produktiv gewesen.
Die Verarbeitung der gemeinsamen Vorstellung nun richtet sich vor allen Dingen auf Bejahung und Verneinung. Die Stoiker haben noch mehr als Aristoteles die Verneinung und die Bejahung, also die Qualität der Urteile untersucht und sind dabei auf ein ganz neues Gebiet gestoßen, das bei Aristoteles nicht vorkommt, nämlich die *schwebende Zustimmung*. Sie liegt vor, wenn etwas noch nicht so weit ist, daß ich kategorisch ja oder nein sagen kann im Sinn des kategorischen Urteils »S ist P«, sondern wenn etwas auf der Waage liegt, wenn gewisse Bedingungen erst erfüllt werden müssen, damit ich kategorisch ja sagen kann. Entsprechend den hypothetischen Urteilen werden die hypothetischen Schlüsse untersucht. Also: Wenn es regnet, wird es naß. Dabei kamen schon große Feinheiten in den Blick, zum Beispiel die Tatsache, daß auch fehlende Ursachen eine Ursache sein können. Weil etwas nicht eingetreten ist, geschieht etwas. Eine Heirat etwa zwischen dem spanischen König und der englischen Königin kam nicht zustande, statt dessen gab es

Krieg. Das Nichtzustandekommen hat eine große historische Bedeutung gehabt. Wie kommt es denn, daß etwas, was nicht ist, eine reale Wirkung hat? Dieses Problem des »nicht«, daß das Fehlen von etwas mindestens eine Mitursache ist und sich logisch reflektiert als eine Mitbedingung, ist wie erwähnt, bereits in den Gesichtskreis eines Sextus Empiricus, wie auch in den stoischen Gesichtskreis getreten. Das sind Feinheiten der Kriterienlehre, mit der die προλήψεις zu einer Erkenntnis wurden, zur γνῶσις, zum Wissen.

Kategorienlehre als Ontologie

Weiter wichtig ist die intensive Beschäftigung der Stoiker mit den Kategorien, den allgemeinsten Aussagen. Wir haben Kategorien zum ersten Mal notiert gesehen bei Aristoteles. Er kannte deren zehn: Quantität, Qualität, Relation, Wo, Wann, Tun, Leiden, Lage, Sich-Verhalten und Substanz; Kategorien, die »empirisch aufgerafft sind«, wie Kant sagt [vgl. Kant, 1787, B. 107], und jedenfalls hart und auch zum Teil sich überschneidend nebeneinanderliegen. Die Stoiker versuchten zum ersten Mal eine systematische Reihenfolge, wonach die Kategorien auseinander entspringen und jede Kategorie durch die ihr folgende näher bestimmt wird.
Da gibt es zweifellos Beziehungen zu der Pythagoreischen Zahlenlehre, zum unbestimmten Eins. Unten, am Anfang, liegt als erste die allgemeinste Kategorie, das eigenschaftslose Seiende, τὸ ὄν. Es ist als das allem zugrunde Liegende das ὑποκείμενον, das heißt wörtlich das »Zugrundeliegende« – κεῖσθαι heißt »liegen«, ὑπο »darunter«, ὑποκείμενον also Substanz; allerdings wäre Substrat besser, das »darunter Ausgebreitete«. Substanz ist das »Darunterstehende«, wie Subjekt das »Daruntergeworfene« ist, von subicere. τὸ ὑποκείμενον ist also das eigenschaftslose ὄν, das zugrunde liegt. Eine begriffliche Verschiebung der Aristotelischen Materie ist eingetreten. Es wird nicht mehr δυνάμει ὄν gesagt, sondern schlicht τὸ ὄν.
Über dem ὄν als dem Träger erheben sich Kategorien in systematischer Reihenfolge, und jede wird durch die nächstfolgende bestimmt. Die Substanz hat feste Eigenschaften (τὸ ποιόν), dadurch gerät sie in wechselnde Zustände (τό πως ἔχον). Diese dritte Kategorie umfaßt also Wechsel und Bestand, darüber liegt die

Kategorie der Beziehung zu anderen Substanzen (τὸ πρός τί πως ἔχον). Es gibt also vier Grundkategorien, das ὑποκείμενον, das allgemein und eigenschaftslos zugrunde Liegende, die Raum-Zeit-Vielheit von Qualitäten, die Kategorie Wechsel und Bestand und die allgemeinsten Relationskategorien wie Ursache und Wirkung, Mittel und Zweck und so fort. Sie sind als Kategorien an dieser Stelle nicht eigens ausgeführt, aber der Raum ist für sie ausgespart, in den sie hineingebracht werden können.

Das sind gegen die zehn Kategorien des Aristoteles nur vier, aber in der vierten schlafen viele. Kant hatte zwölf, Schopenhauer reduzierte wieder auf drei, auf Raum, Zeit und Kausalität. Hegel hat soviel Kategorien, wie man nur will, denn ihm sind sie Verästelungen, Differenzierungen, Teilungen von Begriffen, bei denen man, wenn man noch schärfer zusieht, immer wieder einen neuen Unterschied finden kann. Wenn ich den Unterschied als Kategorie auszeichne, dann steht er still, und das Fachwerk ist noch mehr unterteilt. Betrachten Sie zum Beispiel die Kategorien Unterschied, Gegensatz, Widerspruch. Ich hätte vielleicht nur die Kategorie Widerspruch, es gibt aber doch zwischen dem Gegensatz und dem Widerspruch einen Unterschied, und der Unterschied selbst ist wieder ein Unterschied zum Gegensatz. Man kann noch schärfer werden und sagen, es sei auch ein Unterschied, ob ich sage, etwas sei von einer Sache verschieden oder unterschieden. Ein Kategorienunterschied für feine Stilisten ist an dieser Stelle vorhanden. »Er sagte ihm« oder »er sagte zu ihm« – das kann ein feiner Unterschied sein, der mit der Atmosphäre der Situation zusammenhängt. Ein verantwortlicher Schriftsteller wird das merken. So wie es sprachlich diese feine Differenzierung gibt, gibt es sie auch logisch, so daß es unendlich viel Kategorien gibt und man auf diese Weise aus dem Fachwerkwesen wieder etwas herauskommt.

All diese Kategorien sind hier natürlich Fachwerke. Sie sind noch nicht, wie bei Hegel, flüssig, vom Marxismus ganz zu schweigen. Es sind Fachwerke oder, um ein anderes Bild zu gebrauchen, Hüte, die den Wahrnehmungen aufgesetzt werden. Diese und jene Gruppe Wahrnehmungen hat einen Hut, und eine andere kriegt wieder einen anderen Hut auf. Die verschiedenen Wahrnehmungen kriegen alle einen Hut aufgesetzt. Das ist die primitivste, geradezu struwwelpeterhafte Vorstellung von Kategorien, die zugleich ganz undialektisch ist. Auch die Hausfrau ordnet ihre Habe nach Kate-

gorien. Da gibt es Zwetschgenmus, Pflaumenmus, Schuhwichse, und sie haben alle ihre entsprechenden Fächer. Ähnlich wird in der Kategorienlehre die ganze Welt eingeräumt. Philosophen mit Hausfraueninstinkten sind natürlich sehr gut für die Kategorienlehre geeignet, auch Bürokraten selbstverständlich. Die haben die Kategorien in der Kartothek. Wir haben andere Geschäfte, als die Weltdinge einzuräumen, was eine heillose Arbeit ist, eine unendliche, verfluchte Arbeit, so wie das Aufspinnen von Wolle im Märchen, wo das arme Kind in einer Nacht so viel Wolle aufspinnen soll, daß sämtliche Menschenleben dazu nicht ausreichten. Wir sehen das Flüssige in den Kategorien als den *Daseinsweisen*, wie *Engels* sagt, wohlgemerkt: nicht nur *Daseinsformen*, sondern schon Daseinsweisen der Materie. Trotzdem, ein Überblick muß sein, sonst kommt man ja vor lauter Fließen niemals zu einer Aussage.
Dies zur Kategorienlehre der Stoa, die das Wichtige hat, daß sie die *Kategorienlehre als Ontologie* entwerfen wollte, als allgemeinste Beziehungen im Seienden. Und was die Hauptsache ist: nicht etwa Relation ist die Urkategorie – das wäre gedanklich, vorstellungshaft –, sondern das Zugrundeliegende, das ὑποκείμενον, die Substanz oder das Substrat, ist die Urkategorie. Darin haben Sie das Ontologische, und erst daran gibt es Relationen und Zusammenhänge. Da ist Materie die Grundlage, denn dieses eigenschaftslos Seiende ist nach Bestimmung der Stoiker die ὕλη, die Materie, und alles, was es gibt, sind kategorial-ontologische Variationen der Materie. Das ist der latente und nicht nur latente Materialismus der Stoiker. Der Unterschied zu Platon und auch zu Aristoteles ist sehr stark, es grüßt uns wieder etwas Vorsokratisches, naiver Materialismus und schon nicht mehr naiver.

Die Physik

Damit haben wir zugleich den Übergang gewonnen zu der Realphilosophie dieses materiellen Sich-Ausbreitens, nämlich zur stoischen Physik oder Kosmologie. Die Physik ist nun das Fleisch, der Baum der Philosophie in dem großen Garten der Welt. Hierin ist die Stoa nicht nur materialistisch, sondern pantheistisch. Der allgemeine Grundzug der stoischen Physik ist pantheistischer Materialismus oder materialistischer Pantheismus. Das Weltall selbst ist ein

Baum, und an ihm reifen zweckhaft, sinnvoll blühend die dem Weisen gemäßen Früchte. Tiefer Einklang entsteht mit dem Weltall.
Zugleich aber kommt etwas Schwieriges und Sonderbares in die stoische Lehre hinein, was sie von den Vorsokratikern wieder unterscheidet. In immer breiterem Maße, in einem Aristoteles weit überbietenden, an Platon erinnernden Maße werden in das Lehrgebäude alte Mythen aufgenommen. In ihnen wird Wahrheit gesucht. Mitten in diesem Materialismus findet eine neue Mythologisierung der Philosophie statt. Diese hatte schon bei Platon stattgefunden, und gegen sie hatte vor allen Dingen Epikur als vollkommen materialistischer Aufklärer gewirkt. Die Mythen wurden allegorisch gedeutet, am Anfang der Stoa weniger, später dafür im Exzeß. Zunächst waren es griechische Mythen, später auch orientalische. Aber die von der Stoa aufgegriffenen Mythen enthalten nichts Schreckendes, sondern ein Bejahendes, ein Freundliches, ein Menschenfreundliches, ein Süßes, das mysterium fascinosum im humanen Sinn an der Religion, nicht das mysterium tremendum, das schreckende Mysterium.
Das süße, faszinierende Mysterium gibt es in der griechischen Religion ja auch, es gibt nicht nur Bestien, es gibt nicht nur den schrecklichen Zornesgott Poseidon, sondern auch die sehr freundliche Pallas Athene, die Schutzgöttin Athens, die Freundin des Odysseus; es gibt Hermes, den Boten, Nymphen, die Götter Griechenlands, wie sie Schiller sehr romantisch, sentimentalisch beschworen hat, es gibt auch die Venus, die Liebesgöttin, die Lukrez noch leben läßt. Das ist nicht schreckend, diese Götter erzeugen nicht Furcht. Der Atheismus ist hier nicht Befreiung von Furcht, sondern die Vertrauen erweckenden Götter werden eingeladen und rationalisiert; wir kommen aus dem Materialismus und aus dem Pantheismus dabei gar nicht heraus. Die Welt wird der Leib des Zeus, und das von Göttern und Dämonen durchwaltete Weltall ist gut.

Wirklich sind den materialistischen Stoikern nur die Körper. Aber der Begriff Körper wird dergestalt erweitert, daß sogar eine der wichtigsten Eigenschaften des physischen Körpers, die Undurchdringlichkeit, nicht mehr als ein wesentliches Merkmal des Körpers anerkannt wird. Auch das Seelische ist ein Körper, sogar die Tugenden, sogar die Weisheit ist ein eigener Körper. Es wird gewissermaßen Schindluder getrieben mit dem Begriff Körper, es geschieht etwas von der Art, wie in einer mittelalterlichen Schnurre von einem Pfaffen erzählt wird. Der band am Karfreitag eine gute hausschlachtene Blutwurst an eine Strippe, zog sie durch den Fischkessel und sagte: »So, jetzt bist du ein Fisch!« Danach ließ er sich die Wurst am Karfreitag sehr gut schmecken, sie war ja zu einem Fisch getauft worden. So wird hier die Seele zu einem Körper getauft, und wesentliche Eigenschaften des Körperlichen fallen dabei weg. Auf diese Weise gerät der Materialismus in eine Gegend, in der er als mechanischer nicht vorkommt. Diese Sache hat auch wieder zwei Gesichter. Gewiß ist dieser Pfaffe aus der mittelalterlichen Schnurre darin, der eine Wurst zu einem Fisch macht; es ist aber auch ein Bestreben darin, den Dualismus zu überwinden. Auf dieser Linie geht das Materielle sehr viel höher hinauf, höher nicht im Wertsinn, sondern im Nacheinander, als es sich uns mechanisch anzeigt, so daß riesige, wichtige und die eigentlich interessanten Gebiete, die uns am meisten angehen, Seele, Tugend, Weisheit, Liebe, Bewußtsein, die dann Objekte des Idealismus werden, auch körperlich gehalten werden.
Die Stufenlehre der Materie ist an dieser Stelle noch nicht da. Sie ist auch bei Aristoteles nicht da, sie beginnt wesentlich erst mit dem anthropologischen und vor allem mit dem dialektischen Materialismus. Marx nennt selbst Beziehungen von Menschen zu Menschen materielle Beziehungen. Die Materie spielt in den Beziehungen des Menschen zum Menschen und zur Natur natürlich mit. Diese Materieform hat nichts mit bewegten Stoffklötzchen zu tun, es handelt sich vielmehr um eine ganz eigene, andere Daseinsweise materieller Art. Das haben sämtliche mechanischen Materialisten und sämtliche Bourgeois und Feinde des Materialismus und des Marxismus überhaupt nicht begriffen, sie haben davon noch nie etwas gehört. Sie halten den Marxismus für mechanischen Materia-

lismus. Aber selbst wenn alle Überbauten auf Unterbauten zurückgeführt werden könnten, so sind die Unterbauten doch ökonomische und keine physikalischen, keine mechanischen. Erst durch Marx heißt auch eine Veränderung der Produktions- und Austauschweise materiell. Im 18. Jahrhundert wäre es überhaupt nicht materiell genannt, sondern auch für geistig gehalten worden. Auf diese Weise ist also der Materiebegriff erweitert worden, leider folgenlos.

Nun ist aber nicht nur alles Körper, sondern alle Körper sind durch Kraft miteinander verbunden. Kraft und Stoff, Kraft und Körper sind völlig einheitlich. Durch die Kraftbewegung des Körpers bilden sich erst die vielheitlichen Qualitäten, die Eigenschaftsveränderungen. Diese alle gehen zurück auf eine Urkraft, die den Stoff zusammenhält, auseinandertreibt, verdichtet und verdünnt. Die Aufnahme vorsokratischer Gedanken ist hier mit Händen zu greifen. Das Verdichten und Verdünnen beginnt schon ganz früh bei Anaximander; bei Empedokles wirkt Kraft als Liebe und Haß, schließlich wird sie bei den Stoikern völlig gleichgesetzt mit dem Feuer. Das ist abermals eine Rezeption, nämlich Heraklits. Die Urkraft, die durch das Weltall geht und den Stoff bewegt, ihn kocht und wieder erstarren läßt, wenn sie abzieht oder schwächer wird, ist Feuer. Sie wird auch mit dem Heraklitischen Ausdruck πῦρ τεχνικόν bezeichnet, zu übersetzen als »künstlerisches Feuer«. Das ist wieder dasselbe wie die Vernunft in der Welt und ist dasselbe wie Zeus im All. Das Zeus-All oder der All-Zeus ist Feuer, das durch die Welt geht, das die Seele des Weltalls ausmacht, das der sichtbare Leib des Zeus oder des Urfeuers, der Urkraft ist und wie bei Heraklit gleichgesetzt wird mit Vernunft. Das Wort λόγος hat bei Heraklit nicht den Sinn von Vernunft, es bedeutet das Gemeinsame, das Kommunizierbare, das, was Kommunikation möglich macht, und kommt von λέγειν (sprechen). Erst bei der Stoa bekommt λόγος den Sinn, den es nun für uns hat, nämlich Vernunft, aber eng gebunden an Feuer, an Kraft und an Stoff.

Stoff, Kraft und Vernunft sind also drei Gestalten, drei Gesichter des ὑποκείμενον, des Zugrundeliegenden, drei Personen mit gleicher Substanz, gewissermaßen eine Dreieinigkeit im Materialismus. Die feurige Vernunft geht nun durch die Welt zugleich als λόγος σπερματικός, als der spermaartige λόγος, der zeugende λόγος, der hindurchläuft, überall wirkt, nach Maßgabe der materiellen Umstände Keime schafft, Anlage und Geburt schafft. Er ist das, was Goethe in stoischer Tradition, die natürlich durch die ganze mittelalterliche Kosmosophie und die Renaissance hindurchging, »Wirkenskraft und Samen« nennt. In dieser Wirkenskraft und Samen, die Faust zu schauen begehrt, ist das σπέρμα drin; das sind die einzelnen kochenden Herde und Erscheinungsformen des πῦρ τεχνικόν und des λόγος in der Welt.

Was nun den Weltgang selbst angeht, die Mischung und Entmischung, so ist Zeus der Urdunst, aus dem die Welt entstanden ist. Sie haben also in der Stoa die Kant-Laplacesche Hypothese, wieder mit Rückgang auf Heraklit, der ebenfalls lehrte, daß die Welt aus Feuer entstanden ist und das Weltfeuer wieder erlischt. In dem Urdunst ist auch das ἄπειρον, das Unendliche, der Denkstoff des Anaximander, enthalten. Es scheidet sich zuerst in Luft, dann in Wasser, ein Teil davon schlägt sich als Erde nieder, aber ein Teil der Luft bleibt mit dem elementarischen Feuer, das sich im Gewitter zeigt, erhalten. Sie sehen überall das Aufgreifen von Empedokles und allem, was vor Sokrates war. Sich flüchtend in die vier Elemente, bildet sich also der Leib der Welt, der, wie ich schon sagte, nichts anderes ist als der Leib des Zeus; Zeus ist die Seele in dem Leib der Welt, aber eng mit ihr verbunden und eben als ein Körper. Zeus ist ein Körper, deshalb wird er von Phidias im Körper dargestellt. Es wird nicht gesagt, daß er ein menschlicher Körper ist, aber er ist allein denkbar als eigener Körper, als Seele in eigener Beschaffenheit.

Die Gestirne sind das Höchste in dieser Leibwelt, in ihnen ist noch am meisten Feuer enthalten, sie stehen dem Urfeuer am reinsten nahe und werden deshalb in der Stoa auch gewordene Götter genannt. Zeus ist der ungewordene Gott, der Weltgott, die causa sui. Deus sive natura, natura naturans klingt schon in dieser Lehre an und kommt mit Macht hinein. Die Welt selbst ist der Leib Gottes, und die Gestirne sind nicht nur Leiber, in denen Zeus wohnt, sondern selbst gewordene Götter. Auf diese Weise gibt es wieder – wie mit dem λόγος σπερματικός – trotz des großen pantheistischen Monismus Platz für die Vielgötter des Volksglaubens, für die communes opiniones. Sie sind hier mit dem Aberglauben verbunden, daß es Laren, Penaten, Dämonen gibt, die kleinen hübschen Göttchen, die Kobolde, Sylphen, Salamander, Undinen. Das alles ist da und hat hier Platz; das sind λόγοι σπερματικοί, die in den Dingen selbst wohnen und die ich anrufen, beschwören und besprechen kann. Der ganze mythologische Aberglaube des Volks, der sich weder bei Homer noch bei Hesiod findet, wird hier aufgenommen. Ein belebter Polytheismus lebt mitten in dem Pantheismus.

Ewige Wiederkehr des Gleichen

Wie nun die Welt aus Zeus oder dem Urdunst entstanden ist, so nimmt Zeus die Welt wieder in sich zurück. Das ist wieder Heraklit und geht gegen Aristoteles und geht in diesem Punkt gegen den Materialismus. Aristoteles steht dem Materialismus näher, indem er Ewigkeit und Unvergänglichkeit der Welt lehrt, nicht nur der Welt selbst als Gebäude, sondern auch der entstandenen Formen, mindestens der Urprinzipien Materie und Form. Bei den Stoikern entsteht zwar auch nichts aus nichts, aber es gibt doch eine Auflösung in ein so Gestaltloses wie eigenschaftslose Urmaterie, die feurige ὕλη, in der alles zerkocht wird und aus der die Welt sich dann wieder neu bildet, so daß es bereits unendlich viele Welten gab. Im Unterschied zu Aristoteles gibt es eine Aufeinanderfolge von unendlich vielen Welten. Die Unendlichkeit gibt es nicht als Unendlichkeit in der Welt, sondern als unendliche Vielzahl verschiedener, aufeinanderfolgender Welten, die auch wieder nicht verschieden sind. Denn nun kommt etwas sehr Sonderbares: Indem die Stoiker die Naturgesetzlichkeit über alles priesen und festhielten, wonach alles mit Notwendigkeit geschieht und nichts anderes geschehen kann als das, was notwendig ist, kam bei ihnen die Lehre zum Vorschein, die zweifellos auf Volksglauben beruht, daß alles in allen aufeinanderfolgenden Welten gleich ist und gleich bleibt, mit derselben Abfolge der Ereignisse.
Sie haben also in der Stoa die Formulierung dessen, was Nietzsche in die Welt hinausgeschrien hat, die Lehre von der Wiederkehr des Gleichen. Es ist merkwürdig, daß Nietzsche als klassischer Philologe, der allerdings damals schon von den Anfängen von Paralyse berührt war, glauben konnte, er habe diesen Gedanken »6000 Fuß jenseits von Mensch und Zeit«, wie er sagte, in Sils-Maria im Engadin, zum ersten Mal gehabt; diesen Gedanken, den die Stoa breit ausgedehnt hatte, daß nämlich alle Dinge in jeder Welt so

sind, wie sie in der vorangegangenen waren und wie sie in der künftigen sein werden. Nietzsche wendete die Lehre von der Wiederkunft des Gleichen moralisch: Ich muß so leben, daß ich zu jedem einzelnen Augenblick meines Lebens, zu jeder Entscheidung, die ich getroffen habe, da capo sagen kann, es soll wiederholt werden. Das gibt einen Druck, der dem des kategorischen Imperativs vergleichbar ist. Was der kategorische Imperativ in der Gesellschaft ist, im gesellschaftlichen Raum gleichsam, ist die Wiederkehr des Gleichen in der Zeit, in meiner individuellen Zeit; ich muß dazu ja sagen können, denn alles kommt wieder. Der Unsinn darin ist, daß ich ja nicht frei bin, denn das, was ich jetzt tue, habe ich schon unendlich oft getan, es wiederholt sich nur, ich fange ja nicht vorn an, sondern rückwärts und vorwärts ist alles dasselbe.
Die Stoa hat diese ethische Ausbiegung nicht, dafür hat sie aber in Überspannung des Ananke-Begriffs, des Begriffs der Notwendigkeit und der völligen Determinierung, die Wiederkehr des Gleichen in einem rein physikalischen, kosmologischen Sinn. Ich sagte Ihnen, das muß einem Volksglauben entsprechen. Eine kleine Erinnerung daran gibt es bei einem unserer größten Schriftsteller, einem der größten Schriftsteller, die überhaupt je gelebt haben, bei Johann Peter Hebel im »Schatzkästlein des Rheinischen Hausfreundes«. Sie erinnern sich vielleicht an das Stücklein »Eine sonderbare Wirtszeche«. Wenn nicht, dann verschaffen Sie sich das »Schatzkästlein des Rheinischen Hausfreundes«, das Ihnen ohnehin schmecken wird wie Bauernbrot und an dem Sie Deutsch lernen werden. Da kommt genau die berühmte Wiederkehr des Gleichen vor wie im vierten Band des »Zarathustra«. Ich will sie Ihnen im Umriß erzählen.
Junge Studenten kommen in ein Wirtshaus und haben keinen roten Batzen mehr in der Tasche. Aber hinter dem Ofen sitzt eine freundliche Wirtin, und sie lassen sich auftragen, Gebackenes und Gebratenes, sie lassen es sich wohl schmecken und trinken gut dazu, essen noch manche Brezel zum Zuspitzen und Salat und denken, wir werden uns schon herausreden. Und sie erzählen untereinander sonderbare Sachen, nämlich daß alle Dinge wiederkehren und daß sie sich genau erinnern, wie sie auch schon mal hier gewesen sind vor 6000 Jahren. Ja, ja, sagt einer zu der Wirtin, die natürlich sehr gespannt zuhört, was diese fahrenden Schüler erzählen, das haben wir an der Universität gelernt, das müssen wir aus

unseren gelehrten Büchern wissen, und ich erinnere mich, daß wir vor 6000 Jahren schon hier waren, und seht Ihr, liebe Frau Wirtin, der Wirtshäuser sind viele am Wege, und wir sind schon in vielen gewesen, und haben also nicht mehr, um Euch zu bezahlen. Aber wir versprechen Euch, in 6000 Jahren, wo wir ja wiederkommen werden, alles zu zahlen, was wir heute schuldig bleiben. Die Frau Wirtin sagt: Ja, das hat seine Richtigkeit. Die Burschen freuen sich schon, daß sie so davonkommen, aber die Wirtin fährt fort: Wenn dem so ist, wie die Herren sagen, dann waren Sie doch vor 6000 Jahren auch schon hier und haben auch nicht bezahlt, und deshalb bitte ich Sie freundlich, Sie möchten diese schon etwas lang aufgelaufene Rechnung bezahlen. Im selben Augenblick öffnet sich unglücklicherweise die Tür, und der Bürgermeister mit einigen Dorfältesten tritt ein und hört diesen sonderbaren Handel und sagt: Ja, wir glauben gern, was Sie sagen, Sie wissen das ja besser als wir, und wir bitten die Herren bloß, wenn sie jetzt nicht zahlen können, daß jeder sein Wams als Pfand daläßt für die Zeche. Und die Frau Wirtin sagt, damit wäre sie auch vollständig zufrieden, und verspricht den drei Studenten, daß sie ihr Wams sorgfältig aufheben und ausbürsten wird, damit es ihnen in 6000 Jahren genauso gegeben wird, wie sie es jetzt zurücklassen. Das ist »Eine sonderbare Wirtszeche« [vgl. Hebel, 1811, 206]. Sie sehen, genau die Wiederkehr des Gleichen ist darin. Das braucht nicht aus der Stoa zu stammen, obwohl die sehr ins Volk eingedrungen ist, es kann eine Volkssage sein. Vielleicht begegnen Sie diesem Glauben einmal, denn die Stoiker waren ja, wie ich Ihnen sagte, sehr demokratisch.

Ananke, teleologisch

Zurück nun von dieser Abschweifung zu der Stoa selbst, und eben zur ἀνάγκη, zur Notwendigkeit. Darin liegt der wichtigste Unterschied zu Epikur. Während Epikur das Erbe Demokrits teilweise aufgegeben hat, indem er die freie Deklination der Atome und die freie Deklination der Individuen zuließ, halten die Stoiker unverbrüchlich an der Demokritischen Gesetzmäßigkeit fest. Sie haben damit ein wichtiges Erbe gehalten, nämlich den Gedanken der *durchgehenden Determiniertheit des Geschehens*, des durchgehenden Gesetzeszusammenhangs, wobei immer wieder das Gleiche erscheint. Das Schicksal, das Fatum, die Moira, das Geschick, das mir Zugesandte – alles verschiedene Aspekte der gleichen Sache – ist gut, es wird bejaht, in vollem Weltvertrauen, voller Weltfrömmigkeit, einem Pantheismus in bar, nicht nur in Worten, sondern in wirklichem Vertrauen auf den Gang der Dinge, auf den guten Gang des Weltfeuers, in dem Vernunft ist. In diesem Sinn wird ἀνάγκη werthaft gefaßt, was bei Demokrit anscheinend gar nicht der Fall ist. Das Emotionale kommt in die Notwendigkeit hinein, der sanfte Bogen der Notwendigkeit, die Vorsehung im Gesetz, nicht nur in Gott. Sie ist nicht als Wunder gedacht, im Gesetz selbst ist eine Vorsehung, ist ein Sinn.

Die Moira, das Fatum, das Schicksal ist an dieser Stelle noch nicht verteufelt. Das wird erst später kommen. Einige Jahrhunderte später, noch zur Zeit der römischen Stoa, verliert sich dieser Glaube im Zusammenhang mit der immer entsetzlicheren Gestaltung der gesellschaftlichen Verhältnisse. Da entsteht die böse Welt, da sind die Gestirne nicht mehr gewordene Götter, sondern Dämonen, und der Sternhimmel ist ein Gebiß, wie ein Bild aus dem vierten Jahrhundert zeigt, eine Bestie, die herunterkommen und uns fressen will. In der Stoa ist die Welt das schöne große Haus der Menschen, der Natur und der Götter, und wir wohnen alle zusammen darin und vertragen uns, wenn wir nur nicht verbiestert sind, vorzüglich miteinander. Das hört in der Spätantike auf. Der Glaube kommt auf, daß einer kommen muß, der die Natur herumdreht und wendet, der sie bricht, der die Kosmokratoren, die Weltherrscher, die auf den Planeten sitzen und uns unser entsetzliches Schicksal machen, stürzt. Das ist der Messias, der Weltwender, der die Notwendigkeit Wendende. Es gab damals eine Konkurrenz der verschiedenen Weltwender; Apollonios von Tyana, Simon Magus, Jesus waren solche. Jesus siegte als Auferstehung und Leben, Auferstehung aus dieser Welt und Leben gegen den Tod, den diese Welt darstellt.

Die Stoa bewahrte ihre Weltfrömmigkeit dadurch, daß sie – ein wichtiges Moment – die ἀνάγκη nicht rein demokritisch auffaßte, sondern mit dem *Zweck* verband. Die Stoiker sind gleichzeitig vollendete Verfechter der Kausalität und des Zwecks, in einer Verbindung, die erst später wieder eingetreten ist, als es viel mehr Anschauung dafür gab, nämlich durch die Maschine. Das geschah bei Leibniz und in einer schwächlichen Weise bei Lotze im 19. Jahrhundert. Die Maschine ist vollkommen kausal bedingt; da ist alles nach mechanischen Gesetzen und Regeln gemacht, danach läuft sie, aber sie stellt Baumwolle her oder Glas oder Zement, das heißt, sie dient dem Zweck, den wir gesetzt haben. Wir können also mechanische Gesetze benutzen zu einem Zweck. Dieser Zweck steckt nicht in der Maschine, er ist von uns gemacht. Aber wir können mechanische Gesetze gebrauchen, berechnen, miteinander kombinieren und auf diese Weise etwas erzeugen, was zweifellos zweckhaft ist. So ist die ganze Welt mechanistisch und doch ein Zweckgebilde, es wird etwas damit hergestellt.

Die Welt ist also eine Maschine, eine Maschine, um Götter zu erzeugen, eine Maschine, um Humanität zu erzeugen, wie das je nach dem einzelnen Inhalt des Utensils ausgedrückt worden ist. Das Wort »Maschine« ist natürlich nicht stoisch und liegt der Stoa fern, aber es keimt in ihr. Sie kennt eine säkularisierte Vorsehung in der Kausalität selbst; nicht in Form eines Wunders, so daß die Sonne still stände und der Mond still stände, auch nicht in Form wundersamer Heilungen, die die Kausalität unterbrechen, nicht so, daß das Wunder mit einer intermissio legis, einer Unterbrechung des Gesetzes, in einem gesetzleeren, kausalitätsfreien Raum der Welt einträte. So wird das Wunder theologisch gefaßt. Nein, das gibt es nicht, die Maschine läuft kausal weiter. Aber sie hat einen Zweck, einen Sinn, es ist eine gute ἀνάγκη, eine dem Menschen zugewandte, im Einklang mit unseren menschlichen Interessen arbeitende ἀνάγκη.

Sympathetischer Weltzusammenhang, Mantik

Das wieder gab ihnen die Möglichkeit, sich mit allem Aberglauben zu verbinden, mit Orakel, Leberschau, Auguren, Mantik, mit Weissagungslehre aller Art. Denn da ein Zweck zusammen mit der Kausalität besteht, stehen alle Kausalglieder nicht nur im Ursache-Wirkung-Verhältnis, sondern gleichzeitig auch im Mittel-Zweck-Verhältnis. Es geht also ein sympathetisches Verhältnis durch die Einzeldinge hindurch, eine Fernbeziehung, worin etwas bedeutet wird, etwas angedeutet wird, was kommt, was in der Sache enthalten ist und sich als *Zweckursache* kenntlich macht. Darauf muß man acht geben, das gibt Zeichen. Ein Zeichen kann ein Zeichen zu etwas sein, was uns betrifft, was Heil oder Unheil mit sich führt. Das läuft durch die ganze Schöpfung. Ein sympathetisches Wesen läßt derart Heil oder Unheil vorhersehen. Der antike Aberglaube, der besonders in der Spätantike sehr wuchs, hat hier einen Raum bekommen. Es ist das eine Mantik der Dinge, nicht eine Mantik der Tendenz. Wir sehen auch voraus, wir haben auch eine Mantik, wir geben acht, was sich zusammenbraut, wohin die Tendenz führt. Man kann vorhersehen, im Marxismus gibt es wissenschaftliches Vorhersehen. Aber das ist eine Mantik der *Tendenz*, nicht der Dinge, und eine Mantik, die selbstverständlich nicht den ungeheuren Umbau von einem Zeus und einer Welt-Teleologie zu haben braucht.

Aber nicht nur das wurde nun als negative Seite dieser Sympathetik legitimiert, sondern auch Astrologie, denn in den Sternen sind ja angeblich Andeutungen ganz großen Stils. Die Sterne da oben, die ja Götter und dazu freundliche Götter sind, die zeigen etwas an. Es gibt auch einige böse darunter, Saturn zum Beispiel, auch Mars, aber im großen Ganzen herrschen Sonne und Jupiter und Venus, gute Gestirne, und zeigen kraft des durchgehenden Weltzusammenhangs etwas an. Züge davon finden Sie in den »Wahlverwandtschaften« bei Goethe, wo unaufhörlich feine Deutungen und Bedeutungen von Vorgängen gegeben sind. Ein Kopfschmerz der Ottilie bedeutet noch etwas anderes als Kopfschmerz, er zeigt etwas an. Dieses Weltfrömmigkeitsgefühl mit mythologischem Inhalt ist hier in einer Dichtung durchaus noch nachlebend, selbstverständlich ohne jeden groben und massiven Aberglauben, aber als literarisches Mittel.

Das alles hebt bei den Stoikern die Verbindung mit dem Mechanismus erstaunlicherweise überhaupt nicht auf. Das Wohlgeratene der Welt involviert das Sich-Durchsetzen eines guten Zwecks auf dem Wege der Notwendigkeit in dem σύστημα der Götter und Menschen, in der wohligen Stadt des Zeus, was ein stoischer Ausdruck, ein Ausdruck von Kleanthes ist. Die ἀνάγκη ist gut, die Notwendigkeit das gleiche wie die Vorsehung, und so schließt sich die stoische Naturphilosophie auf und endet als ein bruchloser, optimistischer Monismus mit einer in mythisch-philosophischer Gestalt bereits antizipierten Humanisierung der Natur. Man kann nur wieder sagen: Wenn es nur so wäre! Der optimistische Pantheismus stellt einen merkwürdigen Raum für den stoischen Weisen dar. Wenn die Welt so gut ist, warum muß man sich dann von der Welt zurückziehen? Wozu braucht man dann Unerschütterlichkeit? Warum muß man die Welt in sich selbst überwinden, gegen seine Triebe kämpfen, seine Wünsche vergessen, warum muß man resignieren und sich von Verhältnissen fernhalten, über die man keine Macht hat? Ich erinnere Sie an den Widerspruch zwischen Individuum und Gemeinschaft, an die pessimistische Lehre vom Weisen und den rasenden Optimismus in der Weltfrömmigkeit, der jetzt ausbricht. [...]

Die Ethik

Wir kommen ins Zentrum der stoischen Philosophie, zur Ethik, zu den Früchten, die hinter dem Zaun der Logik an den Bäumen der Kosmologie wachsen. Wir haben die Welt kennengelernt, in der der Mensch steht, den Kosmos. Der Begriff Kosmos, der uns so vertraut ist, heißt ursprünglich Schmuck und ist von der Stoa geschaffen worden. Das ist nicht die ἀρχή der vorsokratischen Philosophen, auch nicht die ἀνάγκη, wie sie Demokrit überliefert hat, obwohl es ἀνάγκη durch und durch ist, sondern das ist ein freundlicher, strahlender, bejahter, optimistisch begrüßter Zusammenhang der Dinge, in den sich die Menschen vertrauensvoll einschwingen können. Die Götter Griechenlands kamen nicht aus der griechischen Mythologie in das stoische Weltbild hinein, sondern aus der griechischen Volksmythologie; aber nicht als das Schreckende mit Hekate, mit Unterwelt, mit Gorgo und Medusa, bösartig Starrendem, was ebenfalls Mythologie ist, von dem aber schon Epikur befreit hatte, sondern als das Günstige, Freundliche, Vertrauensvolle, das auch in den Mythen drinsteckte. Das kam nun überstark in das Weltgefühl und den Weltbegriff hinein, zugleich mit einer Pädagogik, wie sie keine griechische Philosophie haben konnte; denn erstens hatte die Stoa einen geschlossenen Schulzusammenhang, zweitens überdauerte er viele Jahrhunderte und drittens war er im ganzen römischen Reich verbreitet, so daß die Stoa in der Antike sozusagen das Volksschulwissen war. Die Lehre wurde durch zahllose Wanderprediger, zahllose Dozenten und Assistenten, gewissermaßen durch Volkshochschulen verbreitet, die nicht organisiert waren. Sie wirkte von selbst und kam bis in Traktätchen hinein. Die Weltfrömmigkeit und die sonderbar rational durchleuchtete und dadurch auch relativ gerettete Mythologie, das Demokritische und das Abergläubische gehen da sonderbar zusammen.

Weltfrömmigkeit und Weltflucht

Um nun näher zur Ethik zu kommen, erinnere ich Sie abermals an jenen Widerspruch in der stoischen Lehre: Auf der einen Seite das Individuum, wie es sich von der Polis zurückzog, nachdem die Polis sich vom Individuum zurückgezogen hatte, nämlich zerfallen war; also der Privatmann, das gänzlich losgelöste Individuelle, das die Stoa mit den früheren Sophisten, dann mit den Skeptikern und mit den Epikureern teilt, der einsame Mensch, der sein Sach' auf sich gestellt hat, nicht auf nichts, aber auf sich. Auf der anderen Seite die eben erwähnte Weltfrömmigkeit. Zunächst wird ohne jedes Gefühl dieses Widerspruchs, fast mit Vergessen der Weltfrömmigkeit, von der ich eben erzählt habe, der Mensch sehr stark auf sich gestellt, so, als ob er in einer wenn nicht feindlichen, so doch sehr fragwürdigen Welt lebte. Nämlich: der Mensch soll sich unabhängig halten von den Wechselfällen des Geschicks, womit also ein trübes Geschick, kein feindliches unbedingt, aber ein trübes, ein bewußtlos mal den, mal jenen treffendes Geschick vorausgesetzt ist, Fortuna im üblichen Sinn.

Der Mensch hält sich unabhängig von den Wechselfällen des Daseins, indem er sich möglichst von allen Versuchungen fernhält, inwendigen und auswendigen, die ihn in dieses wechselvolle Dasein hereinlocken oder hereinziehen. Was die inneren Versuchungen angeht, so wird Selbstbeherrschung gelehrt, Ratio des Abwägens. Trübe Regungen, dunkle, störende Regungen soll man abtun, man soll keinen Neigungen gehorchen, deren Erfüllung mehr Unglück bringt als deren Nichterfüllung. Von jeder Art Sucht muß sich der Weise frei halten. Was die äußeren Versuchungen angeht, so wird das uns wohlbekannte, von der Skepsis und erst recht von Epikur her bekannte Zurückziehen von den schlimmen Händeln der Welt gelehrt, das alte Λάϑε βιώσας, lebe im Verborgenen, ziehe dich zurück. Bene vixit qui bene latuit, »der hat wohl gelebt, der sich gut

verborgen hat«. Also sich nicht einlassen auf die Händel der Welt und sich nicht ansiedeln in der Nähe von Verhältnissen, über die man keine Macht hat. Letzteres ist ein zweifellos sehr lebenskluger, fast weiser Rat. Dies alles setzt aber voraus, daß die Welt nicht so strahlend ist, wie sie in der Kosmologie dargestellt wurde. Es meint eine *negative Freiheit*, nicht Freiheit *zu* etwas, sondern Freiheit *von* etwas, also Freiheit von störenden Antrieben in uns und von Wechselfällen, indem man sich nicht so stark engagiert.
An dieser Stelle nun steht das berühmte *Bild des Weisen*. Es ist uns vor allem als stoisches Bild überliefert, obwohl, wie wir gesehen haben, Pyrrhon und Epikur gleichfalls darauf ausgingen, dieses Bild zu verkörpern, und obgleich Sokrates als der Weise katexochen dargestellt wurde, nach dem Orakel in Delphi, das ihn zum weisesten Menschen erklärte, und obgleich die griechische Philosophie überhaupt mit den sogenannten sieben Weisen begonnen hat. Trotzdem haben sich nicht jene in unser Bewußtsein eingehämmert, nicht die Züge der sieben Weisen und nicht einmal Sokrates so stark, nicht Pyrrhon und nicht Epikur, bei dem uns der fröhliche Genußmensch näher vor Augen steht, sondern es ist die Stoa, die sich um dieses Bild verdient gemacht hat. Und damit liefert das Abendland durch die Stoa ein Gegenstück zum fernen Orient, zum Weisen, wie er uns bei Konfuzius mit dem Li, dem schicklichen Maßhalten, entgegentritt. Obwohl die Tiefen, die in China erreicht wurden, denen der Griechen kaum vergleichbar sind, hat der stoische fast etwas von dem Weisen, von der Art von Weisheit, die Lao-tse im sechsten Jahrhundert vor der üblichen Zeitrechnung in dem großen, tiefen, unerschöpflichen und konzisen Buch Tao-te-king gelehrt hat.

Tao, Einklang mit dem Welttakt und das Novum umsichtiger Tätigkeit in der Weisheit

Tao-te-king heißt Lehre vom rechten Weg, Buch vom rechten Weg, es ist das Buch vom Tao. Tao ist schwer zu übersetzen; es ist der rechte Weg, der rechte Welttakt, das, wobei Segen ist, und dabei das Unscheinbare, das, woran wenig Lärm ist; das, worum sich alles dreht, wie sich das Rad um die Nabe dreht. Aber das, worum sich das Rad dreht, ist ja gar nicht da, da ist ein Loch. Tao ist also unscheinbar, so gut wie nichts; es hat keinen Geschmack, keinen Geruch, und trotzdem weiß jeder, was es ist. Daß etwas gut in Gang ist, das ist Tao. Schwer nachzuerfahren für uns, aber eine äußerst wichtige Kategorie, die an Tiefe die stoische Lehre vom ὁμολογουμένως τῇ φύσει ζῆν (»in Übereinstimmung mit der Natur leben«) zweifellos übertrifft. Hier geht es aber in Mystik über. Die Natur ist bei den Stoikern ja sehr voll, ist nicht die Nabe des Rades, um die sich alles dreht. Die Natur ist die einer großen Wissenschaft, der Astronomie, der Geologie, und hat unermeßlich viel Gegenstände. Im Tao ist fast nichts da, da ist [...] das Tao ausgespart, wie auf den chinesischen Aquarellen der Hintergrund ausgespart ist. Die Art chinesischer Bilder ist häufig, daß eine Landschaft dargestellt ist, ein See, ein Zweig, der in den See hängt, und ganz am Rand des Bildes ein Mensch. Ein Kahn ist noch häufig zu sehen, eine kleine Hütte, die Landestelle für den Kahn, aber weiter ist nichts da, das ganze Bild ist leer. Der Hintergrund ist nicht ausgepinselt. Aber das Bild ist gar nicht leer, es ist sehr voll sogar, und der Mensch und die eigentümliche Stimmung der Landschaft hängen sehr eng zusammen, sie haben einen stoischen Einklang.

Sie kennen das zweifellos als Naturerfahrung, wenn Sie in der Landschaft mit sich allein sind und sich dabei das Ich ziemlich ändert und einen Kontakt bekommt, meist zu sehr herabgesetztem Preis und durch alle möglichen spießigen Kategorien gestört und verfälscht, wie etwa »Der Wald ist meine Kirche«, Bruno Bölsche und was weiß ich was noch alles. Das müssen Sie alles weglassen, versuchen Sie, einfach zu werden, phrasenlos, chinesisch, Tao. Nehmen Sie einmal so ein Bild und sehen Sie, was das ist. Oder betrachten Sie den Horizont oder eine leere Ebene oder den leeren Himmel; wenn Sie dann etwas spüren von dem »in deinem Nichts hoff ich das All zu finden« [Goethe, Faust II, Vs. 6256], wie Faust zu Mephisto sagt – das ist chinesisch und das ist Tao. Dieses Sonderbare hat mit Nihilismus überhaupt nichts zu tun, ist so weit davon entfernt wie denkbar. Nihil ist viel eher die Welt, die man im Vordergrund sieht, als jenes. Es ist das keine Flucht in ein Jenseits, denn chinesisch gibt es kein Jenseits, gibt es keinen Gott, es gibt nicht einmal ein Wort für Gott. T'ien heißt Himmel und nicht Gott. Es ist eine atheistische Mystik, eine atheistische Religion, auch bei Buddha, auch bei Konfuzius und erst recht bei Lao-tse.

Das verbindet sich mit dem Element Weisheit, nicht aber mit Tätigkeit. Hier ist ein Sprung. Etwas anderes hat in China die Revolution gemacht. Wu-wei, Nichtstun, ist Weisheit; das geht durch die ganze Geschichte der Weisheit hindurch. Nichtstun, Absichtslosigkeit, das Rechte finden auf dem Weg der Absichtslosigkeit, ist von Mao Tse-tung sehr weit entfernt. Dieses andere, tätige Element war in China nicht so lebhaft und ist wesentlich erst im 19. und 20. Jahrhundert eingetreten, hat aber ebenfalls eine alte Tradition, nämlich die Tradition der Rechtschaffenheit und der Dialektik. Am Ende aber liegt auch hier das tiefe Ruhezentrum, das nie vergessen läßt, wozu etwas geschieht. Also nicht unaufhörliche Anspannung, sondern durchaus die schöpferische Pause, die Ruhe, nicht als Ferien, die eine kurze Zeit zwischen der Arbeit ausmachen und sozusagen illegal sind, sondern das Zusichselbstkommen in der Welt und das Zusichselbstkommen der Welt selbst ist die Hauptsache. Das andere ist ein Mittel, damit das Zusichselbstkommen der Menschen und das Zusichselbstkommen der Menschen mit der Welt und der Welt mit den Menschen erreicht werden kann. Also scheint mir auch im neuen, großen, schöpferischen China das Tao nicht verschwunden zu sein, denn es bedeutet ja auf der anderen Seite nicht nur Ruhe, sondern Einklang mit dem Welttakt, mit dem großen Gesunden, das durch die Welt geht, das nicht eine Krankheit voraussetzt, von der man gesundet, sondern das ein dauernder Zustand von Gesundsein ist, von Gesundsein als einer Tätigkeit.

So ist hier kein Widerspruch mehr mit Ausnahme dessen, was ohnehin einen Kontrapunkt zu dem Begriff der überlieferten Weisheit darstellt, nämlich Tätigkeit. Alle Weisheit, die stoische, die sophistische, die epikureische, die sokratische, die Weisheit im 18. Jahrhundert, die von Voltaire gepredigte, die Weisheit bei Spinoza, bei Kant, ist *Gelassenheit*, ist eine Alterstugend. Ein neuer Begriff, ein neues Element mindestens, das in diese Weisheit hineinkam, ist *umsichtige Tätigkeit*. Es widerspricht dem nicht, es bringt nur ein wichtiges Element hinzu, hebt das andere nicht auf, sondern macht es nur desto kostbarer. Aus diesem Grunde konnte von der Weisheit Stalins gesprochen werden. Wir haben hier die beiden Elemente, das Neue der Tätigkeit und das wohlvertraute Alte, Gelassenheit, Ruhe, Überblick, Realismus als Einschwingung in den guten Gang der Dinge, Gewißheit und Vertrauen auf den guten Gang der Dinge. Diesen befördern, nie im Widerspruch zu ihm stehen, im Einklang stehen mit der Gesetzmäßigkeit, mit der guten Notwendigkeit – das alles sind uns vertraute Kategorien, aber verbunden mit menschlicher Tätigkeit höchsten Grades. Und ich glaube, daß dieses erstere, die Gelassenheit, die Ruhe, das Gewachsene, das Männliche, der tiefe Einklang, was alles ja auch von dem äußeren Bild dieses Mannes ausgeht, von der Pfeife, die angezündet wird, von dem Schnurrbart und dem Blick – daß dies bei uns viel zu wenig beachtet und kultiviert wird. So wenden wir also, nicht ohne Absicht, etwas zuviel Zeit daran, uns mit aller Einsicht in das Fragmentarische und zum Teil auch Bedenkliche, das die Gelassenheit haben kann, zu versehen. Gelassenheit ist wie der Humor; er findet sich in niedrigen Regionen sehr zahlreich und ziemlich wertlos. Je höher man steigt, desto seltener wird der Humor, desto kostbarer wird er, so etwa in der Literatur. So ist es auch mit der Gelassenheit. Unten kommt sie in Menge vor; Trottel, die kein inneres Leben mehr haben, sich um nichts bekümmern, sind sehr gelassen. Je höher man steigt, desto seltener wird diese Eigenschaft, aber eben desto kostbarer, dann heißt sie nämlich Weisheit.

Faustisches und stoisches Bild des Philosophen

Ich gehe nun im einzelnen auf die stoische Weisheit ein, die verwandt ist mit allen Bildern, Leitbildern und Leittafeln der Weisheit in allen Zonen, mit Stille beschäftigt, mit dem Maß beschäftigt. Der stoische Weise ist der populärste Begriff des Philosophen geworden. Daß man den Weisen mit dem Philosophen zusammen nennt, so daß Sie sozusagen nicht nur stud. phil. sind, sondern auch stud. sap., studiosi sapientiae, Studierende der Weisheit – das kommt von der Stoa. Wir haben eine alte Gegenbewegung dazu, nicht die der Tätigkeit allein, sondern etwas viel Bedenklicheres. Die Tätigkeit ist überhaupt nicht bedenklich, bedenklich aber ist die Unruhe, die Gschaftelhuberei. Denken Sie bitte darüber nach, was es noch für einen Begriff des Philosophen außer dem des stoischen Weisen gibt. Den Doktor Faust! »Unruhig auf seinem Sessel am Pulte« [Goethe, Faust I, Nacht], heißt schon die erste szenische Anweisung vor dem Monolog. Das paßt nicht zu einem Weisen. Und den Faust treibt es umeinand! Erstens möchte er gerne ins Leben hinaus: »O sähst du, voller Mondenschein / Zum

letzten Mal auf meine Pein ... Ich fühle Mut, mich in die Welt zu wagen / Der Erde Weh, der Erde Glück zu tragen« [Goethe, Faust I, Vs. 386f., Vs. 464f.], und zweitens möchte er alles erkennen, er ist dauernd unruhig, von einem unermeßlichen, eben faustischen Drang beseelt, was sehr schön ist, aber nicht weise. Dabei ist Faust nicht einmal jung, er wird erst jung in der Hexenküche. Er ist in ewiger Unruhe, ein ewiges protestantisches Streben, das selbst dann, wenn es ein Resultat hat, wieder sagt, daß es lieber lernen und Prüfungen machen und sich gar nicht ausruhen möchte.
In diesem protestantisch Tätigen, Aktiven riecht es unaufhörlich nach Gschaftelhuberei, nach Unfähigkeit zu genießen, nach Unfähigkeit, des Augenblicks teilhaftig zu werden, sich zu freuen, Feste zu feiern. Deshalb gibt es nichts Trübseligeres als einen protestantischen Sonntag, vor allem in England. Es gibt keine Volksfeste; sie haben völlig verlernt, sich zu freuen. Desto mehr gibt es fröhliche Feste noch in katholischen Gegenden, weil dort die vita contemplativa, die betrachtende, genießende Lebensform über der vita activa, der tätigen Lebensform, steht und hoch anerkannt ist. Auf diese Weise sind sie kapitalistisch inferior; die Geschäfte werden in Norddeutschland, in Holland, in England und in Amerika gemacht und nicht in katholischen Ländern. Andererseits ist dieses Tätige das Progressive des Kapitalismus, aber es ist auch das große protestantische Gegenspiel gegen das gelassene Wesen, und damit ist die Zerstörung der Freudefähigkeit verbunden. »Wenn nur der Sonntag wieder herum wäre!«, ist doch der Stoßseufzer jedes Geschäftsmannes, »man weiß gar nicht, was man machen soll.« Sie müssen alle immer etwas tun, als homo faber. Hier haben Sie also die Gegenbewegung, die philosophisch ist, die ein Reflex des Arbeitsfaktors ist, und die völlig progressiv ist, die auf der anderen Seite aber mit einem sonnenklaren Verlust verbunden ist.
Sozialistisch wird die Arbeit wieder ein Mittel zum Zweck; und ein Leben jenseits der Arbeit, also der Zweistundentag, wenn technisch möglich, ist selbstverständlich das Ziel. Man arbeitet, um besser zu leben, man arbeitet nicht um der Arbeit willen. Das ist protestantisch, das ist lutherisch, das ist der Fluch nach der Vertreibung aus dem Paradiese, »im Schweiße deines Angesichts sollst du dein Brot essen« [1. Mo. 3, 19]. Arbeit ist kein Fluch, sondern Arbeit ist ein Segen. Sie ist aber ein Segen, weil sie Segen schafft, weil wir dadurch besser leben können und damit ein Leben der

Muße erringen, ein Leben der Freizeit, ein Leben der Losgelassenheit von der Fron. Die Arbeit selbst ist dann durchaus nicht mehr finster, weil sie nicht für einen Ausbeuter geschieht, sondern der Arbeiter weiß, er arbeitet für sich und für seine Klasse. Aber sie ist kein Selbstzweck. Wir haben durchaus das andere Element, nämlich den Gewinn des Genusses, des Glücks und der Muße. Wie wäre man denn sonst Materialist!
Auf jeden Fall lebt im Volk nicht das faustische Bild des Philosophen, sondern das stoische. Wie der Philosoph im Volk erscheint, das hat mich einmal interessiert, und ich habe einige Dinge gesammelt. Wenn ich das jetzt erzähle, so bleiben wir durchaus beim Thema. Wir wollen Gelassenheit auch in der Vorlesung halten, wollen nicht hetzen. In dieser Sammlung werden Sie immer das Nachleben der popularisierten Stoa finden. Der Doktor Faust als Philosoph kommt im Volk höchstens so vor, daß einer Philosophie studiert, und das ist dann einer, mit dem es nicht gut endet, der kommt einmal in die Anstalt, man kann sich schon vorstellen, in welche, der zergrübelt sich, wird hintersinnig, wie man in Bayern sagt. Auch das Bild vom Spinner steht natürlich dahinter. So lebt merkwürdigerweise der faustische Philosoph nicht sehr gut, dagegen unermeßlich viel besser der stoische. »Du studierst doch Philosophie, du bist doch ein Philosoph, warum regst du dich eigentlich so auf?« Das haben Sie wohl schon gehört, das kommt aus der Stoa. [...]
Ich will Ihnen mit einigen Beispielen dafür aufwarten. Schauplatz: das Romanische Café am Kurfürstendamm in Berlin, Zeit: 1924, die Inflation ist auf dem Höhepunkt. Ich frage den Kellner, was der Kaffee kostet. Er sagt: »Sechshundertfuffzig Millionen.« Ich mache eine Handbewegung und sage: »Schrecklich, gestern hat er doch nur vierhundertfünfzig Millionen gekostet.« Sagt der Kellner: »Ja, wissense nich, Herr, wat heutzutaje Devise is? Philosoph sein, nur nich denken!« Da ist einmal ein wunderbarer Doppelsinn des Wortes »Devise« drin, Devise im ökonomischen Sinn und Devise im Sinn einer Parole, und dann: »nur nicht denken!«: das ist stoische Ruhe.
Das zweite Beispiel: Ich kehre in meine Geburtsstadt zurück, ein Freund meiner Kindheit, der Tünchermeister Klein, hält mich auf der Straße an und sagt: »Guten Tag, Ernst, wie geht's?« – »Danke, Herr Klein.« – »Ah, Du bist schon Student. Na, jetzt hast Du wohl

Urlaub?« – »Jawohl, Herr Klein, jetzt habe ich Urlaub.« – »Was studierst Du denn, wenn man fragen darf?« – »Philosophie, Herr Klein.« – »Was?« – »Philosophie, Herr Klein.« – »Also zum Donnerwetter, was ist denn das?« – »Na, das ist nicht so leicht zu sagen, Herr Klein. Wenn wir mal bei einem Schoppen Roten zusammensitzen, dann werden wir uns darüber unterhalten, denn das dauert ziemlich lange.« – »Ach«, meint er, »ich bin zwar nur ein einfacher Handwerksmann, aber ich mach mir über allerhand so meine Gedanken. Guck, wenn wir mit ein paar guten Freunden zusammensitzen, da ist einer dabei, den ziehn wir auf und machen Witze auf seine Unkosten, und der bleibt die ganze Zeit still, redet kein Wort. Bloß zum Schluß, wie es ihm zu dumm wird, trinkt er sein Glas aus, geht zur Tür, macht sie auf, dreht sich nochmal rum und sagt: ›Ihr, wie Ihr da alle miteinander seid, Ihr könnt mich alle miteinander!‹ und geht raus. Da sagt man sich, Respekt davor, guck, das ist einmal ein Philosoph.« Und nun kommt ein wahrhaft Kleistischer Nachsatz: Der letzte Satz des Tünchermeisters Klein lautete nämlich: »Aber ich hab' nicht gewußt, Ernst, daß man das studieren kann.« Also der große Lehrsatz, die große Aufforderung: »Ihr könnt mich alle miteinander« – das ist die Frucht der Philosophie, und wie man das studieren kann, weiß er nicht. Nun, Stoa, Gelassenheit, Ataraxie, Unerschütterlichkeit, sich nicht in Unruhe bringen lassen, sich heraushalten aus den Wechselfällen des Geschicks, sich nicht berühren lassen durch üble Nachrede, sich aufrecht halten in allem Durcheinander der Welt, von der Atmosphäre frei, von Situationen frei – das steckt alles darin. Sie sehen, wie populär das geworden ist.

Ataraxie, aus Ressentiment und Feigheit

Nach dieser kleinen lustigen Abschweifung kehren wir also zurück zu der eigentlichen stoischen Lehre vom Weisen, vor allem zu ihrem Gegensatz. Was ist der Gegensatz zu Weisheit, zum Weisen? Der Narr und der Tor, zwei verschiedene Dinge. Als Gegensatz zum Toren kommt Weisheit überall vor, auch in der Bibel, und die Sophia wurde im späteren Judentum fast eine hypostasierte Göttin und störte stark den Monotheismus. Außerdem steht sie auch in Gegensatz zum Narren. Das ist gerade der besonders Unruhige. Er ist nicht nur unwissend, sondern er fuchtelt herum, er treibt das, wovon der stoische Weise sich fernhält, indem er die Kunst beherrscht, keinen Leerlauf zu haben, sein Herz nicht an Eitelkeiten zu hängen und sich aus den Wechselfällen der Welt herauszuhalten. Die Weisheit ist hier also zunächst – das ist nur ein Teil von ihr – die Kunst, seine Wünsche, vor allem ausschweifende Wünsche, nicht etwa erfüllt sehen zu wollen und ihrer Erfüllung nachzujagen, sondern diese ausschweifenden Wünsche zu vergessen. Sie ist die Kunst, Ansprüche aufzugeben, die nicht erfüllt werden können. Ein empfehlenswertes Mittel, vor allem für Spießer, doch zu einer Art von Befriedigung zu kommen, und ein Zustand, der auch bei Nichtspießern auftritt. Wenn eine Enttäuschung die andere jagt, wenn die vergebliche Unruhe kein Ende nimmt, dann greifen die Menschen immer zum Entsagen. Eine schmerzliche Kunst, aber ein Mittel, sich aus der Unruhe und aus der Unlust, die sie hervorruft, herauszuhalten.

Darin steckt natürlich sehr viel Negatives, aber das machte die Stoa so populär. Die Kunst nämlich wird gelehrt, ein Fuchs zu sein, dem die Trauben zu sauer sind. Auch Ressentiment wird gelehrt und in Form gebracht. Der Fuchs, dem die Trauben zu sauer sind, sagt nicht nur, er möchte sie nicht haben, weil sie in Wahrheit zu hoch hängen, sondern er befreit sich von der Unlust, die Trauben nicht zu bekommen, dadurch, daß er die Trauben entwertet. Man wird also unerreichbare Güter oder nicht leicht nachmachbare oder gar erwerbbare Vorzüge an einem Menschen nicht mehr so sehr begehren, wenn man sie herabsetzt. So entsteht aus diesem Entsagen die komplizierteste Form des Neids, der theoretische Neid. Ich schwärze das Strahlende, damit es mich nicht so deprimiert. Ressentiment ist eine komplizierte Eigenschaft, Nietzsche hat ihre Psychologie zuerst untersucht. So etwas hat in diesen Wegen zur Weisheit leider auch Platz gefunden. Das Ressentiment liegt in uns allen, und es ist nur durch Liebe zu besiegen. Es gibt dazu den Satz von Goethe: »Gegen große Vorzüge eines andern gibt es kein Rettungsmittel als Liebe.« [Goethe, 1808/9, Bd. 9, 176] Dann lerne ich an allem Großen und Bedeutenden, was mir begegnet, nicht nur meine Kleinheit oder gar meine Gemeinheit kennen, sondern ich liebe das Große und komme auf diese Weise gerade in den Strom hinein, während Ressentiment ohne weiteres verengt, dürr macht, sauer macht, hämisch macht, gelb macht wie der Neid, blutleer,

giftig, und man sich doch auch wieder nicht wohl fühlt, sondern sich nach einiger Zeit noch als schäbigen Kerl empfindet. Also diese Elemente müssen ferngehalten werden, obwohl sie im Anfang in der Weisheit sitzen.
Das Zweite, was an dieser Lehre negativ ist und was weiter wirkte und wirkt, ist folgender Irrtum: Wenn ich mich fernhalte von den großen Ereignissen, über die ich keine Macht habe, dann werden Schicksalsschläge ungefühlt auf mich niederprasseln. Nun, das ist die Weisheit, die den Kopf in den Sand steckt, die Weisheit des Feiglings und des Schwächlings, auf den die Schicksalsschläge, selbst wenn er den Kopf in den Sand steckt, trotzdem herniederprasseln, und zwar erst recht herniederprasseln, weil er nichts dagegen tut. Dann wären also alle Defaitisten vollendete stoische Weise. Man bekümmert sich nicht um Politik, man lebt für sich in seinem kleinen Kreis, man steckt den Kopf in den Sand, man zieht die Decke über das Gesicht, dann kann einem nichts passieren. Aber da passiert es einem erst recht, denn das erste, was zusammenbricht, ist diese kleine, behütete Privatwelt. Das sind Züge, die falsche und gefährliche Elemente enthalten, die eben mit der Privatheit, mit dem ἰδιώτης, zusammenhängen.

Ataraxie als aufrechter Gang, höchstes Gut

Das aber ist nicht das Wesentliche der stoischen Weisheit. Ihr geht es nicht um den Feigling, um den Schwächling oder um den Ressentimenttyp, sondern darum, den homo sapiens hochzubringen, die Würde und den Stolz des Menschlichen und des Männlichen im Menschen zu betonen. Sie will, daß ein Mensch in das Ruhezentrum hineinkommt, das es gibt, und nicht aus Flucht, sondern aus Zuwendung, Hinwendung, Kultur des Ruhigseins. Das ist das Entscheidende; der in sich ruhende Schutz, der die Schicksalsschläge überdauert, weil diese die Substanz der aufrechten Haltung nicht berühren. Homo sapiens ist der aufrecht gehende Mensch, und der Mensch ist das einzige Wesen, das aufrecht geht. Ich bitte, nicht an Pinguine und Bären zu denken. Das ist kein aufrechter Gang im Sinn des Apoll von Belvedere, der in die Ferne sieht, den die Eingeweide nicht herunterdrücken, wie das bei den Tieren ist, die nur das Fressen sehen und keinen Horizont haben.

Also um die menschliche Eigenschaft des aufrechten Ganges handelt es sich. Wir kennen diesen Typus aus den großen Dramen: Verrina aus Fiesco, Cato, Odoardo bei Lessing; all diese starken, männlich-persönlichen Moralitäten, die gegen Tyrannei und Lüge kämpfen, sind stoische Gestalten, von Kraft und Gelassenheit zugleich, nicht von privater Resignation.
Dieses *Pathos der aufrechten Haltung* als des uns eigenen Machtbereichs ist wesentlicher als die Resignation. Da kommt die Eitelkeit der Welt nicht mehr herein. Es findet hingegen eine Abwägung der Güter statt. Sie wissen, die Güterwertlehre ist ein Anliegen, das schon bei den Sophisten begann, das zum Teil bereits in der Ethik der Vorsokratiker lebte und ausgeführt wurde bei *Epikur*. Also mußte sich auch bei dieser sehr rationalen Ethik nun eine ausgeprägte, durchdachte Wertwägungslehre herausbilden. Nicht Gesinnungsethik tritt ein, was naheliegen könnte, das höchste Gut ist jedoch nicht der in sich ruhende Weise selbst mit seiner unerschütterlichen Gesinnung, mit seinem unerschütterlichen Tugendstolz, sondern es entsteht eine durchaus *inhaltliche Wertethik*; keine Kantische Ethik, keine Gesinnungsethik, keine protestantische Ethik, sondern eine Wertethik, die die Güter nennt und sozusagen eine vom Willen unabhängige Außenwelt von Gütern anerkennt, zwischen denen unser Wille eine Auswahl trifft, die er bejaht oder verwirft oder als gleichgültig betrachtet.
Es gibt eine adaequatio voluntatis ad bonum, eine Adäquation des Willens an die verschiedenen Güter, dergestalt, daß die Güter so sind, daß der Wille und der berechtigte Wunsch in dem Willen befriedigt werden. Im selben Sinne, wie es in der mittelalterlichen Scholastik eine adaequatio intellectus ad rem gibt, eine Adäquation des Verstands an die Dinge, so gibt es hier eine Adäquation des Willens an die Güter, die ihm am meisten das Beharren in Ruhe, Gelassenheit und Weisheit ermöglichen. Hier wird nun die Kategorie *»höchstes Gut«*, summum bonum, wichtig. Das summum bonum erscheint in doppelter Gestalt, als summum bonum an sich und als supremum bonum. Im Deutschen haben wir keine Unterscheidung dafür, im Lateinischen gibt es zwei Worte, summum und supremum. Supremum bonum setzt eine Stufenreihe von Gütern voraus, und das allerhöchste Gut steht über vielen anderen, die auch hoch sind. Summum bonum ist ein unbedingt, ohne jede Rücksicht auf andere Güter konkurrenzlos höchstes Gut. Für die Stoa ist Ataraxie

supremum bonum und summum bonum zugleich. Halten Sie das fest als besonders stoischen Grundzug. Es meint die Unerschütterlichkeit, Autarkie des Menschen, der alles Störende in sich überwunden hat, dem das Störende der Welt höchstens bis an die Schuhsohlen geht, der sich hoch erhebt und den Wert seiner Menschlichkeit kennt. Sein Zentrum ist unberührbar. Das ist nicht Mystik, das ist *Tugendstolz*.

Mit dieser Ataraxie stehen nun alle anderen Güter in einem Verhältnis, sie empfangen gleichsam ihr Leben von der Ataraxie: Leben, Reichtum, Gesundheit, Schönheit. Sie sind durchaus wichtig; nichts Lebensfeindliches, nichts Weltfremdes, Weltfliehendes ist in der Stoa. Nur darf die Ataraxie nicht der Preis sein, mit dem Gesundheit und Leben und gar Reichtum bezahlt werden müssen. Dann würde man nach der Wertwägungslehre ein sehr schlechtes Geschäft machen. Die Gelassenheit der Stoiker wurde unter Beweis gestellt, indem sie ruhig aus dem Leben geschieden sind, wie zum Beispiel der reiche Seneca. Eine leichte Nachfolge der Sokratischen Todes- und Sterbensruhe. Wir haben hier eine ganz sonderbare Kultur des gelassenen Selbstmords, nicht pathetisch, nicht verzweifelt, sondern in der Überzeugung: es kann mir nichts geschehen, ich bleibe mit mir identischer, wenn ich sterbe, als wenn ich unter solchen Bedingungen weiterlebe. Das taten sie ohne transzendente Sicherung, sie waren keine Märtyrer, sie sind als vornehme Herren gestorben. In einem warmen Bad in ihrem herrlichen Badezimmer, das von kostbaren Parfums duftete, haben sie sich die Pulsadern geöffnet und dabei Homerische Gedichte rezitiert, sehr antik, und sind langsam und gleichgültig gestorben, unpathetisch, mit dem sonderbaren Zusammenklang ihres eigenen tugendstolzen Wesens mit sich selbst und, zweitens, des Weltalls in ihnen mit sich selbst. Sie sind zurückgekehrt in das Weltall, heraus aus all den Störungen, sie sind sozusagen von der Kegelbahn wieder in ihre Werkstatt zurückgekehrt. So ist Seneca von dem Hof des Nero weggegangen. Eine sehr eigentümliche Form, in der kein Märtyrertum wohnt, aber eine aufrechte, männliche Moralität.

Nun wieder etwas Negatives: Dahinter stand kein politischer Auftrag. Ich sagte, sie waren keine Märtyrer. Es war zweifellos immer die eigene Individualität, der eigene begrenzte Tugendstolz, der hier triumphierte, der hier das Maß ausmachte, so daß der Außenwelt durch diese rebellierenden, in sich so tugendstolzen Männer, auch Republikaner, nichts geschehen ist. Mit solchen Weisen konnte das römische Kaiserreich sehr wohl bestehen. Es gibt einige Ausnahmen, auf die wir später kommen werden, aber im großen Ganzen bewegte sich die aufrechte Haltung gleichzeitig auf der Linie des geringsten Widerstands gegen das Gegebene. Sie standen sehr schön da und zogen die Konsequenzen aus ihrer aufrechten Haltung in einer ebenfalls edlen oder souveränen Weise. Aber sie sind der Anfang eines ganz und gar Negativen, nämlich der Inwendigkeit als eines Gehäuses, in das man sich zurückzieht. Bei den Stoikern ist es ein sehr komfortabel ausgestattetes Gehäuse, mit vielen Büchern versehen, sehr gelehrt, aber doch ein Gehäuse, in das man sich zurückzieht und in dem man auch deklamiert.

So brach das Deklamatorische, das Eitle des Tugendstolzes auch wieder hervor und rief, mit Recht, viele Angriffe auf die Stoiker hervor. Ich habe Ihnen schon den strahlenden, aber ebenso pathetischen und phrasenhaften und ungeheuer übertriebenen stoischen Satz des Horaz gesagt. Ausgerechnet Horaz, der sich Epicuri de grege porcus nannte, »ein Schwein aus Epikurs Herde«, dieser ungeheuer liebenswürdige und großartige Typ, dieser lustige Genießer erscheint uns nicht als stoischer Weiser. Er hat immerhin von den Stoikern das Phrasendreschen doch so gelernt, daß er den berühmten Satz gesagt hat: Si fractus inlabatur orbis, Inpavidum ferient ruinae [Horaz, III, 3, 8], »wenn der Weltkreis krachend zusammenbricht, werden die Trümmer einen unerschrockenen Mann treffen«. Das war Deklamation. Diesen schönen Satz hat Fichte in Schulpforta in sein Tagebuch eingeschrieben, weil er sich da sehr schlecht fühlte, verlacht von seinen Mitschülern, den feinen Pinkels, wegen seiner schlechten Kleidung, wegen seiner völlig plebejischen Herkunft, und schlecht behandelt von den Paukern, die es dort gab. Da schrieb der junge Fichte, der durchaus Stoisches in sich hat, diesen Satz in sein Tagebuch hinein, und der Satz gab ihm Halt – da war es keine Deklamation. [...]

Der stoische Weise ist verhöhnt worden als ein Gott, der heraus ist aus allen troubles der Welt, der in Windstille lebt, mit Ausnahme der Zeiten, in denen er Schnupfen hat. Es ist also auch etwas Lächerliches daran, denn alles allzu Erhabene wirft einen komischen Schatten. Und diese dorischen Säulen mit der rauhen Haut einer Steinsäule, die so unbewegt stehen, gaben zweifellos Anlaß zu Humor, da sie selbst keinen hatten. Der stoische Tugendstolz ist doch ganz humorlos. Wenn Sie die erhabenen Gestalten, Odoardo und den alten Cato, den Helden von zahllosen Dramen im 17. und 18. Jahrhundert, diesen frugalen, harten, römischen Charakter nehmen und den eisernen Republikaner Verrina in Fiesco, das sind Grauköpfe, aber gänzlich humorlose. Sie haben von der Heiterkeit, die ein wohlverbrachtes Leben erzeugen kann und die ja doch in der Weisheit auch drinsteckt, sehr wenig oder fast nichts. Die Leichtigkeit, die zur Weisheit gehört, ja sogar das rätselhafte Sich-Freuen an sich, der Tanz, der im Weisesein fühlbar werden kann, fehlt bei den Stoikern vollkommen.

Es kamen Elemente von dieser Leichtigkeit und Heiterkeit in die antike Welt erst bei denen, die ebenfalls der Welt entronnen waren, bei den Christen. Da ist nichts mehr furchtbar wichtig, aber nicht, weil man sich mit Tugendstolz und mit Inwendigkeit heraushält, sondern weil das Wesen dieser Welt ohnehin vergeht, weil die Füße derer, die es heraustragen werden, schon vor der Tür stehen. Daraus entsteht eine Heiterkeit des Sich-Heraushaltens, die sich transzendent garantiert fühlt oder glaubt und dann selbstverständlich anders in Erscheinung tritt. Übergänge aber zwischen der stoischen Ataraxie und der christlichen Ataraxie, also derer, die im Kolosseum vor die Tiere geworfen wurden, und der feinen Herren, die freiwillig und ruhig aus dem Leben geschieden sind, sind zweifellos da. Eine solche Kultur des Sterbens und des Sich-Bewährens war da, nur, wie gesagt, bei den Christen mit Heiterkeit, auch mit Spott, auch mit größerer Leichtigkeit auf Grund eines geglaubten transzendenten Garantiertseins, was bei der Stoa, wie wir noch sehen werden, fehlt.

Immerhin, wir wollen nicht zuviel des Negativen machen, das auf der Hand liegt. Halten wir uns an den Begriff philosophischer Ruhe, halten wir uns an die Kultur des Ruhezentrums, die hier in das Abendland hineingekommen ist wie nie zuvor, halten wir uns an die Gleichung von Philosophie und Weisheit, die in einem ganz heiteren Sinn erfolgt. Da gilt nicht der Satz aus der Bibel, aus dem Prediger Salomo: »Wo viel Weisheit ist, da ist viel Grämens.« [Pred. 1, 18] Da gilt eher: Wo viel Weisheit ist, da ist viel Ruhe, nämlich viel Überblick, Gelassenheit, Freude, viel Sicherheit, gerade im Sturm und mitten durch ihn hindurch; Gehaltensein durch ein Ziel, Fixiertsein an einen Stern, der die Ruhe fundiert, der selbst unberührt bleibt von den Wolken, die darunter herziehen, die nichts mit ihm zu tun haben – das ist Weisheit, wie sie die Stoiker zuerst und in einer für die europäische Welt behaltbarsten Weise formuliert haben.

Das Ruhezentrum eben bewährt sich und verschwindet nicht mitten in der Tätigkeit. Ich gab Ihnen schon das Bild einer letzten Erscheinungsform der Weisheit. Die Weisheit hat eine philosophische Geschichte, sie bleibt sich nicht gleich, sie ist ein gesellschaftlich variabler Begriff, ein gesellschaftlich variables Ideal. Das letzte, was hinzukam, ist die Stalinsche Form von Weisheit, worin Tätigkeit sichtbar wird und nicht mehr nur Gelassenheit, nicht mehr die Faust im Sack, Inwendigkeit, abstrakter Tugendstolz und nicht mehr christliches Jenseits, sondern Tätigkeit in der Welt, um die Welt zu verändern, und bei alledem – nicht trotz, sondern wegen einer tief fundierten Tätigkeit – Gelassenheit, Ruhe, Übersicht und Humor. Das ist etwas, was zu der stoischen Kultur der Weisheit hinzukam, aber in ihr ebenfalls angelegt, nur nicht entwickelt ist. Wer sich weiter dafür interessiert, den darf ich vielleicht auf eine kleine Untersuchung über den Begriff Weisheit hinweisen, die ich vor längerer Zeit, 1951, in »Sinn und Form« [vgl. Bloch, Gesamtausgabe, 10, 355 ff.] veröffentlicht habe. Dort wird eine Geschichtsphilosophie der Weisheit versucht, anfangend mit den sieben Weisen, den Sophisten, Epikur und der Stoa über Spinoza und Kant und weiter.

Hegemonikon in und außer uns: der Mensch als Mikrokosmos, die Welt als Makanthropos

Jetzt kommen wir auf die kosmologische Seite der Weisheit zu sprechen, wir nähern uns also wieder der Welt und kommen heraus aus dem Privaten. Daß die Menschen dieses Ruhezentrum haben, beruht auf einer natürlichen Möglichkeit zu solcher Entronnenheit, nämlich darauf, daß es einen leitenden, einen herrschenden Teil in unserer Einzelseele gibt. Das, was den aufrechten Gang und die aufrechte Haltung in uns möglich macht, ist das ἡγεμονικόν in uns, das »Regierende«. Synonym wird bezeichnenderweise das Wort ὁ λογισμός gebraucht, λόγος ist der vernünftige Teil in der menschlichen Seele. Dieser Teil verleiht die Kraft, uns von der unzureichenden Welt innen und außen zurückzuziehen und uns mit dem ἡγεμονικόν, mit dem λογισμός in der Welt selbst als dem uns verwandtesten Teil in der Welt zu vermählen, in Einklang zu setzen.

Wir kommen damit wieder zu dem Weltoptimismus, aber einem, der sozusagen mit sich reden läßt, einem Weltoptimismus zu etwas herabgesetztem Preis in der Ethik. Das Störende, das es in der Welt genug gibt, wird nun mit einem gewissen Sophisma wieder abgetan als nicht zur Welt gehörend. Die Welt selbst ist gesund. An das Kranke, Verwesende, Vergehende darf man sich nicht halten, im Gegenteil, davor muß man eine Ataraxie bewahren. Um so mehr aber muß man sich an das Gesunde, an das mit dem ἡγεμονικόν, mit dem aufrechten Gang, dieser senkrechten Linie in uns, in Einklang Befindliche halten, das in der Welt draußen als λογισμός vorkommt. So ist der Widerspruch zwischen Individuum und Gemeinsamkeit, zwischen Apathie und Glaube an die Weltvollkommenheit, zwischen Autarkie, also Unabhängigkeit vom Weltlauf, und durchgängigem Weltdeterminismus im Sinn der ἀνάγκη dem Versuch einer Lösung zugeführt. Dergestalt, daß das ἡγεμονικόν in uns, das uns aufrecht hält, uns zu einem Kerl macht, der nicht nachgibt, der die Zähne zusammenbeißt, der nicht ein Spiel von jedem Druck der Luft ist, meteorologisch und soziologisch gesprochen, daß das einen Einklang findet mit dem ἡγεμονικόν draußen. Das ist der nicht widerspruchsfreie, aber widerspruchsarme Sinn der berühmten Formel: ὁμολογουμένως τῇ φύσει ζῆν, »in Übereinstimmung mit der Natur leben«. Das Negative, das Störende der Natur dient dabei als Warnung, das Positive gilt als Mahnung, als Vorbild für die Einschwingung, um auf diese Weise das ἡγεμονικόν zu stärken, die Weltfrömmigkeit moralisch zu mobilisieren.

Ein Goethe-Gedicht habe ich Ihnen schon genannt, das in diesem Sinn ganz stoisch ist: »Warum ist alles so rätselhaft? / Hier ist das Wollen, hier ist die Kraft; / Das Wollen will, die Kraft ist bereit, /

Und daneben die schöne, lange Zeit. / So seht doch hin, wo die gute Welt / Zusammenhält! / Seht hin, wo sie auseinanderfällt!« [Goethe, 1948 ff., Bd. 1, 453] Die Welt enthält auch das Auseinanderfallende, aber das ist nicht die richtige Welt; die richtige Welt ist das, was die Welt zusammenhalten läßt, und daran muß man sich halten. Dann ist keine Schwierigkeit mehr, dann ist eine Sache in gutem Gang, nämlich in Einklang mit dem guten Gang. In anderer Weise hat das Seneca so ausgedrückt: Ducunt volentem fata, nolentem trahunt [Seneca, 1965, 107, 11], »den Wollenden leiten die Geschicke, den Nichtwollenden zerren sie hinter sich her«. Wer im Einklang mit dem Tao ist, wer stoisch gefaßt ist, der wird geführt durch das Schicksal, durch die ἀνάγκη; wer sich dagegen sträubt, der wird eben hinterher gezerrt, der wird ein Opfer.
An dieser Stelle steht nun die Lehre des Neustoizismus, die aber schon angedeutet ist bei den Alten: Liebe zum Schicksal, amor fati, als ein Mittel zur Gelassenheit. Eine zweifellos reaktionäre Kategorie, wenn sie sich mit jedem Schicksal abfindet, eine zweifellos nicht unrevolutionäre Kategorie, wenn sie das gute Schicksal, das Progressive in der Notwendigkeit erfaßt und danach handelt. Es muß nur differenziert werden; distinguo, »ich unterscheide«, haben die Scholastiker immer gesagt, bevor sie sich entschieden. Es kommt also darauf an, wo der Akzent in der Entscheidung hinfällt. Damit haben wir zugleich die erste Erscheinung von etwas, was später vor allem in der Renaissancephilosophie eine so ungeheure Rolle gespielt hat und was noch bei Leibniz vorkommt: Wenn Sie den Einklang von Mensch und Welt, des ἡγεμονικόν in uns mit dem ἡγεμονικόν, der Gesundheitsessenz draußen, mit dem aufrechten Gang, den es auch draußen in der Welt gibt, durchdenken, dann ist es, als wäre der Mensch die verkleinerte Welt und die Welt der vergrößerte Mensch. Das heißt, wir kommen auf Mikrokosmos und Makrokosmos. Der Mensch ist ein Mikrokosmos und die Welt ist ein Makanthropos, ein vergrößerter Mensch. Dieser wichtige Begriff mit sehr viel mythischen Annexen, die sich angeheftet haben, ist in der Stoa angedeutet. Wir werden ihm bei Paracelsus, auch bei Giordano Bruno, dann bei Leibniz wieder begegnen. Obwohl er viel Abergläubisches, sehr viel Mythologisches in sich hat, ist er zweifellos strahlender Ausdruck eines neuen Heidentums, einer tiefen Eingewohntheit im Haus des Zeus, dergestalt, daß ich mich selbst als kleine Welt und die Welt andererseits als

einen großen Menschen empfinde, ein Gefühl, das ohne Zweifel nachklingt in dem Satz des jungen Marx in den Ökonomisch-philosophischen Manuskripten, das Ziel sei »Naturalisierung des Menschen und Humanisierung der Natur«. Eine Welt als Heimat soll geschaffen werden, die uns empfängt, ja die als Außenwelt unsere Maße hat; der Mensch andererseits soll von allen Sparren befreit werden, die nicht naturhaft sind und nicht ihre Maße in der Außenwelt finden.

Die Staats- und Gesellschaftslehre

Ich gehe nun über zu der stoischen Staatslehre, zu der Ausbreitung, die diese Tugendstolzlehre in noch gut antiker, an Aristoteles gemahnender Weise gefunden hat. Sie wissen, bei Aristoteles ist es nicht wie in der bürgerlichen Rechts- und Staatsphilosophie, wo das Recht das Erzwungene, das ethisch Minderwertige oder das ethische Minimum ist, und darüber erhebt sich die Sittlichkeit, die Ethik, als das eigentlich Wertvolle, Ungezwungene, in dem erst der Mensch etwas wert ist. Nach diesem Recht bedeutet es nichts, wenn einer keine silbernen Löffel stiehlt oder keinen Menschen umbringt, keine Unterschlagungen macht. Das alles ist nur negativ; das Eigentliche, das Positive, was er tut, steht nicht im Gesetzbuch. Das ist eine Herabdrückung des Rechts, der Staatssphäre, darin steckt die bürgerliche Innerlichkeit, das Desinteresse an Politischem, »Ein garstig Lied, pfui, ein politisch Lied« hängt damit zusammen – Dekadenzen mitten im Progressiven des Bürgertums.

Für die Antike mit ihrer Polis und für uns, die wir nicht eine Überordnung des einsamen Individuums über die Gesellschaft haben, gilt die Aristotelische und auch noch stoische Ordnung. Der Staat oder, da der Staat einmal abstirbt, die Gesellschaft oder, da es Gesellschaft auch in der Klassengesellschaft gibt, schließlich die klassenlose Solidarität stellt für uns selbstverständlich nicht ein Minimum dar, sondern einen großen Erfüllungsraum, in dem die Individuen selbst als Individuen erst blühen, nicht untergehen. Dieses Element von Aristotelischer Ethik, die in die Politik, in die Politeia eingeht und übergeht, ist auch in der Stoa noch da, nur ist das umfassende Ziel nicht mehr die Polis, sondern das römische

Imperium. Zuerst sind es die hellenistischen großen Reiche und dann das sehr viel größere, international werdende römische Imperium. Auch das Aristotelische Freundschafts-, Staats- und Gesellschaftspathos verschwindet nicht, wenn auch die Sache wieder teils allgemeiner, teils deklamatorischer wird.

Sozialutopie

Wir haben zum ersten Mal in der Philosophie eine Sozialutopie deutlich ausgeführt. Ich sage, zum ersten Mal deutlich philosophisch ausgeführt, weil die Platonische Sozialutopie sich ja sehr viel näher an eine bereits vorhandene Wirklichkeit anschloß, als dies bei Sozialutopien eigentlich rechtens ist. Sie knüpfte sehr stark an die spartanische Wirklichkeit, auch an die persische an und war deshalb reaktionär, gegen die athenische Demokratie gerichtet. Die stoische Sozialutopie ist schon von Zenon, dem Stifter der Stoa, ausgearbeitet worden. Leider ist so gut wie nichts davon im Original erhalten. Wir haben alles bloß aus Berichten in oratio obliqua und können uns nur in Umrissen ein Bild davon machen, was sehr schade ist, denn wir besäßen sonst ein wunderbares antikes Gegenstück zur Platonischen »Politeia«. Infolgedessen ist auch die historische Wirkung nur indirekt gewesen; trotzdem will ich einiges davon angeben.

Zum ersten Mal wird die Sozialutopie breit. Sie ist nicht mehr nur in der Schmalheit eines Begriffs ausgeführt, der sich abwendet von dem, was rechts und links ist, oder nur Elemente aus der Wirklichkeit aufnimmt, wie es bei Platon der Fall ist, und sie ist nicht mehr träumerisch auf einer Insel angesiedelt. Die bisherigen Utopien, die nicht in die Geschichte der Philosophie gehören, weil sie Erzählungen, Romane, Staatsromane sind, waren, wenigstens in der hellenistischen Zeit, wie die »Sonneninsel« des Jambulos, von dieser Art. Wenn es Sie interessiert, so können Sie in meiner kleinen Schrift »Freiheit und Ordnung, Abriß der Sozial-Utopien« [vgl. Bloch, Gesamtausgabe, 5, 547 ff.] die antiken Erzählungsutopien finden. Es geht also weg von der Insel und heraus aus der einsamen und dadurch auch schmalen Phantasmagorie, hin zum Traum einer Universalrepublik. Diese Universalrepublik, also keine Insel, wird utopisiert als übernational.

Damit haben wir Utopie und Ideologie ununterscheidbar zusammen. Wie Alexander die griechische Nation zusammen mit Persern, Ägyptern und Lydern und mit allen anderen östlichen Völkern aufgehen ließ in dem Begriff und dem Dasein hellenistischer Nationen, so bedeutete die Militärmonarchie, wie Cäsar sie gegründet hat, das Ende der latinischen Nation, also der Römer im engeren Sinn. Es bildete sich der civis romanus aus, der nicht Römer zu sein brauchte, es entstand eine Mittelmeerkultur, ein Mischtopf, ein eigentümlicher Kosmopolitismus damaliger Art, in den sich die Römer einbezogen haben. Es gab nicht etwa eine Hegemonie von Latium, im Gegenteil, das römische Wesen wurde selbst sehr stark verändert, und als Positives in Cäsars Mittelmeermonarchie entstand Frieden, pax romana. Gegen dieses übermächtig gewordene römische Reich konnte nun niemand mehr Krieg führen. Es gab Kriege an den Grenzen, Kriege mit den Germanen, dann gefährlichere Kriege mit den Parthern, aber nach Rom, in das römische Reich konnte niemand mehr eindringen. Es waren also eigentlich Kolonialkriege, die geführt wurden.
Diesem Weltreich über allen Stämmen, mit der Einheit des Menschengeschlechts, mit der Gleichgültigkeit gegen Völker und gar gegen Rassen, auch gegen Religionen, lieferte die stoische Sozialutopie ohne Zweifel eine Ideologie. Es entstand in dieser Utopie gleichzeitig eine absurde Lobrednerei Roms, in der Nationen verschwanden, was auch wieder im Interesse der Militärmonarchie war. So gab es den schon am Anfang kenntlich gemachten hohen stoischen Bogen zwischen Individuum und Weltreich, unter Überspringung der Nationen, der Polis, ja sogar unter Überspringung der einzelnen Städte. In diesem halb ideologischen, halb utopischen Weltreichgedanken, gab es außer Nationen auch kein Geld und keine Macht von Menschen über Menschen, kein Gericht und keine Kriege. Das war wieder ideologisch. Eine soziale Republik wurde konstruiert, in antiker Freimaurerei sozusagen, mit einem Bruderbund, der auch die Sklaven als Menschen betrachtete, stellenweise auf Abschaffung der Sklaverei drängte, das Bestehende aber nie sprengte, sondern immer Reformen anriet, im Ganzen reformistisch war. Der Gedanke, daß alle Menschen Brüder sind, ist stoisch und stammt aus der stoischen Sozialutopie. Das setzt immerhin Einheit des Menschengeschlechts voraus, Aufhebung nicht nur der Nationen, sondern auch des Hochmuts der Nationen,

Aufhebung der Kategorien Hellene und Barbar oder Römer und Barbar. Alle Menschen sind gemeinsam eingeordnet in dem großen Welthaus, dessen Parterre sozusagen, in dem wir uns aufhalten, der Naturstaat, der natürliche Staat bildet.

[...] Wir haben hier also noch etwas anderes als den Staat. Wir haben einen Bruderbund derer, die rechten Willens sind. An diesem Punkt konnte die beginnende Kirche anknüpfen. Die Kirchenlehre hat hier eine Vorbereitung gehabt, dergestalt, daß Paulus in der Apostelgeschichte in der berühmten Rede an die Athener stoische Gedanken ausspricht. Das Zitat bezieht sich auf die Einheit des Menschengeschlechts in der Weltvernunft des Zeus: »Und er hat gemacht, daß von *einem* Blut aller Menschen Geschlechter auf dem ganzen Erdboden wohnen, und hat Ziel gesetzt und vorgesehen, wie lange und wie weit sie wohnen sollen.« [Apg. 17, 26] So kommt eine späte Frucht der griechischen Philosophie ins Neue Testament hinein. Ähnlich nennen auch wir Marxisten Sartre oder Heidegger. Nur zitiert Paulus die Stoiker zustimmend, er kann sie brauchen. Da ist bereits die mittelalterliche universale Gesellschaftsordnung vorbereitet. Das andere aber, was nicht mit dem Mittelalter zusammenfällt, ist die Idee des Bruderbundes, die Idee des Friedens, ist eine überparteiliche Weltfriedensbewegung, auch im Bürgertum. Das kann als eine vom Bourgeois fallengelassene Idee von uns wieder aufgenommen werden, das ist nicht abgegolten, sondern verpflichtet. Was haltbar ist an der Weltfriedensbewegung, hat seine ideologisch-humanen Prämissen in der stoischen Sozialutopie, in der Ökumene gehabt. Auch in diesem Punkt müssen wir die ungeheure Bewegung der Stoa im Bewußtsein haben.

Naturrecht und Sozialutopie

Die beiden Effekte der stoischen Politik sind erstens die Sozialutopie, die uns nur in Fragmenten bei Zenon, dem Stifter, erhalten ist, und zweitens, davon getrennt, das Naturrecht. Mit der Sozialutopie, diesem antiken Freimaurer- oder Bruderbund, haben wir uns etwas vertraut gemacht. Vieles, was sich später als gut und schön und progressiv erwiesen hat, zum Beispiel auch Toleranz, hat hier seinen Ursprung. Nathan der Weise spricht bei Lessing unmittelbar als Stoiker, es finden sich fast wörtliche Übereinstimmungen.

Wir haben uns auch mit dem Negativen der Stoa vertraut gemacht als einer Ideologie des römischen Imperiums, des römischen Kosmopolitismus. Dieser hatte auch negative Züge, da in ihm die Nationalitäten untergingen. Wie in den hellenistischen Staaten die griechische, so ging in dem römischen Imperium die latinische Nation unter. Der Prozeß beginnt mit Cäsar. Die Nachwirkungen der Sozialutopie waren jedenfalls ungeheuer und zumeist unterirdisch.

[. . .] Vielleicht ist es nützlich, zu wissen, worin sich Sozialutopien und Naturrecht unterscheiden. Beide sind revolutionäre Ideologien gewesen, beide haben, solange es noch nicht das »Kapital« von Marx gab, als Brechstange gedient gegen eine überalterte Gesellschaftsordnung; beide sind abstrakt, das heißt, sie überfliegen die Wirklichkeit, ohne die Tendenzen in der Wirklichkeit zu beachten oder mindestens diejenigen zu reflektieren, die allein schon zur Bildung von Sozialutopien oder Naturrecht geführt haben. Natürlich haben beide einen Fahrplan. Es ist kein Zufall, daß es Jahrhunderte hindurch Sozialutopien in Fülle gibt und daß es zu anderen Zeiten gar keine gibt; es ist kein Zufall, daß Sozialutopien absterben und Naturrecht an ihre Stelle tritt, wie im 18. Jahrhundert. Aber es ist eines, einen gesellschaftlichen Fahrplan zu haben, und ein anderes, sich des gesellschaftlichen Fahrplans bewußt zu sein. Beide reflektieren ihn nicht.

Weiter haben sie beide das Eigentümliche – die Sozialutopien mehr als das Naturrecht –, daß sie glauben, man könnte es allein durch Belehrung schaffen. Wenn man zu den feinen Leuten geht, zu der besitzenden Klasse, zu den Söhnen und Töchtern gebildeter Stände, und ihnen zeigt, was das Rechte ist, dann werden die alle mit ihrem Bankkonto dazu helfen, daß die Banken aufhören. Diese Vorstellung reicht bis Weitling. Obwohl Weitling die Handwerksgesellen und die beginnenden Proleten in Deutschland anredete, glaubte er trotzdem, es müsse nur gepredigt werden, und zwar das »Evangelium des armen Sünders« oder »Garantien der Harmonie und Freiheit«, wie die Schriften des letzten Sozialutopisten großen Stils heißen. Darin steckt noch ein Nachklang des Sokratischen Gedankens, daß keiner freiwillig Unrecht tue. Das Naturrecht ist sich seiner Träger deutlicher bewußt, aber auch nicht so deutlich, daß es wüßte, daß es von der progressiv-liberalen bürgerlichen Klasse getragen wird.

Worin unterscheiden sich nun die beiden? Das läßt sich ganz kurz sagen, und zwar mit stoischen Kategorien. Die Sozialutopien setzen auf *das Glück*, die Naturrechtslehren auf *die Würde* der Menschen. Das Naturrecht doziert den Männerstolz vor Königsthronen, die Sozialutopie ist eine mehr oder minder säkularisierte Botschaft für die Mühseligen und Beladenen. Sie wird Wahrheit auf glückseligen Inseln irgendwo in der Südsee oder irgendwann in der Ferne, in der Zukunft. Dort wird das größtmögliche Glück der größtmöglichen Anzahl wirklich. Glück und Würde sind nicht dasselbe. In der Würde steckt mehr kämpferischer Charakter. Sie wird verkörpert von catonischen Typen wie Odoardo in »Emilia Galotti«, Verrina in »Fiesco« und fast sämtlichen heroischen Figuren in den Dramen von Alfieri im 18. Jahrhundert, von denen Schiller sehr abhängig ist. Der letzte ist noch Johann Gottlieb Fichte, der gewachsene Mann, der seinen Nacken nicht beugt. Christian Thomasius gehört dazu, ein deutscher Gelehrter ohne Misere. Die Sozialutopie und das Naturrecht sind also durch einen solchen Unterschied getrennt. Die Stoa hat, ihrem Würdecharakter entsprechend, dem Charakter des stoischen Weisen, des gewachsenen, aufrechten Mannes entsprechend, als Philosophie des Rückgrats sozusagen das Naturrecht mehr befruchtet und sogar inauguriert als die Sozialutopien.

Das stoische Naturrecht und seine Auswirkungen

So komme ich nun zum stoischen Naturrecht, das wie alles in der Stoa, in der stoischen Ethik, aus der Lehre des ὁμολογουμένως τῇ φύσει ζῆν (»in Übereinstimmung mit der Natur leben«) folgt. Der *moralische Wertbegriff Natur* wird hier besonders strapaziert zugleich mit einer doppelten Veränderung gegen die Vergangenheit. Das Naturrecht ist nicht mehr das Naturrecht, wie es die Sophisten inauguriert haben mit dem Gegensatz von φύσις und νόμος, Natur gegen Satzung. Es ist auch nicht mehr das Naturrecht in dem sophistischen und auch Epikurischen Sinn, daß Individuen frei werden, daß die Libertinage der einzelnen Personen ein gutes Gewissen und einen guten Begriff bekommt. Es ist vielmehr ein *Naturrecht der Gemeinschaft*. Dies ist ein sehr wesentlicher Unterschied und ungeheuer folgenreich. Also das, was für die Gemeinschaft der Menschen gut ist, wird gesucht, das, was rechtens ist. Das war die erste Veränderung.

Die zweite ist jene ungeheure Umkehr: Die Stoa hat den Gegensatz zwischen φύσις und νόμος aufgehoben. νόμος war die überlieferte Satzung, das Künstliche, das Willkürliche, in dem Brauch ist und Herkommen, ein Allgemeines, das sich vor der Natur nicht hält. Dagegen rebellierte die φύσις, nicht mehr die der Vorsokratiker, sondern die φύσις des lebenden physiologischen Individuums, so daß Naturrecht in einem Gegensatz zum Satzungsrecht, zum Gesetzesrecht stand und damit auch angeblich zum Gesetz der Allgemeinheit. Bei den Stoikern, die die φύσις so sehr mit Vernunft geladen haben, daß der Weise in Übereinstimmung mit der Natur lebt und gleichzeitig in Übereinstimmung mit der Weltvernunft, mit dem Weltzeus, ist φύσις mit νόμος so verbunden, daß sie dasselbe werden. νόμος als Weltgesetz, als Weltvernunft und damit auch als Naturrechtsvernunft und φύσις fallen vollkommen zusammen. Das Andere ist weder φύσις noch νόμος, sondern δόξα, Meinung, Zufall, Störung und kommt aus schlechten Affekten. Alles muß an der Einheit von φύσις und νόμος, an der Einheit von Naturrecht und Vernunftrecht gemessen werden. Die Gleichung zwischen νόμος und φύσις stammt von hier; die Natur ist das vernünftige und das dem Menschen gute Gesetz.

Im einzelnen hat das nicht so viel verändert, wie man erwarten könnte, denn es war zum großen Teil deklamierend und erschöpfte sich in bloßen Kundgebungen. Es hat den Zustand des römischen Reiches nicht sehr geändert, wie Ihnen bekannt ist. Es hat sich auch nicht viel geändert, wenn ein Kaiser stoisch beeinflußt und ein guter Kaiser war wie Marc Aurel, der Verfasser der Schrift Τὰ εἰς ἑαυτόν, was frei mit Selbstbetrachtung zu übersetzen ist. Es hat auch gute Kaiser gegeben, nicht nur Bestien; Marc Aurel war einer, Antoninus Pius war einer, Trajan war einer. Aber das römische Reich lief weiter mit seinen Verbrechen, als groß gewordene, ungeheure Räuberhöhle, wie Augustin sagte. Dabei gab es die vornehmen, guten stoischen Kaiser und die stoischen Prinzenerzieher. Die Stoa war also auch zur Ideologie des römischen Imperiums, der römischen Ökumene tauglich, was ich Ihnen oft genug darstellte.

Auf der anderen Seite sehen wir doch auch einige sehr deutliche Einwirkungen der Stoa. Die stärkste ist dadurch bezeichnet, daß ein Stoiker namens Blossius der Lehrer von Tiberius Gracchus war. Die beiden Gracchen, die großen Volkstribunen, waren mit der

großen Agrarreform, die sie inszeniert haben, mit der Gewalt, die sie dem Volkstribunat wieder gaben, unleugbar Revolutionäre vornehmer Herkunft, mit den Scipionen verwandt durch ihre Mutter Cornelia und trotzdem auf der Seite des Volkes. Hier liegt eine Beeinflussung der Oberschicht durch die Stoa vor. Ähnliches geschah im 18. Jahrhundert, wo sich vornehme Aristokraten mit Enzyklopädisten umgaben. Da wird die Einwirkung nicht so sehr groß, man hat sie nicht so bemerkt. Eine Parallele wäre vielleicht Joseph II. von Österreich, der durch die französischen Enzyklopädisten zweifellos stark beeinflußt war und auch entsprechend handelte. Und so verhielt es sich auch, mutatis mutandis, bei den Gracchen. Ein spartanischer König namens Kleomenes hatte schon vorher eine Landaufteilung versucht; aber deutlicher ist die Einwirkung des Blossius.
Der Einfluß der Stoa veränderte auch weitgehend die Stellung zur Sklaverei, denn die Stoa erklärte die Sklaverei für dem Naturrecht widerstreitend und setzte sich damit in einen erfreulichen und starren Gegensatz zu Aristoteles, der die Sklaverei rechtfertigte, indem er zweierlei Sorten von Menschen annahm, Barbaren und Hellenen, und einen Sklaven, auch wenn er ein Grieche war, trotzdem als Barbaren bezeichnete. Zu diesem Plus kommt ein weiteres. Die römische Jurisprudenz ist durch die Stoa unter Vermittlung von Cicero dahin gebracht worden, daß sie Elemente des stoischen Naturrechts aufnahm, aufnehmen mußte. Sie brauchte die griechischen Philosophen zur Schärfung ihrer Begriffe. Die berühmte Schärfe der römischen Rechtsbegriffe, das Definitorische, die Kunst der Formulierung, was dieses Recht bis heute auszeichnet, stammt nicht von den Römern, sondern von den Griechen, nicht aus der Jurisprudenz, sondern aus der Philosophie. Man definiert genau, was Eigentum ist und was Besitz, was der Unterschied ist zwischen Diebstahl und Einbruch, der leichter zu formulieren ist als der zwischen Eigentum und Besitz. Es gibt darin alle möglichen Feinheiten. Was ist eine Klausel, was ist das bedingungsweise Eintreten? Auch deutlich naturrechtliche Begriffe finden sich wie zum Beispiel »unter Würdigung der Umstände« oder »nach bestem Wissen und Gewissen«. Dadurch wird auf das Urteil ein Einfluß ausgeübt, es wird letztlich aufgehoben in dem Bewußtsein, daß es zwar nach dem geschriebenen Recht stimmt, aber nicht unter Würdigung der Umstände. Der Verurteilte wird der Gnade

empfohlen, das heißt, das Urteil bleibt bestehen, aber der Vollzug der Strafe wird aufgehoben durch einen Gnadenakt des Monarchen oder des Präsidenten.

In all dem stecken naturrechtliche Tribute der Jurisprudenz an ein Naturrecht, das heißt an etwas, was man als Recht in einem tieferen, menschlicheren Sinn fühlt. Es ist ein Anschluß an common sense da oder besser an bon sens, ein Anschluß an etwas, was bei jedem Urteil, auch schon bei den Römern, als praktischer Menschenverstand mitwirkte, nämlich an die aequitas, wie es im römischen Recht heißt, die Billigkeit. Man kann sagen, es ist eine gewisse Reflexion auf die Klassenlage des Angeklagten darin, der doch durch seine Klasse, etwa als Mitglied der proles, der Besitzlosen in Rom, dazu gebracht wurde, so zu handeln. Oder dann das Problem der Billigkeit bei einem Vertrag, den ein Schwächerer mit einem Stärkeren eingehen mußte, weil er viel schwächer war. Ist der Schwache verpflichtet, alle Bedingungen des Vertrags zu erfüllen, auch wenn sie eindeutig gegen ihn gerichtet sind? So gab es im römischen Recht immer schon den Gesichtspunkt der aequitas, nach dem der Richter gegen den Buchstaben, gegen den vorliegenden Paragraphen die Strafe vermehren oder vermindern konnte.

Das wurde etwas kodifiziert und in Beziehung zum Naturrecht gesetzt. So stand das ius scriptum, das geschriebene Recht, mit dem ius naturale, dem Naturrecht, nicht mehr in einem so scharfen Gegensatz wie am Anfang. In Sachen des Naturrechts führte das zum Opportunismus, denn es wurde in der herrschenden Klasse ideologisch, andererseits schuf es in der Folge aber auch einen Übergangspunkt von dem geschriebenen Recht zu naturrechtlichen Erwägungen. So heißt es im Corpus iuris civilis von Justinian gleich am Anfang: Ab initio omnes homines liberi nascebantur [Justinian, 1895, II, 2], »von Geburt an sind alle Menschen frei, frei geboren«. Also ist es ein Unrecht, wenn man sie ihrer Freiheit beraubt hat, ein schwerer Schlag gegen die Ideologie der Sklaverei. Weiter erwähne ich die allgemeinen juristischen Vorschriften: honeste vivere, alterum non laedere, suum cuique tribuere, »anständig leben, den Nächsten nicht verletzen, jedem das Seine zuteilen«. Bei dem Suum cuique wurde sehr viel Wasser in den Wein gegossen, und es steckt allerhand darin, was sich auch noch mit einem Dreiklassenwahlrecht vertragen hat. Trotzdem ist ein Tribut des Lasters an die Tugend erkennbar, und wir sehen, daß durch den stoischen Einfluß

Eintrittsstellen für Naturrecht bereits im römischen Recht möglich waren.
Später, im Mittelalter und im 16. und 17. Jahrhundert, wurde das stoische Naturrecht sogar mit den Zehn Geboten gleichgesetzt. Der Dekalog, den Moses verkündet hat, galt als relatives Naturrecht zum Unterschied vom absoluten Naturrecht, das vor dem Sündenfall gegolten haben soll und das die Ideologie der Ketzersekten bestimmte. Das relative Naturrecht ist nicht das Evangelium, sondern das Recht des Staates mit lauter Soll: du sollst nicht töten, du sollst nicht ehebrechen, du sollst nicht stehlen. Von diesem Naturrecht nehmen nach Auffassung der Kirchen alle staatlichen und kirchenstaatlichen Rechtsvorschriften ihre Berechtigung. Es verleiht die Sanktionen jedem Recht, also auch dem Staat, dem Staat als einer oppressio, als einer ersten Heilsanstalt gegen die Sünde. Die zweite Heilsanstalt ist die Kirche. Sie sehen, es geht da überall auch zur Rechtfertigung des vorhandenen Rechts und des vorhandenen Staats, aber doch immerhin mit einem Stachel.

Wirkung der Stoa insgesamt

Die Nachwirkungen des stoischen Naturrechts sind nur ein Teil der übrigen Nachwirkungen der Stoa. Ich sagte schon, sie hat ungeheuren Einfluß auf die Einzelwissenschaften, vorzüglich auf die Medizin genommen. Der letzte Philosoph der Antike überhaupt – damit greife ich sehr weit vor –, *Boëthius* (480 bis 524), war zwar ein Eklektiker, aber doch überwiegend ein Stoiker. Er wurde von Theoderich hingerichtet aus uns nicht ganz bekannten Gründen, wahrscheinlich war er kein Christ, sondern ein letzter sogenannter Heide. Er hat dem Mittelalter stoische Prinzipien überliefert, vor allem in seiner Schrift »De consolatione philosophiae« (»Vom Trost der Philosophie«), die er im Kerker geschrieben hat. Auf das Mittelalter hat er vor allem auch durch seine Musiktheorie gewirkt, in diesem Fall auf eine schädliche Weise, indem er Pythagoreische Bestandteile verwendete. Dieser sozusagen letzte antike Philosoph war also wesentlich ein Stoiker und war auf lange Zeit außer Aristoteles und Porphyrios, der die Einleitung zu den Aristotelischen Kategorien geschrieben hat, der einzige antike Philosoph, den man kannte, von dem man Originale zur Hand hatte, und zwar

lateinische; das Andere war ja zum großen Teil griechisch. Schon dadurch, rein philologisch, ist ein Einfluß der Stoa permanent geblieben, und zwar lange vor dem Einfluß von Aristoteles und durchaus auch neben dem Einfluß von Aristoteles.
Das [stoische Vermächtnis des Boëthius] war genau wie die Aristotelische Ethik sehr gut für die Interessen des Bürgertums zu gebrauchen. Selbstbeherrschung gegen die Verwirrungen der Affekte – das ist etwas, was der Bourgeois sehr gut brauchen kann. Sein Rechenhaftes, sein Nüchternes, seine Ratio, sein geschäftliches Kalkül, seine Angst vor allen subjektiven Wallungen, die beliebig kommen und gehen, all das, was damals in die Haltung des Menschen hineinging, was sich noch mit Rittertum verband und das Rittertum doch wieder pervertierte, konnte sich im 16. und 17. Jahrhundert ganz gut an der stoischen Ethik orientieren, natürlich entsprechend umfunktioniert. Zweitens paßte der stoische Pantheismus, der Mechanismus im Pantheismus, vor allem die Betonung der ἀνάγκη, der ausnahmslosen Determiniertheit aller Erscheinungen, sehr gut in das naturwissenschaftliche bürgerliche Weltbild hinein, das das Wunder verbannt hatte. Drittens wurde das Naturrecht selbst bei Hobbes, Grotius und auch bei Rousseau mit bewußtem Anschluß an die Stoa erneuert.
Das Pathos der Natur, das uns vor allen Dingen bei Rousseau entgegenschlägt – zurück zur Natur!, retourner à la nature! –, haben wir ursprünglich bei der Stoa und durch die Stoa überliefert. Noch in einem Satz wie dem des französischen Materialisten Diderot: »La vertu, la raison, la vérité sont des filles de la nature« (»die Tugend, die Vernunft, die Wahrheit sind die Töchter der Natur«) haben Sie einen Naturbegriff, der nicht der materialistisch-mechanistische ist, sondern ein Wertnaturbegriff. Es ist auch nicht einfach der pantheistisch-ekstatische Naturbegriff Giordano Brunos, sondern ein Wertnaturbegriff, der etwas mit der stoischen Weltfrömmigkeit und Naturgläubigkeit zusammenhängt. Der Atem des Stoizismus schlägt also noch hinein in den französischen Materialismus. νόμος und φύσις, Gesetz und Natur, Vernunft und Natur sind eines. Das geht durch, bis in den französischen Materialismus hinein, vor allem zu seinem warmherzigsten Sprecher, Diderot.
Soviel über die Stoa. Wir werden ihr nicht nur im Naturrecht, wir werden ihr bei Descartes und vor allem bei Spinoza durchaus wieder begegnen. Dieser Schulzusammenhang hat zwar nicht ein

Zentrum in einer glänzenden Person wie Platon oder wie Aristoteles erhalten, aber durch die Kraft des Schulzusammenhangs, des σύστημα, durch ungeheure Betriebsamkeit und pädagogische Ausbreitung hat diese Lehre über die Jahrhunderte hinweg eine überhaupt nicht zu überschätzende Wirklichkeit besessen.

Zusammenfassung

Ich führe noch einmal die Hauptpunkte der stoischen Lehre kurz zur Erinnerung an: 1. sinnlicher Ausgangspunkt in der Erkenntnis; 2. communes opiniones, gemeinsame Meinungen, in denen die Wahrheit zu finden ist, Ursprung des Gedankens von der Toleranz und der Einheit des Menschengeschlechts; 3. φαντασία καταληπτική, die ergreifende Vorstellung, bei der die Vorstellung, um eine Wahrheit zu sein, den Gegenstand im selben Maße ergreifen muß, wie der Gegenstand die Vorstellung ergreift, so daß der Charakter der Notwendigkeit in diesen Vorstellungen vorhanden ist, der sie vor anderen auszeichnet; 4. Ausbildung der Kategorien: die Kategorienlehre wird zum ersten Mal mit der Ontologie verbunden, so daß Kategorien allgemeinste Seinsbestimmungen überhaupt sind; 5. die Grundkategorie τὸ ὄν, das Sein, das gleichgesetzt ist mit der Materie, so daß der stoische Pantheismus eine materialistische Grundlage hat; 6. der Weise, seine Ataraxie mit allen Aporien, die ich Ihnen angab: das Individuum, das sich gegen den Weltlauf sperrt, sich auf sich zurückzieht und auf der anderen Seite – ὁμολογουμένως τῇ φύσει ζῆν, »in Einheit mit der Welt leben« – Pessimismus und Optimismus dicht ineinander verschränkt; 7. stoische Sozialutopie und stoisches Naturrecht, die eine auf das Glück, das andere auf die Würde des Menschen bezüglich, auf den aufrechten Gang des Menschen, der zoologisch begonnen, aber noch lange nicht beendet ist und eine Aufgabe der menschlichen Reflexion darstellt – auf daß homo sapiens auch wirklich homo erectus werde, das heißt der Mann des Rückgrats, des aufrechten Gangs mit dem ἡγεμονικόν in sich; diesem anderen wichtigen stoischen Begriff: dem Regierenden in uns, das sich mit dem ἡγεμονικόν, dem λογισμος, das heißt dem Gesunden, dem Wesentlichen in der Welt vermählt und ihm gemäß lebt. Damit schließe ich vorläufig den Überblick über die Stoa und gehe nun, dem Abschluß des Wintersemesters und nicht nur diesem Abschluß entsprechend, sondern auch im Zusammenhang der Sache, auf ein etwas anderes Thema über.

Wir gehen auf Weihnachten zu, wir gehen gleichzeitig auch dem Stoff nach auf die religiöse Periode der antiken Philosophie zu, die auf die ethische Periode folgt. Wir werden zu den Neupythagoreern und zu den Neuplatonikern, wir werden zur Gnosis kommen, wo Ihnen die Haare zu Berge stehen werden auf eine außerordentlich fruchtbare Art, und wir werden zur Patristik kommen. Das alles sind die Grundlagen der Philosophie des Mittelalters, aus Aristoteles gewonnen, wie sich von selbst versteht, und zugleich Wegbahnungen zum Christentum. Wie steht es denn nun mit dem jüdisch-christlichen Mythos, also mit der Bibel?

Gesellschaftlicher Hintergrund

Ich sagte: Wegbahnungen zum Christentum. Die Bewegungen waren alle untereinander verwandt. Es war ein großer Schrei in die Antike gekommen gegen die ἀνάγκη; sie erschien nicht mehr so gut, wie die Stoa gesagt hatte. Die Sterne wurden als Dämonen betrachtet; die Kosmokratoren, die Herren der Welt, von denen Paulus im Epheserbrief [vgl. Eph. 1,21] spricht, sind böse Dämonen. Ein Rest davon lebt in der bösen Sieben, auch in der bösen Fee, die dem Kind ein Schreckliches in die Wiege legt; das ist nämlich Saturn, während die anderen Planeten Gutes bringen – noch in den Grimmschen Märchen ist solche Astrologie. Es sah also nicht mehr sehr freundlich in der Welt aus, im Zusammenhang mit den unerträglich werdenden gesellschaftlichen Verhältnissen. Da ist es ein großer Euphemismus, einfach zu sagen, daß in der Spätantike die Produktivkräfte mit den Produktionsverhältnissen nicht mehr übereingestimmt hätten. Es war völlige Anarchie eingetreten. Die römischen Städte wurden von Räuberbanden und Vagabunden und barbarisierten Nomaden durchzogen, es gab eine Militärkamarilla, die den Kaiser ein- oder absetzte oder ermordete. Also ein grauenhaftes Dasein, in dem das römische Reich ermattete und unterging, so daß in der Völkerwanderung gar kein gewaltiger Einbruch mehr notwendig war. Es stürzte von selbst zusammen auf Grund der vollkommen vernichteten und überalterten ökonomischen Grundlage.

So sah die Welt aus, und diese Welt wurde mythologisiert als die Welt überhaupt. Da waren es dann die bösen Sterne und der Teufel, der umgeht und sucht, wen er verschlinge, dazu eine maßlose Todesfurcht, trotz des Elends in der Welt Angst vor dem Untergang. Und da siegte die Religion. Es gab sozusagen ein Wettrennen, einen Wettbewerb von Religionen, die aus dem Orient importiert worden waren. [Es siegte diejenige], in der das Verlangen nach Auferstehung und Leben am kraftvollsten, leuchtendsten, edelsten und zugleich auch in einer Weise brannte, die sich der herrschenden Klasse als relativ unschädlich empfahl. Das war das Christentum. Es gab aber auch Attiskulte, Adoniskulte, Osiriskulte, es gab Wundertäter, die genau dasselbe taten oder von denen die Anhänger sagten, daß sie genau dasselbe und mehr Wunder getan hätten als Jesus, zum Beispiel Apollonios von Tyana. Es gab Simon Magus, der in der Apostelgeschichte vorkommt, der die Wunder Christi vor Nero nachmachte und sich dabei den Hals brach. Simon Magus wird uns noch begegnen als ein ganz anderer Mann, als Stifter der Gnosis. Nebenbei bemerkt, er war die Urform des Doktor Faust.

Wozu der Beschäftigung mit dem biblischen Mythos

Nun, meine Damen und Herren, unsere Erziehung und unsere Bildung ist etwas anderes als unsere Zustimmung. Wir wollen kennenlernen, was war, um aus ihm zu verstehen, was wurde. Wir wollen gewiß nicht das Neue aus dem Alten verstehen, das wäre vormarxistisch, sondern wir wollen das Alte aus dem Neuen verstehen und den parteiischen Gesichtspunkt des Neuen hineintragen. Wir wollen heraushören, wohin es ging, was damals latent und was die Tendenz war. Wir können bei Strafe des geistigen Untergangs die Geschichte nicht überschlagen, wir können uns auf Unwissenheit nicht auch noch etwas einbilden, aus Dummheit und Finsternis nicht selber wieder eine Religion machen. Diese selber abergläubische Angst vor dem, was vielfach mit Recht als Aberglauben erscheint, ist völlig falsch. Man betrügt damit das Proletariat um Licht, man betrügt es um Situationskenntnis, um Geschichtskenntnis, man kommt schließlich zu einem Zustand, wie ihn die Nazis erreicht haben. Indem sie die Bibel als artfremd abgelehnt haben und nicht mehr studieren ließen, haben sie ja die ganze deutsche Kultur nicht mehr verstehen können. Denn man kann kaum ein Volkslied verstehen, erst recht nicht die Volkslieder, die einen fröhlichen, festlichen Ton haben, Weihnachtslieder, Osterlieder, Wiegenlieder, man kann keine Volkstrachten, keine Volksbräuche verstehen, man kann, um groß herzugehen, das Straßburger Münster nicht verstehen, wenn man die Bibel nicht kennt. Man kann die Gotik nicht verstehen, kann das Mittelalter, kann Dante, Rembrandt, Händel, kann Bach nicht verstehen ohne die Bibel. Ja, was versteht man dann eigentlich noch!

Der unerträgliche Zustand, daß Barbaren gezüchtet werden, die vor der Matthäuspassion wie eine Kuh vorm Scheunentor stehen, sie so betrachten, als ob sie von dem mexikanischen Vitzliputzli handelte, dieser unerträgliche Zustand muß ein Ende nehmen. Das hat einmal Millionen Menschen im Tiefsten erschüttert und ergriffen. Bach hat doch schließlich nicht nur die »Kaffee-Kantate« komponiert, sondern er hat eben geistliche Musik komponiert. Es verlangt ja niemand, daß wir das glauben. Wir lernen ja auch die griechische Mythologie kennen – ich weiß nicht, vielleicht auch die nicht –, ohne die man selbstverständlich die Antike nicht versteht. Nach Marx ist der griechische Mythos die Grundlage der griechischen Kunst, so, wie selbstverständlich die Bibel als Mythos die Grundlage der europäischen mittelalterlichen Kunst ist bis Rembrandt und bis Bach und noch weit darüber hinaus. Sie verstehen ohne sie auch die Missa solemnis von Beethoven nicht, Sie verstehen überhaupt keinen Kirchentext, der komponiert wurde, keine Messe und kein Requiem und gar nichts.

Also so, wie der griechische Mythos eine Grundlage bildete, Inhalte eingeliefert hat, ohne daß verlangt wird, daß man daran glaubt, so übertragen Sie nun mindestens das auch auf den christlichen Mythos. Wenn man bei Homer an einer wunderbaren, lustigen und plastischen Stelle erfährt, wie Aphrodite mit Ares im Bett liegt und Hephaistos, Aphroditens Mann, dazukommt, ein Netz um die beiden schmiedet, so daß sie nicht mehr auseinanderkönnen, und sie den Göttern zeigt, so lacht man über diese offenbachsche Stelle bei Homer. Da wird doch nicht vom Leser verlangt, daß er erstens an Aphrodite und zweitens an Hephaistos glaubt und drittens daran, daß die miteinander verheiratet waren. Aber kennen muß man es. Nun, einen weniger lustigen, sondern oft erschütternden Stoff gibt es in der Bibel. Sie brauchen das nicht zu glauben, aber Sie müssen es kennen und vielleicht den symbolischen humanen Gehalt erfassen, der doch etwas erheblicher ist als der der griechischen Mythologie, von der germanischen ganz zu schweigen.

[...] Es gibt einen Satz, der in der Bibel sehr oft vorkommt: »Und die Kinder Israels murrten.« Murrten, ein sehr schönes Luther-Wort. Ich möchte Ihnen diese unterirdische Bibelgeschichte erzählen, die subversive, plebejische, aufbegehrende, revolutionäre, nationalrevolutionäre. Wie sieht es damit aus? Und warum konnte die Bibel das Grundbuch der deutschen Bauernkriege werden? Sie finden in den Aufrufen von Thomas Münzer kaum einen Satz, der nicht ein Zitat aus der Bibel enthielte, und nicht nur bei Thomas Münzer, sondern auch bei anderen. Er konnte keine Zitate aus der Ilias oder der Odyssee bringen, er konnte keine Zitate aus Babylon, aus Vitzliputzli bringen. Aus der Bibel konnte er etwas bringen, und das haben die Bauern verstanden. Woran liegt das? Dem wollen wir uns nun, der Weihnachtszeit entsprechend, etwas zuwenden, und zwar rein historisch.

Altes Testament

Die Anfänge lasse ich weg, darauf werden wir später noch kommen, auf die Schlange, die ja nicht ohne ist, auf den Baum der Erkenntnis und die Vertreibung aus dem Paradies. Die Schlange ist gar nicht so schlecht. Ist es nicht richtig zu wissen, was gut und was böse ist? Und hat die Schlange nicht ihr Wort gehalten? Jahwe sagt nachher: »Adam ist geworden wie unsereiner« [1. Mos. 3,22]; das heißt, die Menschen sind Gott ähnlich. Wir werden später, in der Patristik, einer ganz besonderen Bedeutung des Schlangenmythos begegnen, der am Ende so formuliert worden ist: Die Schlange ist gleichsam die Raupe der Göttin Vernunft. Doch das lassen wir jetzt beiseite und wenden uns der Bibel im Ganzen zu.

Die Bibelkritik hat ergeben, daß die Bibel von verschiedenen Schriftstellern verfaßt worden ist. Zunächst einmal war das Alte Testament der Ort der eigentlichen Bibelkritik. Später kam noch die Kritik des Neuen Testaments, die Synopsis der Evangelien dazu. Man unterschied die Bibelverfasser zuerst nach Jahwisten und Elohisten, inzwischen hat man schon sieben verschiedene Quellen, wenn nicht noch mehr, festgestellt. Das Alte Testament wurde nach der Rückkehr aus der sogenannten Babylonischen Gefangenschaft von dem Hohepriester *Esra* und dem persischen Statthalter *Nehemia*, den Gründern des jüdischen Kirchenstaates, etwa 450 vor Christus redigiert. Das hat mit dem vorherigen Judentum überhaupt nichts mehr zu tun. Aus dieser Zeit stammt das jüdische Gesetz, stammen die ausgetüftelten jüdischen Speisegebote, aus dieser Zeit stammt vor allem die scharfe Abschließung. In der Bibel steht, daß ein altes Buch im Tempel entdeckt worden sei und daß dieses die verlorengegangene Heilige Schrift sei [vgl. 2. Kön. 22,8 ff.]. In Wahrheit ist sie von einem Redaktionskollegium zusammengestellt worden.

Aus den vorhandenen Texten wurden die tauglichen ausgesucht, die anderen waren entweder schon verlorengegangen oder sind verlorengegangen worden. Ungeheure Liebeslieder, eine ungeheure Poesie, wie sie jedes Volk hat; das Hohelied, das Lied der Lieder, ein strahlendes Liebesgedicht, war vorhanden und wurde verarbeitet. Das Hohelied wurde das Lied der Gemeinde in der Kirche. Alles wurde mit einer Hotelsauce von jüdischer Kirchenstaatstheologie übergossen; so entstand die vorhandene redigierte Bibel. Die älteste Bibelhandschrift, die sogenannte Petersburger Handschrift, ist außerdem noch gar nicht so alt; sie soll aus dem 10. Jahrhundert sein. Frühere Texte der gesamten hebräischen Bibel sind nicht erhalten. Zur Zeit Jesu wurde die Septuaginta, die griechische Übersetzung, angefertigt, in der auch wieder zum Teil ganz anderes steht als das, was in unserer Bibel steht, in der Vulgata und in der Lutherbibel. Bei dieser Redaktionsarbeit ist das, was nicht in das Thema paßte, was die herrschende, Geschichte schreibende Klasse, in diesem Fall das Priestertum, eine theokratische Macht ersten Ranges, nicht brauchen konnte, untergegangen.

Bruchstellen sind stehengeblieben. Zum Beispiel gibt es den Schönheitsfehler, daß Adam zweimal geschaffen wird, das heißt, zwei Schriften sind nicht genügend zusammenredigiert worden. Einmal schafft Jahwe Adam nach seinem Bild, ein andermal schafft er ihn aus einem Lehmkloß. Einmal schafft er Adam und Eva gleichzeitig, als Mann und Männin, wie übersetzt wird, ein andermal wird Eva aus einer Rippe Adams erschaffen. Derartige sonderbare Bruchstellen haben später zu tiefsinnigen Spekulationen geführt, wie wir sehen werden, aber an Ort und Stelle enthalten sie doch einen komischen Widerspruch. Auch anderes ist stehengeblieben in Menge, Kain zum Beispiel, der verflucht ist. Aber aus seinem Geschlecht kommen der Städtegründer Tubalkain und Jubalkain, der Erfinder der ersten Musikinstrumente. Es kommt der Held Lamech aus Kains Geschlecht. Es ist also sehr gesegnet. Also ist Kain doch wieder ein ganz anderer, als der er in der Bibel dasteht. Kain ist verleumdet. Die Geschichtsschreibung des Esra und des Nehemia verleumdet ihn, wie sie die Schlange und die Rotte Korah verleumdet hatten. Das erinnert an die Geschichtsschreibung der Nazis über Liebknecht und Rosa Luxemburg, mit einiger Übertreibung und einem saftigen Anachronismus gesagt. Trotzdem bricht etwas anderes durch, ein Wurm, eine unterirdische Rebellion bricht durch in der Schlange, in Kain, in der Rotte Korah und in vielem anderen.

Gehen wir nun auf diese unterirdische Rebellion etwas ein. Die sogenannten Kinder Israel, die Bene Israel, nannten sich nach der Art von Wüstenstämmen nach dem Stammältesten oder nach einem Ahnen. Sie sind durch die Wüste nach Kanaan gezogen, und es hatten sich ihnen viel landloses und schlechtes Volk, das heißt Plebejer, arme Teufel, angeschlossen. Aus ihrer Wüstenzeit und aus ihrer vorangegangenen plebejisch versklavten Zeit, wo sie abseits jeder Herrenwirtschaft waren, leben in diesen Halbnomaden noch urkommunistische Erinnerungen weiter. Es hatte Stammeseigentum gegeben, das Privateigentum war schwach oder sehr wenig ausgebildet gewesen. Die Entwicklung der Produktivkräfte hatte nur ein sehr einfaches Leben mit den Tieren zusammen erlaubt, mit nowendigen Wanderungen, mit einigen Fladen ungesäuerten Brotes, Ziegenkäse, wenig Fleisch. Obzwar die Viehzüchterexistenz zum Teil schon da war, hatte es jedenfalls keine Klassenscheidungen gegeben. Mein und dein kann nicht sehr ausgeprägt gewesen sein auf dieser Stufe. Die urkommunistischen Erinnerungen wandern also gleichsam mit durch die Wüste. Dieses Volk kommt nun nach Kanaan. Kanaan ist eine babylonische Kolonie, mit einer reich entwickelten Ackerbaukultur, mit Geldwirtschaft, mit scharfer Scheidung von reich und arm, mit Weinbau, den die Beduinen gar nicht kannten, mit Halmbau, den sie auch nicht kannten. Sie lernten also Getreide, Getreidefelder, Erntefeste und lauter solche Dinge kennen.

Mythos des Exodusgotts

Das zweite wichtige Moment ist der Mythos, der diese Beduinen, die Bene Israel, befeuert hat. Er war von Anfang an ein Mythos der Befreiung. Sie waren ein unterdrücktes Volk gewesen, das Ziegel hatte brennen müssen unter der Knute von Sklavenaufsehern. Dabei waren sie doch einmal glänzend gewesen. Sie sind ja die Nachkommen von Israel, von Joseph, dem Reichswesir, dem Großkanzler des ägyptischen Reichs, dem Nächsten nach Pharao. Aber es war ein anderer Pharao gekommen, der nichts mehr von Joseph gewußt hatte, und so waren sie versklavt worden. Sie wurden dann herausgeführt von einem Mann, der zum ersten Mal in der Geschichte einen Gestapoagenten, nämlich einen Aufseher erschlagen hat, obwohl er es gar nicht nötig hatte. Dieser Mann namens Moses war der Sohn einer ägyptischen Prinzessin und wahrscheinlich eines Israeliten. Moses ist ein rein ägyptischer Name. Es gibt ägyptische Pharaonen, die Thutmosis heißen.

Moses beging den ersten politischen Mord und mußte deshalb außer Landes fliehen, er ist der erste politische Emigrant, den wir kennen. In der Fremde nun, bei den Midianitern, erschien ihm ein Gesicht im Dornbusch, es erschien ihm ein Gott. Das war der Sinaigott, ein Vulkangott. Dieser Gott hieß Jahwe. Die Etymologie von Jahwe, fälschlich Jehova, ist unbekannt. Vermutlich bedeutet es »der Blasende«, was mit dem Vulkangott zusammenhängt und sich in seinem Charakter erhalten hat. Er ist nämlich sehr launisch und jähzornig, sehr vulkanisch, ein zorniger Gott und sehr wetterwendisch. Er kommt nun zu Moses und stellt sich vor als der Gott der Befreiung. Moses soll hingehen zu den unterdrückten Bene Israel und ihnen sagen, daß sie herausgeführt werden in das gelobte Land, das heißt nicht in das Land, das gelobt ist, sondern das Gott ihnen gelobt hat, das verheißene Land, wo Milch und Honig fließt. Moses fragt, wie der sich nennt, der ihn schickt. Darauf nennt sich Gott »Ich werde sein, der ich sein werde« [2. Mos. 3,14]. Eine sehr seltsame Definition, die nirgends, in keiner Mythologie, vorkommt. Also ein Gott der Zukunft. Wahrscheinlich ist die Formulierung sehr spät und erst von den Priestern eingeführt worden. Aber seltsam ist sie ohne Zweifel.

Nun kommt Moses zurück nach Ägypten, und es geht los, und Jahwe ist der Gott des Exodus, des Auszugs aus der Sklaverei in die Freiheit, in das gelobte Land. Vierzig Jahre lang ziehen sie durch die Wüste, und Gott zieht bei Nacht als Feuersäule und bei Tag als Wolke voran. Er gibt sich am Anfang der Zehn Gebote selbst die Definition: »Ich bin der Herr, dein Gott, der ich dich aus Ägyptenland geführet habe.« [2. Mos. 20,2] Das ist mit unerloschenem Klang in die Negerspirituals eingegangen. Der Herr über das Grundeigentum, der Pharao, ließ sie ja nicht freiwillig ziehen, sondern erst, nachdem Gott die bekannten zehn Plagen geschickt hatte. Also ein Streik höchster Ordnung, eine außerparlamentarische Aktion höchster Ordnung war nötig, bis die Ägypter klein beigaben. Und dann haben sie noch nachgesetzt und sind im Roten Meer ersoffen. Was ist das für ein Triumphlied einer unterdrückten, einer rebellischen Klasse! Ein Negerspiritual fängt an: As Moses was in Egypt Land, als Moses im Ägypterland war, und der Refrain erzählt, wie der Pharao trotzdem hart bleibt und die Unterdrückten nicht frei läßt und wie Jahwe dann zu ihm spricht: Let my people go, laß mein Volk ziehen! Wer das von Robeson einmal gehört hat, vergißt es nicht.

Diese Ideologie, daß Gott ein Gott des Exodus ist, und das Versprechen eines besseren Lebens in Kanaan, wurde nicht vergessen. Aber nun kommt dieses plebejische Beduinengemisch, das aus allem möglichen Lumpengesindel besteht, aus Pöbelvolk, wie die Bibel hinzufügt, Armen aus der Hefe des ägyptischen Volkes, nach Kanaan, und da ist es ganz anders. Erstens ist es schon eine saure Arbeit, die Ammoniter und die Moabiter zu besiegen; es gibt ungeheure Kämpfe, ein Heldenzeitalter der Eroberung. Zweitens kommt man, wie ich schon sagte, in die große babylonische Kolonie, in der man ganz anders lebt als in dem Wüsten- und Beduinendasein, wo in ungeheuer ausgebildeter Seßhaftigkeit eine hohe Zivilisationsstufe mit Wein- und Getreidebau erreicht ist. Dort müßte nun eigentlich der mitgebrachte Jahwe seine Macht verlieren. Es ist vielleicht der einzige Fall in der ganzen Religionsgeschichte, daß ein Gott in einem anderen Land nicht gestorben ist. Jahwe hat dort nämlich nichts mehr zu melden, Jahwe ist ein Vulkan- und ein Wüstengott. Er versteht gar nichts von Getreidebau, von Weinbau, man kann also ein Bitte um eine gute Ernte oder einen Erntedank gar nicht an ihn richten, weil er keine Macht hat. Dazu muß man die Baalim anrufen, das heißt die einzelnen Baalgötter, die es gibt; das sind die Weingötter, die Erntegötter, die Getreidegötter, die Fruchtbarkeitsgötter für das Vieh und so fort.

Jahwee schwebte tatsächlich in Gefahr, zu verschwinden, einmal aus diesen Gründen und dann auch wegen des Konnubiums, denn die Kinder Israels vermählten sich mit kanaanitischen Frauen, die ihre alte Baalreligion mitbrachten. Aber er war der Siegesgott, mit ihm hatte man gesiegt. Man glaubte gar nicht, daß es nur Jahwe gäbe. Man war auf dieser Stufe nicht monotheistisch, sondern henotheistisch. Die vielen anderen Götter kamen nur gegen den bevorzugten Jahwe nicht auf. Natürlich gab es Baal und Baalim, nur galten die für schwach. Im ersten Buch Könige beweist *Elia*, daß Jahwe Gott in Israel und der stärkste Gott ist. Er veranstaltet ein Brandopfer, und als Baal kein Feuer vom Himmel schickt, spottet Elia: »Rufet laut! denn er ist ein Gott; er dichtet oder hat zu schaffen oder ist über Feld oder schläft vielleicht.« [1. Kön. 18,27] Als nun Elia zu Jahwe betet, fällt der Blitz herunter und das Opfer verbrennt. Jahwe ist stärker, er hat sich als mächtiger erwiesen, weil er nämlich der Siegergott ist. Er verschmolz aber mit den Baalim, und die alten Baalsheiligtümer Sichem und Jeruschalajim, Jerusalem, wurden Tempelorte für Jahwe, den Blasenden. Die Herrenkirche und die Herrenpfaffen bildeten sich aus, die Formen der kanaanitischen Geistlichkeit wurden übernommen. Diese Perioden der Bibel sind voll von dem Kampf gegen die Abgötter. Man hielt sich mehr an die Herrengötter als an Jahwe, und schließlich glich Jahwe dem Baal, dem Herrengott, dem großen Ideologiegott des hochentwickelten, längst in Klassenscheidungen befindlichen Kanaan.

Und so wäre alles seinen Gang weitergegangen, wenn es nicht Erinnerungen urkommunistischer Art an die Wüstenzeit gegeben hätte, die nicht erloschen sind. Zunächst ging ein Stamm überhaupt nicht mit, sondern hielt sich am Südrand von Kanaan. Das waren die Rechabiter. Ihnen war dieses Land unheimlich. Dann gab es die sogenannten Nasiräer, eine Sekte, die die Erinnerung an die Wüstenzeit gehalten hat, an die Zeit, die so stark kontrastierte zu dem, was sich nun in Kanaan ausbildete. Ich will das mit einem Zitat belegen: »Und der König (Salomo) machte, daß des Silbers zu Jerusalem so viel wie war die Steine.« [1. Kön. 10,27] Das heißt, er ließ die Straßen von Jerusalem mit Silberstücken pflastern. Wenig später heißt es, nicht ohne gewissen Kausalzusammenhang mit dem eben zitierten Satz: »Es war aber eine große Teuerung zu Samaria.« [1. Kön. 18,2] Die Oberschicht läßt mit Silber pflastern, und es war eine große Teuerung zu Samaria. Das hat natürlich einen Funktionszusammenhang.

So sah es in Kanaan aus, und dagegen wirkten nun die urkommunistischen Erinnerungen [aus der Zeit], wo es keinen Unterschied zwischen arm und reich gab. Das drückt sich aus, wie ich Ihnen sagte, bei den Rechabitern, zu denen auch die Nasiräer und später die Propheten pilgerten. Die Rechabiter erhielten angeblich in einer Höhle Weisungen direkt von Jahwe. Bei ihnen also war das urkommunistische Erinnerungsland noch lebendig vorhanden. Und ebenso drückt es sich auch im Dasein der Nasiräer aus, die bis ins Äußere hinein den Wüstencharakter hielten. Sie ließen sich den Bart nicht scheren, trugen härene Gewänder, enthielten sich des Weins, ein Verbot, das von hier aus, aus der Erinnerung an die Beduinenzeit, in den Koran, in den Islam hineinkam. Ihre Angehörigen sind Elia und Simson, und – wie Sie sich aus Weihnachtsgesängen erinnern – der letzte Nasiräer ist Johannes der Täufer, der sich von Heuschrecken nährte. Die Beduinenzeit war so lebendig in Erinnerung, daß einer der ersten Propheten, *Hosea*, die Wüstenzeit mit einem großartigen poetischen Ausdruck »die Brautzeit Israels« nannte. Damals hatte der Herr sein Kind lieb, und alles Spätere ist Enttäuschung und Abfall.

So hielten die Nasiräer bis zu Johannes dem Täufer die urkommunistischen Erinnerungen hoch gegenüber der Klassengesellschaft, gegenüber den Sünden, den Verbrechen der Oberklasse. König Salomo zum Beispiel duldete nicht nur die Sklaverei von Juden im eigenen Volk, er duldete sogar auch, daß Schuldsklaven von den Reichen ins Ausland verkauft werden durften. Die Rebellion dagegen wird, nicht ohne Zusammenhang mit den Nasiräern, bei den Propheten besonders deutlich. Hier wird nun Jahwe völlig der Gott der Armen. Der Gott des Auszugs wird der Gott der Armen aus Zeiten, denen das Privateigentum noch fremd war. Das geht bis Johannes, der ja als Vorläufer Christi auftritt. Die Predigt der Mühseligen und Beladenen hat diese Tradition; bis hin zum urchristlichen Liebeskommunismus sind Zusammenhänge mit Wüstenerinnerungen da.

Die große Steigerung stellen also die Propheten dar. Der sprichwörtliche donnernde Prophetenzorn gegen Prasserei, gegen prassende Ausbeuter, gegen Despoten, gegen Herrenpfaffen hat hier seinen Ursprung, und der Ton wird sogleich angegeben bei dem ältesten Propheten, dem Propheten *Amos* (um 750 v. Chr.), der sich selbst einen Hirten nennt, der Maulbeeren abliest. Von dem Propheten Amos unter anderem kommt das Bild vom roten Hahn, der auf das Dach der Paläste gesetzt wird. Ich möchte Ihnen nur ein paar Verse von Amos, dem armen Kuhhirten, vorlesen. Amos läßt seinen Gott der Armen sprechen: »Ich will ein Feuer in Juda schicken, das soll die Paläste zu Jerusalem verzehren ... Um drei und vier Frevel willen Israels will ich ihrer nicht schonen, darum, daß sie die Gerechten um Geld und die Armen um ein Paar Schuhe verkaufen. Sie treten den Kopf der Armen in Kot und hindern den Weg der Elenden.« [Am. 2,5 ff.] Und weiter, gegen die Herrenkirche: »Ich bin euren Feiertagen gram und verachte sie und mag eure Versammlung nicht riechen ... Es soll aber das Recht offenbaret werden wie Wasser und die Gerechtigkeit wie ein starker Strom.« [Am. 5,21,24] Dieser Ton ist übrigens von Nietzsche in »Also sprach Zarathustra« genau kopiert worden. Es ist ein Ton, der echt hinaufreicht bis in die Zeit Joachims von Fiore, des großen Ketzers und Propheten des 12. Jahrhunderts in Italien, des größten Ideologen der späteren Ketzer- und Bauernbewegung überhaupt. Der joachitische Satz »Man schmückt die Altäre, und der Arme leidet bitteren Hunger« ist so eine Nachwirkung des Prophetenzorns. Der Jahwe der Armen ist zu einem Religionsgespräch mit Expropriateuren ungemein schlecht gelaunt, wie man sieht.

Hundert Jahre später kommt ein anderer Prophet, der größte, *Jesajas*: »Er wartete auf Recht, siehe, so ist es Schinderei, auf Gerechtigkeit, siehe, so ist es Klage. Wehe denen, die ein Haus an das andere ziehen und einen Acker zum anderen bringen, bis daß kein Raum mehr da sei, daß sie allein das Land besitzen.« [Jes. 5,7 f.] Kapitel 13, Vers 11 f. spricht der Gott der Armen: »Ich will den Erdboden heimsuchen um seiner Bosheit willen und die Gottlosen um ihrer Untugend willen und will des Hochmuts der Stolzen ein Ende machen und die Hoffart der Gewaltigen demütigen, daß ein Mann teurer sein soll denn feines Gold und ein Mensch werter denn Goldstücke aus Ophir.« Der Mensch steht hier im Mittelpunkt.

Deuterojesaias, ein großer Unbekannter, hundert oder zweihundert Jahre später, in der Bibel fälschlicherweise mit Jesaias zusammengesellt, fügt hinzu: »Aber es ist ein beraubtes und geplündertes Volk; sie sind allzumal verstrickt in Höhlen und versteckt in den Kerkern; sie sind zum Raube geworden, und ist kein Erretter da; geplündert, und ist niemand, der da sage: Gib wieder her.« [Jes. 42,22] Aber verheißen wird eine glückliche Zeit mit Reichtum für alle: »Wohlan, alle, die ihr durstig seid, kommet her zum Wasser! und die ihr nicht Geld habt, kommet her, kaufet und esset; kommt her und kauft ohne Geld und umsonst beides, Wein und Milch!« [Jes. 55,1]

Dann kommt die große Friedensprophezeiung, in berühmten Versen, die sich [außer bei Jesajas] auch bei dem wenig jüngeren Propheten *Micha* fast gleichlautend findet und die vielleicht noch älter ist: »Aus Zion wird das Gesetz ausgehen und des Herrn Wort aus Jerusalem. Er wird unter großen Völkern richten und viele Heiden strafen in fernen Landen. Sie werden ihre Schwerter zu Pflugscharen und ihre Spieße zu Sicheln machen. Es wird kein Volk wider das andere ein Schwert aufheben und werden nicht mehr kriegen lernen. Ein jeglicher wird unter seinem Weinstock und Feigenbaum wohnen ohne Scheu.« [Mi. 4,2 ff.]

Zugleich wurde, als es mit dem Staat immer schlechter ging, bei den späteren Propheten Israel zur Armut schlechthin symbolisiert. Die Verse lauten, wieder bei Deuterojesajas, so: »Du Elende, über die alle Wetter gehen, und du Trostlose, siehe, ich will deine Steine wie einen Schmuck legen und will deinen Grund mit Saphiren legen ... Du sollst durch Gerechtigkeit bereitet werden. Du wirst ferne sein von Gewalt und Unrecht, daß du dich davor nicht darfst fürchten, und von Schrecken, denn es soll nicht zu dir nahen.« [Jes. 54,11 ff.] Ein Licht von dieser Sozialutopie reicht über die Jahrhunderte, Jahrtausende hinweg bis zu Weitling: Israel ist die Armut, die angeredet wird. Soviel über die Propheten und das alte Israel.

Neues Testament

Nationalrevolutionäre Bewegungen

Nun zum Neuen Testament, das in engstem Zusammenhang mit allem steht, was bisher war. Aber inzwischen waren die Römer ins Land gekommen. Auch vorher waren schon Fremde da, Griechen, Antiochus Epiphanes von Syrien zum Beispiel, aber nun wurde es ernst. Rom hat das Land nicht besetzt, das hatte es nicht nötig. Die jüdische Oberschicht des Reiches Juda – man kann von jetzt an Juden sagen – stand mit den Römern ganz ausgezeichnet. Sie war überdies längst hellenisiert, sprach Griechisch und war voll von hellenistischer Kultur. Auch die Namen waren griechisch: König Herodes, die Hohepriester Kaiphas und Hannas, Aristobulos, die Prinzessin Berenike, der Prinz Agrippa, sie alle hatten griechische Namen. Die Prinzessin Berenike war die Geliebte des Kaisers Titus, der Prinz Agrippa, ein hübsches Früchtchen, der Spielgeselle des ihm ebenbürtigen Kaisers Caligula in Rom. Sie waren völlig assimiliert und ganz genau wie die römische Oberschicht. Agrippa und Caligula, der jüdische Prinz und der römische Kaiser, sind überhaupt nicht zu unterscheiden, so ein nobles, so ein würdiges Paar sind sie gewesen. Diese hellenisierte Oberschicht hing mit dem Volk kaum mehr zusammen und vertrug sich mit der fremden Besatzung ausgezeichnet, denn diese schützte doch vor dem rebellischen Volk. Sie vertrug sich mit den Römern genauso gut, wie sich Adenauer oder wie sich De Gasperi und Scelba mit den Amerikanern vertragen – das ist ein ewiges soziologisches Gesetz gleich wie die Sprache.

Aber nun gab es das Volk, und es gab nationalrevolutionäre Bewegungen, die anschlossen an die ersten nationalrevolutionären Bewegungen ganz großen Stils, die von den Makkabäern ausgegangen waren. Judas Makkabäus – der Name kommt von makkab, Hammer – hatte gegen den Syrerkönig Antiochus Epiphanes gefochten; die Heldentaten lebten im Gedächtnis des Volkes fort. »Judas Makkabäus« ist auch ein großes Oratorium von Händel. Und unser Thomas Münzer unterschrieb seine Erlasse sehr oft mit »Thomas Münzer mit dem Hammer«, also mit makkab, mit dem makkabäischen Hammer. Es gab siebzig Jahre später den großen Jüdischen Krieg, in dem dieses kleine Land, dieses kleine Volk, verraten von seiner Oberschicht, es gewagt hat, gegen Rom einen Krieg mit einer solchen Gefährlichkeit zu führen, daß zwei römische Kaiser gerufen werden mußten, bis dieses kleine Volk überwunden war. Es war das einzige Volk, das im ganzen weiten römischen Reich rebellierte. Die Römer siegten, und der Sieg galt als so rühmlich, daß Titus der bis heute erhaltene Titusbogen am Colosseum errichtet wurde. Dort sind der siebenarmige Leuchter und die Schaubrote, die aus dem Tempel geraubt wurden, in Stein gehauen. Wieder dargestellt ist das bei Feuchtwanger im »Jüdischen Krieg«. Aber die nationalrevolutionäre Bewegung erlosch immer noch nicht, ja, als alles schon längst aus war, zur Zeit Hadrians, trat noch einmal ein großer nationalrevolutionärer Held auf mit dem Namen Bar-Kochba – das heißt »Sohn des Sterns» –, der den Römern wieder außerordentlich zu schaffen machte. Die Folge war, daß ganz Jerusalem geschleift und sein Name ausgetilgt wurde. Jerusalem hieß nun Aelia Capitolina, und auf der Stelle, wo ehemals der große Tempel gestanden hatte, wurde ein Jupitertempel errichtet.

So gab es also auch nationalrevolutionäre Bewegungen zur Zeit Jesu. Das ist im Neuen Testament nicht unterschlagen und nicht unterdrückt. Jesus »predigte gewaltig und nicht wie die Schriftgelehrten... Und eine Menge Volks folgte ihm nach« [Matth. 7,28 f.], also Plebejer, und gerade die Ärmsten, arme Fischer, Zöllner, Sünder, Huren, Maria Magdalena, gingen mit ihm. Er wurde mindestens als der verstanden, der die Erinnerung an die große Zeit der Daviden brachte, an die Zeit des großen, starken Reiches. Der Ruf des Volkes beim Einzug Christi in Jerusalem war »Hosianna«. Das ist heute mit lauter Weihrauch und Beffchenschein und mit lauter Schmalz und protestantischen Phrasen umgeben. Ursprünglich war es aber ganz etwas anderes. Das war nämlich der Ruf, mit dem die alten Könige begrüßt wurden. Und es war lebensgefährlich, das zu rufen, denn die Römer haben das nicht gern gehört, und wer Hosianna rief, wurde von der Staatspolizei abgeführt. Das war Nationalrevolution. Jesus wurde also, als er in Jerusalem einzog, als König, er wurde nationalrevolutionär verstanden. Es gab wahrscheinlich noch mehrere, die Nationalrevolution betrieben. Die sind auch im Neuen Testament erwähnt, aber verleumdet, bereits vom Standpunkt der herrschenden Klasse aus beurteilt. Wir wissen darüber fast gar nichts.

Jesus nannte sich ὁ υἱὸς τοῦ ἀνδρώπου, nicht Gottessohn, sondern Menschensohn, was ein ganz sinnloses Griechisch und ein sehr merkwürdiger Ausdruck ist, über den erst in den letzten Jahrzehnten befriedigende Forschungen angestellt wurden. Ein Anderer nannte sich aramäisch »Sohn des Vaters«. Es wurde ja fast nur noch aramäisch und nicht mehr hebräisch gesprochen; Jesus sprach rein aramäisch. Beide Sprachen waren natürlich verwandt miteinander. Also ein Anderer nannte sich »Sohn des Vaters«. Sohn heißt aramäisch bar, Vater abbas, so kommt bar abbas zustande. Pilatus wollte wegen des Osterfestes einen frei geben und stellte es dem Volk anheim, wen sie frei haben wollten, Jesus oder Barabbas. Und das Volk schrie: Barabbas! »Barabbam, Barabbam«, heißt es in der Matthäus-Passion. Und nun kommt der kalte Nachsatz, der Jahrhunderte hindurch geglaubt wurde: »Barabbas aber war ein Mörder.« [Joh. 18,40] Ein volksfeindlicher Satz, denn er bedeutet, daß das Volk den Mörder wählte und nicht den Herrn, nicht den Menschensohn, und diesen vollkommen preisgab. Das ist vermutlich in der Geschichtsschreibung der Herrenschicht in sehr viel späterer Zeit interpoliert worden. Barabbas ist auch ein nationalrevolutionärer Held gewesen. In Jesus sind Barabbaszüge, »er predigte gewaltig«. Welche jesuanischen Züge in Barabbas sind, wissen wir natürlich nicht.

Osiris-, Messias-Mythos

Um den historischen Jesus herum wob sich nun ein ganzes Gespinst von Mythen, die in dem Land lebten und nicht jüdisch, mindestens nicht altjüdisch waren. Dazu gehört erstens der Vegetationsmythos und zweitens der Messiasmythos. Der Vegetationsmythos ist der Mythos von dem sterbenden und auferstehenden Jahresgott. Im Winter stirbt die Erde, zur Zeit der Göttin Ostara, also zu Ostern, steht sie wieder auf und trägt Früchte. Darin erscheint der Gott

Attis, erscheint Adonis, erscheint Osiris. Der zweite Mythos, der auf die Jesusgestalt gelegt wurde, ist der Messiasmythos. Er ist vermutlich persischen Ursprungs. Die Juden haben ihn in der sogenannten Babylonischen Gefangenschaft unter Kyros kennengelernt. In der persischen Religion gibt es einen dreifach wiederkehrenden Zoroaster oder Zarathustra, und der letzte ist der Erretter der Welt am Ende der Tage, der Saoshyant. Vermutlich haben die Juden diesen Mythos aus Persien mitgebracht und alle Züge dieser Art in die Bibel hineininterpoliert. Schon ganz früh, im Jakobs-Segen [vgl. 1. Mo. 49], steht so etwas drin, dürfte aber nicht originär jüdisch sein.

Aber die Juden haben damit etwas angefangen, was die Perser nicht gekannt haben. Sie haben die Religion des Messianismus, des leidenden und des triumphierenden Messias daraus gemacht. Der leidende Messias kommt schon bei [Deutero-]Jesaias vor: »Er trug unsre Krankheit und lud auf sich unsre Schmerzen« [Jes. 53,4], eine Stelle, die wie eine Prophezeiung auf Christus wirkt, aber nur die Erscheinung dieses alten Mythos ist. Christus triumphiert und aufersteht zu Ostern, als erster derer, für die er gestorben ist, und er wird wiederkommen, die verruchte Welt in Trümmer schlagen und Gericht halten über die großen Hansen, über die großen Verbrecher: »Es leb' unser Landesvater. Am Jüngsten Gericht sind wir wieder da!« heißt es in »Kabale und Liebe«, geschrien von den Armen, die vom Landesvater nach Amerika verkauft wurden. Er ist also ein wiederkehrender Messias, er hat sein Geschäft nicht ganz verrichtet, das Elend geht zum Teil schlimmer weiter als vorher, aber er wird wiederkommen, »zu richten die Lebendigen und die Toten«. So haben wir nun transzendente Züge in Menge darin, aber die nationalrevolutionären sind nicht ausgelöscht. Zum Beispiel ist das Logion Matthäus 11,28 ff. vollständig im Ton der Erlasse beim Regierungsantritt eines nationalen Königs gehalten, der hier der Messiaskönig ist. Die Worte heißen: »Kommet her zu mir alle, die ihr mühselig und beladen seid; ich will euch erquicken. Nehmet auf euch mein Joch und lernet von mir; denn ich bin sanftmütig und von Herzen demütig; so werdet ihr Ruhe finden für eure Seelen. Denn mein Joch ist sanft, und meine Last ist leicht.«

Fälschungen des Herrenchristentums: Ideologie der Inwendigkeit, der Transzendenz

Hier nun sind zwei Dinge darin, zweifellos zwei Asyle, ein Asyl der Inwendigkeit, sogar der Duckmäuserei, und ein Asyl der Transzendenz. Beides hat Schule gemacht in dem Herrenchristentum, an dem es ja nachher am wenigsten gefehlt hat; eingeleitet wurde es durch Paulus. Auf der einen Seite duckmäuserische Inwendigkeit, bei der die Faust im Sack geballt wird, die Empörung nie nach außen geht und auch noch die rechte Backe hingehalten wird, also ein vorzügliches Mittel, die Sklaven bei der Stange zu halten. Auf der anderen Seite eine Vertröstung aufs Jenseits, wo alles in Ordnung kommen wird. Hier haben wir eine ungerechte Verteilung aller Güter, aber eine gerechte Verteilung der unsichtbaren, und im Jenseits wird es noch viel besser sein. Seid stiekum hier, haltet Ruhe, nach dem Tode gibt es ja sowieso den Ausgleich! Das ist das Herrenchristentum, das ist die Baalskirche, das ist Baal; die alte Leier, die hin und wieder ertönt und natürlich keine urkommunistischen Erinnerungen mehr hat.

Darin ist ein Element von Fälschung und Mißverständnis, das sich außer der Bergpredigt auf die ich noch zu sprechen komme, wesentlich auf zwei Stellen bezieht. Die eine Stelle ist der berühmte Satz: »Das Reich Gottes ist inwendig in euch.« [Luk. 17,21] Es gibt auch ein Werk von Tolstoi mit dem Titel »Gottes Reich in uns«. Also Inwendigkeit, auch Verkrochenheit, Stille im Land, doch um Gottes Willen keine Tätigkeit nach außen! Leute, bei denen das Reich Gottes nur innen ist, sind natürlich leicht zu regieren und zu beherrschen. Aber so ist das Wort gar nicht zu deuten. Der Sinn ist vielmehr folgender: Pharisäer begegnen Jesus mit seinen Jüngern, und sie stellen Fangfragen, so, wie die Gestapo Fangfragen stellt. Sie fragen: »Wann kommt das Reich Gottes?« Und Jesus antwortet, indem er auf seine Jünger deutet: »Das Reich Gottes ist in euch.« »In euch« kann er zu den Pharisäern überhaupt nicht sagen, die sind ja des Teufels; das kann er nur zu seinen Jüngern sagen, zu denen, die zu ihm stehen; dieses »in euch« bedeutet also »unter euch«.

Die andere Stelle steht Johannes 18,36: »Mein Reich ist nicht von dieser Welt.« Erstens besteht diese Stelle, wie fast das ganze Johannes-Evangelium, zum Unterschied von den anderen drei

Evangelien aus lauter Interpolationen, das heißt späteren Einschiebungen. Diese Stelle ist interpoliert, und zwar mit der deutlichen und ganz gerechtfertigten Absicht, den Christen bei Verfolgungen vor Gericht ein Alibi zu geben. Wenn der Stifter ihrer Lehre gesagt hat: »Mein Reich ist nicht von dieser Welt«, dann kann ihnen der römische Gewalthaber nichts anhaben. Zweitens widerspricht diese Interpolation dem ganzen Auftreten von Jesus. Jesus hat doch nicht gekniffen, Jesus hat sich gestellt. In der Verhaftungsszene gibt er sich zu erkennen und sagt: »Ich bins, suchet ihr denn mich, so lasset diese gehen!« [Joh. 18,8] Auch vor Pilatus hat er selbstverständlich mit einem Mut ohnegleichen seinen Mann gestanden. Der Mann, der gesagt hat: »Ich bin nicht gekommen, Frieden zu senden, sondern das Schwert« [Matth. 10,34], hat keine defaitistische Ausrede gebraucht. Die Stelle ist außerdem einfach falsch übersetzt. Welt heißt hier nicht Kosmos, heißt nicht Himmel gegenüber Erde, sondern αἰών, und αἰών ist ein Zeitabschnitt. Die messianisch-nationalrevolutionäre Predigt geht auf μέλλων αἰών, auf den kommenden besseren αἰών. Es muß also heißen: Mein Reich ist nicht von diesem αἰών, zu dem ihr gehört, von diesem dämonischen Zeitabschnitt, in dem die Hölle regiert, sondern es ist von einem anderen αἰών, aber auf dem gleichen Schauplatz, hier auf der Erde, nicht im Himmel. Das stimmt überein mit dem Satz, der sich bei Deuterojesaias findet. Da sagt Jahwe, der Gott der Armen: »Denn siehe, ich will einen neuen Himmel und eine neue Erde schaffen, daß man der vorigen nicht mehr gedenken wird noch zu Herzen nehmen.« [Jes. 65,17] Der neue Himmel ist also nicht das Jenseits. »Mein Reich ist nicht von dieser Welt« hat keinen weltflüchtigen Charakter.

Das dritte ist die Bergpredigt, die Gewaltlosigkeit fordert. Jesus hat durchaus Gewalt nicht nur gesagt, sondern getan, indem er ganz im Sinn der alten Propheten die Wechsler aus dem Tempel hinausgepeitscht hat in engstem chronologischem Zusammenhang mit dem Himmelreich, worunter Sie μέλλων αἰών zu verstehen haben. Der Untergang dieser Welt ist nahe, wir alle werden ihn sehen. Zur Waffe zu greifen, lohnt sich nicht mehr. Die Naturkatastrophe des Weltuntergangs ist Ersatz für Revolution. Das ist eschatologisch auf die letzten Dinge bezogen. Die Erwählten werden gerettet werden. So wendet sich der urchristliche Liebeskommunismus gegen die großen Herren, gegen Nero, gegen Rom und verfolgt eine einzige subversive Linie. Die Offenbarung des Johannes gar ist das Triumphlied apokalyptischen Hasses. Luther haßte sie und nannte sie »aller Rottenmeister Gaukelsack«. So heißt es in der Offenbarung: »Sie ist gefallen, sie ist gefallen, Babylon, die große«, und weiter: »Und die Kaufleute auf Erden werden weinen und Leid tragen über sie, weil ihre Ware niemand mehr kaufen wird.« [Offb. 18,2,11] Hier ist Blick auf Rom, Blick auf die große Babel. [...] Diese rebellische Wahrheit brach immer wieder durch bei den ketzerischen Sektenchristen und bei sämtlichen europäischen Bauernbewegungen. Bei John Ball, bei Wat Tyler, bei Thomas Münzer haben wir das andere Christentum lebendig.

Gewaltlosigkeit und Widerstandspflicht

[...] Es handelt sich also um drei Schriftstellen, die besonders falsch, in einem nicht mehr revolutionären, nicht mehr subversiven, nicht mehr aufständischen Sinn von dem Herrenchristentum interpretiert worden sind. Die erste war diese: »Das Reich Gottes ist inwendig in euch« [Luk. 17,21], und ich sagte Ihnen, das heißt »ist unter euch«, ist bereits da in Gestalt dieser meiner Jünger, des Kerntrupps des Reichs. Das bezieht sich nicht auf Inwendigkeit, mindestens nicht im primären Sinn, und nicht im duckmäuserischen Sinn auf die Faust, die man im Sack ballt. Die zweite war: »Mein Reich ist nicht von dieser Welt.« [Joh. 18,36] Da bedeutet Welt αἰών, also eine zeitliche und keine räumliche Kategorie, nicht ein Jenseits, sondern einen noch nicht gekommenen Zeitabschnitt. »Das Himmelreich ist nahe herbeigekommen« [Matth. 3,2], wie Johannes der Täufer sagte, ist eine zeitliche Bestimmtheit, bezieht sich auf diese Erde und steht im Zusammenhang mit dem Satz von Jesaias: »Ich will einen neuen Himmel und eine neue Erde schaffen, daß man der vorigen nicht mehr gedenken wird.« [Jes. 65,17]
Das dritte war nun die berühmte Gewaltlosigkeitspredigt, die in der Bergpredigt enthalten ist. Dazu sagte ich Ihnen, eine Handlung wie das Hinauspeitschen der Wechsler aus dem Tempel oder Sätze wie: »Ich bin gekommen, daß ich ein Feuer anzünde auf Erden; was wollte ich lieber, denn es brennete schon [Luk. 12,49], oder gar: »Ich bin nicht gekommen, Frieden zu senden, sondern das Schwert« [Matth. 10,34] – dies widerspricht der Predigt der uferlo-

sen Geduld, der Lammsgeduld. Und es sind genau diese Sätze, auf die sich Thomas Münzer in seiner Schriftnachfolge dauernd berufen hat. Nämlich: es gibt ein Gewaltrecht des Guten, dergestalt, daß vielleicht ich selbst als Person Unrecht dulde, ohne wieder mit der gleichen Waffe zurückzuschlagen oder mit gleicher Münze heimzuzahlen. Das ist sogar ein Gefühl, das nicht einmal ein so großes Paradox wie das Hinhalten der anderen Backe verlangt, sondern das schon bei anständigen Jungen da sein kann. Ich erinnere mich zum Beispiel, daß ich mit fünfzehn Jahren in ein kleines Tagebuch eingetragen habe: »Wenn uns Menschen etwas Böses antun, so sollen wir nicht das gleiche Böse ihnen zurückgeben oder auch nur ein Böses ihnen zurückgeben, denn wenn wir das tun« – jetzt kommt ein ganz unchristlicher Schluß –, »dann haben wir kein Recht mehr, sie zu verachten.« Das ist sehr weit von der Bergpredigt entfernt, im Effekt aber ziemlich ähnlich. Es kann vielleicht sogar die Ideologie von Duckmäusertum werden, an sich aber ist Stolz darin.
Doch davon abgesehen, hinter der Predigt der Gewaltlosigkeit steckt immer wieder: »Denn ihrer ist das Himmelreich.« Das ist nicht eine an die Sache herangebrachte, sondern eine aus ihr herausgehörte Interpretation. Nach der Meinung von Jesus steht diese Welt ohnehin nicht mehr lange, es lohnt sich deshalb gar nicht, mit kleinen Mitteln zu arbeiten. Es wird etwas ganz anderes geschehen, als daß ein Schlag auf die andere Wange Platz hat, es wird ein viel ungeheuerer Schlag geschehen: nämlich die Welt wird in Trümmer geschlagen werden. Es wird der Jüngste Tag anbrechen, und es ist die Predigt des Jüngsten Tags, die in Matthäus 24,2 steht: »Es wird hier (im Tempel) nicht ein Stein auf dem andern bleiben.«
Die ungeheure Naturkatastrophe wird als Ersatz für Revolution genommen. Das ist weit entfernt von unserer Meinung und von unserer Hoffnung und Erwartung. Wir glauben nicht an eine Naturkatastrophe als Ersatz für Revolution. Und doch ist es kein feiges Gefühl, sondern eines, das Schwache haben, zum Beispiel jene, die auf den Rübezahl im Riesengebirge vertrauen. Es ist das gleiche Gefühl, das in der bereits erwähnten Stelle aus »Kabale und Liebe« liegt: »Es leb' unser Landesvater. Am Jüngsten Gericht sind wir wieder da!« Auch die Gewißheit am Schluß der »Räuber« ist von dieser Art. Die Nattern des Abgrunds zischen bereits für den

Franz Moor, sein Ende ist da, die Räuber finden ihn, die Memme, die sich selbst erhängt hat, aber es bleibt ihm nichts erspart. Dieser Glaube an die Rache des Gerichts ist etwas, was hier einen Ersatz darstellt.

Nun kann man wieder sagen: Schön wär's, wenn es so wäre. Wie viele Schwindler, wie viele Mörder, wie viele Metzger des Lichts sind doch eines sanften Todes im Bett gestorben. Ihre Opfer sind in den Kerkern verfault, Blut ist in Strömen geflossen, Opfer ohne Zahl sind gefallen durch sie. Und sie haben ruhig in ihrem Haus weiter gelebt, sind aus Furcht sehr geschont worden, sehr geachtet worden, es wurde ihnen das Leben leicht gemacht, sie haben vielleicht sogar noch ein gutes Gewissen gehabt. Und das Volk ist in seinem Glauben gewesen, daß sie ihr Gericht noch erleben werden. Der Franz Moor hat sich aus der Welt geschlichen als Zechpreller. Er hat seine Zeche nicht bezahlt, er hat nur ein paar Sekunden gehabt, wo er sich erhängt hat, die unangenehm waren oder vielleicht auch ganz angenehm. Denn wenn das Leben so entsetzlich ist und eine solche Gefahr droht wie hier, daß die Räuber kommen und ihn lebend finden, dann ist Selbstmord ja ein Ausweg. Der Glaube war da, daß ihm nichts geschenkt werden wird.

Um zum Thema zurückzukommen: Diese Gewaltlosigkeitspredigt ist nur gültig unter dem Aspekt des sofortigen oder sehr baldigen Einbrechen des Jüngsten Tags. Ebenso der Satz, den Paulus dann anders interpretierte: »So gebet dem Cäsar, was des Cäsars ist, und Gott, was Gottes ist.« [Matth. 22,21] Es lohnt sich gar nicht mehr; der Untergang und die Rache stehen ja vor der Tür. Die Füße derer, die dich hinaustragen werden, heißt es, stehen schon vor der Tür. Das ist sozusagen eine kosmologische Täuschung, erklärt aber den auffallenden Widerspruch zwischen dem Hinauspeitschen der Wechsler und der Gewaltlosigkeitspredigt.

Es ist noch hinzuzufügen: es muß unterschieden werden, ob ich mir etwas gefallen lasse oder ob ich es dulde, daß die anderen es sich gefallen lassen, was ihnen geschieht. Nicht nur das Unrecht, das einer tut, richtet einen Menschen, sondern ebenso das Unrecht, das er duldet, wenn es anderen geschieht. Wenn anderen auf die Backe geschlagen wird – und das ist ja schließlich noch eine sehr sanfte Form der Mißhandlung; in den Konzentrationslagern und Folterkellern der Nazis wurde ganz anderes getan –, werde ich das dann auch alles dulden, werde ich dann auch noch sticke sein? Oder bin ich zum Widerstand verpflichtet, wieder im Sinn eines Satzes von Jesus: »Was ihr getan habt einem unter diesen meinen geringsten Brüdern, das habt ihr mir getan« [Matth. 25,40]? Das ist eine Frage in der Interpretation dieser Gewaltlosigkeitspredigt, die so viele Naturchristen erzeugt hat, das heißt solche, die sowieso nicht zurückschlagen, weil sie Feiglinge sind. Bekommen solche dazu noch ein gutes Gewissen? Ist an sie diese ungeheure paradoxe Predigt gegangen? Nein, für diese Schafe und Lämmer im armseligen Sinn ist agnus Dei, das Lamm Gottes, nicht gekommen. Denn sonst wären sie schon selber Lämmer Gottes.

Das Unrecht, das an anderen verübt wird, nicht zu dulden, das war der Impetus von Thomas Münzer. Und damit war er sehr ein Christ, während zu der anderen Haltung, Christ zu sein, ja nicht viel gehört. Da gibt es eine Unmenge von Naturchristen, nämlich von Feiglingen, Schwächlingen, gewissenlosen, armseligen Tröpfen, die sich möglichst still halten und nicht so und nicht so sagen, damit es nicht nachher heißt, sie hätten so oder so gesagt. Ich wies auf die Offenbarung Johannis hin, die Luther – der gegenrevolutionäre Luther – nicht ohne Grund »aller Rottenmeister Gaukelsack« genannt hat. Darin wird ja nun der Untergang dieser Welt mit ganz grellen Farben in einem mächtigen Bilderbuch gemalt, einem Bilderbuch, das in seinen Bildern zum großen Teil aus Babylon stammt. Das Ende wird prophezeit, vom Sturm der Apokalypse durchweht, der Zusammensturz Roms, der großen Babel: »Sie ist gefallen, sie ist gefallen, Babylon, die große . . . und es werden sie beweinen und sich über sie beklagen die Könige auf Erden . . . und die Kaufleute auf Erden werden weinen und Leid tragen bei sich selbst, daß ihre Ware niemand mehr kaufen wird.« [Offb. 18,2 ff.] Das ist kein Herrenchristentum, keine Duckmäuserei, kein Mittel, Sklaven bei der Stange zu halten, das ist nicht das Evangelium *über* Christus im Sinn von Paulus, sondern ein Stück vom Evangelium Christi.

Was Paulus gemocht hat, ist etwas ganz anderes. Bei Paulus ist der urchristliche Liebeskommunismus schon weg. Denn wovon sollen die Heiligen in Jerusalem leben? Das Reich ist ja nicht gekommen, und das bißchen, was sie haben, ist aufgezehrt. Die milden Gaben der anderen Gemeinden, der kanonischen Urchristen für die Heiligen in Jerusalem, waren bald aufgezehrt. Und viel haben die auch nicht herzugeben gehabt. Also muß des Lebens Gang weitergehen, also muß wieder produziert werden, müssen wir wieder Sklaven haben, müssen wir wieder Kaufleute haben. Für diese sich einrichtende Welt, bis Christus – wer weiß wann – wiederkehren würde, ging nun die alte Gesellschaft weiter, und die Ideologie der alten Gesellschaft mußte mit dem Christentum ausgeglichen werden, oder vielmehr: das Christentum mußte der Ideologie der alten Gesellschaft angeglichen werden. Das hat dem Christentum nicht wohlgetan; auf dieser Grundlage war kein Christentum möglich.
So gibt es nun das Evangelium *über* Christus, und daher bekommt »So gebet dem Kaiser, was des Kaisers ist, und Gott, was Gottes ist« einen ganz anderen Sinn. Darin ist nun doppelte Buchführung, die Innerlichkeit kommt nun hinein, die Innerlichkeit im schlechtesten Sinn. Wir bekommen auch sehr viel Tiefe hinein; in der Innerlichkeit steckt allerhand. Doch politisch ist sie gefährlich und verdächtig und armselig; und kulturell? In den Bachschen Passionen ist genug Innerlichkeit, und bei Goethe gibt es auch Innerlichkeit. Aber das steht auf einem anderen Blatt. Der Akzent wurde nun auf das Kreuz gesetzt, statt das Kreuz als eine Katastrophe, als ein Unglück zu betrachten. Als ein Sieg der schlimmen Welt über das erschienene Licht wurde das Kreuz nun verstanden. Es kam die Opfertodslehre: Jesus hat sich mit seinem rubinfarbenen Blut für uns alle geopfert, es wurde in die Waagschale gegossen, und seitdem sind jene gerettet, die bei Christus stehen oder, genauer gesagt, nach dem Satz von Paulus: »die in den Tod Christi getauft sind« [Röm. 6,3]. Das war eine ungeheure Drehung. Paulus war ein großer Dialektiker in einem nicht eben marxistischen Sinn, sondern in dem alten Sinn von Dialektik, ein Schüler eines Pharisäers, des Rabbi Gamaliel, sehr klug, in aufregender und greller Weise mit Gegensätzen arbeitend und die Gegensätze dann wieder paradox verbindend.

Als Jesus gekreuzigt war, haben sich seine Jünger zerstreut. Die berühmte Szene ist in Hunderten von herrlichen Bildern gemalt: die Jünger Christi, Johannes und Maria, die Mutter, am Kreuz stehend, die Kreuzabnahme und die Pietà, die Mutter, das Kind wieder auf dem Schoß haltend. Nach der einen Wendung war danach alles falsch: Jesus war nicht der Messias, sonst wäre er nicht gekreuzigt worden. Eine andere Wendung kam von Petrus her: Jesus war der Messias, *obwohl* er gekreuzigt worden ist. Das ist der Glaube, der Berge versetzt. Der Kreuzestod war nicht nur die grauenhafteste Todesstrafe, sondern sie war auch schändlich. Es wurden nur Sklaven gekreuzigt. Hier war der König gekreuzigt worden, und er war doch der König, rex iudaeorum. Mit Hohn war es auf das Kruzifix gesetzt worden: I.N. R.I., Jesus Nazarenus Rex Iudaeorum, Jesus von Nazareth, König der Juden. Damit wollten die Römer die Juden verspotten. Trotzdem sollte an ihn geglaubt werden; eine Treue wurde verlangt, die ungeheuer ist und die nicht nach Gründen fragt. Doch auch das hätte nicht lange gehalten; das hätte nur für jene gehalten, die unmittelbar unter dem Einfluß dieser mächtigen Persönlichkeit gestanden haben.

Und nun kommt Paulus. Er geht zurück auf sehr alte Mythen, die schon bei Jesaias stehen, wo ein leidender und ein triumphierender Messias unterschieden wird. Der triumphierende Messias ist Nachkomme von Joseph in Ägypten, der ja auch in die Grube geworfen wurde und wo auch ein Böcklein – Blut – vorgezeigt wurde zum Zeichen, daß er umgebracht worden, daß er zerrissen worden sei. Auch Joseph war aus der Grube wieder auferstanden. Der Mythos der Errettung der Kinder Israels vor dem Kindermord in Ägypten spielt ebenfalls hinein. Jahwe wollte alle Erstgeburten der Ägypter schlagen und befahl den Kindern Israels, ihre Türen mit Blut zu bestreichen, und an diesen Türen ging Jahwe vorbei [vgl. 2. Mo. 12]. Schon damals waren sie die Erwählten, die aus dem allgemeinen Unglück ausgenommen wurden. Die zehn Plagen und die Apokalypse rückten schließlich zusammen. Blut war also notwendig, um frei zu werden davon. Nun kommt die Wendung auf den leidenden Messias. Im Deuterojesaias steht schon: »Er trug unsre Krankheit und lud auf sich unsre Schmerzen.« [Jes. 53,4] Der Schmerzensmann erscheint. Jesus nun ist der Messias, nicht *obwohl* er gekreuzigt wurde, sondern: *weil* er gekreuzigt wurde. Das ist die Einheit der Gegensätze. Der Tod ist notwendig gewesen, die

Vorsehung hat ihn herbeigeführt, und es steckt in ihm ein tiefer Sinn. In der Auferstehung am dritten Tag wird es ja auch blöden Augen sichtbar gemacht, daß das gar nicht nur der Tod war. Jesus mußte sterben, um aufzuerstehen. Das Kreuz bekam die Funktion, daß das Leiden, wie Eckhart sagt, »das schnellste Tier« wird, »das euch zu dieser Vollkommenheit trägt« [Eckhart, 1963, v, 3], oder, wie Novalis später sagte: »Unglück ist der Beruf zu Gott.«

Das Leiden, das sonst durchaus in einer dialektischen Beziehung zur Freude steht, stand hier, in der Wendung von Paulus, Luther und der Herrenkirche, in gar keiner dialektischen Beziehung zu einem Glück und einem Sieg mehr. Außerdem brauchten die Mühseligen und Beladenen die Predigt des Kreuzes gar nicht. Die haben ja Kreuz genug gehabt, ein sehr triviales Kreuz, aber ausreichend. Das Leben eines deutschen Bauern im 15. und 16. Jahrhundert war eine lebenslängliche Kreuzigung. Aber Luther sagte zu den Bauern: »Leid, Leid, Kreuz, Kreuz ist des Christen Teil.« Zu den Bauern hat er es gesagt, nicht zu den Fürsten und Kaufleuten. Mit dem Artikel Kreuz waren die Armen schon versehen; die hätten etwas ganz anderes gebraucht. Das alles kommt aus der Paulinischen Überbetonung des Kreuzes, des Leids, des Todes, des Hingebens: »Dein Wille geschehe.« Es gehört zur Untertanenideologie und hat Untertanen gehalten.

Das Rebellische, das ich Ihnen in der ganzen Bewegung aufzuzeigen versuchte, ist hier vollständig untergegangen; bis die Bauern und vorher die plebejischen Ketzersekten, aus deren Ideologie ja die Ideologie des deutschen Bauernkrieges stammt, sich dessen erinnert haben. Die Beziehung zur Bibel war so stark und deutlich, daß, wenn Sie einmal eine der Schriften von Münzer, etwa »Außgetrückte emplößung des falschen Glaubens« oder [»Hochverursachte Schutzrede und antwort,] wider das Gaistlose Sanfftlebende fleysch zu Wittenberg«, zur Hand nehmen, Sie Marginalien finden, die mitgedruckt sind, und da gibt es nun kaum einen Satz von Thomas Münzer, wo nicht auf der linken Seite die entsprechende Bibelstelle stünde. Also Material für die andere Deutung der Bibel war genug da und war nicht zu unterschlagen.

Ich habe Sie aus zwei Gründen auf diese Dinge hingewiesen: erstens, weil sie zu unserer Geschichte der Philosophie gehören, indem sie die religiös-ideologische Grundlage für lange Jahrhunderte der europäischen Menschheit gebildet haben. Zweitens, weil zwei Elemente, der Mythos und die Rebellion, in der Bibel vereint sind. Wenn Sie den Mythos der Bibel nicht kennen, verstehen Sie Rembrandt, Bach, Händel, verstehen Sie die gotischen Dome, verstehen Sie einen ungeheuren Teil des nationalen Erbes nicht. Das läßt sich nicht ausrotten, Bonifatius ist nun mal schon im 8. Jahrhundert gekommen. Die gesamte Geschichte des deutschen Volkes, und besonders des deutschen Volkes, ist wesentlich durch die Bibel bestimmt. Die deutsche Sprache, wie wir sie sprechen, ist durch eine Übersetzung der Bibel geschaffen worden, die das größte, das bleibende, ungeheure Werk des noch revolutionären Luther ist, geschaffen auf der Wartburg, vor den Bauernkriegen. Die Nazis haben das auszurotten versucht, und es ist ihnen nicht gelungen. Ich habe mir einmal den Spaß gemacht und Reden von Hitler auf seine Sprichwörter hin durchgesehen. Mehr als drei Viertel davon stammen aus dem Alten Testament. Er hat natürlich keine Ahnung davon gehabt. Wer weiß denn schon, daß ein Wort wie »Wer andern eine Grube gräbt, fällt selbst hinein« [vgl. Sir. 27,29] im Alten Testament steht. Eine Menge von üblichen Ausdrücken, Gleichnissen und Bildern stammen aus der Bibel. Die deutsche Sprache ist voll davon; das tägliche Gespräch ist noch heute voll davon. Man kann dem Kulturerbe keinen Aderlaß zufügen, der so wahnsinnig wäre. Stellen Sie sich vor, ein Grieche im zweiten oder dritten Jahrhundert nach Christus hätte nie die Ilias gelesen, hätte nie etwas von Pallas Athene und Zeus gehört. Was soll denn der mit der griechischen Kultur anfangen? Ebenso ist es mit der deutschen. Die Bibel und ihre Einflüsse zu ignorieren, ist vollkommen unmöglich und eine völlig sinnlose Verarmung. Es wird nicht verlangt, daß man daran glaubt, so wenig wie es bei den Griechen zu verlangen war. Es wird verlangt, daß man es kennt. Und bei der außerordentlich unterernährten Phantasie, die wir leider haben, ist es ein großes Unglück, wenn man die Bibel nicht kennt. Ungeheure Bilder sind dadurch früher in die Kindheit jedes Menschen hineingekommen.

Es ist noch etwas Sonderbares dabei, ein ziemliches Rätsel, für das ich keine Lösung habe: Während es uns nicht gelingt, auch nur eine halbwegs dem tiefsten Sinn des Originals nahekommende Übersetzung etwa von ägyptischen, babylonischen, indischen oder chinesischen Religionsbüchern anzufertigen, weil diese Welt unaufhörlich fremd bleibt, läßt sich die intellektuelle Landschaft, die Gemütslandschaft der Bibel sofort auf alle Zonen übertragen. Es ist sehr wenig Menschen bewußt, daß es eigentlich einen großen Bruch geben müßte. Denn in Palästina ist natürlich zu Weihnachten kein Schnee gefallen, Schnee fällt dort vielleicht alle hundert Jahre, und dann schmilzt er nach fünf Minuten. Aber: Weihnachten im Schnee, der Stall, das Kindlein, die Heiligen Drei Könige, Weihrauch, Myrrhe und Gold, die Hirten auf dem Feld – das alles ist wie selbstverständlich deutscher Winter. Ich habe eine Christnacht in Süditalien erlebt – dort schließen die Bauern die Fenster besonders fest, man darf nicht auf die Straße hinausgehen, weil um zwölf Uhr das Christkind durch das Dorf geht. Es friert nicht, es ist natürlich warm, nicht sehr, aber so, daß man durchs Dorf gehen kann. Trotzdem läßt sich diese Welt jedem Volk nahebringen, und am nächsten merkwürdigerweise dem deutschen. Es sind doch deutsche Landschaften, die die mittelalterlichen und die Renaissancemaler bis Dürer und Altdorfer in ihren Bibelbildern darstellten. Die Italiener haben die italienischen Städte genommen. Chinesen oder Afrikaner können diesen Mythos wahrscheinlich nicht als ihre Welt empfinden, aber für die europäische Menschheit ist die biblische Welt verständlich gewesen. Während also ägyptische Religionstexte teilweise vollkommenen Unsinn ergeben, weil wir die Zusammenhänge nicht mehr kennen, gibt der christliche Mythos einen Sinn, der so klar und schlicht und einfach ist, daß er gerade für Kinder richtig ist und daß Kinder ihn verstehen.

Das zweite bedeutsame Erbe an der Bibel war die Rebellion. Bis zur Französischen Revolution hat die Bibel den Menschen die Sprache gegeben, in der sie rebelliert haben. Ohne dieses Element, das durch Münzer ungeheuer pointiert worden ist, hätte die Rebellion keine Sprache gehabt und nicht die Art von gutem Gewissen, die durch die Predigt Christi der Rebellion immer gegeben war. Der Sieg des menschlichen Lichts über den Druck, die Predigt an die Mühseligen und Beladenen, der Erwartungsadvent, das Gefühl, vor dem anbrechenden Licht, vor Aurora oder der Morgenröte im

Aufgang zu stehen – dieses Element, das so notwendig ist für die Mühseligen und Beladenen, wenn sie es nicht bleiben wollen, das wurde besonders in Erinnerung gebracht und in Erinnerung gehalten durch die Bibel. Erinnern Sie sich an Bachs Weihnachtsoratorium, wie diese Stelle komponiert ist, wie diese Stelle einschlägt: Die Hirten sind auf dem Feld, und es zeigt sich ein Stern, es kommt ein Engel, und die Herrlichkeit des Herrn umleuchtet ihn, und sie fürchten sich sehr, und nun kommt der Gesang »Fürchtet euch nicht, siehe, ich verkündige euch große Freude... euch ist heute der Heiland geboren.« [Bach, 1734, II, 4] Dieser Augenblick der Erwartung und des Einschlags, daß das Rechte kommt, daß das Licht durchgebrochen ist und daß eine Tür aufgesprungen ist, die Weihnachtstür, und nun Licht hineinfällt in diese finstere Welt von Druck und Not und Hunger und Elend – das ist ein Ton, der dann nicht mehr verschwunden ist aus der Revolution, aus dem Revolutionsgefühl, man kann sagen: aus dem Revolutionsgemüt.

Das ist unabhängig von wissenschaftlichem Revolutionsbewußtsein, das etwas anderes ist. Mit wissenschaftlichem Revolutionsbewußtsein hätte man keine Bauern auf die Füße gebracht, denn die hätten das nicht verstanden. Und es war ja auch noch nicht möglich, dieses wissenschaftliche Bewußtsein zu haben, weil das Material noch nicht vorlag. Aber der Advent war verkündigt, das heißt, es steht etwas vor der Tür, und die Füße derer, die unsere großen Hansen und Schinder und Mörder hinaustragen werden, die stehen vor der Tür. Damit ist der Mythos der Befreiung aus Winters Banden und aus anderen Banden verbunden. Das Auferstehungsfest, Ostern, kommt zu dem Advent hinzu, das Osterfest als Lichtvertrauen und als Triumph des Lichts, Befreiung aus Banden, repräsentiert durch die Natur, die das unbewußt feiert, indem der Frühling kommt, »des Frühlings holder, belebender Blick«, indem der Völkerfrühling kommt, der März, der für Revolutionen immer eine besonders geeignete Zeit war. Ostern, ein heidnisches Fest von Natur aus, in Deutschland wenigstens, das Fest der Göttin Ostara, wurde sofort verbunden mit der Auferstehung Christi, die um dieselbe Zeit stattfand. Und Weihnachten wurde das Fest des siegenden Lichts. Wenn tiefste Finsternis ist, wenn die Sonne den tiefsten Stand erreicht hat, genau um diese Zeit wird sie wieder geboren, wird sie überhaupt erst geboren.

Dies alles sind Elemente gewesen, die das deutsche Volk und

besonders das revolutionäre deutsche Volk aufs tiefste bewegt und die Bauernkriege erwärmt und erleuchtet haben. Hier haben wir also ein Erbe, ein metareligiöses Erbe, das auch bleibt, wenn die Religion als Glaube zersprungen ist; das umfunktioniert wird, das nicht verlorengehen kann. Aber auch dort einmal hinzugehen, wo es herkommt, kann keinem Menschen, der es gut mit den Menschen und gut mit sich meint, schaden.

Himmelszwang, Wendbarkeit des Schicksals

Ich möchte nun auf dieses religiöse Erbe des näheren noch etwas eingehen. Eins ist uns klar geworden: Die Bibel unterscheidet sich von allen anderen Religionsbüchern dadurch, daß wesentlich die Armen in Beziehung zu einem Gott gesetzt werden. Diese Religion beginnt nicht als Herrenreligion, sondern als Religion eines geschlagenen, ausgebeuteten, verachteten Volksstamms, der sich befreit. Moses war der erste, der einen Aufseher erschlagen hat, der erste Emigrant und zugleich der erste Führer eines Volkes. Das Zweite ist, daß auf diesen Gott, auf den Gott der Armen, ein Zwang ausgeübt wird. Es murren die Kinder Israels, und in diesem Murren drückt sich eine Art von Demokratie, Bauerndemokratie aus – denn die Kinder Israels hatten ja keinen König. Der erste israelische König, Saul, wurde widerwillig von Samuel gesalbt. Vorher hatte es nur Richter gegeben. Diese Bauerndemokratie machte das Alte Testament auch bei allen Bauernbewegungen besonders geeignet, mehr als die kompliziertere Predigt des Neuen Testaments. Die Bauern fühlten sich davon angesprochen, weil die Agrargrundlage verwandt war.
Es gibt noch einen weiteren Zwang auf Gott, damit er der Gott der Armen sei. Eine dunkle Stelle weist darauf hin: Jakob durchquert eine Furt, und in der Nacht kommt dort ein finsterer Engel, der ihn daran hindern will. Jakob ringt mit ihm bis zur Morgenröte und besiegt ihn schließlich. Nun heißt es da: »Ich lasse dich nicht, du segnest mich denn.« [1. Mos. 32,27] Das drückt einen Zwang aus. Wie es einen Höllenzwang gibt, so gibt es hier einen Himmelszwang. Dergleichen Reste aus waldursprünglicher Magie haben in anderen Religionen kaum Platz. Sie sind in den großen, den Herrenreligionen zurückgedrängt worden. Hier leben sie noch, und

zwar mit diesem bald und immer wieder erscheinenden demokratisch-rebellischen Affekt.

Noch ein Wort zur biblischen Prophetie. Was ist der Unterschied zwischen der griechischen, hellenistischen, antiken Prophetie und der biblischen Prophetie? Propheten – das ist leicht gesagt – sind solche Leute, die etwas vorhersehen. Nun gibt es ja viele Propheten, Zigeunerinnen und weise Frauen, die aus Kaffeesatz und Karten prophezeien. Propheten gibt es auch in der Antike. Die sind dort sehr hoch gestiegen, sehr vornehm geworden, und zwar sind sie als Unglückspropheten am bekanntesten. Kassandra, zum Beispiel, die Tochter des Priamos, ist dazu verflucht, immer das Unglück vorherzusehen. Sie sieht den Untergang Trojas vorher und sieht später, am Hof von Agamemnon, den Untergang des Hauses der Atriden kommen. Sie klagt und weint und rauft sich das Haar. Also Spökenkieken, second sight, zweites Gesicht, wie es in Friesland vorkommt, das hat sie in enormem Maße, immer auf Schlechtes gerichtet. Und das Schlechte kommt unabwendbar wie die griechische Moira, die griechische Ananke.

Nun will ich Ihnen den Unterschied zur biblischen Prophetie und zugleich einen zeigen, der diesen Unterschied nicht verstanden hat, obwohl er ein alter israelitischer Prophet ist, nämlich den Propheten Jona, der deshalb mit Recht zu den Kleinen Propheten gezählt wird. Ihm erscheint Jahwe im Traum und sagt: Auf, gürte deine Lenden und mache dich auf den Weg nach Ninive, wo lauter Sünder leben und Abgötterei herrscht, und verkündige ihnen ihren Untergang, der Herr wird einen sehr dicken Zorn auf sie schütten. Ein Wort, das Thomas Münzer sehr liebte: »Der Herr wird einen sehr dicken Zorn auf sie schütten.« [Vgl. Münzer, 1521] Jona macht sich auf nach Ninive. Aber nun geschieht etwas ganz Unerwartetes. Diese Bande bekehrt sich nämlich, sie empfinden Reue und gehen in Sack und Asche, sogar die Tiere umhüllen sie mit Säcken, also auch die Pferde und Maulesel gehen in Sack und Asche. Es ist ein einziges Weinen und Wehklagen und eine wirkliche Umkehr, eine Buße. Umkehr der Triebfedern des Bösen ist eingetreten, mit einem Mal sind sie ganz nette und umgängliche Leute geworden. Da bringt nun Jahwe dieses Unglück nicht, schüttet den sehr dicken Zorn nicht auf sie. Und jetzt kommt Jona, der das nicht versteht, hadert mit Gott und sagt: Wie stehe ich nun vor den Leuten in Ninive da? Die müssen mich doch jetzt für einen Lügner halten. Hier zeigt sich etwas Neues, nämlich: die Menschen können das Unheil wenden; gegen den Quietismus gibt es einen Aktivismus. Das ist der Unterschied der israelitischen Prophetie gegenüber anderen Religionen. Es steckt Aktivität darin; das Moralische hat ein kosmisches Gewicht, man kann [die Welt] ändern.

Menscheneinsatz in Gott

Dieser subjektive Faktor, von dem ich spreche, hat noch eine weitere, sehr seltsame Wendung. Noch nie ist die ungeheure Bedeutung dessen aufgefallen, daß wir Religionen haben, riesenhafte Religionen wie etwa die ägyptische oder die babylonische, die keinen Stifter haben. Dort gibt es nur ein paar Sagen. In Ägypten soll in der legendären Urzeit, 3000 Jahre vor der Zeitrechnung, ein Imhotep, ein großer Gelehrter und Staatsschreiber, etwas verkündet haben. In Babylon hat angeblich ein Bauer ein kleines Männlein aus dem Acker herausgepflügt, das ihm etwas erzählt hat. Oannes, auch ein babylonischer Urgott, ein Meergott, ein Wassergott, kommt als ein Fisch aus dem Wasser und erzählt den Menschen etwas von ihrer Religion. Ähnlich ist es in Griechenland mit Kadmos, der Lesen und Schreiben und das Alphabet und vielleicht die Götterlehre lehrte. Aber es sind schwache Figuren. Wer ist denn schon Kadmos, wer ist denn Imhotep, wer ist denn Oannes, ob er nun als Fisch erscheint oder als Männlein aus dem Acker herauskommt und etwas erzählt?
Das sind doch keine Stifter, verglichen mit Moses oder mit Buddha, mit Laotse oder mit Konfuzius oder mit Jesus Christus oder Mohammed. Das sind deutlich Menschen, und zwar nicht nur Stifter einer Religion, sondern sie setzen sich selber neben Jahwe. Sie setzen sich so sehr neben Gott, daß der ganz verschwindet, wie etwa in Indien oder in China. Dort gibt es keinen Gott, nur atheistische Religionen, Religionen ohne Gott. In China oder Indien hätten Gottlosenbewegungen nichts zu brechen und nichts zu beißen, denn keiner glaubt an Gott. Aber an den Erleuchteten glaubt man, an einen Menschen, an Buddha. Es gibt im Chinesischen gar kein Wort für Gott, was ich Ihnen schon sagte. T'ien heißt Himmel und nicht Gott. Allerdings gibt es Dämonen ohne Zahl. Eine fast Offenbachsche Stelle steht in den Unterweisungen

Buddhas. Als Buddha unter dem Baum der Erkenntnis saß, dem Bodhibaum, wo ihm die Erleuchtung kam, erschien auch Brahma, der Gott aus der früheren Volksreligion, der Herr und Schöpfer der Welt, oder vielmehr der, der die Welt ein- und ausgeatmet hat. Brahma kommt also zu Buddha, verneigt sich tief und fragt ihn, wie es eigentlich war, als die Welt entstand. Da sagt Buddha: »Das mußt du doch wissen. Nach den sogenannten heiligen Schriften hast du doch die Welt geschaffen.« »Ich«, sagt Brahma, »ich weiß kein Wort davon, ich habe keine Ahnung.« Nun belehrt ihn Buddha, daß er eine Illusion ist, und Brahma wird ein Schüler Buddhas. Was von uns aus gesehen ein abenteuerlicher Hohn ist, ist in Indien gar nicht kühn.

Wir haben, um ein etwas stark anachronistisches oder nicht ganz an den Ort passendes Wort zu brauchen, eine Art von Kronprinzenfronde, indem sich der Sohn Gottes sehr nahe an den Thron des Vaters setzt und am Ende das Gesicht des Vaters aufhebt. In der Dreieinigkeitslehre, nach der Vater, Sohn und Heiliger Geist eine Substanz in drei Personen sind, ist ja nicht nur der Sohn in den Vater, sondern der Vater auch in den Sohn eingegangen. Eine ketzerische Wendung, die das Ketzerchristentum auch stets pointiert hat: Es ist also der Sohn an die Stelle des Vaters getreten, und wer zu Jesus blickt, sieht den Gott, der ein Mensch ist. Also – Cur Deus homo – Gott ist Mensch geworden. Der Stifter rückt sehr stark und fast überwältigend an die Stelle der Transzendenz. Ein Mensch tritt an die Stelle der Transzendenz.

Das ist in der Mystik so, und vor allem die deutsche Mystik hat die Transzendenz gänzlich humanisiert. Mit einer heiligen Hybris, mit einem heiligen Übermut hat sie sie gänzlich humanisiert. Nehmen Sie die Verse von Angelus Silesius, dem schlesischen Mystiker aus dem 17. Jahrhundert: »Ich weiß, daß ohne mich Gott nicht ein Nu kann leben. / Werd ich zu nicht, er muß von Not den Geist aufgeben.« [Angelus Silesius, 1675, 1, 8] Oder Sebastian Franck (16. Jahrhundert), ein Bewunderer Münzers: »Gott ist nichts als ein unaussprechlicher Seufzer im Innern der Kreatur.« Darin liegt die Beziehung der Armen zu Gott und die völlige Humanisierung auf den unaussprechlichen Seufzer im Innern der Kreatur. Das sind beides Motive, deren sich der große Kritiker der Religion, der Schöpfer der anthropologischen Kritik der Religion, Ludwig Feuerbach, bewußt war und die er sehr betonte. Nach Feuerbach sind alle Bilder des Jenseits verdinglichte und hypostasierte Schätze der Menschen selbst; sie werden hinüberprojiziert als erstes Bild der Entfremdung vom Menschen. Daher kommt die Kategorie Entfremdung; sie ist ursprünglich eine religiöse Kategorie und bedeutet die Verdoppelung des Menschen in sich und in Gott. Alles, was im Menschen gut und teuer ist, und vor allem, was er wünscht, daß er sein möge, das wird hinüberprojiziert; alles kommt vom Menschen und alles muß in ihn zurückgeholt werden. Das ist die Wunschtheorie der Religion.

Feuerbach war sich dieser Zusammenhänge sehr wohl bewußt, und auch seine Anhänger waren sich dessen bewußt. Es gibt im »Grünen Heinrich« im vierten Buch eine Stelle, wo ein Feuerbachianer auftritt, der ungeheuer vergnügt ist, weil Gott tot ist, und einmal übers andre ausruft: Es ist eine Lust, zu leben! Wie die Kinder sich freuen, wenn ein Vater endlich abgekratzt ist, oder wie das Volk jubelt, wenn der Monarch die Lande verlassen hat oder gekillt worden ist, so hat dieser Mensch einen ungeheuren Jubel, wie hübsch es jetzt ist, daß wir Gott endlich los sind. In Gesprächen, die dann weitergehen, fällt dem Grünen Heinrich die Verwandtschaft mit Angelus Silesius auf. Die Unterschiede sind gar nicht so groß, der ungeheure Humanismus ist nur sehr viel tiefer. Also nicht der gemütliche Mensch, der Spießer, der Philister erscheint, sondern, wie es einen Deus absconditus gibt, einen verborgenen Gott, so gibt es einen *Homo absconditus*, einen verborgenen Menschen, nämlich die unendlichen Möglichkeiten, die im Menschlichen liegen, sind dadurch bezeichnet.

Die Zurücknahme Gottes in den Menschen ist also nicht eine einfache Rebellion im Stil des Prometheus – einem Stil, der an sich schon groß genug wäre –, sondern es wird noch viel mehr geraubt als das Feuer. Es kommt alles wieder zu uns, und der ganze Reichtum der menschlichen Natur, die nur deshalb so armselig als Sündenknecht und Sündenlümmel dastand, weil sie alles hergegeben hat an das Phantom, wird zu den Menschen zurückgeholt. Es gab einen großen jüdischen Philosophen des Mittelalters, Maimonides, in dessen »Führer der Verirrten« die Eigenschaften Gottes nichts anderes sind als Vorbilder für die Menschen. Also nicht Schätze Gottes sind damit bezeichnet, sondern ein Sollen, das ist ihre Funktion.

Das ist Himmelszwang, Hybris, Prometheus, das ist entschiedener

Anti-Karl-Barth. Denn Karl Barth hat die Luthersche Gegenlinie genommen, vor allen Dingen in seiner Exegese des Römerbriefs und in Beziehung auf Stellen, die es in der Bibel ja auch gibt, wie etwa diese: »Meine Gedanken sind nicht eure Gedanken, und eure Wege sind nicht meine Wege, spricht der Herr.« [Jes. 55,8] Das bedeutet: Gott ist das ganz Andere. Dann gibt es keine Verbindungen, dann ist Gott kein Vorbild, dann kann man sich nicht eindrängen, dann sind Gottes Schätze keine humanen Schätze; und Gott ist das ganz Andere, das Unausdenkbare, das Verschiedene. Es erscheint ein Grauen, das lüsterne, süße Grauen oder das erschrekkende Grauen, gegen das sich Epikur gewandt hat. Und Barth sagt weiter: »Gott spricht sein ewiges Nein in die Welt.« Es wurde gefragt, woher er das denn wisse, da er doch auch eine Kreatur sei. Herr Barth nämlich spricht sein Nein in die Welt und sagt, Gott tue es. Stärkere Hybris kann man sich wiederum nicht vorstellen. Ist Herr Barth keine Kreatur? Ist er Gott? Woher weiß er das?
Nun hat Barth seitdem in diesen Wermut manches Wasser hineingegossen, wie bekannt ist. Aber wir haben damit die Gegenlinie, eine Luthersche Gegenlinie der Fremdgesetzlichkeit mit dem schrecklichen Effekt, daß man dann schließlich nicht mehr weiß, was der Unterschied zwischen Teufel und Gott ist, denn der Teufel spricht ja auch sein Nein in die Welt, dessen Wege kann man auch nicht verstehen. Es ist schließlich ein menschenfeindlicher Gott, der nein sagt, ein kreaturfeindlicher zumindest, und die Kreatur geht hoch hinauf. Dann ist Gott mehr Teufel als Gott.
Wenn man bei dem Gott Christi bleibt, bei dem Gott der Propheten im Sinn der Kindschaft, sieht das anders aus. Wie ich Ihnen schon sagte, gibt es da die Kronprinzenfronde des Sich-Eindrängens, des Himmelszwangs und des Einsetzens des Menschensohns in die Transzendenz. Da gibt es wieder seltsame Stellen, zum Beispiel in dem so oft schon gebeteten und Ihnen wenigstens vom Hörensagen bekannten Gebet Christi, dem Vaterunser. Dort lautet ein Vers: »Und vergib uns unsere Schuld, wie auch wir vergeben unseren Schuldigern.« [Matth. 6,12] Was ist denn das? Es wird von Gott verlangt, er solle so handeln wie wir! Eine sehr seltsame Sache. Weiter: »Geheiligt werde dein Name.« [Matth. 6,9] Heiligen kann hier heißen »lobpreisen«, es kann aber auch »heilig machen« heißen. Das steht durchaus in der Linie der jüdischen und christlichen Mystik. Kiddusch ha-schem hieß das in der Kabbala,

»Heiligung des Namens«. Das Wort, die Kategorie geht weiter, das Vaterunser ist nur ein Ausschnitt daraus. Ein Himmelszwang, ein griechisches Gefühl ist darin, wo der Mensch entdeckt, daß er besser ist als seine Götter. Das steigert die Hybris ins Ungeheure, ist aber eine humane Hybris und setzt nicht den banalen Menschen, begnügt sich nicht mit dem dürren Nein des Atheismus, sondern deutet den Atheismus human. Es ist etwas anderes, wenn ich sage: Es gibt keinen Gott, als wenn ich sage: Es gibt keinen Lindwurm. Das ist ein einfaches Nein. Wenn ich aber sage: Es gibt keinen Gott, da bleibt noch etwas übrig, da sind noch eine Menge Probleme vorhanden: Wohin denn mit all dem, und wieso ist das erzeugt worden?

Ketzerische Weiterungen

Joachim von Fiore

Ich habe die Fortwirkung dieses Ketzerchristentums schon erwähnt. Hier ist es nun fällig, den Namen Joachims von Fiore zu nennen, des Jesaias des 12. Jahrhunderts. Der Kalabresische Abt Joachim von Fiore hat dieses Ketzerchristentum im Verhältnis zur Kirche in Stadien aufgeteilt. Es ist die erste Geschichtsphilosophie der Religion nach der Augustinischen, die eine ketzerische und mehr und heftiger als die Augustinische eine revolutionäre Wirkung gehabt hat. Danach gibt es die Zeit des Alten Testaments, das ist die Zeit der Furcht und des Gesetzes; dann kommt die Zeit des Neuen Testaments, das ist die Zeit der Liebe; und danach die Zeit des dritten Testaments, das kommen wird und das zweite so überholen wird, wie das zweite das erste überholt hat, das wird das Zeitalter der Erleuchtung sein. Darin herrscht dann der freie Geist – von hier kommt das Wort »Freigeist«. Nach den beiden anderen Reichen, dem Reich der Furcht und dem Reich der Kirche, beginnt das tertium imperium, das »dritte Reich«. Hier haben Sie das Original des Ihnen nicht ganz unbekannten Ausdrucks; er stammt von Joachim von Fiore. Man kann da nur sagen: Ach, wie hast du dir verändert! Das dritte Reich als Reich der Erleuchtung und des freien Geistes: nachdem Gott sich schon in Christus aufgelöst hat, löst sich Christus in seine Gemeinde, in die erleuchtete Menschheit auf. Dies ist die Predigt Joachims von Fiore gewesen. Die Schriften Joachims und auch ihre Fälschungen waren ein Grundbuch erst der Hussitenbewegungen, dann der deutschen Bauernbewegungen, reichten bis in die Französische Revolution hinein und wurden immer weiter säkularisiert. Das Reich der Freiheit, der freien Geister am Ende wird in stufenweiser Aufhebung der anderen Stadien in der Erziehung des Menschengeschlechts erlangt. Sie haben Joachim von Fiore zum letztenmal noch deutlich genannt in Lessings, eines Aufklärers und aufgeklärten Mystikers Schrift »Erziehung des Menschengeschlechts«, die ich Sie bitte zu lesen.

Das alles steht auf der Grundlage des Alten und des Neuen Testaments und dessen, was eben den Mythos und die Theologie der Revolution ausmacht, nämlich des Grundpathos der Hoffnung. Da ist doch Advent, da ist Erwartung, da kommt etwas herauf. Horizont der Zukunft, den es in der Wissenschaft, in der Philosophie, in der Anamnesis überhaupt nicht gibt, gibt es hier; wir haben ihn wissenschaftlich auf dem Boden des Marxismus. »Hoffnung aber läßt nicht zu Schanden werden« [Röm. 5,5], steht in der Bibel. Oder: »Denn wir haben hier keine bleibende Statt, sondern die zukünftige suchen wir.« [Hebr. 13,14] Dieser Affekt der Erwartung, dieser Aspekt nach der Zukunft, diese Aussicht in die Zukunft, dieses Leben auf dem Horizont der Zukunft kam durch die Bibel in die Welt. Und der sogenannte Messianismus hört im Neuen Testament nicht auf, denn Christus kommt ja wieder. Er wird wiedererwartet, das heißt: das Werk ist noch nicht getan. Dies dauernde Blicken nach Morgen hin, nach vorwärts hin ist die große Gegenbewegung gegen Duckmäuserei gewesen, gegen das Sich-Schicken in die Verhältnisse. Es war natürlich auch eine Flucht in das Morgen bei den Schwächlingen. Bei den Anderen war es dauernde Aufforderung zum aufrechten Gang und zu dem Auge, das nach vorwärts blickt.

Thomas Münzer

Am stärksten ist das bei Thomas Münzer in Deutschland ausgebrochen. Ich möchte Ihnen aus einem Buch von mir, das ich vor langem geschrieben habe, »Thomas Münzer als Theologe der Revolution«, erst den kurzen Anfang und dann den Schluß vorlesen.

Erstens: Wie zu lesen sei. »Wir wollen immer nur bei uns sein. So blicken wir auch hier keineswegs zurück. Sondern uns selber mischen wir lebendig ein. Und auch die anderen kehren darin verwandelt wieder, die Toten kommen wieder, ihr Tun will mit uns nochmals werden. Münzer brach am jähesten ab und hat doch das Weiteste gewollt. Der ihn tätig Betrachtende also hat das Heute und das Unbedingte daran abgehaltener, überblickbarer als im allzu schnellen Erlebnis, und doch gleich ungedämpft. Münzer vor allem ist Geschichte im fruchtbaren Sinn; er und das Seine und alles Vergangene, das sich lohnt aufgeschrieben zu werden, ist dazu da, uns zu verpflichten, zu begeistern, das uns stetig Gemeinte immer breiter zu stützen.«
Nun kommt das ganze Leben und die Lehre Münzers, auf 350 Seiten ungefähr: Geburt / Einflüsse / Wanderschaft / Streit / Der Prager Aufruf / Allstedt und der Geheimbund / Im Exil / Blick in den Chiliasmus von Bauernkrieg und Wiedertäufertum / Das Manifest an die Bergknappen / Die Schlacht bei Frankenhausen / Ausgang der Revolution / Münzer als Gestalt und Gegenwart. Dann ein anderer Buchteil: Richtung der Münzerschen Predigt und Theologie: Der entlastete Mensch / Über das Gewaltrecht des Guten / Exkurs über die Kirchenkompromisse zwischen Welt und Christus: Der mittlere Bürger, Über Calvin und die Geld-Ideologie, Über Luther und die Fürstenideologie, Über Luthers Glaube, Der irdisch-überirdische Stufenbau des Katholizismus, Die Sekte und der ketzerische Radikalismus. Dann: Der absolute Mensch oder die Wege des Durchbruchs (das ist alles aus Münzers Predigten): Die Angst / Die Entgröbung / Die lange Weile, der tiefste Unglaube und das innere Wort / Die Ankunft des Glaubens. Der letzte Teil: Beschluß und die Hälfte des Reichs.
Diesen »Beschluß und die Hälfte des Reichs« möchte ich Ihnen im Zusammenhang mit dieser kleinen Vorlesung nun vorlesen. Der letzte Satz bei der »Ankunft des Glaubens« hieß: »Nichts mehr gewann Kraft und an nichts mehr langte Münzer an als am Ende der Natur, an der vollkommenen Heimkehr aller Menschen in tiefster Odyssee. Dieser Glaubenswelt raucht rein das Morgenrot der Apokalypse entgegen, und genau an der Apokalypse gewinnt sie ihr letztes Maß, ihre absolute Wahrheit, das metapolitische, ja metareligiöse Prinzip aller Revolution: den Anbruch der Freiheit der Kinder Gottes.»

Zum »Beschluß und die Hälfte des Reichs«:
»Nur zu diesem brechen wir auf, lassen das Tote zurück. Nichts mehr hält uns unter den ausgegessenen Dingen, wir fahren, wir träumen uns hinüber; schon der ungeheuer ansteigende Lebensdrang dieser Zeit speist sich aus neuen Quellen, seine Fraglosigkeit setzt geheimen, noch verdeckten Glauben.
Mögen sich starke Kräfte auch dagegen rühren, so stößt der Mensch doch endlich vom Boden ab und hinüber. Unser äußeres Leben will unfühlbar werden, wir treten aus ihm heraus, es unterliegt steigend der Maschine und Beherrschung, der endlich entlastenden Beherrschung des Unwesentlichen. Und gerade dieselbe Kraft, die die Maschine schuf und mit Willensumbruch zum Sozialismus treibt, setzt auch jenes Geheime, noch Latente am Sozialismus, das Marx übersah, übersehen mußte, wollte er endlich Not und Zufall zwingen, das im Deutschland Münzers aber, in Rußland seine revolutionär-religiöse Erberinnerung unweigerlich innehat. Gewiß doch, der Feind ist sichtbar, in dem schweren Machtkomplex der Industrie zuletzt noch, des Militarismus immer noch verschanzt, aber nicht nur mit zertrümmerter Ideologie, sondern er wird eben auch aus diesem seinem letzten Patriziat leichter, folgerichtiger vertreibbar sein als aus dem alten beziehungslosen, ständischen Kleinbürgertum und Feudalismus, an dem der revolutionäre Auftrieb des Täufertums zersprang. Nun aber ist die ökonomisch-politische Machtwelt um uns – sonst so tückisch und wertfremd, solch gefährdete Fahrt, dann auch noch so falsch stets erleuchtet von Kultur als der wesenlosen Luxusatmosphäre der Oberschicht – gebrochen, haltlos, ziellos geworden für alle, die zu ihr gehörten und Seiendes bislang ideologisierten. Ja sie ist endlich sogar geladen mit einer *immanenten* Dynamik zum Abgrund ihrer, zum offenen Bauhorizont für alles Verdrängte, Betrogene seit der Zeit der Bauernkriege und Spätgotik, für alle Unbedingtheiten des Willens zum Überhaupt insgesamt.
So kann der Lauf des Draußen die Tugend nicht lange mehr sperren, ihr das Rechte und wohl Geahnte verlegen. Sondern hier schafft die gleiche entlastende Bewegung, tangential schleudert sie das brausende Menschengeschlecht hinaus, vom Boden ab in seinen wahren Raum, es dehnen sich die ungeheuren Oberwelten der Ahnung, des Gewissens, die Hälfte des Reichs. Die Zeit kommt wieder, der proletarische Stoß vom Westen wird sie bringen, in

Deutschland und Rußland wird sie kulminieren: da fühlen die Völker ein Licht, das die schwersten Schatten löst, das Übersehenes, himmlisch Unterirdisches plötzlich ins grellste Zentrum rückt, das das Geheimnis des Ketzertums endlich zur wirksamsten Publizität, zum Pol und Hegemonikon der Gesellschaft erhebt. Noch unerhört wartet die unterirdische Geschichte der Revolution, begonnen bereits im aufrechten Gang; aber die Talbrüder, Katharer, Waldenser, Albigenser, Abt Joachim von Calabrese, Franziskus und seine Jünger, die Brüder vom guten Willen, vom gemeinsamen Leben, vom vollen Geiste, vom freien Geiste, Eckardt, die Hussiten, Münzer und die Täufer, Sebastian Franck, die Illuminaten, Rousseau und Kants humanistische Mystik, Weitling, Baader, Tolstoi – sie alle vereinigen sich, und das Gewissen dieser ungeheuren Tradition pocht wieder durch gegen Angst, Staat, Ungläubigkeit und alles Obere, in dem der Mensch nicht vorkommt. Nun brennt der Funke nirgends mehr verweilend und der bestimmtesten Forderung der Bibel gemäß: wir haben hie keine bleibende Statt, sondern die zukünftige suchen wir; eine messianische Gesinnung bereitet sich neu heraufzuziehen, endlich der Wanderschaft vertraut und der unbetrüglichen Kraft des Heimwehs: nicht nach der Stille des Bodens, fest gewordener Werke, falscher Dome, ausgeglühter Transzendenz, in nichts mehr quellend, sondern nach der Lichtung unseres gelebten Augenblicks selber, nach der Adäquation unseres Staunens, unserer Ahnung, unseres beständig tiefsten Traums von Glück, Wahrheit, Entzauberung unserer selbst.«

Noch die Schlußsätze: »Münzer mit allen Chiliasten bleibt Rufer auf dieser stürmischen Pilgerfahrt. Und nicht nur neues Leben in der alten Wirklichkeit breche an, sondern offen ist jeder Überschwang geworden, offen liegt die Welt und Ewigkeit, die neue Welt der Wärme und des Durchbruchs, des breit aus dem Menscheninneren herbrausenden Lichts; jetzt muß Reichszeit werden, dorthin geht die Strahlung unseres nie entsagenden, unenttäuschten Geistes; wir haben genug Weltgeschichte gehabt, es war auch genug, zu viel, viel zuviel Form, Polis, Werk, Blendwerk, Absperrung durch Kultur: offen regt sich ein anderes, ein unwiderstehliches Leben, der enge Hintergrund der Geschichtsbühne, Polisbühne, Kulturbühne entweicht; Seele, Tiefe, über allem ausgespannter Traumhimmel, gestirnt vom Boden bis zum Scheitel, scheint herein, es entrollen sich die wahren Firmamente, und unaufhaltsam zieht unsere Straße des Ratschlusses bis zu jenem geheimen Sinnbild hinüber, auf das sich die dunkle, suchende, schwierige Erde seit Anbeginn der Zeiten zubewegt.«

Unterirdische Geschichte der Revolution, im Volk

Meine Damen und Herren, die Reaktion hat schon längst bemerkt – leider Gottes viel länger, als die Marxisten üblicher Art das bemerkt haben –, was es hier für eine Tradition gibt, die nicht beschränkt ist allein auf die englische politische Ökonomie und auf den französischen Utopismus und Materialismus des 18. Jahrhunderts und auf die deutsche klassische Philosophie. Das ist ja Bildungsgut. Völlig richtig, vollkommen klar: so kam die Sache als wissenschaftliches Werk zustande. Aber im Volk lebte doch eine ganz andere Tradition. Die unterirdische Geschichte der Revolution lebt, und sie lebt so stark, daß sie vorgebrochen ist an allen Ecken und Enden; zugleich ist sie so unbekannt, daß sie bis heute fast übersehen ist.
Ich erinnere hier an den Aufruhr in den Cevennen von 1702. Tieck hat eine Novelle »Der Aufruhr in den Cevennen« geschrieben, die Fragment geblieben ist. Es hat sich bis jetzt zu meinem maßlosen Erstaunen kein einziger marxistischer Schriftsteller gefunden, der den Aufruhr in den Cevennen dargestellt hätte. Es gibt nichts außer Tieck, und Tieck war ja bekanntlich kein Marxist, im Gegenteil. In den Cevennen, einem Waldtal in Ostfrankreich, haben sich die Bauern empört, und ein Bäckergeselle hat drei Marschälle Ludwigs XIV. besiegt. Das ist absolut Jan Žižka, das läßt sich neben den Hussitenkriegen sehen. Und es ist der französischen Krone nur dadurch gelungen, der Rebellen Herr zu werden, daß das ganze Ardennenland mit Truppen umzogen wurde, so daß die Rebellen verhungerten. Da haben sie beigegeben, und es gab maßlosen weißen Terror.
Aber unter den Aufständischen gingen Traktätchen um mit Texten, die zum Teil noch zurückgingen auf die Albigenserkriege im 12. Jahrhundert und noch weiter zurückgingen auf die ersten Christenketzer, auf Montanus in Pepuza im zweiten Jahrhundert, auf die Talbrüder, eine Sekte, die sich in Norditalien gehalten hat. Schon im zweiten Jahrhundert ging es gegen die Kirche los. Das hat sich bis 1702 gehalten; es gab Prophetinnen wie in den Bauernkrie-

gen die schwarze Hoffmännin um Florian Geyer und Propheten und Verzückungen und Krämpfe und alles, was auch zu den Bauernkriegen gehört, was es immer gab, Prophezeiungen wie: »Es ist Zeit, der Tag steht vor der Tür!« Und diese Menschen haben all das Elend durchgehalten und diesen phantastischen, ungeheuren Enthusiasmus und Heroismus zustande gebracht.
Der Aufstand in den Cevennen fand 87 Jahre vor der Französischen Revolution statt. Glauben Sie, die Französische Revolution sei aus den Pariser Salons entstanden? Ist sie entstanden, weil die Herrschaften »Emile oder über die Erziehung« oder den »Contrat social« von Rousseau gelesen haben? Glauben Sie, daß der Baron Holbach die Französische Revolution allein gemacht hat? Das war ja eine ganz kleine Schicht und zum großen Teil Adel. Nein, die Stimmung lebte in Frankreich im Volk, und der erste Ausbruch ist der Aufruhr in den Cevennen gewesen. Das ist die Tradition, die ich meine, die mit der englischen politischen Ökonomie oder mit dem französischen Materialismus unmittelbar nichts zu tun hat. Wenn diese Tradition nicht gewesen wäre, dann hätte es keine Französische Revolution gegeben, dann wäre ganze Frankreich eine Vendée gewesen oder hätte in vollkommener Gleichgültigkeit und Stumpfheit verharrt. Diese unterirdische Geschichte der Revolution haben wir viel zu wenig geschrieben, und wenn wir Volkskunst und Volksmuseen haben, so brauchen wir auch ein solches Museum.

Säkularisierung oder Verwirklichung?

Dieses also nur zur historischen Erinnerung. Ich sagte, die reaktionären Herrschaften haben das längst gemerkt, und sie ziehen daraus einen ganz großartigen Schluß. An der Spitze steht in letzter Zeit ein Kollege in Heidelberg, mir persönlich sehr wohl bekannt, der das auch sehr benutzt und der das, was ich schon sehr früh gesagt habe, leider Gottes für den Feind ausnutzt, indem er selbst zu den Feinden übergegangen ist, während unsere Freunde es nicht ausnutzen: Karl Löwith, ordentlicher Professor der Philosophie an der Universität Heidelberg. Der hat es mit der Säkularisierung; das alles sei nämlich im Marxismus enthalten, aber säkularisiert, soll heißen, entspannt, verweltlicht, trivial gemacht, heruntergekommen, es fehle die dritte Dimension, es fehle sogar die zweite Dimension. Alles komme von Augustinus, von Joachim von Fiore, von den Hussiten, aus der Theologie des Bauernkrieges, und der Marxismus sei die völlige Verkommenheit von all dem. Das heißt, der Marxismus hat eigentlich gar nichts Eigenes, ihn zu studieren, lohnt sich gar nicht. Studiert lieber Joachim von Fiore und den Heiligen Augustin, da steht es ja. Und der Marxismus ist natürlich das Reich, das Reich der Freiheit, das Wort ist ja noch geblieben, aber in ganz große Kümmerlichkeit, Simplizität und Armseligkeit versunken; denn was kann der Iwan schon verstehen. [...] Die russische Revolution ist in äußerlichen, rein nationalökonomischen, wie man noch in Westdeutschland sagt, Trivialitäten befangen; es ist eine Art von Wirtschaftsrebellion, so im Sinn von: Fressen können sie, aber arbeiten wollen sie nicht.

So weit ist es gekommen. Diese Art Säkularisierungshypothese hat sich hier wenig herumgesprochen, drüben aber sehr großen Eindruck gemacht: Man braucht über den Marxismus gar nicht zu diskutieren, die Kirche gibt ja alles, denn sie hat ja den Augustinus in sich. Man muß diese armen, verführten Menschen retten, damit sie endlich zum Heil finden und nicht glauben, Jesus Christus wäre der volle Magen. Der ist der Herr der Armen, und seine Predigt die Predigt für die Mühseligen und Beladenen, das ist die große Phantasmagorie, die hier in ungeheurer Gewalt aufgegangen ist. Im Marxismus ist danach bloß noch eine ganz ferne Dünung, die von diesem ungeheuren Taifun lang zurück und weit draußen in der See an ein flaches Land schlägt. Das ist diese Säkularisierungshypothese, die die unterirdische Tradition der Revolution wohl erkennt, aber auf diese Weise entgiftet, aus der Welt schafft und den ungeheuren Enthusiasmus, der darin steckt, vernichtet.

Wir wissen, es ist gerade umgekehrt. Es ist so, daß auch hier etwas auf die Füße gestellt wurde, daß auch hier etwas einen rationellen Kern findet, was von der Wirklichkeit nicht ärmer, sondern reicher gemacht wird, daß die Traumstraßen sehr kurz und die Wege der Wirklichkeit, die mit Fülle des Traums nach vorwärts begangen werden, sehr lang und groß und reich sind. Das verhält sich wie ein reiches Leben zu Knabenträumen, die schmal sind, und plötzlich, wenn ein reiches Leben da ist, wenn keine Schicksalsschläge eintreten, keine Verdürrung kommt, ist das, was sich in der Manneszeit und in der späteren Zeit darbietet, fruchtbarer, produktiver und viel phantasievoller als das, was die Knabenträume sich ausgedacht haben. »Was man in der Jugend wünscht, hat man im Alter die Fülle« [Goethe, 1948 ff.], sagt Goethe. Dieses Plus ist darin, das Plus der Wirklichkeit gegenüber dem Narrenparadies, und die Wirklichkeit ist reicher als das, was ausgedacht wurde, falls sie nicht künstlich verengt wird. Solche Marxisten haben wir ja, die zünden auch nicht, die haben das Erbe vertan. Die Bewegung auf die bessere Welt ist nicht bloß eine von Rechnungsräten, sie steht in einem ganz anderen Dienst, dient einem anderen Ziel: der Befreiung der Menschheit. Sie dient nicht dem Ziel, daß Frau Müller heute Butter kriegt, was sie auch haben muß, aber was nicht des Pudels Kern ist. Dafür wurde nicht gestorben.

Marxismus und Traum des Unbedingten

Also ist die Wirklichkeit hier reicher, aber es steckt umgekehrt auch eine Verpflichtung darin. Man kann sagen: Was die Ketzersekten mit ihrem Christentum und mit der zu Recht so ausgelegten, so verstandenen Bibel der Menschheit versprochen haben, das wird und das soll und das muß der Marxismus nach Maßgabe des Möglichen im ungeheuren Reich der objektiven realen Möglichkeit der Menschheit halten. Es ist auch eine Verpflichtung gegenüber diesen großen Träumen des Unbedingten, gegenüber dieser stürmischen Pilgerfahrt, daß der Marxismus diesen Glanz behält, daß er seine immanente Tiefe erobert, daß er also nicht nur mit den Fortschritten der Wissenschaft geht, sondern daß er mit der Entzündung des Enthusiasmus, der Begeisterung und der Hoffnung beschäftigt sein muß, was auch ein Fortschritt ist und auch zum fortschrittlichen Bewußtsein gehört. Er muß auf diese Weise zünden, erleuchten und sich unvermeidlich machen. Das geschieht mit bloßen Mitteilungen von Resolutionen und Beschlüssen nicht, das geschieht mit ausschließlicher Achtung auf den Unterbau, auf den ökonomischen Faktor nicht. Hier muß der Überbau den kommenden Unterbau mit aktivieren. Aber dazu muß der Überbau bewohnt sein, muß beherrscht und erleuchtet sein.

Zur großen Tradition des revolutionären Überbaus gehört das Täufertum, gehört das Ketzerchristentum. Wenn es auch in allen seinen Glaubensinhalten für uns erloschen ist, so ist es doch in

seinem Impetus für uns nicht erloschen und in den riesenhaften Hoffnungsbildern, die damals verfeuert wurden. Es gibt von Schiller einen Vers: »Was sich nie und nirgends hat begeben, das allein veraltet nie!« Der Vers ist in der Form, wie Schiller ihn sagt, sehr des Bedachtwerdens fähig, aber auch bedürftig. Viele Berichtigungen sind notwendig, aber ich glaube, keine Berichtigung ist notwendig, wenn man den Satz so formuliert: »Was sich *noch* nie und *noch* nirgends hat begeben, das allein veraltet nie.« Marxismus und Traum des Unbedingten vereinigen sich, wie ich im Buch über Thomas Münzer sage, endlich in gemeinsamer Fahrt, und beide machen sich dadurch unüberwindlich.
Das wäre meine kurze Erinnerung an die Bibelinhalte zur Adventszeit. Das Wort »Advent« hat einen vieltönigen Sinn, einen vielbedeutenden Sinn, und in diesem Sinne wünsche ich, daß Sie Weihnachten erleben und auch an das denken, was in dem freundlichen Sinn eines Weihnachtsliedchens von dem höchst sympathischen Musiker Peter Cornelius liegt: »O Menschenkind, halte treulich Schritt, / Die Kön'ge wandern, o wandre mit!« Ein Wandern ist es im Blick auf einen Stern, zu einem Armen, zu einem Kind, das mit Ochs und Esel im Stall geboren wird, wo es kaum Lumpen gibt, es zuzudecken und zu wärmen. Dieses Bild von äußerster Armut und Höhle, Stall, dazu Verfolgung in der Luft, die nach kurzer Zeit auch kommt mit dem bethlehemitischen Kindermord – das ist die Atmosphäre, in der das Christentum entstanden ist, als eine Religion der Schwachen, der Armen und der Bedrückten. So bitte ich das zu verstehen und sich durch die Herrenkirche und das Herrenchristentum nicht irre machen zu lassen, sondern auch diesen Teil unserer Menschengeschichte nach gehöriger Berichtigung zum Verständnis für das Ziel zu dem Unsrigen zu schlagen, damit es endlich Weihnachten und Ostern wird.

Neuplatonismus

[...] Wir verlassen nun das sonderbare Gebiet [der Gnosis], das Gebiet einer seltsamen Trübe, in der sich allerdings auch nahrhafte Gegenstände bewegten, und gehen aus dieser Trübe in eine Art von sperberischer Klarheit; wir gehen aus einem bewegenden Mystizismus in eine sehr hochrangige philosophische Mystik, und zwar in eine Mystik der Vernunft, wohlverstanden. Es gibt, wie wir im Verlauf der Geschichte der Philosophie noch sehen werden, sehr verschiedene Arten von Mystik, so, wie es verschiedene Arten von Philosophie gibt, verschiedene Arten von Astronomie, von Lyrik, von Musik. Es gibt in Ansehung der Wahrheitsbeziehung sehr verschiedene Arten von Mystik. In dem üblichen Sinn ist sie Schwindel, Betrug, Vernebelung, absichtliche Verdunklung, Obskurantentum. Aber dem sollte man nicht die Ehre von Mystik geben, es sei denn, man schreibe Mystik mit i statt mit y. Das wird meistens übersehen. Es ist, um Ihnen ein Beispiel zu geben, zwischen einem Burschen, der mit Weißkäse heilt, oder zwischen dem Hellseher Hanussen im Dienste des Grafen Helldorf und Hitlers und unserem Meister Eckhart ein kleiner Unterschied. Beide Mystiker zu nennen, ist eine absurde Vermischung, die nur aus völliger Fremdheit zu dem Gegenstand entstehen konnte, wie sie in der Aufklärung des 18. Jahrhunderts und zum Teil in der bürgerlichen Aufklärung, in dem Aufkläricht des 19. Jahrhunderts üblich war, weil man keine Ahnung hatte.

Die deutsche Mystik von Meister Eckhart ist die Ideologie einer großen revolutionär-demokratischen Laienbewegung gewesen, mit Überspringung der Sakramentsanstalt Kirche, auch der Staatseinrichtungen, mit dem Erwachen des Individuums, das sich selbst für mächtig hält, sich ebenso wie mit seinem Gott mit allem, was ihm gut und teuer ist, in eine unmittelbare Beziehung zu setzen, die keine Vermittler braucht. Also eine rebellisch-demokratische Bewegung hat die Mystik als Ideologie und nicht nur als Ideologie. So muß unterschieden werden. Unter dem gleichen Mißverständnis und der gleichen Äquivokation, der Vermischung von Dreck und Feuer zuungunsten des Feuers, ist auch lange Zeit der Blick auf die Periode gehemmt, getrübt gewesen, der wir uns jetzt zuwenden. Es ist die neuplatonische Periode, die Periode der Neuplatoniker, damit gemengt auch die der Neupythagoreer. Wir werden sehen, daß diese Richtung nicht epigonal ist. An dem Wort sind sie unschuldig, sie wußten ebensowenig, daß sie Neuplatoniker sind, wie Heraklit etwas davon gewußt hat, daß er Vorsokratiker ist. Das alles sind ganz späte Etiketten, die ihnen von Professoren und Doktoren der Philosophie aufgeklebt wurden.

Die Neukantianer sind Epigonen, die wußten, daß sie Epigonen sind. Sie waren sechzig, siebzig Jahre von Kant entfernt. Die

Neuplatoniker jedoch sind keine Epigonen Platons. Sie lebten in einer schon völlig anderen Gesellschaft, einer untergegangenen oder fast schon untergegangenen Sklavenhaltergesellschaft, Proklos zum Beispiel 850 Jahre nach Platon. Hier kann man nicht mehr von Epigonentum sprechen. Eine völlige Veränderung war vor sich gegangen; der Name Platon wurde in einer feierlichen Weise genannt, aber die Zusammenhänge mit Platon sind zum Teil sehr schwach. Es war eine ganz andere Kultur, keine griechische Kultur mehr, auch keine römische mehr, es war, wie ich Ihnen schon sagte, eine eigentümliche Mischkultur im Mittelmeerbecken. Die großen römischen Juristen Ulpianus und Papinianus zum Beispiel waren Syrer. Unter den Philosophen ist nur Plotin ein Grieche, das heißt, er ist in Ägypten aus einer griechischen Familie geboren. Jamblichos war auch ein Syrer. Sie haben griechisch geschrieben, aber sie waren darum so wenig Griechen, wie Leibniz ein Franzose war, weil er französisch geschrieben hat, oder Spinoza ein Römer, weil er lateinisch geschrieben hat. Es ist also nicht mehr dieselbe Gesellschaft, es ist auch nicht mehr dasselbe Volk, und so ist auch das Verständnis Platons nicht mehr als ein produktives Mißverständnis.

20. PLOTIN

Leben und Wirkung

Der Mittelpunkt der neuplatonischen Schule wird bezeichnet durch Plotin. Er lebte von 205 bis 270 n. Chr., geboren in Lykopolis in Ägypten, gebildet in Alexandria, ging er später nach Rom. Seine hinterlassenen Schriften gab sein Schüler Porphyrios in sechs Enneaden heraus. ἐννέα heißt griechisch neun, also Neunbücher – die Enneaden sind in sechs Abteilungen gegliedert, und jede Abteilung enthält neun Kapitel. Die Enneaden wurden von Plotin erst im späteren Alter geschrieben. [...] Sie sind in einem sehr schwierigen Griechisch geschrieben, auch in einem späten Griechisch, und obwohl der Text trotz der Abschriften vermutlich ziemlich gut erhalten ist, sind einige Kapitel sehr dunkel. Wenn Sie sie später einmal lesen sollten, werden Sie vor allem in der sechsten Enneade, im vierten und fünften Kapitel, für die ganze Geschichte der Philosophie exzeptionelle Gebilde von Dunkelheit entdecken.

Plotin war ein Mann, der, wie sich das in der Spätantike häufig zeigte, schon sehr dem christlichen Typ glich, obwohl er mit dem Christentum nicht das mindeste gemein hatte. Er war weltflüchtig, dem Fleisch fern, den Leib hassend. Plotin war ein Grieche, der von sich sagte, daß er sich schäme, einen Körper zu haben. Daran können Sie ermessen, welche Veränderungen sich vollzogen hatten. Der Typus geht schon sehr stark zum Mönchtum über. Plotin wurde auch in seiner Umgebung als eine Art spätantiker Heiliger verehrt, ein hellenistischer Heiliger, wenn man so sagen kann, um den ganzen Zusammenstoß zwischen der Tradition und der neuen Welt, die hier auftaucht wiederzugeben.

Trotz der Verehrung, die er in seiner Jüngerschaft und auch in der meinungsbildenden Schicht des hohen römischen Adels und des Hofes besaß, war seine Nachwirkung nur anonym. Plotin ist einer der großen Philosophen – und er ist ein großer Philosoph –, die nicht nur vorübergehend vergessen waren, so daß es nur hundert Jahre dauerte, bis sie als Sterne aufgingen wie zum Beispiel Spinoza; sondern der Einfluß dieses großen, berühmten Denkers schlief hundert Jahre lang, das ganze Mittelalter hindurch, bis er in der Renaissance wiederentdeckt wurde, und zwar in der Platonischen Akademie in Florenz, die Cosimo di Medici gegründet hat.

Die Enneaden wurden zum ersten Mal von Marsiglio Ficino ins Lateinische übersetzt. Aber das half nichts; Plotin schlief weiter. Ich glaube nicht, daß Descartes, Spinoza, Leibniz oder Kant von Plotin mehr als den Namen kannten. Erst Hegel brachte das Interesse wieder auf Plotin und im Zusammenhang mit seiner Dialektik auch auf Proklos, den letzten großen Neuplatoniker, der zuerst die Dreiteilung der Dialektik in Thesis, Antithesis, Synthesis gebracht hat.

Ich will Ihnen die Namen der großen Neuplatoniker nennen. Es beginnt mit einer Art sokratischer Gestalt, mit Ammonios Sakkas in Alexandria. Sakkas heißt, was Ihnen ein Blick auf den Mann erleichtert, Sackträger. Das Wort »Sack« ist, wie mir gesagt wurde, in allen indogermanischen und semitischen Sprachen mit Ausnahme der slawischen Sprachen erhalten geblieben. Ein alter Witz erzählt, daß bei dem Turmbau von Babel, als die Sprachverwirrung begann und das Unheil vom Himmel kam, ein jeder nach seinem Sack gegriffen und geschrien habe: »Wo ist mein Sack?« Auf diese Weise sei dies das einzige Wort, das aus der menschlichen Ursprache noch erhalten geblieben sei. Da es im Slawischen nicht vorhanden ist, scheinen die Slawen nicht dabei gewesen zu sein. Nun, so haben wir also den Sackträger Ammonios Sakkas. Ich werde auf den Mann noch zu sprechen kommen; hier nur so viel, daß er der Lehrer von Plotinos war. Dann gibt es Jamblichos, Porphyrios und Proklos. Die Schule zieht sich über 200 Jahre hin. In der Mitte aber steht, wie bemerkt, Plotin; aber erst durch Hegel wurde wieder Licht auf den großen Denker geworfen, Hegel wurde ihm gerecht, und nach ihm haben auch die speziellen Philosophiehistoriker Zeller und Windelband ihm Gerechtigkeit widerfahren lassen.

Ein neues Licht wurde vom Problem der Kategorienlehre aus auf Plotin geworfen durch Eduard von Hartmann. Eduard von Hartmann hat außer seiner bedeutenden »Kategorienlehre« und leider auch der »Philosophie des Unbewußten« eine »Geschichte der Metaphysik« geschrieben, und im ersten Band dieses Werkes finden Sie von Seite 107 bis 176 – allein schon die Seitenzahl spricht für sich – eine Darstellung Plotins. [. . .] Dieser letzte Ritter aus der deutschen klassischen Philosophie, beinahe mehr ein Spießer als ein Ritter, aber immerhin ein Nachfahre, in dem es wenigstens anfangs noch wetterleuchtete, hat auch viel Licht auf Plotin gelenkt. Wer sich weiter dafür interessiert, kann sich von dem Schüler Hart-

manns, Arthur Drews, die Schrift »Plotin und der Untergang der antiken Weltanschauung« ansehen (1907).
Erst auf einer kommenden Stufe des Marxismus wird es möglich sein, Plotin auf eine adäquate Weise, ich betone: auf eine adäquate Weise zu erfassen; denn das ist alles noch nicht adäquat, das ist alles noch in spekulativem Gedankengang befangen; ist Plotin noch zu sehr durch Plotin selbst gesehen, nicht von einem glücklich verfremdeten Standort aus, wie der Marxismus ihn gibt. Auf eine adäquate Weite wird auch hier das Bedeutende, das neben dem vielen Wust Übrigbleibende auf Grund einer sozialen Analyse herauszubringen sein, die uns erleichtern wird, den Wust als reine Ideologie zu entdecken, die aber auch eine neue Betroffenheit von den Problemen verschaffen wird, die hier vorliegen, vor allen Dingen in der Kategorienlehre. Zu einer solchen Analyse ist noch nicht einmal der Anfang gemacht worden.

Die Schule Plotins

Ich sagte schon, Plotins Lehrer ist *Ammonios Sakkas* [175-242 n. Chr.], von dem sonst wenig überliefert ist, der keine Schriften hinterlassen hat. Eine Gestalt offenbar, die in Alexandrien einen Eindruck macht, der an den von Sokrates in Athen erinnert. Ammonios Sakkas hatte die sonderbarste Vielfalt von Schülern; neben Plotin war einer seiner Schüler der Kirchenlehrer Origenes, also eine sehr weite Spannung. Er selbst ist keineswegs ein Christ gewesen. Ein Schüler Plotins war *Porphyrios* (232 bis ca. 304 n. Chr.), dessen Schüler wiederum *Jamblichos*, der um 330 gestorben ist. Es besteht ein Zusammenhang mindestens der Schule, wenn nicht sogar ein persönlicher Zusammenhang mit dem großen Abtrünnigen, dem Kaiser Julian, genannt Julian Apostata, der das Christentum, das durch Konstantin Reichsreligion geworden war, als solche aufhob, im Namen der neuplatonischen Philosophie die Kirchen schließen und die Tempel wieder öffnen ließ. Dieser Ketzerkaiser Julianus residierte in Paris, die Grundmauern seines Palastes sind im Musée de Cluny noch erhalten.
Die letzte, bedeutendste Gestalt außer Plotin ist der bemeldete *Proklos*, der sehr spät, 410 bis 485 n. Chr., also nicht mehr im weströmischen Reich lebte. An diesem Neuplatoniker zeigen sich

schon scholastische Züge. Es ist sehr seltsam, daß noch in der alten Gesellschaft, die, im Übergang zum Feudalismus begriffen, die Einbrüche der Germanen in der Völkerwanderung erlebte, trotzdem der Gelehrtentyp der Klosterschule und des akademischen Betriebs sich in Proklos herausgebildet hat: große Subtilität und Genauigkeit der Unterscheidungen, auch Pedanterie der Unterscheidungen und Wortstreitigkeiten, also die Karikatur der Scholastik.

Ich bitte Sie, Scholastik genauso wie Mystik nach zwei Seiten hin zu betrachten. Das eine ist die Wortstreiterei, das andere die große Philosophie des Mittelalters, von der die Exaktheit stammt und das genaue Denken und die Schärfe der Definitionen, also das, was zum Ruhm der Jurisprudenz gehört. Diesen Ruhm haben die Scholastiker in die Philosophie gebracht, nämlich sehr scharfe Definitionen, ungeheuerste Genauigkeit der Begriffsbestimmungen. Natürlich gibt es Schulmeisterei, Wortstreiterei, Pedanterie der Unterscheidungen. Ein Philosoph hat das einmal in der Maxime dargestellt: Man nehme kein Haar und spalte es. Natürlich ist das da, aber das andere ist erst recht vorhanden und macht eben den Ruhm dieser Jahrhunderte aus, ohne die es die neuere Philosophie nicht gäbe und auch die neuere Mathematik nicht.

Die Sonderbarkeit des Menschentypus, der damals lebte, ist die, daß sich mit dieser extremen Genauigkeit ein wüster und massiver Aberglaube verband, den vorzustellen uns äußerst schwerfällt. Was Sie in abgelegenen Gebirgsdörfern noch an Zauberglauben, Hexenglauben, Amulettglauben finden, ist gar nichts gegen das, was in dieser Zeit die höchsten Spitzen der Intelligenz und der Wissenschaft außerhalb ihrer Intelligenz und Wissenschaft noch geglaubt haben. Proklos ließ sich in sämtliche Mysterien einweihen, er konnte gar nicht genug bekommen und glaubte schlechthin alles. Er glaubte die ganze Volksreligion, aber nicht nur die antike, er glaubte auch die anderen Volksreligionen. Es konnte also gar nicht genug Dämonen, Amulette, Beschwörungen, Bezauberungen und Gespenster geben, und das verbunden mit dem größten intellektuellen Scharfsinn. Für diese Zeit ist bezeichnend, daß etwas, was uns als schlechthin entgegengesetzt erscheint, nicht nur nebeneinander bestand, sondern sich sogar miteinander vertrug und aufeinander angewiesen war.

Für Genauigkeit in Verbindung mit Aberglauben ist ein Beispiel

die Stelle mit dem schlecht gezogenen Pentagramm im »Faust«, das Mephisto am Verlassen der Zelle von Doktor Faust hindert. »Der Pudel merkte nichts, als er hereingesprungen, / Die Sache sieht jetzt anders aus: Der Teufel kann nicht aus dem Haus.« [Goethe, Faust I, 1406 ff.] Eine Ecke des Pentagramms ist offen, eine Ratte wird gerufen, die etwas abnagt, so daß das Pentagramm aufgehoben ist, ein Winkel ist verschwunden, und der Teufel kann hinaus. Die Verbindung von tollstem Aberglauben und genauester Pedanterie kommt aus dieser Zeit, das heißt, diese Zeit hat daraus ein System gemacht. Sie werden sich erinnern, daß Spitzfindigkeit auch im Märchen steckt. Da geht es ganz genau her, ganz pedantisch wird der Vertrag gehalten, er wird auch von den Dämonen getreulich eingehalten. Rumpelstilzchen reißt sich entzwei und holt nicht der Königin ihr Kind, nachdem die seinen Namen genannt hat. Rumpelstilzchen hält also den Vertrag ein. Sie haben die Pedanterie, die Genauigkeit, die Vertragstreue also, auch im Märchen. Ich weiß nicht, ob Zusammenhänge bestehen; jedenfalls wurde im Neuplatonismus ein riesiges System des kompliziertesten Aberglaubens gebaut. Daneben gab es die Wissenschaft und die Philosophie. Am stärksten ist das erkennbar an Proklos. Damit Sie einen Geruch von dieser Luft und Aura in die Nase bekommen, empfehle ich Ihnen von Jacob Burckhardt »Die Zeit Constantins des Großen«. Da werden Sie sehen, wie seltsam die Menschheit schon beschaffen war und daß nicht immer alles so aussah wie jetzt.
Mit Plotin hört nun vor allen Dingen auf, daß einem weitschichtigen Schulzusammenhang ein personhafter Mittelpunkt fehlt. Wir haben bis zur Stoa Personen, um die sich eine Schule bildete. Und das Tempo, die Tonart dieser Personalitäten gingen durch, so, wie wir Beethoven hören in der Beethovenschen Musik und Bach in der Bachschen Musik, nicht als belangloses Individuum, sondern als eine Kategorie. Das Bachsche, das Beethovensche oder das Luxemburgische und das Liebknechtsche – ganz gleich, in welche Gebiete man geht, man kann sich etwas darunter vorstellen; ebenso gibt es Negativitäten,das Hitlersche, das Neronische, was abschreckend ist. Ein solcher Persönlichkeitskern fehlt selbst etwas bei Epikur, erst recht in der Stoa. Es gibt viele Namen: Zenon, Chrysippos, Poseidonios, Seneca, Epiktet und Marc Aurel, aber sie sind über viele Jahrhunderte verteilt. Hier haben wir also wieder einen Mittelpunkt, bezeichnet durch Plotin, einen Philosophen, der nach

Meinung Hegels gleichrangig ist mit Platon und Aristoteles. Über diese Meinung kann man streiten, aber jedenfalls ist wieder etwas Behaltbares da, etwas, was in die Phantasie greift, indem eine Person da ist und nicht nur eine Einrichtung.

Erkenntnistheorie

Die ganze Sphäre, die ganze Zeit ist bezeichnet durch den Zug, nicht nur die Welt in sich zu überwinden – das weltflüchtige Wesen begann ja schon in der Stoa –, sondern sogar die Welt von sich selbst zu befreien. Ein solches Fluchtmotiv entwickelte sich in der niedergehenden und sich in Katastrophen und Skandale auflösenden antiken Gesellschaft. Das Zurückgehen der Stoa auf sich selbst, auf den Weisen, der allein steht, der sich unüberwindlich macht, ist außer der Überwindung der Welt durch sich selbst oder in sich selbst auch da, und es setzt sich fort und bekommt sogleich bei Plotin, stärker als in der Stoa, eine *erkenntnistheoretische* Bedeutung. Das sogenannte Inwendige, das betont wird, erlangt eine erkenntnistheoretische Bedeutung; etwas in unserer Wahrnehmungs- oder Fassungsweise wird betont, was vorher nicht betont und auch nicht einmal belichtet war.

Entdeckung des Bewußtseins, der Tätigkeit des Bewußtseins, des Selbstbewußtseins

Sie erinnern sich, daß ich als die griechische Schranke in der Erkenntnis die fehlende Reflektierung des Arbeitsvorgangs angegeben habe. Eine Gesellschaft, in der fast alle Arbeit von Sklaven getan wird, läßt Arbeit überhaupt als eine sklavische Tätigkeit erscheinen und deshalb als eine Tätigkeit, die für einen freien Mann entehrend ist. So haben es alle Sklavenhaltergesellschaften gehalten, nicht nur die eigentliche, die antike, sondern alle Gesellschaften, in denen es einen Ritterstand, einen Adel gibt. Auch in Afrika ist es so, daß die Arbeit den Ritter, den Adligen schändet. Wir haben noch einen Reflex der Geringschätzung der Arbeit der Handwerker in dem Wort »Banause«. Griechisch ist das Wort βάναυσος ein harmloses Wort, so wie bei uns Tischler oder Tünchermeister. Aber es wurde Banause daraus, bis heute; keiner weiß, daß er einen aristokratisch-reaktionären Ausdruck gebraucht, wenn er Banause sagt, der Ursprung ist längst überdeckt. Ein Banause war ein Mann, der mit der Hand arbeitete, ein Mann ohne feineren Geschmack, der nicht zur guten, zur geistigen Gesellschaft gehörte, kein Sklave, und trotzdem gab er das Bild.

Ich sagte Ihnen auch schon, daß der einzige griechische Gott, der arbeitet, häßlich ist und hinkt, was bei den Griechen viel heißen will. Das ist Hephaistos, Vulkanus, der Schmied, ein dreckiger Gott, eigentlich überhaupt kein Gott, weil er ein Schmied ist. Die anderen Götter sind lauter Rentenverzehrer; sie genießen den Opferrauch, der zu ihnen heraufkommt, und speisen Nektar und Ambrosia und tun überhaupt nichts. In den Göttern reflektieren sich nur die griechischen Anschauungen. Die Arbeit war nicht reflektiert. Der Zustand in dem sich der Freie und die herrschende Klasse befinden, produziert die herrschenden Gedanken in einer Klassengesellschaft oder duldet allein sie, und der Zustand, in dem sich der freie Mann damals befand, war der des Genießens, war ein Zustand von Herr und Knecht. Der Knecht arbeitet, der Herr genießt, was der Knecht erarbeitet hat. Also erscheint alles Erkennen ebenfalls als kontemplativ, als Genießen. Das vereint so entgegengesetzte Denker wie unseren großen Materialisten Demokrit und den großen Idealisten Platon; beide sprechen von Schau. Von der Außenwelt lösen sich Bilderchen ab, und die Bilderchen werden empfangen. Bei Demokrit sind es εἴδωλα, bei Platon sind es Ideen, derselbe Wortstamm sogar. Das eine ist körperlich, das andere ist weder körperlich noch geistig, rein logisch und später rein geistig.

Nun aber ändert sich etwas. Die Sklavenhaltergesellschaft liegt in den letzten Zügen, der Bann der Arbeit, der Bann der Mißachtung der Arbeit scheint dahinzuschwinden, obwohl die vornehmen Schichten wahrscheinlich genausowenig arbeiteten. Immerhin, der Bann der Arbeit schwindet dahin, die ganze antike Gesellschaft ist ja zusammengestürzt. Es gibt die Notwendigkeit, auch selbst Hand anzulegen, indem Arbeitskräfte fehlen. Es tritt vor allem etwas sehr Merkwürdiges ein, ein Substitut für den fehlenden Reflex des Arbeitsbegriffs, nämlich das Bewußtsein des Inwendigen. Das ist nicht dasselbe, das ist sogar weit davon entfernt. Ein Bewußtsein der Inwendigkeit hätte natürlich auch die Adelsschicht zu allen Zeiten haben können, es wäre dadurch, daß die Arbeit geschändet ist, am allerwenigsten verhindert. Einer kann ja Nabelbeschau treiben und seine individuellen Flausen für den Mittelpunkt der Welt halten. Die Flucht in die Inwendigkeit ist etwas uns ganz Selbstverständliches, war aber damals gar nicht selbstverständlich; das war äußerst schwer, wie sich herausstellt. Also Flucht in die Inwendigkeit, in die Überweltlichkeit und Übermenschlichkeit, und heraus kommt nun etwas, was einen Ersatz darstellt für das fehlende Reflektieren der Arbeit. Man endeckt das Bewußtsein und entdeckt auf diese Weise Tätigkeit des Bewußtseins.

Schon die Entdeckung des Bewußtseins war ein Ereignis; die Griechen hatten gar kein Wort dafür. Uns erscheint es als selbstverständlich, daß es Bewußtsein gibt. Etwas ist mir bewußt – schon das ist ein später Prozeß. Bei Aristoteles findet sich der erste Rekurs darauf mit sonderbaren Wortbildungen wie ἀκούειν τοῦ ἀκούειν und αἰσθανεσθαι τοῦ αἰσθανεσθαι, das heißt »Hören des Hörens« und »Wahrnehmen des Wahrnehmens«. Man hört sein Hören; man weiß: ich höre jetzt. Nicht, *was* ich höre, interessiert, sondern *daß* ich höre; nicht, *was* ich wahrnehme, interessiert, sondern *daß* ich etwas wahrnehme. Das ist nicht nur im Sinn einer psychologischen Gegebenheit gemeint, sondern eine Inwendigkeit, ein Sich-Zurückwenden des Bewußtseins auf sich selbst geschieht. Daß es einen Bewußtseinsbegriff gibt, wird von Pragmatisten und Neomachisten bezweifelt. Ihrer Meinung nach gibt es so wenig ein Bewußtsein, wie es eine Außenwelt gibt; auch das Bewußtsein ist eine Hinzufügung. Wir wissen, daß es ein Bewußtsein gibt; aber sein Begriff wurde sehr spät entdeckt. Und erst durch Plotin wurde etwas entdeckt, was uns erst recht selbstverständlich erscheint, nämlich Selbstbewußtsein.

Bewußtsein ist noch nicht dasselbe wie Selbstbewußtsein, es ist zunächst nur ein Hinwenden auf Wahrnehmen, Wahrnehmen des Wahrnehmens. Dazu erscheint jedoch nun dieser eigentümliche, unsichtige, aber glühende Punkt von Ich, von Selbst. Das ist sehr merkwürdig, die Grenzen sind nicht abzuschreiten, Anfänge davon sind immer da. In dem unheimlichen Heraklit gibt es den Satz: »Der Seele Grenzen kannst du im Gehen nicht ausfindig machen, und ob du jegliche Straße abschrittest; so tiefen Sinn hat sie.« Ob damit die Tiefe des Bewußtseins gemeint war, wissen wir nicht;

höchstwahrscheinlich nicht. Was ist Seele, ψυχή? Ist sie dasselbe wie Selbstbewußtsein? In den Büchern von der Kultur der Seele, die in der neuromantischen Zeit, zu Anfang dieses Jahrhunderts bei Eugen Diederichs erschienen sind, ist Seele immer dasselbe wie Selbstbewußtsein, da gibt es die schöne Seele und dergleichen. Aber wie das Heraklit meint, wissen wir nicht. Hier aber, bei Plotin, beginnt es. Ich gebrauchte eben den Ausdruck »schöne Seele«, der schon in »Wilhelm Meisters Lehrjahren« vorkommt. Er ist eine wörtliche Übernahme der καλὴ ψυχή bei Plotin und hätte von Heraklit nicht übernommen werden können. So tritt das ein, daß das Selbstbewußtsein sich als eine große Merkwürdigkeit und zugleich als Herd einer Tätigkeit erscheint. Noch ist es nicht der Reflex von Arbeit, aber immerhin der Reflex eines Wühlens, eines Angespanntseins, eines Punkts, von dem die intentio, das heißt die Intention, die Anspannung, die Aufmerksamkeit ausgeht, und zugleich ein Unheimliches, Unsichtiges und doch uns so ungeheuer Nahes.

Norum: suvjektiver Faktor in der Erkenntnis, synthetische Funktion

Diese Umwertung des Sich-Aufdrängenden tritt ein zusammen mit der Geburt des stärksten Idealismus, der noch dazu ein subjektiver Idealismus ist. Hier ist nicht mehr wie in dem urwüchsigen Materialismus das Tastbare, das ich fühle, das Einleuchtende, sondern das Bei-mir-Sein, dann erst kommt das Tastbare. Das Bei-mir-Sein wird primär, das Tastbare verschwindet noch nicht, aber wird sekundär. Diese Umkehrung, woran der subjektive Idealismus laboriert, ist überhaupt erst spät entdeckt worden. In dem urwüchsigen Materialismus der sogenannten Vorsokratiker kommt sie nicht vor. Das ermöglicht die Beziehung von ihnen zu uns mit dem Primat der Natur, mit dem Primat der Außenwelt, der vom Bewußtsein unabhängigen Außenwelt. [Dieser Primat des Außen ist allerdings] etwas billig erkauft, denn die Vorsokratiker haben überhaupt noch nichts vom Subjekt, vom subjektiven Faktor gewußt. Auch der gesamte mechanische Materialismus ist auf diese Weise billig erkauft. Ruhm und Wissenschaftlichkeit beginnen erst, wenn man den subjektiven Faktor kennt, sich aber von ihm nicht überwältigen läßt. Dieser subjektive Faktor, auf den Marx in den elf Feuerbach-Thesen hinweist, fehlt im vorsokratischen Materialis-

mus und im französisch-mechanischen Materialismus. Wenn man sich von ihm überrumpeln läßt, wenn man ihn übersteigert, dann kommt natürlich heilloser Idealismus heraus.
Hier nun, bei Plotin, ist er zum ersten Mal entdeckt worden, und zwar so, daß der Mensch sich mit der Entdeckung seines Bewußtseins und vor allem seines Selbstbewußtseins zur Welt aktiv verhält, nicht mehr schauend, genießend, hinnehmend, sondern ergreifend. Wieder haben wir eine Vorgeschichte. Sie erinnern sich mit Vergnügen der φαντασία καταληπτική, einer erstrangigen Prüfungsfrage. Zunächst, was heißt φαντασία? Merken Sie sich, daß das bei den Griechen nicht Phantasie heißt, sondern Vorstellung, und daß καταληπτική von καταλαμβάνειν, ergreifen, kommt. Das bedeutet, daß sowohl der Geist den Gegenstand ergreift als auch der Gegenstand den Geist, und dieses gegenseitige Ergreifen gibt ein unausweichliches Gefühl von der Notwendigkeit dieser Vorstellung. Wenn ich eine solche Vorstellung habe mit dem Cachet: das stimmt, das ist nowendig, das muß vollzogen werden, dann habe ich eine φαντασία καταληπτική, zum Unterschied von einer, die schwebt, wo es nicht einleuchtend ist, sowohl, weil der Geist den Gegenstand nicht ergreift, als auch, weil der Gegenstand den Geist nicht ergreift. Dies ist ein Vorspiel, sodaß der Streit bis heute nicht gerade tobt; es gibt andere Streitigkeiten, die toben. Aber bei denen, die sonst nichts zu tun haben, lebt er immerhin noch: was dies καταληπτική nun eigentlich bedeutet, ob der Geist mehr den Gegenstand ergreift oder der Gegenstand mehr den Geist. Das ist schlechte Scholastik; denn erstens ist es nicht auszumachen, und zweitens interessiert es uns nicht. Wir haben bessere Bezugsquellen für das Ergreifen des Geistes durch den Gegenstand und umgekehrt. Immerhin ist das ein Vorspiel.
Es kommt nun also Aktivität, Tätigkeit hinzu. Das Bewußtsein hat eine Funktion, und zwar eine *synthetische*, eine zusammenfassende Funktion. Plotin sagt in den Enneaden, σύνεσις sei σύνθεσις [vgl. Plotin, 1956, IV, 3, 26]. Das ist ein Wortspiel: σύνεσις heißt »Einsicht« und σύνθεσις »Zusammenfassung«; also: Einsicht ist Zusammenfassung. Es ist eine tätige Einsicht nötig, der subjektive Faktor der Zusammenfassung, nicht nur der der heutigen abhebenden Abstraktion, wobei ich den Gegenstand im Begriff verblassen lasse, alles Sinnliche weglasse und nur immer allgemeiner werde, sondern mehr eine schöpferische Zusammenfassung von Zusam-

mengehörendem. Die Neukantianer haben das sehr stark überstei-gert; diese Übersteigerung müssen wir wieder abziehen. Aber sie haben es doch immerhin gesehen, und auch Hegel hat es gesehen, der weit davon entfernt ist, ein Kantianer zu sein. Die Forderung nach einem Anteil des subjektiven Faktors an der Erkenntnis ist ein Novum. Bisher war der subjektive Faktor in der Erkenntnis nur als ein Quell der Störung erschienen, Störung in dem Sinn, wie der Positivismus bis heute alles Subjektive als Störung aus-gibt.

Die Rolle des subjektiven Faktors innerhalb der marxistischen Erkenntnistheorie brauche ich nur durch das eine Wort »Partei-lichkeit« anzudeuten. In der Parteilichkeit bin ich weit davon entfernt, an einem Gegenstand etwas zu verändern, aber nur durch Parteilichkeit schließt sich mir der Gegenstand auf, indem eine Wahlverwandtschaft mit dem Gegenstand, eine Betroffenheit da ist, während der Objektivismus nichts als eine einzige Tapete hinstellt, auf der Kraut und Rüben gleichzeitig Ornamente bilden und keinerlei Unterscheidung des Wesentlichen und des Unwe-sentlichen Platz hat. Die vom Bewußtsein unabhängige Außenwelt bleibt bestehen, auch bei ihrer parteilichen Aufnahme, aber die Erkenntnis der vom Bewußtsein unabhängigen Außenwelt ist eben nicht eine wahllose Fotografie, die alles aufnimmt. Wir pointieren auch nicht subjektiv, sondern objektiv. Aber eine subjektive Beto-nung ist notwendig, damit pointiert werden kann, damit das Ob-jektive auch entwickelt wird und nicht nur belichtet, damit es bezeichnet ist und hervorgehoben wird.

Selbstbewußtsein als Gewissen, mystische Vereinfachung, Einheit

Dieses alles nun ist bei Plotin zum ersten Mal deutlich mit der Gleichung σύνεσις = σύνθεσις ins Bewußtsein gekommen. Da wir nicht in einer wesentlich erkenntnistheoretischen, sondern in einer religiösen Epoche uns befinden, verbindet sich damit sogleich der andere Sinn von Selbstbewußtsein, der moralische und religiöse Sinn, der für uns noch verständlich durch das Wort »Gewissen« bezeichnet ist. Selbstbewußtsein würde sich lateinisch ganz gut übersetzen lassen und wird auch von Cicero übersetzt mit conscien-tia – con heißt »mit«, scientia ist »Wissenschaft«, also heißt conscientia Mitwissenheit; das heißt, ich weiß von einem Wissen mit, ich weiß, daß ich weiß. Das bekommt nun den Sinn, den es bis heute noch hat, den Sinn von Gewissen als einer moralisch-religiösen Einkehr, einer Verantwortlichkeit, einem Zustand des Herzens, einer συνείδησις, wie es griechisch heißt; συνείδησις im Griechischen ist genau dasselbe wie conscientia im Lateinischen. In diesem Sinn wurde das Selbstbewußtsein vor allem von den Kirchenvätern betont und ausgeführt. Bei Plotin sind Anfänge davon da, Anfänge, die zur Mystik führen, und zwar weit stärker noch als von Philon aus, der früher ist.

Von Plotin gehen Beziehungen zur deutschen Mystik, zu Meister Eckhart, in dem Sinn, daß das Ich oder das Wir oder das Beisich-Sein eine Burg ist, ein Kastell, ein Bürglein, wie Meister Eckhart sagt, eine große Zusammenziehung und eine große Einfachheit. Wer sich ganz in dieses Burgwesen versenkt, wer darin die großen und weiten Reisen macht, die weitesten Reisen, die es gibt – denn für den subjektiven religiösen Idealismus sind die Reisen ins Innere die weitesten –, der kommt an die Spitze der Burg oder an die Grenzen dieses unermeßlich nahen Landes und findet dort ein lauteres und einfaches Wesen, unser lauteres und einfaches Wesen, die Einfachheit oder ἅπλωσις. ἁπλός heißt »einfach« oder »schlicht«; wenn Sie »lauter« und »rein« und »einfach« nehmen, so haben Sie darin schon lauter Weglassungen von Überflüssigem und Verschmutzendem, aber auch von Störendem. Durch die ἅπλωσις, die Einfachheit, gelangt man zur ἕνωσις, zum Zusammenschluß mit dem Göttlichen.

Diese Vereinfachung hatte in der neuplatonischen Philosophie schwerlich einen sozialen Auftrag. Aber der Hang zur Einfachheit war ein durchgehendes Wesen in der Spätantike. Auch das Christentum siegte nicht nur mit Auferstehung und Leben, sondern mit der großen Vereinfachung, die eintrat. Die Volkssprache war darin das Einfache, etwas, was nicht ein kompliziertes Studium verlangt, sondern was man auf der offenen Hand trägt in wenigen Worten, die es in sich haben. Gegen den Wust von pharisäischen Gesetzen und Gebeten siegte etwas so Einfaches wie das Vaterunser, ein sehr einfaches Gebet, das es in sich hat. Alles, was Jesus gesagt hat, findet sich schon im Alten Testament, in den Psalmen und bei den Propheten und in der rabbinischen Gelehrsamkeit seiner Zeit. Aber dort findet sich eben noch viel mehr, und das hat Jesus weggelas-

sen, damit hat er gesiegt, nicht bei den Pharisäern, sondern bei den einfachen Menschen.
Der Zug nach der ἅπλωσις, nach der Einfachheit, ist keineswegs dasselbe wie Trivialität, ganz im Gegenteil. Trivialität ist sogar, wenn man sie ansieht, sehr kompliziert, sie besitzt eine billige, dreckige, miserable Kompliziertheit. Sie erträgt nicht einen Augenblick, daß man sie genauer betrachtet, sofort bricht's an allen Ecken und Enden. Nein, damit haben wir es nicht zu tun. Die ἅπλωσις ist eine kostbare Einfachheit, eine menschliche, tiefe, nahegehende und auf diese Weise volkshafte Einfachheit, die große Dichter und große Denker nur in wenigen Augenblicken erreichten. Im Schluß vom »Faust« kommt sie vor, manchmal. Das ist hier gemeint, das ist die Burg, in der auch die Weisheit wohnt, die von der Einfachheit nicht so sehr weit entfernt ist, die auch den Wust abtut, sich beschränkt auf das Eine, das nottut, und über dieses eine einfache Auskunft gibt, die nicht notwendig leicht zu verstehen ist. Mit Leichtverständlichkeit hat das noch nichts zu tun. Aber die Irre hört auf, die in der Vielfalt steckt.
Darauf zielte die ἅπλωσις, das wurde nun eines der Grundelemente der philosophischen Mystik; auf den Punkt zu kommen, auf den Punkt gesetzt zu werden, wo die große Lauterkeit, die große Reinheit, die große Einfachheit beginnt. Sie beginnt auf der Spitze des Geistes, apex mentis, wie man im Mittelalter sagte, von hier aus verbindet man sich mit der großen Einfachheit, die in oder über der Welt ist. Aber sie ist auch in der Welt, es geht pantheistisch her, es gibt ein großes Einfaches, das mit dem kleinen Einfachen in mir sogar identisch ist. Das ist zum Beispiel das höchste Gut. Das höchste Gut wird mystisch bezeichnet mit Gott. Ein seltsamer Gott; bei Sebastian Franck ist es ein Gott, der in dem Huschen einer Eidechse ist, in dem schönen Glänzen von Metall, in dem sanften Wehen von Wind, in dem jähen Blitz und dem Donner und auch in dem, wo das alles aufhört, in der Überwelt, wo das große Schweigen beginnt. Nach einem Satz in der Bibel erschien Gott dem Elia viermal, erst als ein starker Wind, dann als Erdbeben, dann als Feuer, aber in all dem war Gott nicht, er war erst in dem stillen, sanften Sausen, das danach kam. [Vgl. 1. Kön. 19,11 ff.] Es wird ruhig, die geschwätzige Unterhaltung der Nährpflanzen hört auf, das Hochgebirge beginnt, wo die große Einfachheit anhebt, nichts mehr ist als Wind, blauer Himmel und Sonne oder das Meer.

Hier wohnt das Allerhöchste, das wahre höchste Gut; mit dem kann die große Einfachheit in uns, scintilla, der allermenschlichste Funke, oder die Synteresis, was bei Meister Eckhart wahrscheinlich soviel heißt wie Gewissen seiner selbst, in unio mystica, in mystische Union treten. Siehe, das bist du, und du bist ich, wir sind völlig eins. Der Mensch wird vergottet, höher kann er nicht mehr steigen.

Daß der dergestalt hochgestiegene Mensch sich nun nicht mehr schinden und schaben läßt, daß er nicht mehr der Bauer ist, der vor dem gnädigen Herrn den Buckel herunterdrückt, da er doch nun weiß, wer er ist, wenn er die Einfachheit erlangt, das liegt auf der Hand. Die Mystik war der beste Weg, dieses unterdrückte, skorbutmäulige, geschundene Bauernpack nicht mehr als Pack zu halten, sondern den Menschen stolz und rebellisch zu machen. Ich bin das Ebenbild Gottes, der da drüben kann nicht ein Nu ohne mich leben, und ich muß mich schinden und schaben für einen stinkenden Madensack! Das war der Ton, der in den Bauernkriegen laut wurde und der auf unerwartete Weise in diesem exaggerierten subjektiv-religiösen Idealismus eine Wurzel hatte. So sonderbar können die Wege der revolutionären Geschichte sein.

Die neuplatonische unio mystica ist der Quell aller späteren Mystik, vor allem der revolutionären. Wenn ich eine direkte unio mystica habe, von dem Besten und Lautersten und Einfachsten und Reinsten in mir mit dem Besten und Lautersten und Einfachsten und Reinsten in und über der Welt, dann kann ich die Sakramente überspringen, dann brauche ich den Oberpfaffen in Rom nicht mehr, dann brauche ich die Sakramentsanstalt nicht; so entsteht die einsame Seele und ihr Gott. Es wird lutherisch, und zugleich wieder bedenklich, es wird hier schon wieder Ideologie für den Fürstenstaat, mit Gleichgültigkeit gegen die Welt und Quietismus, der Stolz läßt schon nach. Die Innerlichkeit wird die Faust im Sack, nicht mehr eine Burg, etwas Kriegerisches, sondern wird ein Netz, in dem man nicht so und nicht so sagt, damit es nachher nicht heißt, man hätte so oder so gesagt. Daß Ehrlichkeit schweigend wird, Duckmäusertum wird, ist auch noch dabei. Corruptio optimi pessima, sagt ein lateinisches Sprichwort, die Korruption des Besten ist das Allerschlimmste. Aber ursprünglich ist, was in den Bauernkriegen beginnt, in den großen mystischen Bewegungen im Rheinland, im 14. Jahrhundert, als die Theologie von Handwerkern aufsteht, ist: Ich brauche keine Vermittlung auf dem Weg zu dem Urbild von mir, brauche keine Sakramentenanstalt, sehr naheliegend auch den Obrigkeiten. Es entsteht damit die Ideologie der täuferischen Revolution mit Jubelweisen in der Seele.

Deutsche Inwendigkeit

Tätigkeit und Inwendigkeit nun sind die beiden Wege gewesen, mit denen der subjektive erkenntnistheoretische Idealismus, aber auch der erkenntnistheoretische Stachel, das Achten auf den subjektiven Faktor in der Erkenntnis, überhaupt auf die Subjekt-Objekt-Beziehung als die Grundbeziehung der gesamten neueren Philosophie in Existenz gebracht wurde. Nur eins hat die Antike noch nicht geliefert oder nur angedeutet – die wirkliche Tätigkeit; die kommt erst im 14., 15., 16., 17. Jahrhundert, als sich die frühbürgerlichen Bewegungen in den mittelalterlichen Reichsstädten und den großen Handelsstädten in Italien und in England rühren. Wir bemerken frühbürgerliche Ideologie schon vom 13. Jahrhundert an: Der homo faber entsteht, der Mensch als Miet-Arbeiter, auch der Händler, der Kaufmann ist noch eine produktive Kraft. Das reflektiert sich dann in dem Descartesschen Dubito, cogito, ergo sum, dem Tätigkeitsfaktor im Erkennen.
Älter aber, und vor allen Dingen in der deutschen klassischen Philosophie auftretend ist dies Inwendige, nicht nur das Dubito und Cogito, sondern das Ego, der Beziehungspunkt der Subjektivität, der eben seine Karikatur wie seine relative Herrlichkeit in sich hat. Auf der einen Seite die deutsche Misere, die Inwendigkeit, die Faust, die im Sack geballt wird, die Feigheit, das Hauskäppchen und der Philister, wo es bloß unter den Schädeldecken rumort, und draußen rumort gar nichts, draußen ist der beschränkte Untertanenverstand und läßt sich alles sehr wohl gefallen; seine einsame Seele und der liebe Gott, die sind ganz vereint, und draußen ist er ein Lump und ein Halunke im Getrete nach unten. Diese Arbeitsteilung, diese doppelte Buchführung, das ist die deutsche Misere. Nun, das ist das Negative.
Auf der anderen Seite gibt es die Bachsche Musik und die deutsche Lyrik und die deutsche Philosophie, die nicht da wären ohne diese Ausbohrung. Ohne dieses Dasein in der tiefen Stube, in der Burg,

in der Inwendigkeit mitten in der Winterlandschaft, in dem Zimmer, wenn draußen der Schnee liegt, und innen riecht's nach gebratenen Äpfeln, der Ofen wärmt, der Tisch ist da, und eine Schusterkugel steht auf dem Tisch, mit Wasser gefüllt, dahinter ist die Lampe und spiegelt sich merkwürdig und unheimlich in dieser Kugel, und ein Schuster namens Jakob Böhme sitzt davor und blickt in die Kugel, blickt in sich und blickt in den Anfang aller Zeiten, zu ersinnen, wie alles entstanden ist. Dieses urdeutsche, seltsam vergrübelte Wesen, bei dem nicht mehr zu unterscheiden ist, was innen und was außen ist, das hat hier auch seinen Ursprung; es findet sich in keiner anderen Philosophie, wohl aber in der Sprache Hegels und in der Sprache des jungen Marx. Die Erregung, die subjektive Erregung der Jugendlichkeit ist darin; »Werthers Leiden« wäre nicht ohne das und ist auch in keinem anderen Volk entstanden. Auch Jean Paul ist nicht anders zu denken. Dies ist das andere, sehr teuer erkauft, vielleicht zu teuer erkauft mit der Misere, aber es ist doch nicht alles zum Fenster hinausgeworfen und es ist geblieben.
Dieses Element kam nun herein als ein Reich von Tiefe, als ein Reich von Grübelei, von Innewohnerschaft seiner Selbst. Das Selbst wird groß geschrieben, als stärkstes Gegengift gegen Veräußerlichung mit der Gefahr der Verspießerung. Dies sind die beiden seltsamen Weisen, die in der deutschen Philosophie ineinandergingen. In der nichtdeutschen Philosophie bei Descartes, im calvinistischen Holland und Frankreich, im protestantischen England war es anders; da hat der tätige Mensch seine Triumphe gefeiert, auch im Denken. Aber in dem zurückgebliebenen, kapitalistisch so spät entwickelten Deutschland wühlte, wie bei Plotin, das seltsame, ausbohrende Subjekt, und als die Aktivität nun von draußen hereinkam, als im 18. Jahrhundert die Ideologie des revolutionären Bürgertums ohne Revolution, nur als Ideologie, als Überbau, nach Deutschland verschoben wurde, in ein ganz zurückgebliebenes Land, da verband sich der homo faber mit dem anderen, das immer schon dagewesen war. Das gibt den eigentümlichen Geschmack der deutschen klassischen Philosophie. Aber was uns so sehr deutsch vorkommen mag, hat seinen Ursprung im Philonischen und im Plotinischen, in der ἄπλωσις. Hier wurde es zuerst entdeckt, allerdings um den Preis, daß die Außenwelt verdampft, daß sie ins Subjekt zurückgenommen wird und daß, was von ihr noch übrig-

bleibt, in einem Gott verschießt, vor einem Gott sich entwertet, vor lauter Gott aufgehoben wird. Eine Art von Akosmismus erscheint, indem es überhaupt keine Welt gibt, bloß ein Subjekt und ein Ureines, und dazwischen ist etwas Seltsames ausgespannt: lauter Sperre und Störung, so daß sich Plotin schämte, einen Körper zu haben.

Ästhetik

So müßte es weitergehen, wenn es konsequent weiterginge, wenn wir bereits in einem weltflüchtigen Christentum wären. Wir sind aber bei einem Heiden zu Gast, bei Plotin, der ein Grieche war, obwohl schon soviel von Griechenland verschwunden war. Wir kommen daher zu einem zweiten Punkt – der erste war der erkenntnistheoretisch subjektive Faktor –, durch den Plotin mächtig in die Zukunft hinein gewirkt hat, und stoßen zugleich auf etwas, was zu begrüßen wir bisher sehr wenig Gelegenheit hatten, auf Ästhetik. Bei Plotin erscheint zum ersten Mal ein Nachdenken über das Phänomen des Schönen und der Kunst, nicht nur gelegentlich oder technisch. Bei Aristoteles wurde in der »Poetik« über die Tragödie großartig nachgedacht, technisch. Aber über das Wesen des Schönen gibt Aristoteles nicht Auskünfte diesen Ranges.
Es entsteht die Wissenschaft von der Ästhetik. Daraus kann man ersehen, wie wenig der Neuplatoniker Plotin ein Neuplatoniker ist. Der Widerruf nämlich und das Gegenteil von Platon entstehen hier. Platon verwies das Schöne und die Künstler aus seiner utopischen Politeia, richtete eine Art von ästhetischer Sittenpolizei ein, die die Künstler wie die Huren nicht nur kasernierte, sondern hinauswarf, verjagte, aus Haß, weil sie sich nicht nur mit Schatten abgeben, sondern auch noch die Frechheit haben, Schatten von Schatten darzubieten und auf diese Weise vom Ursprung und vom Wissen immer weiter ablenken. Ein Leib wird noch einmal in Brot oder in Marmor geformt, ein Leib, der nur etwas ist, wenn die Idee an ihm Anteil hat, so etwas Erbärmliches wird auch noch abgebildet, und die Künstler, die Antiphilosophen katexochen, bekommen Geld und Ruhm dafür. Ich versuchte etwas zu erklären, daß es vielleicht nur eine Antipathie gegen die griechische Plastik war, die in Platon lebte, und stellte die vorsichtige Frage, ob Platon das auch noch vor

der ägyptischen Plastik oder vor der etruskischen, vor der Barbarenplastik, vor der Negerplastik oder der ihr vermutlich sehr verwandten altgermanischen Plastik gesagt hätte. Alle sogenannten primitiven Stämme haben eine ähnliche Art von Plastik, wenigstens kommt es uns so vor; dazwischen sind wahrscheinlich ungeheure Abgrenzungen. Aber uns kommt es, verglichen mit der klassischen, mit der griechischen Plastik so vor, als ob ein Kamm von einem Mädchen bei den Papuas und eine Negerplastik und etwa zwei gekreuzte Pferdeköpfe, wie man sie an der Ostsee- oder Nordseeküste noch sieht – der letzte Rest der germanischen Plastik –, eine Verwandtschaft besäßen, und die Verwandtschaft ist ja auch in den prähistorischen Ornamenten von Töpfen da. Deshalb sage ich, wenn Platon eine primitive Plastik gesehen hätte, ob er dann auch noch so verächtlich geurteilt hätte, ob nicht nur das Naturalistische oder Illusionistische der griechischen Plastik ihn auf den seltsamen Ausdruck »Schatten eines Schatten« gebracht hat. In der primitiven Plastik finden Verzeichnungen, Umwertungen statt, nach dem Stand des Mythos wird, deutlich bei der Negerplastik, eine Hierarchie der Körperteile aufgebaut, was nicht heißt, daß der Künstler nicht anders konnte, sondern daß er nicht anders wollte. Vielleicht hätte eine solche Kunst Platon milder gestimmt.

Bei Plotin nun war Barbarenplastik, Barbarenkunst längst eingedrungen. Die spätrömische Kunst ist nicht mehr antik. Einflüsse von etruskischer und orientalischer Kunst, Einflüsse von Hochkulturen wie Babylon, von Frühkulturen wie der germanischen oder von Negerkulturen drangen ein, und aus dieser fremdartigen Kunst ist dann die frühchristliche entstanden. Vielleicht ist dies der äußere Anlaß für diese erstaunliche Umwertung der Kunst bei Plotin. Weit davon entfernt, das Schöne zum Schatten eines Schattens herabzuwürdigen, bezeichnet er die Kunst als das Unendliche in den Grenzen des Endlichen. Das Ureine, das Urlicht, das in die Welt hineinstrahlt, macht sich uns kenntlich an dem farbigen Abglanz. »Am farbigen Abglanz haben wir das Leben« [Goethe, Faust II, 4727] – dieser Satz Fausts aus seinem großen Lichtmonolog zu Beginn des zweiten Teils ist ein rein plotinischer Satz. Farbiger Abglanz ist das Bild, in dem das Ureine, das Urlicht uns als Schönes in den Schranken des Endlichen erscheint auf Grund der Verwandtschaft und der Identität mit dem Licht, das in uns brennt, das dem Urlicht verwandt ist und es so erfaßt. Um alles, was als Licht hier erscheint, sehen zu können, zum Beispiel die Sonne, die ja doch zu dieser Welt gehört, kein Urlicht ist, müssen wir das Sonnenhafte in uns haben; weil wir es in uns haben, entdecken wir das Sonnenhafte, das als Sonne erscheint, und dieses Sonnenhafte wird symbolisch für das Sonnenhafte, Lichthafte schlechthin, das ich durch das Sonnenhafte und durch die Darstellung des Sonnenhaften in bildender Kunst erfahre, womit ich vermittelt werde.

Nur Gleiches kann Gleiches erkennen, auch ästhetisch

Die alte Gleichung: Gleiches kann nur durch Gleiches erkannt werden, die wir in erkenntnistheoretischer Hinsicht zuerst bei Empedokles haben, haben wir hier ästhetisch und wertend. Plotin drückt es in den Enneaden I, Buch 6, so aus: »Denn wer sehen will, muß ein Auge besitzen, das dem zu sehenden Gegenstand verwandt und ähnlich ist: nie hätte das Auge jemals die Sonne gesehen, wenn es nicht selber sonnenhaft wäre.« [Plotin, 1905, I, 6,9] So, wie das Auge die Sonne nie gesehen hätte, wenn es nicht selber sonnenhaft wäre, so kann auch die Seele das Schöne nicht sehen, wenn sie nicht selber schön ist – καλὴ ψυχή, die schöne Seele, hat hier ihren Ursprung. Wir haben heute sehr viele Beispiele dieses Satzes, und der berühmte Goethesche Vers »Wär nicht das Auge sonnenhaft, / Die Sonne könnt es nie erblicken; / Läg nicht in uns des Gottes eigne Kraft, / Wie könnte uns Göttliches entzücken?« [Goethe, 1948 ff.] ist eine fast wörtliche Übersetzung dieser Plotin-Stelle.
Sie sehen, wie groß die unterirdische Nachwirkung von Plotin war. Gestohlen wurde unermeßlich viel, aber der Name war nicht mehr bekannt. Die Nachwirkung, die negative und die positive, ist dennoch klar. Wir haben heute manche Beispiele für die Wahrheit dieses Satzes, auch im Negativen, zu allen Zeiten hatten wir sie. Lichtenberg greift den Plotinschen Gedanken in dem hübschen Witz auf: »Wenn ein Buch und ein Kopf zusammenstoßen und es klingt hohl, ist das allemal im Buch?« [Lichtenberg, 1931, I,66] Oder etwas gröber und noch deutlicher: »Ein Buch ist ein Spiegel; wenn ein Affe hineinguckt, so kann freilich kein Apostel heraussehen.« [Lichtenberg, o. J., 227] Eine Verwandtschaft zwischen Subjekt und Objekt, zwischen dem Schönen in uns, dem, was wir

meinen, und dem Schönen oder Bedeutenden außer uns, ist selbstverständlich, sonst schläft jede Rede in einem tauben Ohr. Einem Gaul oder einem Stein können Sie nichts erzählen und einem Dummkopf auch nicht. Was wir an Bedeutendem hören, das muß in uns schon gefragt sein. Ja, man könnte sogar zuspitzen: Man kann keinem Menschen etwas geben, was er nicht schon vorher hat, nämlich in einer latenten Weise. Es gibt ein schönes Gedicht von Brecht über die Entstehung des Buches Tao-te-king von Lao-tse. Ein Zöllner hat Lao-tse aufgehalten und ihn um seine Weisheit befragt. »Aber rühmen wir nicht nur den Weisen, / Dessen Name auf dem Buche prangt! / Denn man muß dem Weisen seine Weisheit erst entreißen. Darum sei der Zöllner auch bedankt: / Er hat sie ihm abverlangt.« [Brecht, 1967, 9,663] Positiv ist die Sonnenhaftigkeit des Auges, negativ, mangelhaft ist das Schülerhafte, das Wunschweghafte, das auf dem Wege ist, positiv zu werden.

Rettung der Kunst

Plotin ist der Begründer und der Retter der Schönheit im Christentum geworden. Wenn Plotin nicht gewesen wäre, wenn diese unterirdische Strömung, diese glühende Liebe zur Kunst nicht dagewesen wäre, hätten – um den Ausdruck etwas verfrüht zu gebrauchen – die bilderstürmerischen Züge, die weltfeindlichen, scheinfeindlichen, oberflächenfeindlichen, fleischfeindlichen, darstellungsfeindlichen Züge des Christentums, die immer wieder hervorgebrochen sind, die Kunst vernichtet. Bildersturm haben wir schon im Judentum, da darf kein Bild von Gott gemacht werden. Dieses Verbot einer bildlichen Darstellung ist eingegangen in den Islam, weshalb es im Islam großartige Ornamente gibt, aber kaum figürliche Darstellungen. Die Löwen in Alhambra und ein paar Jagdteppiche mit Antilopen und persischen Rittern, die auf die Antilopen schießen, das ist alles, was wir haben, sonst kommen nur Ornamente vor. Dieser Zug kulminierte im islamischen Byzanz des 8. Jahrhunderts mit den Ikonoklasten, den Bilderstürmern, mit Leon dem Isaurier, dann begleitete der Bildersturm vor allen Dingen in der Reformation die Revolution.

Der Kampf gegen die Ölgötzen wird geführt, weil diese zwischen den Menschen und dem All-Einen stehen und Gott im Unsichtbaren angebetet werden will. In den protestantischen Kirchen wird die bildende Kunst vernichtet, alle Plastik verschwindet mit Ausnahme des Kruzifixes, und übrig bleibt bloß das Unsichtbare, Inwendige, nur die Musik ist erlaubt. So entstand die große protestantische Kirchenmusik. In der katholischen Kirche, wo die Ölgötzen selbstverständlich blieben, gab es aber auch einen Kampf gegen die Kunst, und zwar gegen die Musik, die mit ihren Jubilationen den einfachen Sinn von der Andacht ablenkte. Papst Marcellus hat in der Reformationszeit dem Palestrina die Aufführung der Messe verboten, bis Palestrina eine genügend einfache Messe schrieb, gewidmet dem Papst Marcellus, die Missa Papae Marcelli, die die Jubilationen wieder wegließ und einen Bildersturm in der Musik selbst durchführte. Als die Matthäuspassion hier in Leipzig aufgeführt wurde, waren sehr wenig Menschen zugegen, weil ein Kollege von Bach in einer anderen Kiche auch eine Passion aufführte. Nun, wenn ein Affe in einen Spiegel hineinsieht, kann kein Apostel heraussehen; was half es den Leipzigern, daß Bach hier lebte, wenn man nichts Bachsches hat, kann man Bach nicht erkennen. Die Mattäuspassion wurde auch nur einmal aufgeführt, und es gab eine große Erregung des Patriziats und des titulierten Adels der Umgegend, weil sie völlig theaterhaft wäre. Dieser Bildersturm ging nicht vom Volk aus. Kunstfeindlichkeit steckt also nicht nur im Kapitalismus, sondern es steckt auch im Christentum ein Kunstfeindliches. Im Kapitalismus steckt ein Kunstfeindliches aus Barbarei, denn was kann man schließlich dabei verdienen; im Christentum aus Transzendenz oder aus Liebe zum Unsichtbaren, denn die Kunst ist ja sichtbar.

Dieses Element nun aber, daß im Sichtbaren sich Unsichtbares widerspiegelt, was die Transzendenz rettet, ja sogar eine Propaganda für die Transzendenz erlaubt – die Jesuiten haben das sehr wohl verstanden – dieses Element hat unter anderem seine Quelle in der Plotinischen Definition des Schönen, wobei Umtaufen stattfanden. So spiegelt sich zum Beispiel das himmlische in den Glasfenstern der Kirche wider. Die Hierarchie der Farben in Glasfenstern ist noch kaum erforscht. Es entstand jedoch eine ungeheure Kirchensymbolik: Die Kirche ist gebaut als Kreuz, die zwölf Tore des himmlischen Jerusalems sind die leuchtenden Glasfenster, die Harmonie der Sphären werden Engelchöre, die Planeten werden Engel und der Lobgesang der Engel wird nachgeahmt, von Palestrina vor allen. Es soll klingen, als ob die Türe zum Himmel offen stünde und man die Engel singen hörte. Man kann mit einiger Übertreibung sagen: die kirchliche Kunst des Mittelalters ist gebaute, gemalte, musizierte Plotinische Ästhetik. Aber damit nicht genug. Die Definition, daß Schönes Unendliches in Grenzen wäre oder sinnliches Scheinen der Idee, ist die Grunddefinition der Hegelschen Ästhetik als einer objektiven Ästhetik; fast wörtlich wird die Plotinische Definition wiederholt. Und bei einem von all dem weit entfernten Menschen und Dichter, einem moralischen Dichter, einem Dichter zudem mehr des Unsichtbaren als des Sichtbaren, mehr des Musikalischen, des heroisch Musikalischen als des Plastischen, bei Schiller, finden sich die völlig plotinischen Sätze: »Was wir als Schönheit hier empfunden, wird einst als Wahrheit uns entgegengehen«, und: »Nur durch das Morgentor des Schönen dringst du in der Erkenntnis Land.«

Das sind auch unsere marxistischen Probleme. Wie verhält sich denn Schönheit zur Wahrheit, wie verhält sich dieser Abglanz zur Wahrheit, wie ist denn das, wenn das Schöne dasselbe im Bild ist, was das Wahre im Begriff? Wie kommt es, daß das Schöne Vergnügen bereitet? Das Schöne muß doch Vergnügen bereiten. Der Begriff soll auch ein Vergnügen bereiten, aber leider Gottes bereitet er nicht nur Vergnügen, sondern saure Arbeit gehört dazu. Wie steht es also mit diesen Konfinien, mit diesen gemeinsamen Grenzen, was scheidet das Schöne und das Wahre? Stimmt das Wort: »Nur durch das Morgentor des Schönen dringst du in der Erkenntnis Land«? Wie kann sich das Unendliche im Endlichen darstellen, in der Sinnlichkeit? Denn Kunst kommt nur durch das Sinnliche zu uns, und was sie entwickelt, sind alles Sinnesempfindungen. Die Plastik, die Malerei sprechen optisch zu uns, die Musik akustisch und in der Poesie ist mindestens von sinnlichen Gegenständen die Rede, wobei der Wohlklang der Sprache noch dazukommt. Und durch dieses sinnliche Element tritt uns nun etwas entgegen, was darin nicht erschöpft ist. Was also ist das Konfinium, was ist das Verbindende zwischen beiden? Denn sie würden nicht nebeneinanderliegen, wenn sie nichts Verbindendes hätten. Mit Moral und Wissenschaft, vor allen Dingen Moral und Schönheit ist es ähnlich; hier haben wir es nur mit Schönheit und Wahrheit zu tun. So viele Fragen stecken in diesem Abglanzproblem, das uns überleitet zu der Kategorienlehre, zu dem Problem der Anwendung von Kategorien, die in verschiedenen Sphären vorkommen.

Über die Quelle des Schönen

Vorher möchte ich Ihnen einige Sätze aus Plotin zu Gemüte führen, die sich auf den farbigen Abglanz beziehen, auf das Hineinstrahlen des Unendlichen ins Endliche, wobei nach Plotin durch dieses Gefangensein des Unendlichen im Endlichen das wunderbare Brechungsphänomen des Schönen erscheint. »Aber wie soll man das angreifen, und was soll man tun, um zur Anschauung dieser unsagbaren Schönheit zu gelangen? Jener Schönheit, die, ewig im innersten Heiligtum verharrend, nie dessen Schwelle überschreitet, damit kein Uneingeweihter sie erblicke? Es gehe und kehre ein in sein Inneres, wer es vermag, aber er lasse draußen, was der Blick des Auges erschaut, und sehe sich nicht mehr um nach dem, was ihm vormals als Glanz schöner Körperlichkeit erschien. Denn wenn man die Körperschönheit erblickt, muß man nicht in ihr aufgehen wollen, sondern im Bewußtsein, daß sie nur Bilder, Spuren und Schatten zeigt, zu dem fliehen, dessen Scheinbild sie ist. Denn wer sich auf sie stürzte, um sie als etwas Wahrhaftes zu umfangen, würde ein ähnliches Schicksal erleiden wie Narcissus, der das Spiegelbild seiner schönen Gestalt in den schaukelnden Wellen umfassen wollte, in die Tiefe der Flut versank und nicht mehr gesehen ward. So würde auch der, welcher das Schöne der Sinnenwelt festhielte, ohne davon zu lassen, zwar nicht leiblich, aber geistig in finstere, furchtbare Tiefen versinken, blind im Hades leben und hier und dort nur mit Schatten verkehren.« (Darin sind Erinnerungen an Plato). »›Auf, laßt uns fliehen in unser liebes Vaterland‹« (ein Zitat aus der Odyssee), »wollen wir uns lieber zurufen, aber wohin geht die Flucht, und wie wollen wir ins offene Meer gelangen, wie es Odysseus andeutet, der von der Zauberin Kirke oder Kalypso wegeilte und am Bleiben nicht Gefallen fand, obgleich sein Auge im Anblick der Lust schwelgte und er sinnliche Schönheit vollauf genoß? Unser Vaterland und unser Vater ist dort, von dannen wir gekommen sind . . . Darum muß, wer das Gute und Schöne sehen will, zuerst Gott ähnlich und schön

werden. Bei seinem Emporsteigen wird er zuerst zum Geist gelangen und sich versenken in den Anblick der schönen Ideen, und er wird sagen, die Ideen seien das Schöne; denn durch sie ist alles schön, durch die Schöpfung und das Wesen des Geistes. Was aber über dem Geist hinausfliegt, nennen wir die Natur des Guten selbst, welche das Schöne von sich ausströmt, so daß sie das Urschöne ist. Nimmt man aber das Geistige abgesondert, so werden wir das geistige Schöne die Welt der Ideen nennen, das darüber hinausliegende Gut jedoch die Quelle und das Prinzip des Schönen; oder wir werden das Gute und das Urschöne als identisch annehmen, doch so, daß das Gute zuerst und darauf das Schöne kommt«. Noch eine andere Stelle: »Worin liegt nun die Ähnlichkeit zwischen dem Schönen in der Sinnenwelt und dem Schönen im Reich des Geistes? Darin, daß es Anteil hat an der gestaltenden Idee. Denn alles Gestaltlose, dessen natürliche Bestimmung doch darin liegt, Gestalt und Idee aufzunehmen, ist, solange es der Vernunft und Idee entbehrt, häßlich und fern von der göttlichen Vernunft; und zwar ist dies schlechthin häßlich; häßlich ist aber auch das, was von der gestaltenden Vernunft nicht bewältigt ist, indem die Materie sich nicht durchweg gestalten ließ. Tritt nun die Idee zu dem, was aus vielen Teilen zu einer Einheit zusammengesetzt werden soll, hinzu, so ordnet sie es, führt es zu einer realen Zweckbestimmtheit und macht es durch innere Übereinstimmung zu einem Einheitlichen, da sie selbst eins war und auch das zu Gestaltende eins werden sollte, soweit dies bei seiner ursprünglichen Vielheit möglich ist. Sobald es nun zur Einheit zusammengefaßt ist, thront die Schönheit in ihm und teilt sich selbst den Teilen und dem Ganzen mit.« [Plotin, 1905, 1, 6,8f. und 6,2]
Sie haben hier das grundästhetische Prinzip, daß das Schöne Einheit des Mannigfaltigen ist. Böse und gleichzeitig häßlich ist das Chaotische, das Gestaltlose, das Durcheinanderlaufende, das unbeherrscht und unzentriert Viele. Sobald Einheit erscheint, kann sie nur durch das Wirken der Idee gegeben sein, deren Abbild in dem Vielen erscheint und zentriert. Trifft aber die Idee auf ein schon von Natur Einheitliches und aus ähnlichen Teilen Bestehendes, so verbreitet sie sich über das Ganze, wie zum Beispiel die Kunst allen Teilen eines Hauses oder die Natur einem einzelnen Stein Schönheit verleiht. Der schöne Körper entsteht überall nur dadurch, daß er Anteil hat an der Vernunft.

Wir sehen hier ein Objektiv-Reales, eine Stellung des Schönen im Weltgangsgesetz. Das Schöne ist nicht subjektiv, ist nicht etwa von uns hinzugefügt, sondern Ausdruck eines objektiv-real Schönen, zuletzt eines Urschönen, das identisch ist mit dem Urguten. Das heillos Idealistische daran ist der unaufhörliche Gebrauch der Idee, aber es ist ein objektiver Idealismus wenn auch ein objektiv-transzendenter Idealismus. Vom subjektiven Idealismus ist er weit entfernt, und wir haben die wichtige Kategorie des Abglanzes, der Widerspiegelung eines Urschönen darin. Das Novum bei Plotin ist, daß das Urgute mit dem Urschönen identisch gesetzt wird. Und das Zeichen dafür, daß es in der Welt aufglänzt, daß es einen Silberblick gibt, wie man in der alten Chemie von einem Silberblick des Metalls sprach, ist, daß Einheit erscheint.

Kategorienlehre

Wir kommen nun zur Plotinischen Kategorienlehre. Wir haben schon davon gesprochen, daß Plotin σύνεσις gleich σύνθεσις, Erkenntnis gleich Zusammenfassung setzt. Ein subjektiver Faktor in der Erkenntnis taucht hier zum ersten Mal in dieser Deutlichkeit auf, Bewußtsein des Erkennens selbst und damit Erkenntnistheorie. So, wie bei Aristoteles zuerst Bewußtsein und dann Selbstbewußtsein, Wahrnehmen des Wahrnehmens erschien, so wird nun Erkennen bewußt, und das, obwohl der Arbeitsbann noch nicht gebrochen ist. Die Sklavenhaltergesellschaft geht zwar zu Ende, aber wir haben noch nicht die schmähliche Rolle der Arbeit durchbrochen oder den Anschein durchbrochen, daß Arbeit schändet. Es ist die Inwendigkeit, die den Weg dazu vorzüglich geebnet hat, und ich habe Ihnen bereits gesagt, daß in der neueren Philosophie, die eine des Bürgertums ist, die Arbeit sozusagen geadelt wurde. Zur Entdeckung des tätigen Ichs führen zwei Wege: einmal im Westen der homo faber, der die Reflektierung des Arbeitsvorgangs auch in der Erkenntnis bewirkt, das andere Mal in dem kapitalistisch zurückgebliebenen oder erst sehr spät aufsteigenden Deutschland die über die deutsche Mystik auf Plotin zurückgehende Inwendigkeit.

In der Kategorienlehre nun werden wir zuerst drei Rückschritte sehen, drei Rückschritte in den ärgsten Idealismus, und in gewissem Zusammenhang stehend zwei bedeutende Fortschritte. Ich werde die Rückschritte nicht im mindesten verschweigen. Sie sind radikal; dafür kann man großen Philosophen hinwiederum dankbar sein, daß sie sich nicht bei halben oder gar bei Viertel oder Achtel-Situationen aufhalten, sondern etwas radikal zu Ende denken. Hier haben wir also einen radikal zu Ende gedachten Idealismus, und zwar stärker als bei Platon, wie Sie gleich sehen werden.

Vergeistigung der Platonischen Ideen

Ich hatte Ihnen eingeschärft, daß die Ideen bei Platon nicht geistig sind, daß dies ein Mißverständnis ist, hervorgerufen durch die Neuplatoniker, durch Plotin. Die Ideen bei Platon sind neutral, sie sind sowohl Ideen von Körperlichem wie von Geistigem, von Tätigkeiten, Zuständen und Gegebenheiten; sie sind fast Dinge. Wir haben bei Platon eine Idee selbstverständlich des Guten, des Geistigen, wir haben die Idee des Wahren, wir haben aber auch eine Idee des Schmutzes und des Staubs und sogar des Betts, also künftiger Gegenstände, die wir anfertigen wollen. Wir haben die Idee des Sklaven, wir haben die Idee des Diebs – Feinde von Platon spotteten, der τόπος οὐεάνιος sei von höchst fragwürdigen Ideen bevölkert. So kam Platon zu einer Verdoppelung der vorhandenen Wirklichkeiten, sowohl der geistigen als auch der körperlichen, sowohl der wertvollen als auch der im Platonischen Sinn wertlosen.
Daß Ideen geistig sind, das beginnt erst bei Plotin, und zwar in der Form, daß die Platonischen Ideen die Gedanken Gottes werden. Hier wird ein mythisch-transzendentes Subjekt eingefügt, während die Ideen bei Platon freischwebend an sich da sind, ja sogar der Demiurg auf die Ideen blickt und nach diesen die Welt schafft. Bei Plotin sind die Ideen in der Transzendenz, in der allerhöchsten, unaussagbaren Wesenheit, mit dem Einen vereint in der οὐσία. Gott denkt nur allgemeine Ideen. Die Ideen als Gedanken Gottes sind in der christlichen Form vor Erschaffung der Welt, in der Plotinischen Form sind sie unabhängig von dem Ausstrahlen in die Welt. Denn bei Plotin wird nichts geschaffen, da strahlt unaufhörlich das Licht von oben in die Welt, in das Nichts hinein, Lichtgüsse ergehen unaufhörlich, die Schöpfung geschieht immer, in

jedem Augenblick, es gibt keinen Anfang und es gibt kein Ende. Nach dem ersten Buch Moses hingegen erfolgt der Lichterguß nur einmal, bei Erschaffung der Welt.
Einer der abenteuerlichsten und ungeheuerlichsten Gedanken Hegels von zugleich riesenhaftem Format hat hier seinen Ursprung. Die Hegelsche Philosophie geht als ärgster Idealismus auch auf Plotin zurück, so wie sie in der Ästhetik – ebenso wie Schiller und Goethe auf ihn zurückgeht. Was sind die Begriffe, wo wohnt der Gegenstand der Logik? Hegel beantwortet diese Frage plotinisch: Der Gegenstand der Logik ist das Ansich der Idee. Die Logik ist das ante rem, das Fachwerk der Begriffe, der Kategorien, in das die Welt hineingebaut ist. Die Logik ist wie das Fachwerk bei einem niederdeutschen Haus, in das die Ziegel gelegt werden, oder wie eine Stickvorlage, in die die Welt hineingestickt wird. Der Plan, das Gerüst ist gegeben, und dann erst gibt es das Fiat, den Schöpfungsakt, dann wird verwirklicht und gebaut. Die Gedanken Gottes vor Erschaffung der Welt – das ist der Hades der Begriffe, der Ort, in dem Hegel die Logik ansiedelt. Wir denken die Gedanken Gottes nach, wir ergründen, wie es war vor Anfang der Dinge. Das Ergründen dessen, wie es war vor Anfang der Dinge, ist Logik. Das deckt sich mit einem Satz von Goethe, der sagte, daß ihm beim Anhören einer Bachschen Fuge zumute sei, als sähe er in den Busen Gottes, bevor er die Welt erschaffen habe. Dieses Linienziehen im Unsichtbaren, dieser großartige Formalismus, im großen Sinn des Wortes, dem noch die Inhalte fehlen, der aber sozusagen den Raum und die Maße, die Raummaße für die Inhalte schafft, das ist Goethe an Bach mit Recht und Unrecht erschienen, und das ist nach Hegel der Ort der logischen Wesenheiten.

Emanationslehre, Verfinsterung der Materie

Die Ideen oder Kategorien als Urgedanken Gottes strahlen in die Welt hinein. Hier wird die seit Philon schon regierende altorientalische Ausstrahlungstheorie auf eine neue Höhe gebracht und zwar besonders die Emanationstheorie, nach der das Licht sich vom Urlicht her immer weiter abnehmend in die Welt ergießt bis zu dem äußersten Ende, wo die Finsternis das Licht nicht mehr aufnehmen, es nicht mehr begreifen kann, nicht mehr vom Licht erhellt wird.

Es gibt eine Abfolge der Ideen. Ideen werden dabei gleich Kategorien gesetzt. Diese sind aber nicht mehr nur allgemeinste Gattungsbegriffe wie bei Aristoteles und nicht mehr nur allgemeinste Formbeziehungen des Wirklichen wie in der Stoa, sondern es sind Gebietskategorien, wie sie auch in der Gnosis dargestellt worden sind, nur daß die männlich-weibliche Entsprechung von zwei Kategorien hier nachläßt oder aufhört. Wie die Lichtgüsse strahlen, die Gedanken sind, so strahlen auch die Kategorien in die einzelnen Gebiete von oben herab ein.

Sie haben also das objektiv Reale erkauft durch eine äußerste Transzendenz und durch die erzidealistische Umkehrung, daß der Geist, sogar als Gedanken Gottes, selbstverständlich das Prius, das Erste ist und die Materie das Letzte, und nicht nur das Letzte, sondern das Schlechteste. Die Materie ist nicht nur das μῆὅω wie bei Platon, und sie ist erst recht nicht mehr das δυνάμει ὄν, das in Möglichkeit Seiende, und das κατὰ τὸ δυνατόν, das nach Möglichkeit Seiende, wie bei Aristoteles, sondern sie ist τὸ κακόν, das Urböse. Es tritt eine völlige Verteufelung der Materie ein, in höchst konsequenter Weise, denn alles kommt vom Urlicht, und Materie ist das Nichts, in das das Urlicht gerade noch eindringt. Sie ist die Finsternis, in der das Urlicht verschwindet. Das Urlicht selbst, die οὐσία, das Wesen, ist unaussagbar, davon gibt es keine Bestimmungen. Das ist dasselbe, was wir bei Basilides in der Gnosis finden, der sagte, daß alles, was die anderen unaussprechlich nennen, nicht einmal unaussprechlich sei, sondern nur so heiße. Was ich unaussprechlich nenne, ist nicht einmal unaussprechlich, denn das wäre ja bereits eine Bestimmung. Sie haben hier wieder die negative Theologie, daß es von dem Allerhöchsten überhaupt keine Aussagen gibt als höchstens gegenteilige Aussagen. Ich kann sagen: Gott ist das Licht; ich kann genauso gut sagen: Gott ist die Finsternis, denn wenn ich sage: Gott ist das Licht, spreche ich ihm eben eine Eigenschaft ab, die Finsternis. Ich kann sagen: Gott ist der Urgute; ich kann aber auch sagen: Gott ist das Urböse; in jedem Falle spreche ich ihm eine Eigenschaft ab. Er ist überhaupt zu schwer zu jeglichem Bedarfe, er kann überhaupt nicht ausgesagt werden.

So ist Gott, die oberste Kategorie, unaussagbar; es herrscht hier eine Polarluft und mehr als das. Er ist von all den menschlichen Gebrechen völlig verschieden, er ist ihnen noch nicht einmal entgegengesetzt, denn auch das wäre noch eine Beziehung, er ist das schlechthin Beziehungslose. Von dieser obersten Kategorie des Ureinen gehen nun Lichtausflüsse aus, und durch sie, die in das Nichts hineinscheinen, kommen Bestimmungen zustande. Die Bestimmungen haben wir bereits als das Schöne kennengelernt, wir werden sie nun noch kennenlernen als das Logische. Durch ein Überquellen des Lichts mit abnehmendem Wertgehalt entsteht unaufhörlich die Welt bis herab zur Materie, bis herab zur chaotischen Vielheit. Das ist also der Tribut, der gezahlt wird für die höchst reale Bestimmung der Kategorien als objektiv Daseiendes.

Trotzdem: Materie als Moment Gottes

Ich habe an dieser Stelle etwas zur Materie hinzuzufügen. Der gleiche Plotin, der die Materie dermaßen verleugnet und zum Nichts macht, erkennt seltsamerweise ganz oben beim Urlicht auf einmal wieder eine Materie an, die ὕλη νοητή, die gedankliche ὕλη. Er unterscheidet die sinnliche Materie von der intelligiblen Materie, eben der ὕλη νοητή, und diese gedankliche oder geistige Materie ist nun auf merkwürdige Weise mit der materia prima des Aristoteles verbunden. Das Ureine ist bestimmungslos, weil es zu hoch ist für alle Bestimmungen; die ὕλη νοητή ist zu weit für alle Bestimmungen, aber sie liegt zugrunde, wie bei Aristoteles. Von hier aus gab es später einen Übergang zur materia universalis bei Avicebron, Lange Wege führen über Avicebron und Giordano Bruno und den Pantheismus bis zum französischen Materialismus. In einer völlig verklungenen Theologie lebt also ein Element, das in die Geschichte der Materie hineingehört, und zwar nicht nur im negativen Sinn. Mitten in dieser Verleumdung der Materie haben wir hier die ὕλη νοητή ganz oben, die somit als Materie ein Moment Gottes ist. Es ist der Weg nicht weit zum »Hungerpastor« von Raabe, der seinen Moses Freudenstein eine Doktordissertation schreiben läßt über die Materie als das Moment des Göttlichen, und der Schlaukopf drehte das um zu: Gott als Moment der Materie. Der Weg ist tatsächlich genauso gegangen worden. Wo Wilhelm Raabe das her hat, weiß ich nicht. Jedenfalls haben wir Plotin, Avicebron und Giordano Bruno darin.

Ich gehe weiter. Wir haben jetzt die drei großen Rückschritte hinter uns, in denen sich aber ein Fortschritt latent vorfindet, der bald auch vorscheinen wird. Der erste Rückschritt: Ideen sind rein geistig; der zweite: Emanation mit dem absoluten Prius der Idee; der dritte: die völlige Verteufelung der Materie mit Ausnahme der ὕλη νοητή. Jetzt kommen wir zu Bestimmungen, die schon etwas anders klingen. Plotin nimmt die Kategorienlehren auf, die Platon, Aristoteles, die Stoa und die Gnosis aufgestellt haben; er kann sie aufnehmen, weil er Platz hat. Plötzlich gibt es nicht mehr diese Wohnungsnot, plötzlich gibt es Zimmer in diesem Hause der Welt. Plotin nimmt eine Gliederung der Kategorien vor. Sie waren bisher auch gegliedert, aber sie waren immer nur in einem Zimmer untergebracht: Da gab es die Aristotelischen, da gab es die stoischen, gab es die gnostischen Kategorien in einem einzigen Zimmer. Die zehn Aristotelischen Kategorien wohnten alle zusammen und waren nicht nach Weltsphären gegliedert.

Plotin nimmt vier Sphären an. Die erste Sphäre ist die des *Urlichts*, wo Bestimmungen überhaupt unanwendbar sind, wie ich Ihnen sagte. Das Urlicht ist das Unbestimmte, im Sinn zu hoch, zu entlegen für jegliche Bestimmung durch den Verstand. »Du gleichst dem Geist, den du begreifst, nicht mir« [Goethe, Faust I], das hat hier seinen Ort. Das wird nicht in dem Sinn des Agnostizismus gesagt, sondern in dem Sinn, daß es nicht einmal zu gescheit für die Menschen ist, sondern überhaupt disparat zu jeder Art von menschlichem Verstand, so daß selbst Agnostizismus schon zuviel wäre, denn darin ist die Kategorie Erkenntnis schon zu stark vertreten.

Die zweite Sphäre ist die von Plotin so genannte intelligible Sphäre, also die Sphäre zwischen dem Ureinen und den Engeln und Geistern. Es gab einen Mann namens *Dionysios Areopagita*, der um 500 n. Chr. lebte, ein großer Unbekannter, byzantinischer Mystiker und christlicher Plotiniker, der neue Ordnungen, Throne, Herrlichkeiten, Erzengel, Engel und so weiter einführte und die pythagoreische Harmonie der Sphären durch getaufte Plotinische Kategorien erläuterte. Die mittelalterliche Kunst stellt in Kirchenfenstern und Kirchenbauten diese Hierarchie dar, und auch in der Barockmusik spielen sie eine Rolle. Dionysios Areopagita hat ebenfalls auf die deutsche Mystik einen ungeheuren Einfluß gewonnen, kommt aber unmittelbar von Plotin. In die intelligible Sphäre nun sind alle Kategorien eingeordnet, die Platon in dem Dialog »Sophistes« aufgestellt hat. Es sind fünf Grundkategorien; das Seiende, die Ruhe, das Geschehen, die Identität und die Verschiedenheit. Nach der intelligiblen Sphäre, bei immer weiter abnehmendem Licht, abnehmenden Lichtgüssen – halten Sie immer die Emanation fest! –, kommt die *psychische* Sphäre, deren Grundkategorien Wille und Verstand sind, die zwei großen Gegensätze, die zwei verschiedenen Äste in uns; das Triebhafte, Affekthafte, Emotionale, Willenshafte, Temperamenthafte, Intensive, Moralische, das mit dem Willen zusammenhängt; und das Logische, das mit dem Kopf zusammenhängt. Da ist Ruhe und natürlich nach Plotin mehr Licht, der Wille hingegen ist in diesem Panlogismus eine bereits abnehmende Vernunft. An diese beiden Grundkategorien schließt sich alles andere an, was wir sonst in uns finden, ihnen ist alles untergeordnet.

Dann kommt die *physische* Sphäre, die Körperwelt, die empirische Sphäre. Sie kommt also ganz zuletzt, und selbstverständlich ist sie nach der Emanationslehre aus dem anderen abgeleitet. Darin herrschen die Aristotelischen Kategorien, vor allem die Kategorien, die mit Ruhm und Zeit zusammenhängen. Wir haben also vier Sphären: οὐσία, die an sich überhaupt keine Sphäre ist, weil Kategorien als Bestimmungen, als Prädikamente, als Aussagen, möglichst gattungsmäßige Aussagen über etwas dort nicht vorkommen; dann die intelligible Sphäre, in der die Platonischen Kategorien gelten, also das Seiende, die Ruhe, das Geschehen, die Identität und die Verschiedenheit. Dann kommt die psychische Sphäre, in der vor allen Dingen Wille und Verstand eine Spannung zueinander haben, und zuletzt kommt die physische, empirische oder die Körpersphäre, in der die zehn Aristotelischen Kategorien wohnen, unter ihnen vor allen Dingen Raum und Zeit.

Kategorialfunktion als das Bewegende und Ordnende im Ideenkatarakt

Nun gehen wir deutlich in das Positive über, das in dem Letzten schon angedeutet wurde und worin Plotin uns außerordentlich wichtig und lehrreich ist, worin ein Novum erscheint. Indem die

Lichtgüsse gleichzeitig die Mittel sind, mittels derer sich die Kategorien ausbreiten, sodaß die Welt ein Katarrakt von Kategorien ist, die unaufhörlich herunterströmen, ist ein stark dynamisches Element in die Welt gebracht worden. Die Ideen oder Kategorien sind die geistig bewegenden Kräfte in der Erscheinungswelt. In die stillstehende Gesellschaft von Kategorien, wie wir sie bei Platon und Aristoteles und bei der Stoa kennengelernt haben, ist also eine Bewegung hineingebracht; es erscheint, wenn auch nicht in Worten gefaßt, der wichtige Begriff der Kategorialfunktion. Das ist etwas, was in seiner dynamischen Macht erst in der Neuzeit zusammen mit der Funktionentheorie in der Mathematik aufgehen konnte. Gegenüber der stillstehenden euklidischen Geometrie gibt es da Bewegung, Erzeugung, Funktionen, gibt es den Funktionsbegriff in der neueren Mathematik, die Arithmetisierung der Mathematik bei Descartes, die Funktionsrechnung, die Differentialrechnung bei Leibniz, bei Newton. Hier haben sie überall dynamische Bestimmungen, die die stillstehenden Schachteln von Figuren, die die Griechen bisher in der Geometrie hatten, in Fluß bringen. Auch in der Kategorienlehre kann es also erst in der Neuzeit richtig losgehen. Aber vorgeformt, großartig vorgeformt ist das bei Plotin. Es geht einher mit Reflektierung des Arbeitsvorgangs, hier auf dem Wege der bewegten Innerlichkeit, die sich hinaufbewegt zu dem, was sich von oben zu uns wendet. Die Kategorialfunktionen sind das Bewegende und Ordnende zugleich in der Abfolge der Kategorien.

Außerdem haben wir hier den Ursprung dessen, was in der Helena-Szene, in der Beschwörung Helenas durch Faust »die Mütter« genannt wird. Die Kategorien der intelligiblen Sphäre, die ganz nahe am Ureinen sind, werden bereits in der neuplatonischen Schule – zwar nicht bei Plotin, aber bei seinem Schüler Jamblichos – matres, »Mütter« genannt. Zu ihnen muß sich Faust hinwenden, zu dem Urbild von Helena, der Idee, der Kategorie Helena, wie sie noch ungetrübt ist vor ihrem Fall in die Sinnenwelt, in die empirische, die Körperwelt. Man kann also den Lichtguß, damit er sich zu uns niederwende, beschwören, aufrufen. Wie es einen Höllenzwang gibt, so gibt es einen Himmelszwang; der richtet sich auf die Idee, und zu diesem Zwang werden die Namen der Ideen oder Kategorien ausgesprochen.

So hat der Erdgeist einen Namen, Faust spricht ihn geheimnisvoll aus; er hat auch ein Zeichen. »Wie anders wirkt dies Zeichen auf mich ein« [Goethe, Faust I, 460], sagt Faust, als er das Zeichen des Erdgeistes in alten Geisterbüchern aufschlägt. Die Kategorien sind auch magische Figuren. Das Ganze der lebenden Erde hat also eine Kategorie; sie wird hier Geist genannt. Das ist kein Geist im Sinn eines Gespenstes, es ist ein Geist im Sinne Plotins, eine Geistigkeit; die hat eine Figur und einen Namen, und wer die Figur kennt und den Namen, der hat Macht über sie, dem muß sie erscheinen. Allerdings erscheint sie in einer inadäquaten Weise, denn wie soll sie sich verkörpern? Sie ist zu schwer zu jeglichem Bedarfe, habe ich gesagt. Der Erdgeist erscheint als Flamme, als Flammenbildung, das kommt seinem Wesen am nächsten. »Soll ich dir, Flammenbildung, weichen?« ruft Faust, und dann: »Wie nah fühl' ich mich dir!« Darauf die Antwort: »Du gleichst dem Geist, den du begreifst, nicht mir!« [Goethe, Faust I, 499, 511] Der Erdgeist ist also eine sehr hohe Kategorie. Dergleichen steht nicht bei Plotin, hat sich aber daraus entwickelt.

In anderer Linie und noch viel höher ist die Idee des Schönen in dem schönsten Weib verkörpert, und um sie zu beschwören, muß man sich zu den Müttern begeben. Die Mütter sind die hohen Kategorien in der intelligiblen Sphäre. »Doch gibts ein Mittel«, sagt Mephisto, nämlich, um Helena zur Stelle zu bringen. Faust: »Sprich, und ohne Säumnis!« Mephisto: »Ungern entdeck' ich höheres Geheimnis. / Göttinnen thronen hehr in Einsamkeit, / Um sie kein Ort, noch weniger eine Zeit.« Das heißt, die Kategorien von Raum und Zeit sind auf diese Sphäre unanwendbar. »Von ihnen sprechen ist Verlegenheit.« Die Kategorien sind unaussagbar oder sehr schwer aussagbar; jede Aussage ist bestenfalls eine ganz schlechte Annäherung: »Die *Mütter* sind es!« Faust, aufgeschreckt: »Mütter!« Mephisto: »Schauderts dich?« Faust: »Die Mütter! Mütter! – s'klingt so wunderlich.« Mephisto: »Das ist es auch. Göttinnen, ungekannt / Euch Sterblichen, von uns nicht gern genannt. / Nach ihrer Wohnung magst ins Tiefste schürfen; / Du selbst bist schuld, daß ihrer wir bedürfen.« Faust: »Wohin der Weg?« Nun kommt wieder die οὐσία, damit wieder das Unerkennbare. Mephisto: »Kein Weg! Ins Unbetretene, / Nicht zu Betretende; ein Weg ans Unerbetene, / Nicht zu Erbittende! Bist du bereit? / Nicht Schlösser sind, nicht Riegel wegzuschieben, / Von Einsamkeiten wirst umhergetrieben. / Hast du Begriff von Öd und Einsamkeit?«

[Goethe, Faust II, 6216 ff.] Das ist der Ausdruck der völlig transzendenten Entlegenheit von allem, was wir hier kennen, Öde und Einsamkeit ist Wegfall von allem Bekannten, völlige Unbehaustheit ist zu erwarten. Helena ist im Tiefsten zu Hause; das Paradox gehört dazu.

Mephisto bereitet Faust weiter vor: »Und hättest du den Ozean durchschwommen, / Das Grenzenlose dort geschaut, / So sähst du dort doch Well' auf Welle kommen, / Selbst wenn es dir vorm Untergange graut. / Du sähst doch etwas! Sähst wohl in der Grüne / Gestillter Meere streichende Delphine; / Sähst Wolken ziehen, Sonne, Mond und Sterne – / Nichts wirst du sehn in ewig leerer Ferne, / Den Schritt nicht hören, den tu tust, / Nichts Festes finden, wo du ruhst.« [Goethe, Faust II, 6239 ff.] Dann gibt Mephisto Faust einen Schlüssel. Jetzt kommt wieder die völlige Umkehrung, das Paradoxe. Es ist alles gleich, was man sagt, darum sagt Mephisto: »Versinke denn! Ich könnt' auch sagen: steige!« Alle diese Worte werden bedeutungslos. »'s ist einerlei. Entfliehe dem Entstandnen / In der Gebilde losgebundne Reiche! / Ergetze dich am längst nicht mehr Vorhandnen, / Wie Wolkenzüge schlingt sich das Getreibe, / Den Schlüssel schwinge, halte sie vom Leibe!« Weiter: »Ein glühnder Dreifuß tut dir endlich kund, / Du seist im tiefsten, allertiefsten Grund. / Bei seinem Schein wirst du die Mütter sehn: / Die einen sitzen, andre stehn und gehn, / Wie's eben kommt. Gestaltung, Umgestaltung, / Des ewigen Sinnes ewige Unterhaltung.«

In »Gestaltung, Umgestaltung« haben Sie die poetische Wiedergabe des Worts »Kategorialfunktion«. »Umschwebt von Bildern aller Kreatur« – die Platonischen Ideen! – »Sie sehn dich nicht, denn Schemen sehn sie nur.« Sie sind die Gedanken Gottes, und Gott sieht in seinen Gedanken nur lauter Allgemeinheiten, nichts einzelnes, nur Ideen. Das war im Mittelalter ein großer ketzerischer Stoff. Also: »Sie sehn dich nicht, denn Schemen sehn sie nur. / Da faß ein Herz, denn die Gefahr ist groß, / Und gehe grad auf jenen Dreifuß los, / Berühr ihn mit dem Schlüssel.« Und zuletzt sagt Mephisto: »Dein Wesen strebe nieder; / Versinke stampfend, stampfend steigst du wieder.« Faust stampft und versinkt, Mephisto: »Wenn ihm der Schlüssel nur zum besten frommt! / Neugierig bin ich, ob er wiederkommt.« [Goethe, Faust II, 6275 ff.] Das also sind die Mütter: »Gestaltung, Umgestaltung, des ewigen Sinnes ewige

Unterhaltung« im Sinn der sich bewegenden, funktionierenden Kategorien, vor allen Dingen in der höchsten intelligiblen Sphäre.

Differenzierung der Kategorien nach Sphären

Bei Plotin festzuhalten ist also erstens die Kategorialfunktion. Das zweite Neue und Fruchtbare ist, wie ich Ihnen schon sagte, die Differenzierung in Sphären. Es gibt nicht mehr die Einräumigkeit, sondern vier Sphären, und es gibt eine Abwandlung von gleichen Kategorien in verschiedenen Sphären oder eine Abwesenheit von Kategorien, die durchaus richtig sind für ihre Sphäre, in einer anderen. »Um sie kein Ort, noch weniger eine Zeit«, das heißt, die Kategorie von Raum und Zeit erlischt in einer bestimmten Sphäre; sie kommt in einer Sphäre vor und in anderen nicht oder abgewandelt.

Nehmen Sie das Beispiel Raum – Zeit. Es gibt den physischen Raum, es gibt den historischen Raum; Marx sagt, die Zeit sei der Raum der Geschichte. Es gibt weiter den Bühnenraum, es gibt den Raum im Gemälde, der wieder sehr verschieden ist in der perspektivenlosen Malerei und in der perspektivischen Malerei der Renaissance. Es gibt einen gotischen Raum, einen romanischen Raum, einen griechischen Raum; im griechischen Tempel zum Beispiel, im Parthenon, ist der Raum ganz anders als im Pantheon, einem magischen Bauwerk von Hadrian, im Pantheon ist er ein anderer als in der Kathedrale von Notre-Dame. Also gibt es ganz verschiedene Arten von Raumgestaltungen und Raumformen, innerhalb der bildenden Kunst sogar. Dieser Raum hat wieder mit dem geometrischen Raum gar nichts zu tun, und wenn die Nazis das Wort »Raum« gebraucht haben, haben sie etwas ganz anderes gemeint, und wenn wir in der Wetteransage hören: »im ostdeutschen Raum bereitet sich ein Tief vor«, so ist das wieder ein völlig anderer Raum. Diese Unterscheidung kann auch bei Zeit durchgeführt werden. Die Uhrzeit ist etwas völlig anderes als die Zeit in der Musik, als das Ritardando und das Accelerando, und die geologische Zeit oder die astronomische Zeit unterscheiden sich von der historischen Zeit. Wenn Sie hören, daß vor 400 Millionen Jahren die Saurier gelebt haben, dann sind diese 400 Millionen Jahre nicht

dasselbe wie die 6000 Jahre Geschichte, die wir kennen, die voll von Schicksal sind. Vielmehr ändern sich je nach der Materie, die sich darin bewegt, diese Daseinsformen auch, und zwar objektiv. All diese Abwandlungen sind bei Plotin zuerst gedacht.
Es gibt dann weiterhin das Verbot der Anwendung von Kategorien. Das erste Verbot war dies, Kategorien auf die οὐσία anzuwenden. Allerdings lassen sich auf das Ureine, das Allerhöchste, überhaupt keine Kategorien anwenden, aber es gibt zum Beispiel das Urgute, bei dem man mit vielen Entschuldigungen wagen kann, es sich doch ein bißchen zurechtzulegen, was doch leichter möglich ist als mit einer anderen Kategorie. Dieses Verbot, Kategorien anzuwenden, ist ein erkenntnistheoretisches, das bei Locke, bei Hume, bei Kant völlig durchgeführt ist. Farbe, Ton, Geschmack, Geruch, Wärme, Kälteempfindungen zum Beispiel sind subjektiv – ideal bei Locke. Solche sozusagen qualitativen Kategorien lassen sich auf die vom Menschen unabhängige Außenwelt nicht anwenden. Auch die Kategorien der Mathematik und der mathematischen Naturwissenschaft, die in der »Kritik der reinen Vernunft« reflektiert sind, lassen sich auf das Ding an sich nicht anwenden, das heißt, es lassen sich Kategorien von einer Sphäre auf die andere nicht übertragen. Das Ding an sich läßt sich moralisch aussprechen, es läßt sich in fortschreitender Kenntnis immer mehr erkennen, aber nicht endgültig.
Das ist recht und unrecht; wir diskutieren das im Augenblick nicht. Ich will Sie nur auf das Problem der Anwendung von Kategorien einer Sphäre auf die andere aufmerksam machen. Wir tun solches täglich, doch wissenschaftlich müssen wir uns unbedingt fragen, ob eine Kategorie auf einen Gegenstand anwendbar ist oder nicht. Zum Beispiel: Sind anorganische oder organische Kategorien auf historische Gegenstände anwendbar? Kann ich bei historischen Vorgängen von Stoffwechselaustausch reden, von Exosmose, Endosmose? Oder umgekehrt: Kann ich Historisches auf Biologisches anwenden, zum Beispiel Kampf ums Dasein, natürliche Zuchtwahl, Vererbung erworbener Eigenschaften? Vererbung ist ein ökonomischer Begriff, kann ich ihn auf die Biologie anwenden, und wenn ich ihn anwenden kann, mit welchen Abwandlungen? Wie muß ich die Kategorie je nach dem Material variieren? Die Übertragung und Abwandlung von Kategorien kommt dauernd vor und ist sehr wenig reflektiert worden. Es ist also eine sehr bedeutende und

folgenreiche Sache, daß Plotin zum ersten Mal Sphären eingeführt hat.

Bei Hegel haben Sie die Sphären und Sie haben sie schließlich in der Kategorienlehre von Eduard von Hartmann, der die letzte, gleichzeitig verrückt und spießig gewordene Erscheinung aus der deutschen klassischen Philosophie ist. Seine Kategorienlehre erschien 1896 und war ein letzter und sehr merkbarer Nachhall der großen Bewegung um 1800, 1820. Hartmann ist nicht umsonst der Mann, der sich am meisten um Plotin verdient gemacht hat. Er stellt drei Sphären auf: die subjektiv-ideale Sphäre, die objektiv-reale und die sogenannte metaphysische Sphäre. Er untersucht auch zum Beispiel die Kategorien der Kausalität und der Finalität. Da haben Sie solch ein Phänomen. Die Kategorie der Finalität ist bei historischen Phänomenen selbstverständlich; natürlich gibt es Zweckbeziehungen im menschlichen Tun. Höchst fragwürdig ist diese Kategorie aber bei Pflanzen und bei Tieren, und anorganisch, in der physischen Natur, ist sie so gut wie ausgeschlossen. Das bedeutet: Wenn Sie von Zweck reden, dürfen Sie die Kategorie nicht schlechthin verneinen und nicht schlechthin bejahen, sondern Sie müssen die Sphäre berücksichtigen. In der historischen Sphäre haben wir natürlich ein Ziel vor Augen, aber die Kategorie Zweck auf das Organische anzuwenden, würde Neovitalismus bedeuten. Den meinen wir nicht damit, Vorsehung in der ganzen Welteinrichtung meinen wir erst recht nicht. Sehr nachdenkliche und merkwürdige Dinge sind es also, die mit der Kategorienlehre von Plotin zusammenhängen.

In der weiteren Schule nach Plotin ist von Porphyrios [232-304 n. Chr.], Plotins Schüler, geradezu eine Kategorienlehre verfaßt worden, eine Schrift, die merkwürdigerweise im Mittelalter als erste von den griechischen philosophischen Schriften bekannt war. Sie heißt »De quinque vocibus« und ist erhalten in der »Isagoge«, der Einleitung, die Porphyrios zu den Aristotelischen Kategorien geschrieben hat. Diese lateinische Schrift war vor den Aristotelischen eins der ersten und eins der wenigen vorhandenen Bildungsmittel, die das Mittelalter philosophisch schon in der allerersten Zeit besaß. Zufällig ist sie erhalten geblieben, zufällig verbreitet worden, zufällig bekannt geworden.

Von dieser Schrift »De quinque vocibus« – das heißt »Von den fünf Aussagen«, den fünf formalen Aussagen, den fünf Grundkategorien der intelligiblen Sphäre im rein logischen Sinn – ging der Universalienstreit des Mittelalters aus. Die fünf voces heißen: genus (Gattung), differentia (Unterschied), species (Art), proprium (Eigenschaft oder das Eigentümliche, das Wesentliche), accidens (das Zufällige, das Akzidentielle an einem Gegenstand). Die Schrift behandelt die Frage, wie sich diese fünf Begriffe, diese fünf Allgemeinheiten zu den einzelnen Gegenständen verhalten. Sind sie real und die Gegenstände sind bloß ihre Ausprägungen oder sind sie Abstraktionen von dem, was wir in den einzelnen Gegenständen vorfinden? An dieser Stelle unterschied sich, wie wir sehen werden, der logische Nominalismus vom logischen Realismus. Der logische Nominalismus sagt: Diese fünf voces sind wirklich bloß voces, nämlich flatus vocis, bloße Stimmerschütterungen, -Bewegungen. Wirklich gibt es sie gar nicht, es gibt nur die einzelnen Dinge, und die voces sind von diesen abstrahiert. Der Begriffsrealismus sagt: Diese voces sind im Plotinischen Sinn das Fachwerk, in das die Welt hineingebaut ist, sie sind das einzig Reale, und die Dinge sind bloß die Zerstreuungen, die Facettierungen dieser fünf voces in die Vielheit.

Ich komme nun zu dem letzten neuplatonischen Philosophen, zu Proklos [410-485 n. Chr.]. Da werden Sie wieder eine Überraschung erleben. Proklos war ein ganz merkwürdiger Philosoph. Auf der einen Seite war er vielleicht der abergläubischste Mensch, der je gelebt hat. Er ließ sich, weil er gar nicht genug bekam, in sämtliche Mysterien, die erreichbar waren, einweihen. Und das war nicht einfach, sondern mit sehr großen körperlichen Strapazen verbunden, bis an den Rand von Lebensgefahr. Einen opernhaften Nachklang davon haben Sie in der Wasser- und Feuerprobe in der »Zauberflöte«. Teils gehörte Yogi-Praxis zu solchen Einweihungen, sich in einen Sarg einschließen zu lassen, furchtbare Qualen und große Schreckwirkungen zu erdulden. Mitunter haben Menschen darüber den Verstand verloren. Nach einer solchen völligen Zermürbung und Zerbrechung, einer Art von Räderung der Vernunft, wurden die Menschen dann neu geboren, sie wurden Neophyten – das heißt »Neugeborene« – und empfingen die Weisheit. Das ist das Schicksal, der Weg, den Tamino geht, geleitet von Pamina, geschützt von der Zauberflöte. Auch unsere Konfirmation ist ein sehr, sehr schwacher Nachklang jener Weihen. Auf der anderen Seite war Proklos einer der scharfsinnigsten Denker, die es je gegeben hat. Er ist bereits ein Scholastiker. Der Typ des scholastischen Denkers, mit der äußersten Subtilität und formalen Genauigkeit, fängt hier schon an. Nun also zu seiner Lehre, zu dem, was daran interessant ist.

Die dreifache Bewegung

Zu all dem, was ich Ihnen bisher von der Emanation sagte, muß noch etwas nachgetragen werden. Das herunterstürzende Licht hat auch Rückwärtsbewegung. Es gibt Ausstrahlung und Rückkehr; die Seele, die ausgeflossen ist von dem Urlicht, strebt zum Urlicht wieder zurück. Dasselbe meint der Mythos von der Himmelsreise der Seele bei den Gnostikern, nach dem man an den Planeten vorbei muß, den Bösen, den Schadenstiftern, um zu dem Urlicht zurückzukommen; man kommt vorbei mit einem Paßwort, das man erlernt. Die Rückbewegung also ist immer auch da, und wir haben sie nun bei Proklos ausgeführt, und zwar deutlicher als bisher.

Es gibt nach Proklos eine dreifache Bewegung, einen dreifachen Akt. [Zunächst gibt es] das unerschütterliche und unerschütterte Insichsein der Identität oder der μονή, der Einheit. Aus ihr erfolgt der Hervorgang, der πρόοδος, die Emanation. Das ist die [Sphäre der] Verschiedenheit; nachdem der πρόοδος die Verschiedenheit, die Vielheit, die Welt gemacht hat, kommt die Verknüpfung des Verschiedenen, die Aufhebung des Verschiedenen, die επιστροφή oder Zurückwendung. Dieser dreifache Akt wiederholt sich in jeder Kategorialfunktion, er ist das Schicksal aller Lichtausstrahlungen. Beharren, Hervortreten und Zurückkehren, Identität, Verschiedenheit und Verknüpfung des Unterschiedenen als Rückkehr zur Einheit auf einer höheren Stufe. Das ist die dialektische Trias; auf diesem abenteuerlich mystagogischen Umweg von Emanation erscheint zum ersten Mal Thesis, Antithesis und Synthesis, die Dreiheit der dialektischen Methode, Dialektik.

Hegel preist deshalb Proklos, den großen Proklos über alle Maßen. Sie wissen, die Marxsche Dialektik hat mit dieser idealistischen Dialektik Schluß gemacht. Bei Hegel tanzt der Weltgeist immer im Walzertakt – eins, zwei, drei, eins, zwei, drei. Erstens haben wir keinen Weltgeist, zweitens tanzt er nicht, und drittens, wenn er tanzte, würde er sich nicht im Walzertakt bewegen. Trotzdem haben Sie noch Reste feierlicher Art; zum Beispiel spricht Engels von der Herstellung der Freiheit, Gleichheit, Brüderlichkeit der urkommunistischen Gentes auf einer höheren Stufe. Thesis sind also die urkommunistischen Gentes, dann gibt es die Klassengesellschaft und endlich die klassenlose Gesellschaft, die auf einer höheren Stufe die Urkommune wiederherstellt. Solche Erinnerungen, spielerisch oder nicht, haben Sie noch. Wenn man ins einzelne geht, hört das mit der Dreiheit auf. Immerhin hat es lange genug gewirkt, immerhin findet es sich im marxistischen Denken auch noch, und warum soll die Dreiheit nicht noch vorkommen. Nur, daß sie generell vorkommt, daß immer nur Walzer gespielt wird, das ist natürlich falsch. Es gibt viele Taktformen, schon in der Musik, wie sehr erst in der dialektischen Bewegung. Immerhin ist hier dem Ursprung nach der Dialektik gedacht, allerdings als Zurückflutung der Seele in Gott oder Zurücknahme der Welt in das Ureine, was ja auch bei Hegel auf einer höheren Stufe stark da war.

Mit diesem gewiß bedeutsamen Ausklang der Trias und der Dialek tik schließt nun die hellenistische Philosophie, soweit sie eine heidnische ist. Vorangegangen ist die Entfaltung der Kategorialfunktion, der Sphärentheorie und Kategorienlehre, vorher noch der energischen Bewegung in der Erkenntnis. Diese Gegenstände stimmen, wie Sie zugeben werden, einen neuen Ton an, sie entfalten eine große Philosophie mit großem, ungeheurem Blick auf die Welt, mit einem radikal zu Ende getriebenen Idealismus, der auf diese Weise vollkommen klar und ehrlich sich auszahlt und viele Bereiche eröffnet hat, die vorher verschlossen waren. Wir sind nicht am Ende der hellenistischen Philosophie, aber am Ende der griechisch-heidnischen. Die griechisch-heidnische Tonart hört nun auf, sie hat lange gedauert, bis ins fünfte Jahrhundert. Proklos lebte ja noch nach der Zerstörung, nach dem Fall von Westrom.

Bei der Bearbeitung des vorliegenden Textes wurde versucht, den Sprachduktus Ernst Blochs zu erhalten. Versehen wurden stillschweigend korrigiert.
Behutsam gekürzt wurden lediglich Passagen mit unnötigen inhaltlichen Verdoppelungen oder übertriebener rhetorischer Redundanz. Das betrifft in erster Linie die Wiederholungen, die Bloch zu Beginn einer neuen Vorlesungsstunde machte. Soweit solche Rekapitulationen indes neue Elemente oder thesenartige Zusammenfassungen enthalten, wurden sie – z. T. mit leichter Umstellung von Abschnitten – in den Text eingearbeitet. Auslassungen sind, sofern es sich um Sinngehalte oder ganze Sätze handelt, mit eckigen Klammern [. . .] notiert.
Um die Übersicht zu erleichtern, wurden Abschnitte hergestellt sowie Überschriften und Zwischentitel eingefügt. Diese gliedernden Elemente richten sich allein nach inhaltlichen Kriterien. Die Einteilung nach Vorlesungen, wie sie in der Typoskriptvorlage besteht, wurde also aufgehoben. Wie auch sonst bei ihrer Textbearbeitung orientierten sich die Bearbeiter hier an Blochs Vorgehensweise, insbesondere an seiner Überarbeitung eines Teils der »Leipziger Vorlesungen«, der unter dem Titel »Zwischenwelten in der Philosophiegeschichte« 1977 als Band 12 der Gesamtausgabe veröffentlicht wurde.
Zitate wurden kontrolliert und, ebenso wie sinngemäße Zitierungen oder eindeutige Textverweise, in eckigen Klammern nachgewiesen. In der Regel wurde dabei folgendermaßen verfahren: Zunächst ist der Autor genannt. Ein »vgl.« vor dem Namen bedeutet entweder, daß es sich um eine nichtwörtliche Zitierung durch Bloch handelt oder daß der Zusammenhang zwischen Zitatnachweis und dem Text von Bloch nicht sehr eng ist. Dann folgt das Entstehungsjahr des zitierten Werks oder das Jahr, in dem das Werk zum ersten Mal gedruckt wurde. Texte, bei denen die genaue Entstehungszeit unbekannt ist, sowie Sammelwerke, sind mit der Jahreszahl der modernen Ausgabe versehen. Bei mehrbändigen Gesamtausgaben ist neben dem Titel des zitierten Textes auch die Bandnummer angegeben.
Der Jahresangabe folgt die Seitenangabe. Ein auf sie folgendes »u. ö.« (und öfter) heißt, daß sich der zitierte Terminus oder

Gedankengang noch an anderen Stellen im Werk des betreffenden Autors findet. Von Bloch sehr häufig erwähnte Begriffe (wie z. B. Spinozas »natura sive Deus«) sind *innerhalb* eines Kapitels nicht bei jedem Vorkommen nachgewiesen, wohl aber, wenn sie in anderen Kapiteln erneut auftauchen. In einigen Fällen werden Zitate nicht in den Werken der zitierten Autoren nachgewiesen, sondern in der von Bloch mutmaßlich oder nachweislich benutzten Sekundärquelle. Solche Quellen sind vor allem Hegels »Vorlesungen zur Geschichte der Philosophie« und Wilhelm Windelbands »Geschichte der Philosophie«.

Die verwendeten Kürzel sind im Literaturverzeichnis am Ende jedes Bandes in genaue bibliographische Angaben aufgelöst. Angeführt ist meist die derzeit gebräuchlichste Ausgabe. Gibt Bloch jedoch wörtliche Zitate (z. B. bei Descartes), dann wurde auf die von ihm benutzte Ausgabe älteren Datums verwiesen. Einige Zitate konnten nicht nachgewiesen werden. Vermutlich handelt es sich dabei in den meisten Fällen nicht um wörtliche Zitate, sondern um summarische Zusammenfassungen durch Bloch oder Zitate aus dem Gedächtnis.

Dieser Band umfaßt die Seiten 1 bis 730 des Typoskripts; die letzten 10 Seiten der Vorlage (S. 731 bis 741) wurden nicht abgedruckt, weil sie den Übergang zur christlichen Philosophie der Spätantike darstellen und dieser ganze Teil fehlt. Daher fährt Band 2 dieser Vorlesungen mit den einschlägigen Kapiteln aus den »Zwischenwelten in der Philosophiegeschichte« in direktem Anschluß fort. Das Typoskript enthielt über größere Passagen umfangreichere Textüberarbeitungen, die aus Blochs Durchsicht der Vorlesungen in den siebziger Jahren stammen und teils in dieser überarbeiteten Fassung in die »Zwischenwelten« aufgenommen wurden. Wir haben grundsätzlich die im Nachlaß erhaltene Fassung der Vorlesungen zugrunde gelegt und diese unter der Mitarbeit von Ruth Römer entstandene Fassung soweit wie möglich wiederhergestellt. Fehlende Seiten im Typoskript wurden jeweils angemerkt; vor allem fehlt ein etwa 50 Seiten umfassendes Kapitel über die Gnosis, von dem wir annehmen, daß es in der DDR geblieben ist.

LITERATURVERZEICHNIS

Angelus Silesius (1675): Angelus Silesius, J.: »Cherubinischer Wandersmann oder geistreiche Sinn- und Schluss-Reime«, Jena 1914

Aristoteles (1972): Aristoteles: »Nikomachische Ethik« zitiert nach der Übersetzung von E. Rolfes, hrsg. von G. Bien. In: Philosophische Bibliothek, Bd. 5, Hamburg 1972

Aristoteles (1973): Aristoteles: »Politik« – hrsg. von Olof Gigon, München 1973

Bach (1734): Bach, J. S.: »Oratorium welches Die heilige Weihnacht über In beyden Haupt-Kirchen zu Leipzig musiciret wurde«. Bachwerkeverzeichnis Nr. 248

Bibel: Zitiert nach Lutherbibel, Textfassung von 1912, Stuttgart 1982

Bloch (1921): Bloch, E.: »Thomas Münzer als Theologe der Revolution«, Erste Ausgabe, München 1921

– Gesamtausgabe: Bloch, E.: Gesamtausgabe in 16 Bänden, Frankfurt a/M 1961 ff.

Bloch (1959): Bloch, E.: Das Prinzip Hoffnung, GA Bd. 5 Frankfurt 1959

Bloch (1970): Bloch, E.: Tübinger Einleitung in die Philosophie GA Bd. 13 Frankfurt/M. 1970

Bloch (1970): Bloch, E.: Tübinger Einleitung in die Philosophie GA Bd. 13, Frankfurt 1970, 1977

Brecht (1967): Brecht, B.: Gesammelte Werke, Frankfurt a/M 1967

Büchner (1855): Ludwig Büchner: »Kraft und Stoff - Empirisch-naturphil. Studien in allgemein-verständl. Darstellung« in: Vogt, Moleschott, Büchner: Schriften zum kleinbürgerlichen Materialismus in Deutschland, 2 Bde. hrsg. von D. Wittich, Berlin 1971

Capelle (1968): W. Capelle: Die Vorsokratiker, Stuttgart 1968

Campanella (1623): Tommaso Campanella »La Cità del sole«, ed. A. Agazzi, Siracusa 1958

Cornelius (o. J.): Cornelius, P.: »Weihnachtslieder«, opus 8, Leipzig und Zürich o. J. im Text: o. J., 3 – Lied Nr. 3

Darwin (1859): Ch. Darwin: »Die Abstammung des Menschen« hrsg. von G. Heberer, Stuttgart 1966

Diels (1903): Diels: »Fragmente der Vorsokratiker« Berlin 1903 ff.

Diderot: Diderot, D: »Das erzählerische Gesamtwerk«, hrsg. von H. Hinterhäuser, Berlin 1966 ff.

– Diderot, D: »Philosophische Schriften«, hrsg. von Th. Lücke, Frankfurt 1967

Diogenes Laertios (1967): Diogenes Laertios: »Leben und Meinungen berühmter Philosophen«. Zitiert nach der Übersetzung von O. Apelt, Hamburg 1967

Eckhart (1963): Meister Eckhart: »Die deutschen und lateinischen Werke«, Stuttgart 1963

Erdmann (1896): Grundriß der Geschichte der Philosophie, 2 Bde., Berlin 1896

Feuerbach (1841): Feuerbach, L.: »Das Wesen des Christentums«, Frankfurt 1976

Goethe (1948 ff.): Goethe, J. W.: »Gedenkausgabe der Werke, Briefe und Gespräche«, Zürich und Stuttgart 1948 ff.

– Faust I/II: a.a.O.

Goethe (1811/12/13/31): Goethe, J. W.: »Aus meinem Leben. Dichtung und Wahrheit«. Vier Teile zu je fünf Büchern. München.

Goethe (1819): »West-östlicher Divan«, Artemis-Gedenkausgabe der Werke, Briefe und Gespräche, Zürich und Stuttgart 1948

Gomperz (1903/1909): Th. Gomperz: »Griechische Denker«, 3 Bde., Leipzig 1903/1909

Hartmann (1909): Hartmann, N.: »Platons Logik des Seins«, Berlin 1963. Zweite Auflage

Hartmann (1949): ders.: »Möglichkeit und Wirklichkeit«, Meisenheim 1949. Zweite Auflage

Hauptmann: Hauptmann, G.: »Und Pippa tanzt« in: Sämtliche Werke, hrsg. von H.-H. Hass und M. Machatzke, Darmstadt 1962-74

Hebel (1968): Hebel, J. P.: Werke in zwei Bänden, Frankfurt/M. 1968

Hegel (1971): G. W. F. Hegel: Theorie-Werk-Ausgabe in 20 Bänden; auf der Grundlage der Werke von 1832-1845 neu edierte Ausgabe, Redaktion E. Moldenhauer und K. M. Michel

Hegel (1812): Hegel, G. W. F.: »Wissenschaft der Logik«, Theorie-Werkausgabe Bde. 5 u. 6, Frankfurt/M. 1971

Hegel (1830): G. W. F. Hegel: »Enzyklopädie der philosophischen Wissenschaften«, Theorie-Werkausgabe Bd. 9, Frankfurt 1970

Heine (1837): H. Heine: »Elementargeister«, in: Sämtliche Schriften, hrsg. von Klaus Briegleb, München, Wien 1976

Hobbes (1642): Thomas Hobbes: »Vom Bürger«, in: ders.: »Vom Bürger – Vom Menschen«, hrsg. von G. Gawlick, Hamburg 1959, 1966

Homer: Odyssee, in der Übertragung von Johann Heinrich Voss, Wiesbaden (ohne Jahresangabe)

Horaz: Carmina, lat. u. dt. hrsg. von F. Burger, München 1927

Husserl (1950ff.): Husserl, E.: Gesammelte Werke. Husserliana. Auf Grund des Nachlasses veröffentlicht vom Husserl-Archiv (Louvain) unter Leitung von H. L. von Breda, Den Haag 1950ff.

Jaeger (1923): Jaeger, W.: Aristoteles. Grundlinien einer Geschichte seiner Entwicklung, Berlin 1923
– Paidaia: Die Formung des griech. Menschen, 3 Bde., Berlin u. Leipzig 1934-47
Justinian (1895): Justinian: »Corpus iuris civilis«, Bd. 1 Berlin 1895

Kant (1787): Kant, I.: »Kritik der reinen Vernunft«, Hamburg 1956
Kant (1796): I. Kant: »Zum ewigen Frieden«, Akademie-Ausgabe Bd. VIII, Berlin 1968
Kepler (1619): Kepler, J.: »HARMONICES MUNDI. Weltharmonik«, übers. und eingeleitet von Max Caspar, München 1939, Darmstadt 1973
Kranz (1974): Kranz, W.: »Vorsokratische Denker« (ohne Ortsangabe), Weidmann Verlag 1974

Lichtenberg (o. J.): Lichtenberg, G. Ch.: Werke, Hamburg o. J.
– (1931): Lichtenberg, G. Ch.: »Aphorismen und Schriften«, Leipzig 1931
Lukrez (1923): Lucretius Carus, T.: »De rerum natura«, Bd. 1. Zitiert nach der Übersetzung von H. Diels, Berlin 1923
Luther: Luther, M.: Ges. Werke in 60 Bänden

Marx (1839): Marx, K.: »Hefte zur epikureischen, stoischen und skeptischen Philosophie«. In: Marx/Engels Werke, Ergänzungsband, Schriften bis 1844, Erster Teil, (Ost-)Berlin 1968
Marx (1841): Marx, K.: »Differenz der demokritischen und epikureischen Naturphilosophie«. In: Marx/Engels Werke, Bd. 1, (Ost-)Berlin 1957
Marx (1844): Marx, K.: »Zur Kritik der Hegelschen Rechtsphilosophie. Einleitung«. In: Marx/Engels Werke, Bd. 1, (Ost-)Berlin 1957
Marx (1845): Marx, K.: »Thesen über Feuerbach«. In: Marx/Engels Werke Bd. 3, Berlin 1969
Marx (1852): Marx, K.: »Der 18te Brumaire des Louis Napoleon« Marx-Engels-Werke, Berlin 1968, Bd. 8
Marx (1857/8): Karl Marx: »Grundrisse der Kritik der politischen Ökonomie« Moskau 1939 und 41, Wien (ohne Jahresangabe)
Marx (1867): Marx, K.: »Das Kapital« Marx-Engels-Werke, Bd. 23, Berlin 1968
Meyer (1871): Meyer, C. F.: »Huttens letzte Tage«, Stuttgart 1978
Montaigne (1580): »Essais« hrsg. von R.-R. Wuthenow, Frankfurt 1976
Morgenstern: Morgenstern, Ch.: Jubiläumsausgabe in vier Bänden, hrsg. v. C. Heselhaus, München 1979

Morus (1516): Thomas Morus: »Utopia«, hrsg. von G. Ritter, Berlin 1922 und Stuttgart 1964
Mozart (1791): Mozart, W. A.: »Die Zauberflöte«. Eine dt. Oper in zwei Aufzügen. Text v. J. E. Schikaneder, KV 620. Faks. d. autogr. Partitur. Hrsg. von K.-H. Köhler, Kassel 1979
Mozart (1957): Mozart, W. A.: Neue Mozart-Ausgabe, Kassel, Basel und London 1957
Muenzer (1521): Münzer, Th.: »Prager Aufruf«. In: Kritische Gesamtausgabe. Unter Mitarbeit von P. Kirn herausgegeben von G. Franz, Gütersloh 1968, S. 491-505

Nietzsche (1872): Nietzsche, F.: »Die Geburt der Tragödie oder Griechentum und Pessimismus«, in: Werke, hrsg. von Karl Schlechta, Frankfurt – Berlin – Wien 1969
Novalis: Novalis, F.: Werke, hrsg. von Jakob Minor, Jena 1923

Platon: Sämtliche Werke in acht Bänden, hrsg. v. O. Gigon, Zürich und München 1974
Plotin (1905): Plotin: »Über das Schöne«. Zitiert nach der Übersetzung von G. Kiefer. In: Plotin, Enneaden, Auswahl, Bd. II, Jena und Leipzig 1905
Plotin (1956): Probleme der Seele I. In: Plotins Schriften, Bd. IIa, Hamburg 1956

Rohde (1890-94): E. Rohde: »Psyche, Seelenkult und Unsterblichkeitsglaube der Griechen«, 2 Bde., 1890-94

Siger v. Brabant (1898): »Die Impossibilia des Siger von Brabant«, hrsg. v. Cl. Bäumker 1898 (keine Ortsangabe)
Schiller (1781): Schiller, F.: »Die Räuber«. Schauspiel in fünf Akten, in: Sämtl. Werke, München 1966
Schiller (1804): Schiller, F.: »Wilhelm Tell«, in: Sämtliche Werke, München 1966
Schwegler (1848): Albert Schwegler: »Geschichte der Philosophie im Umriß«, Stuttgart 1848
Seneca (1965): Seneca, L. A.: »Ad Lucilium epistulae morales«, Bd. II, Oxford 1965
Spinoza (1677): Spinoza, B. de: »Ethik«, in: Werke in vier Bänden, 2. Bd. hrsg. von Konrad Blumenstock, Darmstadt 1967
Spinoza (1977): Spinoza, B. de: Briefe des Spinoza; Briefwechsel, hrsg. Carl Gebhardt und M. Walther, Hamburg 1977

Thomas (1934): Thomas von Aquin: »Summa Theologica«, Bd. I, Salzburg und Leipzig 1934

Tyndall (1874): Tyndall, J.: »Religion und Wissenschaft«, dt.: Hamburg 1874

Vergil: Vergil(us) Maro, P.: Opera, Oxford 1969

Wieland (1774): Ch. M. Wieland: »Die Abderiten«, in: Werke, München 1966

Wilamowitz-Moellendorff (1929): Ulrich von Wilamowitz-Moellendorff: »Platon«; Berlin 1929

Windelband (1889 und 1903): W. Windelband: »Lehrbuch der Geschichte der Philosophie«

Windelband (1900): Windelband, W.: »Platon der Mensch, der Künstler, der Politiker«, Stuttgart 1900

Windelband (1923): Windelband, W.: »Geschichte der abendländischen Philosophie im Altertum«, Berlin 1923

Xenophon (1911): ders.: Kyrupädie, hrsg. v. C. Woyte, 1911

Xenophon (1971): ders.: »Erinnerungen an Sokrates«, hrsg. von Rudolf Preiswerk, Nachwort von W. Burkert, Stuttgart 1971

Zeller (1856): E. Zeller: »Philosophie der Griechen in ihrer geschichtlichen Entwicklung«, 2. Auflage, Tübingen 1856

Zeller (1886): E. Zeller: »Grundriß der Geschichte der Philosophie«, 2. Auflage 1886

NAMENREGISTER

Achilles 32
Adenauer, K. 285, 392, 461
Agamemnon 478
Agrippa 461
Aischylos 315, 319 f.
Akademos 137, 209, 386
Alexander von Aphrodisios 276
Alexander der Große 23, 32 f., 127, 131, 134, 136, 163, 167, 208 f., 211, 214, 221, 330 f., 335, 338, 392, 438
Alfieri 441
Alkibiades 115
Altdorfer 477
Althusius 373
Amalrich von Bena 277
Ammonios Sakkas 43, 496 f.
Amos (Prophet) 459
Amyntas 212
Anakreon 25
Anaxagoras 25, 29, 32, 53, 65-74, 75, 78, 88, 92, 96, 98, 116, 172, 261, 272, 391
Anaximander 42-47, 53 f., 61-63, 66, 193, 196, 213, 268, 362, 410 f.
Anaximenes 43, 47-49, 65, 70 f., 272
Andronikos 216
Änesidemus 340-342, 348
Angelus Silesius 480 f.
Annikeris 136
Antiochus Epiphanes 461 f.
Antisthenes 126, 173
Antonius Pius 442
Apollodoros 119
Apollonius von Tyana 415, 450
Archytas von Tarent 53 f., 63
Aristhenes 173
Aristippos 126, 128, 173, 349, 353 f., 359, 372
Aristobulos 461
Aristophanes 116, 184
Aristoteles 30, 32, 35, 43, 46, 51, 53, 68, 71 f., 78 f., 81, 83, 85, 89, 97 f., 124, 129, 135, 141, 154, 163, 168, 194, 201, 206, 207-330, 331, 336, 354, 376, 385-387, 390-397, 401, 404-410, 412, 436 f., 443, 445-447, 449, 500, 502, 511, 519, 522-526, 532
Asklepios 120
Aspasia 65, 115, 152
Augustin 33, 63, 163, 214, 217, 389, 442, 483, 490
Augustus, Octavius 134
Averroës 276 f.
Avicebron 276, 523
Avicenna 265, 274, 276

Baader 487
Bach, J. S. 28, 53, 58, 451, 471, 474, 476, 499, 509, 515, 521
Bacon, F. 72, 80, 185, 342, 347 f.
Bahnsen, J. 252 f.
Ball, J. 467
Barabbas 463
Bar-Kochba 462
Barth, K. 482
Basilides 524
Bauer, B. 382
Beethoven, L. van 451, 499
Berenike (Prinzessin) 461
Berkeley, G. 30
Bernays 169
Bias 37-39
Bizet, G. 186

Blossius 442 f.
Boccaccio, G. 289
Boëthius 58 f., 385, 445 f.
Böhme, J. 60, 76, 219, 252, 510
Bölsche, B. 421
Bonifatius 474
Brahe, Tycho de 199
Brecht, B. 107, 321, 514
Bruno, G. 33, 93, 118, 169, 198, 201, 217, 265, 278, 324, 377, 435, 446, 523
Büchner, L. 161, 193, 276
Buddha 336, 338, 421, 479 f.
Burckhard, J. 215, 499

Cagliostro, A. 50
Caligula 463
Calvin, J. 485
Campanella, Th. 165, 220
Canterbury, A. von 158, 161
Capelle, W. 26, 35, 38, 40, 70 f., 91, 105, 109, 166
Cäsar 131, 392, 438, 440, 469
Cato 432
Christus
siehe Jesus Christus
Chrysippos 32, 69, 224, 352, 386 f., 387, 499
Cicero 138, 168, 217, 225, 380, 443, 505
Cornelius, P. 492
Crusius 240
Cusa, M. von 210, 252

Darwin, Ch. 43, 53, 63, 213, 268 f.
David (König) 464
David von Dinant 277
De Gasperi 461
Demokrit 28, 32, 66, 69, 75-77, 78-97, 98, 101, 129 f., 135 f., 147, 154, 157, 195 f., 203 f., 209-211, 219, 261, 269 f., 278 f., 285, 325, 327 f., 354-356, 360 f., 363, 380-384, 390 f., 398, 414 f., 418 f., 501
Demosthenes 212
Descartes, R. 33, 201, 347 f., 446, 496, 509 f., 526
Deuterojesaias 460 f., 464, 466, 472
Diderot, D. 446
Diederichs, D. 503
Diels, 35, 75
Dilthey, W. 247
Diodoros Kronos 130-132
Diogenes von Apollonia 47
Diogenes Laertius 35, 38, 78, 81, 101, 107, 124, 127-129, 224, 360, 365 f., 368, 390-392
Dionysos Areopagita 524
Dionysos von Syrakus 204
Domitian 335, 389, 393
Drews, A. 497
Dürer, A. 475
Duperron, A. 23

Eckart, Meister 190, 210, 473, 487, 493, 506, 508
Ehrenfels, C. von 248
Einstein, A. 61
Elia 457 f., 507
Empedokles 49, 53, 60, 62-64, 66-68, 70, 72, 75, 84, 91, 196, 268, 361, 410 f., 513
Engels, F. 29 f., 82, 145, 193, 202, 218 f., 271, 282, 320, 404, 407, 534
Epiktet 32, 386, 388, 499
Epikur 32, 51, 75, 79 f., 92 f., 97, 135, 329, 332, 335, 350 f., 352-384, 386, 389, 390 f., 395, 408, 414, 418-420, 429, 431, 433, 441, 482, 499
Erasmus von Rotterdam 388
Erdmann, J. E. 34
Esra 453 f.

Euathlos 104
Eudemos 220
Euhemeros 133-135
Euklid von Alexandrien 126, 130, 150, 241, 386
Euklid von Megara 126, 130, 136, 150, 173, 175 f., 386, 526
Euripides 66

Fénelon, F. 154
Feuchtwanger, L. 464
Feuerbach, L. 30, 86, 89, 97, 106, 133, 193, 271, 480 f., 503
Fichte, J. G. 30, 431, 441
Ficino, M. 496
France, A. 354
Franck, S. 480, 487, 507
Franz von Assisi 487
Friedrich II. (preuß. König) 378

Galenus (Galen) 343
Galilei, G. 27, 59, 199
Gamaliel (Rabbi) 471
Gassendi, P. 80, 379
Gelb 247
Gentile 362
Geyer, F. 489
Goethe, J. W. von 64, 66, 84, 145, 150, 161, 167, 169, 181, 182, 188, 190, 195, 204, 207, 215 f., 247, 248, 254, 256, 260, 267, 268, 270, 271, 285, 293, 303, 319, 350, 361, 369, 394, 398, 417, 421, 423 f., 427, 434 f., 471, 491, 499, 510, 513, 521, 524, 527 f.
Goldstein 247
Gomperz, Th. 35
Gorgias 79, 100, 104 f., 169
Gottsched, J. C. 223
Grimm, Gebrüder 449
Grotius, Hugo 373, 446
Grünewald, M. 28
Gryphius, A. 59

Hadrian 462, 529
Händel, G. F. 210, 451, 474
Hannas 461
Hanussen 493
Hartmann, E. von 273, 304, 496, 531
Hartmann, N. 131, 285, 406
Hauptmann, G. 174
Hebel, J. P. 413 f.
Hegel, G. W. F. 27, 30, 32-34, 46, 69-71, 73, 76, 78, 80, 100, 143, 146 f., 152, 156, 160 f., 179, 189, 194, 219, 224, 252 f., 261, 265, 279, 281, 283 f., 290, 305 f., 308, 316, 326, 348, 382, 403, 406, 496, 500, 505, 510, 516, 521, 531, 534
Heidegger, M. 23, 44, 305 f., 439
Heine, H. 63
Heisenberg, W. 362
Helldorf (Graf) 493
Helmont, H. B. von 88
Heraklit 26, 40, 53, 61, 69, 76 f., 87, 92 f., 106 f., 112, 121, 140, 142, 158, 162, 173, 189, 194, 205, 213, 252, 272, 338, 349, 410-412, 493, 502 f.
Herder, J. G. 324
Herodes (König) 461
Herodot 19, 23, 50
Hesiod 134, 166, 412
Himmler, H. 299
Hippias 101, 169
Hitler, A. 123, 161, 402, 474, 493, 499
Hobbes, Th. 80, 86, 156, 165, 279, 281, 373, 446
Hoffmann (Die schwarze Hoffmännin) 489
Holbach, P. H. D. von 76, 489
Hölderlin, F. 139, 305
Homer 20, 49, 62, 94, 125, 134, 166, 203, 313, 412, 430, 451
Horaz 353, 360, 368, 389, 393, 431

Hosea 458
Humboldt, W. von 23
Hume, D. 343, 530
Husserl, E. 148, 157

Imhotep 478
Ixion 108

Jaeger. W. 35, 208, 211
Jakob 477
Jamblichos 32, 494, 496 f., 526
Jambulos 437
Jaspers, K. 23
Jellinek 305
Jesaja 460, 466 f., 472, 482 f.
Jesus Christus 113, 118, 180, 183, 215, 289, 359, 367, 415, 450, 453, 459, 462-472, 475 f., 479 f., 482-484, 490, 506
Joachim von Calabrese 487
Joachim von Fiore 460, 483 f., 490
Johannes (Evangelist) 197, 203, 368, 465-468, 470, 472
Johannes (der Täufer) 458 f., 467
Jona (Prophet) 478
Josef 455, 472
Joseph II. (Kaiser von Österreich) 145, 445
Judas Makkabäus 461
Julian Apostata (Kaiser) 497
Justinian 444
Juvenal 267

Kadmos 479
Kaiphas 461
Kant, I. 30, 69, 86, 91, 124, 156, 159 f., 176, 210, 224, 233, 254, 290, 308, 405 f., 411, 422, 429, 433, 487, 493, 496, 530
Karneades 339
Kassandra 478
Kepler, J. 15, 57, 61, 195, 199 f., 230
Kerenski, A. F. 144
Kleanthes 394, 417
Klein 425 f.
Kleist, H. von 288, 426
Kleomenes 443
Köhler, W. 247
Konfutse (Konfuzius) 22, 297 f., 420 f., 479
Konstantin 497, 499
Kopernikus, N. 93, 283
Kriton 120
Kroton 153
Krylos 126
Kyros 464

La Mettrie, J. O. de 76, 219, 378 f.
Laotse 420 f., 479, 514
Laplace, P. S. de 91, 411
Leibniz, G. W. 30 f., 60, 73, 78, 80, 280 f., 284, 416, 435, 494, 496, 526
Lenin, W. I. 144, 245, 312
Leo der Isaurier 167, 514
Lessing, G. E. 223, 404, 429, 439, 484
Leukippos 75-77, 87 f., 261, 360
Lichtenberg, G. C. 288, 366, 513
Liebknecht, K. 454, 499
Locke, J. 84 f., 287, 294, 373, 416, 530
Lotze, H. 242, 418
Löwith, K. 489 f.
Ludwig XIV. 154, 488
Lukács, G. 250
Lukas (Evangelist) 467, 469
Lukrez (Lucretius) 32, 74, 258, 361, 375-378, 382, 408
Luther, M. 358, 426, 452 f., 470, 473 f., 482, 485, 508
Luxemburg, R. 454, 499

Mach, E. 346
Machiavelli, N. 144, 220 f.

Mann, Th. 16
Maimonides 483
Mao Tsetung 422
Marc Aurel 32, 386, 389, 442, 499
Marcellus (Papst) 515
Maria (Mutter Gottes) 472
Maria Magdalena 462
Marx, J. 391
Marx, K. 15, 18, 21, 27, 30, 80, 86, 89, 106, 146f., 152, 156, 160, 165f., 207, 216, 221f., 245, 252, 271, 278, 281, 284, 295-298, 320, 346, 351, 379-384, 409f., 436, 440, 451, 486, 503, 510, 529, 535
Matthäus (Evangelist) 131, 462, 464, 466-468, 469, 482
Maxwell, J. C. 59
Mayron 251
di Medici, C. 495
Messias 415
Metternich (Fürst) 382
Meyer, C. F. 367
Micha (Prophet) 460
Mills, J. S. 242
Mohammed 215, 479
Moleschott, J. 193, 276
Molière, J. B. 208, 275
Mommsen, Th. 387
Montaigne, M. E. de 118, 181
Montanus in Pepuza 488
Morgenstern, Chr. 177f.
Morus, Th. 165, 220
Moses 166, 196, 424, 445, 455f., 464, 477, 479, 521
Mozart, W. A. 31, 243, 289
Münzer, Th. 28, 74, 164, 186, 452, 462, 467f., 470, 473, 475, 478, 480, 484-487, 492
Myron 163, 334

Nehemia 453f.
Nero 335, 388, 393, 430, 450, 465, 499
Nestle 35
Newton, I. 237, 290, 361, 363, 526
Nicolai 404
Nietzsche, F. 52, 75, 412f., 427, 459
Nikolaus v. Cusa 210, 252
Nikomachos 219f.
Noske 324
Novalis 473

Odysseus 408, 517
Offenbach, J. 479
Origenes 32, 499

Palestrina 515f.
Panaitios 32, 386-388
Papinianus 494
Paracelsus 60, 435
Parmenides 26, 61, 64, 76, 92, 112, 158, 251, 375f.
Paul, Jean 299, 510
Paulus (Apostel) 117, 184, 224, 439, 465, 469-472, 473
Perikles 25, 65, 70, 98, 115, 152f., 308, 392
Petrus 472
Pherekydes 40
Phidias 163, 334, 411
Philipp von Makedonien 208, 212
Philolaos 50, 52
Philon von Alexandria 193, 510, 521
Pilatus 363, 466
Pindar(os) 99
Piscator, E. 108
Pittakos 37
Planck, M. 61
Platon 16, 18, 23, 31, 35, 46, 50f., 53, 73, 75, 78-81, 98, 100, 111, 113-118, 120f., 129f., 134f., 136-206, 207-214, 218, 220, 223, 228, 231, 246-248, 252, 254, 258, 262, 265f., 272-274, 284f.,

302 f., 307, 310, 313, 315-318, 330, 333, 336, 354, 385, 387, 389, 390, 395, 398, 407 f., 437, 447, 494, 500 f., 511 f., 517, 520, 522, 524-526, 528
Plotin 32, 67, 150, 159, 167, 197, 201, 313, 314, 316-318, 494, 495-531, 532
Plutarch 43, 46 f., 216
Polybios 315 f., 392
Pomponatius 292
Porphyrios 445, 495-497, 532
Poseidonios 32, 386-388, 390, 499
Proklos 32, 494, 496-499, 533-535
Priamos 478
Prodikos 101
Prometheus 480
Protagoras 78-82, 99 f., 103-109, 155, 169 f.
Ptolemäus 283
Pythagoras 23, 49-61, 63, 65 f., 112, 136, 197, 199, 213, 222, 227, 254, 405, 445
Pyrrhon 23, 32, 337-339, 420

Raabe, W. 523
Reinhardt 387
Rembrandt, R. H. 28, 225, 451, 474
Reuter, F. 359
Robeson, 456
Robespierre, M. de 263
Rohde, E. 75
Rosenberg, E. und J. 117
Rosenkranz 179
Rousseau, J.-J. 94, 294, 373, 389, 446, 487, 489

Sachs, H. 38, 399
Salomo (König) 433, 458 f.
Samuel 477
Sappho 25
Sartre, J.-P. 346, 439
Saul 477
Scaliger 319
Scelba 461
Scheidemann, P. 324
Schelling, F. W. J. 18, 30, 169, 241, 304
Schiller, F. von 130, 197, 246, 267, 317 f., 322, 349, 441, 492, 516, 521
Schlegel, F. 23
Schleiermacher, F. D. E. 166
Schopenhauer, A. 23, 161, 244, 252, 406
Schwegler, A. 34
Scipio 289, 387
Seneca 383, 386, 388, 430, 435, 499
Sextus Empiricus 342-345, 348, 405
Shaftesbury, A. 319 f.
Shakespeare, W. 57, 220, 314, 318
Shaw, B. 148
Simon Magus 415, 450
Simson 458
Sirach 476
Smith, A. 271
Sokrates 30, 32, 37 f., 50, 65, 72 f., 78 f., 81, 96, 98, 100, 108, 109 f., 111-125, 127, 129, 134, 136, 139, 141, 143, 147 f., 153, 168-171, 174 f., 180, 182 f., 197, 204, 209 f., 230, 255, 294, 300, 305, 331-333, 336, 352, 354, 390 f., 411, 420, 430, 440, 497
Solger 169
Solon 37 f., 106
Sophokles 319, 321
Spann, O. 247 f.
Spengler, O. 291
Speusippos 205, 208, 211
Spinoza, B. de 58, 72, 96, 124, 193, 279, 281, 324, 394, 421, 433, 446, 494-496
Stalin, J. W. 252, 290, 422, 433
Stilpon 130 f., 176 f., 189
Stirner, M. 106

Straton 262, 275, 278, 376, 391
Straus, O. 148
Sulla 216, 245
Sybaris 153

Taylor, W. 469
Thales 32, 37, 40 f., 42, 46, 54, 66, 98, 172, 272
Theoderich der Große 60, 385, 445
Theodoros 130
Theognis 38
Theophrastos 208, 253, 262, 275, 278
Thomas von Aquin 78, 224, 277
Thomasius 277, 308 f., 441
Thukydides 315
Tiberius Gracchus 442 f.
Tieck, L. 488
Timon 337
Titus (Kaiser) 461 f.
Tolstoi, L. 465, 487
Trajan 442
Treitschke, H. von 352
Trotzki, L. 321
Tyler, W. 467
Tympanos 316
Tyndall, J. 97

Uhland, L. 385
Ulpianus 494

Vansen 318
Venus 408
Vergil 376, 378, 384
Vogt 193
Voltaire 378, 422

Wagner, R. 23
Walther von der Vogelweide 227, 298
Weitling, W. 440, 461, 487
Wertheimer, M. 247
Westphalen, L. von 382
Wieland, Ch. M. 78, 100
Wilamowitz-Moellendorff, U. von 35, 168
Windelband, W. 33-35, 70, 81, 122, 136, 496
Wolf, F. 107, 403
Wolff, Chr. 145, 160, 306
Wolfram von Eschenbach 298
Wundt, W. 247

Xanthippe 112
Xenophanes 26, 61, 166, 313 f.
Xenophon 113 f., 117, 154

Zarathustra (Zoroaster) 464
Zeller, E. 34 f., 496
Zenon (Eleaten) 66, 76, 386
Zenon (Stoiker) 26, 28, 32, 51, 61, 82, 93, 100, 141 f., 168, 337, 386 f., 389, 437, 499
Žižka, J. 488